BIRDS' MODERN INSURANCE LAW
（Tenth Edition）

伯茨现代保险法
（第十版）

［英］约翰·伯茨（John Birds） 著
武亦文 译

北京大学出版社
PEKING UNIVERSITY PRESS

著作权合同登记号　图字：01-2025-0135
图书在版编目（CIP）数据

伯茨现代保险法：第十版／（英）约翰·伯茨著；武亦文译. -- 北京：北京大学出版社，2025.1.
ISBN 978-7-301-35894-8

Ⅰ．D912.284

中国国家版本馆 CIP 数据核字第 202571D8P2 号

Birds' Modern Insurance Law, 10th edition, by John Birds
© John Birds
This translation of *Birds' Modern Insurance Law* is published by arrangement with Thomson Reuters.
This edition is not for sale outside China.
Simplified Chinese translation copyright © 2025 by Peking University Press
ALL RIGHTS RESERVED.

书　　　名	伯茨现代保险法（第十版） BOCI XIANDAI BAOXIANFA（DI-SHI BAN）
著作责任者	〔英〕约翰·伯茨（John Birds）　著　武亦文　译
责 任 编 辑	陈晓洁
标 准 书 号	ISBN 978-7-301-35894-8
出 版 发 行	北京大学出版社
地　　　址	北京市海淀区成府路 205 号　100871
网　　　址	http://www.pup.cn　http://www.yandayuanzhao.com
电 子 邮 箱	编辑部 yandayuanzhao@pup.cn　总编室 zpup@pup.cn
新 浪 微 博	@北京大学出版社　@北大出版社燕大元照法律图书
电　　　话	邮购部 010-62752015　发行部 010-62750672　编辑部 010-62117788
印 刷 者	北京中科印刷有限公司
经 销 者	新华书店
	650 毫米×980 毫米　16 开本　31.5 印张　590 千字 2025 年 1 月第 1 版　2025 年 1 月第 1 次印刷
定　　　价	168.00 元（精装）

未经许可，不得以任何方式复制或抄袭本书之部分或全部内容。
版权所有，侵权必究
举报电话：010-62752024　电子邮箱：fd@pup.cn
图书如有印装质量问题，请与出版部联系，电话：010-62756370

作者简介

约翰·伯茨（John Birds），现为谢菲尔德大学荣誉教授和曼彻斯特大学荣休教授，英国著名保险法与公司法专家。伯茨教授曾任谢菲尔德大学法学院主任、曼彻斯特大学商法学教授。他在保险法和公司法领域造诣深厚，著述颇丰，主编并参与编写了多部权威著作，包括《博伊尔—伯茨公司法》（Boyle & Birds' Company Law）、《麦吉利夫雷保险法》（MacGillivray on Insurance Law）及《英国保险法》（Insurance Law in the United Kingdom）等。此外，他还担任《公司律师》（The Company Lawyer）、《商业法杂志》（The Journal of Business Law）等多家权威法律期刊的编辑。

伯茨教授的代表作《伯茨现代保险法》（Birds' Modern Insurance Law）自1982年出版至今，已成为保险法领域的重要教材和专业参考书，被广泛用于法律教育和业界实践。伯茨教授还在全球范围内广泛讲学，曾任英国法律学者协会（Society of Legal Scholars）主席（2003—2004年）、英国法律委员会保险合同法项目顾问及英国皇家艺术学会会士，为保险法和公司法的学术研究与法律实践作出了卓越贡献。

译者简介

武亦文,武汉大学法学院副院长、教授、博士生导师,武汉大学"珞珈特聘教授",武汉大学"人文社会科学优秀青年学者",湖北省高校人文社科重点研究基地"武汉大学大健康法制研究中心"执行主任。主要研究方向为商法和卫生健康法。先后在《法学研究》《中外法学》《清华法学》《法商研究》《法学家》《法学评论》《保险研究》等权威和核心刊物上发表学术论文三十余篇,并主持国家社会科学基金项目、国家高端智库重点研究课题、教育部人文社会科学研究项目,以及国家市场监督管理总局、国家卫生健康委员会、司法部、中国法学会、中国银行保险监督管理委员会等部级研究课题和其他研究项目十余项,出版学术著作十余部。

中文版序言

我很荣幸能为本书的中文版译本撰写序言。据我所知，大约三十年前，本书曾在未经我授权的情况下被其他译者翻译成中文并出版。因此，当中国保险法领域的杰出学者武亦文教授提出对本书进行正式翻译，并由北京大学出版社出版时，我感到无比欣慰。我相信，正如本书在英国保险法领域产生的深远影响一样，它也将为中国保险法领域的研究者和学习者提供宝贵的参考和有益的借鉴。

约翰·伯茨

2024 年 11 月

序　言

自本书第九版问世以来,保险法方面的判例法并未有重大发展,但熟悉保险法的人都知道,在此期间发生了一些极其重要的立法变革。其中最为重要的一项当属《保险法(2015)》(Insurance Act 2015)的颁布,该法案对有关诚信、披露、保证等合同条款及索赔欺诈的法律规定均作了显著改变。这些立法变革与2013年的消费者保险立法变革共同象征着对最初确立于三个世纪前之法律原则的重大革新,也使得本书尤其是第七章和第九章的内容需要进行相当程度的改写和重新编排。笔者删去了部分在《保险法(2015)》生效后将不再有价值的内容,但考虑到该法案仅向将来发生效力,因此仍保留了部分必要的内容。虽然《保险法(2015)》因为为保险合同法的关键层面提供了更为公正的法律基础而备受欢迎,但法案规定并非完全不存在解释上的困难,而且在非消费者保险中,大部分规定都可以通过合同约定的方式排除适用。随着时间的推移,这些因素势必会引发相应的讼争。

其他的保险法立法变革还包括《消费者权益法(2015)》(Consumer Rights Act 2015)第二部分对《消费者合同不公平条款规制条例》(Unfair Terms in Consumer Contracts Regulations)的更替,以及汽车保险局(Motor Insurers' Bureau)最新出台的《无保险驾驶人协议》(Uninsured Drivers' Agreement)。法律委员会围绕保险利益开展了长期的法律改革实践,对于其就此提出的终版立法建议稿,笔者本想在本书第十版中予以详细介绍,然而遗憾的是尽管法律委员会原计划于2015年年底公布该建议稿,但似乎要到2016年年底该建议稿才能真正面世。

新内容的补充导致本书篇幅再次增加。笔者注意到同1982年的第一版相比,本书第十版的页数多了将近一半。

笔者要一如既往地对本书出版社表达最诚挚的谢意。此外，也特别感谢对本书提出宝贵意见的彼得·泰尔德斯利（Peter Tyldesley），以及与笔者一起从事欧洲保险合同法重述项目研究的同事。《欧洲保险合同法原则》（Principles of European Insurance Contract Law）的顺利完稿，与后者的辛勤参与密不可分。笔者对欧洲其他法律体系的保险法规范进行了详细考察，尽管本书基本讲述的是英国保险法规范，实际上对这些内容未作较多引述，但其无疑激发了笔者的深刻思考，同时也具有极其重要的参考价值。

经过笔者的不懈努力，本书第十版于 2015 年 12 月完稿。

约翰·伯茨

2016 年 2 月

目 录

第一章　导论：保险与保险法的性质及其界定 …………………… 001
- 第一节　历 史 发 展 ……………………………………………… 001
- 第二节　保险的主要分类 ………………………………………… 003
- 第三节　保险人的类型 …………………………………………… 005
- 第四节　再 　保 　险 ……………………………………………… 007
- 第五节　保险的法律定义 ………………………………………… 007
- 第六节　基于监管目的的定义 …………………………………… 009
- 第七节　基于其他目的的定义 …………………………………… 013
- 第八节　实践和改革 ……………………………………………… 014
- 第九节　商业保险法与消费者保险法 …………………………… 014
- 第十节　法 律 改 革 ……………………………………………… 019

第二章　保 险 监 管 …………………………………………………… 022
- 第一节　保险业的金融监管 ……………………………………… 023
- 第二节　国家管控的发展 ………………………………………… 024
- 第三节　欧盟法的影响 …………………………………………… 025
- 第四节　对经营保险业务的批准 ………………………………… 027
- 第五节　持续性要求 ……………………………………………… 030
- 第六节　对保单持有人的保护 …………………………………… 032
- 第七节　对保险营业行为的监管 ………………………………… 035

第三章　保险利益原则 ………………………………………………… 038
- 第一节　历 史 发 展 ……………………………………………… 038

第二节　人寿保险中的保险利益 ·· 041
　　第三节　保险利益在人寿保险中的应然存在时间 ································ 041
　　第四节　保险利益在寿险中的性质 ·· 044
　　第五节　理解保险利益含义的新思维？ ··· 049
　　第六节　规避企图和《人寿保险法(1774)》第 2 条 ···························· 051
　　第七节　缺乏保险利益的人寿保险的效力 ·· 053
　　第八节　人寿保险保险利益原则的革新 ··· 054
　　第九节　财产保险中的保险利益 ··· 056
　　第十节　财产保险中保险利益的含义 ·· 060
　　第十一节　保险利益主张的放弃 ··· 066
　　第十二节　财产保险之保险利益原则的革新 ····································· 068

第四章　为第三人利益的保险 ·· 070
　　第一节　引　　言 ·· 070
　　第二节　动产保险——被保险人有保险利益 ···································· 071
　　第三节　动产保险——被保险人无保险利益 ···································· 076
　　第四节　第三人对保险金的权利 ··· 077
　　第五节　第三人的直接请求权 ·· 077
　　第六节　代理原则的适用 ·· 079
　　第七节　不动产保险 ··· 084

第五章　保险合同的成立与形式 ··· 087
　　第一节　保险合同的成立 ·· 087
　　第二节　制定法上的披露要求 ·· 092
　　第三节　法定解除权 ··· 095
　　第四节　保险合同的形式 ·· 096
　　第五节　与劳合社订立的保险合同 ·· 096
　　第六节　临时保险和暂保单 ··· 097
　　第七节　保险单的存续期间与续订 ·· 102

第六章　保险人拒绝赔付的一般原则 ··· 107
　　第一节　消费者保险合同中的不公平条款 ······································· 108

第二节	无效合同	109
第三节	可撤销或可免于履行的合同	110
第四节	拒绝履行合同或拒绝赔付特定索赔请求	111
第五节	合同撤销权或拒绝承担责任之权利的丧失	113

第七章 最大诚信——被保险人的义务 114

第一节	欺诈——传统法	115
第二节	不实陈述——传统法	116
第三节	最大诚信和未披露——传统法	118
第四节	消费者保险合同——现代法	122
第五节	非消费者保险合同——现代法	127
第六节	无须披露的情况	131
第七节	重要性的判断	134
第八节	重要情况的举例	137
第九节	违约救济	143
第十节	对《保险法(2015)》的约定排除适用	148
第十一节	共同保险中的未披露和不实陈述	149
第十二节	持续性的最大诚信义务	152
第十三节	风险增加条款	154

第八章 保险人的诚信义务 156

第一节	保险人的最大诚信义务和披露义务	156
第二节	诚信原则对撤销权的限制	161
第三节	其他情形下的诚信要求	163

第九章 保证与条件 165

第一节	保证	166
第二节	作为允诺的保证	166
第三节	保证的创设	168
第四节	保证的解释	169
第五节	复合型保险单中的保证	170
第六节	描述或界定风险的条款或保证	172

第七节　违反保证的法律后果 176
　第八节　条　　件 181
　第九节　条件的性质 182
　第十节　先决条件或单纯条件 182
　第十一节　举证责任 185
　第十二节　保证与条件的法律实践 185

第十章　保　险　费 187
　第一节　保险费的支付 187
　第二节　保险费的返还 188

第十一章　转　　让 192
　第一节　保险标的的转让 192
　第二节　保险单项下权益的转让 196
　第三节　法定转让 197
　第四节　保险单的转让 199

第十二章　保险中介 201
　第一节　对保险中介的监管 201
　第二节　保险人或被保险人的代理人 203
　第三节　相关的代理原则 206
　第四节　代理人知情的效力归属 209
　第五节　代理人和投保单 211
　第六节　被代理人与代理人间的关系 216

第十三章　解释和因果关系：承保风险与除外风险 225
　第一节　概　　述 226
　第二节　风　　险 230
　第三节　解释原则 233
　第四节　特定描述和特定用语 241
　第五节　火　　灾 242
　第六节　意外事故 243
　第七节　损　　失 251

  第八节 承保范围——间接的问题 ····· 255
  第九节 因果关系 ····· 259

第十四章 保险索赔 ····· 265
  第一节 公共政策 ····· 265
  第二节 第一方保险 ····· 266
  第三节 第三方保险 ····· 268
  第四节 一些一般性评论 ····· 273
  第五节 索赔程序 ····· 274
  第六节 损失通知 ····· 275
  第七节 索赔细节 ····· 278
  第八节 损失证明 ····· 280
  第九节 对保险人拒绝赔付的异议 ····· 280
  第十节 仲裁 ····· 281
  第十一节 弃权和禁反言 ····· 283
  第十二节 索赔欺诈 ····· 287
  第十三节 索赔请求的赔付 ····· 293

第十五章 保险赔付——损失的计算 ····· 296
  第一节 保险人的违约损害赔偿责任 ····· 296
  第二节 保险赔付数额的计算 ····· 301
  第三节 全部损失与部分损失 ····· 302
  第四节 动产保险中的全部损失 ····· 302
  第五节 不动产保险中的全部损失 ····· 305
  第六节 损失补偿型保险中的部分损失 ····· 307
  第七节 被保险人享有有限保险利益的情形 ····· 309
  第八节 定值保险中的财产损失 ····· 311
  第九节 不足额保险 ····· 312
  第十节 绝对免赔额与相对免赔额条款 ····· 313
  第十一节 保险金利息的支付 ····· 314

第十六章　恢 复 原 状 ··· 316

第一节　约定的恢复原状 ····································· 316
第二节　法定的恢复原状 ····································· 319
第三节　被保险人负有恢复原状的义务？ ······················· 323

第十七章　保险代位权 ··· 325

第一节　保险代位权的适用范围 ································· 325
第二节　保险代位权的制度源流 ································· 326
第三节　保险代位权的两个层面 ································· 329
第四节　被保险人不得获利 ····································· 329
第五节　保险人的诉权 ··· 335
第六节　被保险人必须获得补偿 ································· 337
第七节　诉讼由谁控制？ ······································· 338
第八节　被保险人不得实施任何有损于保险人的行为 ············· 339
第九节　侵权人相对于保险人的地位 ····························· 340
第十节　代位权仅适用于被保险人享有诉权之情形 ··············· 342
第十一节　保险人对诉讼利益的权利 ····························· 342
第十二节　替代代位权的诉权转让 ······························· 343
第十三节　明示条款的效力 ····································· 343
第十四节　两个或以上主体对同一财产具有利益 ··················· 344
第十五节　代位权的概括放弃 ··································· 351
第十六节　代位权的否认 ······································· 353
第十七节　对保险代位权的一些一般评论 ························· 355

第十八章　分摊原则与重复保险 ································· 357

第一节　比例分摊条款 ··· 357
第二节　重复保险的含义 ······································· 360
第三节　分摊比例 ··· 363
第四节　重复保险相关的保险单条件 ····························· 366

第十九章　人 寿 保 险 ··· 370

第一节　程序事项——披露和解除 ······························· 371

第二节　人寿保险单的转让 …………………………………… 372
　　第三节　人寿保险单的信托 …………………………………… 375

第二十章　责任保险 ……………………………………………… 382
　　第一节　被保险人破产 ………………………………………… 383
　　第二节　责任保险单中的合同条款 …………………………… 393
　　第三节　保险责任限额与费用 ………………………………… 399
　　第四节　保险人对受害第三人的义务 ………………………… 400

第二十一章　机动车保险 ………………………………………… 402
　　第一节　引　言 ………………………………………………… 402
　　第二节　强制保险的范围 ……………………………………… 404
　　第三节　机动车保险单中常见的承保条款及除外条款 ……… 412
　　第四节　第三人的权利 ………………………………………… 420
　　第五节　第151条项下保险人履行判决的义务 ……………… 422
　　第六节　关于保险的信息 ……………………………………… 427
　　第七节　第三人对汽车保险局的权利 ………………………… 427
　　第八节　驾驶人无保险的协议 ………………………………… 429
　　第九节　驾驶人身份不明的协议 ……………………………… 433
　　第十节　程序性问题 …………………………………………… 434

第二十二章　雇主责任保险和其他强制保险 …………………… 435
　　第一节　雇主责任保险 ………………………………………… 435
　　第二节　其他强制保险 ………………………………………… 443

索　　引 …………………………………………………………… 445
译　后　记 ………………………………………………………… 483

第一章　导论：保险与保险法的性质及其界定

保险合同主要受合同法部分一般规则的规制。然而，不可否认的是，经过长时间的发展，保险合同已经演化出不少自己独特的规范，这些特别规则共同构成了所谓的保险法。本书意图以一种相对传统的教义学方法来阐释这些保险法规则。① 这些规则中有一部分之所以能形成，主要是由于格式保险合同的文本，例如示范条款和保险单，长期是以一个相对统一的方式来起草的。这一事实对规则形成的影响在本书中随处可见。除此之外，了解保险和保险合同的历史发展，有助于理解许多保险法规则形成的缘由。由于本书篇幅所限，故而无法对相关的历史演进历程作详细考察②，但简明扼要的论述却有助于建构清晰的认知框架。

第一节　历史发展

现代保险合同的起源可追溯到意大利商人从十四世纪开始所从事的一些实践活动，尽管在此之前保险的概念已为人所知晓。海上风险，主要是船只和动产在海上毁损灭失的风险，促发了中世纪的保险实践，并且使海上保险在很长的时间里成为保险的主要形式。直到十六世纪，这一商业习惯才在伦敦的商人圈子里广泛流行开来。最初，并不存在独立的保险人，而是由一个商人团体承诺承担其成员们所面临的所有风险。在相当长的时间里，普通法并没有在保

---

① 一项出色的、更为语境化的评论，参见 Malcolm Clarke, Policies and Perceptions of Insurance Law in the Twenty-First Century (Oxford: OUP, 2005)。

② 相关更为详细的论述，参见 Holdsworth, "The early history of the contract of insurance" (1917) 17 Col. L. R. 85; G. Clayton, British Insurance (London: Elek Books Ltd, 1970)。

险纠纷的处置中扮演任何角色。相反,为了妥善解决保险纠纷,商人们在 1601 年推动立法,建立了一个独立于普通法体系之外的保险商会。然而,随着曼斯菲尔德(Mansfield)勋爵在十八世纪中叶被任命为英格兰皇家首席大法官(Lord Chief Justice),普通法法院对保险合同日益关注。曼斯菲尔德勋爵将商人法规则与更为传统的普通法概念相结合,用以解决各类保险纠纷。截至 1788 年他退休的时候,法院对保险纠纷的司法管辖已经完全确立。

海上保险长期占据着显著的地位,并且从十七世纪晚期开始,其在劳埃德(Lloyd)所拥有的一间咖啡馆中的交易量大幅上升。随着保险实践的发展,商人们希望经营保险的人接受一份书面的承保单,承保单上载明所投保船只、航程和动产等种种细节。那些乐于承受一部分风险的人就会先后草签承保单。当承保单上需要获得风险保障的全部保险金额都获得承保时,合同即告成立。③ 从这一实践中演化出来的"承保人"(underwriter)一词在今天依然被使用,并且该间咖啡馆所有人的名字成了一家机构的名称。伦敦的劳合社(Lloyd's)④现今是一家在形式上拥有法定职权的保险组织。尽管劳合社早已不在咖啡馆中运作,但是显然它的会员们依旧在以与咖啡馆时期类似的方式来经营业务。⑤ 劳合社对保险业和保险法制的影响巨大,例如劳合社的海上保险格式保险单就在《海上保险法(1906)》(Marine Insurance Act 1906)中被确立为法定示范合同。⑥ 另外,也有许多其他的公司和组织从事着保险业务。⑦

伴随着海上保险而发展出来的诸多原则大体上都适用于随后发展出的其他类型的保险。⑧ 起初是火灾保险,它的诞生乃是受到 1666 年伦敦大火的

---

③ 更为详细的法律分析,参见第五章。
④ 可进一步参见第一章第三节。
⑤ 直到晚近,劳合社的会员还是一群承担无限责任的个人,但是二十世纪八十年代末九十年代初发生的一些严重事件促使有限责任公司被允许成为会员,而且至少从经济角度而言,有限责任公司会员现今已主宰劳合社市场。
⑥ 不过,如今很少有人再采用此种保险单。
⑦ 参见第一章第三节对保险人类型的简述。
⑧ 这也许就是一些保险法的原则从本质上就与消费者合同格格不入的主要缘由,这种冲突即便在实践中并不总是如此,但至少存在于理论层面。保险业早期的海上保险单所根植的社会背景与现代批量生产的机动车保险单、房屋保险单等所处的环境,存在非常大的区别。法院及立法机关为何迟至晚近方才介入和修正那些不太适宜的规则[参见本章后文和第七章中对《消费者保险(披露与陈述)法(2012)》的讨论],对此的一项解释是:英国一直以来都拥有一个全面完善的社会保障保险体系,尽管部分人认为其现已丧失了它的广泛性。与此相反,在美国,社会保障保险体系起源较晚、覆盖面窄,因此私人保险在提供基本保障方面发挥着更加重要的作用,法院有更强的动力去干预并改善被保险人利益的保护状况。See Hasson, "The special nature of the insurance contract: a comparison of the American and English law of insurance" (1984) 47 M. L. R. 505.

刺激。接下来是人寿保险和意外伤害保险,伴随着十九世纪铁路网线的大面积扩张和工业化的飞速发展,意外伤害保险业务高速增长。保险业务在二十世纪继续发展,为了消弭损失风险或伤害风险,现在几乎可以为所有能想象到的事件或物品投保。尽管如此,规制这些险种的法律基本上是相同的。唯一的例外是海上保险,其法律规范被独立编纂为《海上保险法(1906)》,而且设定的某些基本规则为该法所独有。本书并不会特别去触及海上保险⑨,不过,一旦《海上保险法(1906)》的部分条文和涉及海上保险的某些案件所确立的通用规则或者为通用规则提供的依据,同时也可以适用于非海上保险的话,本书就会加以论述。一般而言,规制非海上保险合同的法律主要是判例法,但是依然有部分制定法介入其中,这里面最为重要的是《消费者保险(披露与陈述)法(2012)》[Consumer Insurance (Disclosure and Representations) Act 2012]和《保险法(2015)》。⑩ 在此,需要重点指出的是,本书中所谈及的法律并不一定是在实践中一直得到适用的法律,就消费者保险合同而言更是如此。同时,得益于英国法律委员会的不懈努力,上述法律文件已在国内法层面推动了英国保险法制的改革,并且预期会对欧盟保险法制的改革产生影响。这些事项将在本章的结尾处再行探讨。

第二节 保险的主要分类

如今的保险行业所涉业务种类众多,经营不限于英国,而是遍及全球。承保风险可以依据不同的标准进行划分,这其中有两种分类方式最为重要,值得进一步解读。

第一项 第一方保险和第三方保险

第一种分类方式将保险分为第一方保险和第三方保险:在第一方保险中,特定主体是以他们自己的生命、房屋、厂房或汽车等投保;而在第三方保险

---

⑨ 有关海上保险出色的论述,参见 Howard Bennett, The Law of Marine Insurance, 2nd edn (Oxford: OUP, 2006)。

⑩ 特殊情况同样见诸人寿保险(参见第十九章)和强制保险(参见第二十一章和第二十二章)领域。这些领域出现了能够影响保险合同法律适用的普通合同法改革,尤其是《消费者权益法(2015)》第二部分和《合同(第三方权利)法(1999)》[Contracts (Rights of Third Parties) Act 1999]。后述章节将对此予以介绍。

或责任保险中,特定主体是以他们在未来有可能依法对第三人承担的损害赔偿责任投保。当然,第一方保险和第三方保险的要素有可能出现在同一份保险单之中。法律的有关规定也反映了这两种保险类型的区别,一方面,法律规定某些第三方保险应具有强制性⑪;另一方面,法律认可在实践中第三人是第三方保险的保障对象。举例而言,机动车事故的受害者在实践中经常直接向机动车肇事者的保险公司主张权利,而非向机动车肇事者本人主张,这种方式在法律上被视为权利的适当行使。在特定情形下,第三人应当免受被保险人与保险人之间严格的合同权利义务关系的限制。尽管本书并不关注保险制度的运行效率问题,但于此不得不指出的是,相较第一方保险制度而言,第三方保险制度的运作更为昂贵,却又更加低效。这一因素再加之其他事实促使一些评论者认为,在一些特定领域,尤其是引发人身伤害或死亡的道路事故和工业事故领域,需要用第一方保险制度去替代现有的以侵权责任制度为前提的第三方保险制度。道路事故和工业事故领域的保险事业能够以商业保险的方式来运营,但是更合逻辑的或许应是由政府接手而作为社会保障体系的一部分。⑫ 不过这一设想目前看来似乎有些不切实际。

第二项 人寿保险和非人寿保险

第二种分类方式将保险分为人寿保险和非人寿保险,这一分类方式在法律和保险实务中被广泛认可。人寿保险可进一步区分为多种形式,既有纯粹的终身寿险,在此种险种中,保险人承诺在被保险人死亡时(无论何时发生)给付一定数额的保险金;又有生死两全寿险,被保险人如果能生存到一定年限,则可获得一笔保险赔偿金;还有新型的投资型寿险,其兼具传统人寿保险属性和资产投资属性。⑬ 无论是何种类型的寿险,"不确定性"都是其必备

---

⑪ 参见第二十一章和第二十二章。

⑫ See generally, e. g. Peter Cane, Atiyah's Accident Compensation and the Law, 7th edn (Cambridge: CUP, 2006); Report of the Royal Commission on Civil Liability and Compensation for Personal Injury (1978), Cmnd. 7054 (The Pearson Report). 一项有关责任保险如何影响过失侵权责任制度发展的有趣研究,参见 Davies, "The end of the affair: duty of care and liability insurance" (1989) 9 L. S. 67。

⑬ 只要是具有寿险的属性,哪怕只是涉及保险单的现金价值,该合同也理应作为寿险之一种受到相关监管规范(参见第二章)和《人寿保险法(1774)》(Life Assurance Act 1774)(参见第三章)的规制:Fuji Finance Inc v Aetna Life Insurance Ltd [1996] 4 All E. R. 608。另外,实践中许多寿险的保险单实质上是一种投资,这类寿险合同应当受到投资者保护框架的规制。英国的投资者保护框架肇始于《金融服务法(1986)》(Financial Services Act 1986),后又基于《金融服务与市场法(2000)》(Financial Services and Markets Act 2000)进行了调整,具体介绍可参见第二章。

特征,然而寿险与非寿险的不确定性有所区别。对寿险而言,死亡本身是确定的,但是死亡何时发生却是不确定的。相反,在非寿险中,保险事故是否发生,本身就是不确定的。例如,投保火灾保险的被保险财产可能自始至终都不会被烧毁,投保车险的机动车辆可能从头到尾都没有发生损害事故。通常而言,人寿保险合同和与其相关的保险合同(如意外伤害保险合同)被认为是"意外事故保险"(contingency insurance)合同。换言之,依此合同,只要保险事故发生,保险人就按照合同中事先约定的一定数额进行保险赔付,而不以实际损失数额为依据。* 非人寿保险合同一般被认为是损失填补型的保险合同,该种合同只是在保险标的受有损失和相应损失数额能够确定的情况下按照实际损失数额来补偿被保险人。⑭ 在本书的相关章节,我们会再进一步探讨这一分类方式。

第三项 术语选用

有一两个涉及保险专业术语的问题也不得不在此提及。应该说,对于以人的生命为保险保障对象的合同而言,更为恰当的表述应是"life assurance"。"life assurance"虽不为英国之外的国家普遍采纳,但是在英国保险法上却是一个地道的习惯用语。其理由也十分简单:死亡会确定发生,而所承保的其他风险则不会。不过由于使用普遍性的问题,本书还是采用"insurance"和"insured"这类术语。⑮ 此外,在实践中,与保险人订立保险合同的那个人常常被称为"保单持有人"(policyholder),但是本书并不倾向于使用这一表述。

第三节 保险人的类型

下一章节会谈到,保险行业受到政府或代表政府的其他机构的严格监管。接下来将介绍保险人的主要类型。

---

　* 这就是与损失填补型保险合同相对应的定额给付型的保险合同。——译者注
　⑭ 与此相对应的是定值保险(valued policies),保险合同双方当事人在订立合同时即已确定保险人所应当给付的保险金额。虽然定值保险较为稀少,但仍然存在于非海上保险中。可参见第十五章第八节。
　⑮ 也不排除部分评论者和法官在所有类型的保险中均使用"assured"这一术语。

除劳合社外,保险人的形式仅限于依照《公司法》⑯注册登记的公司、工业及互助会、依宪章和议会法案成立的法人。事实上,所有的大型非人寿保险公司和混合型保险公司⑰一贯采用普通的注册公司形式。而且,大量建立已久的人寿保险公司为相互保险公司。⑱仅余少量的工业及互助会仍在经营人寿保险中的简易人寿保险,其重要特征是保险人需定期上门收取保险费。

劳合社是一个业务遍布全球的独特组织⑲,不过,严格来讲,劳合社并非一家保险公司。劳合社依《劳合社法(1871—1982)》(Lloyd's Acts 1871-1982)成立,其本身不办理保险业务,亦不对劳合社承保人发出的保险单承担任何责任。⑳它的主要任务是对劳合社会员进行管理,并为会员业务提供便利。在某种程度上,尽管已有针对其经营业务的一般性法律规范㉑,但它仍能根据《劳合社法(1871—1982)》对该市场进行监管。劳合社的承保人,又称"列名成员"(Name),通常以个人名义负责办理劳合社的保险业务。经过多年运营,承保人之间又根据承保险种形成了不同规模的组合,即承保辛迪加*。辛迪加中的承保人彼此间并无连带关系,每位承保人对其承保的业务

---

⑯ 《公司法(2006)》(Companies Act 2006)或之前的公司立法。
⑰ 即这类保险公司提供长期寿险及其他类型的保险业务。
⑱ 近年来,许多保险公司已经"股份化",并成为上市公司。相互保险公司在海上保险市场也十分普遍,并以船主所属的俱乐部形式存在,通常是在英国或者其他地区注册的有限公司。
⑲ 它还通过代理协议在海外开展经营业务。
⑳ 在二十世纪九十年代早期,劳合社存在的问题导致大量涉及法律关系的诉讼,尤其是劳合社公司是否应当对它的"列名成员"负责;参见 Ashmore v Corp of Lloyd's [1992] 2 Lloyd's Rep. 1; above (No. 2) [1992] 2 Lloyd's Rep. 620。
㉑ 根据《金融服务法(2012)》(Financial Services Act 2012)修改的《金融服务与市场法(2000)》(Financial Services and Markets Act 2000)第十九章;详见《金融服务与市场法案(监管活动)指令(2001)》[Financial Services and Markets Act 2000 (Regulated Activities) Order 2001]第十二章。紧随着二十世纪九十年代早期发生灾难性的损失,为挽救整个体制制定了一个复杂的方案。对该方案有效性的合法讨论被 Society of Lloyd's v Leighs [1997] C. L. C. 1398 和 Society of Lloyd's v Fraser [1999] 1 Lloyd's Rep. I. R. 156 驳回,而且一项由反对者发起的声称劳合社欺诈引诱其成为承销商的运动失败了。在许多有关劳合社的问题和试图解决这些问题的案例中,尤其要注意在 Society of Lloyd's v Robinson [1999] 1 W. L. R. 756 中英国上议院的决定,在其他方面,上议院赞同了 Napier and Ettrick v Kershaw [1997] L. R. L. R. 1 at [7]-[8] 中对劳合社市场的司法描述。
* 辛迪加,是指由相互间有利害关系的个体成员组成的联合组织,经营和从事特定的商业交易。——译者注

各自负责㉒,承担无限责任,除非其提前申明只承担有限责任。劳合社承保人通过辛迪加这种分摊风险的方式开展保险业务并获取利益,间接扮演了"被动投资人"(passive investors)角色。

第四节 再 保 险

保险的一项更显著的特征是,保险人可通过再保险来为其所遭受的风险进行投保,这已出现许多年了。㉓ 产生再保险的方式有很多,虽然对这些方式的详细叙述超出了本书的范围㉔,但在此仍然介绍两种基本类型。第一种是临时再保险,其本质是保险合同当事人可任意决定是否针对特定风险缔结保险合同的再保险。第二种是合约再保险,合同双方受到合同条款中所包含的再保险风险种类的约束,但也有例外,尤其是分保人可能在一定范围内选择放弃某些风险种类。不管产生了何种类型的再保险,保险合同所适用的法律基本原则,包括最大诚信原则和损失填补原则,同样适用于再保险合同。㉕ 此外,规定再保险合同体现原保险合同条款范围的条款同样十分重要,它包含了约束再保险人在无论分保人是否对原保险合同存在严格责任的情况下对分保人进行赔偿的条款㉖,以及关于索赔的通知与控制的条款。

第五节 保险的法律定义

该部分将尝试阐述保险的法律定义,或至少对保险合同的含义进行解释。㉗ 正如司法审判中提到的那样㉘,这个问题并不简单。有关保险业务监

㉒ 英国上议院在 Touche Ross & Co v Baker[1992] 2 Lloyd's Rep. 207 中援引的《劳合社法(1982)》第 8 条第 1 款认为:在保险单中没有任何相反规定的情况下,由一组承保人签发的专业补偿型保险单中的"延期承保"(discovery extension)条款,可以只向其中一位承保人主张执行,而无须同时向所有承保人主张执行。

㉓ 再保险公司本身可能会再进一步投保,在这种情况下,正确的术语是转分保。

㉔ See MacGillivray on Insurance Law, 13th edn (London: Sweet & Maxwell, 2015), Ch. 35.

㉕ 的确,很多指导性案例都是围绕再保险合同,而不是保险合同产生的纠纷。

㉖ 通常称之为"结算遵循"条款("follow settlements" clauses)。

㉗ See Purves[2001] J. B. L. 623.

㉘ Department of Trade and Industry v St Christopher Motorists' Association Ltd[1974] 1 All E. R. 395; Medical Defence Union v Department of Trade[1979] 2 All E. R. 421 at 429.

管的法条㉙并未明确其定义,这无疑是立法者的疏忽。㉚ 由此产生的一项重要影响是:它给予了监管机构㉛相当大的自由裁量权。只有当某机构向法院寻求一份其未参与保险业务的声明,或对监管者提出的声明申请提出抗辩,又或对监管者解散公司的请求提出抗辩时,其才能有效地挑战该自由裁量权。试图界定保险合同含义除了有助于明确保险法适用范围,最根本的原因还在于将保险合同置于监管者的严密监管之下。我们会在下一节简单思考该监管的性质。

然而,也存在其他的原因。例如,保险法有其特有的原则,如最大诚信原则㉜,要明确一份合同是否适用该原则就必须知道其是否属于保险合同。此外,若不对此加以定义,某些法条将在履行"保险合同"过程中被涵盖或被排除。一个显著的例证便是《不公平合同条款法(1977)》(Unfair Contract Terms Act 1977)对这类合同的排除。㉝ 新近颁布的适用于消费者保险合同的《消费者保险(披露与陈述)法(2012)》也仅界定了"消费者"这一概念,而未定义"保险合同"。同样,《保险法(2015)》也未对"保险合同"的概念作出界定。

凑巧的是,在涉及该问题的已决案件中,几乎所有案件都考虑了该业务是否应当作为保险业务而受到监管。余下的案件则与税法有关,仅有一两个案件与保险合同特有的原则相关。㉞ 假定我们当下能够找到一个符合所有目的的定义,那么接下来将思考是否有必要针对不同的目的而作不同的定义。

㉙ 详见第二章。

㉚ See Department of Trade and Industry v St Christopher Motorists' Association Ltd [1974] 1 All E. R. 395 at 396-7. 正如其前身一样,尽管它对所有类型的保险均予以规范(详见 s. 424 and Sch. 2),但《金融服务与市场法(2000)》并没有尝试明确保险的定义。虽然金融行为监管局发布的《周边指导方针》(Perimeter Guidance)给予了指导,但它在某种程度上受到了批评,参见 MacGillivray on Insurance Law, 13th edn (London: Sweet & Maxwell, 2015), para. 1-009。

㉛ 审慎监管局(PRA)和金融行为监管局(FCA)。

㉜ 详见第七章和第八章。

㉝ Sch.1, para.1(a): see 1.7.

㉞ 一个经常引发诉讼和纠纷的领域是对保险合同与担保合同的区分。很明显,合同的称谓无关紧要。指导性案例是 Seaton v Heath [1899] 1 Q. B. 782,参见 Blair, "The conversion of guarantee contracts" (1966) 39 M. L. R. 522。

第六节 基于监管目的的定义

通常认为,保险合同的主要目的[35]为:合同一方当事人(保险人)承担未来某不确定事件[36]所导致的不可控风险,而另一方当事人(被保险人)享有请求保险人在该不确定事件发生时向其支付金钱或提供等价物的权利。[37] 紧接着我们发现,为了实现保险业务监管法令的目的,通常[38]在这类合同中承担风险的一方正在开展保险业务。因此,这个定义的某些方面值得我们进一步关注。

第一项 合法权利

第一,必须存在一个具备法律约束力的合同,且保险人依法负有对另一方的损害进行赔偿的义务。仅有被考虑享受某项利益的权利是不够的,因为是否对该利益予以保护全凭一方当事人自由裁断,而不能依法执行。在 Medical Defence Union v Department of Trade 案[39]中,原告是一家公司,其会员为实习医生和牙医,业务主要包括代表会员进行法律诉讼并赔偿他们因遭到索赔而付出的损害赔偿金和诉讼费。然而,根据该公司的章程,其会员并不享有上述利益的请求权,而仅能请求该公司提供帮助。法院认为这家公司没有开展保险业务。该公司与其会员之间的合同不是保险合同,因为在不确定事件发生后,保险合同会赋予被保险人请求赔偿损失金额或提供等价物的权利。请求提供帮助并不是这样一种权利。

---

[35] 对于保险合同主要目的是否包括保险和非保险要素的讨论,参见 the comments of Warren J in Digital Satellite Warranty Cover Ltd〔2011〕EWHC 122 (Ch) at〔84〕to〔86〕and the discussion in MacGillivray on Insurance Law,13th edn (London: Sweet & Maxwell, 2015), paras 1-008 to 1-009。

[36] 很明显,除了养老保险,在其他险种中,不确定事件总是会对另一方当事人产生不利,但这并非保险合同所必需。See Gould v Curtis〔1913〕3 K. B. 84, qualifying the definition given in the leading case of Prudential Insurance Co v IRC〔1904〕2 K. B. 658, and the discussion by Megarry VC in Medical Defence Union v Department of Trade〔1979〕2 All E. R. 421 at 427-428.

[37] 英国法律认为损害赔偿保险合同相当于保险公司承诺被保险人不受损害;详见第十五章第一节。

[38] 尽管"通常"可能并不必要;详见第二章第四节。

[39] Medical Defence Union v Department of Trade〔1979〕2 All E. R. 421.

第二项　不确定性

第二，如前所述，不确定性为保险所必备的一种性质，在大多数情况下是指保险事故能否发生。而在人寿保险中，它关乎事件发生的确切时间。[40]

第三项　保险利益

第三，被保险人作为合同另一方，必须对作为保险保障对象的财产、寿命或责任享有保险利益。本书第三章将会对该要件进行详细剖析。

第四项　可控性

第四，承保事项应不受风险承担方的控制。没有一个英国判例明确提出这一要件，但是可控性的问题在判决中虽不是必不可少，却还是在两个案例中有所涉及。[41] 通过分析制造商以合同向消费者担保产品质量的案例，可以说明其中潜在的问题。[42] 例如，某洗衣机制造商承诺为消费者自购买之日起一年内因产品缺陷引起的任何故障提供修理服务。制造商明确承诺提供对应于因产品缺陷导致的价值减少的服务，承担不确定事件带来的风险，该事件中消费者明显享有利益。但是，在大多数人的理解中这并不能被纳入保险合同的范畴。对此进行解释时，可引入可控性[43]因素。此例中，制造商承诺的是在第一时间把做错的事情补正，这一做错的事情体现为产品生产中的固有缺陷。因此，制造商的承诺不构成保险合同。[44] 另外，若有制造商承诺承受既非它制造也非它出售产品的不可控风险，以此

---

[40] See Gould v Curtis [1913] 3 K. B. 84.

[41] Department of Trade and Industry v St Christopher Motorists' Association Ltd [1974] 1 All E. R. 395 at 401; Medical Defence Union v Department of Trade [1979] 2 All E. R. 421 at [424].

[42] 关于担保的其他问题，尤其是在《欧共体消费者担保指令》(EC Directive on Consumer Guarantees)的语境下，参见 Twigg-Flesner, "Consumer product guarantees and insurance law" [1999] J. B. L. 279。

[43] "可控性"也许是一个误导性术语。在实践中，制造商对于其所担保的产品可能很少拥有真正的控制力。另一项可能的解释是：被指称的保险人事实上是否对造成引起索赔请求的事件负有责任。

[44] 相关美国案例，参见 Hellner, "The scope of insurance regulation: what is insurance for the purposes of regulation?" (1963) 12 Am. J. Comp. L. 494 at 505。

作为签订合同的回报,此时便进入了保险合同范畴。㊺ 如果一个制造商不仅承诺承担产品生产缺陷责任,还承诺替换因某些特殊原因致损的产品,那么这也属于保险合同的范畴。㊻ 为汽车所有者提供汽车故障修理或恢复服务的协会也应被认为提供了保险服务,因其承诺会员拥有享受服务的权利而不仅仅是观念上的权利。㊼

第五项　提供等价物

第五,一般而言,并不存在充分理由要求保险人承诺在不确定事件发生时必须给付货币,而是存在明确的法律规定可提供等价物,并不一定要求给付货币。在 Department of Trade and Industry v St Christopher's Motorists' Association Ltd 案㊽中,被告承诺:若其会员因血液中酒精含量超过允许值被定罪而丧失驾驶资格,它将为他们提供司机服务。法院认为这构成保险。事实上,利益如果没有以金钱为表现形态,也是无关紧要的。㊾ 在后来的 Medical Defence Union v Department of Trade 案中,被告仅需提供服务的观点既不充分

㊺ See Re Sentinel Securities Plc［1996］1 W. L. R. 316,在该案中,有一项"担保"承诺,一旦原供应商破产,将会代为修理双层玻璃和其他家具产品。该项"担保"被视为构成保险。与此类似的判例有 Re Digital Satellite Warranty Cover Ltd［2011］EWHC 122 (Ch), affirmed［2011］EWCA Civ 1413 and［2013］UKSC 7。

㊻ 参见注释㊹Hellner 文第 505—506 页。美国的指导性判例可能是 State ex rel. Duffy v Western Auto Supply Co 134 Ohio St. 163 (1938)。《纽约州保险法》第 41 条也将可控性测试纳入保险合同的定义中。但是,该测试的使用受到了批评;参见 Hellner, "The scope of insurance regulation: what is insurance for the purposes of regulation?" (1963) 12 Am. J. Comp. L. 494, especially at 500-502。如果这样一个制造商进入保险合同,这并不一定意味着它在开展《金融服务与市场法(2000)》所规定的保险业务;参见 Megarry VC in Medical Defence Union v Department of Trade［1979］2 All E. R. 421 at 431-432。应该指出的是,这是结果,制造商没有严格意义上的权利进行任何其他商业活动(R.1.5.13 of the Prudential Sourcebook for Insurers,它由监管者根据《金融服务与市场法(2000)》第 141 条第 1 款制定)很明显是荒谬的。也可详见于 Parkash, (1985) L. S. G. 3547。

㊼ 这可以从《金融服务与市场法案(监管活动)指令(2001)》第 10 条将此类型协会的活动排除出监管者的控制范围看出。

㊽ Department of Trade and Industry v St Christopher's Motorists' Association Ltd［1974］1 All E. R. 395。需要注意的是,当该案件被审理之时,被告实际上已经向贸易部门提供了充分的保险安排,所以被告并不是没有出庭。事实上,这样的保险可能与公共政策(详见第十四章)不相符合,而且在该国不再出售。

㊾ 这一主张随后也得到了确认,参见 Re Sentinel Securities Plc［1996］1 W. L. R. 316(保险公司提供的利益是对双层玻璃和其他家居装饰缺陷的修复)。另见 Fuji Finance Inc v Aetna Life Insurance Ltd［1995］Ch. 122 at 130。

也不准确。㊾ 更恰当的说法是给付必须具有相应的货币价值,不管是享有有价服务的权利,还是提出建议的权利㊶,抑或要求修理或更换财物的权利。

第六项　其他要件

然而,某些部门认为上述定义可能不够全面。Hampton v Toxteth Co-operative Society㊷ 和 Hall D'Ath v British Provident Association㊸ 两案均表明没有保险业务能在缺乏明确约定的保险费和保险单的情况下进行。在 Hampton v Toxteth Co-operative Society 案中,某地方合作社授予其成员因其配偶死亡而获得一笔补偿款的权利,这笔费用的计算方式与该会员一定时期内在该合作社的购买力有关。法院认为该行为不构成提供人寿保险业务,因此该合作社不需要根据《保险公司法(1909)》(Assurance Companies Act 1909)中的有关规范提交 20000 英镑保证金。上诉法院㊹的多数意见认为本案的关键在于缺乏保险单,因为《保险公司法(1909)》第 1 条和第 30 条明确指出要根据保险单开展保险业务;此外,如果法院查明该合作社章程并未赋予可强制要求缴纳涉案费用的合同权利,判决结果也会发生改变,这一点同样非常重要。

由此,Hampton v Toxteth Co-operative Society 案㊺是对现行法律进行解释的结果。㊻ 保险的现行法律表述㊼仅指保险合同㊽,因此有人认为这些旧案与

㊾　Medical Defence Union v Department of Trade [1979] 2 All E. R. 421 at 428.

㊶　Medical Defence Union v Department of Trade [1979] 2 All E. R. 421 at 430,在该案中,协会会员所享有的建议和协助的权利须对应于"保险人"的额外费用支出,而不仅仅是协会为了会员利益日常运营的一般费用支出。因此梅佳里法官(Megarry VC)将"或者保险公司提供服务"的内容补充到"货币或者货币等价物"的条款中。

㊷　Hampton v Toxteth Co-operative Society [1915] Ch 721.

㊸　Hall D'Ath v British Provident Association (1932) 48 L. T. R. 240.

㊹　菲利莫尔法官(Phillimore LJ)提出了强烈的异议。

㊺　这在 Hall D'Ath v British Provident Association 案中同样应该是正确的。

㊻　这和更早期的案例 Nelson v Board of Trade (1901) 84 L. T. 565 有所区别,在 Nelson 案中,茶商为购买他们茶叶的已婚妇女提供她们的丈夫死亡后的年金。此时这些茶商需要遵从《人寿保险公司法(1870)》(Life Assurance Companies Act 1870)的规定。尽管"保险单"这个词出现在该法中,但它只是相关定义的一部分;其他部分仅涉及有关获取年金的事项,并没有提及保险单的必要性。

㊼　《金融服务与市场法(2000)》第二章和《金融服务与市场法案(监管活动)指令(2001)》第一章。

㊽　尽管根据《金融服务与市场法(2000)》第 424 条,我们注意到财政部有权规定符合该法案目的的保险单的含义。

现代法律解释无关,至少与以监管为目的的现代保险定义无关。⁵⁹ 事实上,若一类业务像保险业务一样即使该合同的其他所有方面都符合给出的定义,却仅通过减少正式手续的方法就能够逃脱监管,这将非常不合理。和许多其他业务相比,基于保险的重要性、其涉及的风险及确保被保险人不会受到不正当对待或者保险人欺诈的需要,立法机构已明确今后更密切地关注保险人的经济状况。

第七项　一个更广泛的观点

基于监管目的为"保险"所作出的正式定义并没有太大问题,这一点是可论证的。由此可见:任何表现出假设和分配风险等必要特征且在合理范围内开展的类似于保险的交易,都应成为被监管对象。⁶⁰ 根据这种观点,被保险人权利的强制执行力及保险人所承诺的利益是否具有等价性等技术问题均无关紧要。事实上,若"保险人"定期分配实际利益,它就应当被看作保险人。医疗辩护联盟(Medical Defence Union)⁶¹几乎不拒绝向它的会员提供帮助,任何因疏忽而被指控的会员也都能从这家公司获得较好的补偿。这类团体在其会员所要求的保护范围内从事保险业务的事实就成为其应受法律监管的有力论据。

第七节　基于其他目的的定义

如果根据某交易表现出的必要特征足以判断其是否符合基于监管目的的保险定义,那么,是否存在类似的表述来定义基于其他目的的保险。例如,在实践中,某些交易未被界定为保险,且大多数人不认为是保险,但风险承受方所承担的风险并不受其控制。还存在更早的实例,某发动机润滑油制造商在销售润滑油时向买方承诺,未来某段时间内买方的车辆不会因任何原因受损。显然,此项风险超出了制造商的控制范围。该制造商能否主张其合同属于保险合同,从而不受《不公平合同条款法(1977)》中免责条款的规制?有观点认为不能如此认定。⁶² 出于监管目的和上文提及的部分原因,我们需

---

⁵⁹ 接下来会对 Hampton 案能否作为基于其他目的的定义的基础作一个简短的讨论。

⁶⁰ 尤其应有到,对于这些界限的一个完整而有说服力的论点,Hellner 的文章并不公正,参见"The scope of insurance regulation: what is insurance for the purposes of regulation?" (1963)12 Am. J. Comp. L. 494 at 505。

⁶¹ Roberts (1980) 43 M. L. R. 85; Merkin (1979) 1 Liverpool Law Review 125.

⁶² 无论如何,这样的制造商必须受到《消费者权益法(2015)》第二部分的规制。尽管该部分的适用范围并不完全清楚,但其适用于保险合同。

要一个广义的保险定义来解决此类案件。而《不公平合同条款法(1977)》中的豁免制度显然适用于一般意义上的保险合同。[63] 法案规定任何选择认定其业务为保险的当事人均不能主张豁免。由此有人认为，基于该目的，也可能是为了适用类如最大诚信原则等保险法的特殊规定，Hampton 案及其他案件均体现出，这些交易往往伴随着一般保险事件的特征，即相应类型的保险单[64]及可确认的保险费。

人们认为相同的推理应适用于所有未定义保险合同的保险合同法规则，例如《第三方(对保险公司的权利)法(1930)》[Third Parties (Rights against Insurers) Act 1930][65]、《消费者保险(披露与陈述)法(2012)》和《保险法(2015)》。

第八节 实践和改革

前文曾提到，本书中严格意义上的保险合同法教义学并未被完全运用到实践中。此项因素及对教义学层面的法律改革的呼声使得法律委员会对相关法律进行了广泛的审查，且已经引发了法律改革。笔者在此对这些事实及相关发展情况作一般性介绍，与此同时，后文相应章节也将更为详细地对实践和改革方面的状况予以说明。

第九节 商业保险法与消费者保险法

自二十世纪后期以来，在实践中，逐渐发展出以被保险人是消费者或商人为标准来判断所应适用的保险合同法规则的做法。这关乎到：在申请保险时特定的先合同义务是否会强加于将来的被保险人、一些相应的特定传统义务会否依格式合同施加给被保险人。具体的法律规定将在第六章至第九章中详细阐述。[66] 很长时间以来，这些规定使得消费者受到了不公

---

[63] 因为保险行业颁布了相应的实践声明，见下文。
[64] 尽管没有人认为必须称作"保险单"。
[65] 它将会被《第三方(对保险公司的权利)法(2010)》代替，详见第二十章。
[66] 然而，英国的传统法律规则并未对保险单条款和条件进行规制，这与以大陆法系国家为代表的其他国家完全相反。很可能是因为总体上不受国家控制，所以保险消费者在保险所提供的保障及费用方面都得到实惠。一项较为久远但现在仍然有效的调研报告将英德两国的监管体系进行了对比，参见 the Institute for Fiscal Studies, "Insurance: Competition or Regulation?" Report Series No. 19 (1985)。

平待遇,因而法律改革曾多次被提出,在这之中,尤为著名的是1980年法律委员会提出的改革。[67] 时至今日,英国历届政府都根据接下来所描述的方法,通过所谓的"自我监管"[68]而非改变严格的法律原则的方式来进行大规模改革。

这也说明,如今已经设置了针对消费者的原则性保护措施。根据《金融服务与市场法(2000)》,人寿保险和大部分非人寿保险类型的业务均受金融行为监管局(FCA)的监管。[69] 尤其是《保险营业行为规范》(ICOBS)中的规则给保险公司和中介机构[70]施加了一系列的法定职责,特别要求保险公司不能不合理地拒绝索赔,并涵盖了下文即将讨论的《一般保险惯例陈述》中以前的"规则"。《保险营业行为规范》中的规则将在第二章进一步讨论。此外,值得注意的是,《消费者权益法(2015)》第二部分取代了《消费者合同不公平条款规制条例(1999)》,同时也产生了某些潜在后果。[71] 关于这些问题,本书将在适当部分作更进一步的思考,包括是否应对消费者保险合同条款提出一般性的"公平"要求。[72] 目前,应关注的是,适用于消费者[73]保险合同的一般要求是:保险公司必须确保任何书面条款是透明的,且必须用简单易懂和清晰的语言表达出来。[74] 这为近年来以"浅显易懂的语言"草拟保险单的行业趋势提供了法律正当性。

上述法律规则的区分设置决定了将消费者保险法与商业法人或组织签

---

[67] Report No. 104, Cmnd. 8064. See Birds, "The reform of insurance law" [1982] J. B. L. 449.

[68] 关于更详细的报告,参见 Birds, "Self-regulation and insurance contracts", New Foundations for Insurance Law edited by F. D. Rose, (Rothman, 1987), Ch. 1. 根据一项于协议的有趣的研究,很多法律改革修改了保险行业运营所依据的法律规则,参见 Lewis, "Insurers' agreements not to enforce strict legal rights: bargaining with government and in the shadow of the law" (1985) 48 M. L. R. 275。

[69] 这已经被《金融服务法(2012)》所修改。有关人寿保险中的相关保护措施已超过本书论述范围,在此不作介绍,但在后续章节仍会简要地提及。

[70] ICOBS 的前身,即 2005 年施行的《保险营业行为规则》(Insurance Conduct of Business Rules, ICOB),其取代了一个被称为一般保险标准(GISC)的自我监管设置;参见 Burling, "The impact of the GISC" [2001] J. B. L. 646. 从 2000 年开始,还取代了英国保险协会中介人业务守则(适用于保险公司的所有员工),而 1988 年首次发布并于 1994 年轻微修改的注册代理规则却未被取代。后者只适用于保险中介,然而,一般保险标准和行为业务原始资料均适用于保险公司。

[71] SI 1999/2083, which itself replaced SI 1994/3159 and implements EC Directive 93/13.

[72] 详见第六章和第十三章。

[73] 即非基于贸易、商业、手工艺或职业目的行事的人,参见《消费者权益法(2015)》第 2 条第 3 款。

[74] 参见《消费者权益法(2015)》第 68 条。

订的保险合同相分离的做法似乎是可取的。《消费者保险（披露与陈述）法（2012）》和《保险法（2015）》都清晰地体现了这一点，至少在某些方面存在原则上的差异。

消费者的自我监管和投诉机制

自我监管机制中存在许多重要的发展。最早便是《一般保险经营申明》（Statement of General Insurance Practice）和《长期保险经营申明》（Statement of Long-term Insurance Practice）。它们最初在1977年[75]被采用，随后在1986年得以修改。据此，大多数保险公司承诺放弃针对自然人投保人的某些法律权利。上述保险经营申明主要规定了保险人不披露、不实陈述、违反保证及条件的后果，但并不具有严格的法律约束力。[76]但大多数保险公司一般会选择遵守该条款[77]，并且这些条款可通过下文所描述的投诉机制被强制执行。当引入FCA中关于商业行为的规定时，以上陈述均无法适用，但其包含的内容仍对例如金融监察局（FOS）的决定等具有影响力。

在二十世纪末的最后二十年中，最重要的自我监管机制是设立保险监察局（IOB），它为自然人保险消费者提供了一项重要的投诉机制。[78]尽管保险监察局已不复存在，它被后文将予以进一步介绍的金融监察局这一法定机构所取代，但是，它对消费者保险的影响十分深远，在此作简短的说明仍旧具有

---

[75] 这是为了响应《不公平合同条款法（1977）》有关保险合同豁免的规定。See Birds (1977) 40 M. L. R. 677.

[76] 关于此项观点的讨论，参见 James v CGU Insurance Plc [2002] Lloyd's Rep. I. R. 206 at 219，不过，该案所处的背景为商业保险单，很明显，保险经营申明的有关规则并不适用。

[77] 就最初的1977年保险经营申明而言，一些保险公司花了相当长的时间才遵守规定；参见 the report of the Scottish Consumer Council, Forms without Fuss, 1981, 尽管现在其在某种程度上已经落后。关于保险经营申明遵守情况的调查，参见 Cadogan and Lewis, (1992) 21 Anglo-American L. R. 123。

[78] 涉及保险监察局的文献和其他相似的私人监察员实施方案，主要包括：James, "The Insurance Ombudsman," Ch. 2 in Private Ombudsmen and Public law (Dartmouth, 1997); Birds, "The reform of insurance law" [1982] J. B. L. 449; Birds and Graham, "Complaints mechanisms in the financial services industry" (1988) 7 C. J. Q. 313; Birds and Graham, Complaints against Insurance Companies (University of Sheffield, 1992), reprinted with amendments in [1993] Consum. L. J. 77; Morris and Hamilton, "The Insurance Ombudsman and PIA Ombudsman: a critical comparison" (1996) 47 N. I. L. Q. 119 and Merricks, "The jurisprudence of the Ombudsman" [2001] J. B. L. 654。保险监察局会发布年度报告和一般案例摘要，这提供了一幅吸引人的现代保险行业运营画面。

价值。⑦⑨

出于对保险消费者弱势地位的担忧,三家最大的保险公司在1981年成立了保险监察局⑧⑩,而且其会员最终只包括涵盖90%以上的私人非寿险保单持有人的普通保险公司。这项服务对投诉人是免费的,且监察专员能够获得高达10万英镑的奖励,奖励的多少取决于会员公司而非投诉人。监察专员最初的职责是根据"良好的保险惯例"及法律来作出决定,该职责后来被修改为作出"在所有情形下都公平合理"的决定。在其他方面,这一改变使得监察专员在被保险人违反披露义务时可采取灵活的补救措施⑧①,也导致监察专员有时在不合理条款上拒绝信任保险公司。尽管保险监察局是一个非常成功的机构,但它的存在并非完全没有争议。从公共法律的角度来看,当上诉法院认为监察专员的决定经不起司法审查的检验时,监察专员是否应当为其行为充分负责的问题饱受争议。⑧② 另外,在保险法的各类自我监管方法中,对消费者最有利的要数保险监察专员制度。

金融监察局在法律上的职权依据是《金融服务与市场法(2000)》第十六部分。⑧③ 毫无疑问,这种法定强制监管方案较前者具有明显的优势,因为该方案具有强制性,在必要时,其裁决可以通过法院强制执行。此外,金融监察局享有查询信息的法定权利。⑧④ 可向监察专员投诉的保险消费者的范围更广,包括小企业⑧⑤、个人消费者、为自己利益签订保险合同的人,以及由合同、法律、权利转让书衍生出的可通过索赔享受相应利益的主体。第一类显然包括团体人寿保险的受益人,以及受益于其配偶或父母的家庭保险单的受

---

⑦⑨ 更详尽的描述,详见本书第五版的第5—7页。保险监察局有一个竞争对手——个人保险仲裁服务(PIAS),少数保险人在使用这一服务,不过,关于个人保险仲裁服务的消息几乎没有,没有与它运行相关的报道发表,之所以产生这一现象,主要是因为:在每一个案件中,个人仲裁均需适用仲裁的一般规则。

⑧⑩ See Tyldesley, "The Insurance Ombudsman Bureau: the early history" (2003) 18 Insurance Research and Practice 34.

⑧① 详见第七章。

⑧② R. v Insurance Ombudsman Bureau, Ex p. Aegon Insurance [1994] C. L. C. 88. 关于该判决的批判,参见 Morris, "The Insurance Ombudsman and judicial review" [1994] L. M. C. L. Q. 358 and James, above, Chs 1 and 2。

⑧③ See http://www.financial-ombudsman.org.uk/ [Accessed 27 December 2015].

⑧④ 《金融服务与市场法(2000)》第231条。

⑧⑤ 被描述成"微型企业",这样的企业雇佣人数不超过10人,营业额或年度资产负债表不超过200万英镑。

益人。第二类则包括依 1930 年或 2010 年的《第三方(对保险公司的权利)法》[86]、《道路交通法(1988)》(Road Traffic Act 1988)第四部分而获得权利的人。[87] 同保险监察局一样,金融监察局免费为投诉人提供服务。进一步而言,它也参照"在所有情形下都公平合理"这一标准来处理所投诉的案件。[88]《金融服务与市场法(2000)》中规定的争议解决机制也反复强调这一要求,它规定在任何情况下都要考虑案件的公平与合理,在此过程中,监察专员将会审查相关的法律,规则,监管机构的准则、指引和标准,相关的实践准则,以及相关阶段的良好行业惯例。[89] 例如,保险经营申明中的条款。此外,金融监察局可以审查针对有关中间商和其他中介机构所经营保险业务的投诉。赔偿金额的基本上限为 15 万英镑,但是,如果考虑到公平补偿的需要,而且投诉人因投诉支出相应成本,监察专员可以建议被投诉人支付更多赔偿金额。对投诉人而言,在其接受 15 万英镑的赔偿之后,再向法院起诉请求超过该数额的任何赔偿是不现实的。除非投诉人拒绝这份裁决书并通过法律程序要求全额赔偿。[90]

这种法定方案的潜在缺陷在于:金融监察局需要处理来自整个金融服务业的消费者投诉,由于投诉的数量过多,其不得不更多地依赖发布一般指导意见来解决问题,而不会对个人投诉给予像保险监察局那样程度的关注。[91] 但现在还没有证据能够证明担忧的情形已经发生。可能更重要的是金融监察局强制管辖权的界限,就如家庭保险单的索赔问题那样。

---

[86] 详见第二十章。

[87] 详见第二十一章。

[88] 《金融服务与市场法(2000)》第 228 条第 2 款。

[89] 争议解决机制也要求保险人拥有并运行适当有效的内部投诉和处理程序,它们的处置依据来源于金融监察局,并且它们与监管专员通力合作。在 R. v Financial Ombudsman Services Ltd, Ex p. IFG Financial Services Ltd [2005] EWHC 1153 (Admin)中,对监察专员在此基础上决定权的挑战是失败的。

[90] Clark v In Focus Asset Management & Tax Solutions Ltd [2014] EWCA Civ 118. 如果索赔的金额可能会超过 15 万英镑这个最大值,而当事人仍然选择向金融监管局投诉,这可能会被认为是不走运和不理智的。相对来说,上诉法院的推理并不完全令人信服;参见 Merkin, Insurance Law Monthly, July 2014。

[91] 一项非常有用的评论,参见 James and Morris, "The new Financial Ombudsman Service in the United Kingdom—has the second generation got it right?" in International Perspectives on Consumer Access to Justice, eds Rickett and Telfer (CUP, 2003), pp. 167-195。

第十节 法律改革

此处对多种多样的自我监管措施和法定措施进行简要回顾的目的在于说明大量消费者保险软法与商业保险所适用的软法并不完全一致。但是,如今存在一项对保险合同法各方面进行法律改革的强有力主张⑫,而且,商业保险合同和消费者保险合同领域均需开展这样的改革。法律在实践中经常不被适用的事实可能会成为一项令人信服的改革理由。继 1980 年法律委员会报告⑬后,1997 年全国消费者委员会也发布了一份敦促改革的报告⑭,该报告在某些层面以几年前澳大利亚引入的开创性改革为基础⑮,同时也对出现的一些问题和其他消费者群体提出的意见作了回应。2002 年,英国保险法协会(British Insurance Law Association)将其意见也融入该报告,并强烈要求赋予法律委员会重新审查改革情况的机会。⑯

第一项 法律委员会的项目

这种压力产生了效果,英格兰、威尔士和苏格兰的法律委员会一直致力于从多方面审查保险合同法,尽管这些项目的范围比最初的发展设想略窄。⑰它们第一份报告中的法律草案⑱基本上是在完全参考《消费者保险(披露与陈述)法(2012)》后颁布的。2014 年,它们发布了另一份报告⑲,且这份报告的大多数内容被运用到《保险法(2015)》中。这些法案的细节在随后的

---

⑫ 值得注意的是,破产保险公司的清算人在处理未决索赔案件时,法律,而非惯例将被强制适用。

⑬ See Report No. 104, Cmnd. 8064. See Birds, "The reform of insurance law" [1982] J. B. L. 449.

⑭ Insurance Law Reform: the Consumer Case for a Review of Insurance Law.

⑮ 澳大利亚《保险合同法(1984)》。

⑯ 详见 2002 年 9 月 BILA 发表的报道。同时也要注意,正如在该报道附录中再现的那样,权威人士,尤其是 Longmore and Rix LJJ 在演讲中呼吁司法部门的高级成员进行改革,另见 Longmore, "An Insurance Contracts Act for a new century?" [2001] L. M. C. L. Q. 356.

⑰ See generally at http://www.lawcom.gov.uk/project/insurance-contract-law/[Accessed 27 December 2015].

⑱ Consumer Insurance Law: Pre-Contract Disclosure and Misrepresentation, 2009, Law Com. No. 319, Scot Law Com. No. 219.

⑲ Insurance Contract Law: Business Disclosure, Warranties, Insurers' Remedies for Fraudulent Claims, and Late Payment, 2014, Law Com. No. 353, Scot Law Com. No. 238.

章节中会有所涉及。[100] 2015 年,它们希望发布一份主要涉及保险利益的最终报告。

第二项 欧洲的发展

影响法律改革的另一项重要因素与欧洲层面的作用有关。[101] 在起草 1980 年的报告时,法律委员会最初的参考主要受到欧洲委员会已形成的指令草案的影响,该指令草案旨在协调保险合同法各关键方面的问题。为迈向真正单一的欧洲保险市场,这一考量具有必要性。在这个问题上,正如下一章节所述,欧洲立法者仅把注意力集中在协调保险业务监管条款和为保险提供者创造机构设立自由与服务自由之上,而将保险合同法规则进行统一的设想却从议程中消失了。但是,为真正创立一个单一市场,进行某种程度的协调,或至少提供一个能够替代国内法的框架,抑或提供一个可供选择的法律制度的重要性再次被确认。[102] 且有一些欧洲保险律师致力于欧洲保险合同法重述。[103] 它最初建立在一切欧盟官方框架之外,某种程度上是一个独立的项目,但同时也是欧洲私法联合网络的一部分[104],由欧盟委员会根据第六框架计划设立。最终目的是制定欧洲合同法共同参考框架,该框架将涵盖两种具体的合同类型,即销售和保险,也包含一般合同法的规定。[105] 重述组已经起草了保险合同法共同参考框架,并将基本原则提交至欧盟委员会,而包含注释和评论的更完整版本在 2009 年发表。[106] 随后的第二版则纳入了保

---

[100] 关于在相关时间对法律委员会众多建议的评论,参见 Soyer, ed., Reforming Marine and Commercial Insurance Law (2008), Informa and the articles in the January 2013 special issue of the Journal of Business Law。

[101] 详见关于是否需要一部欧洲范围内法典的讨论:Basedow,"The case for a European insurance contract code" [2001] J. B. L. 569; Croly and Merkin, "Doubts about insurance codes" [2001] J. B. L. 587; Clarke, "Doubts from the dark side—the case against codes" [2001] J. B. L. 605。有关一项从整个欧洲视角对英国和德国保险法有趣的比较,参见 Rühl, "Common law, civil law, and the single European Market for insurances" (2006) 55 I. C. L. Q. 879。

[102] See the Communication from the Commission to the European Parliament and the Council—A more coherent European Contract Law—an Action Plan, COM (2003) 68 (12 Feb), 47-49 and 74.

[103] See http://restatement.infol/[Accessed 27 December 2015], and Clarke and Heiss, "Towards a European insurance contract law? Recent developments in Brussels" [2006] J. B. L. 600.

[104] See http://www.copecl.org[Accessed 27 December 2015].

[105] See Annex I of the Communication of the EC Commission of 11 October 2004, COM [2004] 651 final.

[106] Basedow, Birds, Clarke, Cousy, Heiss, eds., Principles of European Insurance Contract Law (Munich: Sellier, European Law Publishers, 2009).

险合同中所特有的规则。[107] 但从目前来看,类似这种欧洲层面的立法活动存在缩减趋势,即便这些法律在可预见的未来不会消失,然而很不幸的是,重述组的这项工作最终可能仅仅沦为一项单纯的学术活动,哪怕它在某些方面仍会发生作用。

---

[107] Basedow, Birds, Clarke, et al eds., Principles of European Insurance Contract Law, 2nd edn (Munich: Sellier, European Law Publishers, 2015).

第二章 保险监管

对于一般保险合同的双方当事人而言①,法律对被保险人的要求仅仅是,被保险人对保险标的具有保险利益②且具有通常的缔约能力③。相较之下,某一主体则仅在符合精细复杂立法所确立的监管要求时,方能成为保险人。这些要求的存在,是由保险业务的自身特性所决定的。被保险人将其金钱交托至保险人,但作为交换,其获得的仅仅是保险人在特定事件发生时提供赔付的承诺。因此,为了尽可能地确保保险人能够履行其承诺,对保险人持续具备偿付能力的监管一直以来都是必要的。

但是,金融监管体系的细节内容不在本书讨论范围之内。④ 自1870年实行金融监管以来,其就一直是存在诸多变革的主题。变革通常系由保险公司的重大破产事件所催生,而下文将提到的最新变革,则源于2007年爆发的银行业危机,这是因为银行及其他金融服务提供者与保险公司系处于基本相同的监管体系之下。此外,监管体系的许多细节规定也是基于欧盟的要求,后者包括一系列旨在促进欧洲范围内机构设立自由与服务自由的指令。这些要求如今已被统一规定于所谓的《偿付能力监管二代指令》(Solvency II Directive 2009/138/EC)中。由于这些要求决定和影响着有关保险业务的法律规定,本章将对之进行简要介绍,同时也会讨论《保险营业行为规范》中适用

---

① 尽管保险合同仅有两方当事人,但是就保险合同的磋商和之后基于保险合同的交易行为而言,许多保险业务都是通过保险中介的代理行为所实施的。本书第十二章介绍了保险中介的相关法律规范;本章之后也会讨论保险中介的监管。

② 本书第三章对此作出了详述,但需要注意的是,在某些情形下,至少在订立合同时并不要求必须具有保险利益。

③ 关于缔约能力的详细法律规定可见于任一合同法的格式文本。

④ 详细论述可参见 Regulation of Insurance in the UK, Ireland and the EU (London: Sweet & Maxwell)。附有注释的立法可参见 Encyclopedia of Insurance Law (London: Sweet & Maxwell)。

于保险人和保险中介的规则。

金融监管如今系由《金融服务与市场法(2000)》,以及财政部和监管机构制定的细则进行规范⑤,前者已被《金融服务法(2012)》予以修改。目前的监管机构有二:在英格兰银行管理下实施监管的审慎监管局(PRA),以及金融行为监管局(FCA)。PRA负责保险业的金融监管,FCA则负责保险业的行为监管。

第一节 保险业的金融监管

《金融服务与市场法(2000)》将保险与其他金融服务置于同一监管体系之下⑥,主要是因为其中的大多数要求源自欧盟法,但该体系仍然保留了在以前的特别立法下所建立之体系的特点。⑦ 该法案的一项重要特征是将伦敦劳合社完全纳入了监管范围。《金融服务与市场法(2000)》本身提供的仅是金融服务业的大致监管框架。不过,它已被基于法案第十部分第一章所制定的大量次级立法,以及 PRA 和 FCA 制定的指南所扩充。指南分为若干部分。与法案之下的保险公司监管相关的部分,以及其各个组成部分,主要包括以下内容。

高级标准。本部分包含的规则与以下主题相关:业务原则,高级管理安排、体系与控制,门槛性条件,被批准主体之实践原则与规范的声明,对被批准主体的资格审查。

审慎标准。本部分包含《一般审慎规范》和《保险公司审慎规范》。

经营标准。本部分包含《营业行为规范》和《保险营业行为规范》。

监管程序。本部分包含的规则与《监督与裁决程序》相关。

救济。本部分包含的规则与《争议解决:投诉与赔偿》相关。

---

⑤ 大量的规则、管理办法及其他文件可见于 http://fshandbook.info/FS/html/handbook(2015年12月27日访问)。

⑥ 对大多数类型的人寿保险销售的监管,已被置于相同的监管体系之下。

⑦ 现代商业生活的一个重要特征是向"银行保险业"(bancassurance)发展的趋势,即保险业务和银行业务实际是由同一金融服务集团所提供(但其在法律上必须是不同的实体)。或许正如该常用的法律术语所表明的,这即便不是全球性现象,也至少在欧洲范围内如此。

第二节　国家管控的发展

针对保险人的国家管控始于1870年⑧，系由当时大约两年以前，两家颇具规模的人寿保险公司破产所催生。这样的模式多年间反复重现，即某一大型保险公司的倒闭使人们注意到既有的法律或其适用方式存在缺陷，从而引发管控的修改和扩张。比如，二十世纪六十年代中期，火灾、机动车及海上保险公司（Fire, Auto and Marine Insurance Company）的清算引发了对于在《保险公司法(1958)》(Insurance Companies Act 1958) 下建立之体系的重大修改[修改系由《公司法(1967)》(Companies Act 1967) 的第二部分所作出]。更具灾难性的事件是1971年发生的"降价出售保险单的"(cut-price)机动车保险公司——机动车一般保险公司(Vehicle and General)的破产，当时，约100万名车主在一夜之间发现其突然丧失了保险保障。⑨ 因此，《保险公司修正法案(1973)》(Insurance Companies Amendment Act 1973) 对《保险公司法(1958)》作出了进一步修改。相关立法之后被合并到《保险公司法(1974)》(Insurance Companies Act 1974) 中。不过，该法案是一部早产法案，为了落实第一代欧共体指令的要求，其几乎刚一诞生就必须进行修改。⑩ 此后，保险监管规范的修改一直都是欧盟进一步的监管措施所致之变革的一部分；这将在后文进行简要介绍。⑪ 当监管体系未能阻止保险人破产时，存在赔偿保单持有人的措施；后文对此同样有简要介绍。

---

⑧ 《人寿保险公司法(1870)》。该法及其修正法案直至二十世纪三十年代都仅规定，保险公司应向法院提存一笔金钱作为担保。

⑨ 当时负责保险监管的贸易部，为此在调查法庭(Tribunal of Inquiry) 上遭受了严厉批评：1972 H. C. Papers 133。See Chapman, "The Vehicle & General affair: some reflections for public administration in Britain" (1973) Public Administration 273.

⑩ 《关于非寿险公司设立自由的指令》，即73/239(1973年7月23日)号指令，规定了某一欧共体成员国的保险公司在其他成员国设立分支机构或代理机构的权利。《人寿保险公司设立指令》，即79/267(1979年3月5日)号指令沿袭了这一规定。

⑪ 对此的全面记述，参见 Andrew McGee, The Single Market in Insurance: Breaking Down the Barriers (Dartmouth: 1998).

第三节 欧盟法的影响

如前所述,欧盟法对保险业监管产生了重要影响。[12]《第一代指令》关涉共同体内机构的设立自由,其最初仅针对非人寿保险业务,后来扩张到人寿保险业务。之后的指令与欧洲范围内的服务自由有关。这些指令如今由《金融服务与市场法(2000)》[13]和《金融服务与市场法(2000)之(欧洲经济区通行权)条例(2001)》[Financial Services and Markets Act 2000 (EEA Passport Rights) Regulations 2001]统一实施。[14] 所有指令都已被统合于2009/138/EC号指令中,即所谓的《偿付能力监管二代指令》,该指令已被2014/51/EU号指令[15]所修改。尽管如此,至少对于消费者而言,真正的服务自由,即一个国家的保险人可向另一国家的人销售保险,似乎并未实现。这或许至少部分是因为,指令规定应适用的法律为消费者惯常居所地的法律,而保险人似乎又不可能愿意调整它们的合同以符合不同的法律。正如第一章所讨论的那样,该因素在一定程度上增加了一种可替代的任择性保险合同法机制的发生可能。

第一项 设立自由

针对非人寿保险,《第一代指令》[16]引入了统一的偿付能力准备金制度[17]。偿付能力准备金的数额,为保险公司年度保险费或理赔金额的一定比例(两者中取较高者)[18]。同时,指令还针对保险人未能证明其拥有必要准备金的情形规定了后续程序。[19] 指令赋予了成员国保险公司在其他成员国设立分支机构或代理机构的权利,并总括性地规定了后续的批准程序。[20] 此外,对

---

[12] 对于欧盟法在此方面之发展情况的极有帮助的描述,参见 Digital Satellite Warranty Cover Ltd v Financial Services Authority [2013] UKSC 7 at [7]-[15]。
[13] 第31条和第37条,以及附件3和附件4。
[14] SI 2001/2511.
[15] 将自2016年1月1日起施行。
[16] 第73/239号。
[17] 早在几年前,英国就已实行了偿付能力准备金制度。
[18] 《第一代指令》第16条。
[19] 《第一代指令》第20条和第22条。
[20] 《第一代指令》第10条至第12条。

于总部位于欧盟之外的保险公司的分支机构及代理机构（对此类保险公司的批准仍然采取自由裁量主义），指令中同样有适用于其的规定。[21]《第一代人寿保险指令》[22]的规定在很多方面与非人寿保险指令是相似的。其同样引入了偿付能力准备金制度，但准备金的计算基准则是保险人的精算准备金。[23]在该指令的协商谈判过程中，必须解决的最困难的问题是，英国的保险公司可以"混合"经营人寿保险与非人寿保险业务；而大多数欧盟成员国则规定，人寿保险只能由不经营其他任何类别之业务的"专业"人寿保险公司经营。最后的谈判结果是，英国不得再批准设立新的混合经营保险业务的保险公司。既有的混合型保险公司可以继续存在，并可在其他成员国设立分支机构或代理机构从事非人寿保险业务。不过，倘若其欲在联盟内的其他国家从事人寿保险业务，则必须设立子公司。[24]

第二项　服务自由

为了在欧盟及欧洲经济区范围内实现服务自由，当时的英国立法进行了大量修改。对于已被批准在任一欧盟成员国从事保险业务的非人寿保险公司，《非人寿保险服务指令》[25]赋予了其不经批准即可跨境提供高风险保险[26]服务的权利。《第二代人寿保险指令》继受了该规则。[27] 但是，它们很快于1992年7月被取代，此时，欧盟部长理事会（Council of Ministers）通过了《第三代非人寿保险指令》[28]和《第三代人寿保险指令》[29]。这些指令通过引入单一的欧洲许可证，使服务自由走向了其合乎逻辑的结果。在任一成员国获得批准的保险人，会自动被允许在共同体内的其他任何地方销售大多数类型的非人寿保险。保险的销售既可以由保险公司通过其在东道国的分支机构或

---

[21] 《第一代指令》第23条至第29条。
[22] 第79/267号。
[23] 参见《第一代人寿保险指令》第18条。
[24] 《第一代人寿保险指令》第13条。
[25] 第88/357号。
[26] 高风险保险包括三种：（1）一般的海上、航空及动产运输保险；（2）保单持有人为营业者时的信用保险和保证保险；（3）与被保险人的某一业务相关的财产、金钱及责任保险，该业务须符合下述三个标准中的两项：（a）250个雇员，（b）年度营业额达1200万欧元，（c）资产负债表总额达620万欧元。
[27] 第90/619号。
[28] 第92/49号。
[29] 第92/96号，三代人寿保险指令后来被统一规定于第2002/83/EC号指令中。

代理机构进行,也可以由保险公司直接在东道国进行销售。保险公司的经营活动及偿付能力,则由其母国负责管控。[30]

英国自 1994 年 7 月 1 日开始实施《第三代指令》。因此,就欧盟的保险公司而言,在英国经营保险业务即要求在英国设有分支机构的保险公司,与仅在英国销售保险,而于其他国家或地区从事相关文书工作的保险公司是不同的。后者仅仅是在英国提供保险服务,而不在英国经营保险业务。

一家欧盟的保险公司如果想要在英国经营直接的保险业务[31],则必须根据《第一代指令》的相关规定得到其母国批准,且其监管机构必须向 PRA 提供包含保险公司相关细节的通知书,以及证明其具备足额偿付能力准备金并标示其被批准从事之业务类别的证明书。通知书中的细节应当包括公司及其获批代理机构的名称、位于英国的分支机构的地址、符合其监管机构要求的经营准备计划,此外,当公司为机动车保险公司时,还需提供其已成为汽车保险局[32]之成员的证明。另外,PRA 必须在收到通知书和证明书之日起两个月内,将保险公司通过分支机构经营保险业务时通常必须遵守的条件,告知保险公司的监管机构。

类似的,欧盟的保险公司如果想要在英国提供保险,同样必须在其母国获得提供相关类型业务的批准,而且须满足与经营保险基本相同的条件。因此,其监管机构也必须提供通知书及证明书,与经营保险情形的唯一实质性区别是,此种情形下不需要提供有关分支机构或者获批代理机构的信息。

对于任一在英国市场上经营业务的欧盟保险公司而言,PRA 对英国公司拥有的权力在很大程度上也适用于它们。具体而言,PRA 拥有的权力有:阻止保险公司处置资产、获取信息,应公司母国监管机构要求保护保单持有人,在公司违反相关法律规定时进行介入,以及撤销对公司的认可。

第四节 对经营保险业务的批准

对保险公司的批准,需根据其所从事的普通保险业务和长期保险业务的类

---

[30] 尽管存在本国不履行管控职责时东道国可采取措施的规定,但指令同时也规定,不得存在任何名为"实质性管控"的新制度,即对保险单条款及保险费率进行事前批准的制度。之前已有该制度的国家可以继续保留,但若保险人是在未实施此种管控制度的国家获得批准的,则其无须向任何实施此类管控制度的东道国机构提交保险单条款和保险费率。

[31] 对想要从事再保险业务的保险公司的要求与此类似。

[32] 关于汽车保险局的介绍,参见第二十一章。

别进行,《金融服务与市场法(2000)之(受监管活动)2001年指令》,即《受监管活动指令》(Regulated Activities Order)附件1对这两种业务作出了定义。[33] 根据该指令第19条,在英国从事受监管的活动一般是被禁止的,除非活动主体获得批准或享有豁免权。[34] 根据第22条,受监管的活动是指由财政部明确规定的,需要通过营业方式进行且与特定种类的投资相关的活动。该指令附件2将"保险合同项下的权利"作为一种指示性的受监管活动,并且已为第75条所确认。第10条通过明示"缔结自营的保险合同"和"履行自营的保险合同"为受监管的活动,对此进行了进一步说明。"履行"一词不同于纯粹的单独交易[35],其暗含某种持续性的要素,但在解释类似的成文法禁止性规定时,单独交易也被认为能够提供充分的"经营业务"的证据。[36] 此外,《保险公司法(1982)》(Insurance Companies Act 1982)第2条存在同样的禁止性规定,有观点认为,在未获批准的情况下就未来订立保险合同进行磋商,会构成对该条规定的违反。[37]

《受监管活动指令》第10条对保险合同的"缔结"和"履行"进行单独规定,表明保险经营包含两项主要要素:一是合同的磋商和订立;二是合同的执行,尤其是保险人对索赔请求进行赔付。[38] 同时,这也明确了两项活动无论是只有一项在英国进行,还是两项都在英国进行,均构成在英国经营保险业务。[39] 另外,如果两项活动中没有一项在英国进行,则不构成在英国经营保险业务,即使被保之财产或人身位于英国亦是如此。[40] 在这一点上,英国法与许

---

[33] SI 2001/544号法案,已被修改。其中有十八种一般业务和九种长期业务。

[34] 未经许可经营业务的后果,参见第20、23条;虽然违反规定的交易不会无效或者无法执行,但因此遭受损失之人获得赔偿的权利则会受到限制。违反一般性禁止规定构成刑事犯罪。对这些矫正性的后果的讨论,参见 Whiteley Insurance Consultants [2008] EWHC 1782 (Ch); [2009] Lloyd's Rep. I. R. 212。

[35] See Smith v Anderson (1880) 15 Ch. D. 247 at 277.

[36] Cornelius v Phillips [1918] A. C. 199.

[37] R. v Wilson [1997] 1 All E. R. 119.

[38] See Re AA Mutual Insurance Co Ltd [2004] EWHC 2430 (Ch); [2005] 2 BCLC 8 at [14].

[39] 在此前的保险公司立法中,"缔结和履行"系以一个短语的形式出现,但对其解释则是分开的:Bedford Ins Co Ltd v Instituto de Resseguros do Brasil [1985] Q. B. 966; Stewart v Oriental Fire & Marine Ins Co Ltd [1985] Q. B. 988; Phoenix General Ins Co of Greece SA v Administration Asiguraliror de Stat [1988] Q. B. 216。See also Lord Goff of Chieveley in Scher v Policyholders Protection Board [1994] 2 A. C. 57 at 99; see also Lord Donaldson MR in the Court of Appeal in the latter case at 70.

[40] See Re United General Commercial Ins Corp [1927] 2 Ch 51.

多其他国家的法律存在显著差异,后者的适用范围由"风险所在地"这一英国法上不存在的概念所决定。在以前的立法下,有判决认为通过保险经纪人在英国开展此类活动,不能被作为在英国经营保险业务的证据。㊶ 现行法中"自营"的具体内涵强化了这一点。不过,如果某人表面上作为保险人的代理人而活动,但实际上未获得保险人授权,或者代表的是无名及不存在的保险公司,则其从事的活动仍然要受到监管。㊷

依据《金融服务与市场法(2000)》,申请人若欲获得保险业务经营批准,必须是一家拥有通行权(passport rights)的欧洲经济区公司,或者已依照该法案第四部分的规定或通过法案认可的其他途径,获得了经营许可。一般的批准豁免情形有两种。第一种涉及工会和仅为其成员提供公积金福利和罢工津贴的雇主组织。㊸ 第二种涉及在1996年12月24日之前退出劳合社的前劳埃德承保人,其不经批准即可从事保险业务。㊹ 根据该法案,劳合社属于获得批准的主体。㊺ 此外,在该法案之下,依据《保险公司法(1982)》第3条或第4条获得批准的保险人,仍然属于获得批准的主体。㊻ 经营车辆故障保险业务,则不要求获得批准。㊼

依据《金融服务与市场法(2000)》第40条,申请从事包括保险在内的受监管活动的第四部分的许可,必须符合《金融行为监管局规范手册》之高级标准的门槛性条件。除非申请人的业务限于再保险,或者普通业务限于意外伤害和/或健康保险,否则申请不能同时涵盖长期保险业务和普通保险业务,且申请中必须明示所经营的业务类别。《金融服务与市场法(2000)》附件6明确了门槛性条件的内容,依据第41条,监管者必须确保申请人满足这

㊶ Re a Company (No. 007816 of 1994)[1995]2 B. C. L. C. 539. 如果经纪人被授权作出包括承保决定在内的所有实质性决定,结果则明显不同;参见 A Re Company (No. 007923 of 1994)(No. 2)[1995]1 B. C. L. C. 594 和 Secretary of State for Trade and Industry v Great Western Assurance Co SA[1997]2 B. C. L. C. 685,后一判例系对前述第一个判决的上诉。

㊷ Re Whiteley Insurance Consultants[2008]EWHC 1782 (Ch);[2009]Lloyd's Rep. I. R. 212.

㊸ 《金融服务与市场法(2000)之(豁免)2001年指令》[Financial Services and Markets Act 2000 (Exemption) Order 2001](SI 2001/1201)第43段,系基于《金融服务与市场法(2000)》第38条所制定。

㊹ 前述指令第46段。

㊺ 《金融服务与市场法(2000)》第315条第1款。

㊻ 《金融服务与市场法(2000)之(过渡性规定)(被批准主体等)2001年指令》[Financial Services and Markets Act 2000 (Transitional Provisions) (Authorised Persons, etc.) Order 2001](2001 SI/2636)第14条。

㊼ 《受监管活动指令》第12条。

些条件。当适用对象为保险业务时,这些条件主要为:

(1) 申请人必须是法人、已注册的互助保险协会或劳合社成员。

(2) 保险人的总部和注册办公地必须位于英国境内。

(3) 如果保险人与另一主体具有紧密关联,即具有母子公司关系[48]或其中一家公司拥有另一家公司20%以上的股权,则监管机构必须确认这些关联不会妨碍对该保险人的有效监管。

(4) 保险人对所申请从事的受监管活动必须拥有足够的资源。

(5) 申请人在与其他主体的关联性、受监管活动的性质及确保其需审慎执行事务方面,必须是适格主体。监管者的询问应当根据具体情况进行,有关事项包括保险公司经营业务时是否诚信、是否遵守适当的标准、是否具备称职且审慎的管理部门,以及在执行事务时是否尽到了应有的注意、专业和勤勉义务。

第五节 持续性要求

立法及基于立法制定的规则为保险公司设定了一系列持续性要求,其中最重要的持续性要求如下所示。

第一项 维持偿付能力

偿付能力准备金多年来一直是保险公司监管的核心。简而言之,保险公司被要求维持一笔最低金额的准备金,以使其资产总额超过负债总额。其目的是希望通过此种方式,使保险公司永远不会陷入实际无力偿债的境地。监管要求的准备金的实际计算是一项复杂的活动,其还涉及关于资产和负债评估的成文法规定的适用。

第二项 非保险活动

《保险公司审慎规范》中有一项重要的禁止性规定。其第1.5.13条规定,保险公司不得在英国或其他地区,从事除保险业务和直接产生于保险业务之活动以外的其他任何商业行为。但是,违反监管机构制定的规则并不构

---

[48] 《公司法(2006)》第三十八部分对此进行了定义;参见《金融服务与市场法(2000)》第420条第1款。

成犯罪⁴⁹,也不会导致任何交易无效或无法执行⁵⁰。该规则取代了相应的成文法规定,使得原本不确定的问题得以明晰。⁵¹

第三项 本地化和资产匹配

欧盟《偿付能力监管二代指令》规定,保险公司偿付能力准备金必须以其业务所在地的资产作为计提基础。各国监管机构应参照此规定制定本国相关法律规范。

第四项 账目、精算调查及说明

相比普通的注册公司,保险公司被要求建立更加细致的账目,且账目必须交存至监管机构。从事长期保险业务的公司每年都要接受精算调查,且必须任命自己的合格精算师。关于其所承保的每一类保险业务,所有公司都被要求准备定期的业务说明。

第五项 资产隔离

兼营长期保险业务和普通保险业务的公司,必须就不同种类的业务设立相互隔离的准备金。而且,代表长期准备金的资产仅可用于长期保险业务的经营,且在公司清算过程中,也仅可用于清偿长期保险业务产生的债务。另外,当长期保险业务的负债超过资产时,公司会被禁止宣告分红。这些显然都是旨在保护人寿保单持有人的重要规定。

第六项 管理与控制的改变

《金融服务与市场法(2000)》第十二部分对此作出了详细规定,相关内容包括某主体在取得、增加或减少对包括保险公司在内的被批准主体的控制权时,应当遵循的程序。

---

[49] 第138E条第1款。
[50] 第138E条第2款。因违反规则而遭受损失的私主体,可以基于法定义务的违反诉请损害赔偿:第138D条。
[51] 相应的成文法规定是《保险公司法(1982)》第16条,其并未规定违反本条的法律后果。在Fuji Finance Inc v Aetna Life Insurance Ltd案([1997] Ch 173, reversing [1995] Ch 122)中,法官们基于公共政策的理由,就违反第16条而订立的合同是否构成违法且不能执行,表达了不同的观点。

第六节 对保单持有人的保护

当为确保保险公司偿付能力所建立的监管体系未实现其目的时，多年来还有一套机制能够保障保单持有人在经济方面获得较大程度的保护。该机制最初系由《保单持有人保护法（1975）》（Policyholders Protection Acts 1975）和《保单持有人保护法（1997）》（Policyholders Protection Acts 1997）[52]所规定。但是，《金融服务与市场法（2000）》第十五部分规定了在金融服务提供者破产时对其消费者的一般赔偿机制，从而取代了该项特别立法。[53]与《保单持有人保护法（1975）》和《保单持有人保护法（1997）》规定的机制一样，该一般赔偿机制同样不适用于保护未经批准经营保险业务的保险公司的保单持有人，以及劳合社的保单持有人。

《金融服务与市场法（2000）》第212条要求监管机构设立一个法人机构作为机制的管理者，履行《金融服务与市场法（2000）》第十五部分规定的职能；该法人机构为金融服务赔偿机制有限公司（Financial Services Compensation Scheme Ltd, FSCS）。第213条则要求监管机构将该机制建立于包括被批准的保险人在内的"相关主体"不能或可能不能赔付被保险人向其提起之索赔请求的情形上。第214条至第217条列明了该机制可能的实施规则，PRA/FCA指南救济部分的赔偿部分也包含了这些规则。依照《赔偿规则》（Compensation Rules）第十三章的详细规定，该机制的运行资金来源于获批保险公司的税收。

某人仅在无法继续获得保险保障时，才有权在保险公司破产时获得赔偿。就长期保险而言，FSCS必须作出安排以保证此类保险的继续，前提是该安排具有相当程度的切实可行性且有下列情形之一发生：

（1）保险公司已经通过债权人主动提出的公司解散决议；

（2）保险公司母国的监管机构已经确认保险公司无力支付索赔请求且在近期内无清偿能力；

（3）已经任命清算人、管理人、临时清算人或临时管理人；

（4）法院已经作出解散或管理的命令；或者

---

[52] 该初始法案系于一家大型人寿保险公司破产之后所制定，该公司的破产可谓规模庞大且众所周知。该法案的适用频率非常之高；比如，自1990年以来，就已经发生了三十余起相关的保险公司破产事件。

[53] 其中还包括针对《金融服务与市场法（2000）》实施以前提出之索赔请求所作的过渡性规定。

(5)公司自己作出的安排已获批准。

安排的方式可能是确保或促进长期业务向另一保险公司移转,或者确保由另一保险公司提供替代性的保险单。[54]

陷于财务困境的保险公司承保不同类型的保险,适用不同的规则。陷于财务困境,是指保险公司处于暂时的清算状态、已被证明处于解散程序而不能清偿其债务,或者保险公司成为《公司法(2006)》第 895 条的适用对象,欲达成减少或延期支付其保险单项下的保险金的和解或安排,或者监管机构确认保险公司丧失对索赔请求的保障支付能力。此时,如果在 FSCS 看来,采取措施的成本有可能低于支付赔偿的成本时,那么其必须采取合适的措施,在相关条款(包括减少或延期支付保险金的条款)方面保护被保险人。这些措施可能包括将保险业务转移给另一保险公司,或者为困境中的保险公司提供协助,使其能够继续订立或履行保险合同。然而,在对长期保险合同采取这些措施之前,FSCS 必须将被保险人的合同利益减少至其本应获得的利益 90%,并对将来的保险费进行类似的下调。

根据该机制可以申请理赔,或者可以申请保险合同继续生效的保单持有人被称为"合格索赔人"。就长期保险而言,"合格索赔人"不包括:违约保险公司的董事或经理(及其近亲属)、同一集团内的法人机构、持有违约保险公司或同一集团内法人机构 5%以上股权的股东、违约保险公司或同一集团内法人机构的审计人员或者违约保险公司任命的精算师、FSCS 认为对保险公司违约负有责任或者促成其违约的主体,以及索赔请求系产生于与其被指控洗钱犯罪有关之交易的主体。

就普通保险而言,再保险合同、劳合社的保险单,以及与飞行器、船舶、运输中的动产、飞行器责任、船舶或信用责任相关的保险合同项下的索赔请求均被排除在外。基于此,合格索赔人基本上是:

(1)私主体;

(2)合同生效之时的小企业[55];

(3)2001 年 12 月 1 日之前订立的普通保险合同所涉的大型合伙企业;

(4)依据《第三方(对保险公司的权利)法(1930)》[56]而享有索赔权的第

---

[54] 关于保险业务移转的成文法规定,参见 MacGillivray on Insurance Law, 13th edn (London: Sweet & Maxwell, 2015), Ch. 36。

[55] 基本上是年营业额低于 100 万英镑的企业。

[56] 参见第二十章。正如该章所述,该法案后被同名的 2010 年法案所取代。

三人;以及

(5)《骑马场法(1964)》(Riding Establishments Act 1964)、《雇主责任(强制保险)法(1969)》[Employers' Liability (Compulsory Insurance) Act 1969][57]和《道路交通法(1988)》(Road Traffic Act 1988)[58]规定的负有强制保险责任的主体。

当某一主体提出的索赔请求是受保护的索赔请求,即受保护的保险合同项下的索赔请求时,该主体便有权获得赔偿或者继续获得保险保障。如果FSCS确认某一主体系由经过保险人承诺的保险合同所保障,那么即便保险人尚未签发证明保险合同的保险单,也是无关紧要的。《赔偿规则》对2001年12月1日之前与之后订立的合同进行了区分规定。[59]

该日之后订立的合同,必须与以下三种合同之一项下的受保护风险或承诺有关。第一种是由违约保险公司通过其在英国的机构签订的合同,其承保风险或承诺位于欧洲经济区国家、海峡群岛或马恩岛。第二种是由被批准的保险公司通过其在另一欧洲经济区国家的机构签订的合同,其承保风险或承诺位于英国。第三种是保险公司通过其在海峡群岛或马恩岛的机构签订的合同,其承保风险或承诺位于英国、海峡群岛或马恩岛。[60]

合同订立于2001年12月1日之前但保险人于该日之后违约的,若符合下列情形则可获得保护:合同是相关的普通保险合同、信用保险合同或长期保险合同,并且满足两种情形之一:(a)是基于《保单持有人保护法(1975)》所订立的"处于清算初期的英国保险合同";或者(b)是1972年1月1日[61]之前订立的雇主责任保险合同,且保险人在违约之后同意赔付,以及承保风险或承诺位于英国境内。基于《保单持有人保护法(1975)》所签发的英国保险单是这样一种保险单:保险人无论在任何时间履行该保险单所证明的保险合同项下的任何义务,都将构成在英国经营保险业务。这意味着,对于保险单所证明的保险合同义务,如果保险人在相关时间对其中某项义务的履行,属于其被批准在英国经营的保险业务的一部分,该保险单就是英国保险单,而不论是否所有义务均在英国履行。[62] 因此,在 Scher v Policyholders Protection

---

[57] 参见第二十二章。
[58] 参见第二十一章。
[59] 此为《金融服务与市场法(2000)》的生效日期。
[60] 有详细的规则用于确定承保风险或承诺所处地点。
[61] 此为《雇主责任(强制保险)法(1969)》的生效日期。
[62] Scher v Policyholders Protection Board (No. 2) [1994] 2 A. C. 57.

Board 案中,法院认为,销售给北美医生、牙医和律师的职业补偿保险单,尽管补偿金在北美支付,但是该保险单的签订与管理均在英国境内进行,因而属于英国保险单。合同的履行应当被视为一个整体,将款项支付与保险人的其他义务相分离是不可能的。

FSCS 有义务将保险合同中与下列情形相关的责任,认定为能够产生受保护的保险合同项下的索赔请求:

(1)合同未生效情形下已经支付的保险费;

(2)已到期或已被解约退还但尚未交付给索赔人的长期保险合同的收益;

(3)与相关普通保险合同有关的保险费的未到期部分;以及

(4)有权获得根据《道路交通法(1988)》第 151 条所作判决之利益的主体提出的索赔请求。

就赔偿数额而言,关于强制保险承保之责任的索赔请求,必须获得全额赔付。在雇主责任保险强制化以前,与雇主责任保险有关的基于《第三方(对保险公司的权利)法(1930)》享有的索赔请求权,必须获得 90% 的赔付。在其他所有的普通保险中,初始的 2000 英镑必须获得全额赔付,索赔请求的剩余部分则必须获得 90% 的赔付。对于长期保险而言,则是除初始的 2000 英镑必须获得全额赔付外,保险单的剩余价值也必须获得至少 90% 的赔付,其中包括保险人于违约之日前已经宣告的未来确定支付的保险金。继续获得保险保障的救济方式适用与此相同的原则。

第七节 对保险营业行为的监管

到目前为止,本章所讨论的都是保障被保险人在保险人陷入财务困境时能够获得保护的监管要求。如第一章所述,《金融服务与市场法(2000)》规定的监管范围被 2005 年施行的《保险营业行为规则》(ICOB)所扩大;而这些规则又于 2008 年被《保险营业行为规范》(ICOBS)所取代。[63] 相较于

---

[63] 值得注意的是,依据《金融服务与市场法(2000)》第 138D 条,违反这些规则是可诉的,该条规定,因被批准主体违反 FCA 规则而遭受损失的"私主体",可提起违反法定义务之诉。对此及该机制的详尽讨论,参见 McMeel, "The FSA's insurance conduct of business regime: a revolution in (consumer) insurance law?" [2005] L. M. C. L. Q. 186, 但此文论述系在 ICOB 而非 ICOBS 之下展开。时间将会证明,第 138D 条是否提供了一件可用于对抗保险人的重要武器。详细的 ICOBS 规则及其注释,参见 Encyclopedia of Insurance Law 一书。

ICOB，ICOBS 的规则更具原则性，没有那么详细。这些规则适用于普通保险，其基本上是非人寿保险，也适用于所谓的纯粹保护性保险，其基本上是短期且没有保险单现金价值的人寿保险。㉔ 其特殊推动力源于实施《保险中介指令》的需要㉕，该指令要求对保险中介人实行法定监管，但 ICOBS 的规则在此基础上更进一步，并且一般性地适用于普通保险业务的经营行为，其理由在于接受保险公司直接销售保险的消费者理应获得同等水平的保护，不过有些细节性规定只适用于保险人，另有一些则只适用于中介人。㉖ 此外，有一系列规则对与零售客户（主要是私人）之间的交易要求和与商业客户之间的交易要求，进行了区别规定。貌似合理的观点认为㉗，ICOBS 代表了一项重要的保险合同法改革，但相当奇怪的是，其并未涉及保险法多年来受到的许多一般性的批评。㉘

除一般适用性规定（ICOBS 第一章）外，ICOBS 还包含：

（1）一般事项，包括与客户沟通的规则和禁止不公平诱引的规则（ICOBS 第二章）；

（2）与远程沟通和实施相关欧盟指令㉙有关的规则（ICOBS 第三章）；

（3）对保险中介人的一般性要求，包括披露其地位、手续费和佣金（ICOBS 第四章）；

（4）识别客户需求的规则和建议规则（ICOBS 第五章）；

（5）关于产品信息的规则，该规则的目的是确保客户获得必要信息，以就是否订立特定的保险合同，以及某一保险合同能否继续满足其需求，作出知情选择（ICOBS 第六章）；

（6）赋予零售客户合同解除权的规则（ICOBS 第七章）；以及

（7）索赔处理规则，包括限制保险人在未披露、不实陈述或违反保证情形下之拒赔权的规则（ICOBS 第八章）。

此处对后面章节没有涉及的某些更重要的具体规定加以介绍。保险公司必须采取合理措施确保其与客户的所有沟通交流都是清楚、公正且不具有

㉔ ICOBS 不适用于高风险商业保险、再保险和团体保险。大多数类型的人寿保险要适用一般性投资规则和一般性商业行为规范。

㉕ 2002/92/EC. 还有实施《金融产品远程销售指令》(2002/65/EC) 的需要。

㉖ 还有第一章第九节所介绍的关于消费者投诉机制的规定。

㉗ See McMeel, [2005] L. M. C. L. Q. 186.

㉘ 对改革的总体介绍，参见第一章第十节。

㉙ 2002/92/EC.《金融产品远程销售指令》(2002/65/EC) 也需要实施。

误导性的。⑩ 保险公司必须采取合理措施确保其没有作出提供、给予、要求或接受等可能与其对客户应负义务的重要内容相违背的诱引行为;这尤其针对的是涉及保险人与中介人的情形。⑪ 在这些规则之下,保险人的责任免除是被禁止的。⑫ 关于与零售客户订立的远程合同存在一些特别规定,其中包括必须应客户的要求向其提供合同条款和条件的纸质副本。⑬ 远程合同近来日益普遍,它是一种非面对面的交易协议,适用于所有通过电话或网络进行磋商的情形。⑭ 中介人不得向零售客户披露其手续费,但商业客户有权知晓中介人获得的佣金数额。⑮

另一项监管规定被称为"金融推销"(financial promotion)规则,要求保险公司对其广告和营销行为进行规范,以确保其公正、清楚且不具误导性。⑯ 有关广告与营销标准的规则特别适用于中介人,除其他信息外,中介人必须披露其基于市场分析,推荐给少数保险人或单个保险人的特定保险产品的依据,而且,中介人还有义务从客户处获取有关客户情况和目的的信息。在评估中介人是否应为其过失性的建议承担责任时,这些明显具有相关性。⑰ ICOBS 第六章对于产品披露的要求及 ICOBS 第七章规定的解除权,将在第五章加以详述。

第九章介绍了 ICOBS 第八章对于保险人权利的限制。⑱ 一般而言,对索赔处理的相关要求作出详细规定,是为了确保索赔能够得到公正的处理和及时的解决。保险人必须向所有客户提供合理引导,以帮助其索赔及在索赔过程中提供适当信息。⑲ 零售客户还被给予了特殊保护,第十四章将对此作简要论述。

---

⑩ ICOBS 2.2.
⑪ ICOBS 2.3.
⑫ ICOBS 2.5.
⑬ ICOBS 3.1.16.
⑭ ICOBS 4.3.
⑮ ICOBS 4.4.
⑯ ICOBS 2.2. 还可参见《金融服务与市场法(2001)》第 21 条对非被批准主体的金融推销的一般禁止规定。
⑰ 参见第十二章。
⑱ 其中有禁止保险人不合理地拒绝理赔的一般规则:ICOBS 8.1.1。
⑲ ICOBS 8.1.1.

第三章 保险利益原则

除非能够依法放弃并实际依法放弃,保险利益几乎是所有保险合同成立的一项基本条件。一般来说,这意味着作为保险相对人的被保险人或保单持有人必须与保险标的具有某种特殊的联系,无论保险标的是生命、财产,还是被保险人可能承担的法律责任。依据保险合同的不同类型,特殊联系的缺失将使得保险合同不合法、无效、有效但不可强制执行,或者不具备可诉性。在此之前,我们已经阐释了寿险和非寿险之间存在诸多根本性的区别[①],而有关保险利益的法律规定是这些区别中至关重要的一种。以下对于保险利益原则[②]之历史发展的简要介绍就将揭示这一状况。

第一节 历史发展

曾几何时,哪怕被保险人与保险保障的生命之间没有任何联系,该项人寿保险合同在普通法上也依然是可强制执行的,且不论司法机关有多么的不情愿,也同样如此。之所以造成这种状况,是因为赌博合同曾经是依法可强制执行的[③],于是当时的法院只得别无选择地强制执行那些以人寿保险合同面目出现的赌博合同。名为保险实为赌博活动的激增,遭到了社会大众的普遍厌恶[④],并且成为谋杀犯罪的一项重要诱因。随着社会关注度的不断提

---

① 参见第一章第二节第二项。
② 更为详细的探讨,可参见 MacGillivray on Insurance Law, 13th edn (London: Sweet & Maxwell, 2015), Ch. 1。
③ 具体可参见 March v Piggott (1771) 2 Burr. 2862,在该案中,当事人双方就谁的父亲将活得更长来打赌。但是,在某些特殊情形下,尤其是当公共政策介入或者赌博争端被视为纯属浪费法院时间时,赌博合同是不可强制执行的。
④ 参见《人寿保险法(1774)》的序言。

升,最终以《人寿保险法(1774)》(Life Assurance Act 1774)的出台对此在法律上作出了明确应对。

至于其他类型的保险合同,特别是损失填补保险合同,历史上存在众多判例表明,即便某些海上保险合同缺乏保险利益,其依然具备法律效力。⑤ 更早一些时候,无保险利益的海上保险合同甚至被认为是保险合同的一种常见形式。然而,《海上保险法(1745)》以立法的方式终结了这一实践。不过,非海上保险的损失填补保险究竟是什么情况,就不甚明确。通过类比人寿保险和海上保险可知,仅仅是保险合同成立时不存在保险利益这一事实,并不能影响保险合同的有效性。但是,在绝大多数情形下⑥,由于此类合同自始至终都仅会补偿被保险人实际遭受的损失,因此,被保险人只有证明其受到损失才可能获得补偿。换言之,被保险人必须在保险损失事故发生时具有保险利益,才会得到保险赔付。⑦ 更有甚者,在前述涉及保险利益的制定法颁布以前,一个有关建筑物火灾保险的判例⑧认为,依据普通法,保险合同成立时和保险事故发生时都需要具备保险利益。

英国立法机关出台了一系列的法案,最终通过《博彩法(1845)》(Gaming Act 1845)第 18 条的规定令一切形式的赌博合同归于无效。即使该条款后来被《博彩法(2005)》(Gambling Act 2005)第 334 条第 1 款所替代,也依然如故。相关法律条款的详细内容之后会简要介绍,而在此更有价值的,是对诸多法律规定如何适用于各种类型的保险作出归纳总结:

(1)海上保险合同目前由《海上保险法(1906)》规制。依据该法第 4 条,不具有保险利益的海上保险合同是无效的。⑨

(2)人寿保险和在人身伤害事故发生时提供定额给付的保险,由《人寿保险法(1774)》规制。依据该法,无法证明存在保险利益将使得某一保险合同不合法。⑩

---

⑤ 参见 MacGillivray on Insurance Law, 13th edn (London: Sweet & Maxwell, 2015), para. 1-20。

⑥ 更进一步的探讨参见第十三章。

⑦ Lynch v Dalzell (1729) 4 Bro. P. C. 431.

⑧ Sadler's Co v Badcock (1743) 2 Atk. 554.

⑨ 但并非不合法:Edwards (John) & Co v Motor Union Insurance Co [1922] 2 K. B. 249。

⑩ Harse v Pearl Life Assurance Co [1904] 1 K. B. 558;进一步的介绍参见第三章第四节第一项。

（3）抛开法案令人误解的名称，事实上除动产和商品保险[11]之外的其他所有保险，曾经都适用《人寿保险法（1774）》，但是以今日之眼光来看待，如此处理是不合时宜的。[12]

（4）对于动产保险而言，现在并没有明确的法律规定其必须具有保险利益。曾经有一项法律规定否定任何实质为赌博的动产保险的效力[13]，不过后来亦被废止[14]，但《海上保险法（1788）》[15]如今仍然要求每一份动产保险单中都要载明利益关系人的名称。

传统观点一直认为，在保险利益原则的具体制度安排上，人寿保险及其类似保险与财产保险等损失填补保险存在较大差别，这也是本章展开论述所遵循的基本理据。不过需要指出的是，英国上诉法院在 Feasey v Sun Life Assurance Corp of Canada 案[16]的判决中采纳了一种新方法来解读保险利益的含义，这似乎在一定程度上表明，对于不同类型的保险，法院倾向于不加区分地统一理解保险利益原则。这一判例容后再详细探讨。[17] 另者，在此需要着重强调的是，在某些情形下，尤其是人寿保险领域，保险利益原则这一严格的法律规定更多的是被打破而非被遵从。对此的体现是儿童生命保险和某些雇员团体保险。这一做法并无正当理由，详细例证及改革建议将在本章的适当位置加以介绍。英国法律委员会一直将保险利益原则作为其研究项目的一部分加以研究，而本章之后也将以更大的篇幅来阐述这一问题。

---

[11] 《人寿保险法（1774）》第 4 条明确排除了动产和商品保险的适用。

[12] 但这仍然是一个存在争议的问题，后文会再讨论。

[13] 具体例证可参见 Newbury International Ltd v Reliance National (UK) Ltd [1994] 1 Lloyd's Rep. 83。

[14] 该条款（《博彩法（1845）》第 18 条）被《博彩法（2005）》第 334 条第 1 款所替代。

[15] 该法案曾经同时适用于海上保险和针对动产的陆上保险。虽然该法案后来被《海上保险法（1906）》所替代，但是这种替代仅仅发生在涉及海上风险的部分（参见该法案附件 2）。令人怀疑的是，这项要求曾经在多大程度上得到了有意识的注意。当然，单纯的口头动产保险单如果缺乏此项要求仍然是有效的（参见第五章）。

[16] Feasey v Sun Life Assurance Corp of Canada [2003] EWCA Civ 885; [2003] Lloyd's Rep. I. R. 637.

[17] 参见第三章第五节。

第二节 人寿保险中的保险利益[18]

《人寿保险法(1774)》第1条规定,被保险人*对保险保障的生命应当具有保险利益。该法案的其他相关条文规定,利益关系人的姓名必须记载于保险单之中(第2条),以及当被保险人具有保险利益时,其在保险事故发生后可获得的保险赔付,不得超过其利益所对应之价值的数额(第3条)。这些法律规定引出了四个基本问题:保险利益的应然存在时间;保险利益的性质;对该法第2条的规避企图以及该条的含义;被保险人不具有保险利益所生的法律后果。

第三节 保险利益在人寿保险中的应然存在时间

因为这一问题最为简单明了,所以首先讨论。几无疑问的是,《人寿保险法(1774)》第1条可以被解读为需要且仅仅需要在保险单生效时具有保险利益。然而,规定被保险人仅能获偿其利益关系所具价值的该法第3条,似乎可以被认为要求在损失发生时,即保险保障之生命终结之时具有保险利益。这于 Godsall v Boldero 案[19]这一古老判例的判决中得到了体现。该判决实际上认为,债权人以其债务人的生命投保的保险属于损失填补保险,因为第3条所认可的保险赔付就字面意思而言,与损失填补的概念相契合。

Godsall v Boldero 案的判决之后被 Dalby v India and London Life Assur-

---

[18] 这里所指的人寿保险包括任何在被保险人死亡时提供一定保险赔付的保险,哪怕该保险赔付的金额不多于任何时刻的保险单现金价值(surrender value of the policy):Fuji Finance Inc v Aetna Life Insurance Ltd [1996] 4 All. E. R. 608。

* 关于"被保险人"的概念,英国法上对其含义的理解与我国等大陆法系国家差异较大。在英国法中,"被保险人"(the insured)指与保险人缔结保险合同的当事人。所以在人身保险中,英国法上对相关主体的称呼会与我国产生"错位"。在人身保险中,我们所称的"投保人",英国法上会称为"被保险人";而我们所称的"被保险人",英国法上会称为"生命人"(the life insured,即生命受保险保障之人)。

这也解释了为何此处英国法会规定"被保险人……应当具有保险利益",而与我国《保险法》相关规定不一致的原因。我国《保险法》第12条第1款规定"人身保险的投保人……应当具有保险利益",二者指代的主体实质上相同,只是称呼不同。但由于"生命人"一词并不常用,因此本书翻译时对"被保险人"的概念采用了广义理解。本书所称的"被保险人",既可以指与保险人订立保险合同的"投保人",也可以指生命受保险保障的"被保险人"。读者在阅读时请注意分辨。——译者注

[19] Godsall v Boldero (1807) 9 East 72, followed in Henson v Blackwell (1845) 4 Hare 434.

ance Co 案[20]这个里程碑似的判例所推翻。后者在相当长的时间内未受到任何挑战,并且毫无争议地确立起一项认知,被保险人仅须在保险单生效时具有保险利益。Dalby 案并非一个严格意义上的人寿保险案件,而是一个涉及人寿保险的再保险案件。[21] 该案原告是一家保险公司的主管,该保险公司为剑桥公爵(Duke of Cambridge)的生命提供保险保障,并将这一人身风险分保给该案被告。原保险单之后被撤销,但是原告仍然继续缴纳再保险保险费直至公爵去世。原告向被告提出赔付请求,但是被告拒绝承担再保险赔付责任,理由是原告在公爵死亡时对公爵的生命并不具有保险利益,因此不能获得再保险赔付。英国财政署内室法庭(Exchequer Chamber)支持了原告的诉讼请求,其认为适用《人寿保险法(1774)》第3条的结果仅仅是要求被保险人在保险单生效时具有保险利益。因为该案原告在其投保再保险时具有保险利益,满足了《人寿保险法(1774)》第1条的规定,又加之普通法上并没有要求原告必须证明其在损失发生时具有保险利益,所以该案原告有权获得再保险赔付。

虽然对于看上去提及了"损失发生时"的《人寿保险法(1774)》第3条的解释存在困难,以及 Dalby 案的判决引发了一些后文将要提及的不利后果,但该项判决无疑是完全公平合理的。由于人寿保险的保险费是通过生命周期表并基于精算原则计算得出的,作出相反的判决将违背公正合理和公平交易的原则。正如基于死亡而支付的保险金的数额是固定的一样,人寿保险的保险费的数额也是固定的。这与损失填补保险中的风险评估不具有可比性,即便几乎不能否认,某些人寿保险事实上是用来补偿一项可能的损失,这一点之后我们还将再次提及。允许保险人在已经以通常方式评估完人寿保险的风险之后,又基于前述理由拒绝承担保险责任将是十分荒唐的。此外,今日许多类型的人寿保险实质上是投资,真正的保险元素在其提供的保险金中只占较小的份额,而且在这种保险中,几乎不存在于保险单存续期间发生死亡事件的预期。[22]

---

[20] Dalby v India and London Life Assurance Co (1854) 15 C. B. 365. 事实上,在 Godsall v Boldero 案作出判决之后,涉案保险人遭到了强烈抗议,故而十分懊悔并最终履行了保险赔付;参见布莱克本(Blackburn)法官的意见, Burnand v Rodocanachi (1882) 1 App. Cas. 333, at 340-341。

[21] Dalby 案之后,同样有关于此的案件可参见 Southern Cross Assurance Co Ltd v Australian Provincial Assurance Association Ltd (1935) 53 C. L. R. 618 (澳大利亚高等法院)。

[22] 有关后者的例证,可参见 Fuji Finance Inc v Aetna Life Insurance Ltd [1996] 4 All E. R. 608,在该案中,针对死亡的保险金额(sum insured)与任一时间的保险单现金价值(surrender value of the policy)相同,但如果投资活动直至保险单解约之时都一直和保险单生效时一样成功,被保险人的潜在回报将会相当于英国46万年的国民生产总值!而保险单现金价值则仅为110万英镑!

Dalby 案的后果

Dalby 案的判决被认为产生了一些不利后果。当被保险人虽投保了人寿保险但保险保障的却非其本人之生命，或者被保险人将一份以他自己的生命为保障对象的人寿保险单转让[23]给一个不具有保险利益的人时，不利后果就会发生。一个例子将会阐明这一点。正如后文所见，债权人可以以债务人的生命投保相当于债权数额的保险。事实上，金融机构为其债务人投保团体保险，并不鲜见。债务可能在其后的较短时间内就已经偿还，然而债权人很可能会继续维持保险单的效力，直至债务人多年以后死亡。这里难道没有赌博的成分吗？要求具备保险利益的一个重要理由，据说[24]是消除谋害被保险人性命的诱因，但是投保之后的债权人有强烈的动机去谋害债务人。[25] 就本质而言，这种保险单订立的目的无疑是在债务人未能于其生前偿还债务的情形下，补偿债权人所遭受的损失，而这在其他常见类型的保险，例如雇主以雇员的生命投保的保险中也同样成立。[26] 这表明，一旦被保险人不再对保险保障的生命具有利益，生命受保险保障之人（the life insured）就有权为了自身利益而选择接管该份保险，但同时要基于被保险人所支付的保险费给予被保险人一定补偿。[27] 因此，事实上，在保险利益终止时，如果想要保险单的法律效力继续保持，生命受保险保障之人的同意是不可或缺的。尽管没有迹象表明法律委员会将会建议对这方面的法律进行修改，但是至少在对保险利益原则进行必要的全面检视的范围内，这是一个值得认真思考的问题。

---

[23] 有关人寿保险单的转让，参见第十九章第二节。

[24] 参见 Worthington v Curtis［1875］1 Ch. D. 419; McGovern, "Homicide and succession to property," (1969) 68 Mich. L. Rev. 65 at 78。

[25] 当然，人们希望债权人受到犯罪后果的威慑而不会兵行险招，但这种威慑无法阻止所有的谋杀意图。在这种情形之下，民事法律应当允许谋杀诱因的存留吗？

[26] 参见一个加拿大的判例，Re Chatiam and Packall Packaging Inc (1998) 38 O. R. (3d) 401，该案涉及"关键人物"保险（"key man" insurance），即雇主以重要员工的生命投保的保险，该案中，因雇主对员工仍具有保险利益，因此安大略省上诉法院拒绝强制被保险人将保险单转让给雇员。

[27] 另一种方案是将被保险人能够获得的保险赔付金额限于保险利益终止时的保险单解约金数额。

第四节 保险利益在寿险中的性质

尽管《人寿保险法(1774)》明确规定了保险利益原则,但是该法案却没有用很多语言清晰界定在寿险中须具备何种条件才能构成一项保险利益。当然,正如前文所述,该法第3条提及被保险人对保险标的之利益关系所具价值的对应数额,这表明保险利益意味着一项金钱利益或经济利益。通常情形下,法院采纳该项标准作为判断保险利益存在与否的方法。

可是有两个判例认为保险利益是推定的,《人寿保险法(1774)》第3条在此不能适用,其理由在于《人寿保险法(1774)》的通过是为了防止赌博行为的危害,而这两个判例中所涉主体被认定为具有保险利益,并不会造成赌博的危害。[28] 不论保险金额是多少,以被保险人自己的生命[29]、配偶[30]或非婚伴侣[31]生命投保的保险,自动生效。这一推定可以扩展至未婚夫(未婚妻)以其未婚妻(未婚夫)的生命投保[32],但是并不适用于其他家庭关系。

除了上述案例,保险利益认定中的金钱利益要求意味着法律十分严格,并且事实上毫无疑问要比惯例更为严格。基本上,被保险人必须要证明他在经济上承受了生命受保险保障之人死亡所带来的一项法定权益的损失风险,并且这一可能之损失的数额是能够投保的。通过对非夫妻关系之家庭关系和其他关系的分别考察,这一判断方法似乎得到了最好的阐明,而且我们将继续在此基础上论述。然而,我们在此阶段必须认识到,Feasey v Sun Life Assurance Corporation of Canada 案[33]的判决提出了另一判断方法,下文将

---

[28] Griffiths v Fleming [1909] 1 K. B. 805, esp. at 821. 由于被保险人对自己的生命不具备金钱利益,也没有拥有一项金钱利益的必要,因此在针对因违反义务而使保险单未生效之人的过失诉讼中,并不存在可补偿的损失:Lynne v Gordon Doctors & Walton, The Times, June 17, 1991.

[29] Wainewright v Bland (1835) 1 Moo. & R. 481.

[30] Griffiths v Fleming [1909] 1 K. B. 805, esp. at 821, 同前注[28], 同时参见 Murphy v Murphy [2004] Lloyd's Rep. I. R. 744 at 751. 另可参见《已婚女性财产法(1882)》(Married Women's Property Act 1882)第11条(第十九章第三节第一项),该法允许已婚女性以她自己的生命及其丈夫的生命投保。

[31]《民事伴侣关系法(2004)》(Civil Partnerships Act 2004)第253条。

[32] 这是某英国保险申诉专员(Insurance Ombudsman)的观点。参见英国保险申诉专员局1989年的年度报告,paras 2.31–2.35。该认知表明,保险利益的推定也应当适用于未婚同居的伴侣。

[33] Feasey v Sun Life Assurance Corporation of Canada [2003] EWCA Civ 885; [2003] Lloyd's Rep. I. R. 637.

会对之进行详细探讨。因此,在阅读接下来的论述时必须谨记这一点。

第一项 家庭关系

就家庭关系而言,很明显如果父母对其子女负有法定的抚养义务,未成年子女就对其父母的生命具有保险利益,因为一旦父母过世,子女就会遭受法定权利丧失的经济上的不利益。然而,是否存在这样一项普遍的法定抚养义务,则并不明确。英格兰普通法中并没有这样一项义务[34],但是一些制定法程序有可能创设该项义务。举例而言,如果法院作出的一项抚养费支付令(maintenance order)要求父母抚养其子女,该子女自然对其父母的生命具有保险利益。但是,评估认定《人寿保险法(1774)》第3条所规定之利益在所有案件中都是个难题。在涉及配偶的案件中,配偶之间可以推定具有无限制的保险利益。未成年子女以其父或母的生命投保也不会造成《人寿保险法(1774)》想要避免的损害。但是根据法律原则和判决先例[35],成年子女对其父母则并不具有保险利益,除非其能证明自己在父母死亡时负有若干法律义务。在 Harse v Pearl Life Assurance Co Ltd 案[36]中,母亲与儿子生活在一起并照料儿子的起居,之后儿子以其母亲的生命投保。该保险合同明确约定保险赔付是为了补偿"(母亲死亡时所支出的)丧葬费用"。上诉法院认为,母亲并没有义务为已成年的儿子打理家务,儿子也没有法定义务在母亲死亡时将其安葬,因此该保险合同因缺乏保险利益而无效。在实践中,任何类型的所谓法定义务都必定是不可能存在的。当然,在所有此类案件中,如果案涉保险是真正地保障自己生命的保险,那么父或母以自己的生命投保,甚至指定其子女为受益人(beneficiary)则并不会遭到反对,后文将会对此再作探讨。

父或母以其子女生命投保的相反情形引发了一些有趣的问题,因为此类保险在实践中无疑是存在的。Halford v Kymer 案[37]的判决曾经长时间被作

---

[34] Bazeley v Forder (1868) L. R. 3 Q. B. 559. 苏格兰法中存在抚养义务,且该义务扩展至整个家庭范围之内。参见 MacGillivray on Insurance Law, 13th edn (London: Sweet & Maxwell, 2015), para. 1-105。

[35] Shilling v Accidental Death Insurance Co (1857) 2 H. & N. 42; Harse v Pearl Life Assurance Co Ltd [1904] 1 K. B. 558.

[36] Harse v Pearl Life Assurance Co Ltd [1904] 1 K. B. 558.

[37] Halford v Kymer (1830) 10 B. & C. 724.

为重要的判例,其认为,由于在子女死亡时,父母除可能的丧葬费用外[38],并无其他经济损失发生,故其通常没有保险利益所要求的必要利益关系,并不存在其他的法律义务要求父或母承担子女死亡时的费用。即使一个成年子女一直在赡养他的父母,这也并非履行赡养的法律义务,其父母对其自然也不存在任何保险利益。[39] 不言而喻,未被赡养的父母更不可能对其子女具有保险利益。而实践中却是,父母的确在以其子女的生命投保。全家出游时所投保的人身意外事故保险即是此例。[40] 这种保险无疑具有合理性,因为假如子女在外不幸身亡,额外的支出将由父母承担。但是由于父母并无义务承担这些费用,在这类案件中难以认定保险利益的存在。而且,即使能够认定该类案件中存在保险利益,根据《人寿保险法(1774)》第 3 条,保险金额也仅仅是在保险单生效时估计的被保险人可能承担的实际损失额。在此基础上,可以说在一个谨慎界定的范围内给予这类保险一定的法律批准,是必不可少的。然而,在 Feasey v Sun Life Assurance Corp of Canada 案[41]中,针对保险利益的界定,上诉法院的多数意见提出了另一种方法,而且十分明显,审理该案的法官对 Halford v Kymer 案的判决提出了质疑。

除了上述有关父母与子女之间是否存在保险利益的内容,还有一个奇特的案例[42]主张一名事实监护人(de facto guardian)对她的未成年继妹具有保险利益,理由是她曾经在孩子的母亲(她的继母)弥留之际承诺照顾该未成年人并承担相应支出。如果该未成年人并无义务在未来补偿回报其事实监护人,由于该事实监护人在该未成年人先于她死亡的情况下并不会遭受任何经济上的损失,这一判决显然很难获得支持。而事实上,这一义务在实践中几乎是不可能存在的。虽然该案例并未被明确推翻,但是英国枢密院(Privy

---

[38] 父母曾经有义务安葬他们的子女,然而这一义务如今事实上已遭到废弃,因为地方政府现在有义务将死于它们辖区内的任何人安葬。参见 MacGillivray on Insurance Law, 13th edn (London: Sweet & Maxwell, 2015), para. 1-096。丧葬费用保险过去常常以简易人寿保险的形式获得许可。

[39] 参见上述 Halford v Kymer 案。

[40] 另一个例证是教育保险(school fees insurance),这取决于它是如何生效的。此处的问题与涉及人寿保险信托或声称信托(alleged trusts)案件中的问题具有相似之处。这些案件将会在第十九章中予以讨论。

[41] Feasey v Sun Life Assurance Corp of Canada [2003] EWCA Civ 885; [2003] Lloyd's Rep. I. R. 637;见下文。

[42] Barnes v London, Edinburgh & Glasgow Life Assurance Co Ltd [1892] 1 Q. B. 864.

Council)*的一份判决却基于相似的事实得出了相反的结论。㊸

第二项　商业关系

特定商业性质的利益关系也可能形成保险利益,保险合同中若具备此种利益关系则同样有效。例如债权人以债务人的生命投保、雇主以雇员的生命投保,反之亦然,又或者是合伙人相互以对方的生命投保。在所有涉及商业关系的案件中,保险金额同样受限于被保险人对商业关系所拥有的金钱利益的数额。这一点在一个较早的判例即 Hebdon v West 案㊹中,得到了很好的诠释。一位银行职员以其雇主的生命分别向两家保险公司投保,一份保险的保险金额是 5000 英镑,而另一份保险的保险金额则是 2500 英镑。该职员签有一份长达七年的雇佣合同,合同约定年薪为 600 英镑。与此同时,该职员还对其雇主负有 4700 英镑的债务,并且雇主允诺在其有生之年不要求该雇员清偿债务。雇主死亡后,该职员从第一家保险公司获赔 5000 英镑,但是第二家保险公司拒绝履行保险合同,且获得了法院判决的支持。必须承认的是,该职员的确对他的雇主具有保险利益,但是该项利益仅限于他依据雇佣合同所能获取的利益(该利益的最高额为 4200 英镑),这是因为该职员在雇佣合同权益丧失时将承受这一损失。然而,该职员对于雇主不追偿债务的允诺则不存在正当利益,理由在于其对该允诺并未提供对价,该允诺因而依法不具有强制执行力。㊺ 当该职员的保险利益已经通过第一家保险公司的赔付得到超额满足时㊻,第二家保险公

---

　　* 由诺曼王朝时代的御前会议发展而来,始设于十五世纪亨利六世时代,原为英王之下的最高行政机关,十八世纪二十年代其地位由责任内阁取代后,成为国王的咨询机关。其主要职能为主持皇家典礼、就某些事务向国王提供建议、发布公告等。其内设的最重要的专门委员会——枢密院司法委员会,是管辖英联邦殖民地案件的最高上诉法院。——译者注

　　㊸ Anctil v Manufacturer's Life Insurance Co [1899] A. C. 604;也可参见上诉法院在 Griffiths v Fleming 案([1909] 1 K. B. 805 at 819)中和阿尔弗斯通(Alvestone)大法官在 Harse v Pearl Life Assurance Co 案([1903] 2 K. B. 92 at 96)中所作的评论,他们均质疑 Barnes 案的判决。

　　㊹ Hebdon v West (1863) 3 B. & S. 579。尽管 Feasey v Sun Life Assurance Corp of Canada 案([2002] EWHC 868; [2003] Lloyd's Rep. I. R. 529)一审时的法官对 Hebdon 案的判决持批判态度,但是正如其所提交的意见所言,上诉法院([2003] EWCA Civ 885; [2003] Lloyd's Rep. I. R. 637)认为 Hebdon 案的判决大体上是正确的。

　　㊺ 问题:基于允诺禁反言规则(doctrine of promissory estoppel),该允诺如今是否可能无法律拘束力?

　　㊻ 第一家保险公司能否要求返还其赔付数额的超过部分,是一个值得推敲的有趣问题。基于法律上的错误(mistake of law)而支付的金钱曾经是不得要求返还的,但是普通法如今已经实际上废止了法律上的错误和事实上的错误(mistake of fact)之间的区别(参见第十章第二节第二项),由此推定如今是可以要求返还的。

司就不再对其负有任何赔偿义务。

与前述涉及家庭关系的判决相比,Hebdon v West 案的判决更能说明一件事,那就是《人寿保险法(1774)》第 3 条使得这类人寿保险依法成为损失补偿合同,但其与一般损失补偿原则的区别在于,其对被保险人损失的度量着眼于保险合同订立之时,而非损失发生之时。这一结论基本上是不合理的,尤其是与 Dalby 案的判决相比较而言。Hebdon 案并不是一个涉及赌博的案件,同时可以合理推测,保险人根据保险精算结果,已经收取了与合同约定之保险金额相对应的保险费。

Hebdon 案的判决也几乎不可能在实践中加以应用。假设被保险人对生命受保险保障之人的生命具有保险利益,然而在《人寿保险法(1774)》第 3 条的限定范围内,对该保险利益的实际价值予以精确估计通常是不可能的。例如,以雇主为其雇员的生命投保这一实践中常见的团体保险类型为例,如若严格依照前述法律,该雇主的保险利益将仅仅限于其在雇员过世时所失去的雇员服务价值。㊼虽然在雇员服务价值极高且服务合同为长期合同的情形下,保险利益对应的价值可能很高,但在雇员服务价值较低的情形下,由于雇员通常必须依法在一定期限内给予雇主通知以了结并重新安排雇佣关系,保险利益的价值可能最多只相当于该通知期限所对应的利益。事实上,雇主为雇员投保的保险金额,可能与严格意义上的法律价值并无关系。两个较为近期的案例揭示了这一点,尽管这两个案件中当事人争议的焦点不在于此。㊽在 Green v Russell 案㊾中,一个建筑师雇员是他雇主所投保的团体保险中的被保险人之一,且保险金额约定为 1000 英镑。当该雇员被杀且其继承人无权要求保险赔付时,雇主依法获得了保险金。㊿ 很难相信这一给付数额完全等于雇主的保险利益的实际金额。与此类似,在 Marcel Beller Ltd v Hayden 案(51)中,相关事实也涉及一份团体保险。此案就保险利益发表了观点,精通

㊼　Simcock v Scottish Imperial Insurance Co (1902) 10 S. L. T. 286.

㊽　也可参见 Fuji Finance 案中所涉的保险金额,这在前注㉒和第三章第七节中有所涉及。在该案中,一家公司作为被保险人以其管理者的生命投保。

㊾　Green v Russell [1959] 2 Q. B. 226.

㊿　参见下文第十九章第三节第四项。英国法律委员会(Law Com. 242, 1996, paras 12.23 and 12.24)援引了这一案例作为例证,以说明其改革合同相对性规则的提议可能仍无法使雇员的继承人直接基于保险单求偿。这些提议最终被《合同(第三方权利)法(1999)》[Contract (Rights of Third Parties) Act 1999]所采纳,参见第四章第五节。

(51)　Marcel Beller Ltd v Hayden [1978] Q. B. 694. 进一步论述可参见第十三章第六节第一项。

法律的该案审理法官认为[52],作为被保险人的雇主对其已死亡的雇员的生命具有保险利益,是不存在疑义的。虽然这一表述是完全正确的,但是该案中保险利益关系所对应的数额,并不严格等同于实际为雇员投保的保险金额15000英镑,而法官恰恰没有考虑这一点。鉴于《人寿保险法(1774)》第3条受到了如此显而易见的冷遇,难以认为其具有任何实在的意义。

第五节 理解保险利益含义的新思维?

我们已经在本章中多次提及上诉法院在 Feasey v Sun Life Assurance Corp of Canada 案中的判决[53],该判决言明,时至今日有关保险利益含义的问题应当用一种截然不同的方式来处理。本节将对此进行详细探讨。Feasey 案源自英国船东保赔协会(P and I Club)作为保险人订立的一份保险合同,该协会为其成员提供保障,承保对象是成员对于其雇员和其船舶上的其他人造成的人身伤害或死亡所应当承担的责任。最开始,该协会系将其自己的保险赔付责任向一家劳埃德辛迪加(第957号)投保合约再保险。由于包括原保险人在内的任何人都对其可能发生的法律责任具有无限的保险利益,所以这类保险安排本来不存在保险利益的认定难题。但是劳埃德有关责任保险的规则于1995年发生变更,这导致船东保赔协会和第957号辛迪加之间的再保险也发生了变化,其变得更像第一方保险而非第三方保险。第957号辛迪加同意在相应伤害和死亡发生时支付固定数额的保险金,这种安排更像是典型的人寿和意外伤害保险。这里的保险赔付与辛迪加成员所承担的法律责任的数额之间并无联系。兰利法官(Langley J.)在初审时认为[54],该保险单实际上是一个混合体,这一见解也得到了之后上诉法院多数法官的支持。该再保险并非仅在辛迪加成员责任产生后方可运作的保险,而是为辛迪加成员在责任产生后可能承担的损失提供保险保障。这一结论系根据此处无须检视的相当曲折复杂的推理而得出,但据说沃德(Ward)法官

---

[52] 前注[51]案例,第697页。

[53] Feasey v Sun Life Assurance Corp of Canada [2003] EWCA Civ 885; [2003] Lloyd's Rep. I. R. 637. See Havenga, "Liberalising the requirement of an insurable interest in (life) insurance", (2006) 18 S. Afr. Mercantile LJ 259.

[54] Feasey v Sun Life Assurance Corp of Canada [2002] EWHC 868 (Comm); [2002] Lloyd's Rep. I. R. 807.

在这一点上所作的少数判决意见更具说服力。在沃德法官看来,这不过是一份再保险的意外伤害保险单。㊹不过即便该保险被合理地解释为一个混合体,且使得死伤和潜在责任这一双重意外事件因此被认为是保险标的,沃德法官也仍旧对辛迪加成员是否具有保险利益持不同看法。

合议庭的所有成员都认为该案件应适用《人寿保险法(1774)》,因此如果该协会没有保险利益,保险单就是非法和无效的。不过,该案判决也参考了一些有关财产保险中保险利益的判例,法官们一致认为涉案保险存在着意外伤害保险和损失填补保险的双重属性。所有法官也都同意,合议庭有义务尝试找出该案所涉的保险利益。㊺有一项观点认为《人寿保险法(1774)》第1条仅具有形式上的意义,只要保险单不是赌博合同,该保险单就具有可强制执行性,但这一观点遭到了否决。㊻沃勒(Waller)法官的开创性判决提出了分类保险利益的新方法,这一方法不仅有趣,而且在某种程度上令人感觉新奇。在重新审查了十九世纪的一些经典案例之后㊼,沃勒法官认为关键问题是何者是适当的保险标的,以及被保险人又是否对该保险标的具有保险利益。㊽他以此为基础将这些判例分为四类。第一类案件涉及普通财产保险,具体例证如 Lucena v Graufurd 案㊾和 Macaura v Northern Assurance Co Ltd 案㊿,详见下文。有关保险利益的法律在此须严格适用,被保险人为了表明其具有保险利益,必须证明其对某项财产具有公认的利益关系。第二类案件

㊹ See Feasey v Sun Life Assurance Corp of Canada [2003] EWCA Civ 885; [2003] Lloyd's Rep. I. R. 637 at 669-670.

㊺ 法官们援引了布雷特(Brett)法官在 Stock v Inglis 案[(1884) 12 Q. B. D. 564 at 571]中所作的著名的判决书附带意见(dictum)。

㊻ 仅仅只有沃勒法官(Waller LJ)考量了基于《人寿保险法(1774)》第2条所提出的主张,但第2条后来被《保险公司修正法案(1973)》(Insurance Companies Amendment Act 1973)第50条所修改。他似乎认为(at 652-3),将许多被保险人划归一类一并承保的保险,正如本案中的保险单一样,可以在某种程度上排除《人寿保险法(1774)》第1条规定的适用。这是一个有趣的观点,尽管其已经逾越了《保险公司修正法案(1973)》第50条的本意,第50条仅仅是想使团体保险的投保更加便利;见下文。

㊼ Lucena v Graufurd (1806) 2 Bos. & P. N. R. 269; Dalby v The India and London Life Assurance Co (1854) 15 C. B. 364 and Hebdon v West (1863) 3 B. & S. 579.

㊽ 尤其是要参考沃勒法官通过整理这些案件而得出的各项原则的概要。[2003] Lloyd's Rep. I. R. 659-660,这在第四章第二节第二项中有引证。

㊾ 同前注㊼。

㊿ Macaura v Northern Assurance Co Ltd [1925] A. C. 619.

是那些所涉保险标的为特定的生命的案件[62]，此时法律同样是严格适用的，且在生命受保险保障之人死亡时，必须存在基于法定义务的承担而遭受的金钱损失。第三类案件是通过对保险单的恰当解读，保险标的并非某一特定财产，而是一次航海活动过程中的各种风险的案件。[63] 第四类案件"所涉保险单中具有法院认可的非金钱利害关系"。[64] 沃勒法官认为第四类案件涵盖了案件的事实，故而将某些人寿保险案件甚至财产保险案件归入这一类别。对于前者，是指保险利益为推定的人寿保险，即以被保险人自己的生命或其配偶的生命为保险标的的保险。对于后者，如沃勒法官所言，"即便在财产保险中，某些利益关系不仅不足以构成普通法或衡平法上的利益，甚至也不足以构成一项金钱利益，但其仍然足以被认为构成保险利益"。[65] 戴森（Dyson）法官的赞同判决意见具有与此相似的效果，但是正如已经指出的，沃德法官提出了强烈的反对意见，这在之后会进一步论述。

针对人寿保险和相关保险中的保险利益，这一判决可被认为印证了我们之前所提及的一些难题，尽管对于以他人生命为保险标的的普通人寿保险中采纳的保险利益传统认定方式，其明显并未提出质疑。我们之后还将探讨该判决所涉的其他方面的内容。

第六节　规避企图和《人寿保险法（1774）》第 2 条

《人寿保险法（1774）》第 1 条并非仅仅要求被保险人应当对保险保障的生命具有保险利益，其同时也规定，当保险合同"系为了某人的使用、收益，或由于某人的原因"而订立时，此人必须具有保险利益。同时，依据第 2 条[66]，被保险人以及任何受益人的名字都必须列明于保险单之中，违反这一要求的保险单一律无效。上述规定的立法目的很明显是阻止对保险利益基本要求的规避。举例而言，如果 A 看上去是在以自己的生命投保，但是实际上是 B 在以 A 的生命投保，或者该项保险的设立是为了 B 的利益，那么 B

---

[62] 可资为证的案例有，Halford v Kymer (1830) 10 B. & C. 725; Law v The London Indisputable Life Policy Co (1855) 1 K. & J. 223; Simcock v Scottish Imperial Insurance Co (1902) 10 S. L. T. 286 and Harse v Pearl Life Assurance Co [1903] 2 K. B. 92, 以及 Dalby and Hebdon v West。

[63] 可参考的例子，Wilson v Jones (1867) L. R. 2 Ex. 139，将在第三章第十节第二项提及。

[64] [2003] Lloyd's Rep. I. R. at 657.

[65] 这些案件将在第四章中详述。

[66] 受限于《保险公司修正法案（1973）》第 50 条，探讨见后。

必须具有保险利益，并且 B 的姓名也必须出现在保险单之中。此处的"利益"一词不能被解读得太宽泛。如常所见，一名男子以自己的生命投保并想要其妻子和子女最终从中获益的事实，并不意味着其妻子和子女必须根据第 1 条具有保险利益，以及其姓名要根据第 2 条列明于保险单之中。只有当订立保险合同的直接目的是授予他人一项即时利益时[67]，上述规定才能够得到适用。

第 2 条的严格适用会导致不公平的结果。在 Evans v Bignold 案[68]中，看上去似乎是妻子以自己的生命投保。而事实上，该保险是她的丈夫从一份遗嘱的受托人处借钱订立的。这份遗嘱写明只有当妻子年满 21 岁时，她才有权支配遗嘱中的金钱，但她直至投保时为止都未达到这一年龄要求。受托人坚持要求丈夫为借款提供担保，且丈夫作为保证人要承诺他会以他妻子的生命投保。嗣后，丈夫的名字并未出现在保险单中。依据第 2 条，丈夫作为利益相关人，其姓名本应当在保险单中注明，这一点未获满足意味着保险单非法。但事实上，丈夫对妻子的生命具有保险利益是毋庸置疑的，由此满足了第 1 条的要求，保险单非法的结果并无必要。

上述事例说明第 2 条实际上是多余的。假设 A 为了 B 的利益以自己的生命投保，而且 B 具有保险利益，那么 B 的姓名是否记载于保险单之中不应影响该保险单的效力，因为此时并不存在任何赌博或投机的可能。如果 B 对 A 的生命不具有保险利益，那么就算 B 的姓名记载于保险单之中，依据第 1 条该保险单也是非法。又如果 B 的名字没有在保险单中出现，并且保险单从表面上看来像是 A 以自己的生命所投的保险，那么法院仍然能够调查真实情况，一旦其查明保险单实际上是为了并无保险利益的 B 所设立，就可以依据第 1 条认定保险单非法。在 Shilling v Accidental Death Insurance Co 案[69]中，一位父亲以他自己的生命订立了一份保险单，但是有证据显示，他儿子在这项保险交易中起主导作用并支付保险费，而且父亲在投保之后马上签署了一份有利于儿子的遗嘱，使得保险单实际上是为了儿子的利益而存在。也就是说该保险单事实上是儿子以其父亲的生命投保，而儿子并无保险利益，因此该保险单依据第 1 条是非法的。[70]

---

[67] 例如，Evans v Bignold (1869) L. R. 4 Q. B. 622，探讨见后。
[68] Evans v Bignold (1869) L. R. 4 Q. B. 622.
[69] Shilling v Accidental Death Insurance Co (1857) 2 H. & N. 42.
[70] 该保险单同样不符合第 2 条。

然而,之后将会详细阐述的是(71),被保险人将人寿保险单转让给某个不具有保险利益的人,并无任何法律障碍。这看上去是解决案件无保险利益的问题最为简便的法律手段。假设以自己生命投保的 A 真的实施了此等行为,那么在他投保之后,他就可以将保险单转让给他想转让的任何人(B),B 既不需要对 A 的生命具有保险利益,也不需要将姓名记载于保险单中。A 为了 B 的利益投保,和 A 善意地投保一份保险(即投保时虽有转让保险单利益的意图但并未确定具体的受让人)这两种情形之间,存在十分清晰的界限。在第一种情形之下,如果 B 的名字未在保险单中载明,保险单会因违反第 2 条而无效;如果事实上是 B 以 A 的生命投保,而 B 并无保险利益,保险单会因违反第 1 条而无效。而在第二种情形之下,保险单则是完全有效的。(72)

前文已经指出,《人寿保险法(1774)》第 2 条似乎是多余的。而且在特定情形下,该条明显还会造成极为不适当的妨害,尤其在团体保险中更是如此,如雇主为了给其全体雇员或者某一类雇员提供保障而订立的保险单。假如保险单仅仅是为了雇主的利益,那么第 2 条无疑不会被适用。但是假如保险单的订立是为了雇员们的利益,那么根据第 2 条所有雇员的名字就都必须被载明于保险单之中。由于这会带来诸多不便,《保险公司修正法案(1973)》第 50 条如今规定,在此种情形下,当保险单是为了某一类别或符合某一描述的人群的利益所订,但该群体成员的名字未在保险单中一一注明时,如果保险单中明确记载了这一类别或描述,并且这一类别或描述下的所有成员在任何时间都是可以识别确定的,那么该保险单就不会因违反《人寿保险法(1774)》第 2 条而无效。(73)

第七节　缺乏保险利益的人寿保险的效力

《人寿保险法(1774)》第 1 条和第 2 条在措辞上存在差异。违反第 2 条会导致保险单不合法,但第 1 条却只是说缺乏保险利益的保险单“应当无

(71) 参见第十九章。

(72) M'Farlane v Royal London Friendly Society (1886) 2 T. L. R. 755.

(73) 关于沃勒法官在 Feasey v Sun Life Assurance Corp of Canada 案中所支持的第 50 条的效力,参见前注(57)。

效,不论其具有何种意图和目的"。尽管如此,有一个判例[74]却明确认为,违背第 1 条会令保险单不合法。如果保险人真的主张保险单因缺乏保险利益而不合法,其现实后果通常是返还被保险人基于不合法保险单已经支付的保险费。[75] 这种情况并不见诸现今已被报道的个案[76],除了类似案件,保险人并不经常主张保险单因缺乏保险利益[77]而不合法,一个很明显且合乎情理的理由是,保险人在保险单约定的保险费已经按期支付之后才提出这一主张,会给自己留下极为不好的名声。但值得注意的是,为了能够抗辩被保险人提出的违约损害赔偿之诉,在 Fuji Finance Inc v Aetna Life Insurance Ltd 案的相关判决中[78],保险人成功主张了一份人寿保险合同因缺乏保险利益而无效。[79]

如果保险人根据一份不合法的保险单已经赔付了保险金,且相互对抗的请求权人之间就金钱数额存在争议,那么违法性是可以忽略的。[80] 如果保险人未作出赔付不是基于违法性,而是基于一些其他的抗辩理由,那么法院应当主动援引违法性这一理由拒绝执行保险合同。[81]

第八节 人寿保险保险利益原则的革新

正如我们在之前的论述中所指出的,保险利益在人寿保险中的认定适用严格的法律规定,很明显在很多方面已经与现实脱节。尽管曾经在 Feasey v Sun Life Assurance Corp of Canada 案中运用过较为新颖的认定方法,但状况依然如此。这就表明一次全面的改革必不可少,《澳大利亚保险合同法(1984)》(Australian Insurance Contracts Act 1984)可能就是值得效仿的先例。[82] 尽管这

---

[74] Harse v Pearl Life Assurance Co Ltd [1904] 1 K. B. 558.
[75] 这一问题将在第八章讨论。
[76] 但如前注[32]所叙述的,有一个案件曾经被提交给英国保险申诉专员。在该案中,被保险人主张,由于他所签订的保险单因欠缺保险利益而不合法,保险人应当将其保险费返还。
[77] 或者至少主张该保险利益实质上并未获得第 3 条的许可。严格而言,该保险单必然是整体上无效和违法的,但保险人在终止保险合同时却会支付保险单解约金。
[78] Fuji Finance Inc v Aetna Life Insurance Ltd [1996] 4 All E. R. 608.
[79] 因为寿险被保险人在"转手"相关投资中大获成功,保险人终止保险合同。被保险人因此主张保险人终止保险合同属于违约行为。
[80] Worthington v Curtis (1875) 1 Ch. D. 419; Carter v Renouf (1962) 36 A. L. J. R. 67.
[81] 例如,Gedge v Royal Exchange Assurance Corp [1900] 2 Q. B. 214。
[82] 该法第 18 条和第 19 条。也可参见 Merkin (1980) 9 Anglo-American L. R. 331 and Tarr (1986) 60 A. L. J. 613。

一立法随后被修正,而且人寿保险中的保险利益原则在澳大利亚于 1995 年完全被废止[83],但是它提供了一个有意思的先例,即假定保险利益原则仍然需要保留,并具体列明在何种关系之下,某人才可以被允许以他人的生命投保。

英国法律委员会已经对有关保险利益的法律进行了细致的考虑,并且将有关法律的修订视作其法律改革项目的关键部分。它们曾经在 2008 年 1 月发布了一份《议题报告》(Issues Paper)。[84] 在这份报告中,法律委员会尝试性地提出,保险利益原则应当被保留,这主要是为了防止伪装成保险的赌博。[85] 但是它们认为保险利益的种类应当扩大,亲情同样可以作为保险利益存在的证明,例如同居者之间、某些人对他们所依靠的父母或监护人,以及父母对他们的成年子女,都应当具有保险利益。法律委员会也针对一系列议题提出了建议,这些议题包括父母能否为未成年子女的生命投保,以及未婚夫与未婚妻之间、同胞兄弟姐妹之间和祖父母与孙子孙女之间能否互相投保。在这些案件中,保险利益在数额上都是不受限制的。至于非家庭类的保险利益,法律委员会尝试性地建议,这种类型的保险利益的认定应摒弃法定金钱损失标准,而采纳更具可操作性的宽松标准。当被保险人对生命受保险保障之人的死亡具有一项金钱或经济利益损失的合理预期,而非一项法律认可的金钱利益时,保险利益是存在的。法律委员会虽然不认可将"被保险人的同意"作为保险利益认定的唯一基础,但是却认为在被保险人与生命受保险保障之人的生命既无亲情联系,又不存在一项损失的合理预期时,"被保险人的同意"不失为一个建构保险利益关系的替代性依据。

法律委员会于 2011 年 12 月发布的《咨询报告》(Consultation Paper)[86]中表示其仍相信保险利益原则确有必要,但是如上所述,认定须更为宽泛。推定存在保险利益的情形应得到承认,但此种情形只能被延伸至两种场合:一是为未成年子女投保保险金额较低的保险,二是同居者在为对方投保之前已经共同居住五年或以上。退休金计划的受托人和为其成员/雇员投保团体保险的雇主应当具有无限制的保险利益。《人寿保险法(1774)》第 2 条应当废除,而且缺乏保险利益的保险合同应为无效而非不合法。此外,法律委员会不再认同"被保

---

[83] 《人寿保险(后续修正和废除)法(1995)》[the Life Insurance (Consequential Amendments and Repeals) Act 1995]。

[84] 这份报告包含一些非常有用的材料,例如有关比较法的材料。

[85] 这也是《人寿保险法(1774)》的立法初衷之一。

[86] LCCP 201/SLCDP 152.

险人的同意"可以作为一个建构保险利益关系的替代性依据。

顾问们在保险利益这一领域未达成共识,导致委员会2014年的报告没有包含保险利益的内容,但其将出现在2016年的最终报告中。[87] 如果上述提议确实成为正式建议,且其较为温和,一些人则会将之视为受欢迎的一系列变化。通过设定保险金额的上限来限制以未成年人为被保险人的保险合同可能是正确的,但是当以成年人的生命投保非团体保险时,仅仅"被保险人的同意"这一项要素是否足以确保满足保险单对保险利益的需要,则依然存在争议。

第九节 财产保险中的保险利益

我们接下来要探讨的是财产保险中保险利益的问题。这需要认真思考法律在财产保险中规定这一原则的用意何在,以及这一原则的真实含义。也正因为任何人都对他们潜在的法律责任拥有一项保险利益,所以在责任保险这类损失填补保险中,保险利益的含义实质上是无关紧要的。

法律规定还是合同要求

首先要谈的问题是,如果《人寿保险法(1774)》可以适用于财产保险的话,那么其应当在怎样的范围内适用。[88] 该法第4条明确表示该法不适用于动产保险。该法是否适用于不动产保险,是一个较难回答的问题,其原因在于存在许多的反对意见。[89] 在一个由某上诉法院审理的案件即Re King案[90]中,判决书的附带意见认为该法能够适用于不动产保险。然而,同一法院在

---

[87] 一个更进一步的《议题报告》(第10号)发布于2015年3月。

[88] 《博彩法(1845)》第18条无疑可以适用于所有种类的保险(Macaura v Northern Assurance Co Ltd [1925] 2 A.C. 619),但是该条已被废止(参见第三章第一节)。在任何事件当中,相比保险利益原则的严苛规定,《博彩法(1845)》第18条所作的要求都显然更易被满足。

[89] 关于该法是否适用于私人无形财产保险,并未有过任何判决。

[90] Re King [1963] Ch. 459 at 485 (per Lord Denning MR). MacGillivray and Parkington on Insurance Law Relating to All Risks, 8th edn, (London: Carswell, 1988), para. 153. 该书的这一版以此案判决书的附带意见支持该法适用于不动产保险,但是该书的最新版(MacGillivray, 13th edn, paras. 1-161-1-162)对此则持相反见解。另一本书(Ivamy's Fire and Motor Insurance, at 175-181)没有考虑该附带意见,同样持相反见解。克拉克(Clarke)教授亦指出 [The Law of Insurance Contracts, 4th edn (LLP Professional Publishing, 2002) paras. 4-4A],不论该法案的文义立场是什么,保险实务在财产保险领域已经基本上忽略了该法案。还可参见澳大利亚高等法院的判决,British Traders' Insurance Co v Monson (1964) 111 C.L.R. 86。

更为近期的 Mark Rowlands Ltd v Berni Inns Ltd 案㉑中所作的判决书附带意见却提出了相反的观点。在 Mark Rowlands Ltd 案中，一位房屋业主的保险人主张该业主的未具名承租人不得从该保险中获益，因为该承租人并没有如《人寿保险法（1774）》第 2 条规定的那样将姓名记载于保险单中。而克尔（Kerr）法官认为，"这一古老的法律从来就不适用于损失填补保险，而只适用于那些在保险事故发生时提供定额给付的保险"。㉒ 在更为近期的 Siu Yin Kwan v Eastern Insurance Co Ltd 案㉓中，英国枢密院引述克尔法官的意见，主张第 2 条不适用于责任保险。第 2 条规定，以人的生命或其他事件所投的保险要是没有在保险单中载明利益关系人的姓名，则是不合法的。其中的"事件"并不适用于描述被保险人的潜在法律责任。同时，第 2 条也不得偏离《人寿保险法（1774）》的原则、序言和第 1 条所共同体现的基本认知，即该法主要适用于人寿保险。"难以想象损失填补保险被形容为'一项恶意的赌博'。法官们有权依照该法原本的立法意图来界定第 2 条的含义。"㉔

虽然 Siu Yin Kwan 案的判决可被解释为已经解决了上述法律适用的问题，但是不得不承认，该案判决的法律推理和法律依据，尤其是那些依据克尔法官在 Mark Rowlands Ltd 案中的意见所作出的部分，并不能让人完全信服㉕，法律适用的问题仍然值得进一步探讨。对这一现代性观点的最有力的支持，恐怕源自 Mumford Hotels Ltd v Wheeler 案㉖的判决。该案中，法院认为，在一份业主保险的保险单中未具名的承租人有权要求业主将保险赔付金额用于受损房屋的恢复原状，该权利暗含于租约的条款之中。㉗ 另外，就《人寿保险法（1774）》第 1 条和第 2 条的字面意思而言，它们清楚地表明，第 2 条在提及"其他事件"时，所涉保险理应是包括不动产保险的，即便如 Siu Yin Kwan 案判决的严格推理所指出的那样，该法可能并不适用于责任保险。虽

㉑ Mark Rowlands Ltd v Berni Inns Ltd [1986] Q. B. 211.该案的判决理由涉及保险代位权。参见第十七章第十四节。

㉒ 同前注㉑，第 227 页。

㉓ Siu Yin Kwan v Eastern Insurance Co Ltd [1994] 1 All E. R. 213. 该案例将于第四章第六节第一项中进一步探讨。

㉔ 同前注㉓，第 224 页。英国贝里克郡（Berwick）的上议院议员劳埃德（Lloyd）主张。

㉕ 虽然克尔法官没有提及 Re King 案的判决书附带意见，但是英国枢密院在 Siu Yin Kwan 案中提及并否定了丹宁（Denning）法官的意见，理由是丹宁法官的意见是附带性的，且其所提观点存在争议。

㉖ Mumford Hotels Ltd v Wheeler [1964] Ch. 117.

㉗ 这一案例将在第十六章第三节中进一步探讨。

然《人寿保险法(1774)》制定的首要理由是禁止以人的生命为对象的赌博,因而有关不动产的损失填补保险不是该法规制的主要对象。但在该项法律通过之前,普通法上已经有判例要求建筑物保险须于投保时存在保险利益。[98] 而且在 1774 年并不存在一种非损失补偿型的、定值的建筑物保险可纳入《人寿保险法(1774)》的调整范围。鉴于该法第 4 条明确排除了海上保险和动产保险的适用,以及在 1774 年并不存在人寿保险、海上保险、动产保险和建筑物保险之外的其他保险种类,第 2 条中所谓的"其他事件"从文义上推论应当包括普通不动产保险。还值得注意的是,在审议通过之后的诸项立法时,英国议会似乎假定《人寿保险法(1774)》的适用范围比克尔法官的判决书附带意见所承认的更加广泛。[99] 此外,由于《人寿保险法(1774)》的原则是在该法案颁布一个世纪以后才"添加"上去的,所以根据这一简称("其他事件")所作出的推论不免有些望文生义。

《人寿保险法(1774)》第 1 条适用于不动产保险,不会导致任何问题。同时,一项针对第 2 条的法律解释非常有吸引力,它能够消除前述判例排除《人寿保险法(1774)》的适用而引致的困境。这一法律解释系于澳大利亚的 Davjoyda Estates Ltd v National Insurance Co of New Zealand 案中所提出。[100] 该解释认为,第 2 条仅仅在这样一种情况下适用,即被保险人自己并不具有保险利益,无法满足第 1 条的规定,然而他是代表另一个人投保,该人具备保险利益且因此必须在保险单中具名。这一解释既能满足《人寿保险法(1774)》防止道德风险和有害赌博的立法初衷,又能克服那些机械地要求所有利益关系人都必须载明于保险单之中的做法所引起的不便。遗憾的是,

---

[98] Sadler's Co v Badcock (1743) 2 Atk. 554.

[99] 尤其是参见《道路交通法(1988)》第 148 条第 7 项(进一步的讨论在第二十一章第三节第一项)。该项中的措辞"纵使任何制定法中的任何情形"似乎倾向于表明《人寿保险法(1774)》允许在保险单中具名的任何人都可以主张机动车保险,哪怕事实上被保险人对该人所负的法律责任并无保险利益。判例法得出了同样结论(参见第四章第三节)的事实更是没有削弱这一认识的说服力。实际上在许多有关保险利益原则的放弃的案例中(参见第三章第十一节和第四章),基本上都是假定《人寿保险法(1774)》可以适用于除动产保险之外的所有保险,存在争议的也常常是如何界定"动产",而非诸如 Mark Rowlands Ltd 案和 Siu Yin Kwan 案所提出的任何其他更大的问题。特别是参见 Williams v Baltic Insurance Association of London [1924] 2 K. B. 282。

[100] Davjoyda Estates Ltd v National Insurance Co of New Zealand (1967) 65 S. R. (N. S. W.) 381 at 428,由曼宁(Manning)法官主张。这一法律解释为澳大利亚法律改革委员会(Australian Law Reform Commission)(Report No. 20, para. 112)所援引及支持,尽管通过大刀阔斧的改革,澳大利亚早已解决了这一领域的所有问题。

Mark Rowlands Ltd 案和 Siu Yin Kwan 案的判决都没有考虑这一点。[101]

然而，第3条适用于不动产保险，仍旧存在一些问题。该条规定当被保险人具有保险利益时，保险人赔付的数额最高不超过被保险人之保险利益的价值所对应的数额。由该条似可推论，即使已经依照第2条将被保险人之外的另一人的姓名记载于保险单之中，而且该人的利益关系是受到该保险保障的，也仅有被保险人的保险利益所具有的价值能够获得完全的赔付。举例而言，假如一名承租人以其承租的房屋投保，并将他的房东作为利益相关人记载于保险单之中，那么保险赔付数额会受限于承租人利益的价值，这大大低于该房屋的价值或保险金额。[102] 此外，因为财产保险通常是损失填补保险，被保险人仅能于损失事故发生时获偿相当于受损利益之价值的数额，所以第3条在财产保险的案件中并非必要。损失填补原则早在《人寿保险法（1774）》颁布之前就已经存在。有关该问题的可能的解决方式是，将第3条解读为不适用于财产保险，与该法所意图阻止的损害后果无关[103]，或者仅仅是确认财产保险领域须适用损失填补原则。

以上相关论述充分表明，有一些观点认为，《人寿保险法（1774）》第1条和第2条的确要严格适用于不动产保险，其并未被 Mark Rowlands Ltd 案和 Siu Yin Kwan 案的判决完全令人信服地推翻。即便相信法院可能会遵循这些判例中的附带意见，这一观点所提倡的法律适用似乎也是全无必要的。损失填补原则能够确保所有人都无法从与其不存在利益关系的损失中获利。为了明确和突出这一点，《人寿保险法（1774）》的有关条文应予废止。

即便《人寿保险法（1774）》不适用于不动产保险，如上所述，普通法仍然要求在保险合同订立之时存在特定利益关系[104]，这种利益关系似乎意味着严格意义上的保险利益，这一点我们在下文会进行讨论。进一步而言，在所有

---

[101] 这一法律解释同样与 Re King 案的判决书附带意见存在不一致！

[102] 如上，这一点在 Re King 案中并未予以考虑，但是该案中的承租人依约定有义务修理受损房屋，是故作为被保险人的承租人对房屋的全部价值拥有保险利益。

[103] 这或许与平衡该法的文义解释和目的解释是相一致的。将第3条中的"被保险人"解读为包括被保险人和任何姓名记载于保险单之中的利益相关人，容易让人产生误解，因为存在一个明确的案例表示，依据制定法{《（伦敦地区）火灾预防法（1774）》[Fires Prevention (Metropolis) Act 1774]第83条，参见第十六章}，不动产的利益相关人可以要求保险人支付保险金用于受损不动产的恢复原状，而不论该利益关系人姓名是否记载于保险单中，也不考虑被保险人绝对的法定权利。

[104] Sadler's Co v Badcock (1743) 2 Atk. 554.

的财产保险案件中，保险利益只要在保险事故发生之时存在即可，这是因为财产保险仅弥补被保险人实际遭受的损失，而这一损失要在损失事故发生之时才能确定。[105] 这种保险利益只是财产保险合同的一个附带条件，而且能够被省略，且有时也确实被省略掉了。[106]

第十节 财产保险中保险利益的含义

我们现在能够仔细地考量一下财产保险中的保险利益究竟是如何构成的，而不管它是否及何时由法律规定或合同约定。与人寿保险领域类似，英国有关财产保险中保险利益的法律规定严格得超出必要限度。[107] 探讨的起点是海上保险的经典判例——Lucena v Craufurd 案[108]。在该案中，英国皇家委员会（Crown Commissioners）为许多被英国船只俘获但仍旧处于公海上的敌方船舶投了保。英国法律授权皇家委员会在这些敌船到达英国口岸之后予以接管。不过不少敌船在到达口岸之前就已在大海中灭失。皇家委员会在这种情形下是否对这些灭失船只具有保险利益，引起了很大的争议，法官们亦争论不休，直到英国上议院（House of Lords）对此作出判决。上议院判决认为，皇家委员会于事故发生时对船只并无现存的财产权利，故而不存在保险利益。用埃尔登（Eldon）法官的经典话语来说[109]，保险利益是"一项财产权利，或者一项源自某些有关财产的合同的权利，二者都有可能因影响当事人占有和使用的意外事件而消灭"。就保险利益的完整现代定义而言，则应当增加一种利益类型，其系基于一项法律义务的存在而产生，该义务的内容为承担被保财产毁损所造成的任何损失。[110]

第一项 损失的实质性期待？

一些法官提出了一项较为宽松的"实质性期待"标准，尽管这一标准明

---

[105] Macaura v Northern Assurance Co Ltd [1925] A.C. 619.
[106] 参见第三章第十一节。
[107] 一个有益的批评，参见 Harnett and Thornton, "Insurance interest in property; a socio-economic re-evaluation of a legal concept" (1948) 48 Col. L. R. 1162。
[108] Lucena v Craufurd (1806) 2 B. & P. N. R. 269.
[109] 同上注，第 321 页。
[110] Glengate-KG Properties Ltd v Norwich Union Fire Insurance Society [1996] 1 Lloyd's Rep. 613 at 624.

显未被英国上议院所接受。劳伦斯(Lawrence)法官如此表述了这一标准⑪：

"当某人会因某物的状况而获得利益或遭受损害时，此人即对某物具有利益，因此某物的安全或其他品质应当持续存在……对某物的存续具有利益，是指能够从其存在中获益，或者会因其毁损遭受损害。"

奇怪的是，克尔法官在 Mark Rowlands Ltd v Berni Inns Ltd 案⑫的判决中引用了这一附带意见，尽管从许多判例中可以明显看出，该意见并不能代表当时主流的英国法律，尤其是后文将要讨论的英国上议院在 Macaura v Northern Assurance Co Ltd 案⑬中所作的判决。⑭同样存在争议的是，对这一附带意见的解读，是在脱离劳伦斯法官所作判决之其他部分的情况下进行的，而劳伦斯法官的判决在整体上似乎与英国上议院埃尔登法官的意见一致。⑮或许这一附带意见反映了法律的应然状况，但又是另外一个问题。⑯在 Feasey v Sun Life Assurance Corp of Canada 案⑰中，沃勒法官虽然提及该附带意见曾经为后来的案件所援引，但其仍旧赞同在普通财产保险案件中严格适用保险利益的相关法律。

第二项　所有权或合同权利

因此，依据法律的立场，仅仅是特定财产毁损将会造成损失的预期，甚至是相当确信，均不足以证明保险利益的存在。只有当存在一项普通法或衡平

---

⑪ Lucena v Craufurd (1806) 2 B. & P. N. R. at 302.

⑫ Mark Rowlands Ltd v Berni Inns Ltd［1986］Q. B. at 228.

⑬ Macaura v Northern Assurance Co Ltd［1925］A. C. 619.

⑭ 也可参见 Glengate-KG Properties Ltd v Norwich Union Fire Insurance Society［1996］1 Lloyd's Rep. 613,同样在之后讨论。

⑮ Legh-Jones, The Modern Law of Marine Insurance, ed. D. Rhidian Thomas (2002) Ch. 4; MacGillivray, 13th edn, para. 118.

⑯ 参见第三章第十二节。加拿大高等法院(Canadian Supreme Court)在 Constitution Insurance Co of Canada v Kosmopoulos 案［(1987) 34 D. L. R. (4th) 208］中采用了这一宽松认定标准。该案法官认为是时候该拒绝再遵循 Macaura 案的判决了(见后文)。类似的,该标准也被《澳大利亚保险合同法(1984)》第17条所采纳。对此的讨论,参见 Birds［1987］J. B. L. 309; Wolfe［1989］S. L. T. 103; Clarke, The Law of Insurance Contracts, para. 4.3; Birds, "Insurable Interests", Ch. 4 in Interests in Goods, Palmer and McKendrick (eds), 2nd edn, (1998); Hasson (1995) 33 O. H. L. J. 680 at 681–683。

⑰ Feasey v Sun Life Assurance Corp of Canada［2003］EWCA Civ 885;［2003］Lloyd's Rep. I. R. 637 at 654.

法上利益的既存权利,又或者一项合同项下的权利之时,保险利益才能获得证明。一个被授予权益的剩余地产权人具备保险利益[118],但是一个拥有附条件利益的人则不具备保险利益,濒临死亡的遗嘱人所立遗嘱之下的遗产受益人同样如此。[119] 所附条件有可能不会成就,遗嘱人在理论上也可能撤销其遗嘱。在一起著名的美国案件[120]中,一家收费公路公司的道路的两部分系由一座横跨溪流的大桥所连接,该公司为横跨溪流的大桥投了保,由于该公司对这座大桥并无任何普通法或衡平法上的利益,承审法院认为该公司对大桥不具有保险利益。和某人对其潜在的法律责任具有保险利益不同,某人因过失损毁他人财产而可能承担责任这一风险本身,并不能使此人对该项财产具有保险利益。[121]

在 Macaura v Northern Assurance Co Ltd 案[122]中,一名当事人既是一家有限责任公司的唯一股东,又是该公司的实质债权人,他以自己的名义为该公司所有的一处林场投保。英国上议院认为他对最终毁于大火的该处林场并无保险利益。虽然公司财产的毁损灭失会导致他所拥有股份的价值降低,但该公司是一个独立的法律主体,作为公司股东的他对公司财产并无保险利益。对于他而言,此时只有损失的相当确信。同样的,作为债权人,如果 Macaura 对公司的财产没有抵押或负担*的权利,又没有其他担保利益的话[123],他对公司财产就不具备保险利益。人们可能会好奇这一观点是否过于狭隘。在被保险人具有上述两种身份的情况下,被保险人对公司财产的确具有真正的经济利益,毫无疑问,他本可以通过安排公司为前述林场投

---

[118] 埃尔登(Eldon)法官在 Lucena v Craufurd 案中的主张,同前注[111],第 314 页。
[119] 同上注,第 325 页。
[120] Farmers' Mutual Insurance Co v New Holland Turnpike Road Co, 122 Pa. 37 (1888).
[121] Deepak Fertilisers and Petrochemical Corp v ICI Chemicals and Polymers Ltd [1999] 1 Lloyd's Rep. 387 at 399-400; 更进一步的讨论参见第四章第二节第二项。
[122] Macaura v Northern Assurance Co Ltd [1925] A. C. 619. 该判例为苏格兰的许多现代案例所遵循:Arif v Excess Insurance Group Ltd 1987 S. L. T. 473; Mitchell v Scottish Eagle Insurance Co Ltd 1997 S. L. T. 2; Cowan v Jeffrey Associates 1999 S. L. T. 757。

* 负担(charge),指为保证债务的清偿或义务的履行而在土地上设定的担保权利。根据《财产法(1925)》(Law of Property Act 1925),负担分为普通法所承认的土地负担和衡平法上的土地负担。土地上的负担必须在土地登记局或类似政府主管机构登记,否则不能对抗已支付对价的买主。——译者注

[123] 例如 Moran Galloway & Co v Uzielli 案([1905] 2 K. B. 555)中的制定法权利。

保,很轻易地合法实现其本人的投保目的。㉔但应当指出的是,作为股东,他可以以其股份投保,以弥补因公司投资的商业活动失败而带来的股份价值的损失㉕,并且作为债权人,他也可以就其债务人(公司)的偿债能力投保,以避免遭受公司破产所带来的损失㉖,这样一来,Macaura案判决的实际结果其实就可以在很大程度上得到缓和。

在较近的Glengate-KG Properties Ltd v Norwich Union Fire Insurance Society案㉗中,英国上议院在其判决中对保险单中"被保险人的利益"这一用语进行了解释,该保险单系为被保险人在其所有的一栋建筑遭遇火灾或其他承保风险后,可能遭受的间接损失提供保障。该案中的争议问题是,被保险人能否就当时为建筑师所有的建筑方案的损失获得赔付,尽管该建筑方案可能某一天会归于被保险人。上诉法院的所有法官都认为,尽管被保险人对建筑方案缺乏所有权,但其同样拥有保险利益。然而很明显的是,大多数的法官系将该保险利益认定为关于间接损失的利益,而非关于建筑方案本身的利益。㉘

第三项 财产的占有

Macaura案提及的另一个利益类型是财产的占有,不过该案认为仅凭财产

㉔ 需注意的是,保险人最初是基于欺诈的理由抗辩Macaura的诉讼请求。尽管保险人的主张未能获得法院的支持,但这一主张还是影响了保险人的抗辩。在美国,股东对其公司的资产具有保险利益;参见 Vance, Handbook on the Law of Insurance, 2nd edn (West Publishing Co, 1930) at 175。在加拿大,前述Kosmopoulos案涉及"一人"公司,而且前文已经提及,加拿大高等法院判决认为是时候摆脱以 Macaura v Northern Assurance Co Ltd 案为代表的狭隘英国法律。与Macaura v Northern Assurance Co Ltd 案相区别的是一个海上保险的案件(The Moonacre [1992] 2 Lloyd's Rep. 501),在该案中,尽管船舶为船舶受托人的公司所有,但船舶受托人由于完全掌控着该船舶,对该船舶具有保险利益。虽然沃勒法官在 Feasey v Sun Life Assurance Corp of Canada 案([2003] EWCA Civ 637, [2003] Lloyd's Rep. I. R. 637 at 657)中援引Moonacre案的判决来支持他有关保险利益认定的宽松观点,不过也正如沃勒法官所指出的那样(above at 674),用来支持该宽松观点的仍是一些传统理由。

㉕ Wilson v Jones (1867) L. R. 2 Ex. 139.

㉖ Waterkeyn v Eagle Star Insurance Co (1920) 5 Ll. L. R. 42.

㉗ Glengate-KG Properties Ltd v Norwich Union Fire Insurance Society [1996] 1 Lloyd's Rep. 614.

㉘ 尤其是参见奥尔德(Auld)法官的判决意见,at 623-4。莱恩·格莱德韦尔(Lain Glidewell)爵士认为,参照劳伦斯法官的宽松认定标准,房屋的所有人本可以以房屋的建筑方案投保(at 625-6)。沃勒法官在 Feasey v Sun Life Assurance Corp of Canada 案([2003] EWCA Civ 885;[2003] Lloyd's Rep. I. R. 637)中引用了该判决来阐释他有关保险利益的第四种分类(更多内容可参见第三章第五节和第四章第二节第二项)。

的占有并不足以证成保险利益。争议林场坐落于 Macaura 的土地上。一般而言,土地所有人必然对地面附着物具有一定的使用收益权利和法律义务,但是事实上 Macaura v Northern Assurance Co Ltd 案中的情形则不同寻常[129],该案中的被保险人对林场并无使用收益的权利,以至于占有根本不会产生可保利益。然而,有一个判例认为拾得人可以为其拾得的财产投保[130],理由是占有在英国法中可以合理地设立一项产权,而该产权一般仅有真实所有权人能撤销。毫无疑问的是,附法律义务的占有,例如一个受托人的占有,可以赋予占有人一项保险利益,并且正如我们将看到的,法院已经广泛地采用了一种宽松的方法来认定从事建筑工程的总承包商和次承包商的保险利益。

第四项　动产销售

动产销售合同的一方当事人如果拥有动产的财产权或者承担着动产损失的风险,则具备保险利益。[131] 就分期付款租购协议*而言,只要出卖人仍旧保有对动产的财产权或取回动产的权利,动产的出卖人就仍然具有保险利益。[132] 除了协议有可能约定买受人应为动产投保的情形,买受人作为动产的受托保管人同样具有保险利益。[133]

第五项　同居者

夫妻或其他类型的同居者中的一方是否对另一方单独所有的财产具有

---

　　[129]　相比较而言,Boehm v Bell 案[(1799) 8 T. R. 154]的情形并不一样;该案中,一艘船舶的俘获者对该艘船具有保险利益,原因在于俘获者对船具有一定的权利和义务。

　　[130]　Stirling v Vaughan (1809) 11 East 619.

　　[131]　Inglis v Stock (1885) 10 App. Cas. 263. 盗赃物的善意购买人对盗赃物不具有无瑕疵的财产权,因而不可能具有保险利益:Chadwick v Gibraltar General Insurance Co (1981) 34 O. R. (2d) 488; Thompson v Madill (1986) 13 C. C. L. I. 242;参见 Hasson, (1983-84) 8 Canadian Business Law Journal 114。然而,保险申诉专员持不同观点;参见 the Annual Report of the Insurance Ombudsman Bureau for 1991, para. 2.25。

　　*　分期付款租购协议指分期付款购买商品,但必须于最后一次付清款项后,商品才归买主所有,在此之前,买主只有使用权的一种赊购方式。——译者注

　　[132]　哪怕由于出卖人未能满足《消费者信贷法(1974)》(Consumer Credit Act 1974)的制定法要求,其权利应当归于消灭。

　　[133]　保险申诉专员认为(Annual Report for 1991, para. 2.25)附条件销售协议中的买受人对销售动产的全部价值具有保险利益。很明显,上述买受人具有保险利益,尽管他们利益的范围大小取决于他们依据协议所须承担的法律责任。举例而言,假设他们在发生盗窃的情形下被免除责任,那么他们能够获得的保险赔付则应当受到限制(参见第三章第十节第六项),除非基于第四章所述的原则,他们能够就所有人的利益获得赔付。

保险利益,仍然未有定论。原则上,答案应当是否定的,除非非所有人一方因对该财产具有占有权而可以投保。换句话说,如果非所有人与所有人共同使用该财产,非所有人对该财产具有保险利益。[134] 然而,举例而言,丈夫对妻子的珠宝既无所有权又无占有权,故对妻子的珠宝并无保险利益。当然,如后所述,法律仍然允许丈夫以其他方式有效地为其妻子的珠宝投保。

第六项 财产的有限利益

构成保险利益的普通法利益或衡平法利益还包括其他类型,例如抵押人和抵押权人的利益、不动产出卖人和买受人的利益、房产出租人和承租人的利益,以及信托受托人和受益人的利益。然而,一旦被保险人不是财产(不动产或动产)唯一且无负担的所有人,其所拥有利益的范围大小如何界定,就成了重要问题。这一问题并不改变任何保险利益的法定要求,但却基于一个事实,即这些保险都是损失补偿合同。对财产拥有所有权利益的任何人都可以以最高不超过该财产价值的保险金额对财产投保,从而满足所有的法定要求。不过按照约定,被保险人必须在损失事故发生时具有保险利益,并且他的利益所具价值大小十分关键。他显然仅能获得以弥补其损失为限的赔付。[135]

举例而言,任何财产的承租人对该财产都具有保险利益,并因此能够以最高不超过该财产全部价值的金额对该财产投保。如果承租人仅仅是一个周租客,对租住房屋并无投保或维修义务,那么他所能获取的保险赔付则限于他的保险利益的价值,若承租房屋系用于居住,则该价值至多相当于四个星期的房租。[136] 而如果承租人签订了一份固定期限的租约,且租约规定哪怕租赁物毁损灭失,他依然要支付全部租金,那么他将在损失发生时对仍须支付的租金具有保险利益。如果承租人依约有义务为租赁物投保或在租赁物毁损时维修,则他的保险利益将是财产的全部价值。与此相反的是,在以上所有情形下,出租人作为对财产享有回复权的人,其保险利益都是该财产的全部价值,即便在承租人有维修义务的情形下也依然如此,这是因为存在承租人不履行义务的风险。[137]

---

[134] Goulstone v Royal Insurance Co (1858) 1 F. & F. 276.

[135] 据悉,最为清楚地解释保险利益存在和保险利益价值之间区别的判例是一个澳大利亚的案件,即 Davjoyda Estates v National Insurance Co of New Zealand (1967) 65 S. R. (N. S. W.) 381。

[136] 这是因为法律规定终止这类租约需要提前四个星期通知[《非法驱逐保护法(1977)》(Protection from Eviction Act 1977)第 5 条]。

[137] 重要的保险代位权问题可能产生;参见第十七章。

对于前文提到的其他类型的有限产权人，也同样如此。他们每一个人都有足够的普通法利益或衡平法利益来投保，但是他们明显只能获得相当于实际损失的赔付。一名抵押权人仅能就债务人未偿还的债务获得赔付[139]，而土地出让人如果仍旧可以要求买受人履行土地买卖合同，则不能获得保险赔付。[139] 针对财产拥有有限利益者所投的保险引发了一个更深层次的问题，即是否存在一种情形，在该情形下，被保险人能够为了第三人的利益，获得超出其对财产享有利益之价值的赔付。我们会在第四章对此予以讨论。

被保险人并不必然只能针对其对财产的所有权利益的价值获得保险赔付。针对基于所有权利益而产生的预期利益，如从对财产的所有或占有中可以期待获得的利益，被保险人同样具有保险利益。[140] 然而，对于这种利益必须独立投保；一般的损失填补保险并不补偿此等间接损失。[141]

第七项　一种更为宽松的保险利益类型

在 Feasey v Sun Life Assurance Corp of Canada 案的判决中[142]，我们已经看到沃勒法官是如何认定一种特殊的保险利益类型的，这一特殊保险利益类型要比一般财产保险案件中所采纳的保险利益类型在认定上更为宽松。由于对这一特殊保险利益类型的解读至少要部分依赖于下一章将会详述的判例，我们将会在探讨完毕这些判例之后，再次检视这一问题。

第十一节　保险利益主张的放弃

如果《人寿保险法（1774）》适用于不动产保险，那么其中关于保险利益的规定作为强行性法律规范明显不得被排除适用，但是正如我们所见[143]，该法案如今不可能会被认为可适用于任何损失填补保险。因此，保险利益的要

---

[139] Westminster Fire Office v Glasgow Provident Investment Society (1888) 13 App. Cas. 699.

[139] 这一问题还将在第十一章和第十七章讨论。

[140] City Tailors Ltd v Evans (1922) 91 L. J. K. B. 379; Bestquest Ltd v Regency Care Group Ltd [2003] Lloyd's Rep. I. R. 392 at [21]. 在此情形下，有可能对财产本身未必具有保险利益：参见 Glengate-KG Properties Ltd v Norwich Union Fire Insurance Society [1996] 1 Lloyd's Rep. 613，讨论如上。

[141] 参见第十三章第八节。

[142] Feasey v Sun Life Assurance Corp of Canada [2003] EWCA Civ 885; [2003] Lloyd's Rep. I. R. 637.

[143] 参见第三章第九节第一项。

求仅仅是依据损失补偿原则而被暗含于损失填补保险合同之中,且仅适用于损失发生之时。[144] 前述 Macaura v Northern Assurance Co Ltd 案[145]十分清楚地阐明了这一点。依据保险单条款,保险人最初将争议提交仲裁。被保险人主张,保险人实施此等行为后,便不得再主张保险合同因缺乏保险利益而无效。而法院认为,保险人并没有主张保险合同因违反任何法律规定而无效。相反,保险人承认保险合同有效,只是(成功地)否认了被保险人在损失事故发生时具有损失填补保险合同中所必需的利益。

从原则上来说,如果不涉及赌博因素的话,在一个适当的案件中不得放弃或免除对于合同的保险利益要求[146],是没有任何道理的。而事实上,也存在不少判例承认了这一放弃或免除的效力。在 Prudential Staff Union v Hall 案[147]中,原告是一个雇员联合会,该联合会与劳合社签订了一份保险,承保对象为其成员在作为雇主的代理人或管理人保管雇主金钱时可能承担的金钱损失赔偿责任。很明显,该联合会对其成员须承担的责任并无保险利益,但这对于保险合同的执行并不构成任何障碍,因为《人寿保险法(1774)》并不适用于此[148],且保险人同意作出赔付联合会的合同承诺表明其放弃了任何对于保险利益的要求。[149] 同样的,在 Thomas v National Farmers' Union Mutual Insurance Society 案[150]中,一处农场的承租人以农地里的各种作物投保,这些作物在承租人的租约到期后毁于一场大火。保险单规定,被保险人丧失对保险标的物的财产权后,"除(该情形)系基于法律规定而发生以外",保险单将不再为保险标的物提供风险保障。租约届满后,上述作物成为土地出租人的财产,但该后果仅系依据《农用土地法(1948)》(Agricultural Holdings Act 1948)的某条规定而发生,因而构成上述保险保障免除的除外情形。故此,尽管承租人不再对作物拥有财产权,进而不具有保险利益,但由于这只是"依据法律规定而发生的",故保险人根据合同约定仍然有义务向被保险人提供赔

---

[144] 根据《海上保险法(1906)》第4条的规定,海上保险并不存在这种情形。
[145] Macaura v Northern Assurance Co Ltd [1925] A. C. 619.
[146] 与此形成对比的是 Clarke, The Law of Insurance Contracts, 4th edn (LLP Professional Publishing, 2002) para. 4.1.D。
[147] Prudential Staff Union v Hall [1947] K. B. 685.
[148] 尽管金钱不是《动产买卖法》(Sale of Goods Act)的适用对象,但其属于作为《人寿保险法(1774)》适用对象的动产。不过如前所述,现代的发展趋势似乎已经免除了对《人寿保险法(1774)》的适用性进行调查的必要。
[149] 事实上,这一诉讼最后以原告败诉收场,理由是原告没有遭受任何损失。
[150] Thomas v National Farmers' Union Mutual Insurance Society [1961] 1 W. L. R. 386.

付。对于在这种情形下,被保险人对其获得的保险金具体负有怎样的义务,我们将在第四章予以探讨。

这些案件与动产保险有关,并且保险利益在其中一度被视作必要条件。[151] 然而,尽管在实践中,保险利益主张的放弃在动产保险以外的其他保险场合并不经常出现,但保险利益的可放弃性不能适用于所有财产保险似乎是没有理由的。这一问题将在下一章中进一步讨论。

第十二节 财产保险之保险利益原则的革新

前文提及,保险利益相关法律的某些层面亟待改革。事实上,由于损失补偿原则可以确保被保险人获得的赔付金额无论怎样计算,都不会超过其实际损失数额,故而不由得让人产生疑问,保险利益的概念在财产保险领域是否还有存在的必要。[152] 英国法律委员会在其 2008 年 1 月发布的《议题报告》中指出,有关财产保险保险利益的法律有些不必要的复杂,而且已经过时,需要对之进行改革。该报告强调了一些不确定的事项,包括 Feasey 案中上诉法院多数意见所作的分析有些令人费解[153],《博彩法(1845)》第 18 条的废除给保险带来的影响似乎没有得到考虑,以及仍然有观点认为《人寿保险法(1774)》适用于建筑物保险。除此之外,他们还考虑了保险利益的要求对于保险合同的定义是否必要,因为这还关乎监管和税收。那时,他们认为没有必要在损失补偿保险中要求具有保险利益,因为损失补偿原则可以代替保险利益发挥同样的作用。在这方面,他们想要了解关于保险人是否有义务核实被保险人在订立合同时,是否具有发生损失的合理期待或可能的问题,人们都存在何种意见。由于保险人已有或将有权利询问有关候选被保险人对其保险标的物之利益的问题,这种核实义务似乎是没有必要的。

或许不幸的是,2011 年 12 月发布的《咨询报告》更为保守。在回应保险

---

[151] 正如已提及的那样,Prudential Staff Union v Hall 案对该问题进行了讨论。Williams v Baltic Insurance Association of London Ltd 案([1924] 2 K. B. 242)同样讨论了这一问题,该案判决认为机动车事故责任保险是一项动产保险。相应立法随后将该项判例的有关部分替代。参见《道路交通法(1988)》第 148 条第 7 项(参见第二十一章第三节第一项)。

[152] 这一问题将在第十五章探讨。

[153] 参见第三章第五节和第四章第二节第二项。

利益是保险合同定义的内在组成部分㉝,以及区分保险和赌博的主张时,英国法律委员会建议保留保险利益的要求,以及法律应当规定,保险合同因欠缺保险利益而无效,除非当事人真正有可能在人寿保险合同存续期间获得某种形式的利益。就现在而言,被保险人如果想要提出赔偿请求,必须证明其在损失事故发生时具有保险利益。保险合同在法律委员会所描述的特定情形下无效的想法,或许有些奇怪,而且仍然有观点认为,应当仅要求在损失事故发生时具备保险利益。㉞ 对于保险利益的含义,法律委员会提出了一系列选项,包括:(1)根据本章之前所探讨的实质性期待标准给出一个制定法定义;(2)留待法院通过判例发展。就后者而言,它们明确考虑到,相较于传统判例法,法院如今采取了一种更宽泛的定义。㉟ 但是,某些人仍然不相信这些现代判例的确在事实上支持了此种宽泛的定义,尤其是在面对英国上议院作出的相反判例时。为了使法律适用清楚明白,一项宽松的制定法定义无疑是最佳选择。

由于利益相关者间缺乏共识,法律委员会在 2014 年的报告中没有提出任何建议。但它们在 2015 年 3 月发布了一份更深入的《议题报告》(第十号),并说明希望在 2015 年作出最终的建议。然而,这些建议事实上直到 2016 年晚些时候才会出版。

㉝ 但由于在特定情形下可以放弃保险利益的要求,在某种程度上弱化了这一主张。

㉞ 可以说,由于损失补偿原则实际上将保险赔付请求的数额限制为对保险利益的估计,这一要求是毫无必要的。

㉟ 尤其是之前提及的一些案件,比如 Feasey 案。

第四章　为第三人利益的保险

第一节　引　　言

本章将讨论一种较为普遍的情形，某人以财产或法律责任投保，但其本人对该财产或潜在责任却仅具备有限利益或根本无利益，即其实际上是为了第三人的利益投保。由此引发的问题与前章所讨论的保险利益密切相关。这种情形中有一些可被描述为"共同保险"或是"复合保险"，典型的例子包括：动产受托保管人为了动产所有人及其自身的利益而为动产投保的保险；主要被保险人为承包项目可能涉及的各方当事人投保的承包商保险；为所有家庭成员的财产（非限于实际被保险人所有）提供保障的家庭财产保险；抵押人为了抵押权人的利益而就抵押物投保的保险；承保对象扩展至被保险人雇员之责任的责任保险。① 如今，对于复合保险，可将之解释为事实上包含了保险公司与各共同被保险人之间的多个独立保险合同的保险。② 这在确定一个共同被保险人的行为能否影响其他共同被保险人的权利时十分重要，此问题将会在本书的某个部分进行探讨。③

当下要探讨的主要问题是，对特定财产只具有有限权利的所有权人，或

---

① 注意，保险单的恰当措辞必须明显能被解释为涵盖了所声称的共同被保险人：参见 Talbot Underwriting Ltd v Nausch, Hogan & Murray Inc [2006] EWCA Civ 889; [2006] Lloyd's Rep. I. R. 531，本章第六节第一项将对此进行讨论。

② 参见 Samuel & Co Ltd v Dumas [1924] A. C. 421; General Accident Fire & Life Assurance Corp v Midland Bank Ltd [1940] 2 K. B. 388; New Hampshire Insurance Co v MGN Ltd [1997] L. R. L. R. 24; [1996] C. L. C. 1728;Arab Bank Plc v Zurich Insurance Co [1999] 1 Lloyd's Rep. 262 (noted Birds [1999] J. B. L. 151); FNCB Ltd v Barnet Devanney (Harrow) Ltd [1999] Lloyd's Rep. I. R. 459。

③ 参见第七章第十一节。

者实际上没有保险利益的人,在何种情况下能够为了第三人的利益从保险单中获得赔付,以及该第三人在何种情况下可对保险单直接主张权利。保险单可能对第三人进行了具名或描述,也可能没有。将动产保险与不动产保险分别予以讨论是一种便利和允当的做法,部分理由在于,如前所述,动产保险中可以放弃对保险利益的要求,已经得到了最为明确的承认。

第二节 动产保险——被保险人有保险利益

被保险人对动产只有有限的利益,但却以动产的全部价值投保,是完全被允许的。如前所述,该被保险人在某些情形下,基于对动产享有其他利益的第三人的信托,可以于损失发生时获得相当于动产全部价值的赔付,并为第三人保管被保险人本人应获部分之外的保险赔付。然而假如最终被保险人事实上并未遭受任何损失,他将会把全部的保险赔付返还给第三人。以上推论成立的基本要求是,被保险人对动产的确具有利益,保险合同的确能被解释为不仅仅系为被保险人的有限利益提供保障。这主要是一个通过合同解释确定当事人意图,而非通过其他能表明当事人真正意图的外在证据来推断其意图的问题。④

第一项 受托保管案件

在 Waters v Monarch Fire and Life Assurance Co 案⑤中,原告系几位面粉和玉米经销商,他们为存放于其仓库中的动产投保了一份流动保险(floating policy),这些动产不限于其自身所有,还包括其基于信托或委托而为他人保管的动产。某一时间,一场大火烧毁了仓库中的全部动产。法院认为,原告有权就动产的全部价值获得保险赔付;他们有足够的资格获取对应于自己利

---

④ Hepburn v A Tomlinson (Hauliers) Ltd [1966] A. C. 451;反对意见,参见 British Traders' Insurance Co Ltd v Monson (1964) 111 C. L. R. 86。在 Alfred McAlpine Construction Ltd v Panetown Ltd 案([2000] 3 W. L. R 946 at 1006)中,米利特(Millett)法官认为该规则暗含的基本原理是不确定的。但需要注意的是,王室法律顾问戴维·唐纳森(David Donaldson)在 Ramco Ltd v Weller Russell & Laws Insurance Brokers Ltd 案的评论([2009] Lloyd's Rep. I. R. 27 at [30])中则提到了受托保管案件。

⑤ Waters v Monarch Fire and Life Assurance Co (1856) 5 E. & B. 870. 亦参见 London & NW Railway Co v Glyn (1859) 1 E. & E. 652。

益部分的保险金,而且作为动产所有人的信托受托人⑥,亦有资格获取剩余部分的保险金。保险单条款清楚地显示,其承保的是所有人的利益。即使动产所有人不知该保险单存在,也无关紧要。相反,在 North British & Mercantile Insurance Co v Moffat 案⑦中,茶商们为保存在仓库中的数箱茶叶投保,其中既有其自身所有的茶叶,亦有基于信托或委托而为他人保管并对之负有责任的茶叶。一场大火烧毁了一些已经为被保险人所转售的茶叶。法院认为,由于该部分茶叶的所有权已转移至购买者,故被保险人对其不再享有保险利益。因为"对之负有责任"的条款措辞仅限于"信托"和"委托"两种情形,故被保险人无法为购买者主张保险赔付。被保险人仅有权为那些以某种方式负有法律责任的第三人请求保险赔付。在 Ramco (UK) Ltd v International Insurance Co of Hannover Ltd 案⑧中,上诉法院确认这些条款措辞限制了受托人能够获得的保险赔付利益。⑨

如今的指导性判例为 Hepburn v A Tomlinson (Hauliers) Ltd 案⑩。此案中,承运人为一定数量的烟草投了保,烟草后来被盗,但承运人对此不负有法律责任。保险单明确显示其为承保运输中动产的保险单,亦即其承保对象为被从一处运至另一处的动产,而非承运人的潜在法律责任。保险单中明确记载了动产所有人的姓名,且保险单条款明显系与第一方保险而非责任保险相适应。在此情形下,上议院认为,承运人有权为了所有人的利益,获得相当于烟草全部价值的保险赔付。⑪这里面并不涉及赌博因素,承运人对动产的确具有保险利益,因为其对动产负有潜在的法律责任(当其具有过失时须承担责任)。对于该判决而言,唯一的问题在于,承运人的投保意图是否与对保险合同的解释所显示的结果相一致。

---

⑥ 关于其是否为严格意义上的信托受托人,参见第四章第四节。

⑦ North British & Mercantile Insurance Co v Moffat (1871) L. R. 7 C. P. 25. See also Engel v Lancashire & General Ass Co Ltd [1925] Com. Cas. 202.

⑧ Ramco (UK) Ltd v International Insurance Co of Hannover Ltd [2004] EWCA Civ 675; [2004] Lloyd's Rep. I. R. 606.

⑨ 在之后的 Ramco Ltd v Weller Russell & Laws Insurance Brokers Ltd 案([2008] EWHC 2202 (QB); [2009] Lloyd's Rep. I. R. 27)中,法院认为,为被保险人规划保险保障范围的保险经纪人,应对其因过失而未使被保险人获得更大范围的保障承担责任。

⑩ Hepburn v A Tomlinson (Hauliers) Ltd [1966] A. C. 451.

⑪ 关于在所有人已经投保的情况下是否存在重复保险的问题,参见第十八章第二节第三项。

第二项 其他案件

对于受托保管人或承运人出于便捷商事交易的原因，代表动产所有人及其本人为动产投保这种情形，前述 Waters 案和 Hepburn 案所确立的原则最易适用。[12] 基于同样的原因，该原则也适用于承包人的"一切险"保险单项下的保险合同，以及经解释亦包括承保船舶和柴油的保险。在 Petrofina Ltd v Magnaload Ltd 案[13]中，炼油厂所有人和工程主承包商就炼油厂的扩建工程投保了一份保险。法院认为，该保险中的被保险人包括在建设工地上工作的所有次承包商，该保险就所有被保财产为各个次承包商的利益提供保障。然而，这一点可以说对于判决并无必要，因为该案的重点不在于主要被保险人能否为第三人的利益获取保险金，而在于保险公司能否以主要被保险人的名义向对损失负有责任的过失次承包商行使保险代位权[14]；为否认保险代位权而说明次承包商对整个工程具有保险利益，是完全没有必要的。更进一步而言，在对保险单进行解释时，"次承包商并非在保险合同所载的整个工程范围内均享有保险保障"这一说法是存在争议的，因为"对之负有责任"的条款表述是为了对被保财产作出限制。[15] 这也是上诉法院在 Ramco (UK) Ltd v International Insurance Co of Hannover Ltd 案中的观点[16]，此观点对 Petrofina 案在该方面所作的判决提出了质疑。

Petrofina 案确立的原则得到了 Stone Vickers Ltd v Appledore Ferguson Shipbuilders Ltd 案[17]和 National Oilwell (UK) Ltd v Davy Offshore Ltd 案[18]的遵循。在前一案中，一种新船的螺旋桨供货商主张享有主承包人投保之保险单的保护。而在后一案件中，一种浮动出油装置的零部件供应商也主张获得

---

⑫ 对商事交易便捷原则的引用不应当被理解为其暗示着该原则仅适用于商事保险。在事实要素符合的情况下，该原则没有理由不能适用于私人保险（如私人动产租赁场合订立的保险）；参见 Guardian Royal Exchange Assurance of New Zealand Ltd v Roberts［1991］N. Z. L. R. 106。

⑬ Petrofina Ltd v Magnaload Ltd ［1984］1 Q. B. 127.

⑭ 对于该案这一方面的讨论，参见第十七章第十四节第一项。该部分表明，处理是否已排除保险代位权这一问题的现代趋势是参考共同被保险人之间的合同，而非保险合同。

⑮ 详见 Birds［1983］J. B. L. 497。

⑯ 参见前注⑨第 26 页至第 30 页。

⑰ Stone Vickers Ltd v Appledore Ferguson Shipbuilders Ltd ［1991］2 Lloyd's Rep. 288. 该判决在案涉保险单的解释问题上被上诉法院所推翻（［1992］2 Lloyd's Rep. 578）。因此，上诉法院在判决中没有讨论与保险利益相关的问题。

⑱ National Oilwell (UK) Ltd v Davy Offshore Ltd ［1993］2 Lloyd's Rep. 582.

承包人之保险单的保障。在这两个案件中,法官都用冗长的论证分析了供应商的保险利益,尽管此举同样被认为对于该案的真正争点,即保险公司是否享有代位权并无必要。Petrofina 案所确立的原则,即"工程项目涉及的各方当事人均享有普遍的保险利益",得到了上诉法院在 Co-operative Retail Services Ltd v Taylor Young Partnership Ltd 案中的支持[19],此案同样涉及保险公司的潜在代位权问题。[20]

另外,另一个上诉法院的判决又对以上案件的判决论证提出了一些质疑。[21] 在 Deepak Fertilisers and Petrochemicals Corporation v ICI Chemicals & Polymers Ltd 案[22]中,争议问题与咨询工程师公司对某甲醇生产工厂建立之后发生的爆炸事故所承担的责任有关。[23] 法院认为,咨询工程师作为案涉保险单项下的共同被保险人,对爆炸时刻的工厂没有保险利益。法院承认咨询工程师在工厂建立之时对工厂具有保险利益,因为工厂一旦被任何保险事故所破坏或毁损,他们就有可能失去履行工作职责并获取报酬的机会。但是工厂建立完成后,咨询工程师可能遭受的任何损失就仅仅只会由其自身可诉的违约或过失侵权行为所导致,而这应当由责任保险而非财产保险提供保障。因此,由于损失发生在工厂建立和咨询工程师的工作完成以后,咨询工程师不再拥有保险利益。

相较于之前几个案件而言,对于共同被保险人之保险利益的问题,这种观点被认为提供了一种更为合理的解决方案,而且打破了之前几个案件的论证基础,或者至少限制了它们的影响力。它表明,在建设工程保险中,基于该保险的目的而言,因对保险合同约定的工程成果造成损害而承担责任的风险本身,并没有创设一项有效的保险利益,此外,这一观点也更为符合有关财产

---

[19] Co-operative Retail Services Ltd v Taylor Young Partnership Ltd [2000] 2 All E. R. 865. 该案判决后又得到上议院的支持([2002] UKHL 17; [2002] 1 W. L. R. 1419),但其判决理由并未被援引。

[20] 亦参见 Hopewell Project Management Ltd v Ewbank Preece Ltd [1998] 1 Lloyd's Rep. 448. 如前所述,这些共同保险情形中的代位权问题将会在之后的章节中进行更全面的讨论;参见第十七章第十四节第一项。

[21] 该判决并没有被 Co-operative Retail Services Ltd v Taylor Young Partnership Ltd 案引用。

[22] Deepak Fertilisers and Petrochemicals Corporation v ICI Chemicals & Polymers Ltd [1999] 1 Lloyd's Rep. 387 at 399. 一般性的评论文章,参见 Olubajo, "Pervasive insurable interest: a reappraisal", (2004) 20 Const. LJ 345.

[23] 同样地,该案是以主要被保险人(即工厂所有人)名义提起的代位权诉讼,其将会在第十七章第十四节第一项中得到深入讨论。

保险之保险利益的传统观点,这将在后文加以解释。但与此同时,上诉法院并没有解决保险利益范围的问题,该问题被认为可能同样具有相关性。[24]

这些建设工程保险案件所给出的不同的解决方案,在更近期的 Feasey v Sun Life Assurance Corp of Canada 案中得到了体现,上诉法院在该案判决中采纳了不同的解决方案。[25] 沃勒法官在撰写具有指导性的多数判决意见时,援引了其中大多数判决所提出的更为宽泛的保险利益概念,用以支持其关于存在第四种保险利益类型的观点。他认为,当对于保险单的解释允许,以及该保险并非为某人如工程次承包商的责任提供保障时,存在一种严格来说不属于金钱利益的保险利益。对于自己从这些判例中得到的合适的法律原则,沃勒法官进行了如下总结[26]:

"(1)必须根据保险单条款确定保险标的。(2)必须基于周围所有情事明晰被保险人之保险利益的性质。(3)并不存在一项硬性规则,即由于保险利益的性质与损害赔偿责任有关,该保险利益就只能由责任保险承保,而不能由财产或人身保险保障。(4)保险单中是否包含一项意图获得赔付的保险利益,是保险单解释的问题。保险单的标的或条款可能非常明确具体,以至于迫使法院认为该保险单无法承保该项保险利益,但法院有可能并不愿意得出这一结论。(5)在财产保险中,并不要求被保险人必须像那些条款通常被理解的那样,对被保财产享有'普通法或衡平法上'的利益。对于一位次承包商而言,其签订了一份与被保财产有关的合同,以及对被保财产负有潜在的损害赔偿责任,即足以被认定为对被保财产具有保险利益。根据《海上保险法》第 5 条,某人'与海上冒险具有普通法或衡平法上的联系',即足以被认定为对该海上冒险具有保险利益。这被视为一种宽泛的概念。"

尽管在如今看来,沃勒法官的观点可能陈述了法律的立场[27],但不得不承认的是,无论它可能带来多么合理恰当的结果,它本身都并非不存在困难之处。沃德法官的反对意见对保险利益进行了更为传统的分析,且其逻辑性

---

[24] 参见第三章第十节第六项中的评论。

[25] Feasey v Sun Life Assurance Corp of Canada [2003] EWCA Civ 885; [2003] Lloyd's Rep. I. R. 637. 亦参见 O'Kane v Jones [2003] EWHC 2158 (Comm); [2004] 1 Lloyd's Rep. 389 中判决书附带意见所作的分析,该分析所持的是一种类似的宽泛观点。

[26] 参见前注[25]判决书第 659 页至第 660 页。沃勒法官对 MacGillivray 书(第 11 版)中的相关分析持否定态度,但对多数判决持反对意见的沃德法官则认同书中的分析。

[27] 这一观点在财产保险中是否也严格成立是一个有趣的问题。正如第三章第五节中所示,该案本身并不涉及财产保险。

与沃勒法官的分析不相上下。沃德法官认识到，上议院有一件判例[28]要求某项利益仅在构成所有权利益和对于损害的预期时，才能被认定为保险利益，而该判例是具有拘束力的。同时，他也在此方面对某些涉及建设工程保险的判例提出了质疑。对于这两种意见之间的巨大差异问题，人们希望其能够在不久后由最高法院或是对于保险利益含义的立法改革所解决。[29]

第三节　动产保险——被保险人无保险利益

如前文所述，对于被保险人无保险利益的动产保险，有判例明确表示，如果保险合同能够被解释为当事人放弃了对保险利益的要求，被保险人便能够获得保险赔付。[30] 在 Williams v Baltic Insurance Association of London 案[31]中，原告为其汽车投保了一份包括第三者责任险在内的汽车保险。而且，保险合同明确表示经被保险人同意驾驶汽车的被保险人的所有朋友或亲属，均受该保险合同的保障。原告的妹妹在经原告同意驾驶该车的过程中，过失地撞伤了一些人，并承担了损害赔偿责任。那么，此处的问题就是被保险人能否代表其妹就该笔损害赔偿获得保险金的补偿。显然，原告对其妹妹的法律责任不存在保险利益，但合同条款表明该责任处于承保范围之内，因此主要问题就变成了被保险人请求保险赔付是否以其本人具有保险利益为必要。罗奇（Roche）法官认为，该保险单并未违背当时有效的[32]关于禁止赌博的规定[33]，由于在此种情形下，普通法并不要求具有保险利益，损失补偿原则的适用又存在争议，因此除适用损失补偿原则所自然带来的结果以外，他还可以将保险合同解释为放弃了所有对保险利益（以及损失补偿原则）的要求，因为保险单明确将承保范围扩大至了被保险人妹妹的责任。[34]

---

[28] Lucena v Craufurd (1806) 2 Bos. & P. N. R. 269 and Macaura v Northern Assurance［1925］A. C. 619；参见第三章第十节。

[29] 这应当通过法律委员会的工作实现；参见第三章第十二节。

[30] Prudential Staff Union v Hall［1947］K. B. 685；Thomas v National Farmers' Union Mutual［1961］1 W. L. R. 386；参见第三章第十一节。

[31] Williams v Baltic Insurance Association of London［1924］2 K. B. 282.

[32] 参见《博彩法（1845）》第 15 条，如第三章第一节所述该条已被废止。

[33] 他还认为保险单是一份动产保险单，因而并不受《人寿保险法（1774）》调整，尽管如第三章第九节第一项所述，该问题在如今看来已无关紧要。

[34] 在机动车强制保险中，该判决得到了制定法的确认；参见《道路交通法（1988）》第 148 条第 7 款；参见第二十一章第三节第一项。

第四节　第三人对保险金的权利

很明显,无论自己是否具有保险利益,有权为第三人的利益请求保险赔付并实际获得保险赔付的被保险人,都有义务将属于第三人利益部分的保险金返还给第三人,但这一观点的确切基础直到最近都还没有得到最终确定。[35] 这一观点直接来自 Re E Dibbens & Sons Ltd 案[36]。该案中,哈门(Harman)法官否定了被保险人是信托受托人的主张,认为对于普通法法官在之前的判例中提及的"信托"[37],不能从字面上加以解读。[38] 他认为,已经就动产的保险问题与动产所有人作出约定的动产受托人,应被视为对于保障和保管委托人的所有财产收益负有信义义务。[39] 因此,当受托保管人破产时,区别于被保险人的破产财产,委托人可以对保险金直接主张权利。然而,如无此投保约定存在,委托人便不得对该笔保险金主张专属权利,其在受托保管人的破产程序中也只能作为一般债权人就其债权获得清偿。[40]

第五节　第三人的直接请求权

下一个值得讨论的问题是,当被保险人主观上不愿意或客观上不能够向保险人请求赔付时,第三人是否有权直接请求保险人向其给付保险金。[41] 基于合同的相对性规则,传统观点认为,第三人仅在能够证明制定法赋予了其

---

[35]　在 Hepburn v Tomlinson 案([1966] A. C. 451)中,上议院对该问题持开放态度。
[36]　Re E Dibbens & Sons Ltd [1990] B. C. L. C. 577.
[37]　包括 Waters v Monarch 案。
[38]　亦参见 DG Finance Ltd v Scott 案([1999] Lloyd's Rep. I. R. 387),其引用了迪普洛克(Diplock)法官在 The Albazero 案中的意见([1977] A. C. 774 at 845)。
[39]　信义关系与合同的兼容性已经在 Barclays Bank Ltd v Quistclose Investments Ltd 案([1970] A. C. 567)中得到了确认。
[40]　See further, Adams, "The insured insolvent hire-purchaser" [1991] J. B. L. 291.
[41]　伯茨(Birds)对其中的一些问题,尤其是共同保险背景下的问题进行了讨论,参见 Birds, "Insurable Interests", Ch. 4 in Interests in Goods, Palmer and McKendrick (eds), 2nd edn (1998),其较多地引用了澳大利亚的一些著述[特别是 Nicholson, "Conundrums for co-insured", (1990) 3 Ins. LJ 218 and (1991) 4 Ins. LJ 126; Brownie, " Composite insurance", (1991) 4 Ins. LJ 250; Derrington and Ashton, Law of Liability Insurance at 69-91]。但是,该文章系完成于后文所述的《合同(第三方权利)法(1999)》通过之前。

特定权利[42]，或保险合同系被保险人以受托人或代理人身份为其订立时，方享有直接请求权。[43] 然而，对于2000年5月11日以后订立或续订的保险合同而言，《合同（第三方权利）法（1999）》或许赋予了第三人直接请求权。[44] 因此，在我们研究由于某些原因导致该法不能适用的情形下，能否适用关于信托和代理的例外规则之前，必须首先检视该法中的相关规定。

首先要注意的很重要的一点是，合同当事人可以排除该法的适用，并且保险人很可能会在相当多的保险合同中置入这样一项除外条款。根据《合同（第三方权利）法（1999）》，在符合以下两项条件之一时，第三人有权强制执行赋予其利益的合同条款：（a）合同明确规定他可以强制执行[45]，或（b）合同条款声称赋予其利益，但基于对合同的合理解释，当事人并不希望该条款能够被第三人强制执行的除外。[46] 第三人必须能够根据保险合同中列示的姓名、某一团体或某一具体描述而可被确定。[47] 但一般来说，保险人针对被保

---

[42] 机动车强制保险领域正是如此：《道路交通法（1988）》第148条第7款；参见第二十一章第三节第一项。

[43] 参见 Vandepitte v Preferred Accident Insurance Corp of New York [1933] A. C. 70，此案除了诉讼令状系由第三人而非被保险人申请发出外，其余事宜与上述 Williams v Baltic Insurance Association 案和 DG Finance Ltd v Scott 案完全一致，但却适用了合同相对性规则。后一案件中，租借人根据动产租借合同负有为动产投保的义务，但却拒绝请求保险人赔偿动产损失（租借人破产并对索赔漠不关心）。向租借人出租这些动产的动产所有人是一家金融公司，其试图基于信托直接向保险人主张权利，但该主张被拒绝，拒绝理由将在下文作简短概述。而保险代理人并没有被起诉。很明显，当事人及上诉法院均接受形式上的合同相对性规则的适用。参见 Price, (1996) 59 M. L. R. 738。值得注意的是，澳大利亚高等法院则否定了合同相对性规则于此情形下的适用，参见 Trident General Insurance Co v McNiece Bros Pty Ltd (1988) 165 C. L. R. 107。如今还可参见《澳大利亚保险合同法（1984）》第48条。英国法院或许也已经否定了合同相对性规则于建设工程保险中的适用。在 Petrofina Ltd v Magnaload Ltd([1984] Q. B. 127)案中，劳埃德法官的判决要旨可被理解为其允许第三人即次承包人直接提起诉讼。奇怪的是，该判决却没有得到上述 Trident 案的援引，尽管两起案件均起源于相同的背景。克尔法官在 Mark Rowlands Ltd v Berni Inns Ltd 案中的附带意见（[1986] Q. B. 211 at 226）可以被理解为没有严格遵守合同相对性规则的要件。他指出："假设一个享有有限利益的人，对于保险的标的享有保险利益……没有法律原则限制他主张其他人订立的保险是为了在他对保险标的享有的利益范围内，对他的利益提供保障"。然而，这也可以被解释为仅仅是赋予第三人对于被保险人而非保险人的权利，因而并不属于共同保险案件。或许，它还可以被理解为系对通过适用代理规则规避合同相对性问题的支持，而这一点也得到了下文所讨论的更多近期判例的支持。

[44] 该法采纳了英国法律委员会"Privity of Contract: Contracts for the Benefit of Third Parties, Law Com. No. 242, 1996"的这一建议。关于法律委员会的报告及其对保险的影响，参见 Bowyer, "Contracts (Rights of Third Parties) Bill and insurance" [1997] J. B. L. 230。

[45] 第1条第1款第a项。

[46] 第1条第1款第b项和第2条。注意此处存在对于可强制执行性的推定。

[47] 第1条第3款。第三人无须在合同订立时即已存在。关于合同的变更，参见第2条。

险人的索赔请求能够主张的任何抗辩,都可以向第三人主张,如基于未披露或者违反保证或条件的抗辩。[48] 看起来很明显的是,当合同中不存在排除适用《合同(第三方权利)法(1999)》的条款时,在我们所讨论的情形之下,尤其是在受托人投保的保险和建设工程保险当中,第三人可以依据该法强制执行合同。即使合同条款没有明确规定第三人享有强制执行合同的权利,满足上述条件(b)的要求似乎也并不困难。

然而,如前所述,保险人可能如我们所认为的那样,经常排除《合同(第三方权利)法(1999)》的适用,而且也可能有一些案件系源于该法生效以前订立的保险合同。因此,仍然有必要探讨第三人可以援引的其他支持其权利的法律基础。就信托而言,尽管上文提到的附带意见可被解读为对此提供了支持依据,但 Re E Dibbens 案的判决似乎排除了该意见在很多案件中的适用可能。[49] 相较而言,代理原则更具适用可能性。

第六节 代理原则的适用

对于代理的适用要取决于代理法律规范的一般原则的适用,这将在第十三章进行简单介绍。如果被保险人被授予了投保的实际权限,那么在披露了代理关系的情况下,第三人就可以明确地主张权利,而且在被保险人本人具有有限利益的场合,这些也是不难证明的。[50] 此外,也有可能适用未披露本人的代理规则,下文将对此进行解释。若被保险人不具有投保的实际权限,传统观点认为,第三人只能在损失发生之前对保险合同加以追认并主张权利[51],但这种

---

[48] 第3条。

[49] 如果被保险人的确系以信托受托人的身份投保,则第三人作为受益人可起诉保险人,并且可以与被保险人共同作为被告:Vandepitte v Preferred Accident Insurance Corp of New York [1933] A. C. 70。

[50] 例如,如果已知被保险人是一位受托人,那么他所投保的动产保险必须至少部分是为了所有权人的利益。在 Waters 案中,坎贝尔(Campbell)法官在提及"信托"的同时,似乎系将该问题作为代理对待,参见(1856) 5 E. & B. 870 at 881。

[51] Grover & Grover Ltd v Mathews [1910] 2 K. B. 401。缺乏直接的判例及由此而产生的对追认的需求,可能在实践中更多地体现为被保险人本人没有保险利益的问题。例如,家庭财产保险保障的可能是被保险人及长期与其共同居住的家庭成员的财产,但被保险人的配偶或子女直到遭受损失之时才会意识到保险单存在这一点则是完全不确定的。值得注意的是,在 Williams v Baltic Insurance Association of London 案([1924] 2 K. B. 282)中,第三人的确在损失发生前即已追认了保险合同(参见第284页中仲裁员的事实发现部分),但奇怪的是,第三人却并没有亲自起诉保险人。

观点在如今看来存在谬误。⑫ 提出以上两种可能的现代判决值得详细研究,因为它们存在部分解释上的困难。⑬

第一项 未披露本人的代理

在 Siu Yin Kwan v Eastern Insurance Co Ltd 案⑭中,香港船运代理商(R)声称其代船舶所有人(A)订立了雇主责任险。该船舶上的部分船员被杀害,A对此应当承担赔偿责任,但A已经解散,故死者代理人试图从保险人(E)处获得赔偿。⑮ 保险公司拒绝了他们的赔偿请求,其理由为,R并未披露被代理人A,其所为的代理是未披露本人的代理,而未披露本人之代理的规则并不适用于保险合同。⑯ 在查明R明显拥有代理A订立保险合同的实际权限后,英国枢密院认为,未披露本人之代理的规则可以适用于保险合同,保险合同并没有特殊到足以排除该规则适用的程度。⑰

"鉴于本案中的保险合同只是一份普通的商事合同,因而除R本应当意识到E不愿与R以外的任何人订立保险合同以外,A有权作为未被披露的被代理人提起诉讼。"⑱

由于对投保单中问题所作的回答就如同A所回答的一样,而且回答的内容十分完整详细,故而不存在任何明示或默示的理由可以排除A作为未被披露的被代理人提起诉讼的权利。据此,英国枢密院否定了对保险人有利

---

⑫ National Oilwell (UK) Ltd v Davy Offshore Ltd〔1993〕2 Lloyd's Rep. 213. 遗憾的是,该案的上诉才刚刚引起争议,就在上诉法院作出判决之前和解了。

⑬ 详见〔1994〕J. B. L. 386。

⑭ Siu Yin Kwan v Eastern Insurance Co Ltd〔1994〕1 All E. R. 213。

⑮ 依据为中国香港与《第三方(对保险公司的权利)法(1930)》(参见本书第二十章)相同的法案。

⑯ 保险人还提出应当适用《人寿保险法(1774)》;参见第三章第九节。

⑰ 该案事实与未披露本人的代理规则所适用的典型事实并不相符,因为E知道R是船运代理商而不是船舶所有人。但英国枢密院有义务这样处理案件,因为承审法官已经特别否认了E知道A是真正被保险人的推断。许多"普通"案件事实上都是未披露本人姓名的代理而非未披露本人的代理,因而并不会发生此处所探讨的问题。例如,承保被保险人家庭成员财产的家庭财产保险单即属此种情形,若保险人认为被保险人不知道的有关未具名共同被保险人的重要事实未得到披露,被保险人一方便可以保险人已经放弃了披露要求作为抗辩。

⑱ Siu Yin Kwan v Eastern Insurance Co Ltd〔1994〕1 All E. R. 213. at 221, per Lord Lloyd of Berwick, 其援引了迪普洛克法官在 Teheran-Europe Co Ltd v S T Belton (Tractors) Ltd 案中的附带意见(〔1968〕2 Q. B. 545 at 555)。

的一项主张,即保险合同具有特殊性[59],因而须排除未披露本人之代理规则的适用。很明显,A 的真实身份对 E 而言是无关紧要的,因为 E 已经获得了投保单上所需的全部信息。然而,该判决又进一步指出,保险合同完全不具有足以排除适用未披露本人之代理规则的特殊性。

这起案件看起来更像是未披露本人姓名的代理,而非未披露本人的代理,其结果似乎具有完全的正当性与合理性,因为保险人明显充分认识到了与风险相关的所有重要情况。然而,有必要指出的是,该案判决对于保险合同具有特殊性这一更为宽泛之主张的否定,则面临一定挑战。相当奇怪的是,该案判决似乎完全没有考虑保险合同的最大诚信合同这一特殊属性。[60]作为一项一般规则,完整填写投保单本身并没有满足完全披露的要求。[61]当然,如果以代理人身份订立保险合同的被保险人事实上知悉其未披露的重要事实,那么保险合同便可以被撤销,因为根据未披露本人的代理规则,第三人可以向代理人主张的任何抗辩,都可以向被代理人主张。[62]然而,若被保险人并不知悉与所声称的未被披露的被代理人有关的高度重要事实,并因此未为披露时,又该如何呢?尽管必须承认存在许多能够弃权的情形,但除非保险人可被视为放弃了所有针对这些事实的披露要求,否则绝对不能允许"真实"被保险人介入并强制执行该保险合同。[63]

Talbot Underwriting Ltd v Nausch, Hogan & Murray Inc 案[64]的判决不仅确认了适用未披露本人之代理规则的可能性,而且明确了对该规则之适用的限制。基于当前的目的,该案的复杂事实可总结如下。一艘中国建造的驳船被拖往新加坡的一家船厂(S)进行完工、装配、调试和检验。驳船所有人与 S 之间的合同约定,由驳船所有人负责投保建造者一切险并将 S 作为共同被保险人,但并未约定将 S 以共同被保险人的身份具名于合同之中。虽然驳船所有人对此效果向保险经纪人作出了说明,但保险经纪人在与保险人谈判磋商时却未对此作出安排。法院认为,保险单条款的措辞不够清

---

[59] 基于 Peters v General Accident Fire and Life Assurance Corp Ltd [1937] 4 All E. R. 628;参见第十一章第四节。
[60] 这无疑暗含于非海上补偿保险合同不能被转让的规则当中;参见第十一章第四节。
[61] 根据《保险法(2015)》,在商事保险合同中,它已经演变成了一项公平陈述义务;参见第七章。
[62] 为劳埃德法官所确认([1994] 1 All E. R. 213 at 220)。
[63] 参见前注[59]的评论。
[64] Talbot Underwriting Ltd v Nausch, Hogan & Murray Inc [2006] EWCA Civ 889; [2006] Lloyd's Rep. I. R. 531. 亦参见 O'Kane v Jones [2003] EWHC 2158; [2004] 1 Lloyd's Rep. 389。

晰，无法据之将 S 解释为事实上的共同被保险人。上诉法院同样认为，S 作为未被披露的被代理人，无权强制执行保险合同。虽然驳船所有人（及代表其订立保险合同的保险经纪人）明显拥有代表 S 投保的实际权限，并且在此情形下适用未披露本人的代理规则也不存在争议，但其要受到这样一项考虑的限制，即"合同的条款或其周围情事是否表明保险人只愿意与具名被保险人订立合同"。[65]

该案中，大多数被保险人均具名于保险合同当中，唯独 S 没有具名的这一事实十分重要：

"当一艘船舶为完工和装配而进入船厂时，对其安全具有最直接利益的主体是船舶所有人和船厂。若船舶遭遇毁损，其他对船舶具有商业利益的主体或许同样会遭受不利影响，因此，保险单中的被保险人还包括与船舶所有人甚至船舶所有人的合营企业属于同一集团内的其他公司也就不足为奇了。在此背景下，保险单中丝毫没有出现船厂及其次承包人就显得很奇怪，尤其是考虑到将它们纳入共同被保险人之列，会对保险人的代位权[66]及承保风险产生重大影响。考虑到签发保险单时的环境，我得出的结论为，保险单对于船厂及其次承包人的遗漏并非只具有中性色彩，相反其应当被视为一种积极的暗示，即保险人不愿意与船厂及其次承包人订立保险合同。因此，我确信在本案中，合同条款通过默示的方式排除了 S 作为未被披露的被代理人所享有的一切就保险合同提起诉讼的权利。"[67]

之后，法院又讨论了关于未披露的争议，但考虑到 S 请求成为被保险人的主张已然无法得到支持，故法官们就此问题所作的评论明显都只是附带意见。虽然据称在许多案件中，未被披露的被代理人的真实身份对保险人而言往往无关紧要，但如果是像该案这样，被代理人的真实身份可能影响保险人的潜在代位权，那么就另当别论了。

法律一般性地承认未被披露的被代理人基于合同起诉和被诉的权利这一事实，但并没有免除名义被保险人对于每一起案件中的所有重要事实（包括所有可能与其未披露的被代理人相关的情况）进行完全披露的义务。这对于确保向保险人作出有关承保风险的公平陈述十分重要。[68]

---

[65] Above per Moore-Bick LJ at [26]. See also [34].
[66] 对此参见第十七章。
[67] Above at [35] and [36].
[68] Above at [43].

应当指出的是,该案的判决以一种受人欢迎且明智的方式阐明了未披露本人的代理规则在此类案件中的适用。它强调了保险单条款及其周围情事的重要性。在许多与此类似的案件中,当损失系由未被披露的被保险人造成时,都涉及对保险人的潜在代位权的复杂商业考量,此时未被披露的被保险人的真实身份往往就格外重要。如果保险单及其周围情事清楚地表明,具名被保险人之外的第三人有权获得该保险单项下的利益,则未披露本人的代理规则即可适用,尽管正如前文所指出的那样,这在严格意义上并非未披露本人的代理,而是未披露本人姓名的代理。如果保险人选择在此基础上订立合同,则表明其系将未被披露的被保险人的真实身份视为不重要之事项。有一点或许还不是完全的清晰,即在具名被保险人虽然作出了完全的披露,但其对于未被披露的被保险人所知道的重要事实却并不知晓时,这样一种涉及未披露本人之代理的案件的法律效果究竟是什么。

第二项 追认

如前所述,National Oilwell (UK) Ltd v Davy Offshore Ltd 案是一起建设工程案件。在此案中,科尔曼(Colman)法官同时适用了未披露本人的代理规则和追认规则,用以支持共同被保险人依据保险合同直接行使请求权。对未披露本人的代理规则的适用似乎具有上述评论所提及的局限性,但对于适用追认规则的阐释则被认为是最受欢迎的。科尔曼法官对其立场总结如下:

"当主要被保险人或与其处于同一方的其他缔约当事人在订立保险合同时无权约束作为保险合同的另一方当事人,但保险单又明确表示其不仅承保主要被保险人,还承保未在保险单中明示的一类其他主体时,若主要被保险人或其他缔约当事人在保险单生效时具有代表某特定主体与保险人订立保险合同的意图,那么该主体只要在保险单生效之时能被确定属于该类其他主体之列,就可以通过追认的方式成为共同被保险人,并就保险单提起诉讼。"[69]

或许科尔曼法官对于追认时点问题的观点也同样重要。早期的指导性判例为 Grover & Grover Ltd v Mathews 案[70]。此案中,原告通过一家保险代理机构为其钢琴工厂向劳合社投保。代理人在未与原告商量的情况下,在保险期满

---

[69] National Oilwell (UK) Ltd v Davy Offshore Ltd [1993] 2 Lloyd's Rep. 582 at 596-7. 保险单条款本身、主要被保险人或其他缔约当事人与所声称的被保险人之间的合同条款,或其他任何显示主要被保险人主观意图的可为法庭接受的材料,都可以作为证明有关当事人意图的证据。

[70] Grover & Grover Ltd v Mathews [1910] 2 K. B. 401.

时自行填写了续保单。在代理人续保之后,原告对此知晓之前,钢琴工厂遭遇了一场火灾。原告得知此事后,声称要追认代理人的续保行为。法院则认为,保险人不承担保险赔偿责任。虽然海上保险法一直都允许损失发生后的追认[71],但汉密尔顿(Hamilton)法官认为该规则作为一项例外规则不应被扩大适用于非海上保险。[72] 有观点认为该判决原则上是错误的,并与其他案件的判决意见相冲突。[73] 在 National Oilwell 案中,科尔曼法官如果认识到了此类批评意见的影响力,本会准备[74]承认此种情形下损失发生后之追认的效力。遗憾的是,其并未就此表达明确的立场。因此,我们期待尽快出现一个判例来推翻 Grover & Grover Ltd v Mathews 案的判决。

第七节　不动产保险

我们从第三章中已经得知,如今的法院已不再主张《人寿保险法(1774)》可适用于不动产保险。[75] 否则的话,由于保险单将会依据第 1 条被认定为非法,对被保财产没有保险利益的被保险人将无法为第三人的利益获得赔付,但其实无论怎样,普通法都会达致同样的结果。[76] 如果被保险人具有保险利益,法院如今极不可能主张适用第 2 条要求将第三人具名于保险合同之中[77],并且无论如何,Davjoyda Estates Ltd v National Insurance Co of New Zealand 案[78]对第 2 条的解释都对此问题提供了一种可供选择的理性解决方案。

然而,与动产保险不同,对于不动产保险而言,无论是否适用《人寿保险法(1774)》,其保险单都不太可能可以被解释为允许被保险人为第三人的利益获得保险赔付,或者允许第三人自己就保险单提起诉讼。必须强调的

---

[71] Williams v North China Insurance Co (1876) 1 C. P. D. 757.

[72] 他认为 Williams 案的承审法院承认了这一规则的例外性,以及自己的判决意见系受 Williams 案的拘束。但恕笔者冒昧,这是对 Williams 案的一种怪异的解读。

[73] 例如 Waters v Monarch Fire and Life Assurance Co 案的判决书附带意见。

[74] 严格来说,该评论明显是附带性的,因为第三人未能证明其在案件所涉背景下实际受保险保障。

[75] 参见第三章第九节。

[76] Sadler's Co v Badcock (1743) 2 Atk. 554;参见第三章第一节。

[77] 参见第三章第九节。

[78] Davjoyda Estates Ltd v National Insurance Co of New Zealand (1967) 65 S. R. (N. S. W.) 381;参见第三章第九节。在明显不适用《人寿保险法(1774)》的加拿大,许多判例都在事实符合的不动产保险案件中适用了 Waters 案中的原则;例如 Commonwealth Construction Co v Imperial Oil (1976) 69 D. L. R. (3d) 558。

是,我们此处所讨论的是一个有限的问题,对其的回答并不必然与对第三人是否对实际支付的保险金具有保险利益,或者第三人是否可以适用《(伦敦地区)火灾预防法(1774)》中关于强制补偿的规定这些问题的回答相同。[79]其原因举例说明的话就是,租赁合同的条款可以被解释为赋予了承租人对被保险人房屋业主获得的保险金的权利[80],但这并不必然意味着房屋业主有权为了承租人的利益获得保险赔付,或者承租人可以在业主不主张权利的情况下就保险合同提起诉讼。

铭记这一点就可以知道,为第三人利益的动产保险所适用的基础解释原则,同样也可适用于不动产保险。因此,对于保险合同的恰当解释必须是其具有保障第三人利益的目的[81],以及其保障的是被保财产的全部价值,而非仅仅是作为权利有限之所有人的被保险人的保险利益。[82] 这似乎与被保险人与第三人之间为"受托人—受益人"关系[83]或"抵押人—抵押权人"关系[84]

---

[79] 对此参见第十六章,尤其是第十六章第二节第三项所讨论的 Lonsdale & Thompson Ltd v Black Arrow Group Plc 案([1993] 3 All E. R. 648)的判决。

[80] 例如,Mumford Hotels Ltd v Wheeler 案([1964] Ch. 177)(参见第十六章第三节)即作出了此种解释,作同样解释的似乎还有 Mark Rowlands Ltd v Berni Inns Ltd 案([1986] Q. B. 211);参见第三章第九节。亦参见 Beacon Carpets Ltd v Kirby [1985] Q. B. 755,脚注[86]。还可与 Re King 案([1963] Ch. 459)进行对比。

[81] Hepburn v Tomlinson [1966] A. C. 451;参见第四章第二节第一项。可将之与澳大利亚高等法院对 British Traders Insurance Co v Monson 案([1964] 111 C. L. R. 86)所作的判决进行比较。在澳大利亚的这起案件中,案件的争点据称被错误地转换为被保险人能否证明自己系为第三人的利益投保。但该案的判决明显是正确的。提议购买被保财产完整产权的承租人以完整所有权人的身份就该财产的全部价值订立了保险,并且没有提及财产业主的利益。然而,买卖在一场大火损毁被保财产之前落空。法院认为,承租人能够获得的赔付仅限于其自己的损失部分,而无从为房屋业主的利益请求赔付。

[82] 值得注意的是,没有任何法律规则要求被保险人明确说明其对被保财产享有的利益,尽管投保单或保险单中一般会作出此等要求。

[83] 参见 Davjoyda Estates Ltd v National Insurance Co of New Zealand 案。此案中,原告公司作为另一个公司的代理人订立了一份土地购买合同,并为该土地订立了保险;保险人知道真正的被代理人的存在,但该被代理人并未具名于保险合同之中。该土地在合同完成之前因遭火灾而毁损。法院类推适用"受托保管案件"(参见第四章第二节第一项)的裁判规则,并以第三章第九节中所述的方式,规避了《人寿保险法(1774)》第 2 条所带来的问题。其认为,原告系以另一公司信托受托人的身份订立保险,可以就被保财产的全部价值获得赔付。经过对保险单的解释,保险保障的是财产本身,而非仅仅是被保险人对财产的有限利益;并不存在一项法律推定——被保险人只是为自身利益投保,以及在信托受托人投保的案件中,由于受托人与受益人的利益基本一致,以及两者的收益必然均是基于保管财产的信托,故受托人必须以受益人的利益投保,这只是一项事实推定。

[84] See, e.g., Hepburn v Tomlinson [1966] A. C. 451 at 481–482, per Lord Pearce.

的情形十分类似;在前一关系中,两类主体的保险利益具有相似性,而在后一关系中,两类主体的保险利益则极有可能均被记录在保险单之中。但如果被保险人与第三人的保险利益存在明显差异,如双方之间为"卖方—买方"关系[85]或"房屋业主—承租人"关系,似乎并不能类推适用动产保险的解释原则。在 Re King 案[86]中,上诉法院拒绝对负有修缮和恢复原状义务的承租人订立的保险类推适用"受托保管案件"的裁判规则。该案涉及的是房屋业主与承租人之间的争议,保险人并未牵涉其中。承租人具有完整的保险利益,且不能被认为是为了业主的利益投保;后者虽实际上亦具名于保险单之中,但这被认为仅仅是为了保障业主能够控制保险金的收取及要求恢复原状。[87]

---

[85] Rayner v Preston (1881) 18 Ch. D. 1; 参见第十一章第一节第一项。

[86] Re King [1963] Ch. 459.

[87] 可以对比 Beacon Carpets Ltd v Kirby([1985] Q. B. 755)案。此案中,租赁合同和保险单中的相关条款差异极大。此案同样仅涉及房屋业主和承租人之间的争议,已经支付保险金的保险人没有牵涉其中。还可参见一起有趣的未公开的爱尔兰案件,Church and General Insurance Co v Connolly, noted (1983) 5 D. U. L. J. (n. s.) 291。该案中,投保火灾保险的承租人为房屋业主的利益,按照其本人意愿获得了保险赔付。案涉租赁合同极其不正式,与一般的正式租赁合同完全不同,其标的是一处被作为青年活动中心使用的房屋。法院认为,《人寿保险法(1774)》不适用于爱尔兰。

第五章　保险合同的成立与形式

本章涉及众多问题,其中一些问题与合同法的一般规定在保险合同这一特别领域的适用有关;另外一些问题则与英国金融行为监管局(FCA)制定的监管要求有关,这些要求大多来自欧盟指令。虽然我们首要关注的问题是合同的成立和所要求的形式,但是也会自然而然地讨论到一些相关问题,即临时保险(temporary cover)和暂保单(cover notes),以及有关保险合同的存续期间、续订、解除和退保的法律规定。

第一节　保险合同的成立

为了认定是否存在一项具有法律拘束力的合同,合同法上规定了要约、承诺、合意、对价及创设法律关系之意图等一般规则,保险合同无例外地要适用这些一般规则。[①] 由于最后两项规则总是能够自动得到满足,故而无须对之作出深入讨论。

第一项　要约和承诺

订立保险合同的要约既可能由潜在的被保险人发出,也可能由保险人发出。在初始投保阶段[②],要约在实践中通常系由准备投保的被保险人[③]以填

---

① 一般性内容参见 Edwin Peel, Treitel on the Law of Contract, 14th edn(London: Sweet & Maxwell, 2015),第二章至第五章。关于法律要求保险人提供给所有潜在被保险人的信息,参见第五章第二节。
② 对比第五章第七节讨论的续保阶段。
③ 例证说明,参见 Rust v Abbey Life Assurance Co [1979] 2 Lloyd's Rep. 334。

写投保单④的方式发出,但并不以此种方式为必要。投保单是由保险人批量制作的格式文件。保险人可能直接接受被保险人的要约,也可能有条件地"接受"要约,后一种情形下的"承诺"在法律上可能构成一项反要约。⑤ 这一分析可能并不适用于通过互联网方式订立的合同。被保险人填写网络投保单的行为,只能被认定为发出要约邀请而非发出要约。要约系由保险人通过保险费报价和邀请被保险人承诺的方式发出,而被保险人则通过点击恰当的按钮作出承诺。⑥ 假设现在已经有了一项要约和一项对该要约的不完全承诺(即有条件的承诺),那么就会引发这样一个问题,即为了成立一项具有法律拘束力的保险合同,当事人必须就哪些内容达成合意。

第二项 关于重要条款的合意

英国上议院曾经在其审理的一个案件⑦中提出,合同当事人双方必须就合同中的所有条款和条件达成一致,合同方才成立。显然,对于某些重要事项,如保险费的数额⑧、包括保险标的在内的承保风险的性质⑨,以及承保风险的存续期间,当事人必须达成一致。⑩ 然而,尽管英国上议院判决的附带意见持上述见解,但更恰当的观点应当是,欲使合同成立,当事人仅就这些重要事项达成合意即可。其理由在于,投保人提出的保险要约是基于保险人针

---

④ 并非所有类型的保险业务都使用投保单,投保单在临时保险中通常并不适用(参见后文)。在 Adie v The Insurance Corp 案([1898] 14 T. L. R. 544)中,被保险人在他与其他保险人订立的旧保险单上黏附了一份新的申请文书,以此向保险人发出要约。除此之外,被保险人如今也经常通过电话或网络提出投保要约。关于后者的介绍,参见后文。

⑤ 还有观点认为,被保险人提交投保单是一种要约邀请,保险人作出承保决定是要约,而被保险人支付保险费为承诺。

⑥ 网络方式订立的保险合同可能存在其他潜在问题。例如,它可能会因错误输入而增加投保人虚假陈述的风险,以及仔细检查投保单的机会可能会受到更多限制。至少在理论上,任何关于理解保险产品本身和保险人必须提供的信息(参见第五章第二节)的问题,都应该通过被保险人享有的法定解除权来处理。法定解除权将在第五章第三节予以阐述。值得注意的是,2009 年 12 月,ABI 发布了指引,以确保消费者在网购保险时能够享有正面积极的体验;参见 http://www.abi.org.uk/~/media/Files/Documents/Publications/Public/Migrated/Motor/ABI%20guide%20to%20ensuring%20positivie%20customer%20experiences%20of%20buying%20online.pdf(访问日期:2015 年 12 月 28 日)。

⑦ Alliss-Chalmers Co v Fidelity & Deposit Co of Maryland (1916) 114 L. T. 433 at 434.

⑧ 然而在普通保险当中,保险费数额被认为应当依据保险人的一般保险费率标准确定。保险费无须实际支付。

⑨ Beach v Pearl Assurance Co Ltd [1938] I. A. C Rep. 3.

⑩ See generally Murfitt v Royal Insurance Co (1922) 38 T. L. R. 334 at 336.

对特定类别所制定的标准格式保险单,因此投保人被认为已经同意了保险人所提供的格式保险单中的一般条款和条件。⑪ 在 General Accident Insurance Corp v Cronk 案⑫中,投保人收到的正式保险单中的一些条款并没有在其之前填写的投保单中出现过。投保人拒绝支付保险费,并且声称附有不同条款的保险单的送达仅仅是一项反要约,而他并不愿意接受该项反要约。法院基于上述理由,认为合同已经成立,投保人有义务支付保险费。在如今的实践中,除口头提出投保申请,如口头申请暂保单的情形⑬以外,不大可能出现这种争议,因为投保单总是明确约定投保人的要约须受到保险人提出的一般条款和条件的拘束。

第三项 反要约

保险人很可能不会简单地接受投保人的要约,而是主张其承诺以首期保险费的支付为前提。显然这在法律上通常构成一项反要约⑭,以至于直到保险费实际支付之后,才会产生一项具有法律拘束力的合同。⑮ 作为一项一般原则,在承诺作出之前,任何一方都有权退出交易。然而,法律似乎认为在保险人的行为构成一项反要约时,投保人可以拒绝接受该项反要约,但是保险人却不可以撤回该项反要约,除非承保风险在最初发出要约到被保险人通过支付保险费作出承诺这一期间内发生了变化。换言之,只要承保风险保持不变,保险人就要受其反要约的拘束。如果承保风险发生变化,被保险人支付保险费的行为就构成一项新要约,对此保险人有权拒绝接受。在 Canning v Farquhar 案⑯中,一份人寿保险的要约在12月14日被"承诺","承诺"中言明"首期保险费支付以前,保险不生效"。保险费于1月9日支付,但是被保险人在四天之前就摔倒并致重伤,后又因此死亡。上诉法院裁决保险人对此不负保险赔付责任。判决书多数意见⑰的论证说理系

---

⑪ General Accident Insurance Corp v Cronk (1901) 17 T. L. R. 233; Rust v Abbey Life〔1979〕2 Lloyd's Rep. 334.

⑫ General Accident Insurance Corp v Cronk (1901) 17 T. L. R. 233.

⑬ 参见第五章第六节。

⑭ 它甚至也可能仅仅是一个要约邀请,投保人必须在此基础上作出一个新的要约:Locker v Law Union and Rock Insurance Co Ltd〔1928〕1 K. B. 554。

⑮ Canning v Farquhar (1886) 16 Q. B. D. 727 at 733.

⑯ Canning v Farquhar (1886) 16 Q. B. D. 727. 亦参见 Harrington v Pearl Life Assurance Co (1914) 30 T. L. R. 613。

⑰ 林德利(Lindley)和洛佩斯(Lopes)法官的裁判意见。

沿着上文所述的路径展开。[18] 然而，保险人也可能被禁止否认合同的效力。例如，如果像 Roberts v Security Co Ltd 案[19]那样，保险单中包含一项关于"保险费已经支付"的说明，那么这就会实际推翻"保险直至支付保险费时才生效"的条件。

第四项　承保风险的变化

如果从投保之日至合同成立的期间内承保风险有任何实质性变化，那么根据投保人负有的法定一般义务，投保人必须将此情况告知保险人。[20] 不履行此告知义务可能导致保险人取得撤销合同的权利。如果在 Canning v Farquhar 案中，保险人在不知道被保险人摔倒事实的情况下收取了保险费，其便可据此免责。但是，这一原则仅仅适用于合同尚未成立的场合。举例而言，如果保险人无条件地接受了被保险人的要约，那么即便合同中约定保险费支付前风险不受保障，保险人也仍然须受保险合同的拘束。[21] 此时，被保险人未向保险人告知保险费支付以前的承保风险变化，并不会使保险人获得类似于撤销合同的救济途径，但保险人对于保险费支付前发生的保险事故所导致的任何损失仍然无须承担赔付责任。

第五项　承诺的通知

对要约的承诺在向要约人作出通知后方才生效，是合同法上的一项一般规则。该规则明显适用于保险合同。然而，该规则也有一些确立已久的例外，其中有三项例外规则与保险合同有关。第一，如果要约是一项单方允

---

[18]　伊舍（Esher MR）法官作出判决主要依据的理由是，即使承保风险没有发生改变，保险费的支付也绝对不能被看作投保人对于保险人之要约的承诺。保险费的支付是投保人的一项要约，需要保险人作出承诺。然而，这种观点并不正确。保险人于12月14日发出的信件并不仅仅是一份意向书或要约邀请。当然，这也并不否认，如果保险费支付以外的其他事项并不确定的话，保险人对于投保单所作的此等回应在合适情况下也可被解释为仅仅构成一项要约邀请，参见 Locker v Law Union 案。

[19]　Roberts v Security Co Ltd［1897］1 Q. B. 111；参见第五章第一节第五项。

[20]　对于消费者被保险人而言，该义务是《消费者保险（披露与陈述）法（2012）》中规定的不为不实陈述的义务；对于非消费者被保险人而言，该义务是《保险法（2015）》中规定的对于风险的公平陈述义务。参见第七章。

[21]　参见 MacGillivray 书，第13版，第4-040段至第4-044段。这一立场在实践中并不可能。风险不受保障条款或许最有可能被解释为合同未成立。事实上，在人寿保险的情形下，一个有力的推定就是，保险合同直至支付保险费且签发保险单之后方才成立。Southern Cross Assurance Co Ltd v Australian Provincial Assurance (1939) 39 S. R. (N. S. W.) 174.

诺,那么按照要约中的条款履行一定行为即构成承诺。这在保险领域存在一两个例子。过去,报纸或记事簿常常向其购买者提供意外伤害保险,购买者只需填写相关票券即可。而现在,这种票券保险则是在机场柜台销售,保障对象为被保险人在飞机飞行期间的死亡或者伤害风险。毫无疑问,此类保险的条款在法律上是由保险人作出的单方允诺,投保人填写保险单所要求的相关细节内容即构成承诺。

第二,承诺通知规则的例外规则具有一定的重要性,其适用于通过盖章签发保险单的情形。假设保险人无条件地作出了承诺,或者放弃了关于预付保险费的条件,那么只要其承诺系以在保险单上签字并盖章的形式作出,保险合同即告成立[22],而无须向被保险人发出承诺通知。在 Roberts v Security Co Ltd 案[23]中,原告于 12 月 14 日填写了一份盗窃险的投保单。12 月 27 日,保险公司负责人以在保险单上加盖公章的方式对投保申请作出了承诺,且保险单规定,其自 12 月 14 日生效。12 月 26 日晚,被保险人遭受了损失。而在此日,由于保险人尚未作出承诺,故损失明显系发生于被保险人知道保险人作出承诺之前。但法院最终认为,保险人应当承担保险赔付责任。

第三,承诺通知规则显然意味着沉默或承诺迟延并不等同于作出承诺。虽然该规则从表面看是理所当然的,但是当被保险人系基于对保险人要约的信赖而实施一定行为时,即便缺少明示的承诺通知,被保险人也会被视为已经作出了承诺。[24] 在 Rust v Abbey Life Assurance Co Ltd 案[25]中,投保人申请了一份投资连结险,案件争议焦点为投保人是否受该保险单拘束。在发生争议之前,投保人已持有该保险单长达七个月。投保人主张自己从未意图缔结此类型的保险合同,且自己受到了保险代理人的误导。但法院查明,保险代理人已向她详细解释了该保险合同的特性,她实际已受保险合同拘束。虽然保险人已通过签发保险单对要约作出承诺,而投保人并未发出要约,但是法官对此是这样认定的[26],保险人签发保险单的行为是一项要约,而投保人长

---

[22] 参见 MacGillivray 书,第 13 版,第五章。

[23] Roberts v Security Co Ltd [1897] 1 Q. B. 111;虽然保险合同中约定了一项条件,只有当保险费支付后,保险单才生效,但保险人对保险费已经支付所作的说明,使其事实上放弃了对该条件的要求。

[24] See, e.g. Taylor v Allon [1966] 1 Q. B. 304,第五章第六节第二项将予以讨论。

[25] Rust v Abbey Life Assurance Co Ltd [1979] 2 Lloyd's Rep. 334.

[26] 遵循了 Adie v The Insurance Corp 案([1898] 14 T. L. R. 544)和 General Accident v Cronk 案([1901] 17 T. L. R. 233)的判决。

达七个月的沉默,则在事实上构成了承诺。

第二节 制定法上的披露要求

《保险营业行为规范》(ICOBS)规定了许多重要的披露要求[27],其中一部分源于《欧共体第三代保险指令》(Third EC Insurance Directives)的规定[28],还有一部分则是来自《金融产品远程销售指令》(Directive on the distance marketing of financial products)的规定。[29] 相关背景介绍可参见第二章,本章节主要阐释具体的规则要求。[30] 本节将讨论关于普通保险的各项披露要求[31],首先介绍的是主要由《金融产品远程销售指令》所规定的要求,其次将对产品信息的披露要求展开叙述,这其中也包括《非人寿保险指令》(non-life Insurance Directive)当中规定的要求。

第一项 远程销售的披露要求

远程销售合同基本是通过网络、电话或邮政的方式订立的。因此,其大量出现于消费者保险的场合。远程销售的披露义务被规定于 ICOBS 的第三章。要求披露的信息[32]必须在合同成立之前以清晰易懂的方式适时提供。[33] 保险人必须以书面形式或者其他可获得且能够持久存续的媒介形式,向保险消费者提供所有的合同条款和条件及下文所列信息,并且要在远程销售合同成立之前适时提供给消费者,除非合同系应保险消费者的要求订立,而保险消费者采用的通信方式使得以上关于披露方式及时间的要求无法履行。[34] 在后一种情形下,保险人必须于合同成立之后立即向保险消费者提供信息。当保险合同通过电话缔结时,电话沟通过程中仅须提供较为简略的信息(参见 ICOBS 第三章的附件3),但除存在可以适用上述例外规则的情

---

[27] 有关 ICOBS 的适用范围,参见第二章第七节。有关披露要求的重要讨论,参见 Loacker, Informed Insurance Choice? Insurer's Pre-contractual Information Duties in General Consumer Insurance, Edward Elgar, 2015。

[28] 亦参见广告与营销指令中的规则,前文有提及。

[29] 2002/65/EC。

[30] 对于所有的细节和 ICOBS 所提供的关于规则适用范围的指引,应当参见 ICOBS 本身。

[31] 关于人寿保险的要求将在第十七章简述。

[32] 在没有中介的情况下,这些信息须由保险人制作和提供,参见 ICOBS 第六章。

[33] ICOBS 第三章第一节第三项和第五项。

[34] ICOBS 第三章第一节第十项和第十五项。

形外,在合同成立前仍须承担提供完整信息的基本义务。㉟

要求披露的关键信息列举如下(这并非完全列举)(ICOBS第三章的附件2):

(1)公司的名称和主要业务,公司成立地址及其他任何与消费者和公司之联系相关的地址。

(2)公司在消费者居住的欧洲经济区(EEA)国家设有代表机构的,该代表机构的名称,以及与消费者和代表机构之联系相关的地址。

(3)关于公司适格法律地位的披露说明,即说明该公司已在英国金融服务登记机构(Financial Services Register)登记及其在英国金融行为监管局(FCA)的登记号码。

(4)对该公司提供之服务的主要特征的描述。

(5)消费者获取公司金融服务须向公司支付的总价款,包括所有相关的费用支出,以及所有通过公司支付的税款;或者在无法说明确切价款的情况下,能够由消费者据以核对的价款计算基础。

(6)对于在通过公司支付的税款或公司收取的费用之外,可能存在其他税款或费用的通知。

(7)对于信息提供有效期间的任何限制,包括关于公司要约有效期的明确解释。

(8)对于给付和履行的安排。

(9)消费者使用远程通信方式时的任何关于特定额外费用的细节问题。

(10)是否存在基于解除规则而生的解除权,以及该权利的产生情形、存续期间和行使条件,包括消费者根据这些规则被要求支付(或不会返还给消费者)的费用的信息,以及不行使解除权的法律后果。

(11)合同的最短存续期间。

(12)关于合同双方当事人依据合同条款可能享有的提前或单方终止合同的任何权利的信息,包括此类情形下合同所要求的任何罚金。

(13)行使解除权的操作指引,包括解除通知应当送达的地址。

(14)公司在合同成立之前与消费者建立联系时,系将欧洲经济区内哪一国或哪几国的法律作为基础。

(15)规定合同适用的法律或合同纠纷管辖法院的合同条款,或者同时

㉟ ICOBS第三章第一节第十四项。

对两者作出规定的合同条款。

（16）合同条款和条件及本附件中的其他信息将以哪一种语言或哪几种语言提供，以及经消费者同意，公司承诺在合同存续期间内以哪一种语言或哪几种语言与消费者沟通。

（17）如何投诉公司，投诉之后是否会被提交至英国金融申诉专员服务局（Financial Ombudsman Service, FOS），如果是的话，具体实现方法是什么，以及关于合同指定的其他可行投诉机制的同等信息。

（18）如果公司无法承担责任，是否能够通过赔偿机制或者合同指定的任何其他赔偿机制获得赔偿，以及关于合同指定的其他可行赔偿机制的信息。

第二项 产品信息的披露要求

此部分内容规定在ICOBS第六章中。其中有关于普通保险[36]合同的披露要求，更详细的要求则与保障性保险单（protection policy）有关。[37] 有一项一般性的要求是[38]，公司必须采取合理措施确保其适时地以一种能够理解的形式向消费者提供适当信息，从而使消费者能够在投保事项上作出知情决定。这些信息可以在保险单概要（policy summary）中提供给消费者（就像ICOBS第六章附件2所描述的那样），但对于保障性保险单以外的其他保险单而言，这并非一项强制要求。《非人寿保险指令》的要求体现在ICOBS第六章第二节的第二、三、四项当中。在合同成立之前，保险人应向自然人消费者说明：（1）合同当事人无自由选择权情形下合同所适用的法律，或者合同当事人有自由选择权情形下，保险人提议选择适用的法律；以及（2）对于投诉的处理方式安排，包括在适当情形下，金融申诉专员服务局（FOS）处理程序的存在不影响依法提起诉讼的权利。如果保险人是一家欧洲经济区内的公司，其在作出承保承诺前必须告知消费者其总部，或者与消费者订立合同

---

[36] 这些普通保险包括意外伤害保险和健康保险，以及所有形式的补偿性保险。

[37] 此处不对保障性保险单详加介绍。保障性保险合同不同于纯保障性保险合同和给付性保障保险合同，其介于二者之间。纯保障性保险合同主要是无退保现金价值或仅以死亡为保险金赔付事由的人寿保险。给付性保障保险合同是具备普通保险合同要素的非投资性保险合同，其保险给付的作用在于使保单持有人有能力向其应当承担赔偿责任的第三人提供赔偿，或者能够合理期待其保险给付系以此种方式发挥作用。关于《人寿保险指令》所规定的人寿保险合同，第十九章对之有更多介绍。

[38] ICOBS第六章第一节第五项。

的分支机构系位于欧洲经济区内的哪一国家。保险合同或任何其他给予保险保障的文件,以及某些对消费者有约束力的投保单当中,必须载明公司总部或分支机构的地址。保险消费者必须在合同成立前被适时告知其拥有合同解除权,该权利将在下文予以介绍。[39]

第三节 法定解除权

保险单条款明确赋予保险人或被保险人的解除权将在本章后文中进行探讨。此处仅探讨ICOBS中就普通保险合同所规定的法定解除权。[40]该项法定解除权原本仅适用于远程销售合同[41],但监管者后来利用相关机会又将之赋予给了所有零售消费者。实质上,除短期保险合同和旅游保险合同之外,ICOBS第七章规定所有的普通保险的消费者均享有合同解除权,该解除权的存续期间为十四天,起算点为保险合同成立(或续订)之日与消费者收到合同条款及所附条件和ICOBS要求提供的任何其他先合同信息之日中的较晚者。[42]如果消费者未被告知其享有ICOBS第七章规定的解除权,那么该解除权的行使将不受时间限制。消费者行使解除权不必说明理由,且解除通知发出之日即视为送达之日。一旦消费者行使解除权,保险人在收到解除通知后须毫不延迟地返还所有保险费,且最晚不得超过收到解除通知之日起三十日。但如果被保险人已被告知其行使解除权将产生一定费用的话,对于保险人实际已提供之服务所对应的那部分保险费,保险人可在返还保险费时予以扣除。举例而言,如果被保险人在解除机动车保险单之前已经向保险人提出索赔的话,由于保险人所提供的租用车辆已经部分补偿了被保险人,那么保险人在返还保险费时即可将该部分服务对应的保险费扣除。

---

[39] ICOBS第六章第二节第五项。
[40] 关于人寿保险合同,参见第十九章。
[41] 此系《金融产品远程销售指令》(2002/65/EC)所规定。
[42] 纯保障性保险合同基本上是定期人寿保险,其解除权存续期间更长,为三十天(适用于大多数人寿保险的规则并未对此作出规定)。包括旅行保险在内的短期保险合同的保险期间短于一个月,关于其所适用的例外规则,参见ICOBS第七章第一节第三项。

第四节　保险合同的形式

除了极少数例外㊸，英国法并没有对保险合同应当采取的特定形式作出一般规定。实际上，就口头协议而言，只要能够证明存在口头协议，且当事人双方已经就合同的重要条款达成一致，那么一项口头的保险协议也同样具有拘束力。㊹ 当然，在实践中除临时保险以外，保险合同总是会被记录在保险单上，但除保险人在承诺中明确表示"只有在保险单签发之后，保险人才承担保险保障之责"外，保险单在法律上并非必需。㊺ 在人寿保险和机动车强制保险领域，保险合同需要采用特定的形式。对此，将分别在第十九章和第二十章中予以讨论。

第五节　与劳合社订立的保险合同

如果保险人是劳合社的成员，合同订立的程序就会有很多的特殊性，所以有必要单独对此作简要考察。㊻ 本书第一章和第二章谈到了劳合社中各保险人的特殊地位，它们审核投保要约的程序包括，将载有详细风险状况等内容的接洽书（slip）* 依次提交给每一个相关的保险人进行审查。值得注意的是，投保人本人不能亲自提交接洽书，而必须由劳合社的保险经纪人代而为之。㊼ 法律上的难题仅在于合同成立的时间。是在某一保险人以草签接洽书的方式对要约进行承诺时，各保险人即受其承诺拘束，即便之后的保险人可能拒绝承保或者实质性修改要约内容？还是在要约的全部内容及请求获得保险保障的全部数额，都获得保险人承诺之时，保险合同才成立呢？

㊸ 尤其是海上保险（《海上保险法（1906）》第22条）和保证保险（《欺诈法（1677）》第4条）。
㊹ Murfitt v Royal Insurance Co (1922) 38 T. L. R. 334.
㊺ See Scher v Policyholders Protection Board [1993] 3 All E. R. 384 at 396 per Lord Donaldson MR.
㊻ 更详尽的阐述，参见 MacGillivray 书，第13版，第三十七章。
* 接洽书是指英国保险经纪人填送给劳合社的保险人，用以说明并确定其辛迪加所接受业务的种类及接受比例的便签。——译者注
㊼ 参见第十二章。经纪人可以拥有同意提供临时保险的权限，Praet v Poland [1960] 1 Lloyd's Rep. 416。

英国上诉法院[48]曾经作出的一项权威判决认为,保险人自其草签接洽书那一刻起即受保险合同拘束,尽管这在理论上可能造成奇怪的法律后果,如后来的保险人可能会以不同的条款同意承保。因此严格来说,被保险人与不同的保险人之间订立的可能是不同的保险合同,而非内容完全一致的保险合同。在得出这一结论时,上诉法院适用了伦敦保险市场沿袭已久的惯例。[49]

从英国上诉法院的判决[50]中似乎还可以得出的结论是,如果后来的某位保险人拒绝承保,被保险人将无权解除其与已经同意承保的保险人之间的保险合同。这就导致被保险人仅能获得部分保障,或者以其不接受的条款"接受"保险合同的成立。在理论上这同样会引起奇怪的结果,尽管在实践中无疑罕有争议发生。

第六节 临时保险和暂保单

在许多不同类型的保险尤其是机动车保险当中,保险人收到投保单时即同意提供临时保障,随后再仔细核定是否同意承保及签发保险单,是一种极其普遍的现象。保险人出具的临时承保的文件通常被称为"暂保单"(cover notes),它毫无疑问是完全有效的保险合同。[51] 有关暂保单的权威判决意见虽然相对缺乏,但其中也涉及一些下文所探讨的重要法律问题。

第一项 签发暂保单的权限

虽然只有保险人才能对就整个保险合同提出的要约作出承诺,但保险人常常会将签发有拘束力的暂保单的权限授予保险代理人。与此相关的代理规则将在本书第十二章中详细介绍。在本部分有必要指出的是,无论保险人是否明确授予了代理人签发暂保单的权限,只要保险代理人受托持有空白暂保单或同等单证,就足以表明保险代理人被授予了默示的实际代理权或表见代理权。

---

[48] General Reinsurance Corp v Forsakringsaktiebolaget Fennia Patria [1983] Q. B. 856; contra Jaglom v Excess Insurance Co Ltd [1972] Q. B. 250. 亦参见 Eagle Star Insurance Co Ltd v Spratt [1971] 2 Lloyd's Rep. 116。

[49] 如果合同系在之后被并入保险单,那么通常而言,信件就构成合同,接洽书则不得被用于解释合同,参见 Youell v Bland Welch & Co Ltd [1992] 2 Lloyd's Rep. 127。

[50] 对比 General Reinsurance 案初审中斯托顿(Staughton)法官的观点,[1982] Q. B. 1022。

[51] Mackie v European Assurance Society (1869) 21 L. T. 102。

在 Mackie v European Assurance Society 案[52]中，M 通过 W 为其磨坊和仓库投保，W 当时是商业联合会（Commercial Union）的代理人。后来，W 成为被告的代理人。M 在其与商业联合会的保险合同终止之后，要求 W 为其订立一份新的保险合同。W 以被告的名义，并以收据的形式向 M 出具了一张为期一个月的暂保单。尽管当时 M 并没有意识到保险人发生了改变[53]，而且被告已经不再从事火灾保险业务，但在一个以对被告持批评立场而闻名的判决中，马林斯（Mallins VC）法官认为，原告、被告之间存在一个具有约束力的临时保险合同。被告向 W 提供暂保单表明其已经授予了 W 签发暂保单的代理权，这对双方都具有拘束力。该规则应当适用于所有保险代理人受托持有暂保单的场合，即便所谓的保险代理人其实是保险经纪人及通常情况下的被保险人的代理人。[54]

非受托持有空白暂保单的保险代理人通常被认为没有代理权，其所实施的签发保险单的行为对保险人没有拘束力。[55] Murfitt v Royal Insurance Co 案的判决[56]应当被作为一项例外，其认为，保险代理人拥有订立临时口头火灾保险合同的默示实际代理权。承审法官强调该案事实具有特殊性，因为对于保险代理人在近两年间一直以口头方式提供上述保障这一事实，被代理人是知晓和同意的。然而，保险经纪人的地位则与之不同。有一项判决书附带意见[57]明确表示，在保险经纪人仅有的确认是口头形式的情况下，保险经纪人拥有订立临时保险合同的默示实际代理权。保险人向保险经纪人授予此种代理权在实践中十分普遍，该意见看起来是对这一实践的明确承认。然而必须强调的是，这仅仅适用于保险人与保险经纪人之间存在事前约定的情形。

第二项　临时保险合同的订立

在一般情况下，临时保险合同的订立应当是一件简单的事情。如之前所讨论的，只要当事人就重要性条款达成合意，那么在保险人或其代理人对投保人的要约作出临时性承诺之时，临时保险合同即告成立。临时保险合同会

---

[52] Mackie v European Assurance Society (1869) 21 L. T. 102.
[53] 但这应当不具有相关性，M 仅仅只想获得保险保障。
[54] 参见 Stockton v Mason〔1978〕2 Lloyd's Rep. 430,第十二章第二节对之有所讨论。
[55] Dicks v SA Mutual Fire & General Insurance Co〔1963〕(4) S. A. 501.
[56] Murfitt v Royal Insurance Co (1922) 38 T. L. R. 334.
[57] Stockton v Mason〔1978〕2 Lloyd's Rep. 430 at 431, per Lord Diplock.

存续至暂保单上所载期间结束之时,或保险人提前终止合同之时(如果像通常那样得到允许的话),抑或被后来签发的正式保险单取代之时。只要能就必要条款达成合意,通过电话的方式订立临时保险合同,也同样不存在问题。[58] 然而值得注意的是,由于暂保单是真正的保险合同,故投保人负有先合同的披露义务。[59] 该项义务被规定于《消费者保险(披露与陈述)法(2012)》和《保险法(2015)》当中,前者适用于消费者保险,后者适用于非消费者保险。

但在另一种截然不同的情形之下,"投保人要约,保险人承诺"的这种分析模式则并不适用。该情形系保险人在正式保险合同终止之时为投保人提供临时保险保障。在实践中,这似乎仅限于机动车保险,其目的在于使被保险人能够满足《道路交通法(1988)》中关于强制保险的要求。[60] 在此情形下,保险人有时通过将承保条黏附在机动车保险证之上,或者向被保险人发出邀请续保通知的方式,为被保险人提供原保险单到期之后的短期保险保障,通常为十五天。[61] 仅当被保险人既不及时为原保险单续期,也不及时与其他保险人签订新的保险合同时,才可能产生相关的法律问题。例如在Taylor v Allon案[62]中,被保险人与保险人A订立的保险单于4月5日终止,但被保险人持有上述临时承保条。被保险人决定另行与保险人B订立保险合同,且与B的新保险单自4月16日起生效。然而,被保险人在4月15日驾车外出时,被指控无保险驾驶。[63] 英国高等法院分庭认为,对于被保险人的此种违法行为所进行的指控是完全正确的。很明显,被保险人于4月15日并未为B所保障。而A的承保条被认为仅仅是A在原保险单终止后继续为被保险人提供保险保障的一个要约,仅在被保险人承诺之后方有法律约束力。[64] 根据案件事实,并没有证据证明被保险人对此要约作出了承诺。被保险人明显没有明确向A发出承诺通知。尽管法院本准备假定这是一种不适

---

[58] 对于以此种方式与"直接"保险人订立初始保险合同的许多人来说,这是个好消息。当然此种情形还适用ICOBS对于远程合同的要求。

[59] Mayne Nickless Ltd v Pegler (1974) 1 N. S. W. L. R. 228,但该意见受到了批判,参见(1977) 40 M. L. R. 79 (Birds); Marene Knitting Mills v Greater Pacific General Insurance Ltd [1976] 2 Lloyd's Rep. 631。关于该义务,参见第七章。

[60] 参见第二十一章。

[61] 这一短暂的延期保障通常仅基于强制性规定。

[62] Taylor v Allon [1966] 1 Q. B. 304.

[63] 如今规定于《道路交通法(1988)》第143条。

[64] 尽管保险人A在证词中认为,自己与被保险人之间仍存在合同关系。

用承诺通知之一般规则的情形,然而,即使如此假定,通过行为作出承诺的要件也是必不可少的,这通常体现为被保险人基于对要约的信赖而驾驶车辆。而在此案中,对此同样不存在证据可资证明。

第三项 并入暂保单的条款

接下来的问题是,由暂保单构成的保险合同包括哪些条款。对此而言,合同何时成立这一问题十分关键。显然,当事人必须就重要条款[65]达成一致,但明晰保险人的格式保险单中包含的条款,如有关索赔程序的条款,是否被并入暂保单之中也十分重要。

谨慎的保险人会确保其对被保险人之要约所作的承诺,明确以适用该类保险的一般条款和条件为前提。[66] 又或者保险人会在被保险人填写完毕并入相关条款的投保单之后,才签发暂保单。[67] 然而这种做法可能会被认为没有必要,因为前文提到的一项规则是,投保人的要约被认为系针对保险人签发的通常形式的保险单所提出。但尽管如此,该规则似乎并不适用于暂保单。

在 Re Coleman's Depositories Ltd and Life & Health Assurance Association 案[68]中,某公司申请投保一份雇主责任保险。其在 12 月 28 日完成了投保单的填写,并于当日收到了未附任何条件的暂保单。保险人于 1 月 3 日以在保险单上盖章的方式作出承诺,并在保险单中言明合同自 1 月 1 日起生效,保险单于 1 月 9 日送达该公司。1 月 2 日,被保险人的一名员工受伤。一开始,该员工的状况被认为并不危急,然而随后情势急转直下,伤情加重,并最终于 3 月 15 日去世。3 月 14 日,被保险人向保险人发出索赔通知。保险人拒绝承担赔付责任,其理由为被保险人没有按照保险单中条件的要求及时发出索赔通知。上诉法院多数意见认为,被保险人并不受此条件拘束,因为该条件仅在向被保险人作出通知后方可适用,而载有该条件的保险单直到 1 月 9 日才送达被保险人,此系发生于雇员受伤之后。[69] 尽

---

[65] 参见第五章第一节第二项。

[66] See, e.g. Dawson v Monarch Insurance Co of New Zealand [1977] 1 N. Z. L. R. 372.

[67] See, e.g. Houghton v Trafalgar Insurance Co Ltd (1953) 2 Lloyd's Rep. 18.

[68] Re Coleman's Depositories Ltd and Life & Health Assurance Association [1907] 2 K. B. 798. 亦参见 Insurance Corp International Ltd v American Home Assurance Co (1974) 42 D. L. R. (3d) 46。

[69] 法院也认为该条件无论如何都不是保险人承担责任的前提条件。对此的区分,参见第九章。

管该判决具有明显的公平合理性，但其论证却并不易于理解。如果被保险人简单地信赖暂保单，而且保险单尽管载明溯及既往适用，但事实上却直到保险事故发生之后方才执行，那么就可以认为，由于暂保单中未提及任何条件，尤其是规定通知义务的条件，故而被保险人不受任何条件的拘束。然而，即便如此，这也与 General Accident v Cronk 案(70)的类案判决相反，而且也存在结论相反的权威判例。(71) 可是，被保险人在同意率先请求仲裁机构解决合同争议时，却表明其信赖了保险单中的条款，而且并无证据显示其不能就保险单提起诉讼。在这些情形下，很难明晰被保险人缘何可以否认其受保险单中其他条款的约束，这与他们在相关时点并不实际知悉保险单条款是不相关的。

虽然 Re Coleman 案作为一项明确的判例，为"课予被保险人义务的条件仅在被明确并入暂保单时，方适用于暂保单"这项主张提供了支持，但是或许可以大胆地假设，这一主张长期未在很大程度上受到挑战的原因仅仅是，在该项判决作出之后，保险人一直都明确约定其暂保单中并入了保险单条款。在任何情形下，界定承保范围的一般保险单条款都被默示并入了暂保单之中。

被保险人或许可以主张，在其获得书面暂保单或投保单上的任何并入性说明之前，保险合同就已经成立。澳大利亚的 Mayne Nickless Ltd v Pegler 案(72)的事实很好地说明了这一点。被保险人购买了一辆小轿车，卖家立即通过电话方式为其办理了相关保险。被保险人随后收到了一张暂保单，该暂保单上载明了购车日期，并且并入了保险人的一般保险条款。虽然该案判决系依据其他理由作出，但至少有理由认为，在被保险人知晓任何明示条款之前，一份有拘束力的合同即已通过电话方式口头成立。这一点并没有得到法官的讨论与明确，但如果这是正确的法律分析，且该情形普遍发生于机动车保险领域的话，那么与 Re Coleman 案判决一致，保险人将很难以明确并入了保险单条件为由，主张适用保险单条件，除非其在口头合同订立之时明确提及了这一点。

Pegler 案中的暂保单同时也载明其"受令人满意的投保单的约束"。这

(70) General Accident v Cronk (1901) 17 T. L. R. 233；参见第五章第一节第二项。

(71) 如 Wyndham Rather Ltd v Eagle Star & British Dominions Insurance Co Ltd (1925) 21 L. I. L. Rep. 214。

(72) Mayne Nickless Ltd v Pegler (1974) 1 N. S. W. L. R. 228.

一说明的作用被认为是使保险人能够基于被保险人在投保单中的不实陈述，而免于承担暂保单下的责任。投保单是不"令人满意"的。或许可以认为，"令人满意"这一措辞仅仅是提醒被保险人注意，在保险人签发正式保险单之前其需要填写投保单，或者其仅仅意味着形式上的适当性，而非要求所有的事项都必须完全正确。一些含糊不清的用语会引起歧义不利解释规则[73]的适用。进一步而言，该案判决的效力是，若投保单没有完成，暂保单严格来说则没有价值。投保单未完成可能系基于一些十分单纯的原因，如之后发生事故[74]或者被保险人决定另行与其他保险人缔约。在暂保单被赋予此等限定条件的案件中，法院应当以该条件可能导致所提供的保护无意义为由无视该条件。

第四项 暂保单的终止及其与正式保险单的关系

最后，有必要考虑除其所载明的期限经过这种情形以外，暂保单中包含的保险合同何时终止的问题。实际上，合同很可能约定了保险人有终止合同的权利，那么对于保险人依据明确约定的权利而作出的行为，被保险人除未接到解除通知之外不得提出异议。如若不存在明确约定的保险人解除权，暂保单则明显直到存续期间届满之日方才终止。[75]

然而，十分常见的情形是，在暂保单载明的存续期间届满之前，正式的保险单就已经签发。保险单从其签发之日起取代暂保单，但不溯及至签发以前。即便保险单中明确约定其具有溯及力，也有理由认为，保险单签发之前产生的索赔请求仅仅只能被归为暂保单项下的索赔请求。[76] 然而，只有暂保单条款和保险单条款之间有区别时，这才真正有意义。不过，如我们所见，这种区别现今不大可能存在。

第七节 保险单的存续期间与续订

关于保险合同的存续时长，系由保险单自身约定，并无相应的法律规则。

---

[73] 参见第十三章第三节第四项。
[74] See (1977) 40 M. L. R. 79 at 82.
[75] Smith v National Mutual Fire Insurance Co Ltd［1974］1 N. Z. L. R. 278.
[76] 参见 Re Coleman 案。如前所述，此案中相当奇怪的一点是被保险人系就保险单而非暂保单提起诉讼。

然而，与其他保险合同相比，人寿保险合同较为特殊。在人寿保险合同中，必然至少存在这样一项推定，该合同作为一个完整的合同将存续至被保险人死亡之日，或者养老保险或定期人寿保险中的特定日期届至之日。(77) 因此，只要被保险人按约定支付了保险费(78)，保险人便不能拒绝续订该人寿保险合同，也不能主张被保险人未对合同初次成立之后发生的重要事实进行如实告知。在之后讨论"宽限期"时，这一问题还会得到探讨。

与此相反的是，大多数非人寿保险合同都限定了存续期间，通常为一年。当然，保险单也可对存续期间作出比一年更长或更短的约定。但是，一旦当事人选择在保险单终止之时续订合同，续订后的合同在法律上就明显是一个全新的合同(79)，如实告知义务等要求也会随之而再次产生。(80)

第一项 基于保险单条款的合同解除

许多非人寿保险单中都包含一项条件，该条件赋予任一方当事人在通知相对方之后（通常是七天或十四天）解除合同的权利，但允许通知之后立即解除的条款无疑也是有效的。此类条件中，有一些可能要求想要解除合同的保险人说明其解除理由，但说明理由并非绝对必要，而且一项无条件的解除权可以得到行使。(81) 这项权利很可能会被滥用，虽然被滥用的频度如何尚未可知。以下案例即是证明。

在 Sun Fire Office v Hart 案(82)中，英国枢密院支持保险人在被保险人遭遇数次火灾，并收到匿名纵火威胁信后，依据保险单条款规定的"'无论基于何种理由'，保险人均可终止合同"，解除该案所涉的火灾保险单。(83) 更极端的

---

(77) Stuart v Freeman [1903] 1 K. B. 47 at 53–54 and 55; 对比 Pritchard v Merchants' and Tradesmen's Mutual Life Assurance Co (1858) 3 C. B. (N. S.) 622 at 643。

(78) Pritchard v Merchants' and Tradesmen's Mutual Life Assurance Co.

(79) Stokell v Heywood [1897] 1 Ch. 459. 关于"推定存在续订承诺的实践是否或应否与合同成立的一般要求相一致"的有益讨论，参见 Barron, "Acceptance by silence and insurance contracts", [2009] J. B. L. 633。

(80) Lambert v Co-operative Insurance Society [1975] 1 Lloyd's Rep. 465; 参见第八章。

(81) Sun Fire Office v Hart (1889) 14 App. Cas. 98.

(82) Sun Fire Office v Hart (1889) 14 App. Cas. 98.

(83) 格林纳达（Grenada）上诉法院此前拒绝支持该条款，认为该条款容许不需要任何理由即可解除合同，是十分荒唐的。而枢密院证明其判决具有正当性的部分理由，则是被保险人可以与其他保险人缔约。这有点不切实际。因为很少有保险人会再以同样的保险费为受到纵火威胁的被保险人提供保险保障，而且前一保险人解除保险合同的事实也必然会被作为重要事实，需要被保险人在之后投保时向保险人披露，而这对被保险人而言几乎同样是不利的。

情况或许是印度的 General Assurance Society v Chandermull Jain 案(84)。在该案中,保险保障的是被保险人的财产因遭洪水而毁损灭失的风险。当保险人的解除通知到达被保险人之时,流经被保财产附近的恒河已经开始发洪水并有逐渐泛滥之势。印度最高法院认为,保险人的该项行为是完全正当的,只要合同解除系在保险事故发生之前生效,无限制的合同解除权就不存在任何不当之处。(85) 这是一个事实问题;解除构成违法或许必须以被保财产在解除之前已发生危险为前提。

应当指出的是,在合同解除之时,被保险人通常享有依照标准条件要求按比例返还保险费的权利。但如果保险事故已经发生的话,则不存在该项权利,被保险人将无法获得任何保险费的返还。(86)

人们会认为现在的保险人极少会任意行使其解除权(87),但即便如此,也仍然极有必要对任意解除权进行限制,尤其是在实行强制保险的机动车保险领域。(88) 在此方面,需要在解除生效之前规定一个最短的通知期限,以使被保险人有时间寻求新的保险保障,且保险人解除保险合同应当具备合理理由。(89)

第二项　人寿保险单

人寿保险单中无疑不存在上述解除权条款,但至少除定期寿险外,其普遍包含一项规定被保险人能够终止保险单的条款。这种条款可能允许被保险人在一定年限后终止保险单,且被保险人随之可得到一笔退保金额。此外,其也可能规定保险单由此变为已付清保险费的保险单,因而被保险人无须再交保险费,但保险人未来将赔付的死亡保险金则会根据实际支付的保险费数额被降低至相应的水平。在人寿保险单的发展初期,退保现金价值很

---

(84) A. I. R. (1966) S. C. 1644.

(85) 据称被保险人享有一项相似的解除权,是对保险人解除权的补充和平衡。但这是荒谬的。被保险人解除合同并不会损害保险人的利益,因为保险人可以保留至少与其已承担之风险相当的保险费。而如案件事实所示,保险人解除合同则极易对被保险人的利益造成实质性损害。

(86) 参见第十章。

(87) 保险人相当任意解除合同的一个现代例子是 JH Moore v Crowe 案([1972] 2 Lloyd's Rep. 563)。案件争议与合同解除的后果有关。

(88) 对比美国的立场,参见(1969) Duke Law Journal 327。

(89) 在消费者保险合同中,根据《消费者权益法(2015)》的第二部分,解除合同的条件可能会被认定为不公平条款,参见第六章第一节。

低,而且可能远远低于已经支付的保险费的数额,因为保险人必须要考虑其运行成本。这些权利的内容必须以书面形式向被保险人提供[90],但法律并未规定任何最低限度的权利。[91]

第三项 续订与宽限期

除人寿保险单以外,如果保险合同中并无条款就合同的续订作出约定,当事人便不享有续订保险合同的权利。[92] 在普通法上,保险人并不负有任何发出续订通知的一般性义务[93],或者保险单将要终止的任何形式的警示义务。但是,实践中的通行做法却与此相反,而且 ICOBS 第五章第三节如今也要求保险人须在合同终止至少二十一天以前,发出邀请续订合同的通知或告知保险消费者其不准备续订合同。ICOBS 第五章第四节中有一项关于商业被保险人的相似义务,但其并未对该义务的履行时间作出具体限制,保险人只要"适时"履行即可。对于不续订保险合同,保险人并不需要说明任何理由。[94] 如前所述,非人寿保险单的续订,构成了一个全新的保险合同的生效。

在实践中,保险人当然一般都会同意续订保险合同,而且其还可能在原合同终止后,为续订合同的保险费支付设置宽限期。此期间的具体效果取决于争议保险单的条款表述,但由于允许宽限期本身已经是保险人的一种让

---

[90] 依据为 FCA 的《商业行为规范》(COBS)。

[91] 《澳大利亚人寿保险法(1945—1973)》的第 95—99 条和附件 6 则作出了规定。

[92] 对此的例证,参见 Kirby v Cosindit Spa 案([1969] 1 Lloyd's Rep. 75)中的保险单;比较 Jones Construction v Alliance Assurance Co Ltd 案([1961] 1 Lloyd's Rep. 121)和 Webb v Bracey 案([1964] 1 Lloyd's Rep. 465)。

[93] Simpson v Accidental Death Insurance Co (1857) 2 C. B. (N. S.) 257.

[94] 考虑到解除合同场合中的一些原因,有必要讨论保险人是否应当说明不予续订合同的理由。从理论上而言,当被保险人有权借助"无索赔记录"或"忠诚"奖励获得通常保险费基础上的保险费折扣时,就会产生一些难题,这在机动车保险中十分普遍。例如,保险人可能允诺,如果被保险人在一定年限内提出不超过一定数目的索赔请求,其就能继续获得奖励,但这实际上已经构成了数个法律上独立的合同。关于该允诺在法律上可以怎样强制执行,也同样存在问题。一种可能的解决方案是,保险人提出继续承保的要约,条件无疑是未发生不可接受或未被披露的承保风险的实质性变化;毋庸置疑,这与上文提及的关于非人寿保险合同的一般法立场相反。另一种可能的解决方案是强制执行一份从合同。这意味着,如果保险人不合理地拒绝续订保险合同,被保险人将有权获得损害赔偿,即另行订立保险的额外费用,但其并不享有与保险人重新订立一份保险合同的权利。或许可以认为,保险人在这些情形下不予续订保险合同违反了最大诚信义务(参见第八章),但这并不能赋予被保险人任何有效的救济手段。

步,所以作为一项一般规则,在保险费尚未支付之时被保险人不可能受保险保障,保险费支付前发生的损失因而也无法获得保险赔付。或许同样存在疑问的是,被保险人在损失发生后能否通过在宽限期内支付保险费,并进而声称已接受保险人的要约,来主张保险合同已经续订。[95] 然而,在允许设置宽限期的人寿保险单中却的的确确存在一项明确的例外。由于它们是继续性保险单,仅在被保险人违反支付保险费及在宽限期内支付保险费的条件时才会终止,且并非在违反后立即终止[96],因此即便已经发生了被保险人死亡的损失,保险单也依然是有效的。[97] 保险人有权拒绝接受在续订日期之后支付的保险费,这是不适用这项规则的唯一情形[98],但此种情形其实与宽限期基本没有关联。

---

[95] 对比第五章第一节第三项讨论的 Canning v. Farquhar 案([1886] 16 Q. B. D. 727)。

[96] Pritchard v Merchants' and Tradesmen's Mutual Life Assurance Society (1858) 3 C. B. (N. S.) 622.

[97] Stuart v Freeman [1903] 1 K. B. 47.

[98] Simpson v Accident Death Insurance Co (1857) 2 C. B. (N. S.) 257.

第六章　保险人拒绝赔付的一般原则

规定保险人能够合法拒绝赔付之情形的条文，在保险合同法中居于核心地位。保险人拒绝赔付，可能是因为所发生的事故不属于争议保险单的承保范围，这涉及对描述承保范围和除外责任的保险单条款的解释，本书第十三章对此有所讨论。此外，保险人也可能以争议保险单缺乏保险利益或者违反公共政策作为其拒绝赔付的正当理由，前者已在本书第三章予以讨论，后者将于第十四章作出专门探讨。

就目前而言更重要的是，保险人可以基于一系列的理由拒绝承担保险责任，例如主张保险合同无效、可撤销或已被合法终止，或者在承认合同效力的情况下，主张其保险责任已被免除或其可以拒绝承担保险责任。提出这些主张所依据的最重要的理由将在接下来的两章中详细论述，但是由于在这一问题上，一般原则的阐释要比适用更加简单，因此本章将对保险人拒绝赔付的依据在整体上进行概述，并对《消费者保险（披露与陈述）法（2012）》与《保险法（2015）》带来的法律改革进行介绍。拒赔理由中有一些系来自保险合同最初缔结或之后续订时的相关情事，主要是被保险人未披露重要事实或者对重要事实作出了不实陈述。前文已指出，这些事实会影响保险合同的对价平衡。其他拒赔理由则源自被保险人违反了保险单中的保证或条件。在此情境下，应当指出的是，关于保险合同中特定条款的分类，并不存在绝对的法律规则。保险人对其使用的条款享有完全的自由，某一保险合同中包括哪些条款，完全取决于特定的保险人如何起草其保险合同。此外，必须要说明的是，后文将谈到的保证、先决条件与纯粹条件三个术语在法律上的区别，有时令人困惑，而且其中涉及的问题属于保险法中最难解决的问题。

第一节 消费者保险合同中的不公平条款

上述拒赔理由都是基于保险合同条款①,而这些条款的适用可能会受到《消费者权益法(2015)》第二部分规定的影响②,在被保险人是"消费者"的情况下③,该部分规定会对保险合同中的不公平条款进行控制。如前所述④,这些规定适用于保险合同,但在确定它们对本节有关问题所产生的影响时,厘清该法第64条排除公平性评估之规定的含义及适用,是一个至关重要的问题。根据该条,对于明确且显著"描述合同主要标的"的条款,无须进行公平性评估,这些条款通常被称为"核心条款"。⑤ "明确"是指条款的表述必须简洁明了、清晰易懂。显著⑥是指条款必须以能够引起一般消费者⑦注意的方式引起消费者的注意。显然,如果保险合同中的某项条款仅仅规定了被保险人在损失发生后应尽的义务,便不属于核心条款,因而便能够因为不公平而被认定为无效。另外,如下文所述,真正的保险保证条款为被保险人设定了控制承保风险的义务。因此,该条款可能会被认定为描述合同主要标的的条款,那么如果其具备了以上明确和显著两项特征的话,便会被排除出法案的适用范围。⑧

---

① 这不是指由于某些一般法律原则使保险单无效或可撤销的情形,比如被保险人未披露或不实陈述,而是指由于合同中的保证或者条件的适用导致保险人免除责任的情形。
② 该法从2015年10月1日起取代了《消费者合同不公平条款规制条例(1999)》(SI 1999/2083),后者的前身是《消费者合同不公平条款规制条例(1994)》(SI 1994/3159)。这些规定是对欧共体关于消费者合同不公平条款的第93/13号指令的执行。
③ 该法第2条第3款将"消费者"定义为,为了个人贸易、商事经营、手工业或者其他专门职业以外的目的实施交易行为的个人。在保险领域中,这个定义可能会引发一些有趣的问题,比如当某人为其家庭和商务两用的机动车购买保险时,其是否属于消费者即存在疑问。
④ 参见第一章第九节。
⑤ 该法规定的除外情形与《消费者合同不公平条款规制条例(1999)》第6条第2款(a)项的规定有所不同,特别是在用语上,前者使用了"描述"(specifies)以取代后者使用的"界定"(defines),但二者在实践中可能没有区别。值得注意的是,就保险合同而言,各种用语的含义似乎都比欧共体指令所允许的范围更为狭窄。该指令在其序言中规定,"明确界定或者限制承保风险"的保险条款,不适用公平性评估。关于欧洲法院对该指令中有关保险合同内容的观点,参见Van Hove v GNP Assurances SA, Case C-96/14。
⑥ 之前的条例并没有对显著作出具体要求。
⑦ 一般消费者,是指智识能力、观察力和谨慎性处于合理水平的消费者。
⑧ 大多数由保证创设的义务无疑都还能够被写入保险人的责任除外条款当中,而简洁明了、清晰易懂的除外条款也不应当适用法案对于不公平条款的认定规则,参见第十三章第一节第一项。有关这方面的判例法非常之少,但是Bankers Insurance Co Ltd v South [2003] EWHC 380(QB);[2004] Lloyd's Rep. I. R. 1的判决似乎能对此作出确认。

该法案的真正适用范围是什么⑨，是一个最终由法院决断的事项。如果条款"有违诚实信用原则的要求，并且导致当事人于合同项下的权利义务显著失衡，损害了消费者的利益"，就会被认定为不公平条款。⑩ 条款的公平性评估必须考虑合同主要标的的性质、当事人就条款达成合意时的所有相关情况，以及合同中的所有其他条款。⑪ 附件2中包含一项不公平条款的指引性和说明性清单，但该清单并非对所有可能之不公平条款的穷尽式列举。

这对消费者保险合同显然具有影响。然而，即使这些规定适用于影响承保风险的保险保证或者条件，也并不意味着后者就会因为不公平而被废除。例如，要求被保险人对被保财产尽到合理照管义务这一普遍性条款⑫，在合同环境下可能是非常公平的。就消费者保险合同中目前仍然存在的条款而言，为被保险人设置不合理的截止日期的条件，如规定损失通知截止日期的条件⑬，以及赋予保险人对被保险人在被保损失发生后之行为的完全控制权的条款，如责任保险单中的某些格式条款⑭，显然要受到法案关于不公平条款之规定的规制。然而，即便这类条款被视为合理公平，它们也仍然需要接受司法审查。上述条件通常属于保险人承担保险赔付责任的先决条件，但保险人若要提出抗辩，必须证明其的确遭受了损害。⑮

第二节 无 效 合 同

在某些情况下保险合同可能无效，但这种情形十分罕见。⑯ 最典型的例

---

⑨ 关于此问题的详尽讨论，参见 Law Commissions' Issues Paper on Warranties (2006), Pt 4。
⑩ 法案第62条第4款。值得注意的是，法案对此标准的措辞与先前的条例稍有不同。根据先前的条例，对于个别磋商条款不得进行公平性评估，但现行法案则对此作出了肯认，尽管这与消费者保险合同可能并无关联。
⑪ 法案第62条第5款。
⑫ 参见第十三章第二节第二项。
⑬ 参见第十四章第六节。
⑭ 参见第二十章第二节。
⑮ 参见 Bankers Insurance Co Ltd v South ［2003］EWHC 380(QB); ［2004］Lloyd's Rep. I. R. 1。此案中，保险人对其因被保险人严重违反义务及迟迟未向其通知保险事故发生而遭受的损害，作出了证明。也可参见 Parker v NFU Mutual Insurance Society Ltd ［2012］EWHC 2156 (Comm)，第十四章第七节对此案进行了讨论。
⑯ 保险人有时主张保险单"无效"，比如因被保险人未披露而无效，其甚至还会将"无效"作为动词使用，例如称"保险单是可以无效的"，但这种用法严格来讲是错误的。这些情形的法律后果其实是保险单可撤销、保险人可以自动免除责任，或者保险人有权拒绝履行合同。

子是合同因违法而无效。[17] 尽管实践中发生的概率极小,但从理论上而言,保险合同也可能因为错误而无效。[18] 就目前而言[19],保险合同可能会因为以下两项原因构成违法进而被宣告无效:

(1)缔结保险合同是为了实现非法目的或者违反公共政策;

(2)对保险合同承保之财产的使用系非法。

这些情形的例子非常之少。关于原因(1),一个例子是保险合同的保险标的为敌方财产。[20] 另一个普通法上的例子是,保险合同系与未获批准的保险人订立。[21] 而原因(2)的最典型的例子则来自海上保险法,其中有一项原则是,非法航行将导致海上保险合同违法。从理论上而言,非海上保险可能也适用同样的原则。因此,如果被保财产总是被非法使用[22],保险合同就会因此无效。但很显然,偶尔或者暂时性的非法使用并不会导致此种法律后果。例如,在 Leggate v Brown 案[23]中,法院认为,虽然被保险人系在《道路交通法案》(Road Traffic Act)禁止的情形下使用拖拉机,但这依然在其机动车保险单的承保范围之内,因而并不导致保险合同违法。

第三节　可撤销或可免于履行的合同

保险法上有一些规则赋予了保险人(或某些情况下的被保险人)整体撤销保险合同的权利,或者基于其他理由实现相似法律效果的权利,如保险人自动免责或者拒绝履行合同的权利,这些规则在保险法中占据着举足轻重的地位。[24] 严格来讲,只有在合同相对方对重要事实欺诈、未披露或不实陈

---

[17] 这与保险合同的履行因为公共政策的原因而违法的情形不同;如前所述,此种情形将在第十二章中予以讨论。

[18] 关于错误,参见 Peel, Treitel on Law of Contract, Ch. 8。

[19] 合同违法也可能是因为缺乏保险利益,第三章对此已有讨论。

[20] 在战争期间,立法机关通常会明确规定在本国境内为敌方财产投保的保险合同违法。

[21] Phoenix General Insurance Co of Greece SA v Administratia Asiguraliror de Stat [1986] 2 Lloyd's Rep. 552. 现行法律对此有明确规定,参见第二章第四节。

[22] 这可能无法涵盖非法获得的财产,但这是公共政策的结果(参见第十二章),而且并不影响保险合同的效力。

[23] Leggate v Brown (1950) 66 (2) T. L. R. 281.

[24] 有关保险合同效力终止的这些及其他问题的更为详尽的探讨,参见 Ch. 4 in Birds, Termination of Contracts, eds Birds, Bradgate and Villiers, (Cambridge: CUP, 1995)。但是,我们需要用历史性的眼光来看待它,而且在阅读时也要加以谨慎,因为《保险法(2015)》出台后,书中很多内容都已经过时或不再相关。

述,或者实施了其他违背最大诚信义务的行为时,保险合同才可被撤销。下一章将详细分析这些情形。㉕ 如下一章所述,《消费者保险(披露与陈述)法(2012)》与《保险法(2015)》分别就消费者保险合同和非消费者保险合同,对上述规则进行了重大变革,但后者的变革程度相对低一些。根据前文所述,在这些情况下讨论保险合同无效,严格来说是不正确的。

还有一种不同的情况是保险人的责任被自动免除,这在过去是被保险人违反保证的法律后果。㉖ 从本质上来说,保险法中的保证是指规定被保险人承诺控制承保风险的条款。㉗ 对于保证而言,保险法系将之作为保险合同的基础条款。这与一般合同法的立场不同。一般合同法系将保证作为一种相对不重要的条款,违反保证仅能令无过错方取得损害赔偿请求权。㉘ 关于保证的讨论,详见第九章。但就目前而言,依据《保险法(2015)》,被保险人违反保证的法律后果仅仅为保险人在义务违反期间中止承担保险责任。然而,非消费者保险合同可以排除适用该项规定,并且继续约定保险人自动免责的法律后果。

第四节 拒绝履行合同或拒绝赔付特定索赔请求

除了保证,保险合同还总是包含许多所谓的"条件"。事实上,在某一保险合同中被作为保证的条款,可能在另一保险合同中又会位于条件的标题或描述之下。但尽管如此,如果某一条款被描述为保证,它通常就会被认定为

㉕ 关于《卢加诺公约》(Lugano Convention)第5、7、11条规定的最大诚信义务之性质的有趣讨论,参见 Agnew v Länsförsäkringsbolagens AB[2000] 2 W. L. R. 497。

㉖ Bank of Nova Scotia v Hellenic Mutual War Risks Association (Bermuda) Ltd, (The Good Luck)[1991] 2 W. L. R. 1279,第九章对此案有简要讨论。严格来讲,这一立场直到《保险法(2015)》生效之日,即2016年8月12日才被改变。而且,新规定也仅仅适用于在此日及之后成立、变更或者续订的保险合同。

㉗ 但并非所有这种条款都一定是保证,参见下文。

㉘ 比如《动产买卖法(1979)》(Sale of Goods Act 1979)中的规定。诚然,"保证"这一术语也可能在其他意义上被使用,比如其可以指称担保(guarantee)(制造商的保证等)。合同领域的现代判例法已经对合同条款之间关系及合同条款之描述的整体问题进行了一般性的重新考量(参见 Schuler v Wickman [1974] A. C. 235),但这一事实似乎与保险合同法无关。保险合同法领域的判例基本上还是沿着其自身的路径继续发展,参见 The Good Luck([1991] 2 W. L. R. 1279)案和 Cox v Orion Insurance Co Ltd([1982] R. T. R. 1)案(参见第九章第十一节)。在这些案件中,上诉法院在分析保险合同中先决条件的效力时并未考虑一般合同法原则。然而,最近已经有迹象表明,法院如今开始准备依据一般合同法原则审查此类条款。详细讨论参见第九章。

保证。㉙ 而且，如果违反某项合同条款的法律后果被明确描述为保险人有权整体撤销保险合同，或者保险人免除合同项下的所有责任，该条款也同样会被认定为保证。㉚

显然，保险合同可以规定其条件具有与一般合同法中的条件相同的效力，即违反条件的法律后果是，保险人可以拒绝履行整个合同。通常而言，这可以通过为保险人承担所有赔付责任设定先决条件来实现。但是，的确很明显的是，只有在违反条件与被保险人据以索赔的损失之间具有因果关系时，保险人才能拒绝履行合同。㉛ 就此而言，条件与保证存在显著区别。对于后者而言，不论有无此种因果关系，违反保证在法律上都是可诉的。㉜ 相对而言效力较弱的一类条款，是仅仅构成保险人承担特定赔付责任之先决条件的条款。㉝ 更为少见的条款是"纯粹"条件，即非被宣告为任何事项之前提的条件。若被保险人违反此种条件，保险人仅能就其因此遭受的损失主张损害赔偿。㉞ 除了那些也能够作为保证之标的的事项，即影响承保风险的事项，条件所涵盖的一般事项为被保险人应当履行的义务，且这些义务通常是被保险人提出索赔请求时应当履行的义务。如上所述，正是这类条款明显可能受到制定法对于不公平条款的控制。

还有一种与先决条件具有相似法律效果，但在概念上又有不同的条款是中止条件。中止条件通常是描述或界定风险的条件或条款。它的法律效果是，在违反条款期间，保险人不承担风险，也因此不对任何损失负责，但是当条款得到遵守时，保险人便会根据具体情况承担或再次承担风险。因此，中止条件发挥作用的方式与保险单中的除外条款相同。其与传统意义上的保证的区别在于，其不能使保险人完全免除保险责任；与先决条件的区别在于，对其的违反不能使保险人拒绝履行合同。然而，由于《保险法(2015)》规

㉙ 但并非总是如此，参见第九章第八节。
㉚ 如前所述，至少从一般法角度而言，这种做法严格来说是错误的。
㉛ 参见第九章第九节。
㉜ 参见第九章第二节。《保险法(2015)》同样持此立场。
㉝ 保险人可以在整体承认合同效力的基础上，以被保险人违反这类条件为由拒绝承担对某项索赔请求的赔付责任，参见 Mint Security Ltd v Blair([1982] 1 Lloyd's Rep. 188)案，并对比 West v Motor Accident Insurance Union([1954] 1 Lloyd's Rep. 461；[1955] 1 All E. R. 800)案。第九章第二节对此有所讨论，但是根据其相关阐述，鉴于 The Good Luck([1991] 2 W. L. R. 1279)案判决的存在，这一判决意见可能无法得到支持。
㉞ 虽然如果保险人的损失数额与被保险人请求的保险金数额相等，其结果将与条款为先决条件情形下的结果相同。一般性内容，参见第十四章第五节。

定违反保证的后果仅仅是保险人中止承担保险责任,保证与中止条件之间的区别因而也就变得微乎其微了。

第五节 合同撤销权或拒绝承担责任之权利的丧失

最后要讨论的是,在一些情况下,保险人可能丧失其基于被保险人未披露、不实陈述,或者违反保证或条件而产生的权利。弃权(或确认)或禁反言规则的适用可以导致这一结果。此种情形的本质在于,保险人通过其言语或行为,使被保险人相信保险人将不会再行使其法定权利。据此,法律就排除了保险人对其权利的行使。弃权和禁反言在概念上可能是不同的,有关其规则适用的原则事实上也有区别,后文将对此进行更加详尽的讨论。㉟ 关于弃权和禁反言的其他方面的阐释说明将在之后的章节中呈现。此外,第八章将讨论保险人的诚信义务能否排除其对被保险人未披露或不实陈述的信赖。

不可争辩保险单

保险人有时规定其保险单生效达到一定时间后即不可争辩。在实践中,这只适用于人寿保险单。不可争辩条款的效力是,保险人自条款规定的特定期间经过之后,即不得主张撤销保险单或者拒绝承担保险责任等权利。㊱ 因此,它适用于被保险人未披露、不实陈述及某些违反保证的情形,但不适用于保险单中的条件、承保范围或风险界定条款。㊲ 进一步而言,它也不能被用于补正保险利益的欠缺,因为缺少保险利益的后果是保险合同因违法而无效。㊳ 此外,不可争辩条款也无法阻止保险人主张保险合同系因欺诈而订立。

㉟ 参见第十二章。

㊱ Anstey v British Natural Premium Life Assurance Ltd (1909) 99 L. T. 765.

㊲ 例如,参见卡多佐(Cardozo)法官在 Metropolitan Life Insurance Co v Conway 案[252 N. Y. 499, 169 N. E. 642 (1930)]中的判决意见。在美国的某些州,不可争辩条款具有强制性。《澳大利亚人寿保险法(1954)》(Australian Life Insurance Act 1954)第 84 条也同样规定了不可争辩条款的强制性。英国法律委员会曾经考虑英国是否应当采取类似的立场,但其最终提出了否定性建议。参见 Consumer Insurance Law: Pre-Contract Disclosure and Misrepresentation, Law Com No. 319, Scot Law Com No. 219, para. 10.20 and following。

㊳ Anctil v Manufacturers' Life Insurance Co [1899] A. C. 604.

第七章 最大诚信——被保险人的义务

上一章简单提到,如果被保险人在保险合同成立前有欺诈、未披露、不实陈述等行为,保险人通常依法享有撤销整个保险合同的权利。这可以被称为被保险人的先合同义务。此外,尽管根据前文,法律并未规定被保险人在合同存续期间负有一般性的披露义务,但对于被保险人在合同存续期间违反诚信义务的行为,保险人同样可以获得救济。[①] 虽然制定法如今已经对不实陈述作出了明确具体的规定,但欺诈和不实陈述的问题在各种合同中仍然非常普遍。未披露和违反持续性的最大诚信义务是最大诚信合同的典型特征,保险合同则是最为典型的最大诚信合同。最大诚信原则并非只约束投保人或被保险人。至少在理论上,保险人也须承担类似的义务。保险人的最大诚信义务及最大诚信原则可以在何种程度上被用于限制保险人传统的合同撤销权,将在第八章予以单独讨论。

传统法是英国法律委员会在其保险合同法课题中研究的核心议题之一,而且该议题的第一项研究成果[②]即促成了《消费者保险(披露与陈述)法(2012)》[③]对于消费者保险合同中的最大诚信要求的重大改革。针对给被保险人设定的义务范围和对违反这些义务的救济,这一法案在很大程度上系由金融服务调查专员的实践发展而来,而且部分反映在金融行为监管局(FCA)的《保险商业行为规范》中,主要涉及被保险人应负义务的范围及违反义务的救济手段两方面的内容。《保险法(2015)》[④]则作出了更进一步的

---

① 这可能系由合同条款明确约定,参见第七章第十三节。
② Consumer Insurance Law: Pre-contract Disclosure and Misrepresentation, Law Com No. 310. Scot Law Com No. 219, Cm 7758.
③ 也可称之为《2012 年法案》。
④ 也可称之为《2015 年法案》。鉴于这两部改革性的法案已经颁行,因而无须再对之前的改革提议加以叙述。但本书第九版的第七章第十八节对改革提议有简要阐述。

改革⑤，该改革同时适用于消费者保险和非消费者保险。对此，《保险法(2015)》第14条第2款⑥规定，"任何意指保险合同系基于最大诚信原则的法律规则，都要依循两部法案的规定进行相应的修改"⑦。

尽管如此，也仍有必要对改革之前的法律，即本章所称的"传统法"进行介绍，其中至少有以下五点理由。第一，有理由相信，在不了解新法旨在规制的不当行为，就无法准确地理解新法。第二，尽管传统法与作为损失补偿合同的消费者合同关联甚疏，但考虑到《消费者保险（披露与陈述）法(2012)》的生效日期，传统法仍然适用于在该生效日期（即2013年4月6日）之前订立的人寿保险合同。第三，由于《保险法(2015)》仅适用于2016年8月12日当日及之后订立、续订或变更的保险合同，因此有理由相信，此前生效的保险合同引发的争议在今后一段时间内必将持续出现。第四，非消费者合同可以排除《保险法(2015)》的适用，故而其合同条款能够使传统法"起死回生"。第五，《保险法(2015)》就非消费者合同部分并没有作出根本性改变，因而大部分传统法对于这类合同仍有意义。

基于上述原因，本章在检视现行法律之前，首先介绍传统法中关于不实陈述和未披露的规定⑧，并在第四节及其之后的章节里对被认为仍有意义的传统法内容加以介绍。

第一节　欺诈——传统法

对于这个主题可以简要叙述，因为其他著作对之有更为详细的讨论。⑨ 如果投保人故意作出虚假陈述、对陈述的真实性并不确信，或者不在乎陈述真实与否，即构成欺诈性不实陈述。⑩ 如果投保人知道保险人想要获

---

⑤　改革提议参见 Insurance Contract Law: Business Disclosure; Warranties; Insurers' Remedies for Fraudulent Claims; and Late Payment, Law Com No. 353, Scot Law Com No. 238, Cm 8898。

⑥　第14条第1款废除了可撤销这一违反最大诚信义务的自动救济手段，后文将对之予以深入介绍。

⑦　《消费者保险（披露与陈述）法(2012)》第2条第5款也有类似规定，但该款之后被《保险法(2015)》第14条第4款所废止，因为其已经被《保险法(2015)》第14条第2款所取代，后者同时适用于消费者保险合同和非消费者保险合同。

⑧　但内容相比本书之前的版本要较为简略。

⑨　See, e.g. MacGillivray on Insurance Law, 13th edn (London: Sweet & Maxwell, 2015), Ch. 16.

⑩　Derry v Peek (1889) 14 App. Cas. 337.

知某一重要事实,却有意向保险人隐瞒该事实,即构成欺诈性未披露。对于因被保险人欺诈而订立的保险合同,保险人除享有撤销权外,还有权基于欺诈侵权主张损害赔偿,并保留被保险人已经支付的保险费。⑪ 基于公共政策的原因,保护被保险人免遭被代理人欺诈之不利后果的条款是无效的。⑫

第二节 不实陈述——传统法

如果保险人系受投保人对重要事实之不实陈述的诱导而订立保险合同,那么不论投保人有无过失,保险人均有权撤销保险合同。⑬ 诱导的举证责任在保险人一方,其"对保险人和再保险人而言总是难以证明的"⑭,而且此种撤销权与合同法中规定的一般撤销权几无二致。⑮ 严格来说,不实陈述在保险法领域一直以来并没有特殊的重要性。这部分是因为,极度广泛的重要事实披露义务意味着未披露常常会将不实陈述囊括其中。尝试对保险人提出这两种抗辩的情形进行区分经常是失败的,而且在条件允许的情况下,同时主张两种抗辩似乎已成为保险人的常规做法。虽然这种做法从概念的角度而言可能并不恰当⑯,但其在实践中已经得以广泛和稳固确立,其合理性基础在于正确回答投保单问题是被保险人诚信义务的一部分。⑰ 另

---

⑪ See Chapman and others, assignees of Kennet v Fraser B R Trin. 33 Geo. 111.

⑫ HIH Casualty & General Ins Ltd v Chase Manhattan Bank [2003] UKHL 6; [2003] Lloyd's Rep. I. R. 230. 对于"当不诚实的陈述系由被保险人订立保险的代理人作出时,条款能否为被保险人提供保护"这一问题,英国上议院持开放态度。

⑬ 参见《海上保险法(1906)》第 20 条[就消费者保险合同而言,其被《消费者保险(披露与陈述)法(2012)》废止和取代,就非消费者保险合同而言,其被自 2016 年 8 月 12 日起生效的《保险法(2015)》的规定所取代]。值得注意的是,《保险营业行为规范》对于无过失的不实陈述,是要求保险人履行赔付责任的;参见第七章第三节。

⑭ 参见朗莫尔(Longmore)法官在 Sirius International Insurance Corp v Oriental Insurance Corp 案中的意见,[1999] Lloyd's Rep. I. R. 343 at 354。

⑮ See, e.g. Peel, Treitel, Law of Contract, Ch. 9. 在英国上议院对 Pan Atlantic Insurance Co v Pine Top Insurance Co 案([1994] 3 All E. R. 581)作出判决之前,"诱导"是否属于保险合同法中不实陈述的构成要素一直都不明确,这主要是因为第 20 条并未提及"诱导"。

⑯ See Hasson (1975) 38 M. L. R 89.

⑰ Everett v Desborough (1829) 5 Bing. 503. 不实陈述相对不重要的一个更深层次的原因是,投保单上的陈述通常会经"合同基础条款"这一工具被置入合同,第九章第二节第一项将简要介绍"合同基础条款"。《消费者保险(披露与陈述)法(2012)》和《保险法(2015)》分别针对消费者保险和非消费者保险废除了"合同基础条款"。

外,无过错的不实陈述和无过错的未披露之间存在显著区别。前者是指投保人不知道真实事实,后者是指投保人知道真实事实但不知道其应当披露这一事实。然而,这种区别似乎是无关紧要的。⑱

不实陈述场合涉及的大多数法律问题,包括不实陈述的事实是否应当具有重要性、如何判断重要性、如何认定诱导、如何排除对不实陈述之救济的可能性,这些问题同样适用于未披露的场合。因此本章将在后文一并予以讨论。原合同成立之前所作的事实陈述,并非被默认为需要在合同续订时重新作出。⑲ 然而,在 Synergy Health (UK) Ltd v CGU Insurance Plc 案⑳中,被保险人于合同续订四个月前作出的其将在约定时间内安装防盗报警器的不实陈述,则被默认为系在保险合同续订时作出了不实陈述。

《不实陈述法(1967)》(Misrepresentation Act 1967)第 2 条第 2 款授予了法院对损害赔偿的裁量权以替代合同撤销,这一规定在理论上可以起到限制保险人在消费者保险中基于不实陈述而撤销合同的作用㉑,但由于《消费者保险(披露与陈述)法(2012)》的规定,其如今似乎已成具文。

观点陈述

投保人所作的陈述可能并非对事实的陈述而只是对观点的陈述。在个人消费者㉒订立的保险中,这种情形从过去到现在几乎一直存在,而且,其如今在商事保险的投保单中也相当普遍。观点陈述一直以来都被描述为是在陈述相对人看来或应当看来,陈述人没有充足的信息确保其真实性的陈

---

⑱ Pan Atlantic Insurance Co v Pine Top Insurance Co [1994] 3 All E. R. 581,下文将作进一步讨论。参见 Birds and Hird, (1996) 59 M. L. R. 285。然而有迹象表明,当被保险人作出的只是无过错的不实陈述时,法院并不允许保险人提出未披露的抗辩。See Economides v Commercial Union Assurance Co Plc [1999] 3 All E. R. 636。

⑲ Limit No. 2 Ltd v Axa Versicherung AG [2008] EWCA Civ 1231; [2009] Lloyd's Rep. I. R. 396.

⑳ Synergy Health (UK) Ltd v CGU Insurance Plc [2010] EWHC 2583 (Comm); [2011] Lloyd's Rep. I. R. 500.

㉑ Highlands Insurance Co v Continental Insurance Co 案([1987] 1 Lloyd's Rep. 109)的承审法院认为,该规定不适用于商事保险。这一观点得到了里克斯(Rix)法官在 HIH Casualty & General Insurance Co Ltd v Chase Manhattan Bank 案([2001] Lloyd's Rep. 703 at [116])中的支持。

㉒ 《普通保险实践说明》(Statement of General Insurance Practice)规定,投保单底部的声明应当明确,该投保单仅需投保人就其知悉和相信的内容进行填写。尽管该说明已不再适用,但这种做法依然是保险行业的惯例。

述。㉓ 即便陈述人是一名专家，如果对其陈述能进行其他合理解释的话，那么其陈述也仍然可能属于观点陈述。陈述人的观点必须基于其真正的确信，但保险法中的确信标准不同于一般合同法㉔，保险法上只要求确信是诚实的，且并不要求陈述人的确信系基于合理根据。这正是上诉法院在 Economides v Commercial Union Assurance Co Plc㉕案中所作的判决。该案中，被保险人依据其父亲的建议，诚实地低估了其公寓中的财产价值。被保险人父母搬来公寓与其同住时带来了价值约 30000 英镑的贵重物品，但似乎没有人意识到这一点。被保险人对公寓内财产所投保的金额仅为损失发生时的 16000 英镑，嗣后其因约 30000 英镑的财物被盗而遭受损失。法院对《海上保险法》第 20 条第 5 款进行了字面解释，即"如果关于期待或相信的陈述是基于诚实作出的，那么它就是真实的"，并据此驳回了保险人依据一般合同法和保险法上的判例㉖所提出的主张。保险人的主张为，第 20 条第 5 款还暗含了"被保险人对陈述的相信须基于合理依据"这一要求。尽管这一判决受到批评㉗，但它显然已成为既定法㉘，而且《保险法（2015）》第 3 条第 3 款第 c 项无疑也会被作出与此相同的解释。㉙

第三节　最大诚信和未披露——传统法

如上所述，保险合同是一类最典型的最大诚信合同。㉚《海上保险法（1906）》第 17 条表明该法适用于所有保险合同，在该法的最原始版本中，第

　㉓　Hubbard v Glover (1812) 3 Camp 313 at 314-315, per Lord Ellenborough.

　㉔　See Bennett, "Statements of fact and statements of opinion in insurance contract law and general contract law" (1998) 61 M. L. R. 886.

　㉕　Economides v Commercial Union Assurance Co Plc [1997] 3 All E. R. 636.

　㉖　Smith v Land & House Property Corp (1884) 28 Ch. D. 7 at 15 per Bowen LJ; Brown v Raphael [1958] 2 All E. R. 79 at 83 per Lord Evershed MR; Credit Lyonnais Bank Nederland v Export Credit Guarantee Dept [1996] 1 Lloyd's Rep. 200 at 216 per Longmore J; Ionides v Pacific Fire and Marine Insurance Co (1871) L. R. 6 Q. B. 674 at 683-684 per Blackburn J; Highlands Insurance Co v Continental Insurance Co [1987] 1 Lloyd's Rep. 109 at 112-113 per Steyn J.

　㉗　See Bennett, above and Hird [1998] J. B. L. 279.

　㉘　参见朗莫尔法官在 Limit No. 2 Ltd v Axa Versicherung AG 案（[2008] EWCA Civ 1231;[2009] Lloyd's Rep. I. R. 396 at [4]）中的附带意见。

　㉙　参见第七章第五节第一项。

　㉚　其他的最大诚信合同有家庭财产分配协议和公众公司持股协议，后者当中的披露义务在很大程度上是由制定法所规定。

17 条对保险合同的最大诚信说明如下：

"*海上保险合同是基于最大诚信的合同，合同任何一方违反最大诚信，另一方都可以撤销合同。*"

值得注意的是，《保险法(2015)》生效后㉛，上述斜体字部分的规定即被废止。作为对最大诚信原则的贯彻，法律进一步要求在合同订立之前，潜在的合同各方当事人须主动向对方告知重要信息。一个非常重要的问题是，诚信义务在合同存续期间是否适用及适用程度如何，这随后将在本章及其他章的不同部分予以讨论。㉜ 如上所述，关于先合同披露义务的最大诚信原则既适用于保险人，也适用于被保险人，但目前我们探讨的是最大诚信原则施加于投保人和被保险人的义务，其对保险人的影响将在第八章讨论。

在《消费者保险(披露与陈述)法(2012)》和《保险法(2015)》对投保人或被保险人的先合同披露义务规则作出修改之前，关于该义务基本法律效果的表述非常简单，《海上保险法(1906)》第 18 条对之作出了规定。㉝ 投保人有义务在合同成立之前㉞且仅限于在合同成立之前，向保险人披露所有其本人知悉但保险人不知或被视为不知的重要事实(或第 18 条所规定的"情况")。只要投保人未予披露，无论其是否存在过失，保险人都享有自始撤销合同的权利，但在一些消费者保险案例中，《保险营业行为规范》会要求保险人赔付保险金。㉟ 合同被撤销后，即视为自始不存在。㊱ 保险人应当证明存在诱导㊲，并在知悉未

㉛ 即 2016 年 8 月 12 日以后。

㉜ 参见第七章第十二节关于被保险人一般义务的讨论，第八章关于保险人的诚信义务的讨论，以及第十四章第十二节关于索赔欺诈的讨论。披露义务并不依赖于保险合同中的默示条款，参见第八章第一节。

㉝ 第 18 条规定："根据本条，被保险人必须在合同成立之前向保险人披露其知道的所有重要情况。被保险人在通常商业交往过程中应当知道的事实，视为其所知道的事实。如果被保险人未如此进行披露，保险人可以撤销合同。"《消费者保险(披露与陈述)法(2012)》针对消费者保险合同废除了该规定，《保险法(2015)》针对非消费者保险合同在废除该规定的同时又作出了新的替代规定。

㉞ 合同的确切成立时间(见第四章)可能因此最为重要。

㉟ 依据《消费者保险(披露与陈述)法(2012)》，这如今已普遍适用于消费者保险。

㊱ 这并不是个简单的问题。例如，Mackender v Feldia AG([1967] 2 Q. B. 590)案的判决意见似乎就与此相反。而且，有一种论点认为，撤销的法律后果是使合同当事人基本恢复到其未订立合同时应处的地位，参见 Brit Syndicates v Italaudit SpA [2006] Lloyd's Rep. I. R. 483，以及 MacGillivray on Insurance Law 一书中的讨论，13th edn, para. 17-030。

㊲ 参见 Pan Atlantic Insurance Co v Pine Top Insurance Co [1994] 3 All E. R. 581，第七章第九节第一项将对此案进行讨论，该案认为，第 18 条第 1 款中已经暗含了关于诱导的规定。

披露事实后的合理期间内撤销合同,撤销自保险人的撤销通知到达被保险人时生效㊳,但保险人可能会因为确认而丧失撤销权。投保人或被保险人的披露义务存在于所有缔结新合同的场合,并且最重要的是,其也存在于人寿保险合同之外的其他保险合同的续订场合,这一点在前面的章节已有讨论。㊴由这一描述产生的许多重要问题将在接下来的专题里进行研究。第四节及以下将讨论消费者被保险人依据《消费者保险(披露与陈述)法(2012)》所负有的一种极为不同的披露义务,第五节及以下将讨论《保险法(2015)》对非消费者被保险人披露义务作出的新规定。

第一项 披露规则的理论基础

Carter v Boehm 案㊵是确立保险合同中的披露义务的指导性案例,曼斯菲尔德法官在该案中指出㊶:

"保险合同是建立在投机基础上的合同。据以计算事故发生率的特殊事实普遍仅为被保险人所知:保险人相信被保险人的陈述,并进一步相信被保险人未隐瞒其所知道的所有情况来误导保险人相信该情况不存在,从而诱导保险人在认为该情况不存在的基础上估定风险。"

从曼斯菲尔德法官的表述中无疑可以看出,保险合同是一种特殊的合同,但现阶段对于其就未披露规则所作的阐述可以作出两点评论。第一,他无疑想要确立一项为后来案例所遵循的广泛性规则㊷,但鉴于制定法的改革,这如今是一个学术性问题。能够确定的是,美国法院从相同的来源中发展出了一项范围更为狭窄的披露义务。㊸同样值得注意的是,曼斯菲尔德法官认为他所指的诚信原则适用于所有合同。㊹但他也几乎不会引用其内容

㊳ Brotherton v Aseguradora Colseguros SA [2003] EWCA Civ 705; [2003] Lloyd's Rep. I. R. 758.

㊴ 参见第五章第七节。

㊵ Carter v Boehm (1766) 3 Burr. 1905. 相当奇怪的是 Banque Financière de la Cite v Westgate Insurance Co Ltd 案([1990] 1 Q. B. 665)的判决,其之后又得到了进一步确认([1991] 2 A. C. 249)。该判决认为,披露义务起源于衡平法。此后,Pan Atlantic Insurance Co v Pine Top Insurance Co 案([1994] 3 All E. R. 581)的判决又重申了这一观点。更深入的探讨,参见第八章第一节及班尼特(Bennnett)法官在某案件([1999] L. M. C. L. Q. 165)中的精湛分析。

㊶ Carter v Boehm (1766) 3 Burr. 1905 at 1909.

㊷ See Hasson, "The doctrine of uberrima fides in insurance law: a critical evaluation", (1969) 32 M. L. R. 615.

㊸ Vance on Insurance (3rd edn) at 370 and following; Sebring v Fidelity Phoenix Insurance Co 225 N. Y. 382 (1931).

㊹ See (1766) 3 Burr. 1905 at 1910.

已变得十分宽泛的披露义务。第二，Carter v Boehm 案中的合同系成立于一个通信不发达的时期，除了通过询问投保人，保险人并没有办法轻易获取其需要的所有信息，这是需要铭记的一点。由此可以得出，以撤销合同为严厉规制手段的全面性披露义务在当今社会并不具有明显的正当性，而且对于与个人订立的保险合同，保险人自己事实上有时也承认了这一点。[45] 这一点如今也已经得到《消费者保险（披露与陈述）法（2012）》的认可。

一些处理商事保险争议的现代判例也表明，法院在某程度上采用的一直是一种更为严格的未披露判定标准。正如法律委员会所指出的那样[46]："法院如今普遍以对风险作出合理陈述来描述保单持有人的披露义务。"法律委员会认为，合理陈述是"一个比'每一重要情况'更为限缩的概念"[47]，同时，其引用了克拉克（Clarke）法官在 Garnat Trading & Shipping (Singapore) Pte Ltd v Baominh Insurance Corporation 案[48]中所发表的下述附带意见：

"对每一重要情况进行完全披露是没有必要的。如果被保险人以'若保险人需要进一步的信息，则可以再行提问'的方式，向保险人披露了足以引起保险人对相关事实和事项之注意的充足信息，那么他就履行了披露义务。对于重要事实之总结的合理和准确陈述，如果能够使一位谨慎的保险人单纯基于陈述，或者通过进一步的询问形成合理判断，即具有充分性。后一种情形发生于保险人想要就是否同意承保及以何种条款承保获知更多细节信息之时。"

虽然人们认同这一做法比之前的一些判决表现得更为公平，而且它实质上已经被《2015 年法案》所采纳，但这种做法看起来的确与适用本章第六节第二项讨论的弃权规则没有太大差别。

第二项 事实陈述

前面所讨论的披露义务和不得不实陈述的义务，要求投保人所作的陈述必须是事实陈述而非观点陈述。对于观点的不实陈述仅在非基于诚信作出

---

[45] 英国上议院在 Pan Atlantic Insurance Co v Pine Top Insurance Co 案（[1994] 3 All E. R. 581）中重申重要性标准时也接受了这一点（参见第七章第八节）。

[46] Insurance Contract Law: the Business Insured's Duty of Disclosure and the Law of Warranties, LCCP 204, SLSDP 155, June 2012 at 5.12.

[47] 参见前注[46]第 5.13 部分。

[48] Garnat Trading & Shipping (Singapore) Pte Ltd v Baominh Insurance Corp [2012] EWHC 2578 (Comm); [2011] 1 Lloyd's Rep. 589.

时方为可诉。㊾然而,事实问题和观点问题并不容易区分。投保人寿保险的情形对此体现得尤为明显。在此种情形下,投保人由于并非专家,可能并不是很了解有关其健康状况的重要事实,或者他们可能也的确知道某些事实,但却没有意识到事实的重要性。在 Joel v Law Union & Crown Insurance Co 案㊿中,投保人作出的关于其自身健康状况的陈述被视为观点陈述。这是符合常识的,由于投保人并不是医学专家,也没有被专家具体告知与其健康有关的事实,因而无法期待其作出观点以外的事实陈述。然而,在后来的一个涉及类似争议的判例[51]中,投保人未披露其拜访过专家的事实,则被认为构成未披露重要事实,尽管投保人并不知道自己得了什么严重的病。因此,尽管一项单纯关于健康的陈述是观点陈述,但至少在投保人不知道任何相关事实的情况下,如果人寿保险投保人以非常规的方式咨询过医生,咨询的事实几乎就确定会成为一项需要披露的重要事实。

第三项 诚信和最大诚信

长期以来都很清楚的一点是,披露义务与投保人是否知道其负有该项义务完全无关。像所有判例所呈现的那样,无过错未披露、过错未披露及欺诈性隐瞒都是可诉的。与之类似,即便被保险人是依照诚实信用行事,其关于未披露事实之重要性的看法也同样无关紧要。如前所述,某人即便系依据通常字面意义上的最大诚信行事,也仍然可能被认为未依据法律意义上的最大诚信行事[52],这是一项普遍的规则。这些要点不仅适用于传统法,也同样适用于影响非消费者保险的现代法。

第四节 消费者保险合同——现代法

正如前面所提到的,2013 年 4 月 6 日生效的《消费者保险(披露与陈

㊾ Anderson v Pacific Fire & Marine Insurance Co (1872) L. R. 7 C. P. 65,同时参见前文对 Economides v Commercial Union Assurance Co Plc 案([1997] 3 All E. R. 636)的讨论。

㊿ Joel v Law Union & Crown Insurance Co [1908] 2 K. B. 863. See also Life Association of Scotland v Forster [1873] 1 Macph. 351.

[51] Godfrey v Britannic Assurance Co Ltd [1963] 2 Lloyd's Rep. 515.

[52] 例如,参见麦克奈尔(McNair)法官在 Roselodge Ltd v Castle 案([1966] 2 Lloyd's Rep. 113 at 129)中的意见。

述)法(2012)》对有关消费者保险合同的法律规定进行了重大修改。㊳ 该法仅适用于在其生效日期之后订立或续订的合同,因而不适用于 2013 年 4 月 6 日之前订立的普通补偿性保险合同,但这类合同已经越来越不可能引发争议。或许更重要的是,它绝对不适用于在此日期之前订立的大多数人寿保险合同。㊴

这一法案是长期咨询的产物,并且其实际上采用了英国金融行为监管局(以前的金融服务管理局)和金融申诉专员服务局所采用的做法,这些做法主要体现为 ICOBS 的规则和申诉专员在有关争议中采用的处理办法。㊵ 因此,"消费者"是指"全部或主要以无关于个人贸易、商业经营或专门职业之目的"缔约的个人。㊶ 毫无疑问会有一些处于边缘地带的情形,如某人投保的机动车保险对其车辆的商业使用和私人使用同时予以保障,或者某人投保的家庭保险为其在家经营的生意提供保障。

第一项　合理注意义务

《消费者保险(披露与陈述)法(2012)》第 2 条内含法案的第一个关键点。对于消费者保险合同,该条废除了纯粹的披露义务和《海上保险法(1906)》第 18 条至第 20 条的适用。㊷ 在此背景下,"重要情况"或"重要事实"的概念不再存在。《消费者保险(披露与陈述)法(2012)》取代旧法,为消费者设定了一项不得向保险人不实陈述的合理注意义务,其中的不实陈述也包括未遵守保险人关于确认或修改先前提供之信息的要求。所以从本质上

㊳　See the Consumer Insurance (Disclosure and Representations) Act 2012 (Commencement Order) 2013 (SI 2013/450).

㊴　如前所述(第五章第七节),普通寿险合同具有整体性,存续至被保险人死亡或比此更早的保险事故发生之时,如被保险人到达特定年龄。

㊵　因此,本书的这一版不再对 ICOBS 中的详细规定和调查专员的处理办法详作阐述,尽管严格来说它们在很多年内仍会继续规制某些合同,尤其是寿险合同。有关于此及非成文法性质的《ABI 长期保险业务规范》(ABI Code of Practice for Long-term Insurance)的更多细节,参见本书第八版的第七章第十七节第一项至第三项。值得注意的是,正如第九章第五节所述,该法案除了对未披露和不实陈述进行重新规定,还废除了合同基础条款。See generally Consumer Insurance Law: Disclosure, Representations and Basis of the Contract Clauses, ed. Tyldesley, Bloomsbury, 2013 and for commentary on the Act, Lowry and Rawlings, (2012) 75 M. L. R. 1099.

㊶　参见法案第 1 条。值得注意的是,保险人是否系依据《金融服务与市场法(2000)》(FSMA 2000)项下的批准行事,对于法案的目的是无关紧要的。

㊷　这也同样适用于消费者购买的海上保险合同,参见法案第 11 条。如后文所示,《保险法(2015)》在废止这些条文的同时保留了其实质内容。

而言,在初始投保保险的场合,只有投保单上[58]或者对以电话和电子方式提出的问题所作之回答中的不实陈述,才是可诉的。前述"未遵守"特指保险合同续订的情形,例如保险人选择向被保险人重新发送一份投保单,并且询问投保单所载信息是否有变。这是否会导致某些情形下普遍沿用的投保单变得更为冗长,还有待观察。

根据第3条,"合理注意"系借助考虑到所有相关情形的理性消费者这一标准来认定,即客观判断标准,而不考虑实际消费者投保人、实际保险人或理性保险人的主观看法。该条对"相关情形"举例进行了说明,分别是:(a)系争保险单的类型及其目标市场;(b)保险人制作或同意的任何相关解释材料或公开信息;(c)保险人询问的清晰与具体程度;(d)合同续订或变更时,保险人对于回答询问的重要性或未回答的可能后果所作说明的清晰程度;以及(e)代理人是否在为消费者实施行为。另外,还必须考虑保险人知道或应当知道的实际消费者的任何特殊的性质或情况。不诚实的不实陈述将无一例外被视为未尽到合理注意义务。

第3条显然是《消费者保险(披露与陈述)法(2012)》里最有趣的内容。同法案多数部分一样,它系被有意地"基于原则"而制定,当时负责的法律专员对之作出了如下解释[59]:

"起草这一议案旨在提供高层次的重要原则。它提供了一个处理问题的框架,但并不试图确立指引性规则。例如,我们不涉及有关核保过程及任何细节性实践的问题。我们很清楚,距上一部法案通过已有一百零五年,我们希望这部议案在通过之后即便不施行如此之久,也能在将来一段合理时间内存续。我们认为,尝试规定所有可能发生之事,尤其是那些可能与科学和信息技术相关之事项的详细指引性规则,会很快过时,并且法案也会变得僵化,所以我们试图仅规定原则而不规定具体规则。基于这一合理推断,具体规则(如围绕不适当询问的具体规则)应当从保险业的指引性规则及针对性立法中获取,后者如《平等法案》或英国金融行为监管局制定的相关规范。"

---

[58] 包括纸质投保单和电子投保单。

[59] 戴维·赫策尔(David Hertzell)向英国上议院特别公共议案委员会(House of Lords Special Public Bill Committee)提交的口头证据中讨论了后来成为《消费者保险(披露与陈述)法(2012)》之规定的内容,前注[55]中泰尔德斯利(Tyldesley)主编的书在其第329页对此有所引用。

第二项　针对违约的救济措施

救济措施规定在《消费者保险(披露与陈述)法(2012)》的第4、5条及附件1中。应当立即注意到的是,仅当不实陈述属于"适格的不实陈述"时,才存在对于违反合理注意义务的救济。"适格的不实陈述"不包含无过错的或合理的不实陈述,因此尽管这样的不实陈述也被认为是对义务的违反,但保险人并不享有违约救济权利。这是又一值得关注的与之前法律规定的不同之处。

要构成"适格的不实陈述",保险人必须是被诱导订立合同、变更合同,或者以不同的条款订立、变更合同的,并且不实陈述必须要么是出于故意(deliberate)或重大过失(reckless),要么是出于疏忽(careless)。故意或重大过失的不实陈述,是指消费者知道不实陈述不真实或具有误导性,且陈述内容与保险人承保具有关联,或者不关心陈述内容是否真实或具有误导性,以及陈述内容是否与保险人承保具有关联。在这种情形下,保险人可以撤销合同,拒绝承担所有赔付责任,并且在不构成对消费者不公平的情况下保留保险费。[60]

就出于疏忽的不实陈述而言,保险人若知道真正事实便根本不会订立保险合同,便可以撤销保险合同并拒绝承担所有赔付责任。如果保险人知道真正事实后会以不同的条款(关于保险费数额的条款除外)订立合同,则合同视为依照那些条款订立。因此,打比方而言,如果保险人本会订立一项特殊保险条款,并在其中规定,就安全预防措施而言,若被保险人没有作出预防措施运行良好这一不实陈述,其便不会同意承保,那么保险人就可以拒绝赔付被保险人的索赔请求。如果保险人本会收取更高的保险费,则需要按照被保险人实际支付的保险费与应支付的更高保险费的比例,向被保险人赔付相应的保险金。在这两种情形下,如果是针对人寿保险合同,保险人则可能终止保险合同。终止不同于撤销,其仅面向将来发生效力,因此保险人仍有可能对之前的索赔请求承担赔付责任。

第三项　团体保险

法案第7条是关于团体保险的相当复杂的规定,其目的在于确保当团体

---

[60] 并无规则明确规定何种情形属于对消费者不公平。

保险是为了一个或多个消费者的利益而订立,且消费者(直接或间接)向保险人提供信息时,法案的规定也能得以适用,而且一个消费者违约不影响合同对于其他消费者受益人的效力。在这种情形下,保险人可能会享有针对保单持有人的救济措施。

第四项　人寿保险

第 8 条是第二个特殊条文,其规定的是以他人生命为保险标的的保险。它假定生命受保险保障之人并非保险合同的当事人。这时,生命受保险保障之人提供的信息被视为合同当事人提供的信息,而且与确定是否违反义务及违反义务之类型有关的,是生命受保险保障之人对告知事项的知悉情况。

第五项　代理

许多消费者保险合同都是通过中介人订立的,传统的代理人、经纪人或网络代理人都可以是中介人。如第十二章中所阐释的那样,我们并非总能轻易弄清一个代理人在法律上究竟是被保险人的代理人还是保险人的代理人,近年来这已造成了严重问题。《消费者保险(披露与陈述)法(2012)》对此并没有提供有约束力的规则,其只是在第 9 条和附件 1 中规定了仅服务于法案目的的规则。[61] 这些规则的重要性在于,能够根据第十二章第四节中描述的原则,确定代理人的知悉是否可归属于保险人。

代理人在以下三种情形下可被视为保险人的代理人:(a)由保险人任命代表保险人在授权范围内实施行为,(b)经保险人明确授权向消费者收集信息,以及(c)经保险人明确授权代理保险人订立保险合同。

在以上情形之外,则推定代理人为被保险人的代理人,除非考虑到所有相关情事应当作出相反推论。《消费者保险(披露与陈述)法(2012)》还列举了一些可能与认定这一点相关的因素。申言之,在下列情形中,代理人通常是消费者的代理人:(a)代理人承诺向消费者提供公正的建议;(b)代理人承诺进行公平的市场分析;(c)消费者向代理人支付了费用。而在下列情形下,则通常应作出相反推论:(a)代理人只与相当小的一部分提供相关险种的保险人订立保险;(b)保险人仅通过有限数量的代理人提供相关保险;(c)保险人允许代理人以保险人的名义提供代理服务;(d)系争保险系以代

---

[61] 这是我们为什么在这里而非在之后的章节探讨这一问题的原因。

理人的名义销售;(e)保险人要求代理人征询消费者的习惯。

第六项 评论

对于旧法在消费者保险方面的规定所具有的问题,《消费者保险(披露与陈述)法(2012)》提供了一种基本清晰且均衡的解决方案。《消费者保险(披露与陈述)法(2012)》的有些内容可以说与我们即将讨论的《保险法(2015)》形成了非常鲜明的对比,这在解释上似乎没有什么困难。

第五节 非消费者保险合同——现代法

如前所述,《保险法(2015)》的第二部分遵循法律委员会的建议[62],修改了原来规制非消费者合同中未披露和不实陈述的原则,并且适用于2016年8月12日当日及之后成立、变更和续订的保险合同。尽管该法案在某些方面作出了重要改变,但它并未对之前的法律作出根本性的变革。尤其是其保留了披露义务,但是将未披露和不实陈述统一归入如今的"合理陈述义务"之下,且违反该义务并不必然使保险人取得合同撤销权。第3条第1款是关键性条款,其规定,被保险人在保险合同成立之前,必须就风险向保险人作出合理陈述。

修法后的合理陈述义务适用于所有非消费者的个人和机构。因此,其将适用于个体经营者、个人开办的业务规模小的公司或合伙企业(当然也包括中型和大型企业),以及慈善机构这样的组织。该规定是否完全公平或许存在争议,因为人们可能认为,像电工或水管工这种从事小型业务的个人,无论是否以有限公司的形式进行交易,都应当被作为保险消费者受到保护。其中一些人可能有权向金融申诉专员服务局投诉[63],该机构或许会合理地适用法律。但遗憾的是,法律委员会在此方面因保险业施加的压力妥协了。[64]

---

[62] 参见报告的第二部分, Insurance Contract Law: Business Disclosure; Warranties; Insurers' remedies for Fraudulent Claims; and Late Payment (Law Com No. 353, Scot Law Com No. 238, 2014, Cm 8898),此后将称之为《2014年报告》。对该法案的评述,参见 Merkin and Gürses , "The Insurance Act 2015: rebalancing the interests of insurer and assured", (2015) 78 M. L. R. 1004。

[63] 参见第一章第九节。

[64] 但是,如果法律委员会没有这样做的话,成为《保险法(2015)》的议案就不可能被视为足够无争议的议案,进而由议会根据无争议委员会议案的特别程序予以通过。

由于创设合理陈述义务的目的在于修改传统法,而该目的如今已明显得到实现,对该义务的研析应当与传统判例法一同进行,而本章这一部分即系通过在适当情况下援引判例法来对该义务进行介绍。

第一项　对于风险的合理陈述义务

如上所述,合理陈述义务既包括披露义务,也包括不得为不实陈述的义务。[65]就披露义务而言,根据《保险法(2015)》第 3 条第 3 款第 b 项,它要求被保险人以一种相对清晰且易于理解的方式向审慎的保险人进行披露。根据第 3 条第 4 款,被保险人应当披露其知道或者应当知道的所有重要情况,如若未如此披露,那么被保险人应当向保险人提供足够的信息使谨慎的保险人能注意到,为获得重要情况其需要进一步询问被保险人。第 3 条第 4 款的前段实际是在重复《海上保险法(1906)》第 18 条第 1 款的规定,并且明显包括推定知道(constructive knowledge)[66],后段则反映了本章第三节第一项中介绍的判例法的发展。后段的规定旨在排除"数据倾泻"的要求。所谓"数据倾泻",是指为了防止遗漏事实上的重要信息,被保险人需要披露大量的在一定程度上并非必要的信息。对于被保险人知道或者应当知道的界定,将在第五节第二项中进一步讨论,第 3 条第 5 款规定的披露义务的例外将在第六节及之后进行讨论,重要性则在第七节及之后进行讨论。

就陈述而言,第 3 条第 3 款第 c 项规定,所有关于事实的重要陈述都应当基本正确,所有关于预期或相信之事项的重要陈述都应当基于诚信作出。该规定与《海上保险法(1906)》第 20 条的显著区别是其引入了"基本"这一限制性要件。《保险法(2015)》第 7 条第 5 款将该要件所代表的情形描述为,审慎的保险人不会考虑被保险人陈述之事实与真正正确的重要事实之间的差异。另外,这再一次地反映了判例法的当代发展,即不需要被保险人陈述的每一个细节均为正确。第 7 条第 6 款规定,陈述在保险合同成立以前可以撤回或更正,这似乎是不言自明的。"关于预期或相信之事项的重要陈述都应当基于诚信作出"这一要求,是对《海上保险法(1906)》第 20 条第 3 款的反映,对其的解释无疑也会依据本章第二节中介绍的 Economides v Com-

---

[65] 根据第 7 条第 1 款,合理的陈述无须只能被包含在一份文件或一项口头陈述中。

[66] 参见《海上保险法(1906)》第 18 条,以及麦克奈尔法官在 Australia and New Zealand Bank v Colonial and Eagle Wharves Ltd 案([1960] 2 Lloyd's Rep. 241 at 252)中的判决意见。

mercial Union Assurance Co Plc 案的判决作出。

第二项 被保险人的知悉

关于《保险法(2015)》第3条第4款规定的合理陈述义务中的"被保险人知道或应当知道",第4条对之进行了扩展。但应当注意的是,根据第6条[67],除了实际知道和推定知道的事项,某人怀疑的事项,以及其本来能够知道但却故意放弃确认或询问的事项,也被视为其知道的事项。[68]

第4条有些复杂,尤其是因为当被保险人是一个机构例如一家上市公司时,会产生一些棘手的问题,即机构中有许多人都有可能知道对于机构投保的保险而言具有重要性的事实。虽然第4条规范的内容在旧法中并无对应规定,但法律委员会迫切希望解决这一问题,以制定一部基本完整的法典。[69]

第4条第2款规定,被保险人是个人的,仅仅对其自己知道的情况及任何其保险负责人知道的情况知情。第4条第3款规定,被保险人不是个人的,仅仅对其高级管理人员或者其保险负责人知道的情况知情。其中,"仅仅"一词是为了确保这些制定法规则能够取代关于"代理人的知悉在何种情形下能归属于被代理人"的普通法规则。如果某人代表被保险人参与到订立保险合同的过程中,那么无论此人是作为被保险人的雇员或代理人,还是被保险人代理人的雇员,抑或以任何其他身份订立合同,其都属于被保险人的保险负责人。[70] 例如,保险经纪人或其他中介也属于被保险人的保险负责人。这清楚地表明,被保险人的保险负责人包括在被保险人业务范围内的工作职责为处理保险事务的个人。[71] "高级管理人员"是指对被保险人活动的管理或组织起重要决策作用的个人。[72] 关于这一规定的含义存在诸多讨论。此处的"高级管理人员"肯定包括公司董事会成员或非法人团体中同等机构

---

[67] 其同样适用于保险人的知悉。
[68] 这通常被称为"看不见"(blind-eye)的知悉。值得注意的是,第6条第2款保留了普通法上的一项一般性规则,即代理人对欺诈的知悉不能归属于被代理人。
[69] 法律委员会《2014年报告》的第八部分包含了对此的详细讨论和阐释。
[70] 第4条第8款第b项。
[71] 如果经纪人未披露信息,会被视为具有过失,并且被保险人享有针对经纪人的救济;参见第十二章。然而,经纪公司里其他人的知悉则不会被归属于被保险人,因为定义中仅包括为被保险人实施行为的个人。
[72] 第4条第8款第c项。

的成员,但可能无法延伸到这些管理机构以下的管理人员,因为后者不可能有权力决定如何管理或组织被保险人的活动。然而,高级管理人员的知悉可能还要受到下文所讨论的第 4 条第 6 款的限制。

第 4 条第 4 款和第 5 款规定的是秘密信息。如果知道秘密信息的个人是被保险人的代理人或代理人的雇员,而且该信息系由此人通过与保险合同无关之人的商业关系获得,那么被保险人则不被视为知道该信息。[73] 与保险合同无关之人,是指被保险人和保险保障的其他主体以外的人;如果是再保险的话,则是指原保险中的被保险人和原保险保障的其他主体。这将主要适用于持有某一客户机密信息,且该信息可能对作为其另一客户的被保险人而言具有重要性的保险经纪人。这不是被保险人被视为知道的信息。另外,如果保险经纪人知道的信息是从其他客户处获得的非秘密信息,被保险人则会被视为知道该信息。

第 4 条对推定知悉,即被保险人应当知道的情况单独作出了规定。被保险人无论是个人还是机构,都应当对通过对其而言现实可行的合理信息搜索方式本应合理获得的信息知情,检索方式包括询问及其他方式(第 4 条第 6 款)。[74] 此种场合的信息包括被保险人的机构内部持有的信息,或其他任何主体持有的信息,如被保险人的代理人或保险合同保障的其他主体。[75] 这里的一个关键问题是"应当"的判断标准是采主观标准还是客观标准。《海上保险法(1906)》第 18 条第 1 款同样对"应当知道"作出了规定,与此相关的判例法对这一问题的界定则比较狭窄,所采标准系主观标准。其认为,考虑到被保险人不尽完善的组织结构,应当认为被保险人仅对自身在业务过程中被期望知道的信息知情。[76] 相比之下,法律委员会似乎倾向于采取客观标准[77],但实际如何解释仍有待观察。

---

[73] 这种情形中的雇员是指任何为该代理人工作之人,其是否为严格意义上的雇员在所不论。参见第 4 条第 8 款第 a 项。

[74] 这会包括一些像数据库搜索这样的事项。

[75] 第 4 条第 7 款。

[76] Australia & Colonial Bank v Colonial and Eagle Wharves [1960] 2 Lloyd's Rep. 241 at 252; Simner v New India Assurance Co [1995] L. R. L. R. 240 at 253-255; see MacGillivray, 13th edn, para. 17-014.

[77] 参见《2014 年报告》第 87 段至第 91 段,此处极为详细地讨论了该问题。相关评论,参见 MacGillivray, 13th edn, paras 20-036 to 20-038。

第六节 无须披露的情况

重要情况的披露义务一直以来都存在例外。这些例外如今被规定在《保险法(2015)》第3条第5款中。根据该款,被保险人对于以下情况无须履行披露义务,分别为:减少风险的情况;保险人知道或应当知道的情况;保险人被推定知道的情况;保险人放弃要求披露的情况。值得注意的是,这些例外仅适用于披露义务,且第3条第5款明确规定,保险人进行具体询问时将令被保险人负有一项义务,此时被保险人提供的不正确回答将构成不实陈述。[78] 下文将对这些例外予以详细讨论。

第一项 保险人的知悉

和被保险人的知悉一样,《保险法(2015)》也对保险人的知悉作出了明确规定,只是相关规定稍微复杂一些。需要注意的是,根据第6条[79],除实际知道和推定知道的事项外,某人怀疑的事项,以及其本来能够知道但却故意放弃确认或询问的事项,也被视为其知道的事项。[80] 第5条第1款将实际知道的事项界定为,仅仅包括代表保险人决定是否承保及以何种条款承保的人所知道的事项(无论此人是作为保险人的雇员或代理人,还是保险人代理人的雇员,抑或以其他身份代表保险人承保,皆适用之)。这一条款实际涉及的是系争承保人的知悉。

根据第5条第2款,仅仅在保险人的雇员或代理人知道某事,且应当已经合理地将相关信息传递给第5条第1款中提到的人,或者相关信息为保险人所持有而且第5条第1款中提到的人轻易可以获得该信息时,保险人才应当知道该事项。第一类情形旨在囊括这样一些事项,例如理赔部门持有的信息和医疗或调查报告等用于评估风险而制作的报告。[81] 第二类情形旨在要求承保人搜寻其能够获得的信息,如保险人电子记录中的信息,但前提为其有权限获取该信息。这是一个重要的条款,因为一些保险公司的核保部门可能无权访问

---

[78] 但保险人可能会发现很难证明诱导的存在。
[79] 其同样适用于被保险人的知悉。
[80] 这通常被称为"看不见"的知情。值得注意的是,第6条第2款保留了普通法上的一项一般性规则,即代理人对欺诈的知悉不能归属于被代理人。
[81] 参见《2014年报告》第10—43段至第10—54段。

理赔部门的记录。这将是一个关于何为"轻易可获得"的事实问题。

第 5 条第 1 款和第 2 款中包含的"仅仅"一词,意味着关于知悉归属的任何一般的普通法规则在这种情况下都是不适用的。所以某些认为"若保险人的代理人知道的事项是其在实际或表面代理权限㊷范围内获知的事项,则视为保险人知道此事项"的判例,今后将不再被作为类似案件的判决依据,尽管它们仍能对第 5 条第 1 款可能涵盖的内容提供有益阐释说明。例如,在 Ayrey v British Legal & United Provident Assurance Co 案㊸中,被保险人投保了一份人寿保险并在投保单上将其职业填写为渔夫,而保险公司的区域经理则知道被保险人同时还是皇家海军后备队(Royal Navy Reserve)的成员。法院认为,区域经理的这一知悉情况的法律后果应当归属于保险人,因此保险人不能主张被保险人未披露的抗辩。在 Blackley v National Mutual Life Association of Australasia 案㊹中,代理人在合同签订之前就知道,被保险人脑部有一块刚做完手术的肿瘤。代理人的这一知悉情况的法律后果同样也被法院归属给了保险人。㊺

保险人推定知道的事项包括两类,如今被规定在第 5 条第 3 款中。第一类是常识性事项。Carter v Boehm 案即为保险人不能主张未披露的一个案例,因为法院认为此案中的重要事实属于常识事项。此案中的保险标的是苏门答腊的一个堡垒,苏门答腊在当时是个殖民地,而投保人则是殖民地的总督。所涉的重要事实为该堡垒可能要受到法国的攻击。法院认为,位于伦敦的保险人应该和被保险人一样知道该事实。而事实上,保险人知道的可能性据称也比投保人更高。还有一个很好的例子是石棉的危害性,其同样被认为属于保险公司推定知道的事项。㊻ 第二类推定知道的事项是,在系争活动领域向被保险人提供系争保险类型的保险人,在通常经营过程中被合理期待知道的事项。㊼

㊷ 第十二章对代理法的基本原则进行了更为详细的叙述。

㊸ Ayrey v British Legal & United Provident Assurance Co [1918] 1 K. B. 136.

㊹ Blackley v National Mutual Life Association of Australasia [1972] N. Z. L. R. 1038. 对于规定代理人的知悉归属于被代理人的原则,新西兰上诉法院的判决包含了一个非常全面的审查。

㊺ 还可参见 Woolcott v Excess Insurance Co 案([1978] 1 Lloyd's Rep. 533),第十二章第二节对之有所讨论。

㊻ Canadian Indemnity Co v Canadian Johns-Manville Co (1990) 72 D. L. R. (4th) 478,加拿大最高法院。

㊼ 保险人可能被推定知道那些轻易可从网络获得的信息。以《海上保险法(1906)》第 18 条为背景的讨论,参见 Sea Glory Maritime Co v Al Sagr National Insurance Co (The Nancy) [2013] EWHC 2116 (Comm) at [170] to [179].

第二项　保险人的弃权

保险人对被保险人披露义务的放弃引致出一系列要点。首先是产生于一项事实的一些要点。该事实为，保险合同在许多情况下系在投保人填写完成投保单后生效。实践中，投保单上往往载有许多保险人向投保人询问的信息。虽然保险人已向投保人明确询问了许多问题，但这一事实并不能免除投保人对这些问题以外之事项的披露义务[88]，而且实际上，这些问题还可以表明保险人视某些事项为重要事项[89]，但是在一些情况下，问题的形式可以缩小披露义务的范围。类似的，如果投保人对某一问题空着不答，且保险人对此未加询问而予以接受的，通常会被视为保险人放弃了关于这一问题所涉之事项的披露义务。[90] 然而，在某些情形下，如果空白意味着对该问题的消极回答，则不能认为保险人放弃了披露义务。如果是这种情形，并且消极回答是不正确的，被保险人就违反了披露义务。

放弃，作为向投保人询问后保险人可能作出的一种选择，通常发生于明确询问特定事实或特定类型事实之相关细节的场合。[91] 如果一个理性人在阅读投保单之后认为保险人并未要探寻其他细节，对于其他细节的披露义务即可被免除。[92] 例如，询问投保人五年内所遭受过的损失的细节，会免除他对这段时间以外的损失的披露义务，即便这些损失根据通常标准可能属于重要事实。类似的，向投保人询问其与自己正在申请的这类保险相关的索赔记录，可能也会被视为免除了他关于其他类型保险的损失和索赔的披露义务，而这些信息在一些情形下可能也会被认定为重要事实。[93]

---

[88]　Glicksman v Lancashire & General Assurance Co ［1927］A. C. 139; Schoolman v Hall ［1951］1 Lloyd's Rep. 139.

[89]　Hazel v Whitlam ［2004］EWCA Civ 1600;［2005］Lloyd's Rep. I. R. 168. 还可参见 McNealy Pennine Insurance Co Ltd 案（［1978］2 Lloyd's Rep. 18），第十二章第六节第三项对之有所讨论。

[90]　Roberts v Avon Insurance Co ［1956］2 Lloyd's Rep. 240.

[91]　McCormick v National Motor Accident Insurance Union Ltd (1934) 49 Ll. L. R. 361 at 363 per Scrutton LJ; Schoolman v Hall ［1951］1 Lloyd's Rep, 139 at 143 per Asquith LJ.

[92]　See Doheny v New India Assurance Co Ltd ［2004］EWCA Civ 1705;［2005］Lloyd's Rep. I. R. 251, especially at ［14］to ［20］and ［37］. 即使这里表达的观点只是附带意见，它也显然具有权威性。朗莫尔法官也竭力强调该原则并不局限于消费者保险领域。还可参见 WISE (Underwriting Agency) Ltd v Grupo Nacional Provincial SA 案（［2004］EWCA 962），下文将有讨论。

[93]　在 Hair v Prudential Assurance Co Ltd 案（［1983］2 Lloyd's Rep. 667）中，法院认为，投保单上的一项关于需要披露的一般警示（为当时的《保险实践说明》所要求）的效力大，免除投保人回答投保单上问题之外的其他义务。然而，此种观点似乎太过极端（参见［1984］J. B. L. 163）。

关于在被保险人提出保险人弃权的主张之前，保险人实际是否负担询问的义务，如今也有一些讨论。法律委员会在 2012 年 6 月的咨询报告中就这个问题进行了讨论。[94] 它们特别引用了里克斯(Rix)法官在 WISE (Underwriting Agency) Ltd v Grupo Nacional Provincial SA 案中的判决意见。[95] 里克斯法官将这一问题与对风险的合理陈述相关联，认为保险人的诚信义务[96]要求保险人事先进行询问。尽管法律委员会确实认为将披露义务作为合理陈述义务的一部分，有助于减少对"弃权"这一概念的依赖，但就《保险法(2015)》的规定来看，这一发展路径似乎没有任何实现可能。

第七节　重要性的判断

对披露义务的广泛性这一特征的诸多批评，都集中于重要性的判断这一核心问题之上。传统上，如果某一情况会影响一位理性或谨慎的保险人判断是否决定承保或者以何种费率承保，那么无论是对于未披露还是不实陈述，其都属于重要情况。这一判断标准在 Lambert v Co-operative Insurance Society 案中被明确地适用于非海上保险。[97] 此案中的上诉法院认为，《海上保险法(1906)》第 18 条[98]中的规定，是对适用于所有保险合同的普通法的法典化。尽管存在一些相反见解，但就单纯的未披露[99]而言，如果一个情况客观上并不重要，那么某个具体保险人的主观看法就被认为是无关紧要的。[100]

---

[94] Insurance Contract Law: the Business Insured's Duty of Disclosure and the Law of Warranties, LCCP 204, SLSDP 155, especially 5.38 ff.

[95] WISE (Underwriting Agency) Ltd v Grupo Nacional Provincial SA [2004] EWCA 962. 它们也引用了曼斯菲尔德法官在 Carter v Boehm 案([1766] 3 Burr. 1905)中的意见。

[96] 这会在第八章进一步讨论。里克斯法官是对于存在此义务的著名支持者。他在 WISE 案的判决意见中持反对意见。朗莫尔法官和彼特·吉普森(Peter Gibson)法官代表的多数判决意见沿袭的是一种更为传统的路径。

[97] Lambert v Co-operative Insurance Society [1975] 2 Lloyd's Rep. 485. See Merkin (1976) 39 M. L. R. 478. 一些早期的非海上保险判例，例如 Joel v Law Union 案([1908] 2 K. B. 863)，提出了一种取决于合理被保险人看法的判断标准。Lambert 案的上诉法院不愿作出判决，并认为法律应该得到修改。还可参见 Kelsall v Allstate Insurance Co Ltd, The Times, 20 March 1987,该案采纳了这一判断标准，但该标准同时也被合同中明定的"无已知的不利事实"这一条款所修正，该条款的效果在于，要求被保险人仅披露作为一个理性人所知道的不利事实。

[98] 参见前注[33]。

[99] 区别于回答具体问题。

[100] 相关讨论参见 MacGillivray, 13th edn, para.17-039。

尽管这一核心标准与消费者保险已经不再相关,如 Lambert 案,但正如我们所看到的,对于非消费者保险而言,其经过稍微修改后被《保险法(2015)》保留了下来。如今,《保险法(2015)》第 7 条第 3 款规定,"某一情况或陈述若能影响一个谨慎的保险人判断是否承保及以何种条款承保,即具有重要性"。修改之处在于,以"条款"一词取代了之前指涉内容较为狭窄的"费率",而且明确地包含了审慎保险人将特殊条款纳入合同的可能性。《保险法(2015)》还对"情况"一词进行了描述,它包括任何向被保险人作出的通知或被保险人接收到的任何信息。[101]

然而,对于新法和旧法条文中均使用的"影响……判断"这一表述,则至少可以作出两种解释。一种解释是,未披露的情况必须对谨慎保险人的判断有决定性影响。另一种解释是,"影响……判断"所要求的仅仅是谨慎保险人在作出决定时希望知晓这一情况。或许令人惊讶的是,直到最近都没有判例就此问题给出确定的意见。在 Container Transport International Inc v Oceanus Mutual Underwriting Association (Bermuda) Ltd 案中,后一种解释被正式提出并得到了判决的确立。[102] 此案中,"影响……判断"被认为仅仅意味着谨慎保险人在作出决定时希望知晓相关情况;"判断"被解释为"观点的形成",而非最终决定。然而,该判决可以说是基于对先前判例的误解作出[103],并且它看起来无疑给被保险人施加了尤为沉重的负担。

---

[101] 第 7 条第 2 款。

[102] Container Transport International Inc v Oceanus Mutual Underwriting Association (Bermuda) Ltd [1984] 1 Lloyd's Rep. 467. 另见 Highlands Insurance Co v Continental Insurance Co [1987] 1 Lloyd's Rep. 109, 在此案中,法官虽然明显带着几分顾虑,但仍然认为应当遵循非海上保险不实陈述案件之判决先例的约束。

[103] 参见布鲁克(Brooke)所著文章的精彩分析,Brooke, "Materiality in Insurance Contracts" [1985] L. M. C. L. Q. 437。这篇文章分析了所有的早期判例,尤其是枢密院对 Mutual Life Insurance Co of New York v Ontario Metal Products Co Ltd 案([1925] A. C. 344)的判决。该案涉及对一部加拿大法规的解释,该法规在寿险方面不仅要求不实陈述应当具有重要性,还要求不实陈述诱导实际保险人订立了保险合同(参见上文提到的《道路交通法(1988)》第 151 条第 9 款,其中包含同样的规定)。正如布鲁克指出的那样,枢密院谨慎区分了这两点,并就第一点明确表示,未披露或不实陈述的事实若要被认定为重要事实,必须实际影响了理性保险人,使之拒绝承保或以更高的费率承保[参见判决书第 351 页萨尔韦森(Salveson)法官的意见]。还可参见劳埃德法官在 CTI 案([1982] 2 Lloyd's Rep. 178)初审中的判决意见。CTI 案的判决在其他普通法法域并未得到遵循;例如,参见 Barclay Holdings (Australia) Pty Ltd v British National Insurance Co Ltd (1987) 8 N. S. W. L. R. 514; Ying [1990] J. B. L. 97。一般性的评论,参见 Clarke, "Failure to disclose and failure to legislate: is it material?" [1988] J. B. L. 206 at 298。

在 Pan Atlantic Insurance Co v Pine Top Insurance Co Ltd 案[104]中,上议院有机会就该问题作出权威裁决,并最终以 3:2 的勉强多数决定遵循上述 CTI 案的裁判。[105] 尽管这可能被认为是不幸的,而且支持决定性影响这一判断标准的劳埃德法官所持的反对意见,读起来似乎与马斯蒂尔(Mustill)法官所持的具有指导性的多数意见同样具有说服力,但这一问题如今明显已经尘埃落定。[106] 然而,法官们认识到这方面的法律可能太过严苛,为了减轻严苛性,他们在重要性标准中又引入了诱导这一额外要件。成文法目前已对此要件作出明文确认,后文将对之单独予以探讨。

重要性的证据

由于重要性的判断最初要依靠理性保险人的观点,故法院长期以来都会接受其他保险人的观点作为判断特定情况是否重要的依据。[107] 在一些案例中,其他保险人的观点似乎非常容易地就能被法院接受,但是一些更近期的判决则强调,这种观点对法院并不具有约束力,法院必须将该问题作为事实问题进行裁决。例如,在 Roselodge Ltd v Castle 案[108]中,投保人曾在 12 岁时因为偷苹果被抓,保险人认为该事实对投保人多年后投保具有重要性,并为此提供了证据,但此举受到了麦克奈尔法官的嘲笑。与此相似,福布斯(Forbes)法官在 Reynolds v Phoenix Assurance Co 案[109]中的判决意见同样具有指导意义。他反对"如果保险人说的是实话并且被认为是一个理性的保险人,法院就必须采纳其证据作为决定性证据"这一主张。该证据仅是辅助裁判的专家证据,对法院裁判并不具有当然的约束力。当然,在不同保险人给出相互冲突的证据时尤其如此。

---

[104] Pan Atlantic Insurance Co v Pine Top Insurance Co Ltd [1995] 1 A. C. 501.
[105] 值得注意的是,Pan Atlantic([1993] 1 Lloyd's Rep. 443)案中的上诉法院采纳了一种"折中的方法",其要求当事人提供证据证明,即便一个谨慎的保险人最终不会拒绝承保或者以更高费率承保,它也会将此事实作为增加风险的事实。
[106] 尽管如此,采用决定性影响的判断标准被认为能够产生更为公平的结果。对此的详细评论,参见 Birds and Hird (1996) 59 M. L. R. 285。
[107] 一般性的调查,参见 Babatsikos v Car Owners' Mutual Insurance Co [1970] 2 Lloyd's Rep. 314,但可对比曼斯菲尔德法官的评论,Carter v Boehm (1766) 3 Burr. 1905 at 1918。一般性的批评意见,参见 Hasson (1969) 32 M. L. R. 615。还可参见 Evans (1984) 12 Australian Bus. L. Rev. 4。
[108] Roselodge Ltd v Castle [1966] 2 Lloyd's Rep. 113 at 132.
[109] Reynolds v Phoenix Assurance Co (1978) 2 Lloyd's Rep. 440 at 457–459.

第八节 重要情况的举例

虽然判断某一情况是否重要是一个法律问题,但在任何具体案件中实际进行重要性判断时都会涉及事实问题的解决。[110] 因此,它通常仅是初审法官或仲裁员面对的问题,而与上诉审无关,进而言之,在遵循先例的规则之下,包含它的非终审判决严格来说对之后的案件也没有实际的拘束力。[111] 另外,必须记住的是,在任何既定的案件中,实际保险人还必须受到了对重要情况未披露或不实陈述的诱导,尽管就许多"传统的"重要情况而言,这一要求并非难以满足。

在新的发展中,《保险法(2015)》如今对可能的重要情况举例作出了说明。根据第7条第4款,这些可能的重要情况包括:(a)与风险相关的特殊或不寻常的事实,(b)与引发被保险人寻求保险保障其风险的原因相关的任何事项,以及(c)与系争保险类别和活动领域相关,且通常会被认为应当在对系争风险类型之合理陈述项下处理的任何情况。法律委员会认为(c)项可能最为重要。这项规定是否会给"谨慎保险人"的认定平添大量内容可能有待讨论,而且描述和阐释传统上被视为重要情况的某些类别似乎仍有意义。

总的来说,这些重要情况要么与实体风险(physical hazard)相关,如被保的财产、生命或责任,要么与道德风险相关。与实体风险相关的情况通常而言明显具有重要性。例如,在财产保险中,这些情况包括被保建筑的性质、结构及用途,或者是否暴露于特殊风险中;在人寿保险中,包括健康状况、是否从事高风险职业或进行高风险爱好活动、是否酗酒[112],或者被保险人知道的任何健康检查结果[113];在责任保险中,这些情况包括不良事故记

---

[110] 例如,Glicksman v Lancashire & General Assurance Co [1927] A. C. 139。

[111] 在重要性和诱导方面上诉不成功的一个近例,参见 Laker Vent Engineering Ltd v Templeton Insurance Ltd [2009] EWCA Civ 62。

[112] Mundi v Lincoln Assurance Co [2005] EWHC 2678 (Ch); [2006] Lloyd's Rep. I. R. 353。

[113] 例如,艾滋病或基因检查的结果。虽然这些事实严格从法律上来说无疑是重要的,但从伦理道德上而言,保险业是否总有权知晓这些事实则是另一回事,此问题在近年来得到了广泛讨论。See Davey, "Future imperfect: human genetics and insurance" [2000] J. B. L. 587. 目前有一项关于基因信息和保险的文件(Concordat and Moratorium on Genetics and Insurance)(参见 http://www.abi.org.uk/Information/Cosumers/Health_and_Protection/Genetics.aspx,访问日期:2015年12月29日),ABI 和英国政府依据该文件基本同意除了在基因信息与保险委员会批准的极少数情形下,保险人不得要求投保人披露基因检查的结果。更详细的研究,参见 Wilkinson, Gene rummy, unpublished PhD thesis, University of Manchester, 2009;还可参见 Wilkinson, "Unjustified discrimination: is the moratorium on the use of genetic test results by insurers a contradiction in terms?", available at http://www.springerlink.com/openurl.asp?genre=article&id=-doi:10.1007/s10728-009-0137-9(访问日期:2015年12月29日)。

录和损失记录。⑭

第一项　道德风险

道德风险在传统上或许可分为三类:(1)与投保人的保险记录相关的道德风险;(2)与刑事犯罪或不诚实行为相关的道德风险;(3)与申请人的国籍或出身相关的道德风险。然而,如本节第五项中所解释的,第三类现在属于纯粹的历史议题(history interest)。

投保人的保险记录包括其先前被其他保险人拒保的记录及其保险索赔记录。在 Glicksman v Lancashire & General Assurance Co 案⑮中,G 和他的合伙人申请投保盗窃险,而 G 在此前单独从事贸易时曾被拒保。法院认为,不论 G 当初被拒保的原因为何,也不论投保单上引出该信息的问题,是否可被解释为系适用于投保人之前共同申请投保的情形,G 被拒保的事实都属于重要事实。上议院法官在判决此案时充满遗憾,但其对此也的确无能为力。重要性是一个事实问题,而其此前已经由仲裁员作出最终决断。值得注意的是,与此明显相反,先前被拒保的事实在海上保险中并不具有重要性。⑯

投保人此前曾被其所申请的保险以外的其他保险拒保的事实是否重要,目前尚不清楚。在 Ewer v National Employers' Mutual & General Insurance Association 案⑰中,麦金农(Mackinnon)法官明确否定了这一太过宽泛的主张。但审理 Locker & Wolf Ltd v Western Australian Insurance Co 案的法院则认为⑱,除了投保单上的一般问题所涉之事实,投保人先前被机动车保险拒保的事实对其投保火灾保险同样具有重要性。当这样一种先前被拒保的情形与投保人的正直诚信具有一般性的关联时,它可能就具有重要性。⑲ 因此,单纯地被拒保并不重要,但保险人基于投保人的保险记录而拒保,则很可

---

⑭ See New Hampshire Insurance Co v Oil Refineries Ltd [2003] Lloyd's Rep. I. R. 386.

⑮ Glicksman v Lancashire & General Assurance Co [1927] A. C. 139. 人寿保险相关的案例,参见 London Assurance v Mansel (1879) 11 Ch. D. 363;续订保险被拒绝的案例,参见 Stowers v GA Bonus Plc [2003] Lloyd's Rep. I. R. 402。

⑯ 参见 Glicksman 案中上诉法院的意见,[1925] 2 K. B. 593 at 608。

⑰ Ewer v National Employers' Mutual & General Insurance Association [1937] 2 All E. R. 193 at 202–203.

⑱ Locker & Wolf Ltd v Western Australian Insurance Co [1936] 1 K. B. 408.

⑲ Locker & Wolf Ltd v Western Australian Insurance Co [1936] 1 K. B. 408 at 414 per Slesser LJ.

能具有重要性,例如基于投保人的索赔经历而拒保。[120]

如果先前的损失正是投保人正在寻求保险保障的损失,那它显然是重要的[121],尽管实践中保险人会通过明确的问题对此进行询问,并且超出问题范围的披露义务极有可能会被免除。

第二项　犯罪记录和不诚实行为

除了保险记录,影响投保人道德风险的最重要事实或许就是其犯罪记录了。许多现代案件无疑都与该问题相关,而且被保险人正面临严重犯罪指控的事实可能会与实际被定罪一样重要。[122] 这可能也受到了立法的影响,与此相关的立法为《罪犯改造法(1974)》(the Rehabilitation of Offenders Act 1974)。许多主要涉及贵重物品保险的案件确立了一项规则,即因不诚实行为而被判处有罪判决的事实,通常属于重要事实,这包括那些与投保十二年[123]前及(可能的话)二十年[124]前的"模糊遥远的过去"相关的犯罪事实。但是,在 Roselodge Ltd v Castle 案[125]中,行贿罪判决被认为对于承保钻石的保险并不重要,但走私罪判决则具有重要性。此外,足够合乎逻辑的是,即使投保人被陪审团认定为无罪,单纯实施具有社会危害性的行为的事实也可能具有重要性,当然前提是保险人向民事法庭证明投保人的确实施了该行为,并且达到使法院满意的程度。[126] 被错误定罪也属于投保人应当披露的事实。[127] 尽管司法意见对投保人是否必须披露其在无辜情况下被逮捕的事实存在分歧[128],但主流观点认为,投保人应当披露其受到被害人指控的严重犯罪和警方公诉的严重犯罪。[129] 在 Lam-

---

[120] 但如果保险人被告知了索赔记录,但未被告知以此为基础的拒保事实,又该如何呢?

[121] 例如,Arterial Caravans Ltd v Yorkshire Insurance Co［1973］1 Lloyd's Rep. 169。

[122] See North Star Shipping Ltd v Sphere Drake Insurance Plc［2006］EWCA Civ 378;［2006］Lloyd's Rep. I. R. 519,区别于 Norwich Union Insurance Ltd v Meisels［2006］EWHC 2811;［2007］Lloyd's Rep. I. R. 69。

[123] Schoolman v Hall［1951］1 Lloyd's Rep. 139。

[124] Regina Fur v Bossom［1957］2 Lloyd's Rep. 466。

[125] Roselodge Ltd v Castle［1966］2 Lloyd's Rep. 113。

[126] March Cabaret Club & Casino Ltd v London Assurance［1975］1 Lloyd's Rep. 169。

[127] 同上注。

[128] 前注[126]第 177 页。相反意见参见 Reynolds v Phoenix Assurance Co Ltd［1978］2 Lloyd's Rep. 440 at 460。

[129] 特别参见 Brotherton v Aseguradora Colseguros SA［2003］EWCA Civ 705;［2003］Lloyd's Rep. I. R. 758; North Star Shipping Ltd v Sphere Drake Insurance Plc［2006］EWCA Civ 378;［2006］Lloyd's Rep. I. R. 519。关于保险人在其主张无根据或被保险人被宣判无罪时是否会丧失其救济的问题,参见第八章第二节。

bert v Co-operative Insurance Society 案[130]中,投保人丈夫的有罪判决被认为属于重要事实。尽管案件判决结果受到了批评[131],但投保人丈夫的犯罪是不诚实犯罪,而且案件中承保珠宝的保险是一种一切险,其承保的珠宝中有一些为投保人的丈夫所有。在 Drake Insurance Plc v Provident Insurance Plc 案[132]中,超速行为的有罪判决被一致认为在机动车保险中属于重要事实。此外,未向之前的保险人披露重要有罪判决的事实本身,也属于应当向之后的保险人披露的重要事实。[133]

Woolcott v Sun Alliance & London Insurance 案[134]似乎是一个更为极端的例子,因为该案中未披露的有罪判决和所申请的保险类型之间不存在明显关联。索赔人通过住房互助协会为他的房屋投保了火灾保险,同时又向该协会申请了抵押贷款。[135]他未披露自己曾在约十二年前被判处抢劫罪的事实。法院认为,保险人可以撤销该保险合同。[136]该犯罪事实与投保人道德风险相关这一有利于保险人的证据,似乎得到了博学多识的法官们毫无异议的采纳。但恕笔者直言,即便必须承认 Woolcott 的罪行严重,也很难据此得出对于建筑物保险而言,抢劫者的风险比其他人更高的结论。相比之下,在 Reynolds v Phoenix Assurance Co 案[137]中,或许是经过了更为全面的法律审查,福布斯法官认为受贿罪并非与火灾保险相关的重要事实。应当承认的是,该事项相对而言无关紧要,而且被保险人也只是被罚了款。某一犯罪应否被认定为重要事实,被认为主要取决于不诚实的程度和被定罪时的年龄。正如渊博的法官所承认的那样,不容变通的规则不能被用于处理这类案件。尽管这一观点使得法律的适用存在某种程度的不确定性,并且使被保险人处于必须要找

---

[130] Lambert v Co-operative Insurance Society [1975] 2 Lloyd's Rep. 465.

[131] Merkin (1976) 39 M. L. R. 478.

[132] Drake Insurance Plc v Provident Insurance Plc [2003] EWCA Civ 1834; [2004] Lloyd's Rep I. R. 277;进一步内容,参见第八章第二节。

[133] Joseph Fielding Properties (Blackpool) Ltd v Aviva Insurance Ltd [2010] EWHC 2192 (QB); [2011] Lloyd's Rep. I. R. 238. 即使在向之后的保险人投保时,有罪判决依据《罪犯改造法(1974)》而失效(参见本节第三项),也同样如此;但在向之前的保险人投保时则并非如此。

[134] Woolcott v Sun Alliance & London Insurance [1978] 1 All E. R. 1253.

[135] 其中并没有投保单,保险申请仅仅是对抵押申请表上的一个问题的回答。

[136] 但由于保险单并非一个相互关联的整体,所以同样受保险保障的住房协会仍然能够获得保险赔付。关于某位无过失的共同被保险人未披露之法律后果的问题,第七章第十一节有所讨论。

[137] Reynolds v Phoenix Assurance Co [1978] 2 Lloyd's Rep. 440.

到证据来对抗保险人的艰难地位,但它无疑是正确的。在 Reynolds 案的判决意见中,有一个有趣的评论与专家缺乏经验有关,即专家没有意识到投保人实际已经披露了其曾被判处有罪判决的事实。鉴于每年都发生大量的不诚实犯罪,而且某种形式的建筑物保险几乎得到了普遍采用,这一事实虽令人惊讶,福布斯法官[138]认为这是可以理解的。显然他不相信在此案中可以提出某种更极端的关于重要性的证据。[139]

综上所述,似乎任何与欲投保之保险相关的有罪判决都会被认为是重要事实,除非它既微不足道又年代久远。一项与风险没有密切联系的无关有罪判决如果是严重的,即被处以监禁或者高额罚款,无疑会影响投保人的道德风险。很久以前的轻微罪行不具有重要性。但最近的无关轻微罪行是否重要,则不确定。在相关的已决案件中,所涉罪行都属于年代相当久远的类型。

第三项 失效的有罪判决

然而,不考虑上述情形的话,投保人从来都没有义务披露一项依据《罪犯改造法(1974)》已经失效的有罪判决。[140] 法案根据刑罚的严重程度设置了不同的改造期。最重要的是,一项判处两年半或以上监禁之刑罚的有罪判决永远不会失效。不同的是,判处六个月到两年半之间刑罚的有罪判决在十年后失效,而那些短于六个月的则在七年后失效。就其他刑罚而言,除无条件释放(六个月)、有条件释放和缓刑(一年)外,改造期为五年。

但是,《罪犯改造法(1974)》第 7 条第 3 款中的一项规定赋予了法官自由裁量权,当法庭认为"只有通过采纳证据才能实现个案正义"时,便可以决定采纳关于失效有罪判决的证据。这一问题源于 Reynolds v Phoenix Assurance Co 案[141]的早期程序,因为涉及的罪行在案件开始后才被发现,而且保险人试图变更其请求来主张投保人未履行披露义务。该法案在 1972 年被保险人投保时并未生效因而难以适用,但在案件进入法院审理时则已经生效并可资适用。上诉法院认为,保险人应当在不会给被保险人造成损害的基础上变更其请求。是否应当采纳有罪判决的证据,在当时属于初审法官处理的问题。福布斯法官后来认为应当采纳这一证据,但这对案件结果并无影响,因

---

[138] 参见前注[137]第 460 页。
[139] 同样参见第七章第七节。如今,这显然也会影响关于诱导的问题。
[140] 参见第 4 条第 3 款第 a 项。
[141] Reynolds v Phoenix Assurance Co [1978] 2 Lloyd's Rep. 22.

为如我们所见，他认为该有罪判决不重要。

遗憾的是，在 Reynolds 案的诉讼中，法院并未真正就第 7 条第 3 款关于披露义务的法律效果作出判决。它们可能受到了所主张的未披露行为发生于《罪犯改造法（1974）》生效之前这一事实的影响。在系争保险订立于 1974 年之后的情形下采纳失效有罪判决的证据，几乎无法被认为是公平的，因为投保人在 1974 年以后即不再负有披露有罪判决的义务。

第四项　不诚实行为

即使没有刑事犯罪的判决，已被证实的不诚实行为也可能构成重要事实。在 Insurance Corp of the Channel Islands v Royal Hotel Ltd 案[142]中，被保险人的经理，同时也是这家公司的秘书，为了在营利能力上给被保险人开户银行的职员留下更好的印象，曾制作过虚假发票。尽管被保险人在投保时并没有使用虚假发票，而且制作虚假发票实际上也并非犯罪行为，但法院仍然认为这种不诚实行为属于重要事实。这看起来是无可非议的，而且也与前面提到的关于犯罪指控的权威判例相一致。

第五项　反歧视立法

在过去，道德风险被认为还包含投保人国籍[143]、种族、性别等因素。然而，近年来的立法已经基于与这些因素相对应的法案[144]，宣布这些歧视性因素为非法。而且，歧视的问题目前系由《平等法案（2010）》（Equality Act 2010）所规制，该法案在整合早期立法的同时，也禁止了其他形式的歧视。表面上看，该法案禁止提供服务过程中基于年龄、残疾、变性手术、婚姻和同性伴侣关系、种族、宗教或信仰、性别和性取向的歧视。然而，这在保险领域则存在大量例外。这些例外主要是：（1）在雇主的安排下，因雇佣而由保险人向雇员或其他人提供保险；（2）与残疾相关的歧视行为，前提是保险人据以实施歧视行为的信息既与风险评估相关，又有合理可靠来源，并且该行为具

---

[142] Insurance Corp of the Channel Islands v Royal Hotel Ltd［1998］Lloyd's Rep. I. R. 151. See also Gate v Sun Alliance Insurance Ltd［1995］L. R. L. R. 385; Markel International Insurance Co v La Republica Cia Argentina de Seguros［2004］EWHC 1826 (Comm);［2005］Lloyd's Rep. I. R. 90 and Sharon's Bakery (Europe) Ltd v Axa Insurance UK Plc［2011］EWHC 210 (Comm);［2012］Lloyd's Rep. I. R. 164.

[143] 典型判例为 Horne v Poland［1922］2 K. B. 364。

[144] 尤其是《种族关系法（1976）》和《性别歧视法（1975）》。

有合理性,此外还要同时满足某些重要条件;(3)与性别、变性手术、怀孕、分娩相关的任何年金保险、人寿保险和事故保险中的歧视行为,前提是该歧视行为必须系依据有合理可靠来源的精算数据或其他数据作出。

在法案允许保险人歧视的场合,投保人未披露相关情况等同于未披露重要事实。所以,根据上述第(3)项,由于保险人能够依据精算数据证明女性整体上比男性更为长寿,故而其有权知悉人寿保险投保人的性别。然而,这一特殊情形却因为欧洲法院(European Court of Justice)对 Association Belge des Consommateurs Test-Achats ASBL v Conseil des Ministres 案的判决而变得复杂了。[145] 欧盟第 2004/113/EC 号指令对性别歧视作出了一般性的禁止,但其中有一项规定允许保险核保中基于合理精算和统计的性别歧视。欧洲法院则在此案中认定该例外规定无效。因此,《平等法案(2010)》的一项修正案[146]就对 2012 年 12 月 21 日[147]当日及之后订立的保险合同废除了上诉第(3)项例外规定。

第九节 违约救济

《保险法(2015)》的第 8 条和附件 1 规定了保险人在被保险人违反对风险的合理陈述义务时所享有的救济措施。

第一项 诱导

《保险法(2015)》第 8 条第 1 款规定,保险人仅在能够证明如果不是被保险人违反合理陈述义务,自己根本就不会签订保险合同或者只会以不同条款签订合同时,才享有针对被保险人违反合理陈述义务的救济。这是对上议院在 Pan Atlantic Insurance Co v Pine Top Insurance Co 案[148]中引入旧法之要求的法典化,该要求也在后来的判例法中得到了解释。实际上,除了是谨慎保险人希望知悉的情况,未披露或不实陈述还必须是保险人订立合同的有效原因。因为这项要求如今已被成文法所规定,所以在此没有必要再探讨使它被

---

[145] C-236/09, [2011] Lloyd's Rep. I. R. 296.
[146] The Equality Act 2010 (Amendment) Regulations 2012 (SI 2012/2992).
[147] 这正是欧洲法院对该案判决的生效之日。
[148] Pan Atlantic Insurance Co v Pine Top Insurance Co [1994] 1 A. C. 501.

采纳的论证过程。[149]

另外,Pan Atlantic 案之后的判例法很明显仍与对第 8 条第 1 款的解释相关。未披露或不实陈述并不必然是唯一原因。[150] 上议院的判决中有一项附带意见明确表示,应当推定存在诱导[151],但这是事实推定而非法律推定。之后,St Paul Fire & Marine Insurance Co (UK) Ltd v McDonnell Dowell Constructors Ltd 案的上诉法院判决也采纳了这一意见。[152] 如果一个事实明显是重要的[153],即使保险人无法举证,法庭也可能会合理推断保险人受到了诱导。因此,保险人可以从诱导推定中获益。[154] 这种情形通常系发生于其他保险人关于重要性的证据得到法院采纳的情况下。[155]

除此之外,保险人明显必须证明,如果它知道被保险人未披露或不实陈述的情况,就不会以同样的条款签订合同或根本不会签订合同。因为如果它仍会签订同样的合同,就表明该未披露或不实陈述并无任何影响。[156] 证明的一种方式是举证证明相关情况的披露会使保险人进一步询问一些问题,如果这些问题被正确回答的话,保险人将会以不同条款订立合同。[157] 对于诱导要

---

[149] 对这一点的介绍及对其的简要评论,参见本书第九版的第七章第十节及其参考文献。

[150] St Paul Fire & Marine Insurance Co (UK) Ltd v McDonnell Dowell Constructors Ltd [1995] 2 Lloyd's Rep. 116; Assicurazioni Generali SpA v Arab Insurance Group [2002] EWCA Civ 1642; [2003] 1 W. L. R. 577 at [59] and [87].

[151] 参见马斯蒂尔法官的判决意见,[1994] 3 All E. R. at 610 and 617,但劳埃德法官则对此强烈反对,并认为这是一种"史无前例的异端邪说"(第 637 页)。

[152] 参见前注[150]。

[153] 例如前文提到的通常被视为重要事实的例子。

[154] See St Paul Fire & Marine Insurance Co (UK) Ltd v McDonnell Dowell Constructors Ltd and Assicurazioni Generali SpA v Arab Insurance Group, above. See also Bate v Aviva Insurance UK Ltd [2014] EWCA Civ 334.

[155] 例如,参见 Marc Rich & Co AG v Portman [1996] 1 Lloyd's Rep. 430; Aneco Reinsurance Underwriting Ltd v Johnson & Higgins [1998] 1 Lloyd's Rep. 565; Insurance Corp of the Channel Islands v Royal Hotel Ltd [1998] Lloyd's Rep. I. R. 151; International Management Group v Simmonds, above and Toomey v Banco Vitalicio Espana [2004] Lloyd's Rep. I. R. 354。在其中的一些案件中,其他保险人还没有采取一切可能手段使法院听取案涉实际保险人的主张时,法院就采纳了其他保险人提供的证据,这种做法遭到了约(Yeo)法官的批评([2004] 10 J. I. M. L. 84)。

[156] 特别参见 Assicurazioni Generali SpA v Arab Insurance Group, above。

[157] International Management Group v Simmonds [2004] 1 Lloyd's Rep. I. R. 247. 在另一个案件中,被保险人未告知责任保险人自己曾经被他人提出过 500 万美元的索赔,法院认为责任保险人系受此诱导而订立合同,因为责任保险人如果知道该事实的话本会增加保险费,即使其无法证明保险费增加的具体数额亦是如此。参见 New Hampshire Insurance Co v Oil Refineries Ltd [2003] Lloyd's Rep. I. R. 386。

求的重要性，上诉法院在 Drake Insurance Plc v Provident Insurance Plc 案的判决中作出了很好的说明。[158]

此案事实略为：1996年，K 驾驶她丈夫 S 的汽车造成了交通事故。K 和 S 分别为 K 投保了责任保险。Drake 公司签发给 K 的保险单承保她经车主同意驾驶车辆时产生的责任。Provident 公司签发给 S 的保险单承保 K 作为具名驾驶人驾驶任何车辆时所产生的责任。Drake 公司在处理完毕受害第三人向 K 提出的索赔请求后，要求 Provident 公司分摊相应的份额。[159] Provident 公司则以 S 未披露 K 曾因超速驾驶被定罪为由撤销了保险合同。双方一致认为未披露这一事实在客观上具有重要性，所以案件的争点在于是否存在诱导。Provident 公司的承保政策系建立在一个机械的得分系统上，并根据特定风险分配这些分数。如果投保人的分数少于或等于 16 分，便对他收取正常保险费；超过 16 分，则加收 25% 的保险费。因被保险人过错导致事故发生的计 15 分，超速的有罪判决计 10 分，所以两种情况叠加自动导致保险费增加了 25%。K 之前曾卷入一场事故，并且 S 在 1995 年 2 月已将此事作为 K 的过错向 Provident 公司告知，但此事本身并不会导致保险费的增加，因为它只计 15 分。然而，在 1996 年 2 月续订合同时，S 未告知 K 在事故调查中被发现无过错，也未告知 K 在 1995 年因超速驾驶被定罪。若当初其告知了这两项事实，分数总计才 10 分，仍是收取正常保险费。由于两项都未告知，分数统计为 25 分，因此在续订合同时多收了保险费。

上诉法院认为 Provident 公司无权撤销合同。理由在于，Provident 公司并非因为未披露超速定罪而被诱导签订合同。如果 S 当初披露了这一事实，Provident 公司也只会收取更高的保险费，而 S 便会对此提出质疑，那么关于 K 的事故认定的错误也会因此真相大白。如果要推翻这一点的话，Provident 公司必须证明若披露了超速定罪的事实，该错误不会被发现，但它显然做不到这一点。[160]

---

　　[158] Drake Insurance Plc v Provident Insurance Plc [2003] EWCA Civ 1834; [2004] Lloyd's Rep. I. R. 277. 该案也提出了保险人最大诚信义务中的重要问题，这将会在第八章第二节中予以讨论。

　　[159] 关于份额，参见第十六章。

　　[160] 虽然这一做法对被保险人极为有利，但也有人指出这是一种危险的做法，因为它几乎相当于允许法院来签发保险单。Merkin, Insurance Law Monthly, (2004) Vol. 16 No. 2.

第二项　救济

假设保险人可以举出诱导的证据，那么其能否获得救济将首先取决于被保险人对义务的违反是否为"适格的义务违反"（qualifying breach）。这种违反可能出自故意或重大过失（reckless），也可能既非故意也非重大过失。第8条第5款将故意或重大过失的适格的义务违反界定为，被保险人明知自己违反了合理陈述义务，或者毫不关心自己是否违反了合理陈述义务。对此的举证责任由保险人承担。[161] 值得注意的是，《保险法（2015）》不同于《消费者保险（披露与陈述）法（2012）》，它未对无过失义务违反和过失义务违反作出区分，以至于在非消费者保险中，保险人在被保险人无过失义务违反的情形下也享有救济权。因此，《保险法（2015）》颇费周章地引入"适格的义务违反"这一概念并对之进行界定，看起来就有些奇怪了。

在适格的义务违反是故意或因重大过失违反义务的情形下，保险人可以撤销合同，拒绝承担对于所有索赔请求的赔付责任，且无须退还保险费。[162] 所以，《保险法（2015）》对此情形的救济规定与旧法相同，只是重大过失违约能否使保险人保留保险费这一点还不太确定。其他义务违反情形的法律后果则与《消费者保险（披露与陈述）法（2012）》的规定相似。[163] 如果保险人知道真实情况后本不会以任何条款签订合同，则可以撤销合同并拒绝赔付所有索赔请求，但必须退还保险费。[164] 如果保险人知道真实情况后本会以不同条款签订合同，那么除了有关保险费的条款，保险合同将被视为系基于保险人本会要求适用的条款而订立。[165] 因此，如果特定损失本不属于保险赔偿范围，即使保险合同依然有效，保险人也仍然无须对之承担赔付责任。但如果未披露或不实陈述的情况与实际损失完全无关，以至于无论适用何种合同条款都不会影响保险人对该损失的责任，保险人则须承担责任。如果保险人本会收取更高的保险费，那么保险人只需依实缴保险费与应缴保险费的比例对索赔请求作出赔付。[166] 不同于《消费者保险（披露与陈述）法（2012）》的规

---

[161] 第8条第6款。
[162] 附件1的第2条。
[163] 附件1的第二部分包含了在合同变更时违反合理陈述义务的救济，其救济方式实际上与此处所述内容相同。
[164] 附件1的第4条。
[165] 附件1的第5条。
[166] 附件1的第6条。

定，对于义务违反导致保险人应对某一索赔请求承担全部或部分赔付责任的情形，《保险法（2015）》没有对其进一步的法律后果作出规定。这个问题留待合同条款加以约定，而保险人似乎很有可能保留自己的合同终止权。

第三项 对违约救济的排除

很明显除了欺诈的情形，法律支持当事人通过条款排除对于合理陈述义务的违约救济，或者排除或限制合理陈述义务的范围。如下文所述，这样的做法在共同保险中十分普遍。还有一种非常重要的情形是，银行办理保险作为贷款的担保，比如为设立公司提供融资（即"公司融资保险"）。这就是 HIH Casualty & General Insurance Ltd v Chase Manhattan Bank 案中引起争议的保险类型。[167] 该案中，争议合同里包含一项名为"陈述之真实性"的条款，该条款规定，除了其他事项，被保险人没有任何义务对任何明示或默示性质的事项作出任何陈述、保证或告知（保险人明确放弃了此义务），而且被保险人或其他人的未披露不会成为免除保险人赔付义务的根据。除了被保险人欺诈性隐瞒的情形，无论是最大诚信原则还是公共政策都不能导致该条款无效。[168]

第四项 因确认而丧失撤销权

如果保险人选择使合同继续存在并对之作出了确认，那么其就放弃了基于被保险人违反合理陈述义务而可能享有的合同撤销权。相对较近的判例法[169] 阐明了这种情形下的要求。保险人必须是实际知道而非被推定知道相关事实，以及自己享有合同撤销权。保险人拥有一段用以作出决定的合理期间，并且必须通过语言或行为向被保险人明确通知[170] 其作出了知情的确认选择。通知是否明确取决于一个理性人处于被保险人地位时如何解释保险人

---

[167] HIH Casualty & General Insurance Ltd v Chase Manhattan Bank [2003] UKHL 6; [2003] Lloyd's Rep. I. R. 230.

[168] 上议院未就代理人投保欺诈时条款是否有效的问题表达明确意见。

[169] Insurance Corp of the Channel Islands v Royal Hotel Ltd [1998] 1 Lloyd's Rep. I. R. 151; Spriggs v Wessington Court School Ltd [2004] EWHC 1432 (QB); [2005] Lloyd's Rep. I. R. 474. See also Scottish Coal Co Ltd v Royal & Sun Alliance Plc [2008] EWHC 880 (Comm); [2008] Lloyd's Rep. I. R. 718.

[170] 在责任保险当中，向受害第三人通知是不够的。See Spriggs v Wessington Court School Ltd, above.

的语言或行为。迟延通知本身不足以构成确认,但如果被保险人因迟延受到损害或该迟延只能被解释为保险人的确认时,则迟延可以构成确认。另外,保险人的任何使被保险人合理相信保险人打算继续承保的行为,都足以构成确认。这可以包括虽然拒绝赔付一项索赔请求但未撤销合同且未返还保险费、提供了暂时赔付、接受了保险费并就保险标的向被保险人作出了说明。

第十节 对《保险法(2015)》的约定排除适用

如前所述,非消费者保险合同可以约定排除《保险法(2015)》中许多规定的适用,包括第二部分的合理陈述义务。但前提是其必须满足第17条的要求。[171] 根据该条,在保险合同订立或合意变更之前,保险人必须采取足够的措施使被保险人注意到《保险法(2015)》中所称的"不利条款"(disadvantageous term),而且该条款必须是清楚明确且毫不含混的,除非被保险人或其代理人在合同订立或变更时已经实际知悉该条款的存在。根据第17条第4款,在确定这些要求是否得到满足时,必须考虑被保险人的身份特征和交易的实际情况。第17条第4款的适用很明显对那些不使用经纪人或类似中介人服务,以及甚至可能像消费者那样线上订立保险合同的非消费者具有特殊的重要性。

就合理陈述义务而言,完全或部分排除适用法案中的相关规定显然是可能的,例如约定在所有情况下都保留保险人传统意义上的合同撤销权。不可能的则是简单排除《保险法(2015)》的适用,并约定适用《海上保险法(1906)》第18条到第20条的旧法规定。原因在于,后者及与之具有相同法律后果的法律规则已经被前者所废除。[172] 然而,保险合同原则上则可以如旧法及《保险法(2015)》界定的那样,明确约定告知重要事实且不作重要陈述的先合同义务,并约定保险人无须证明诱导即享有合同撤销权。利用合同自由来排除法律适用这一行为未来的发生频率如何,仍有待观察。但法院很可能会认为,保险人援引排除适用法案规定的条款相当于其违反了诚信义务。这将在第八章第二节中进一步讨论。

---

[171] 第16条第2款。值得注意的是,第18条对团体保险合同设置了同样的要求。
[172] 第21条第2款和第3款。

第十一节 共同保险中的未披露和不实陈述

共同保险中的未披露和不实陈述引发了一些有趣的问题。总的来说,这些问题并未受到前文讨论的制定法改革的影响,法律委员会没有在此方面作出任何提议,其表示希望继续由法庭以灵活的方式处理这个问题。[173] 如前所述[174],共同保险或复合保险意味着,在一份保险单项下有不止一方对其各自的利益享有保险保障,如抵押人和抵押权人,以及一项建设工程项目所涉的各方,是由同一份财产保险保障其各自不同的利益。

与此相关的问题在于,当其中一位共同被保险人违反合理陈述义务时,保险人是仅针对该共同被保险人享有救济权,还是针对全体被保险人均享有救济权。[175] 如果保险单是一份单一的合同,那么保险人可以主张其应当被允许享有针对所有被保险人的救济权,因为保险人就总体风险受到了误导。原则上仅当保险单依合理解释包含了数个独立的合同时,保险人才只能针对某个共同被保险人享有救济权。[176]

然而,在有关单一合同的 Woolcott v Sun Alliance & London Assurance 案[177]中,保险人却被允许在已经就抵押权人的利益对抵押权人进行补偿后,依照以前的法律撤销与抵押人之间的保险合同。当事人本可以提出保险人已经通过赔付抵押权人而放弃了撤销整个合同的权利,但事实上却没有提出。与此类似,在 New Hampshire Insurance Company v MGN Ltd 案[178]中,上诉法院也认为当多个被保险人属于公司集团的不同成员时,保险人无权针对无过错的被保险人撤销保险合同。法院依据的是上议院对 P Samuel & Co Ltd

---

[173] 法律委员会 2014 年 11 月 20 日发布的一份文件中特别提及了这一点,当时议会正在对《保险议案》(Insurance Bill)进行讨论。

[174] 参见第四章第一节。

[175] 如果某人仅是保险合同的受益人而不是共同被保险人,那么根据《保险法(2015)》第 4 条第 7 款,其所知道的信息实际上被视为被保险人知道的信息。

[176] 在共同保险单是一个单一合同的情形下,虽然保险人可以对各方承担不同的义务,但仍然很难得出保险人如何能够仅针对其中一方撤销合同的结论,参见 Federation Insurance v Wasson (1987) C. L. R. 303。

[177] Woolcott v Sun Alliance & London Assurance [1978] 1 All E. R. 1253; 参见第七章第十一节。

[178] New Hampshire Insurance Company v MGN Ltd [1997] L. R. L. R. 24。

v Dumas 案的判决。[179] 此案中的索赔请求系由船舶经纪人这一海上船体保险的具名被保险人，为了船舶所有人和船舶抵押权人的利益所提起。该船在抵押权人不知情的情况下被船舶所有人凿沉。保险人主张保险单是一体的，但是上议院则认为这是共同保险，因此即便船舶所有人实施了欺诈行为，抵押权人作为无过错的被保险人也有权获得赔付。在 New Hampshire 案中，斯托顿（Staughton）法官指出，案件的关键问题在于保险合同究竟是一个单一的合同还是包含数个独立的合同。他说道：

"严格来说，由于保险保障的公司不止一个，因此应该弄清楚保险合同究竟是一个还是多个。如果是前者的话，保险人可以基于未披露而仅对其中一个或几个被保险人撤销保险合同，并继续维持与其他被保险人之间的合同效力吗？"[180]

然而，他觉得法院无须处理这个问题，因为 Samuel v Dumas 案中确立的有关共同被保险人故意不当行为的原则应当同样适用于未披露的情形。但从他的评论中明显可以看出他认为该案中存在数个独立的合同。至少从公平的角度而言，该判决可能是正确的；在众多共同被保险人中仅有一位未告知与风险相关的事实时，允许保险人撤销整个合同或行使其他救济权不可能是公平的。然而，这并不足以解决斯托顿法官本人所认识到的问题，即事实上是有一个合同还是数个合同。

该问题在 Arab Bank Plc v Zurich Insurance Co 案中再一次得到了探讨。[181] 在该案中，一家房产代理公司的客户因公司总经理的过失估值行为获得胜诉判决，其诉讼请求是依据《第三方（对保险公司的权利）法（1930）》[182]从后者的保险人处获得赔偿。总经理是其保险项下的一位共同被保险人，在事实上无争议的是他未向保险人告知自己曾卷入欺诈估值行为这一重要事实。里克斯（Rix）法官认为该保险人无权对公司撤销保险合同。争议双方一致认为，案涉的专业人员补偿保险承保的是彼此独立的不同利益，并且保险条款特别载明，在被保险人没有共谋欺诈的情形下，其中一位共同被保险人的不诚实行为不影响其他共同被保险人获得保险赔付。这一点连同保

---

[179] P Samuel & Co Ltd v Dumas［1924］A. C. 431 (HL).

[180] New Hampshire Insurance Company v MGN Ltd［1997］L. R. L. R. 24 at 57–58.

[181] Arab Bank Plc v Zurich Insurance Co［1999］1 Lloyd's Rep. 262. 对此判决的详细研究，参见 See Birds［1999］J. B. L. 151.

[182] 关于《第三方（对保险公司的权利）法（1930）》，参见第二十章。

险单中关于保险代位权和对于无过失未披露之处罚的一般条件的条款一起，为法官判决保险人对无过失的公司承担责任提供了依据。[183] 然而，他又继续谈到，争议保险单事实上涉及的是保险人和各个共同被保险人之间的数个彼此独立的合同，保险人不得仅因其中一位被保险人的不诚实行为就撤销与所有被保险人之间的合同。他指出，这应当是所有复合保险的"表面"状态，而无须对条款加以细致审慎的研析。恕笔者直言，这一观点似乎太过宽泛。里克斯法官不必解决这个问题，因为对于该案中的这一特殊合同而言，依其条款就有足够的证据否认合同的撤销。如果要依据法律规则解决问题，一个合同还是数个合同的问题无疑是重要的；"所有的此类保险都当然地不是由一个合同而是由数个合同组成"这一说法，无法令人满意。

然而，在 FNCB Ltd v Barnet Devanney (Harrow) Ltd 案[184]中，这种观点似乎至少得到了上诉法院的默认。此案涉及一份复合保险，其系由被告经纪人代表原告银行及其抵押人所订立。抵押人被发现未披露重要事实，保险人因此撤销了保险单。银行索赔所获得的赔偿未使抵押贷款得到全额清偿，银行因而试图要求经纪人填补差额部分。银行主张经纪人由于未确保保险单中订入了抵押权人保护条款，违反了义务。该保险合同生效于 1987 年，在当时将这样的条款订入保险合同，以在抵押人无法有效提出索赔时保障无辜的抵押权人享有的合同权利，是一项普遍的实践。初审法院拒绝认定经纪人具有过失，其援引 New Hampshire 案的判决认为抵押权人保护条款是无必要的，因为银行在任何情况下都可以获得免于被撤销合同的保护。上诉审中，上诉法院则支持了银行的请求，并指出 New Hampshire 案的判决无法适用于 1987 年生效的保险合同。然而对于所有复合保险如今都被视为包含数个独立合同这一原则，法院并未提出任何疑问。尽管这一原则经常受到对保险单条款合理解释的限制[185]，以及可以认为这一原则由于太过重要而不能被如此草率地

---

[183] 保险人进一步主张总经理对于欺诈的知悉应当被视为公司对欺诈的知悉，但这一主张同样被驳回。代理人欺诈的法律后果永远不能归属于被代理人，参见第十二章第四节。可以说即便是里克斯法官所依据的保险单条款也无法为其结论提供真正的依据，参见 Birds [1999] J. B. L. 151.

[184] FNCB Ltd v Barnet Devanney (Harrow) Ltd [1999] Lloyd's Rep. I. R. 459.

[185] 此情形的一个近期例证，参见上议院的裁判意见，Brit Syndicates Ltd v ltalaudit SpA [2008] UKHL 18; [2008] Lloyd's Rep. I. R. 601.

处理,但也必须将它视为已经得到解决。[186]

第十二节 持续性的最大诚信义务

到目前为止,本章已仔细研究了最大诚信原则,本节将对之进行回顾。最大诚信原则最初由曼斯菲尔德法官在 Carter v Boehm 案[187]中提出,后被《海上保险法(1906)》第 17 条予以法典化,该条对被保险人施加了先合同的披露义务,但其已被最近通过的成文法在不同程度上修改。本书下一章将分析它是否及如何对保险人施加义务。现阶段要考虑的是该原则之持续效力的程度如何。尽管以前的判例法很少涉及这一点,但它也的确是在近三十年才成为一个重要的问题。

第 17 条规定违反最大诚信原则的救济措施是撤销合同,这意味着合同自始无效,但如此规定引起了麻烦和争议,因为在合同存续期间内违反该原则一般不应溯及既往地撤销整个合同。《保险法(2015)》的生效在很大程度上解决了这些问题,因为《海上保险法(1906)》第 17 条的相关词句被《保险法(2015)》第 14 条第 3 款第 a 项所删除,并且根据第 14 条第 1 款,所有允许保险合同一方当事人以另一方未履行最大诚信义务为由撤销合同的法律规则都已被废除。因此,本书不再讨论《保险法(2015)》生效之前存在的这一类问题。[188]

很明显最大诚信原则的确具有持续性的效力[189],但是此种持续性的最大诚信义务的确切性质却并不完全清晰。判例法中对之讨论最多的是其对索赔欺诈的效力,但由于《保险法(2015)》第四部分对于索赔欺诈的具体规定,最大诚信义务如今与索赔欺诈已几乎不再相关。这些内容会在之后于第十四章进行讨论。在建议保留最大诚信原则但取消违反该原则所致的撤销合同的法律后果之时,法律委员会认为该原则在适当情况下仍可继续由法院

---

[186] 也可以认为是法院为了克服在保险人向共同被保险人行使保险代位权情形下的深思熟虑原则(properly thought-out principle),而支持了基于商事便捷的主张。这一问题在本书第四章和第十七章中有详细讨论。
[187] 参见第七章第四节。
[188] 本书第九版的第七章第十六节讨论了此问题。
[189] See The Star Sea [2001] UKHL 1; [2001] 2 W. L. R. 170,下文对此案有讨论。

予以发展。⑩ 在一定程度上可以肯定地说,仅在被保险人违反对保险人的信息提供义务时,最大诚信原则才会得以适用。在具有指导性的 Manifest Shipping Co Ltd v Uni Polaris Shipping Co Ltd (The Star Sea)案⑪中,霍布豪斯(Hobhouse)法官确认道,"最大诚信是一项公平交易原则,其并不在合同成立之后即告消灭",但他同时也指出,"遵守诚信原则这一义务在不同情形下有不同的适用方式和内容"。据此,The Star Sea 案的判决结果是,诉讼程序一旦开始,基于诚信原则的后合同义务即告消灭。该判决得到了之后两个判例的严格遵循,即 K/S Merc-Scandia XXXXII v Certain Lloyd's Underwriters (The Mercandian Continent)案⑫和 Agapitos v Agnew (The Aegeon)案⑬。但这两个判例都与索赔欺诈有关,而如上所述,索赔欺诈如今已由《保险法(2015)》所明确规范。

如前所述,无论是依据《海上保险法(1906)》中的普通法判例,还是《消费者保险(披露与陈述)法(2012)》或《保险法(2015)》中的规定,被保险人都无疑仅在保险合同订立、续订或变更之前负有披露重要情况的一般性义务。在普通法上,被保险人并不负有披露发生在保险期间内之重要事实的一般义务。对此的权威判例是古老的 Pim v Reid 案⑭。该案中,被保险人改变了自己的生意,并因此导致大量高度易燃材料被带入被保建筑当中。法院认为,被保险人未向保险人披露该事实是不可诉的。尽管特定的"风险增加条款"通常会以合同明示条款的形式出现,但这一普通法上的基本立场最近还是在 Kausar v Eagle Star Insurance Co Ltd 案⑮中得到了上诉法院的确认,接下来的第十三节会对风险增加条款进行分析。

---

⑩ 有观点可能认为的确无必要保留该原则,因为保险人能够依照其意愿通过拟定明确的条款来处理任何问题。

⑪ 参见前注⑩。

⑫ K/S Merc-Scandia XXXXII v Certain Lloyd's Underwriters (The Mercandian Continent) [2001] EWCA Civ 1275; [2001] Lloyd's Rep. I. R. 802.

⑬ Agapitos v Agnew (The Aegeon) [2002] EWCA Civ 247; [2002] Lloyd's Rep. I. R. 573.

⑭ Pim v Reid (1843) 6 M. & G. 1.

⑮ Kausar v Eagle Star Insurance Co Ltd [1997] C. L. C. 129, 以及参见霍布豪斯法官在 The Star Sea 案([2001] UKHL 1; [2001] 2 W. L. R. 170 at [48])中的附带意见。

第十三节　风险增加条款

上文提到,某些保险合同尤其是火灾保险,在实践中的确给被保险人创设了告知保险期间内发生的、实质性增加了承保风险之事实的义务。[196] 虽然并非总是如此,但设定这些义务的条款通常是一项允诺性保证。尽管第九章将会对允诺性保证进行一般性的分析,但由于这类条款显然创设了一种与通过最大诚信原则设定的义务相类似的告知义务,因此在此处对之予以讨论是合适的。[197]

如同其名称一样,一项单纯的风险增加条款仅在风险的增加具有持续性和惯常性的情形下方可适用。[198] 在 Shaw v Robberds 案[199]中,火灾保险承保的是一个带有玉米烘干窑的粮仓。被保险人曾有一次允许第三人用该烘干窑烘树皮,此举引发了火灾,从而导致保险人和被保险人之间发生纠纷。尽管保险合同中含有风险增加条款,但法院认为保险人应当承担责任。理由在于这种风险的变化仅仅是一时的。因此,尽管烘树皮本身是一项比烘玉米危险得多的活动,但此时并不适用风险增加条款。

是故,如果保险人想要就暂时的风险增加也获得告知,那么它就必须在合同中加入一项明确对此作出约定的条款。[200] 同样值得注意的是,建筑物火灾保险中的条款可能仅与建筑物本身的改变有关,而不涉及任何可能导致风险增加的该建筑物内容物的改变。[201] 保险人在用通俗易懂的条款替代传统条款时也必须谨慎。在 Kausar v Eagle Star Insurance Co Ltd 案[202]中,商铺保险合同中的一项条款规定:"您必须告诉我们任何使受损风险增加的情况的改变。在我们书面同意接受风险增加之前,您不享有保险单提供的保障。"法院

---

[196] 有证据表明,这样的义务更多的是由家庭财产保险的保险人所创设。Kausar 案的判决指出,保险人需要以清楚明确的措辞设定该义务;参见下文。

[197] 对此的精细比较研究,参见 Clarke,"Aggravation of risk during the insurance period"[2003] L. M. C. L. Q. 109。

[198] 关于该格式条款之适用的近期判例,参见 Forrest & Sons Ltd v CGU Insurance Plc [2006] Lloyd's Rep. I. R. 113。

[199] Shaw v Robberds (1837) 6 A. & E. 75. 对比 Farnham v Royal Insurance Co [1976] 2 Lloyd's Rep. 437。

[200] See, e.g. Glen v Lewis (1853) 8 Ex. 607.

[201] Exchange Theatre Ltd v Iron Trades Mutual Insurance Co Ltd [1984] 1 Lloyd's Rep. 149; see [1984] J. B. L. 363.

[202] Kausar v Eagle Star Insurance Co Ltd [1997] C. L. C. 129.

认为,在被保险人未向保险人告知承租人和(非法)次承租人威胁要破坏商店的情况下,该条款并不适用。[203] 这一判决与最近的 Ansari v New India Assurance Ltd 案[204]的判决有所区别。在该案中,相关条款的关键部分表述为:

"若投保单上陈述的事实发生任何重要变化,除非保险人书面同意继续承保,否则保险单的效力终止。"

投保单上载明,被保建筑物有自动消防系统加以保护,但在某一时刻该系统却因为维护和修理以外的原因被关闭了。上诉法院将"重要"解释为当事人订立保险合同时的合理预期范围以外的风险改变[205],进而认为适用这一条款是为了减轻保险人的责任。

火灾保险单中经常设定的一项类似的特定告知要求,与被保财产处于闲置状态达一定期限有关,并且要求被保险人将该事实报告给保险人。法院认为,闲置(unoccupancy)是指被保建筑物内没有人的存在。[206] 因此,除非无人存在只是暂时性的,如被保险人出门度假,否则只要被保建筑物内事实上无人有规律地每日出现,该建筑物即为闲置。[207]

---

[203] 这一结果或许可以基于"这在何种情形下都不构成持续性的风险增加"而得到证成。See also Scottish Coal Co Ltd v Royal & Sun Alliance Plc [2008] EWHC 880 (Comm); [2008] Lloyd's Rep. I. R. 718.
[204] Ansari v New India Assurance Ltd [2009] EWCA Civ 93; [2009] Lloyd's Rep. I. R. 562.
[205] 上诉法院驳回了一项有利于保险人的主张,即应当更多地依照先合同披露义务中"重要"的含义来解释此处的"重要"。
[206] Marzouca v Atlantic and British Commercial Insurance Co Ltd [1971] 1 Lloyd's Rep. 449.
[207] Winicofsky v Army and Navy General Insurance Co (1919) 88 L. J. K. B. 111.

第八章　保险人的诚信义务

我们在上一章了解到法律基于最大诚信原则历来为被保险人设定了严格的披露义务,但该义务已被近来颁布的成文法废止或修改。本章要探讨的问题是,最大诚信原则是否同样适用保险人及其适用程度如何。由于《海上保险法(1906)》第 17 条规定保险人和被保险人双方均须遵守最大诚信原则,因而可以认为对该问题的初步回答是肯定的。虽然保险人的确也负有披露义务,但我们会发现该义务的适用在现实中受到了某种程度的限制。保险人究竟负担何种程度的诚信义务无疑是不清楚的。

第一节　保险人的最大诚信义务和披露义务

最大诚信的要求一直以来都被认为适用于保险合同的双方当事人①,换句话说,它对保险人施加了与被保险人一样的披露义务。然而,直到 Banque Financière de la Cite SA v Westgate Insurance Co Ltd 案②的重要判决作出之前,这一点似乎都没有任何实际意义。在这个引人注目的案件中,初审法官作了一个大胆的尝试,其将披露义务适用于保险人,通过要求保险人承担违反义务的损害赔偿责任来使该义务真正具有法律约束力。然而,虽然上诉法院和上议院皆认可保险人之披露义务的存在,但它们却认为针对该项违约的

---

① 参见曼斯菲尔德法官在 Cater v Bohem 案([1766] 3 Burr. 1905)中的开创性判决;亦参见法韦尔(Farwell)法官在 Bradley and Essex and Suffolk Accident Indemnity Society 案([1912] 1 K. B. 415)中的判决。

② Banque Financière de la Cite SA v Westgate Insurance Co Ltd [1991] 2 A. C. 249, 该判决对上诉法院的判决([1990] 1 Q. B. 665)作出了确认,同时推翻了初审法院的判决(Banque Keyser Ullman SA v Skandia Insurance Co [1987] 1 Lloyd's Rep. 69)。

唯一救济方式是传统的合同撤销。③ 鉴于《保险法(2015)》废除了《海上保险法(1906)》第 17 条中"合同任何一方违反最大诚信义务,另一方都可以撤销合同"的规定,因而在解读该判决时应当考虑到这一点。然而,由于最大诚信原则得到了保留,这因此并不只是一个学术上的争议问题。

在 Banque Financière de la Cite SA v Westgate Insurance Co Ltd 案中,多家银行一致同意提供一些超高额的贷款,但其要求的一项特别条件是,在实际提供贷款之前订立有约束力的信用保险合同。负责安排保险的保险经纪公司的经理欺诈性地向银行出具了暂保单,暂保单显示第一笔贷款系由信用保险全额承保,但实际只是部分承保。几个月后,高级承保人发现了这一事实并且意识到这几个月内的保障范围存在一个巨大的缺口,但该缺口在其发现事实之时大部分已得以填补。他没有把该情形告知银行,银行则继续发放贷款。后来,借款人未能按约偿还任何贷款,从而证明这一整个机制实际是借款人的重大欺诈。除了向经纪人提出索赔请求(该请求已经得到处理),银行还请求获得保险赔付。然而,法院驳回了银行的保险赔偿请求④,依据在于保险合同中有一项条款排除了保险人对"由任何个人、企业、组织或公司的欺诈、试图欺诈、不实描述、欺骗行为所直接或间接导致或引发的任何索赔请求"的赔付责任。之后,银行又以保险公司未向其披露经纪公司的欺诈为由,起诉保险公司要求其承担损害赔偿责任。初审法院基本支持了其诉讼请求。上诉法院准许了涉案的其中一位保险人的上诉请求,认为尽管保险人违反了披露义务,但对该义务违反的唯一救济方式是撤销保险合同和退还保险费,而不是损害赔偿。

其中一家银行上诉到上议院后,上议院作出了截然不同的判决。上议院

---

③ 该案的部分问题是,就最大诚信和披露义务而言,其在纯保险领域涉及的实际是对纯粹经济损失的侵权损害赔偿请求。该问题产生于上级法院对于纯粹经济损失的侵权法救济持严格态度之时,而且可能由于特殊的保险特征被实质上忽略,而相应地无法获得救济。此前曾明确讨论过未披露之救济的唯一一个其他的英国判例是 Glasgow Assurance Corp v Symondson 案([1911] 16 Com. Cas. 109)。在此案中,斯克鲁顿(Scrutton)法官认为唯一的救济方式是撤销合同。然而,尽管上诉法院在 Banque Financière 案中支持了该意见,但该意见明显只是判决书中的附带意见而已。

④ 在这场诉讼中,银行承认了自己不能基于保险合同要求赔偿。这或许是不幸的。因为如果银行没有这样承认的话,它们本可以主张保险人的未披露排除了其类比 Curtis v Chemical Cleaning and Dyeing Co([1951] 1 K. B. 805)案等类似案件而援引责任免除条款的权利。然而,即便如此,银行也仍然需要克服因果关系的难题;上议院讨论并解决了因果关系的问题,参见下文。

认为,银行遭受的损失并非保险人违反披露义务所致。由于保险经纪人的欺诈并未导致保险金请求权的产生,故其欺诈行为不属于上述保险免责条款列举的欺诈行为。因此,保险人既不能以经纪人欺诈为由拒绝承担保险责任,也不负有任何对被保险人的披露义务,因为对于"相对方代理人在之前的交易中违反其对被代理人所负义务"这一信息,缔约磋商中的一方当事人无义务向相对方披露。所以,任何未披露该欺诈的行为都与银行的损失之间不存在因果关系。银行损失的唯一原因在于借款人的欺诈,该欺诈行为能够为前述保险免责条款所包含。但上议院也的确对上诉法院提出的一项判决理由表示赞同,即保险人对被保险人负有先合同义务中的披露义务,但披露内容仅限于对风险或索赔请求的可赔付性而言具有重要性的事项。违反该义务并不能使被保险人取得合同法或侵权法上的损害赔偿请求权。

即使该判决关于因果关系的认定是正确的⑤,但由于其确立的保险人披露义务相当狭窄,救济方式也仅限于撤销合同和退还保险费这些相当无效的救济,因而也仍然令人感到失望。就保险人的披露义务而言,它似乎延伸到了保险人知悉的所有重要事实,这些事实要么是对被保险人寻求保险保障的风险性质而言具有重要性的事实,要么是对保险单项下的索赔请求的可赔付性而言具有重要性的事实。对于索赔请求的可赔付性,谨慎的被保险人在决定是否找保险人就该风险投保时会予以考虑。⑥ 上诉法院得到

---

⑤ 这可能是值得怀疑的;参见 Trindade 案([1991] 107 L. Q. R. 24),并对比不同情况下的 Swingcastle v Alistair Gibson 案([1991] 2 A. C. 223)。

⑥ 这是上诉法院对于保险人披露义务的描述,并且获得了上议院布里奇(Bridge)法官的明确支持,与此同时,上议院布兰登(Brandon)法官和阿克纳(Ackner)法官也对布里奇法官的意见表示赞同。但坦普尔曼(Templeman)法官认为,没必要因为保险人负有基于最大诚信与投保人进行交易的义务,就考虑保险人是否负有披露义务。祖斯(Jauncey)法官则在非常狭窄的意义上描述了保险人的披露义务,即保险人的披露内容限于能够降低风险的事实,如保险人知道作为保险标的的房屋已被毁坏。该意见是其参考曼斯菲尔德法官在 Carter v Bohem 案这个著名案件中的判决所得出。该案中,保险人明知船舶已经到达目的地却仍同意承保该船的航行风险。在祖斯法官看来,保险人的披露义务不能延伸到经纪人欺诈的情形,因为该情形既没有增加也没有减少被保险人的风险。此外,当事人也无义务披露自己在合同成立之后才知道的后续发生的事实,但其总是要受到例外情形的限制,如船舶进入战争区域或者被保险人未披露与索赔有关的全部事实。或许他在此处想到了 The Litsion Pride 案([1985] 1 Lloyd's Rep. 437)的判决(参见第十四章第十二节),但他并没有援引该案。案件初审时,斯泰恩法官提到的是一项广泛得多的义务:"在适当的情况下,它将包括特别为保险人所知道的,保险人知道被保险人不知道且无法发现,但又对被保险人决定是否订立保险合同具有影响的重要事实。我认为在考虑给定案件中的披露义务是否被触发时,法院应当通过询问一个简单的问题来对其暂时的结论进行检验,即诚实信用和公平交易原则是否要求披露。"[1987] 1 Lloyd's Rep. at 97.

上议院赞同⑦的一项论证理由,即关于为何违反披露义务无法导致损害赔偿责任的理由,无法令人信服。法院在否定斯泰恩(Steyn)法官对"有权利必有救济"(ubi jus ibi remedium)原则的采纳时阐明,损害赔偿请求权的成立以违约、侵权、违反成文法或违反信义关系(fiduciary relationship)为必要。该案中,后两项请求权基础明显不适用。⑧ 披露义务并非源自保险合同中的默示条款,因而不存在违约。这种分析似乎是可以接受的。⑨ 由此便仅剩最后一项理由,即违反披露义务本身构成侵权。⑩ 但上诉法院及采纳上诉法院观点的上议院,并不愿意创设这样一种新的侵权行为。其根本理由在于并无权威判例对此提供支持,但为何这一点应当起决定性作用则并不清楚⑪,此外还有至少四项更深层次的理由。第一项理由与对未披露重要事实进行救济的衡平法起源有关。恕笔者直言,该理由看起来相当奇怪。披露义务系起源于曼斯菲尔德法官所在的普通法法院。⑫ 第二项理由系依据一项事实,即对于撤销合同而言,(被保险人未披露)对实际保险人是否具有影响,或者(保险人未披露)对实际被保险人是否具有影响都是无关紧要的。⑬ 而损害赔偿责任则并非如此。这一点导致将救济方式转变为一方承担损害赔偿责任会存在困难。尽管实际被保险人(或实际保险人)若能证明自己因未披露实际遭受了损失,这几乎就无法被视为一项难以克服的困难,但在当时这种观点可能是正确的。鉴于 Pan Atlantic Insurance Co Ltd v

---

⑦ Especially at [1990] 1 Q. B. 773–781.

⑧ 或许还可以对保险合同关系是否构成准信义关系进行更多探讨,但上议院明显不会考虑该项主张。

⑨ 似乎相当明显的是,最大诚信原则和由之产生的披露义务历来就是保险合同的固有性质,认为它是基于一般合同意义上的默示条款是不合适的;但是,不同观点参见 Matthews, "Uberrima fides in modern insurance law", in New Foundations for Insurance Law, ed. Rose (1987), at p. 39.

⑩ 这和基于过失的侵权主张极为不同。该主张当然也未得到支持,而且如前所述,上议院也几乎没怎么提到这一点。

⑪ 有一些现代案件中,法官实际上已经创设了之前没有的新的侵权损害赔偿救济,如 Seager v Copydex 案([1967] 2 All E. R. 415; [1969] 2 All E. R. 718) 和 Fraser v Thames Television 案([1983] 2 All E. R. 101),这些案件对违反保密义务的行为判处了损害赔偿。另外,在保险法领域,上议院也极为乐意通过在被保险人的披露义务中引入诱导要求来创设新的法律规则,如 Pan Atlantic Insurance Co v Pine Top Insurance Co 案([1994] 3 All E. R. 581),参见第七章第九节第一项。

⑫ 参见第七章第三节第一项,但上议院在上述 Pan Atlantic 案中已经重申了这一点。

⑬ See Container Transport International v Oceanus Mutual Underwriting Association (Bermuda) Ltd [1984] 1 Lloyd's Rep. 476; 参见第七章第八节。

Pine Top Insurance Co 案⑭的判决认为被保险人未披露只有在对保险人造成影响的情况下,保险人方得主张救济,第二项理由明显不再成立。

上诉法院所依据的第三项理由是,《海上保险法(1906)》并未提及违反最大诚信义务(第 17 条)或者被保险人未披露(第 18 条)可以产生损害赔偿责任。恕笔者直言,这项理由非常拙劣,上议院采纳该理由实在是令人意外。《海上保险法(1906)》仅仅是对特定时期所发展出的法律的汇编。因此,冒昧地说,"如果议会将损害赔偿作为一种救济方式,'它肯定会明确表达出来'"⑮这种说法着实是无稽之谈。第三项理由所持的观点还在 Pan Atlantic Insurance Co Ltd v Pine Top Insurance Co 案⑯的判决中得到了强化,上议院在此案中的确援引了《海上保险法(1906)》⑰。第四项理由,法院提到了这样一个事实:损害赔偿的救济要求违约行为和损害之间具有关联性,而违反披露义务的救济又有着不以过错为要件的严苛性,因而会引发法律适用的困难。这种认识虽然更具说服力,但并不完全成立,因为违约方毕竟可以在没有任何过错或其他可归责性的情况下向合同相对方承担损害赔偿责任。

总之,该案的论证至少在部分程度上是非常没有说服力的,并且给人一种司法机关十分懦弱的印象。⑱ 作为一件不可避免的事情,它之后又在 Aldrich v Norwich Union Life Insurance Co Ltd 案⑲的判决中得到了遵循。该案中,上诉法院驳回了一项以劳合社之名向保险人提起的索赔请求。该保险人为劳合社的承保人提供了一项实为担保的计划,而且其中还包括一份生死两全寿险作为计划的组成部分。原告主张保险人未披露即将导致劳合社遭受损失的重要事实。但法院认为这些事实对保险而言并不重要,且保险人在任何情况下都没有义务披露可能诱导某人订立保险合同的事实,或者以保险

---

⑭ Pan Atlantic Insurance Co Ltd v Pine Top Insurance Co [1994] 3 All E. R. 581;参见第七章第九节第一项。

⑮ [1990] Q. B. at 781.

⑯ Pan Atlantic Insurance Co Ltd v Pine Top Insurance Co [1994] 3 All E. R. 581.

⑰ 系在认为诱导是第 18 条和第 20 条中的一项隐含要求之时援引。我们将在最后一章看到,诱导如今是成文法上的一项要求。

⑱ 除了已经引用的评论,其他有用的一般性评论,参见 Kelly, "The insured's rights in relation to the provision of information by the insurer", (1989) 2 Ins. L. J. 45; Yeo, "Of reciprocity and remedies: duty of disclosure in insurance contracts" (1991) 11 L. S. 131; Fleming, (1992) 108 L. Q. R. 357.

⑲ Aldrich v Norwich Union Life Insurance Co Ltd [2000] Lloyd's Rep. I. R. 1.

合同为其组成部分的组合交易的事实。[20] 此外，原告也不得主张损害赔偿。虽然 Banque Financière 案的判决本来预示着保险法上的诚信义务将得以广泛化这一令人振奋的司法发展，但不幸的是这如今看来已不再可能发生。

第二节　诚信原则对撤销权的限制

根据刚刚讨论的一些判决或许可以认为，保险人实际并不负有最大诚信义务，而且甚至连一般的诚信义务也不负有。然而，近期的判例法在另一种情境下提出了保险人最大诚信义务的问题，即前一章讨论的保险人基于被保险人未披露和不实陈述享有的合同撤销权的行使，是否需要符合诚实信用的要求。当然，根据上一章讨论的成文法改革，消费者和非消费者保险中的这种合同撤销权如今都受到了极大限制，但在某些情形下这两种保险中仍可能存在传统意义上的合同撤销权。此外，如同第七章第十节谈到的，在非消费者保险中，保险人可能会想通过合同排除《保险法（2015）》的适用，以使自己获得比法案规定更加广泛的撤销权，因此这里讨论的问题仍有意义。

尽管之前的判例中有一些对此效果的暗示[21]，但法院第一次明确提出该问题并对之明确发表意见则是在 Strive Shipping Corp v Hellenic Mutual War Risks Association 案[22]中。之后，该问题又再一次出现在了 Brotherton v Aseguradora Colseguros SA (No. 2)案[23]中。在这两个案件里，被保险人都没有向保险人披露自己在投保时正因被指控欺诈而接受调查。后来所有指控都被证明是不成立的。然而，该调查被认为具有重要性。被保险人则主张保险人在这种情形下行使合同撤销权违反了最大诚信义务。在 Strive Shipping Corp 案中，科尔曼法官认为在行使撤销权为不合理的情况下可以排除撤销权的行

---

[20] 但值得注意的是，埃文斯（Evans）法官明显是在有些不情愿的情况下得出这一结论的（前注[19]第 10 页至第 11 页）。

[21] Pan Atlantic Insurance Co v Pine Top Insurance Co［1995］1 A. C. 501 at 555 per Lord Lloyd; Kausar v Eagle Star Insurance Co Ltd［2000］Lloyd's Rep. I. R. 154 at 157 per Staughton LJ.

[22] Strive Shipping Corp v Hellenic Mutual War Risks Association［2002］EWHC 203 (Comm);［2002］Lloyd's Rep. I. R. 669.

[23] Brotherton v Aseguradora Colseguros SA (No. 2)［2003］EWCA Civ 705,［2003］Lloyd's Rep. I. R. 758.

使[24]，但上诉法院在 Brotherton 案中则对该观点表示反对。后者认为，被保险人所掌握的未披露给保险人的信息在订立保险合同时具有重要性，因而使得保险人有权撤销保险合同。被保险人不得在之后又试图推翻这一重要性。

然而，由不同审判人员组成的上诉法院在 Drake Insurance Plc v Provident Insurance Plc 案[25]中则持不同意见。第七章第九节第一项已经描述了此案的事实，其涉及实际使保险人获益的先合同未披露行为。里克斯法官在承认关于该问题不存在有约束力的判决先例的同时，认为想要撤销合同的保险人并不能盲目地依赖撤销权这一救济，而必须证明这样做存在合理客观的理由。此外，保险人还必须援引订立合同时的事实来证明行使撤销权的正当性。克拉克法官赞同该观点，但皮尔(Pill)法官则持反对意见。皮尔法官指出，真正重要的是对风险的实际陈述，而非保险人之主张的现实性。一般认为，法庭不得用持续性的诚信义务来推翻有效的撤销权——但是，据说诚信义务要求保险人在行使撤销权时必须探寻其行为是否具有合理依据。但遗憾的是，并没有观点明确表示保险人的撤销行为具体在何种情形下属于违反诚信义务。保险人若明知其所依据的事实不存在而试图行使撤销权，当然属于违反诚信义务，但其是否必须采取进一步的措施，亦即向被保险人进行合理询问，则存有争议。基于事实可以认定保险人行使撤销权的行为违反了诚信原则。至于这是否产生了公平的结果，则必须指出此处论证毫不清晰，并且与曼斯(Mance)法官在 Brotherton 案判决中的附带意见相冲突。[26] 撤销权历来就不受任何诚信行事要求的限制，而且可以说这种法律立场要比 Drake 案中所表达的立场更好。但另外，Drake 案判决所持的立场也呈现出了这样一项事实，即如我们所见，最近的判例法已经发展出了针对保险人和被保险人双方的持续性诚信义务，在这种情况下没有理由否认显失公平规则的适用。如果保险人想要行使合同约定的撤销权，这一立场则应当被赋予更重的分量。

---

[24] 参见前注[22]第 132 页。

[25] Drake Insurance Plc v Provident Insurance Plc [2003] EWCA Civ 1834; [2004] Lloyd's Rep. I. R. 277.

[26] 尤其参见[2003] Lloyd's Rep. I. R. 758. at [29] to [34]。在 North Star Shipping Ltd v Sphere Drake Insurance Plc 案([2006] EWCA Civ 378; [2006] Lloyd's Rep. I. R. 519)中，沃勒(Waller)法官认为 Drake 案的判决可能只适用于极少数情形。

第三节 其他情形下的诚信要求

除保险人是否负担披露义务及诚信义务是否影响保险人撤销权的情形外,判例法中还有一些数量有限但十分明确的判决,要求保险人在行使某些合同权利时应当遵循诚信原则的要求。㉗例如,早已确立的一项要求是,责任保险人在第三人向被保险人提出的诉讼中进行抗辩时,需要遵守诚信原则。㉘而且距现在相当近的一则判例表明,保险人在同意放宽要求被保险人安装防盗报警装置这一条款的限制时,也应当遵守诚信原则。㉙可以说保险人在行使保险代位权这一合同条款明确约定的权利时,也需要遵守类似的诚信要求。㉚在需要实现保险合同双方公平交易这一目标之时,诚信义务可以更广泛地被视为为保险合同条款的隐含意义提供支持的义务。㉛但另外,保险人似乎并不负有在评估索赔请求和支付索赔时诚信行事的一般性义务,或者至少在被保险人违约的情形下,被保险人并不享有任何与保险人诚信义务有关的实质救济权。㉜尽管现在无法预测诚信原则具体会发展到何种程度,但其明显有着极为广阔的发展空间。

作为保险法改革项目的一个部分,法律委员会对该问题进行了研究。它们在《议题报告六》(Issue Paper 6)㉝中对此作出了非常有价值的评述,并提议创设一项保险人法定诚信义务的规则。根据该规则,保险人赔付保险金时若有不合理的迟延,则需要承担损害赔偿责任。然而,法律委员会最终仅仅建议将诚信原则作为保险法中的一项一般解释原则,是一张盾而非一把

㉗ 同样注意根据FSA商业原则第2.1.1条的规定,一家受监管的公司必须对其顾客的利益尽到应有的注意并且应该公平地对待客户。还要注意的是,也明显存在一些披露义务以外的被保险人必须履行诚信义务的情形,例如被保险人不得损害保险人的保险代位权;参见第十七章第八节。

㉘ Groom v Crocker [1939] 1 K. B. 194; 参见第二十章第二节。

㉙ Anders & Kern Ltd v CGU Insurance Plc [2007] EWHC 377 (Comm), [2007] Lloyd's Rep. I. R. 555.

㉚ 参见第十七章第十三节。

㉛ Goshawk Dedicated Ltd v Tyser & Co Ltd [2006] EWCA Civ 379, [2007] Lloyd's Rep. I. R. 224 at [53].

㉜ 参见第十五章第一节中关于保险人不合理地迟延和拒绝赔付时的损失计算的讨论,但需要注意的是,《企业法案(2015)》(Enterprise Bill 2015) 通过之后,被保险人即可在此种情形下得到救济。

㉝ 《迟延赔付的损害赔偿和保险人的诚信义务》(2010年3月)。

剑,因此违反诚信本身不会产生任何特定的救济,但该原则允许判例法对之作适当发展。事实上,《海上保险法(1906)》第 17 条规定的部分保留即为对此的体现。如我们所见,《保险法(2015)》生效后,该条中规定的违反最大诚信原则可导致合同撤销的内容被废止,但其所规定的最大诚信原则却仍得以保留。

第九章 保证与条件

本章内容涉及风险描述条款和除外条款以外的保险合同条款。这些条款的性质在第六章已有概述。实践中,保险合同的构成总是不限于保险单本身,还有填写完毕的投保单,以及包括某些情形下的续保通知书在内的其他文件。这种保险合同可能包含三种相关条款:保证、条件和风险描述条款。① 但保险合同并非必须同时包含此三种条款,例如,某一保险合同中可能仅有之前章节所述的条件。②

保证是最基本的条款,故其会在区辨和阐述条件与风险描述条款之前,最先得到关注。《保险法(2015)》针对保证部分的法律进行了重大修改,相关条款的基本性质虽未改变,但其法律效果得到了恰当的设计。③ 鉴于该法案的规定仅适用于 2016 年 8 月 12 日当日或之后订立、变更或续订的保险合同,并且在非消费者保险合同中可被排除适用,故本书保留了对于传统规范的简要介绍。

---

① 保险合同中也会包含除外条款,除外条款虽然与这些条款中的某些条款具有实质上的相似性,但其作用方式不同。
② 参见第六章第四节。
③ 《消费者保险(披露与陈述)法(2012)》第 6 条已经废除了在消费者保险合同中,通过合同基础条款的方式创设保证的做法,此外,《保险法(2015)》第 9 条对于非消费者保险合同也作出了同样的规定,自 2016 年 8 月 12 日起生效;参见第九章第二节第一项。在《保险法(2015)》生效之前,在消费者保险合同的情形中,保险人基于保证或条件的违反而享有的权利会受到《保险营业行为规范》第 8.1.2 条的限制,参见第九章第十二节。

第一节 保　　证

保证必须是保险单中的条款。④ 正如接下来将进一步阐明的，其本质上是被保险人作出的一项允诺。前文已经指出⑤，违反保证的法律后果历来是保险人自违约之日起被免除所有责任。该日期会因保证类型的不同而存在差异，下文会对此作出解释。保证必须被严格遵守，无论违约行为与损失之间有无关联。一个古老的判例极其清晰地阐明了这一点。De Hahn v Hartley 案⑥涉及一份承保船舶及船上动产的海上保险单，承保期间为该船从非洲驶往西印度群岛卸货港口的全程，被保险人保证船舶从利物浦起航时配备 50 名船员。事实上，船舶起航时仅搭载了 46 名船员，但其在离开利物浦后不久，于安格尔西岛又带了 6 名船员，如此一来，该船共搭载了 52 名船员。当该船舶葬身于大西洋之时，尽管违约行为与之后发生的损失明显无关，但是保险人被认为可以因保证的违反而免除所有责任。然而，根据《保险法(2015)》的相关规定，这一结果将不会再发生于此种情形当中，尽管该法并未废除严格遵守规则。对此，第九章第七节会作出详细阐释。

第二节　作为允诺的保证

保证在本质上是被保险人作出的与事实相关，或者与自己将做或不做某事相关的允诺，具体内容视相关情况而定。保证总是会影响保险人所承担的风险，其可以分为三类：对保证作出之时的事实或更早事实的保证、对未来的保证、对意见的保证。

第一项　对过去或现在事实的保证

依据惯例，一份填写完毕的投保单会被宣告为保险合同的基础，由此便

---

④　这意味着尽管其不需要被写在保险单的正文之中，但其必须被并入保险单。它可以被附在保险单上，甚或被写在保险单的页边空白处：Thompson v Weems (1884) 9 App. Cas. 671. 但是，它不能是一份独立的文件，即使被附加了保险单上也是如此，除非其被并入保险单：Bean v Stupart (1778) 1 Doug 11.

⑤　参见第六章第三节。

⑥　De Hahn v Hartley (1786) 1 T. R. 343. 还可参见更早的判例 Pawson v Watson (1778) 2 Cowp. 785. 该两起案件均系由曼斯菲尔德大法官审判，其阐明并确立了保证与陈述的区别。

会产生对过去或现在事实的保证。通过这种方式,可以将投保单中的陈述转化为保险合同的条款。⑦ 但是,对于 2013 年 4 月 6 日当日或之后订立、变更或续订的消费者保险合同,这种做法已不再可能。⑧ 此外,对于 2016 年 8 月 12 日当日或之后订立、变更或续订的非消费者保险合同,也同样如此。⑨ 因此,本书不再对合同基础条款这一曾经可能是保险合同法上最受诟病的设计,作出任何详细的研究。⑩

然而,尽管先合同的陈述不能被转化为保证,但其内容却没有理由不能成为被保险人纳入保险单的明示保证的基础;此外,基础条款仍有可能产生一些额外的影响,之后的第九章第六节将会对此进行讨论。

第二项　持续性的保证

对未来的保证被公认为持续性或允诺性的保证。它们是被保险人作出的,相关事实在未来会否存在或会否继续存在的持续性允诺。常见的例子是商业火灾保险单中维护警报系统或消防喷淋系统的保证,以及可见于各类保险单中的维持财产处于合理状态的保证。上文第一项已经提到,投保单中的陈述已不能直接转化为合同条款。因此仅根据投保单的内容,不能认为被保险人已经作出持续性的保证。此前,曾有大量的判例法与"对投保单中的陈述或问答进行解释,以确定其是否为持续性的保证"这一问题有关。如今,这似乎不再有意义,也不再有必要对其进行深入的讨论。⑪

第三项　对意见的保证

对意见的保证没有对事实的保证那样严格,因为如果被保险人仅仅系据其所知及所信,对某一事实现在或将来的真实性进行保证,那么只有在其不诚实地或不顾后果地作出虚假回答时,才会构成对保证的违反。被保险人在

---

⑦ 最早的权威意见出自英国上议院对 Dawsons Ltd v Bonnin 案([1992] 2 A. C. 413)的判决,该案之所以引人注目,是因为其涉及将不重要的不实陈述转化为保证。从 Genesis Housing Association Ltd v Liberty Syndicate Management Ltd 案([2013] EWCA Civ 1173)的判决中可以明显看出,商业性保险单中如今仍然使用基础条款。
⑧ 《消费者保险(披露与陈述)法(2012)》第 6 条。
⑨ 《保险法(2015)》第 9 条。
⑩ 对此可参见本书第九版第九章第五节。
⑪ 本书第九版的第九章第三节第二项曾对此进行了深入的讨论。

作出保证时应当施加合理的注意，但合理的注意即为足够。⑫ 对意见的保证通常产生于填写完毕的投保单，但自前述成文法改革之后，将不再可能于投保单中发现此类保证。

第三节　保证的创设

保证可通过多种途径创设。保险单可能会用"保证"一词设立保证，比如使用"被保险人保证……"的措辞，但如果法院经解释认为双方当事人并无订立保证之意，那么即便使用了"保证"一词也并不必然能够创设保证。⑬ 约定合同在某些情形下无效或可撤销的条款，也可能具有相同的创设保证的效果。⑭ 本书第七章讨论的火灾保险单中的风险增加格式条款，即为对此的典型体现。⑮ 此外，法院也可以通过对保险单的解释，认定特定条款因其措辞而构成保证。⑯

保证抑或先决条件？

使用"先决条件"的表述可能会带来困难。根据前文所述⑰，保证与特定责任的先决条件存在法律上的区别，但实际上，在一份特定的保险单当中，我们所说的保证如果创设了一项关于风险的允诺的话，就可能会被称为"先决条件"，而且，该条件的履行显然是保险人承担保险单项下之责任的前提。⑱ 看起来很明显的是，将保险单条款作为保险单效力之先决条件的一般性宣

---

⑫ Huddleston v RACV Insurance Pty Ltd［1975］V. R. 683; cf. Mammone v RACV Insurance Pty Ltd［1976］V. R. 617. See also Macphee v Royal Insurance Co 1979 S. L. T. 54.

⑬ See e.g. De Maurier (Jewels) Ltd v Bastion Insurance Co［1967］2 Lloyd's Rep. 550; CTN Cash and Carry Ltd v General Accident Fire & Life Assurance Group Plc［1989］1 Lloyd's Rep. 229 及第九章第六节中讨论的其他权威判决意见。

⑭ "无效""可撤销"字眼的使用容易引人误解，因为违反保证的法律后果历来都是使保险人免责，并不会导致保险合同无效或可撤销。尽管无效或可撤销条款没有直接规定违反的法律后果是使保险人免责（参见第九章第七节），但仍然可以将此种条款视为保证。在 AC Ward & Sons Ltd v Catlin (Five) Ltd［2008］EWHC 3585 (Comm), upheld［2009］EWCA Civ 1098;［2010］Lloyd's Rep. I. R. 301 中，动产保险单中的一项一般定义性条款包含此种用语，并且被视为对"以下将被保证……"开头的条款解释为真正保证的支持性用语。

⑮ 参见第七章第十三节。

⑯ Law Com. No. 104, 6.3.

⑰ 参见第六章第四节。

⑱ 参见戈夫（Goff）法官对 The Good Luck 案（［1991］2 W. L. R. 1279 at 1294-5）的判决。

示,并不足以创设保证或所有保险单条款中的基本条款,因为有些条款就其性质而言并不能被作为保险人责任的先决条件,比如赋予保险人承担赔付义务后之权利(如保险代位权)的条款。下文将进一步探讨条件与先决条件的性质。

尽管如此,也不能因为保险单条款用语系保险人所采用,就将这一混同完全归咎于保险人。一些判例也同样含糊不清。法官有时会用"条件"来指称实为"保证"的条款。在已决案件中,即便是彼此之间非常相似的条款,也会被冠以不同的名称,并产生不同的法律后果。有两起对比案件足以说明这一点。在 Conn v Westminster Motor Insurance Association 案[19]中,机动车保险单中的一项条款要求被保险人将其车辆维持在高效状态,这从其本意而言似乎应被认定为保证。然而,上诉法院却将之作为先决条件进行讨论,其似乎将该条款作为保险合同发生效力的前提,因为其认为任何对该条款的违反都会使保险人免责,但这在当时则是违反保证的法律后果,尽管现在并非如此。另外,在 WJ Lane v Spratt 案[20]中,动产运输保险单中的一项条款要求被保险人采取一切合理预防措施对动产进行保护和守卫,法院认为,仅在违反该条款与特定损失之间存在因果关系时,保险人才可基于对该条款的违反主张免责。[21] 对表面看起来相同的条款进行此种区别处理的理由并不清晰。其表明,尽管如下文所讨论的,有关保证的法律规范已经得到了改革,但这种概念上的混同和困惑依然令人不满。

第四节 保证的解释

法院通过适用严格的解释规则,在一定程度上减轻了保证之法律规范的严苛性。[22] 尤其是,由于保险单条款通常系由保险人所拟定,在任何存在歧

---

[19] Conn v Westminster Motor Insurance Association [1966] 1 Lloyd's Rep. 407. 对该案的进一步分析,参见第二十一章第三节第六项。

[20] WJ Lane v Spratt [1970] 2 Q. B. 480.

[21] 实际上,罗斯基尔(Roskill)法官将此条款称为保证,但很明显其系在与通常实践,以及此处采纳之实践做法相反的意义上,使用条件与保证这两个术语。See also Port-Rose v Phoenix Assurance Plc (1986) 136 N. L. J. 33(参见第十三章第二节第二项),此案中要求被保险人尽到合理注意的"条件"被认为是不可诉的,除非对其的违反与损失之间存在因果关系。

[22] 然而,很明显的是,如果保证的自然和一般含义是清晰明确的,其就会得到执行:see, for example, GE Frankona Reinsurance Ltd v CMM Trust No. 1440 [2006] EWHC 429 (Admlty); [2006] Lloyd's Rep. I. R. 704.

义之处，法院都会对保证作出不利于保险人的解释。一个典型的例子是上议院对 Provincial Insurance Co v Morgan 案㉓作出的判决，但应当注意的是，诉争保证系产生于投保单，而此种创设保证的方式如今已不再可能。此案中，一家煤炭商公司为其货车投保了一份标准机动车保险，作为保险合同的基础，填写完毕的投保单中有一部分写道："该车可以运输的货物只能是煤炭。"某日，和其偶尔所为的一样，该货车在运送5英担煤炭的同时，还运送了一些木材。运送完毕木材和五分之三的煤炭后，其在前去运送剩余煤炭的途中因事故而受损。法院认为，保险人不能以违反持续性的保证为由终止责任的承担。被保险人保证的仅仅是该货车通常会被用于运煤炭，其也遵守了该项保证；根据问题与回答的措辞，被保险人并没有保证该车仅会被用于运输煤炭。"保险中的保证……虽然须被严格遵守，但也必须被严格且合理地解释。"㉔

另一个合理解释保证的例子来自涉及被保险人采取合理预防措施之义务的判例，本书第二十章对此有所讨论。

第五节　复合型保险单中的保证

许多保险合同包含不止一个部分，并因而承保一系列不同且通常不相关的风险。消费者保险合同和非消费者保险合同皆是如此。㉕ 在 Printpak v AGF Insurance Ltd 案的判决作出之前㉖，保险人是否可以援引对保险单某一部分之保证的违反，来抗辩被保险人基于保险单其他部分提出的索赔请求，是不明确的。该案中，被保险人与 AGF 保险公司签订了一份"商业总

㉓　Provincial Insurance Co v Morgan [1933] A. C. 240.

㉔　Lord Wright at 253-254; and see his comments at 254-256. 脚注㉞提到了该案件的另一裁判要点。See also the comment of Saville LJ in Hussain v Brown [1996] 1 Lloyd's Rep. 627 at 629-30, and the decision in Pratt v Aigaion Insurance Co SA [2008] EWCA Civ 1314; [2009] Lloyd's Rep. I. R. 225. 在后一案件中，承保拖网渔船的海上保险单中有一项保证，要求船舶所有人或船长"始终在船上"，但当拖网渔船安全停泊在港口而船上空无一人时，并不构成对该保证的违反。该项保证被解读为仅在船舶航行时才有意义。显然，保险合同当事人系将此条款作为界定风险的条款，而非严格意义上的保证，但这对于条款的解释问题及保险人试图免除责任而言，并无任何影响。

㉕　例如，标准家庭保险被"划分"为一部分为火灾或盗窃等事故造成的损失提供保障，另一部分为公众责任等责任提供保障。

㉖　Printpak v AGF Insurance Ltd [1999] Lloyd's Rep I. R. 542.

括性"(commercial inclusive)保险合同。保险单包含若干部分,各部分提供不同类型的保障。A部分承保火灾或其他情形导致的被保险人的存货及其他动产的毁损灭失风险。保险单中有数项条款被声称为保证。其中之一为第17条,该条所载为,被保险人保证建筑物内已正确安装了防盗报警器,且该报警器会在保险期间内被恰当维护并处于完全可使用的状态。条件5载明:

"任何保证应当自其适用之时起,在整个保险期间内持续有效。对于全部或部分因未遵守保证而造成的损失(loss)、毁损(destruction)、损害(damage)或责任,任何对其的索赔都应当因违反保证而无效。"

被保险人建筑物内发生的火灾导致其存货毁损,保险人以被保险人违反第17条的保证为由拒绝承担赔付责任。由于报警器在火灾发生之时未起作用,第17条属于保证条款,而且被保险人确实违反了该条内容,这一事实并无争议。然而,法院接受了有利于被保险人的主张,即保险合同中不同部分的保证,并不适用于整个保险合同。其认为,保险单的B部分承保失窃风险,由于第17条的保证仅是通过批单方式被详细记述于该部分末尾,那么就表明其仅被并入了该部分。因此,违反第17条仅能使保险人免除因盗窃而产生的责任。

通过检视保险单中其他保证的内容,一审法院与上诉法院均得出了这一结论。这些保证条款都有前缀P,但也都仅位于与之相关之部分的末尾。其中一项条款得到了较为详细的讨论。保险单的C部分提供与金钱相关的保障。第20条位于该部分的末尾,其所载内容为,被保险人保证"每笔独立的金钱交易……都需要在一定数量的能够承担责任的成年人之陪同下进行……"。[27] 假设在任何仅有一人陪同办理将某笔金钱转入被保险人银行账户之业务的情形下,保险人均能因此免除包括产品和公众责任在内的保险单所有部分的责任,无疑是非常荒谬的事情。

这一判决结果显然是合理且明智的,其同时也是法院,尤其是现代法院如何合理解释保证的进一步例证。[28] 赫斯特(Hirst)法官曾言:"在我看来,根据保险单是一份独立合同这一事实,并不能得出应将之作为一份无缝衔接的

---

[27] 在交易额超过2500英镑的情形下,保险单明细表载明的能够承担责任的成年人为2人。

[28] 还可参见萨维尔(Saville)法官在Hussain v Brown案中的附带意见,cited by Hirst LJ [1999] Lloyd's Rep. I. R. at 545–6。

合同文件而对待的结论。"㉙由多个部分构成的复合型保险单似乎会被认为实际上系由数份不同的保险合同所组成,而这在原则上看起来也并不会遭到反对。㉚

第六节　描述或界定风险的条款或保证

在许多案件中,法院会将保险合同中那些乍一看像是保证的条款,解释成一种严苛程度较低的条款,比如描述或界定风险的陈述或条款,或者中止条件(suspensive condition)。㉛这种条款与被保财产的用途相关,具有和所谓的风险除外条款类似的效力㉜,即当条款遭到违反时,保险人不承担风险保障的义务;而当条款嗣后又得到遵守时,保险人则须再次承担风险保障的义务。只是,保险人无须证明该条款的违反与损失之间存在因果关系。在早期判例中,与被保财产用途相关的争议条款,系源于被宣称为保险合同基础的投保单,可能是其具体内容在一定程度上的不确定性㉝,导致法院倾向于支持被保险人,认定其并非保证。而如果法院将其认定为保证,保险人便可自条款被违反之日起自动免除所有责任,之后无论发生何种情形都不会对此产生影响。㉞然而,近期,针对保险单正文中与保证相似的条款,甚至有时直接被称为保证的条款,越来越多相关案件也倾向于支持被保险人,认定这种条款并非保证。

正如我们将看到的,《保险法(2015)》中的改革使得违反严格意义上之保证的法律效果,与违反中止条件的法律效果极其相似。《保险法(2015)》

㉙　Above at 546.

㉚　参见美国判例法确立的相似原则,as described in Clarke, The Law of Insurance Contracts, 5th edn (Informa Subscriptions, 2002) 20-6C1。

㉛　"描述(或界定)风险的保证"这一表述有时会被使用,参见 De Maurier (Jewels) Ltd v Bastion Insurance Co [1967] 2 Lloyd's Rep. 550 和 GE Frankona Reinsurance Ltd v CMM Trust No. 1440 [2006] EWHC 429 (Admlty); [2006] Lloyd's Rep. I. R. 704。尽管这看起来是一种相当令人困惑的称呼,但其与海上保险的术语用法相一致。在海上保险中,"保证"这一术语经常被用于描述实际上是风险除外条款而非严格意义之保证的条款。

㉜　参见第十三章。

㉝　就此而言,其并非明显的持续性保证,而且/或者不足以触及交易之根本。

㉞　对此作出阐述的早期经典案例是 Farr v Motor Traders' Mutual Insurance Society [1920] 3 K. B. 669 和 Roberts v Anglo-Saxon Insurance Co [1927] K. B. 590。还可参见上诉法院对 Provincial Insurance Co v Morgan 案([1932] 2 K. B. 70; [1933] A. C. 240)的判决及其中一些法官的意见。

施行之后,几乎就不再有必要用以上方式解释保险条款。不过,如前所述,应当注意到的是,虽然《消费者保险(披露与陈述)法(2012)》第 6 条与《保险法(2015)》第 9 条均禁止使用合同基础条款将先合同陈述转化为保证,但二者并不能从解释论的角度,将使用合同基础条款创设中止条件的做法予以排除。㉟ 因此,一些判例法依然值得研究。㊱

在 De Maurier (Jewels) Ltd v Bastion Insurance Co 案㊲中,珠宝商投保的一切险保险中有这样一项条款㊳:"保证机动车配备经保险人认可的车锁和警报系统,并且处于可运行状态。"被保险人遭受了两笔损失。第一笔损失发生时,诉争机动车的车锁与保险人要求的种类不符;第二笔损失发生时,被保险人无任何过错。起初,保险人终止了保险单㊴,并因此拒绝对两项损失承担保险责任,这似乎是基于持续性的保证在第一笔损失发生之前已遭到违反。但是,保险人之后又认可了对第二笔损失的保险责任。审理该案的法院认为,保险人无须对第一笔损失承担责任,因为车锁未经保险人认可使得保险人的风险保障义务中止。上述条款尽管使用了"保证"一词,但却并非完整意义上的保证,而仅是描述风险的保证。

在 CTN Cash & Carry Ltd v General Accident Fire & Life Assurance Corp Plc 案㊵中,原告为其付现自运批发业务(cash and carry business)投保了一份一般商业保险,保险人在续保时加入了一项条款,条款规定被保险人应"保证"其采取某些防盗安保措施。法院认为,该条款是风险描述条款而非严格意义上的保证。严格意义上的保证仅指这样一种条款,其"触及保险合同当事人之间交易的根本,并且应当免除或减轻(保险人)于保险单项下的责任"。㊶ 此案中的一般商业保险单总共包含十二个部分,而该"保证"仅与其中两个部分相关。㊷ 虽然该案的判决结果看起来是合理的,但其的确与一些有关保证,尤其是有关来自投保单之保证的重要先前判例略有相悖。在这些

㉟ 这只在保险单正文没有相关条款的情况下才会真正有意义。
㊱ 更多详细讨论参见本书第九版的第九章第八节。
㊲ De Maurier (Jewels) Ltd v Bastion Insurance Co [1967] 2 Lloyd's Rep. 550.
㊳ 该条款系被写在一个纸页而非投保单上,但效力是相同的。
㊴ 当时对于违反保证的救济。
㊵ CTN Cash & Carry Ltd v General Accident Fire & Life Assurance Corp Plc [1989] 1 Lloyd's Rep. 299. See [1989] J. B. L. 355.
㊶ Bankes LJ in Roberts v Anglo-Saxon Insurance Co [1927] K. B. 590 at 591, cited by Macpherson J in the Cash & Carry case, above at 302.
㊷ 例如那些保护被保险人免遭仓库现金失窃之风险的部分。

判例中,不重要的违约的确使保险人完全免除了其保险责任。[43] 此外,此案所作的解释并非像早期的重要判例那样是为了保护被保险人,而是为了维护使用"保证"一词起草条款的保险人的利益。[44]

一份更近的判决出自 Kler Knitwear Ltd v Lombard General Insurance Co Ltd 案[45]。原告于 1998 年 5 月续订其商业保险单时,保险人在批单中注明了以下内容:

"被保险人应当保证在 1998 年之保险单续订后的三十日内,安排一位……经过许可的工程师检查消防喷淋系统……并在收到检查报告的十四日内安排一切必要的修理工作"。

《保险法(2015)》第 10 条第 2 款明确指出,所有保证均为有效,且适用于整个保险合同存续期间,对任何保证的违反都会使被保险人丧失保险金请求权,除非索赔请求是在续订期内提出的。1998 年 10 月,被保险人的建筑遭遇了风暴。嗣后发现,作为被保险人的原告未在规定的三十日内对消防喷淋系统进行检查,但其声称在保险单续订约九十天后的 8 月份进行过检查。莫兰(Morland)法官认为,对批单中该项条款的正确解释不是保证,而是"中止条件"。但是,恕笔者直言,其论证理由并不十分具有说服力。其认为,由于保证是一种"严苛的条款",故保险人如欲获得此等保护,就必须"以清楚明确的条款对之进行约定"。[46] 然而,笔者认为,对于该案,很难认为保险人本可以用任何更加清晰的条款对保证进行约定。因为保险人不仅将该条款称为保证,且以明确易懂的语言起草其内容,还列出了违反该条款的法律后果。对于非个人的商业性被保险人而言,当保险人已经尽一切努力向其警示了条款风险,而其依然不遵守条款时,其将很难再得到任何的怜悯与同情。

该博学多才的法官还指出,"如果因为未按时检查消防喷淋系统就否定被保险人针对财产损失的保险金请求权,将是荒谬且不符合商业理性的"。[47] 这种观点可以说与条款的法律性质认定无关,因为该观点着眼于重要性,而

---

[43] 尤其参见 Dawsons Ltd v Bonnin [1922] 2 A. C. 413,该案或许是关于合同基础条款的经典案例,可与本章第五节所讨论的 Printpak 案相比较。

[44] 正如我们之前所见,这方面的条款起草质量及保险合同条款分类的整个问题,都还有许多地方待改进。

[45] Kler Knitwear Ltd v Lombard General Insurance Co Ltd [2000] Lloyd's Rep I. R. 47.

[46] [2000] Lloyd's Rep I. R. 47 at 50; quoting Saville LJ in Hussain v Brown [1996] 1 Lloyd's Rep 627 at 630.

[47] Above at p. 48.

重要性与保证无关。按照商业目的解释相应的条款可能更加令人满意,这可能也正是莫兰法官所采取的做法,同时,其也是减轻保证法律规范之严苛性这一趋势的一部分。在距现在更近的 GE Frankona Reinsurance Ltd v CMM Trust No. 1440 案[48]中,格罗斯(Gross)法官在其附带意见中指出,"保证船舶始终满员"的条款是"界定性"的条款,而非"允诺性"的条款,而其理由则正是这种解释符合保证的商业目的。

然而在最近的 Sugar Hut Group Ltd v Great Lakes Reinsurance (UK) Plc 案[49]中,据称将"保证"解释为中止条件,要比解释为对某一事态的保证更为容易,在中止条件下,被保险人应当在某一截止日期[50]前履行其义务。[51] 此案中,伯顿(Burton)法官引用了里克斯法官对 HIH Casualty & General Insurance Ltd v New Hampshire Insurance Co 案[52]所作裁判的以下内容,并认为其极有帮助:

"'保证'或'被保证'等词是否存在,对保证条款的认定并不具有决定性。保证条款的判定是一个解释的问题,其标准有三:一是条款是否触及交易根本;二是条款是描述损失风险的条款,还是实际承担损失风险的条款;三是对被保险人的损害赔偿是否可能是令人不满的或不充分的救济。正如鲍恩(Bowen)法官在 Barnard v Faber［1893］1 QB 340 这一判例的第 344 页所言:'有关风险的条款必然是条件[53]'。否则,在涉及风险本身的争议问题时,保险人就只能提起反诉,而这是没有效率的……"

在 Sugar Hut 案中,一份夜总会保险中被描述为保证,并且规定被保险人负有采取安全预防措施义务[54]的条款,被认为是真正意义上的保证。

---

[48] GE Frankona Reinsurance Ltd v CMM Trust No. 1440［2006］EWHC 429 (Admlty);［2006］Lloyd's Rep. I. R. 704. See also Pratt v Aigaion Insurance Co SA［2008］EWCA Civ 1314;［2009］Lloyd's Rep. I. R. 225, described in fn. 24,该案中,当事人同意将类似的"保证"仅作为风险界定条款。

[49] Sugar Hut Group Ltd v Great Lakes Reinsurance (UK) Plc［2011］EWHC 2636 (Comm);［2011］Lloyd's Rep. I. R. 198.

[50] Citing Kler Knitwear.

[51] Sugar Hut Group Ltd v Great Lakes Reinsurance (UK) Plc［2011］EWHC 2636 (Comm) at［41］.

[52] HIH Casualty & General Insurance Ltd v New Hampshire Insurance Co［2001］Lloyd's Rep. I. R. 596 at［101］.

[53] 此处的"条件"明显是指我们所说的保证。

[54] 与平底锅和警报系统的使用有关。AC Ward & Sons Ltd v Catlin (Five) Ltd［2008］EWHC 3585 (Comm), upheld［2009］EWCA Civ 1098;［2010］Lloyd's Rep. I. R. 301 也得出了相似的结论。

第七节 违反保证的法律后果

《保险法(2015)》第三部分对保证及其他条款的法律规定进行了修改,该部分规定对消费者保险合同和非消费者保险合同同等适用,尽管如下文所述,其在后者中可被排除适用。违反保证的法律后果与此问题相关。

在《保险法(2015)》施行以前的法律规则下,违反保证会使保险人自动免责,除非保险人弃权。[55] 在 Bank of Nova Scotia v Hellenic Mutual War Risks Association (Bermuda) Ltd 案(The Good Luck 案)[56]中,上议院依据《海上保险法(1906)》第33条第3款第2句的字面含义,在判决中确立了这一规则。[57] 该判决后来在非海上保险案件中也得到了适用。[58] 如今,已无必要对该判决背后的理由或其所遭遇的困难等任何细节进行研究。[59] 这也足以说明,法律委员会认为,改革保证的法律规范,并减轻其潜在之严苛性的最合理的方式是推翻这一规则,并同时对与被保险人提出索赔的特定损失无事实关联之条款的适用,作出进一步的限制。[60]

第10条第1款废除了自动免责的规则,第2款规定,对于保证被违反之后补正之前发生的任何损失,或者可归因于该期间内发生的某事而造成的损失,保险人不承担责任。然而,根据第3款,如果(a)由于情况的变化,保证不再适用于合同所处的情况,(b)遵守保证被后续制定的法律视为非法,或者(c)保险人放弃其基于被保险人违反保证而享有的权利,保险人将不能免除责任。此外,第4款规定,对于保证被违反之前,或可以补正的情况下在补正

---

[55] 弃权只能通过禁反言(estoppel),而不能通过选择(election)作出:HIH Casualty & General Insurance v AXA Corporate Solutions [2002] EWCA Civ 1253; [2003] Lloyd's Rep I. R. 1. See also Argo Systems FZE v Liberty Insurance (Pte) [2011] EWHC 301 (Comm); [2011] 2 Lloyd's Rep. 61, reversed on the facts ([2011] EWCA Civ 1572)。

[56] Bank of Nova Scotia v Hellenic Mutual War Risks Association (Bermuda) Ltd, (The Good Luck) [1991] 2 W. L. R. 1279. 相关评论参见 Birds (1991) 107 L. Q. R. 540; Bennett [1991] J. B. L. 598; Clarke [1991] L. M. C. L. Q. 437。

[57] "如果(保证)没有被(完全)遵守,那么基于保险单中的明示规定,保险人可以自保证被违反之日起免除保险责任,但在此日之前发生的保险责任不受影响。"该规则已被《保险法(2015)》第10条第7款所废除。

[58] Hussian v Brown [1996] 1 Lloyd's Rep. 627.

[59] 相关细节可以参见本书之前版本的第九章第二节。

[60] 但现在仍未规定保证必须具有重要性、违反保证与损失之间必须存在因果关系,保证必须被严格遵守的原则也未得到改变。

之后发生的损失,或者可归因于该期间内发生的某事而造成的损失,保险人仍须承担责任。根据第5款,对保证的违反在两种情形下视为已被补正:第一,在第6款规定的情况下(即保证要求做或不做某事、实现某条件,或者某情况属实或不属实),即使要求未被遵守,但保证所涉风险其后变得与当事人的初始预期基本相同。第二,在其他情况下,被保险人停止违反保证。

法律委员会在其法律注释(Explanatory Note)的第二小节解释道,之所以将"可归因于所发生的某事"纳入法条,是为了应对这样一种情形,即损失系由责任中止期内发生的某事所造成,但在保证的违反被"补正"之后才实际发生。对此,其举出了一个例子[61],一项保证要求瓶装葡萄酒整齐摆放,被保险人没有这么做,结果导致软木塞收缩、葡萄酒氧化,但被保险人随后又通过正确摆放酒瓶补正了该违约行为。由于葡萄酒品质的损失可被归因于违反保证期间内发生的某事,故保险人无须对之承担责任。

这些改变的基本效果是,使保证更类似于风险描述条款或中止条件。而且,正如之前所提及的,如果有任何必要对这些不同类型的条款作出区分的话,这些改变将使得作出此种区分的重要性在未来大大降低。保证实质上已被转化成了具有中止性质的条款。不过,应当注意的是,由于改革后的新法未对"保证"进行定义,所以在判定某一条款是否为保证时,仍需借助前文所述的相关标准。

第一项　无关实际损失的条款

第11条带来的变革在实践中可能比第10条更为重要,但其在解释与适用方面可能会引发更多的困难。法律委员会报告附带的议案草案中包含第11条的条文草案,但条文草案并未出现在提交给议会的初始版本的议案当中,这是因为该议案系为无争议法律委员会议案之特别程序所设,而将条文草案包含在该议案之中是否足够无争议则存在疑问。然而,上议院常务委员会(Lords' Grand Committee)经过讨论认为,只要该条规定的不确定性低于其草案,其就不会遭到利益相关者的反对,于是,第11条的修正草案在未经过任何真正的议会讨论的情况下,于报告阶段得到了引入。[62]

由于第11条在解释方面存有一些难点,此处将其完整列出:

---

[61] Law Com. No. 353/Scot Law Com. No. 238, Cm. 8898, Explanatory Notes, A. 76, p. 372.
[62] 法律委员会的确就第11条的修正草案征求了意见。

（1）除定义整体风险的条款外，本条适用于保险合同中的其被遵守会减少以下一项或多项风险的(明示或默示)条款——

（a）特定种类的损失，

（b）特定地点的损失，

（c）特定时间的损失。

（2）当损失发生且该条款未被遵守时，如果被保险人满足第(3)款的规定，保险人就不能以该条款被违反为由，排除、限制或免除其于合同项下对该损失的责任。

（3）如果被保险人能够证明，不遵守该条款在损失所发生之环境下，不可能增加实际发生损失的风险，即为满足了本款规定。

（4）本条可与第10条同时适用。

显然，第11条进一步限制了违反保证的法律后果，其同时也适用于其他条款，如中止条件或风险界定条款，以及实际被描述为先决条件的条款。其基本目的是在实际发生的损失并非特定的保证或其他条款被设计用于预防的损失时，即便被设计用于减轻风险的保证或其他条款遭到违反，也容许对该损失的保险赔付。法律委员会对其初始草案之注释的原文为[63]：

"例如，违反要求保单持有人安装有消防安全系统的保证，将中止保险人对火灾相关之损失的责任，但不中止其对洪灾相关之损失的责任。违反要求大厦必须留有守夜人的条件，意味着保险人将对夜间发生的损失免责，因为夜间应当有看守人存在。"

注释接着又写道：

"并不要求违约与最终损失之间具有直接因果关系。其意思是，违约是否真正导致或促成了损失的发生是无关紧要的。该条文是为了规定，保险人无须对与保证或其他条款相关的某些种类的损失承担责任。"

事实上，该条文的适用在至少两个方面是不完全清晰的。曾经有人担心初始草案可能会适用于定义整体风险的条款，但这种情形如今已被第11条第1款所明确排除。法律委员会针对定义整体风险的条款给出了一些示例：(1)说明被保财产之用途的条款；(2)说明对保险单之地域限制的条款；(3)说明被保船舶之类别的条款；(4)说明被保险人之最低年龄、资格或者特

---

[63] Law Com. No. 353/Scot Law Com. No. 238, Cm. 8898, A. 85, p. 373. 对其意见的完整讨论，参见报告第十八章。

征的条款。㉔ 这些示例固然清晰,但对于其他条款可能会存在争议。看起来很明显的是,一个可能是定义"整体风险"的条款,乍看之下也是以第11条规定的某种方式降低风险的条款,比如机动车保险单里规定其仅承保基于社交、家用及娱乐目的之驾驶行为的条款。该条款可能被认为不符合第11条的规定,因此,如果车辆被用于商业目的,保险人便可以该条款被违反为由拒绝承担责任。但可能也有观点认为,定义整体风险的条款是指为强制责任风险及机动车保险单中的其他一般事故提供保障的条款,故该条款并非定义整体风险的条款。问题更大的或许是这样一种情形,某机动车保险单为被保险人及其所有25岁以上驾驶车辆的家庭成员提供保障,而损失系发生于被保险人24岁的子女短期使用车辆的过程之中。此时,该限制条款可被认为仅适用于整体风险中相当狭窄的一部分。假设这些假定案例中的被保险人是个人消费者,第11条将明显可得适用,而与此同时,一些解释上的难题也可能因此产生。

第11条被认为不能适用于除外条款,因为这些条款并不要求被保险人遵守,尽管法律委员会在解释其初始草案时持有不同态度。㉕

第3款的法律效果显然是令被保险人承担举证责任,证明违反该条款在损失发生的环境下,不可能增加实际发生损失的风险。法律委员会报告的初始草案并未提及由何方承担举证责任。法律委员会㉖指出,该款的效果是在令被保险人负担举证责任的情况下,对违约是否明显不能产生任何不同影响作出更客观的评价。第3款中的"环境"一词,意在要求从广义上看待问题。"这些表述中较少涉及因果关系,如果法院被要求考虑损失发生的'方式',情况也将如此。"㉗

法律委员会就其所期许的第11条的适用方式给出了一些例子,引用这些例子,也许能有所助益㉘:

"(1) 保险单中有一项条款要求被保工厂在所有门上都安装五杆插锁。一扇门(A门)上仅安装了三杆插锁,导致该条款遭到违反。盗贼通过破坏A

㉔ 这些内容被记述于法律委员会于2014年11月制作的"利益相关者注释"当中,是时正值议案的常务委员会讨论与报告阶段之间。该文件似乎不再能够通过网络获取。

㉕ See Law Com No. 353, Scot Law Com No. 238 at 18.24.

㉖ In the Note referred to in fn. 63.

㉗ Para. 1.17 of the Note referred to in fn. 64.

㉘ Para. 1.18 of the Note referred to in fn. 64.

门进入了工厂。考虑到损失发生的环境（盗贼通过破坏未安装符合要求之锁的门进入），不同的锁可能会产生不同的影响，故保险人无须承担赔付责任。保单持有人不能主张盗贼本已经发现了其他进入工厂的途径，或者即便安装了符合要求的锁，盗贼所使用的撬棍也可以将门破坏并进入。

对于同样的保证及对保证的违反，如果盗贼系通过破坏窗户，或另一安装了符合要求之锁的门（B门）进入，那么在这些情形下，即使A门安装了不同的锁也并不会产生任何不同结果，故保险人不能基于此违约而免责。

（2）被保险人保证被保车辆适于道路行驶。由于车辆左前灯发生故障，该条款遭到违反。夜晚，车辆因路面薄冰而打滑并发生事故。尽管事故并非车前灯故障所造成，但考虑到事故发生的环境（夜晚且车前灯故障），车前灯故障可能促成了事故的发生。所以，保险人无须承担赔付责任。

对于同样的保证及对保证的违反，如果车辆在白天与一辆货车相撞，那么考虑到事故发生的环境（白天，且即便车前灯正常也无必要打开），前灯故障不可能促成事故的发生，故保险人不能基于此违约而免责。"

第11条第3款并非绝对地在事实上省去了对因果关系的论证。它包含着眼于未来和着眼于过去的双重要素："不可能增加风险"和"在其所发生的环境中实际发生的损失"。在示例（1）中，盗贼破坏安装有符合要求之锁的门进入工厂这种情形表明，安装符合要求的锁并不会使结果有任何不同。对此种情形所给出的答案是否系法律委员会所给出的并不清楚，因为必须对损失发生的实际环境加以考察，而就该实际环境而言，尽管锁与门能否被破坏之间存在事实上的关联，但前者对后者可能并不存在任何实际影响。不过显然，如果盗贼系通过撬开不符合要求的锁而进入工厂，那么该损失无疑将不能得到赔付。

总之，与第11条有关的争议可能很快就会呈现于法庭之上。

第二项　非消费者保险合同中的排除适用

《保险法（2015）》第三部分的改革不得被排除适用于消费者保险合同及其变更。⑥ 但是，在满足第17条规定的透明性要求的前提下，可以通过合同条款将之排除适用于非消费者保险合同。⑦ 在合同成立或合意变更之

---

⑥　《保险法（2015）》第15条。第15条第3款规定，其可被排除适用于有关保险赔付的和解合同。

⑦　《保险法（2015）》第16条第2款和第3款。

前，保险人必须采取足够的措施提请被保险人注意这一不利条款，除非被保险人或其代理人实际已知悉该条款，同时，条款的效力必须明确且无疑义。在确定这些要求是否得到满足时，必须考虑涉诉被保险人的特征及交易环境。

因此，非消费者保险合同显然可能规定，违反保证使保险人自动免责，以及无论违约与损失之间是否存在因果或时间等的任何关联，对任何条款的违反均会产生类似效果。在实践中，可能大多数的非消费者保险合同都会排除适用第10条和第11条。

第八节 条 件

前文已经指出，保险单中众多的合同条款被置于"条件"这一标题之下，几乎是一种普遍现象。虽然难以归纳，但"这些条款中至少有一些与承保风险或事实陈述并不直接相关，而只是附属性的允诺或约定"，这种说法或许是正确的。当然，正如我们所见，某些"条件"可能是本章之前内容所描述的保证。即便保证与条件可能出现于保险单的同一部分，除了已经考虑的理由，对两种条款进行区分的一个更重要的理由在于，在无必要的情况下，如保险人已从其他途径获得信息，被保险人对条件的遵守被认为可以免除。确立此规则的判决[71]在之后的章节中会有所讨论。[72] 但其几乎不能适用于保证，因为即便违反保证的法律后果如今可能已被《保险法（2015）》的规定所修改，保证也必须始终被严格遵守。此外，对条件的违反据称仅在其造成损失的情况下才可诉[73]，然而如我们所见，对于保证显然无此要求，尽管《保险法（2015）》同样对此进行了一定程度的修改。还应当注意的是，保险人对于违反先决条件的弃权，被认为只能通过禁反言，而不能通过选择[74]；这与适用于违反保证之弃权的原则相同。[75] 后文将对此进行更详细的讨论。[76]

---

[71] Lickiss v Milestone Motor Policies at Lloyd's［1966］2 All E. R. 972.
[72] 参见第十四章第七节第一项。
[73] WJ Lane v Spratt［1970］Q. B. 480；参见第九章第四节。
[74] Kosmar Villa Holidays Plc v Trustees of Syndicate 1243［2008］EWCA Civ 147；［2008］Lloyd's Rep. I. R. 489.
[75] 参见第九章第七节。
[76] 参见第十四章第十一节。

第九节　条件的性质

具有附属条款性质的条件有两种。第一种是被保险人应当履行的允诺或义务,其并非合同效力的基础,主要与索赔程序有关。第二种是赋予保险人权利的条件,通常是对一般法规定之权利的重复或扩大。例如,规定保险代位权、保险人对被保险人提起或对其被提起之诉讼的控制权,以及与重复保险有关的条件。接下来的章节将会对这种条件赋予的一般义务和权利进行详细考察。此处要探讨的问题,首先是为被保险人创设义务之条件的法律效果,即其究竟是保险人对特定损失承担责任的前提,还是仅仅只能使保险人对因条件违反而遭受的损失主张损害赔偿[77],其次则是对违反条件这一主张的举证责任。

第十节　先决条件或单纯条件

某些条款要求被保险人将任何可能产生索赔请求的事件及时通知保险人,准确界定这种条款的法律地位,是一件极其困难的事情。[78] 这种条款十分普遍,而且经常成为诉讼标的[79],但法院对其法律性质的认定往往大相径庭。在对索赔条件的传统分析中,索赔条件要么是提起索赔请求的先决条件,要么是中止条件,要么仅仅是程序性条件,仅能使保险人产生损害赔偿请求权。[80] 不过,虽然在客观上不能认为此类条件与合同效力的基础有关,但

---

[77] 保险人如欲获得超过象征性损害赔偿金的赔偿,须证明违反单纯条件和损失之间存在必然的因果关系,但这并不容易:参见 Porter v Zurich Insurance Company [2009] EWHC 376 (HC); [2010] Lloyd's Rep. I. R. 373。在 Milton Keynes BC v Nulty [2011] EWHC 2847 (TCC) 中,被保险人未及时通知保险人其违反了责任保险单中的一项单纯条件,被认为使保险人丧失了证明被保险人并非出于过失的机会,因此,对于其应支付给被保险人的保险金,保险人有权扣除15%。

[78] 对于此种情形的可能构成,参见 Jacobs v Coster (T/A Newington Commercials Service Station) and Avon Insurance (Third Party) [2000] Lloyd's Rep I. R. 506; Layher v Lowe [2000] Lloyd's Rep. I. R. 510。

[79] 参见波特法官在 Virk v Gan Life Holdings Plc [2000] Lloyd's Rep. I. R. 159 at 162 中的附带意见,他说道,"特定条款是否是保险人责任之先决条件的问题,通常出现于保险合同条款规定索赔程序的情形之中……"(补充强调)。

[80] See e.g. Clarke, The Law of Insurance Contracts, 5th edn (Informa Subscriptions, 2002) para. 26-2G.

通过适当的措辞,的确可使之成为保证的基础,并且在一定程度上等同于保证。例如,在 Cox v Orion Insurance Co 案⑧中,条件与被保险人向保险人提供损失的细节有关,上诉法院认为,基于该条件的违反,保险人有权拒绝承担整个保险合同项下的责任,因为保险单中有一项条款将其条件规定为"保险公司承担保险单项下任何赔付责任的先决条件"。在 Kazakstan Wool Processors v Nederlandsche Creditverzekering Maatschappij NV 案⑧中,一项范围十分广泛的条款要求被保险人在保险人对损失作出赔付之前,须履行保险人规定的所有关于索赔程序的义务。上诉法院认为,此种条款可以是保险单项下所有将来责任的先决条件。⑧

如果诉争条件中并未出现"保险人责任之前提"这样的措辞,那么对该条件的违反显然无法使保险人取得拒绝承担责任的权利。Friends Provident Life & Pensions Ltd v Sirius International Insurance 案⑧的上诉法院确认了这一立场,并否定或推翻了许多先前的判决⑧,这些判决认为,未明确规定其法律效果的条件可以是无名条款⑧,并且如果被保险人对条件的违反清晰地表明其不欲再继续提起索赔,或者给保险人造成了足够严重的后果,保险人便可拒绝承担赔付责任。⑧ 在重新树立前文提到的传统观点的过程中,法院强调,如果保险人欲将条件的履行作为其承担责任的前提,明确规定不履行条

---

⑧ Cox v Orion Insurance Co [1982] R. T. R. 1.

⑧ Kazakstan Wool Processors v Nederlandsche Creditverzekering Maatschappij NV [1999] Lloyd's Rep I. R. 596.

⑧ 虽然"保险单项下所有责任"这一表述无法包含已经确定并作出了赔付的保险责任,但法院对于后者是否由于已经履行便不再属于"责任"存有疑问,故加入了"将来"一词。

⑧ Friends Provident Life & Pensions Ltd v Sirius International Insurance [2005] EWCA Civ 601; [2006] Lloyd's Rep. I. R. 45,该案判决得到了 Ronson International Ltd v Patrick [2005] EWHC 1767 (QB); [2005] All E. R. (Comm) 453 的遵守。后一案件涉及家庭保险单责任保险部分的通知条款。

⑧ Alfred McAlpine Plc v BAI (Run-Off) Ltd [2000] Lloyd's Rep. I. R. 352; K/S Merc-Scandia XXXXII v Certain Lloyd's Underwriters [2001] EWCA Civ 1275; [2001] Lloyd's Rep. I. R. 563 at [13] per Longmore LJ; The Beursgracht [2002] EWCA Civ 2051; [2002] Lloyd's Rep. I. R. 335. 还可参见 Bankers Insurance Co Ltd v South [2003] EWHC 380; [2004] Lloyd's Rep. I. R. 1 的一审判决,这是唯一一件保险人能够依据严重违反无名条款而免责的判例。在其他判例中,此观点都只是被顺带提及。

⑧ As in Hong Kong Fir Shipping Co Ltd v Kawasaki Kisen Kaisha Ltd [1962] 2 Q. B. 26; [1962] 1 All E. R. 474 (CA).

⑧ See Davey, "Insurance claims notification clauses: innominate terms and utmost good faith" [2001] J. B. L.179.

件的法律效果对其而言其实很容易。⑧

然而，经常发生的情况是，如果特定条件中不包含责任前提的特别表述，保险单中就会包含将其条件作为先决条件的某种一般性表述。⑧ 此时可能产生的唯一的法律难题是，虽然保险单中存在对于先决条件的一般性宣示，但对于某特定条件而言，其会有某些部分并不能被作为保险人承担责任的前提，而这可能是因为该部分规定的义务仅在保险人承担赔付责任后方可履行，或者相关部分实际上并未给被保险人创设义务。

例如，在 London Guarantee Co v Fearnley 案⑩中，为避免遭到雇员侵占财物的风险，雇主投保了一份员工忠诚保险。其中有一项条件包括两个部分：第一部分要求被保险人在提出索赔请求的同时起诉有犯罪嫌疑的雇员，第二部分规定被保险人应当向保险人提供一切信息和协助，以使保险人能够从雇员处追偿其应支付的保险金。显然，该条件的第二部分并非保险人责任的先决条件，因为其仅能在保险人责任成立之后履行。尽管如此，经过一番犹豫后，上议院的多数意见认为，由于保险单中包含先决条件的一般性宣示，故第一部分属于先决条件，第一部分与第二部分各自独立，互不依存。

与之形成对照的是 Bradley and Essex & Suffolk Accident Indemnity Society 案⑪的判决。该案涉及的条件，系一位农民的劳工补偿保险单中的条件 5。该保险单中也存在一项类似的一般性宣示，称保险单中的条件系保险人承担责任的前提。条件 5 包含三句话。第一句规定，保险费将根据被保险人支付的工资和薪金的数额进行调整，第二句要求被保险人保有专门的工资簿，第三句要求被保险人向保险人提供有关其工资与薪金支出的信息。该被保险人的雇员只有其儿子一个人，其未保存工资簿，保险人因此拒绝承担对于特定索赔的责任。上诉法院的多数意见认为，被保险人并未违反先决条件。根据科曾斯·哈迪（Cozens Hardy）法官的意见，条件 5 的第一句和第三句无法被作为先决条件，但诉争的第二句则可被作为先决条件，"我认为条件 5 是一个整体，'该条件的中间一句是先决条件，而其余部分不是'的这种观点在我看来是不合理的。在存在歧义或疑问的情况下，对于此种性质的保险

---

⑧　相关评论，参见 Birds, "Innominate terms in insurance contract", [2006] J. B. L. 543, Lowry and Rawlings [2006] L. M. C. L. Q. 135.

⑨　但如我们所见，并非总是如此。

⑩　London Guarantee Co v Fearnley (1880) 5 App. Cas. 911.

⑪　Bradley and Essex & Suffolk Accident Indemnity Society [1912] 1 K. B. 415.

单,应当作出不利于保险人的解释"⑫。

　　法韦尔法官的判决意见具有同样的效果,但其论证理由更加宽泛,其要求责任的先决条件在产生约束力之前,必须于保险单生效前告知被保险人,并获得被保险人的同意。恕笔者冒昧,无论该意见是多么值得赞赏,其都因太过宽泛而不能成为法律规则,并且会与其他判例规则相冲突。⑬ 弗莱彻·莫尔顿(Fletcher Moulton)法官则持反对意见,其明显地将 Fearnley 案的判决作为不容置疑的结论性判决,并主张依循该判决先例。

　　尽管人们可以为上诉法院确保保险人明确并单独拟定先决条件的决心而欢呼喝彩,但是,对 Bradley 案与先前 Fearnley 案的判决进行区别却很困难。所有能说的或许只是,两案的判决都体现了解释的问题,以及除非措辞相同,否则其他判决也助益甚微。⑭ 或许可以相当肯定的是,对先决条件的一般性宣示,对于特定条件或者其中明显能够独立存在的部分,通常是有效的。

第十一节　举　证　责　任

　　就违反条件的主张而言,"由于总是由保险人举证证明例外情形,因此对于使其免除对特定损失之责任的违反条件的事实,应当由保险人承担举证责任,这是保险法上的公理"⑮。

　　然而,保险单的语言可能会对此产生影响,但显而易见的是,保险人如若要求被保险人承担其遵守条件的举证责任,则必须使用非常清晰明确的语言。⑯

第十二节　保证与条件的法律实践

　　对于消费者被保险人违反保证或条件的行为,《保险营业行为规范》对

---

⑫　Above at 422.
⑬　参见第五章讨论的关于保险情境中之要约与承诺的判例。
⑭　See MacKinnon LJ in Welch v Royal Exchange Assurance [1939] 1 K. B. 294 at 311 and Toulson J in Kazakstan Wool Processors v Nederlandsche Creditverzekering Maatshappij NV [1999] Lloyd's Rep. I. R. 596 at 601.
⑮　Per Lord Goddard LJ in Bond Air Services Ltd v Hill [1955] 2 Q. B. 417 at 427.
⑯　Above at 428.

保险人因此享有的免责权利作出了限制。虽然就保证和其他控制风险的条款而言，《保险法（2015）》生效后，这将变得多余，但对于索赔条件的违反，该规范或其包含的原则依然有意义。在第 8.1.1 条规则规定"索赔请求不得被不合理地拒绝"的基础上，该规范的第 8.1.2 条规定：

"除存在欺诈的证据外，因违反保证或条件而拒绝保单持有人的索赔请求是不合理的，除非索赔情形与违反行为之间存在因果关系，以及（对于纯粹保护性的合同）除非：

（a）在'他人人寿'保险合同项下，保证与有关被保险人之事实的陈述相关，以及如果陈述系由被保险人在'本人人寿'保险合同中所作，保险人本可以依据本条之规定拒绝索赔请求；或者

（b）保证于风险而言具有重要性，且已在合同成立前提请保险消费者注意。"

其中的要点是对因果关系的要求，当然其并非《保险法（2015）》规制保证及类似条款的方式。就索赔条件而言，在不符合以上标准的情形下，拒绝索赔请求即为不合理，保险人将无权对索赔请求主张免责。[97]

---

[97] Parker v NFU Mutual Insurance Society Ltd［2012］EWHC 2156 (Comm)；进一步的分析参见第十四章第七节。根据《金融服务与市场法（2008）》第 138D 条，被保险人被认为可以对保险人违反《保险营业行为规范》的行为提起诉讼，参见 Bate v Aviva Insurance UK Ltd［2013］EWHC 1687 (Comm)。

第十章 保 险 费

保险费,是由被保险人对于保险人在保险单中承保被保险人所面临的风险而给付的对价。① 尽管保险费通常采取金钱支付的形式,但却并非必须如此。例如,它可以是作为互助组织成员的被保险人负有分摊该保险互助组织的保障基金的责任。此外,如果一份保险单已由保险人盖章确认,并且保险单条款中并未要求被保险人支付对价,那么严格来讲保险费并不是必须支付的,但毋庸置疑的是,几乎不可能发生这种情形。保险费的数额完全由保险人自主决定,市场竞争也导致保险人一同协商达成的协议保险费率在许多年前就已寿终正寝。② 英国的情况既不同于一些大陆法系国家标准化的保险费率,也不同于某些国家要求保险费率须经过联邦各州的同意。③

在这一章,我们首先考察保险费的支付,再探讨被保险人何时可以要求保险费的返还。

第一节 保险费的支付

我们都知道④,并不存在这样的一般规则,在保险人实际承担风险之前就要求保险费实际支付。尽管保险费提前缴付通常会在保险单条款中有所

---

① Lewis v Norwich Union Fire Insurance Co〔1916〕A. C. 509 at 519.
② 对于过去火灾保险保险费率制度的全面批评,参见 the Monopolies Commission Report on the Supply of Fire Insurance(HMSO 1972)。
③ See, e.g. Franson, "The prior-approval system of property and liability insurance regulations: a case study", (1969) 4 Wisconsin L. R. 1104.
④ 参见第五章第一节第二项。

体现,尤其是在人寿保险中。一般来说,保险费的适当支付方式为现金,但是如今使用支票支付也很普遍。后者仅以支票能够被承兑和按期支付为条件。甚至,只要征得保险人的同意,其他的现代支付方式也会经常被使用。这些支付方式主要包括银行直接转账系统、银行定期委托支付、直接借记、信用卡及借记卡等支付方式,而具体如何选用取决于相关保险的类型。例如,如果被保险人选择使用银行直接转账系统,一份汽车保险或财产保险的展期通知通常会包括此种支付方式。

而某些定期人寿保险的保险费,以及那些被用于与购房抵押事务相关的保险费,可能以银行定期委托支付或直接借记的方式支付。几乎没有判例法是涉及任一商品或劳务的支付方式选用问题的。除非是出于某些原因,银行须对延迟给付负责,或者是保险人未能适当地授权(pass on the appropriate mandate),实践中一般不会产生问题。尽管事实上银行仅仅是被保险人的代理人而非保险人的代理人,但是只要被保险人的账户上有充足的资金,那么允许被保险人使用某种支付方式的保险人,将需要承担银行任何的不履行义务风险。⑤ 如果不是这样的话,银行就要对被保险人在任何情况下所遭受的损失负责。

第二节 保险费的返还

在对价完全失衡的情形之下,被保险人有权要求保险费的返还。⑥由于保险费已经支付,恢复原状需达到准合同时所处的状态。如果保险人在任何时间以任一方式已经承担了被保险人的损失风险,那么被保险人在普通法上就没有权利要求返还所支付保险费的任何部分。在 Wolenberg v Royal Co-operative Collecting Society 案⑦中,被保险人向不同的保险人投保了数份劳工人身保险,以支付其母亲一旦身亡将产生的丧葬费用。而后,在其中一个保险人已经向其给付保险金的情形下,她试图要求作为被告的另一保险人返还之前支付的保险费。尽管依据损失填补原则,原告不能再提

---

⑤ Weldon v GRE Linked Life Assurance Ltd [2000] 2 All E. R. (Comm) 914, 14 April 2000,该案印证了这一点。在此富有争议的案件中,原告主张保险人违反了保险合同的默示条款,保险人由于过失未能完全、适当地采取直接借记形式却收取了保险费。

⑥ Tyrie v Fletcber (1777) 2 Cowp. 666.

⑦ Wolenberg v Royal Co-operative Collecting Society (1915) 83 L. J. K. B. 1316.

出保险赔付的请求,但是只要保险人已承担风险,就不存在保险费返还的问题。因此,Wolenberg 案是一个超额保险(over insurance)案件。同样的原则也完全适用于保险人已承担风险的其他任何情形。例如,保险单约定的法律责任(即便不是保险单本身)因违反条件而无效⑧;或者是保险单生效后被一方当事人所解除。在实践中,有时该项原则是被明确排除的。例如,保险单中的注销条款(解除条款)⑨通常约定合同解除后须按比例返还保险费。

在两种情形下,被保险人有权基于对价完全失衡而要求返还保险费。第一种情形是保险单从未成立、自始就被解除、自始无效或者是自始可撤销的。第二种情形是保险单是非法的。第二种情形,一般来讲是比较少见的。

第一项 保险单从未成立、被解除、无效、可撤销

假如被保险人就未成立的合同支付了保险费,那么很显然他有权要求返还保险费。如果一份保险单被解除或在有法律明文规定可以撤销时被撤销,其结果也是一样的。⑩ 一份保险单在理论上可能由于错误⑪或者由于超越保险人的权限⑫而无效,或者由于保险人的未告知或不实陈述而可撤销⑬,抑或因为被保险人对于保险人的不实陈述或未告知而可撤销⑭。

当保险单由于保险人的原因而自始不成立时,尽管没有明确的非海上保险的权威判例,似乎在所有案件中被保险人均有权要求返还保险费,除非其未告知或不实陈述是以欺诈为目的的。⑮ 实际上,在成文法的改革中,针对消费者保险的《消费者保险(披露与陈述)法(2012)》⑯及针对非消费者保

---

⑧ 对于此项区别,参见第六章。

⑨ 参见第五章。

⑩ 参见第五章第三节及第十九章第一节。

⑪ 尽管这是不可能的;参见第六章第二节。

⑫ 尽管在保险人为登记公司时越权原则并不能产生此种效果(Companies Act 2006 s. 39),但在保险人采取其他企业形式时仍然可以适用。

⑬ 参见第六章和第七章。

⑭ 参见第八章。

⑮ Chapman, assignees of Kennet v Fraser B. R. Trin. 33 Geo. 111; Anderson v Fitzgerald (1853) 4 H. L. Cas. 484.

⑯ 参见该法附件 1 中的第二段和第五段,即使是在故意或过失的不实陈述而导致合同被撤销的情况下,如果让保险人保留保险费,对于消费者而言并不公平,是故保险费的返还此时仍应是被允许的。

的《保险法(2015)》[17]已经明晰了此点。

由于保险人的不实陈述,被保险人有权终止保险单,这种情形是非常少见的。但也存在一件著名的案例,即 Kettlewell v Refuge Assurance Co 案[18]。在该案中,被保险人原本想终止与被告(保险人)之间的人寿保险单,但是被告的代理人向她作了虚假陈述:如果不终止该保险单,在四年之后,她将获得一份免费的保险单。也就是说,保险单依然维持效力,但是不必支付保险费。因此她决定继续维持该份保险单的效力。上诉法院认为:被保险人有权解除保险单并要求返还自不实陈述时起所支付的保险费。[19]此时尽管保险单是可撤销的,但这同保险费已被支付、保险人在保险单有效期间内实际承担风险无关。被保险人对保险单的解除自始发生效力。

第二项 不合法的保险单

当一份保险单由于不合法而无效时,有可能产生不同的后果。值得注意的是,此处是指保险合同本身不合法,而非指有效合同中保险费的返还由于违反公共政策而不合法。[20] 在后一种情形中,保险费是绝对不能返还的。

尽管在理论上有多种情形会致使保险合同不合法[21],但最常见且容易出现问题的是由于缺少法律要求的保险利益而不合法。[22]对于不合法的合同,不论是保险合同还是其他合同,法院通常都不会认可合同中的任何行为。并且,对于恢复原状的救济,法律一直都区分事实错误和法律错误来进行处理。在保险领域,根据《人寿保险法(1774)》第 1 条的规定,不具备所要求的保险利益的保险合同是不合法的。[23]由于法律错误,合同也是无效的。在这样的人寿保险单

---

[17] 参见该法附件 1 中的第二段和第四段,该法案中并不存在先前脚注中提及的对不公平的相同限制。

[18] Kettlewell v Refuge Assurance Co [1908] 1 K. B. 545; affirmed [1909] A. C. 243.

[19] 依据阿尔夫斯通法官的观点:以欺诈之诉请求损害赔偿也可达到返还金钱的目的(above at 550)。巴克利法官则将他的结论完全建立于另一基础之上:自被保险人决定继续维持合同之时起,直到他终止保险单时才会产生对价的完全失衡。在他看来,只有保险人经由其代理人的欺诈获得的保险费方可要求返还。

[20] 对此的区分,参见第六章。而有关基于公共政策理由的无效情形,参见第十四章。

[21] 参见第六章。在保险人未经监管机关许可而从事保险业务时,被保险人有权要求返还保险费:《金融服务与市场法(2000)》第 26 条第 2 款。普通法中也同样如此:Re Cavalier Insurance Co Ltd, Re [1989] 2 Lloyd's Rep. 430。

[22] 比如《人寿保险法(1774)》;参见第四章。

[23] 参见第三章。

中,保险费是不可返还的,除非合同双方不被认为均有过失,这意味着不应同等地归责于双方。㉔一般来讲,法律都会假定人们知道法律的内容。然而,在 Kleinwort Benson Ltd v Lincoln City Council 案㉕这一有关恢复原状的案件中,上议院却对此原则提出了质疑。虽然议员们并未完全驳回对于事实错误和法律错误的区别,但是他们坚持认为:由于法律错误导致合同无效,所支付的保险费仍然可经由恢复原状之诉而请求返还,就如同事实错误一样。事实上,对于法律门外汉来说,熟知内容庞杂的现行法是不可能的。

  法律委员会认为,如果由于事实错误导致合同不合法,接受不合法合同的一方当事人将被赋予恢复原状请求权。㉖ 这一恢复原状请求权不因另一方当事人的主观心理状态为何而有任何影响,尽管该合同另一方当事人也可能处于同一错误之下,而且从严格意义上讲,双方均有过失。Kleinwort Benson Ltd 案判决的影响即为将法律错误之下的请求与事实错误之下的请求相等同。假定是错误问题掩盖了不合法性的问题,那么由于法律错误导致合同不合法,由此而支付的保险费就必须是可返还的。若一份保险合同因为欠缺保险利益而不合法,被保险人支付的保险费也应该基于相同的理由而可请求返还。对保险人而言,其仅有的抗辩就是立场的转换,但很难想象这种情形如何能发生。

  ㉔ 这种情形为保险人或其代理人存在欺诈,但前提是不当行为应该达到足够程度。See British Workmen's & General Assurance Co v Cunliffe(1902) 18 T. L. R 502; Harse v Pearl Life Assurance Co〔1904〕1 K. B. 558; Hughes v Liverpool Victoria Legal Friendly Society〔1916〕2 K. B. 482.
  ㉕ Kleinwort Benson Ltd v Lincoln City Council〔1998〕4 All E. R. 513.
  ㉖ Law Commission Consultation Paper 154, paras 2.38-2.39.

第十一章 转　　让

在保险法理论和实务中,关于"转让"产生了许多重要的问题。主要存在三个不同但又紧密联系的问题。首先是被保险人转让保险标的的效力问题,其次是保险合同所生利益的转让问题,最后则是保险合同本身的转让问题。这些问题涉及一些共通的方面,但仍存在本质区别。下文我们将对这几个问题逐一考察。本章对于转让问题的讨论,并不涉及人寿保险。有关人寿保险的问题,更适于在之后人寿保险的章节(第十九章)中单独讨论。

第一节　保险标的的转让

在财产保险情形下,当被保险人出卖或处分所涉财产时,问题就应运而生。这通常同土地的买卖相联系,因此,我们首先关注这一领域,但是,在此情形下所适用的原则也同样可应用于动产的场合。保险单项下保险标的的转让并不发生保险转让的效果。一旦土地买卖合同成立,尽管卖方仍然享有普通法上的不动产权益,但是买方获得了衡平法上的不动产利益。在此阶段,双方对于所涉财产均享有保险利益,而且实际上,双方均会享有保险保障。①一旦买卖得以完成,或者是土地产权办理了移转登记,将买方变更为所有权人,那么买方将被给予普通法上的不动产权益,卖方则不再享有保险利益。②如果此时财产丢失或被毁损,卖方不能基于此要求保险赔付。

---

① 参见下文。
② Ecclesiastical Commissioners v Royal Exchange Assurance Corp (1895) 11 T. L. R. 476.

第一项　买方提出的保险赔付请求

如果买卖合同从订立到完成的这一期间,买方不购买保险,那么在卖方未转让保险单中所涉利益时,买方能否以卖方保险单中的所涉利益为由请求索赔,此时就产生了疑问。很明显,因为卖方仍对出卖财产未交付利益享有保险利益,所以卖方能够请求保险赔付。但是,在支持这一认知的诸多判例中有一个判例主张,卖方是为了买方的利益而占有获偿的保险金[3],不过这一主张之后就被 Rayner v Preston 案[4]的权威判例所废止。

在 Rayner v Preston 案中,P 同 R 签订买卖合同,P 将涉案财产出售给 R。而涉案财产为 P 签订的保险单中的保险标的,之后由于火灾遭到毁坏。尽管如此,双方履行了该买卖合同,按照一般规则完成了不动产的产权转让。[5]而自合同签订之日起,涉案财产的损失风险即由买方承担。P 一方面从 R 处接受了全部价款,另一方面又从保险人处获得了保险金。随后,R 提起诉讼,主张涉案财产的转让也发生保险所涉赔付利益转让的效果。R 声称:在签订买卖合同之后,P 基于信托关系替 R 占有土地及保有保险合同。上诉法院根据多数法官的意见否定了 R 的诉请,且认为:保险合同仅仅是主合同的附属合同,买卖双方基于土地买卖所形成的关系并非通常意义上的受托人和受益人之间的关系。当不存在对于保险单或保险金的明确转让时,毫无疑问,R 主张 P 是为 R 保存保险金,是没有道理的。[6]作为此判决的结果,P 实际上双重获偿。但是,在之后的 Castellain v Preston 案中,卖方有责任偿还保险金给买方的规则得以确立。[7] 对 Castellain v Preston 案,我们将在第十七章进一步讨论。

第二项　Rayner v Preston 案的影响

正如我们所见,保险单项下权益的转让可能会减轻 Rayner v Preston 案判决的消极影响。但这又几乎是不现实的,例如,保险人通常会拒绝所要求

---

[3] Collingridge v Royal Exchange Assurance Corp (1877)3 Q. B. D. 173.
[4] Rayner v Preston (1881) 18 Ch. D. 1.
[5] 此规则因不同的合同而异;参见下文。
[6] 注意:尽管 R 可能用《(伦敦地区)火灾预防法(1774)》的条款来主张赔付:James LJ (1881) 18 Ch. D. at 15。此点将在第十六章第二节第三项讨论。
[7] Castellain v Preston (1883) 11 Q. B. D. 380.

的转让同意。如果是这样的话，判决结果显然是不合理的。因为如果损失风险应由买方承担，合理的结论将是卖方和买方均须投保，前者至少能在其未获买卖价金支付的数额范围内获得保险保障，后者至少能在其未来所应支付的购买价款的全部范围内获得保险保障。但这是不具有效率的，而且从保险人角度观察，其只关注承保的财产是否被毁坏和被保险人是否具有保险利益，而保险金赔付给谁，是无关紧要的。⑧ 这一看法也在实务中获得了印证，火灾保险单中通常包含了一项条件，要求在前述情形下卖方应将保险单项下的权益转让给买方。⑨ 由此可见，保险人认识到了 Rayner v Preston 案判决的苛刻，从而很少依循这一判例的结论。尽管如此，也不应忘记卖方和买方享有不同的利益，卖方通常关注的是能否在所涉财产的市场价值范围内得到保险赔付，而买方可能更关注的是能否在财产重置价值的范围内得到保险赔付。对此，我们应该再三注意。

上文所提到的种种考虑，直接导致了法律委员会⑩对有关土地买卖合同中涉及风险问题的法律进行审查。审查的结果将在下文中讨论。

第三项　卖方的地位

前文已提及，在土地买卖合同完成之后，或者是一旦卖方接受了全部的买卖价金⑪，卖方就不再具有任何保险利益，也不能够再请求支付保险金，除非是他被允许并且为了买方的利益请求保险赔付。⑫ 实际上，一旦保险合同标的物消失，他的保险单将会自动失效。⑬ 这同样适用于动产买卖中的保险。在出售特定物的场合下，合同本身将起到引发产权转让的效果。⑭ 而只有当买方未支付价款，卖方享有《动产买卖法（1979）》第 39 条规定的留置权时，尽管所有权已发生了转移，卖方仍可依据实际占有而获得保险保障。然而，一旦卖方放弃占有，保险单将失去效力。因此，在 Rogerson v Scottish

---

⑧　当然，除非是这种情况，即存在应该告知保险人的买方的重要事实。

⑨　通常认为，此项条款也产生了不允许保险人针对买方以卖方的名义行使保险代位权的效果。参见第十七章第十四节。

⑩　Transfer of Land: Passing of Risk from Vendor to Purchaser, Working Paper No. 109, 1988; Transfer of Land: Risk of Damage after Contract of Sale, Report No. 191, 1990.

⑪　Ziel Nominees Pty Ltd v VACC Insurance Co Ltd(1976) 50 A. L. J. R. 106.

⑫　参见第四章。

⑬　Rogerson v Scottish Automobile & General Insurance Co Ltd (1931) 48 T. L. R. 17.

⑭　《动产买卖法（1979）》第 18 条第 1 项规定：允许合同当事人作相反的约定，这在实践中经常发生。

Automobile & General Insurance Co Ltd 案⑮中,被保险人拥有一份承保特定车辆的汽车保险单。他通过以旧换新的方式,将被保车辆替换成款式相似的新车,但未告知保险人。上议院认为他的保险单已经失效。

尽管如此,但值得注意的是,这仅仅适用于保险单有明确的标的物的场合。一般而言,为了满足保险利益的要求,大部分保险单确实保障的是特定标的物,但是对于承保被保险人对第三人所负责任的责任保险单而言,其并未指向某一特定的财产,并不存在明确的标的物。例如,一份第三方汽车保险单并不需要同任一特定的车辆相关联;在被保险人驾驶任何特定的车辆时,都能够提供保险保障。在 Boss v Kingston 案⑯中,被保险人为自己所有的一辆摩托车投保了一份保障对第三人所负责任的保险单,与此同时,被保险人在征得所有权人同意后,又实际上驾驶着一辆不属于自己所有的摩托车。在他卖掉自己的摩托车后,仍持有他的保险单。一天,他驾驶着朋友的摩托车,但由于没有保险而受到指控。⑰英国治安法官遵循 Rogerson 案,以他的保险单在他自己的摩托车被出卖时就已经失效为由,宣告他有罪。但是英国高等法院分庭(Divisional Court)认为并不存在这种自动失效。该保险单仅仅是一份第三方保险单,不必指向任何特定财产。然而,法官们还是极不情愿地维持了对被保险人的定罪,并对保险单作此解释,在被保险人将摩托车出卖后,保险单之所以失效,仅仅是因为保险单包含此种条件:若该摩托车不再为被保险人所拥有时,保险单就已失效,保险责任也不会发生。

在更为近期的 Dodson v Peter H Dodson Insurance Services 案⑱中,上诉法院对 Boss v Kingston 案的判决进行了识别,并对判理由表示怀疑,认为此案关键在于正确解释保险单。保险保障范围扩展到被保险人在驾驶任何汽车时对于第三方的责任,是有效的。这区别于为特定汽车提供的保险保障,也不受与被保险汽车相关的通常义务的影响。因此保险并未自动失去效力。实际上,在实践中,这种扩张解释仅适用于机动车保险合同。⑲

---

⑮ Rogerson v Scottish Automobile & General Insurance Co Ltd (1931) 48 T. L. R. 17. See also Tattersall v Drysdale [1935] 2 K. B. 174.
⑯ Boss v Kingston [1963] 1 W. L. R. 99.
⑰ 依据《道路交通法(1988)》第 145 条;参见第二十一章。
⑱ Dodson v Peter H Dodson Insurance Services[2001] Lloyd's Rep. I. R. 278.
⑲ 对于这些扩展,参见第二十一章第三节第一项。

可以明确,在买卖被承保动产,尤其是不特定动产时,动产所有权并不会因为买卖合同的成立而马上发生移转。此时,财产所有权[20]及财产损失风险[21]仍归属于卖方,那么一旦动产受损或被毁,卖方仍可请求保险赔付,而买方没有任何理由要求保险赔付。但是,要是财产所有权发生移转,买卖价款也已经支付,保险效力将终止。

第二节 保险单项下权益的转让

如果保险单所涉标的物的转让本身未将保险单中的任何利益转让给受让人,就产生了保险单中的利益是否自动发生转让这一问题。在这里必须强调的是,我们并不考虑保险单或合同的转让,而仅仅是探讨要求保险赔付的权利。毫无疑问,此种利益是一种诉讼上的财产(chose in action),属于无形财产的一种,其可以依据《财产法(1925)》第136条或衡平法发生转让。[22] 为了约束保险人,并让保险人直接承担向受让人支付保险金的责任,必须履行通知保险人的义务,以使权益转让发生法律效力。否则,受让人就只能起诉转让人要求其请求保险人进行保险赔付。在损失发生之前或之后[23],都可以发生这样的转让,而与保险人是否同意无关。[24] 被保险人只需称他请求的保险赔付最终将归属于第三人。

然而,受让方只能在转让方或被保险人所享有的保险利益范围内请求保险赔付,并且将会受制于保险人可能享有的任何权利,例如解除保险合同、要求承担未告知或违反保证的责任。正因如此,保险单项下权益的明确转让并未使买受人享有他所期望的在 Rayner v Preston 案[25]这一类型案件中所达到的拥有权益的程度。

---

[20] 《动产买卖法(1979)》第18条第5项。

[21] 《动产买卖法(1979)》第20条。

[22] 抵押人的保险合同发挥着衡平法上转让给抵押权人的作用:Colonial Mutual General Insurance Co Ltd v ANZ Banking Group (New Zealand) Ltd (1995) 3 All E. R. 987。对诉讼上的财产转让的更完整的描述,参见 Treitel, Law of Contract, Ch. 16。

[23] Cf. Tailby v Official Receiver (1888) 13 App. Cas. 523; Peters v General Accident Fire & Life Assurance Corp Ltd [1937] 4 All E. R. 628, per Goddard J.

[24] Re Turcan (1888) 40 Ch. D. 5.

[25] Rayner v Preston (1881) 18 Ch. D. 1;参见第十一章第一节第二项。

第三节 法定转让

在当事人为财产的出卖人和买受人时,无论是针对不动产还是动产,依据《财产法(1925)》第47条,似乎没有必要要求保险单或保险金的明确转让。很显然,这推翻了 Rayner v Preston 案的判决。第47条第1款规定如下:

"从财产买卖合同或互换合同成立之日起,若合同中所涉财产遭到损害或毁损,卖方所持保险单下的保险金就可以得到赔付。一旦合同履行完毕,卖方就应代表买受人取得并占有保险金,且在完成买卖或互换交易,又或是卖方接受保险金后,将保险金支付给买受人。"

而根据第2款,该条仅在下列情形下生效:(a)合同中无任何相反约定;(b)保险人任何必不可少的同意;(c)自合同成立之日起,买受人支付了一定比例的保险费。条件(a)一定是指买卖合同而非保险合同。

第一点需注意的是,同第136条的通知转让不同,该条并未给予买受人针对保险人的任何直接权利。第二点,同时也是最为根本的一点,第47条意在转让的是什么?是保险合同本身?抑或仅仅是保险合同中可赔付的利益?在缺乏权威司法观点的情况下,不应认为发生转让的是保险合同本身,而应认为仅仅是指保险合同中的保险金请求权发生了转让。如果是这样的话,下一个问题将是第2款中条件(b)的含义。"必不可少的同意",通常理解一定是"保险合同中所要求的同意",但有观点却与此不一致。[26] 通常认为这要求保险人的明确同意。在实践中,我们已经提到的建筑物火灾保险单的格式条款中通常已经隐含了这一点。[27] 但应该承认的是,实际上,只有在有明确要求的情形下,才需要保险人的同意。该条并非指只有取得"保险人的同意"才可适用,并且,除依字面含义之外,似乎没有理由这样解释。正如前文所论及,第47条并不意在转让保险合同本身,而对于保险合同本身转让而言,保险人的同意是必需的。[28] 不能忽略的是,尽管实际上要求保险人的同意,但对于买受人而言,其很难发现这一点。

因此,一般认为,第47条推翻了 Rayner v Preston 案的判决。而在 Rayner 案等案件中,都是需要获得保险人的同意,但却并未获得其同意。然而实际

---

[26] See, e.g. Emmet on Title, 19th edn (London: Sweet & Maxwell) at 42-43.
[27] 第十一章第一节第二项。
[28] 参见第十一章第四节。

上，似乎对于土地买卖而言，通常都会在合同中予以排除。无论如何，在大多数情形下，对买受人而言，依赖于第47条不予排除的规定，都太不安全。在土地买卖或互换场合，买受人所享有的权利仅仅限于出卖人享有权利的范围；按照第47条第1款的意思，只有当保险金得以支付给出卖方时，买卖双方对于保险金才成立信托关系。因此，保险人可能对于卖方的赔付请求提出抗辩：根据买卖合同，卖方有权要求的保险赔付数额（也即保险利益的数额范围）可能少于财产的总价值或者恢复原状的费用。如果风险已移转至买受人，出卖人的损失仅仅是他所签订的买卖合同中已经出卖的财产的价值扣除他已经从买受人处所接受的保证金。

第一项 法律委员会的审查

在土地买卖场合，损失的风险自合同成立时起由买受人承担，这为Rayner v Preston案㉙的判决提供了基础。这项规则，连同第47条真正范围的不确定性，在标准的财产权转让实践中，导致了合同交易过程中买受人购买了自己的保险。由于出卖方拥有保险来保障他自己的保险利益，其结果将是同一份财产的相同风险被多次承保。于是，基于此种情形的不必要性，出现了对《财产法（1925）》进行改革的主张。㉚ 而且，这也会产生复保险的问题。㉛

此项主张被提交到了法律委员会，并制作了一份论证法律修改的工作文件㉜，以期实现在合同履行完毕之前损失风险始终由出卖方负担的目的。㉝ 委员会并未考虑对相关的保险规则进行修改。这项临时性的动议得到了大多数受访者的支持，并在1990年出版的最终报告中得到了确认。㉞ 然而，在报告出版的同时，适用于大多数财产权转让的标准合同条款发生了一些变化。该变化产生与法律委员会之修正建议相近似的效果。因而，法律委员会认为，至少目前没有必要在成文法层面作出任何改变。

㉙ Rayner v Preston(1881) 18 Ch. D. 1；参见第十一章第一节第一项。

㉚ See, e.g. Aldridge (1974) 124 N. L. J. 966; Adams and Aldridge, Law Society's Gazette, 16 April 1980.

㉛ 参见第十八章。

㉜ No. 109; see fn. 10, above.

㉝ 暂时的较为合理的措施是：依据法律，自合同成立之日起，出卖方负有交付财产至买受人占有的义务。但在大多数情形下，这同改变风险移转规则具有相同的效果。

㉞ Law Com No. 191. 存在当事人自由约定不受新规则约束的可能性。

这些合同条款是买卖合同格式条款的相关部分(第5款)。㉟ 因而出卖方负有自合同成立之日起按照财产本来的物理状态将财产移转至买受人的义务。㊱ 这就意味着,到合同履行完毕之前,由出卖方承担风险。出卖方没有义务为买受人提供保险保障,同时《财产法(1925)》第47条也被明确排除。就基本原理而言,这可能是非常合理的。然而,此部分格式条款在实务中一般都被排除了。实务工作者通常认为历经时间考验的惯例是最优的,而且事实上重复保险并不会产生巨大的浪费或成本。㊲

第二项 第47条对于动产保险的影响

动产买卖合同或互易合同,毫无疑问应该适用第47条。然而,在特定动产自合同成立之日起发生财产权转让的场合,因为出卖方既不能直接要求保险赔付,也没有保险利益以要求买受人返还其行使法定权利所取得的利益,所以第47条此时并无适用的余地,除非动产损失风险例外地仍由出卖方负担。但是,在此情形下,买受人无论如何都不会遭受任何损失。相反,在特定动产并非自合同成立之日起发生财产权转让的场合,损失发生在财产权转让之前,如果买受人取得了保险人的明确同意且遵守了第47条第2款的其他条件,那么就没有理由不让买受人向出卖人主张由出卖人支配的保险单项下的各种权益。

第四节 保险单的转让

初看之下,保险单是可以自由转让的,并可作为诉讼上的财产。人寿保险单及海上保险单的转让问题㊳,已经在成文法层面得以确认。对于人寿保险单的转让问题我们将在后文单独讨论。㊴ 然而,由于所有其他类型的保险

㉟ 这些取代了之前"相互竞争"的《事务律师协会买卖合同一般条款》(Law Society's General Conditions of Sale)和《国内买卖合同一般条款》(National Conditions of Sale)。尽管如此,值得注意的是,商业财产格式条款并未改变普通法对于风险移转的规则,也未排除第47条。

㊱ 合理磨损情形除外。

㊲ See Silverman, Law Society's Gazette, 23 October 1991, at 27. 如果存在浪费的证据,法律委员会可能会重新考虑它的立场,并对法律作出正式的修改。对于其他保险问题的考虑,参见 Harwood (1992) 136 S. J. 408。

㊳ 参见第十九章。

㊴ 《海上保险法(1906)》第50条。《海上保险法(1906)》第50条规定,海上保险单可以自由转让。这一规定是基于国际贸易的性质及标准国际销售合同的要求而制定的。

都被看作是专门针对特定的被保险人提供风险保障的,是故任何形式的转让都需要取得保险人的同意。㊵ 其结果就是,非人寿保险单和非海上保险单实际上并非真正地具备可转让性,因为保险人只有在相当于创设新合同或者合同更新时才会同意保险单"转让"给新的被保险人。在 Peter v General Accident Fire and Life Assurance Corp Ltd 案㊶中,出卖方将自己拥有的一辆货车卖给买受人,并将作为被告的保险人签发的财产保险单一并转让给了买受人。由于买受人过失驾驶对原告造成伤害,原告根据《道路交通法(1988)》第151条㊷对保险人提起诉讼。该案判决认为:保险人不需要为买受人承担的侵权责任提供保险保障,因为在未取得保险人同意的情况下㊸,出卖方不能将他的机动车保险单转让给买受人。一旦货车买卖合同成立,基于先前提到的原因,保险单将失效。㊹

更进一步来说,有效的保险单转让必须与保险标的物的转让同时发生。很显然,在保险标的物未发生转让的场合,非人寿保险单也不能被转让;否则,受让人并没有保险利益。严格的同时性要求在海上保险中得到了公认㊺,相应的在陆上保险中也没有理由否认同时性的适用。

㊵ 尽管如此,需注意的是:保险合同的属人性似乎并不阻止隐名委托人对于代理人所签保险单的诉讼:Siu Yin Kwan v Eastern Insurance Co Ltd [1994] 1 All E. R. 213;请参见第四章第六节第一项的评论。至于买受人对于出卖方保险单所享有利益的告知是否等同于同意,参见 Bestquest Ltd v Regency Care Group Ltd (2003) Lloyd's Rep. I. R. 392。

㊶ Peter v General Accident Fire and Life Assurance Corp Ltd (1938) 2 All E. R. 267. See also Bryant v Primary Industries Insurance Co Ltd [1990] 2 N. Z. L. R. 142。

㊷ 参见第二十一章第五节。

㊸ 同时,对于得到被保险人同意驾驶其机动车的第三方,保险单也可提供保险保障,但由于货车是买受人的财产,买受人并非基于被保险人的同意驾驶汽车,而是因为其本来就拥有汽车的所有权,因而保险单也不能提供保险保障。

㊹ Rogerson v Scottish Automobile & General Insurance Co Ltd (1931) 48 T. L. R. 17;参见第十一章第一节第三项。

㊺ North England Oil Cake Co v Archangel Marine Insurance Co (1875) L. R. 10 Q. B. 249.

第十二章 保险中介

有关保险中介的法律制度十分重要,因为所有的保险业务事实上都是通过某种形式的代理人来进行的。大多数保险人是并且必须是公司,但在一些例外情形下,也可以是其他的法人实体或者协会。① 这些实体不可避免地只能通过代理人进行活动,代理人则包括其董事、高级管理人员和初级员工。自然人担任保险人的情形只有一种,即劳合社中的保险人。根据成文法②惯例,劳合社中的自然人保险人只能接受劳合社保险经纪人的投保业务,不与客户直接接触。这些经纪人经劳合社许可认证,代表客户开展保险经纪业务,只有由其开具的保险单才具有效力。除了这些类型的保险中介,更多的保险业务是通过保险经纪人和其他独立的代理机构进行交易的,后者可能以"保险顾问"的名号开展活动。③ 被保险人则可能通过另一种保险中介与劳合社经纪人接洽。并非所有的保险中介都专职从事保险代理活动。像汽车经销商、律师、抵押贷款人、旅行社经纪人、房地产经纪人这些主体,他们的主要工作明显不是销售保险或提供投保建议,但却可能兼职销售保险作为其主业的补充,他们与特定的保险人通常有在先的联系。本章主要讲述的内容是代理的一般原则在保险中介制度中的应用,但在此之前有必要对不同中介所受的监管简要加以研究。

第一节 对保险中介的监管

保险中介类型的多样性引发了一些重要问题,这些问题涉及保险中介的

---

① 参见第一章第三节。
② 《劳险社法(1982)》(Lloyd's Act 1982)第 8 条第 3 款。
③ 如今有一些大打广告的网站,有的销售保险,有的在法律上属于保险中介。

职业资格、如何应对可能产生的利益冲突等④,它们在近年来催生了一系列不同的保险中介监管机制。除了保险经纪人须登记这一成文法机制,最古老的监管形式是对提供人寿保险咨询服务的中介的监管,但前者已于 2000 年被废止。这些监管形式后来均被《金融服务法(1986)》当中引入的监管机制所涵盖,后者之后又被《金融服务与市场法(2000)》所替代。销售大多数长期保险的独立保险中介必须得到英国金融行为监管局(FCA)的批准,且保险人需对其任命的代理人的作为和不作为直接负责。⑤ 监管者制定了细则来规制这些保险中介的行为,这些细则位于《保险营业行为规范》(ICOBS)之中。

在一段相对较短的时期内,参与普通保险业务的中介系受一个自律监管体系的监管⑥,但也存在一些例外,特别是对那些参与高风险保险业务⑦和再保险业务的保险中介。《保险调解指令》(Insurance Mediation Directive)⑧于 2005 年实施之后,它们还要受金融服务监管局(FSA),即如今的金融行为监管局(FCA)的监管。该指令为欧洲范围内的普通保险和人寿保险的销售与管理设定了最低标准。⑨ 由此带来的一个最重要的结果是,现在所有针对保险中介的投诉都归金融申诉专员服务局(FOS)管辖。⑩

对保险中介的监管要求在许多方面都与第二章中介绍的适用于保险人的监管要求相同。《保险营业行为规范》对消费者和商业客户进行了区分。消费者是指非以个人贸易、商业经营或专门职业之目的从事活动的自然人。商业客户则是指消费者以外的主体,但小型企业在产品披露和建议方面可能会受到一些额外的保护。

此处对《保险营业行为规范》中专门适用于保险中介的重要监管要求予

---

　　④　例如,当保险的销售是以佣金为基础时,保险中介可能就会尽量劝客户投保中介佣金费用最高的保险,而非最符合客户需求的保险。
　　⑤　《金融服务与市场法(2000)》第 39 条第 3 款。
　　⑥　即普通保险标准委员会(General Insurance Standards Council)。
　　⑦　参见第二章第三节第二项。
　　⑧　2002/92/EC. 欧盟委员会于 2012 年出台了新的修订草案,取代了原有的《保险调解指令》。
　　⑨　该指令系由两项指令具体实施,分别为《保险调解指令(其他修正)规章(2002)》[Insurance Mediation Directive (Miscellaneous Amendments) Regulations 2002, SI 2004/1473]和 2005 年 1 月生效的《金融服务与市场法(2000)(受监管活动)(2 号)(修正)令》[Financial Services and Markets Act 2000 (Regulated Activities) (Amendment) (No. 2) Order 2003, SI 2003/1476]。
　　⑩　参见第一章第九节。

以介绍。⑪ 保险中介需要对一些事项进行披露，包括其名称和地址，其已在金融行为监管局登记及其投诉处理程序（并说明存在金融申诉专员的投诉解决渠道）。此外，它们还必须披露自己是否基于对市场的合理分析提供咨询建议，是否负有只与一个或多个保险人开展业务的义务，或者自己不负有此种合同义务，而且也没有依据对市场的合理分析提供建议。如果它们未根据对市场的合理分析给出建议，就必须通知客户，使客户知道自己有权询问所有可能或实际与之进行交易的保险人的名称。在和消费者签订初始合同之前，保险中介必须说明自己提供的是否为个人的建议或信息。这必须在合同成立之前，以一种"能够持久保存的媒介"清楚、准确且易懂地进行完全披露，但消费者要求即时获得保障或保险合同系通过电话订立的情形除外。因为在这些情形下，口头的披露即已足够。保险中介必须在客户承担费用支付义务或保险合同成立之前（何者时间在先以何者为准），告知客户费用或者费用的计算基础。商业客户有权获知保险中介收取的手续费数额。

第二节　保险人或被保险人的代理人

就一般代理原则而言，首先应当关注的问题是，某一中介在法律上是谁的代理人。这并非依据教义分析就能轻易得出结论。对此的一般规定是，只有保险人直接雇佣或者控制的代理人，才是保险人的代理人，而且在与被保险人交涉时，该代理人并非总被作为保险人的代理人。⑫ 在大多数情况下，其他所有代理人在法律上属于被保险人的代理人，而且即便是对于劳埃德保险经纪人而言也同样如此。⑬ 然而，在特殊情况下，保险经纪人有时也会被作为保险人的代理人。⑭ 保险经纪人⑮在此种情形下的地位值得进一步

---

⑪　对于保护性保险单还有一些额外的要求，保护性保险单通常是定期人寿保险和给付型保护保险。

⑫　参见指导性判例 Newsholme Bros v Road Transport & General Insurance Co 案（[1929] 2 K. B. 356）中的裁判意见，下文将有讨论。

⑬　Rozanes v Bowen (1928) 32 Ll. L. Rep. 98; Anglo-African Merchants v Bayley [1970] 1 Q. B. 311; North & South Trust v Berkeley [1971] 1 W. L. R. 470; McNealy v Pennine Insurance Co Ltd [1978] 2 Lloyd's Rep. 18; Roberts v Plaisted [1989] 2 Lloyd's Rep. 341.

⑭　Stockton v Mason [1978] 2 Lloyd's Rep. 430; Woolcott v Excess Insurance Co [1978] 1 Lloyd's Rep. 633（初审）；[1979] 1 Lloyd's Rep. 231（上诉法院）；[1979] 2 Lloyd's Rep. 210（再审）。

⑮　基于这些目的保险经纪人包括所有独立的保险中介。

探讨。

极为重要的一个问题是,在何种情况下,保险经纪人知悉关于保险合同的特定事项,或者声称其系代表保险人实施订立保险合同的法律行为。如我们所见,由于保险经纪人是被保险人的代理人,因此从逻辑上来说,保险人不能被认为知道保险经纪人的行为或者受其行为的约束。虽然劳埃德保险经纪人显然总是被保险人的代理人[16],但也明显存在一些不同的司法意见。[17]如果一个被指示去寻找保险的保险经纪人首先去找的是再保险人,那他就是某一未经确认的保险人或再保险被保险人的代理人,而非被保险人的代理人。[18] 然而,在两件相对较现代的判例中,看起来独立执业,并且非劳埃德保险经纪人的中介,却被推定为保险人的代理人。在 Stockton v Mason 案[19]中,Mason 的父亲是被保险人,他通过自己的妻子指示其保险经纪人,把他现有的一份机动车保险单的保障车辆从 Ford Anglia 改成 MG Midget。保险经纪人的一个雇员说该行为在短期内是完全有效的,根据 Mason 父亲的意思,将先前承保任何经批准的驾驶人对车辆之驾驶行为的保险单,转变成了对驾驶新车行为提供保障的保险单。

后来,保险经纪人书面声明,其对 MG Midget 这辆车提供的保障仅限于被保险人本人。Mason 在驾驶这辆车的过程中因为过失对原告造成了损害。依据《道路交通法(1972)》[20],该案的争议在于,原告是否有权起诉 Mason 父亲的保险公司[21]。这取决于保险公司是否受保险经纪人雇员所作的口头声明(即允许 MG Midget 这辆车完全替代 Ford Anglia 这辆车)的约束。上诉法院的合议庭由三名上诉法院法官组成,其认为保险公司应受此约束。

> 非海上保险中的保险经纪人拥有代表保险人签发临时保险单,或者作为保险人的代理人订立临时保险合同的默示权限……在

---

[16] Roberts v Plaisted [1989] 2 Lloyd's Rep. 341.

[17] 珀切斯(Purchas)法官在前注[16]判决书的第 345 页评论到,对于不熟悉保险业的人而言,"若某人将自己描述为劳埃德保险经纪人,其由保险业支付报酬,向保险业提交投保单,并且代表保险业提供保险建议,此人就不应当被作为完全披露的接受者",这似乎是一种显而易见的法律状态。上诉法院同意初审中霍奇森(Hodgson)法官的意见,认为这一重要因素应当被法律委员会参考。

[18] SAIL v Farex Gie [1995] L. R. L. R. 116; 因此,保险经纪人的知悉不能被归于保险人。关于知悉的归属,参见第十二章第四节。

[19] [1978] 2 Lloyd's Rep. 430.

[20] 第 149 条,现在被《道路交通法(1988)》代替;参见第二十一章第五节。

[21] 保险经纪人也被起诉了。

我看来,保险经纪人"是的,这是可以的。Mason 女士,我们会做好安排"这一声明,无疑表示其是在作为保险公司的代理人实施行为,而非仅仅是对"应 Mason 女士的命令或要求,作为代表与保险公司进行合同磋商"的承认。[22]

Woolcott v Excess Insurance Co Ltd 案[23]是一起涉及很多事实争议的案件。该案进入上诉法院后,又被上诉法院发回重审。重审法官的观点明显超越了上诉法院的意见,其认为,保险经纪人对争议重要事实的知悉可以归属于保险人,保险人因而无权提出针对该事实之未披露的抗辩,即便被保险人不知道保险人实际知道该事实或者被视为知道该事实。[24]

这两份判决由于与现实情况相一致,并且符合被保险人的意愿,因而明显受到了欢迎。在适当情况下,保险经纪人的权限对保险人的拘束程度,取决于后文将进一步讨论的一些因素。然而,这两起案件所确立的原则似乎并不具有普适性。在这两起案件中,保险经纪人与保险人之间都有密切的联系,且前者的确获得了至少可以订立临时保险合同的保险人的授权。在更近的 Winter v Irish Life Assurance Plc 案[25]中,法院认为,保险经纪人对于被保险人患有囊性纤维化症(cystic fibrosis)这一事实的知悉,不能被归属于保险人。因此,作为一项一般规则,似乎可以肯定地说,当被保险人通过保险经纪人或者其他独立的保险中介,与同保险经纪人没有密切联系的保险人签订保险合同时,除非保险经纪人或代理人实际获得了保险人的授权,否则被保险人无权依据表见代理规则主张权利。[26]

制定法规则

英国法律委员会对关于未披露和不实陈述的消费者保险法进行了整体性的研究,代理的法律规则作为该整体研究的一部分,得到了法律委员会不同层面的探讨,其中就包括"某一保险中介是谁的代理人"这一棘手问题。

---

[22] [1978] 2 Lloyd's Rep. 430 at 431-432, per Lord Diplock.
[23] 参见注释[14]。
[24] [1979] 1 Lloyd's Rep. 231 at 241-242 (per Megaw L. J.);还可参见[1979] 2 Lloyd's Rep. 210 at 211 (per Cantley J)。
[25] [1995] 2 Lloyd's Rep. 274.
[26] 或者除非保险人此前已经认为自己受保险经纪人或代理人之陈述的拘束。下文对表见代理有简要叙述。

最后[27]，法律委员会并没有试图提供可能很快过时的僵硬的成文法原则，而是建议制定更多弹性化的规则来确定保险代理人的法律地位。后来通过的《消费者保险(披露与陈述)法(2012)》的附件 1 对这些规则有一定体现，但它们仅适用于合乎该法规之目的的情形，即仅适用于消费者保险中的先合同披露和不实陈述。本书第七章第四节第五项对之有所介绍。

这种立法模式的结果可能清楚地确认了一点，即如果保险人未被视为对特定保险中介所知道的先合同信息知情，且因为没有得到保险中介的告知而确实不知情，那么保险中介就显然违反了对消费者的义务。依据第十二章第六节第三项中的叙述，该义务在旧法之下并不是完全确定的。

关于非消费者保险及对风险的合理陈述义务，《保险法(2015)》作出了特殊规定，这些规定代替了一般代理原则的适用，明确了保险中介的知情在何时可被视为被保险人或保险人的知情。第七章第五节第二项和第七章第六节第一项已对此予以详述。

第三节　相关的代理原则

在现有的可能空间下，无论以何种方式都无法全面处理可适用于保险交易的所有代理原则。[28] 因此，我们应当关注那些看起来有特殊相关性的问题，如被代理人何时受其代理人实施的有利于第三人之行为的拘束，代理人的知情何时能够归属于被代理人，以及被代理人与代理人的关系，尤其是当被代理人是被保险人之时。

第一项　被代理人和第三人

对于代理人在自己的实际代理权、表见(或外观)代理权或一般代理权范围内实施的所有行为，以及得到被代理人追认的未被授权的行为，被代理人都要承受其法律后果。围绕一般代理权的概念所生的难题[29]似乎并未得到过讨论，或者似乎在事实上不可能出现于保险当中，因而无须在此进行

---

[27]　《消费者保险法：先合同披露和不实陈述》(Law Com No. 310, Scot Law Com No. 219, Cm 7758)第八部分。

[28]　See Bowstead and Reynolds on Agency, 20th edn (London: Sweet & Maxwell, 2014). 在第四章有一些关于其他代理原则的讨论。

[29]　See Markesinis and Munday, An Outline of Law of Agency, at 24-29.

讨论。

第二项 实际代理权

实际代理权的授予可以是明示的也可以是默示的。代理人经明示授权而实施代理行为不会产生问题。默示的实际代理权的授予则发生在这样一种情形,即代理人肯定拥有实际代理权,但被代理人却从未以口头或书面形式明确授予其该项权利。如果保险人给其代理人空白的暂保单,就代表其默示授予了代理人订立有约束力的临时保险合同的权限。[30] 同样的,保险人继续接受其代理人订立的口头临时保险合同,也表明其授予了该代理人默示的代理权。[31] Zurich General Accident and Liability Insurance Co Ltd v Rowberry 案[32]对此原则有所体现。该案中,被保险人是被代理人,被保险人指示保险经纪人为其即将开始的法国之旅投保。被保险人实际要去的城市是尼斯(Nice),但保险经纪人却在投保单中把被保险人的目的地错写成了巴黎。被保险人想要以错误为由解除保险单,但法院认为其应受其保险经纪人之行为的拘束,因为被保险人已经授予了保险经纪人就投保单进行磋商的代理权,且并未就自己的目的地给出明确的指示。

第三项 表见代理权

表见(或外观)代理权的发生情形为,被代理人通过其语言或行为,表明其代理人拥有一项特殊的代理权。[33] 仅在代理人超过实际代理权限范围实施代理行为时,表见代理权才有意义。表见代理权的本质是被代理人给第三人制造的代理权外观,代理人说话的内容及是否欺诈性地实施代理行为,则无关紧要。[34] 因此,表见代理的根据是禁反言制度,该表象通常系由被代理人的行为而非任何明确的语言所造成。[35] 任命代理人担任某一职务,即授予了代理人一项表见代理权,该代理权使得被代理人实施的居该职位之人有权实施的一般行为,对被代理人具有约束力。而且,代理人对于某些一般

---

[30] Mackie v European Assurance Society (1869) 21 L. T. 102; Stockton v Mason [1978] 2 Lloyd's Rep. 430.
[31] Murfitt v Royal Insurance Co (1922) 38 T. L. R. 334.
[32] [1954] 2 Lloyd's Rep. 55.
[33] See Freeman & Lockyer v Buckhurst Park Properties Ltd [1964] 2 Q. B. 480.
[34] Lloyd v Grace, Smith & Co [1912] A. C. 716.
[35] 有一个保险案例是 Eagle Star Insurance Co v Spratt [1971] 2 Lloyd's Rep. 116。

行为实际未获授权也是无关紧要的,除非第三人知道这一点因而对权利外观不存在信赖。㊱

担任保险公司查勘人员职务的人可能被认为拥有变更投保单条款的表见代理权。㊲ 即便代理人未被授予收取保险费的代理权,如果其从外观上看起来有权收取保险费,其收取保险费的行为也会对保险人产生约束力。㊳ 如果与被保险人进行交涉的一直是代理人,那么代理人对损失通知的接收,也应当拘束保险人,除非存在一项明确的相反表示;该相反表示将导致一切所谓的由保险人制造的权利外观均不成立。㊴ 有代理权外观的代理人对保险单所作的变更,或者对违反条件的弃权,会对保险人产生约束力。㊵ 与此相似,提供暂保单给代理人的行为,授予了代理人订立相应的临时保险合同的表见代理权,即使保险人对此明确禁止也依然如此,因此默示的实际代理权是不存在的。另外,代理人除非实际得到授权,否则无权代理保险人签发正式保险单并对保险人产生约束力。㊶ 同时,如果代理人仅仅负责推销、拉客户的话,其也无权代表被保险人填写投保单。㊷ 后文将会对这项相当奇怪的规则展开研究。在保险单的含义或解释方面,保险人的代理人无权以其行为约束被代理人,尽管这并不是基于表见代理权规则而欠缺代理权所致,而是从整体而言就不具有约束力。㊸

第四项 追认

如果代理人声称其系在实施代理行为㊹,而且被代理人在代理行为实施

㊱ Wilkinson v General Accident Fire & Life Assurance Corp Ltd [1967] 2 Lloyd's Rep. 182.

㊲ Stone v Reliance Mutual Insurance Society Ltd [1972] 1 Lloyd's Rep. 469,参见第十二章第五节第五项。

㊳ Kelly v London and Staffordshire Fire Insurance Co (1883) Cab. & E. 47.

㊴ Brook v Trafalgar Insurance Co (1946) 79 LI. L. Rep. 365.

㊵ Wing v Harvey (1854) 5 De G. M. & G. 265,参见第十四章第十一节第三项。

㊶ Stockton v Mason [1978] 2 Lloyd's Rep. 430; British Bank of the Middle East v Sun Life Assurance Co of Canada (UK) Ltd [1983] 2 Lloyd's Rep. 9. 在实践中,只有董事或者至少部门经理才可能获得实际授权。

㊷ Newsholme Bros v Road Transport & General Insurance Co [1929] 2 K. B. 356.

㊸ Re Hooley Rubber & Chemical Manufacturing Co [1920] 1 K. B. 257; 比较 Harr v Allstate Insurance Co 54 N. J. 287 (1969).

㊹ 只有在代理人有实际代理权的情况下,才可以起诉未被披露的被代理人,被代理人才受代理行为约束;参见 Bowstead 书,第 51—84 页。关于利用未披露本人的代理来订立保险合同,参见第四章第六节第一项。

之时不仅存在且能够识别,那么借助表见代理的规则,代理行为即便未经授权因而无法约束被代理人,也依然能够得到被代理人的追认。追认具有溯及效力,可以使代理行为自始有效。㊺ 但在海上保险中,被代理人能否于损失发生后追认则并不清楚。在 Grover & Grover v Mathews 案㊻中,保险经纪人在未获授权的情况下为被保险人续订了保险单,被保险人在遭受损失后才知悉保险经纪人的该项行为。法院认为,即便被保险人对该行为作出了追认,保险人也不承担责任。然而,有观点则认为该判决是错误的,而且审理 National Oilwell (UK) Ltd v Davy Offshore Ltd 案㊼的法官也拒绝遵循这一判例。㊽

第四节　代理人知情的效力归属

保险领域中有一项规则极为重要,即代理人的知悉在某些情况下可以归属于被代理人,故后者被视为对代理人所知道情况的知情。此处仅在代理人为保险人之代理人,即被保险人试图信赖代理人的场合对此规则进行研究,但代理人为被保险人之代理人的场合,亦应适用同样的规则。

与此相关的最为常见的一种情形是,保险人主张被保险人未披露重要事实或对重要事实作出了不实陈述,而被保险人则主张经由代理人的知悉,保险人应被视为知道了该事实。根据第十二章第二节中提到的《消费者保险(披露与陈述)法(2012)》的相关规定,一般原则在保险消费者不实陈述的场合仍有意义。但对于非消费者保险,一般原则已被《保险法(2015)》中的特别规则所替代,这一点同样在之前已有述及。故此,判例法中蕴含着有价值的阐述。之前提到的 Woolcott v Excess Insurance Co 案㊾即为适例。一般来说,由于代理人从表面看来有权接收信息,故其对相关事实的知悉会被归属于保险人,但如果错误的回答是在投保单上作出的,结果则可能不同,即便代理人知道真实情况也同样如此。㊿ 因此,由一个能够识别信息之重要性的人来接收信息,似乎是很有必要的。在 Mahli v Abbey Life Assurance Co 案○51

㊺　Bolton Partners v Lambert (1888) 41 Ch. D. 295.
㊻　Grover & Grover v Mathews［1910］2 K. B. 401.
㊼　National Oilwell (UK) Ltd v Davy Offshore Ltd［1993］2 Lloyd's Rep. 213.
㊽　参见第四章第六节第二项。
㊾　［1979］2 Lloyd's Rep. 231.
㊿　Newsholme Bros v Road Transport & General Insurance Co［1929］2 K. B. 356;参见后文。
○51　［1994］C. L. C. 615.

中,保险人早就得知了重要事实(被保险人酗酒并患有疟疾),因为其正是基于该事实才拒绝了一个较早的投保要约。然而,负责考虑是否接受后来的投保申请的工作人员对这些事实则并不知情。上诉法院多数判决意见据此认为,保险人并没有放弃撤销后一保险单的权利。㊾

另一种相关情形是,代理人知道构成被保险人违反保证或条件的相关事实。保险人可能会因为代理人对违约事实的知情而被视为对该事实同样知情,因此若其之后接受保险费,则会被视为放弃了针对违约能够主张的权利。在 Wing v Harvey 案㊿中,一份人寿保险单规定,如果被保险人未经保险人同意出了欧洲,则保险单失效。之后,该保险单的受让人向保险人的一位代理人作出通知,被保险人已在加拿大定居。但在此之后及被保险人死亡之前的一段时间里,保险人一直收取着保险费。因此,法院认为,保险人已经放弃了自己针对被保险人违反保证所享有的权利;保险人被视为对其代理人知道的事实知情,并且之后收取保险费的行为,使之无法再提出被保险人违约的抗辩。

何种知情可被归属于保险人,取决于接收信息的代理人的地位。换言之,取决于代理人的实际代理权或表见代理权。在 Wing v Harvey 案中,代理人是保险人一家分公司办公室的地方代表。一个仅仅负责拉客户和营销的代理人可能不会被认为拥有广泛的代理权,即有权变更保险单条款,但其可能有权接受被保险人对重要事实的告知。㊾ 然而,在代理人实施代理行为对被代理人有欺诈的情况下,代理人的知悉则永远不能被归属于作为被代理人的保险人。㊿

㊾ 麦考文(McCowan)法官持反对意见,认为此案情况与之前上诉法院在 Evans v Employers Mutual Insurance Association Ltd 案([1936] K. B. 505)中的判决不同。理由在于,上诉法院判决的这起案件中,对于知悉归属的唯一要求是涉诉代理人有接收信息的权限。该意见似乎更有说服力。同样也可以参见早前的 Stone v Reliance Mutual Insurance Association([1972] 1 Lloyd's Rep. 469)案,第十二章第五节第五项对之有所讨论,此案似乎支持更为宽泛的知悉归属的基础。

㊿ (1854) 5 De G. M. & G. 265.

㊾ Ayrey v British Legal & United Provident Assurance [1918] 1 K. B. 136; Blackley v National Mutual Life Assurance of Australasia [1972] N. Z. L. R. 1938;参见第七章第七节。

㊿ 参见由劳合社发生的各种各样难题所引起的一系列案件,这些案件的判决引用了 Re Hampshire Land Co 案([1896] 2 Ch. 743)的一般原则,认为被保险人不应当被认为知道其代理人的欺诈行为。具体判例有:PCW Syndicates v PCW Reinsurers [1996] 1 Lloyd's Rep. 241; Group Josie Re v Walbrook Insurance Co Ltd [1996] 1 Lloyd's Rep. 345, Deutsche Ruckversicherung AG v Walbrook Insurance Co Ltd [1996] 1 All E. R. 791。

第五节 代理人和投保单

在通过某种形式的代理人进行谈判的保险交易中,由代理人来填写投保单并不罕见。通常情况下,代理人无疑都是在与投保人进行沟通之后再填写投保单,但一些案件则显示在个别情况下并非如此。如果因为投保人的过错或在投保人知道的情况下,代理人作出了错误回答,那么保险人显然有权拒绝承担保险责任。但如果投保人告知了代理人真实情况,但代理人选择提供错误回答,且投保人因为没有检查代理人的回答而对此不知情,则会引发一个问题,即代理人的行为是否约束投保人。如果该代理人一直是投保人的法律上的代理人,投保人当然要受约束,且投保人在此种情形下甚至无权起诉代理人要求其承担损害赔偿责任。⑥ 然而,如果代理人是保险人的全职代理人,例如是保险人的营销代理人或者另一种全职员工,那么根据上文讨论的判例,可以说代理人对事实的知悉应当被归属于保险人。

然而,普通法对该问题却基本持对立观点。⑰ 在所有的普通法法域中,这一问题都产生了相对较多的报告案件。在此我们应当主要关注英国的判决,但同时也要参考一些特别恰当的英联邦国家的判决。应当首先指出的是,在所有的报告案件中,投保单中都包含一项合同基础条款,因此其内容作为保证被并入保险合同。这种操作如今在任何一种保险合同中都不再可能㊽,故而在研究这些案件时应当将此铭记在心。

第一项 可被归属的知情

要讨论的第一件判例可能是一件最早的判例,判决系由上诉法院所作,乍看起来似乎与之后的案件,即 Bawden v London, Edinburgh & Glasgow Assurance Co 案㊾的判决并不一致。此案涉及的是一份意外伤害保险的投保单,投保人是文盲且只有一只眼睛。保险人的代理人帮助投保人填写了投保

---

⑥ O'Connor v Kirby [1972] 1 Q. B. 90,在接下来的第六节第三项中有讨论。但同时比较下文亦有讨论的 Dunbar v A & B Painters Ltd 案([1986] 2 Lloyd's Rep. 38)。
⑰ 制定法在某些案件中是否推翻了这一点,在下文有讨论。
㊽ 参见第九章第二节第一项。
㊾ 1892 2 Q. B. 534.

单,并对投保人的这一情况知情。然而,该投保单上却保证投保人没有任何身体残疾,这明显是错误的。后来,被保险人遭遇车祸,导致另一只眼睛失明。法院认为,被保险人能够因为完全失明获得保险赔付。代理人在投保时对被保险人情况的知情应当被归属于保险人。

第二项　不可被归属的知情

但是,Bawden 案和之后的很多案件[60]都有区别,特别是具有指导意义的 Newsholme Bros v Road Transport & General Insurance Co 案[61]。该案涉及的是机动车保险的投保单,其中与先前损失有关的不正确回答被保证为正确。经查明事实后发现,填写投保单的代理人知道真实情况。该代理人是保险人雇来从事保险营销行为的,但并未被授予签订临时保险合同或长期保险合同的代理权。仲裁员认为,代理人对事实的知悉应被归属于保险人,保险人因此不得拒绝承担保险责任。但其裁决之后被初审法官和上诉法院推翻。引领性的判决意见系由斯克鲁顿法官所撰写,他给出了作出该判决的两项主要理由。第一,他指出[62],如果代理人是应投保人的要求填写投保单,那么其行为必然是以投保人代理人,而非保险人代理人的身份实施的。第二[63],"对于一份自己知道是投保单的文件,且文件中包含不实陈述的内容及对陈述真实并构成合同基础的允诺,某人在没有阅读文件的情况下,却能够通过主张在该人要求之下填写投保单的人,是将要处理该投保单之人的代理人,而免于承担其过失所致的后果,我感到难以理解"。

格里尔(Greer)法官的观点同样以代理规则为基础[64],但他更为强调另一个理由,即允许采纳代理人实际知情的证据是对口头证据规则的违反。依据该规则,口头证据通常无法被用于变更书面合同的条款。[65]这里的投保单是保险合同的一部分,因为通常投保单构成保险合同的基础,且其中的条款属于保证。是故,格里尔法官能够根据投保人是文盲这一特殊情况,将 Bawden 案与该案相区别,法院因而可以正确地无视口头证据规则,或者对合同

---

[60] 参见 Biggar v Rock Life Assurance Co [1902] 1 K. B. 516; Keeling v Pearl Assurance Co (1923) 129 L. T. 573。
[61] [1929] 2 K. B. 356.
[62] 同前注[61],第 369—375 页。
[63] 同前注[61],第 376 页。
[64] 同前注[61],第 382 页。
[65] 同前注[61],第 379—380 页。

文本进行特殊解释。⑯ 但是,斯克鲁顿法官则几近认为 Bawden 案的判决是错误的。⑰

第三项 代理权

从代理角度看,法官对代理人没有实际代理权而填写投保单的事实印象特别深刻。恕笔者直言,这不应当是最终的结论。保险人可能知道代理人持有投保单并经常填写投保单这一事实,应当可以说赋予了代理人实施该行为的表见代理权,除非该代理权被明确否认,如投保单上存在一项明确的声明。⑱ 但在 Newsholme Bros 案中,表见代理的原则受到了忽视。

进一步说,即使为了填写投保单,代理人的确成为投保人的代理人,或者至少是投保人的记录员,此阶段的投保单也仅仅是一个订立保险合同的要约,而且如果有事实提供支持的话,很难弄清楚为何代理人对正确情况的知悉不应当被归属于保险人。⑲ 在此基础上,由于法院已经采纳了投保单上回答不正确这一有利于保险人的旁证,因而可以忽视严格的口头证据规则。

第四项 投保单的签署

然而,上面提到的斯克鲁顿法官的第二个理由似乎是有效的,而且完全符合关于文件签署的法律规则,即除了能够主张所签文件"不是自己签署时所认为的文件"(non est factum)的有限情形,某人必须受其所签署之文件的约束。⑳ 因此,这表明 Newsholme Bros 案的判决是正确的,那么与之相反的判决则要么错误要么属于例外情形,这一点值得注意。

结果公平与否是一个完全独立的问题。英国法律改革委员会㉑显然不

---

⑯ 同前注⑪,第 381 页。

⑰ Bawden 案先前也在不同法域的众多案件中受到了大量的批评。斯克鲁顿法官的判决意见提到了这些。

⑱ 参见 Facer v Vehicle & General Insurance Co [1965] 1 Lloyd's Rep. 113。但该条款可能会受到不公平条款的控制。

⑲ See Tedeschi, "Assured's misrepresentation and the insurance agent's knowledge of the truth" (1927) 7 Israel L. R. 475.

⑳ 参见 Treitel Law of Contract,第八章。因此,对于 Bawden 案人们可能认为,案中的被保险人能够以自己是文盲因而无法确认投保单内容为由,主张所签投保单不能约束自己。

㉑ Fifth Report, 1957 Cmnd. 62.

这样认为,它们建议通过制定法推翻上述规则。它们的建议在法律条款上体现为代理人应当始终被视为保险人的代理人,但该建议可能并不能解决所有的问题。如果这种将代理人始终视为保险人代理人的规则是正确的,那么在投保单的内容构成书面保险合同一部分的情况下,口头证据规则和关于文件签署的规则仍会带来问题。1977年的一份政府白皮书同样指出有必要进行一定的改革[72],而且英国法律委员会也临时提议废除Newsholme Bros案判决确立的两项裁判规则[73],但后者最终只是提议在制定法层面确立关于先合同陈述之代理的推定,该提议得到了支持,被规定于《消费者保险(披露与陈述)法(2012)》中。[74] 这些内容在第七章第四节第五项中已有详述,并且在消费者保险案件中,明显能够影响Newsholme Bros案关于代理的裁判规则。尽管如我们所见,在非消费者保险合同中,知悉归属的一般规则已被制定法规则所替代,但这些一般规则在非消费者保险案件中也不排除适用可能性。一般认为,消费者保险和非消费者保险中合同基础条款的废除本身,并不影响Newsholme Bros案的裁判规则的适用。相关规定[75]只是阻止通过合同基础条款将投保单上的陈述转化为保证,对于仅是将投保单作为后续保险合同之一部分的条款,其并不具有任何影响。

第五项　Newsholme Bros案的判决被推翻了吗?

加拿大一起案件的判决指出[76],英国最新的一件判决有效推翻了Newsholme Bros案的判决,该最新判决系由上诉法院在Stone v Reliance Mutual

---

[72] Insurance Intermediaries, Cmnd. 6715, para.16. 此处的意见相当矛盾。白皮书支持法律改革委员会的意见,并陈述:"但对于投保单上明确要求其回答的问题,投保人不应当对其陈述的准确性负责,但这种观点是政府不能接受的"。保险申诉专员则准备在其认为公平的时候排除适用Newsholme Bros案的规则。

[73] 参见咨询报告《保险合同法:被保险人不实陈述、未披露和违反保证》,LCCP 182/SLDP 134,2007年6月。

[74] 有一个有趣的观点是一般性的管理规定推翻了Newsholme Bros案关于转代理的规则,参见Adams, "More nails for the coffin of transferred agency"[1999] J. B. L. 215. 这个观点部分是基于《金融服务法(1986)》第39条的效力,该条现在被《金融服务与市场法(2000)》第44条取代。Adams的观点在很大程度上限于人寿保险案件,人寿保险正是《金融服务法(1986)》所规制的险种。鉴于这一机制如今由于覆盖了普通保险的销售而有了更广泛的影响范围,因而可以说该规则如今在所有保险案件中均受到了影响。

[75] 《保险法(2012)》第6条和《保险法(2015)》第9条。

[76] Blanchette v US Ltd (1973) 36 D. L. R. (3d) 561. 这个由最高法院审理的案件事实上涉及下文提到的一种稍稍不同的情形,即代理人系在投保人签名以后填写空白投保单。

Insurance Society 案中所作。⑰ 该案中，原告与被告签订的火灾保险单失效了。被告雇佣的一位查勘人员遂打电话给原告的妻子，并劝她签订一份新保险单。投保单上有一个问题系询问失效保险单和之前保险索赔的细节，但投保人对其的回答为"无"。该回答是不正确的。原告曾向被告提出过保险索赔，因此很明显，其在之前就已经与被告订立了保险合同。查勘人员则依照保险人的指示填写了投保单。法院认为，保险人不得对损失免责。梅高（Megaw）法官和斯坦普（Stamp）法官认为该案事实特殊，即查勘人员实际是被授权填写投保单的。丹宁（Denning）法官的判决意见则可被作出更宽泛的解释，但该判决意见也同样表明其真正针对的是代理人的代理权，而非仅仅关涉代理人知悉的效力归属。但这也是因为代理人有权对投保单已被正确填写作出陈述，尤其是在与代理人进行交涉的原告妻子的受教育程度极低的情况之下。这是合乎情理的。如果代理人是保险人的高级代理人，保险人则应当承受代理人言行的法律后果，并且代理人应当被认为有权变更书面合同条款。

将 Stone 案视为仅仅是一般规则之例外的另一理由是，保险人必然知道自己的回答是错误的，并且知晓正确的答案，因为它们持有先前失效的保险单并且在之前收到了保险索赔请求。⑱ 故此，允许它们在此种情形下免责是十分荒谬的。该案判决实际没有指出这一点，但这一点必然是正确的。

因此这表明，认为 Stone 案的判决推翻了 Newsholme Bros 案的判决并无根据。后者依然是主导性判决，但当投保人是文盲或受教育程度低，以及案涉代理人不仅仅是营销代理人，还可以被认为有权变更合同条款时，的确存在例外。基于《消费者保险（披露与陈述）法（2012）》的规定，后一种情形在消费者保险案件中如今可能更为广泛。

第六项　空白投保单的签署

有一些英联邦判例支持一种更为极端的例外情况，即投保人在空白投保单上签字后代理人再填写投保单，且投保人信赖代理人拥有必要信息这一外观。⑲ 假

---

⑰ Stone v Reliance Mutual Insurance Society［1972］1 Lloyd's Rep. 469. 还可参见 Timmins, "Misrepresentation in insurance proposal forms completed by agents" (1974) Vict. Univ. of Wellington L. R. 217, Timmins 同样表现得过于乐观。

⑱ See Ritchie J., dissenting, in Blanchette v US Ltd (1973) 36 D. L. R. (3d) at 572.

⑲ Blanchette v CIS Ltd, 36 D. L. R. (3d) 561. See also Western Australian Insurance Co v Dayton (1924) 35 C. L. R. 355.

如投保人的行为没有过错，且代理人可被视为拥有代理权，以至于保险人不得再提出不实陈述的抗辩，那么这或许是合理的。另外，很明显的是，如果代理人没有询问投保人任何信息就填写了投保单，且投保人系在此之后签署投保单，则投保人须受其签署之投保单的约束。⑧

第六节 被代理人与代理人间的关系

如果由于某种原因，被代理人无法向第三人履行合同，或者因为其代理人的无权代理行为而对第三人负有责任，被代理人就可能享有针对代理人的救济权。同样的，被代理人和代理人之间是一种信义关系，并由此产生相应的义务。例如，如果对于某一保险合同，保险人本可以基于被保险人未披露或不实陈述而将之撤销，但由于其代理人知悉未披露的事实且该知悉可被归属于保险人，因而使得保险人须受该合同拘束进而不得撤销合同，那么保险人就可以诉请代理人承担赔偿责任，赔偿数额为保险人已向被保险人支付的保险金的数额。⑧ 与此类似，如果代理人超越实际代理权实施代理行为，但保险人因为表见代理规则须承担责任，那么保险人也会对代理人享有损害赔偿请求权。

然而，实践中更有可能发生的却是被保险人向其代理人、保险经纪人或其他独立中介请求损害赔偿。后两种场合虽较为普遍但并非总能成立。在此情形下，通常和便利的做法是将责任分为两种：一种是基于被保险人与其代理人之信义关系而产生的责任，另一种是基于代理人的注意与技能义务而产生的责任。

第一项 信义义务

与信义关系配套的义务极为严格，尤其是其中最重要的信义义务。在该义务之下，代理人不得使自己处于自己的利益与或可能与自己对被代理人所负义务相冲突的位置。⑧ 这意味着，除特别情形以外，代理人若未向被代理

---

⑧ Biggar v Rock Life Assurance Co［1902］1 K. B. 516.
⑧ Woolcott v Excess Insurance Co［1979］1 Lloyd's Rep. 231.
⑧ Boardman v Phipps［1967］2 A. C. 46. 值得注意的是，正如 Companhia de Seguros Imperio v Heath (REBX) Ltd 案（［1999］Lloyd's Rep. I. R. 571）中所确认的那样，违反信义义务之诉的诉讼时效期间与合同之诉或侵权之诉相同。在 Knapp & Knapp v Ecclesiastical Insurance Group Plc and Smith 案（［1998］Lloyd's Rep. I. R. 390）中，法院认为，诉讼时效的起算点应为违反信义义务之日，而非保险人选择撤销保险单之日。

人进行充分告知并获得被代理人同意，便不得在与被代理人相关的事务中，同时为第三人实施代理行为。劳埃德保险经纪人在某些事务中为保险人实施代理行为似乎是一种惯行做法，尽管如前文所述，它们在法律上实际是被保险人的代理人。这一做法在 Anglo-African Merchants v Bayley 案[83]中受到了谴责，因为除被保险人同意外，其明显构成对信义义务的违反。这一点不久之后又在 North and South Trust v Berkeley 案[84]中得到了重申，此案中被保险人提出的索赔请求，系由保险经纪人指令的评估人员所调查。

调查报告之后被交给了保险经纪人，保险经纪人又将之交给了保险人，但保险经纪人却拒绝被保险人查阅报告或了解其内容。于是，被保险人根据先前确立保险经纪人违反义务的判决，对保险经纪人提起诉讼。唐纳森（Donaldson）法官再一次谴责了保险经纪人的双方代理行为，并认为其违反了信义义务。该判决意见最近又在 Callagban and Hedges v Thompsons 案[85]中得到了确认。此案中，保险经纪人指导并获得了调查索赔请求的损失理算人制作的调查报告。审理此案的法院再一次指出，虽然这一做法在先前的两起案件中都受到了全面的批判，但在这些情况下，保险经纪人无疑仍然是被保险人的代理人，只是由于利益冲突，保险经纪人违反了自己对被代理人应负的义务。保险经纪人是否应当将报告交给被保险人并无定论。在 Berkeley 案中，唐纳森法官拒绝命令保险经纪人实施该行为，尽管他也认可被保险人可以向经纪人主张损害赔偿。[86] 法院没有判决保险经纪人交付报告或许会被认为是一种奇怪的做法[87]，但由于博学多识的法官明确表示，此种救济在将来的案件中或有可能实现，我们因而也就无须再纠结这一相当令人不满的结果了。

第二项　合理注意义务和专业尽职义务

就注意及技能义务而言，保险经纪人这样的代理人对其客户即被保

---

[83]　[1970] 1 Q. B. 311.
[84]　[1971] 1 W. L. R. 470.
[85]　[2000] Lloyd's Rep. I. R. 125.
[86]　问题在于这一救济方式在实践中有多大价值。
[87]　参见凯（Kay）和耶茨（Yates）的犀利评论，(1972) 35 M. L. R. 78。

人,负有尽到合理注意和专业尽职的义务。[88] 在最近约三十年间所报告的案例里[89],有大量案例揭示了这种义务可能引发一种重要的责任。应当指出的是,被保险人的诉由是基于违约或侵权而主张损害赔偿。[90] 例如,如果被保险人索赔的实际上是其必须向受害第三人支付的损害赔偿金,这就仅与保险经纪人责任程度大小相关。该索赔不涉及人身损害赔偿,因此相关诉讼时效是六年而非三年。[91]

在建议客户向哪家保险公司投保时,保险经纪人必须尽到合理注意义务。在 Osman v J Ralph Moss 案[92]中,作为被告的保险经纪人曾建议原告和一家财务状况出现严重问题,且该情况已为保险业所周知的保险公司签订机动车保险合同。这家保险公司后来倒闭,导致原告失去了保险保障。因此,原告被指控无保险驾驶,并卷入一起其负有责任的交通事故,而且没有保险公司来为其责任买单。原告是土耳其人,在英语阅读和理解上存在困难。被告给他的唯一警示是一封简单地要求他去别处投保的信件。法院认为,对于原告被科处的罚款和必须支付给受害第三人的损害赔偿金,被告须承担损害赔偿责任。尚不完全清楚的是,原告英语阅读障碍的事实在多大程度上导致了原告对被告来信的误解,法院需以此来认定被告的来信是否满足其对原告负有的合理注意义务。有部分法官在判决中提到了原告的特殊情况[93],并且认为保险经纪人即使知道或应当知道保险公司即将破产,也无须明确提醒他的客户。但是法院最终还是认定,被告未尽到合理注意义务,需承担相应的赔偿责任。

这表明保险经纪人对于所有类别的被保险人都应当始终负有一项义务,即就特定保险人的情况对被保险人进行建议和警示,相关情况不仅包括保险公司的财务稳定性,还包括特定保险单的适合性及保险公司在对待

---

[88] 对于保险经纪人知道将要成为保险单受让人的第三方,保险经纪人可能也要负此义务: Punjab National Bank v De Boinville [1992] 1 Lloyd's Rep. 7。

[89] 由于案例数量实在太多,本部分因而无法悉予于讨论。对这些案例的详尽调查,参见 Jackson & Powell, Professional Liability, 7th edn (London: Sweet & Maxwell, 2015), Ch. 7。

[90] Henderson v Merrett Syndicates Ltd [1994] 3 All E. R. 506. 同样参见 Osman v J Ralph Moss Ltd [1970] 1 Lloyd's Rep. 313。过失的保险经纪人能够成功主张与有过失抗辩的条件是被保险人具有重大过失: Mint Security Ltd v Blair [1982] 1 Lloyd's Rep. 188。

[91] Ackbar v Green [1975] Q. B. 582.

[92] [1970] 1 Lloyd's Rep. 313. 同样参见 Bates v Robert Barrow Ltd [1995] C. L. C. 207,此案中的保险经纪人因与未获批准的保险人订立保险合同而被判决承担责任。

[93] Sachs LJ at 315; Phillimore LJ at 319.

被保险人方面的总体记录,例如,保险公司在给付保险金时是否大方。⑭ 似乎很明显的是,如果保险经纪人在续保时没有向被保险人提示新并入的特殊条款,便会构成过失。⑮ 保险经纪人显然负有使被保险人获得有效保险保障的义务⑯,或者就保险人的特定条款向被保险人进行提醒的义务。⑰ 保险单中会规定保险人承担保险责任的前提条件,所有这些条件的意义即包含在此。在 J W Bollom & Co Ltd v Byas Mosley & Co Ltd 案⑱中,被保险人违反了保持建筑物中警报器处于工作状态这个前提条件。在损失发生时,被保险人享有的并非足额保障,其与保险公司达成了和解,但又请求被告即保险经纪人支付 300 万英镑的差额损失赔偿,依据在于保险经纪人有义务告知他违反前提条件的法律后果,以及不足额保险的法律后果。法院支持了这一主张,认为该理由在此类案件中十分普遍,即保险经纪人的义务延伸至采取合理手段,以确保其被代理人知晓保险的性质和条款,尤其是使被代理人注意到(必要时须解释)任何可能因违反保险条款而导致其处于不足额保险保障状态的条款。违反《保险营业行为规范》的规则显然构成违反义务,根据《金融服务与市场法(2000)》⑲第 138D 条,其能够为一项索赔请求提供基础。

---

⑭ 1984 年和 1985 年,尽管未得到宣传报道,但许多针对保险经纪人提出的索赔请求都获得了支持。这些保险经纪人销售的大多是信号人寿(Signal Life)保险公司签发的无价值的人寿保险单,该保险公司总部位于直布罗陀,且未获批在英国从事保险业务。

⑮ Mint Security Ltd v Blair [1982] 1 Lloyd's Rep. 188. 在一种类似情况下,保险经纪人在保险单续订时有责任提醒保险人注意被保险人试图对保险单条款作出的任何改变,并且必须从保险人处获得保险人同意接受这些改变的确认;Great North Eastern Railway v Avon Insurance Plc,这是一起 2000 年判决的未报告的案件。

⑯ In FNCB Ltd v Barnet Devanney (Harrow) Ltd [1999] Lloyd's Rep. I. R. 459 中,保险经纪人未能确保同时承保抵押人和抵押权人利益的保险单中包含抵押保护条款。由于抵押人未履行披露义务,保险人有权撤销保险单,而如果保险单中包含该条款的话,该条款此时就可以被用于保护作为抵押权人的银行。上诉法院据此认为保险经纪人违反了其应负的义务。经调查发现,适任的保险经纪人在订立保险合同时都会确保保险单中包含保护条款。基于 New Hampshire Insurance Co v MGN Ltd [1997] L. R. L. R. 24 的判决,对于 1997 年之后订立的保险合同,如今的判决结果或许会有所不同。该案判决确定无疑地认为保险单中一位被保险人的未披露行为不会对其他被保险人产生不利影响,因而使得在保险单中加入保护条款成为无必要之举。关于共同保险和未披露,参见第七章第十一节。See also Ramco Ltd v Weller Russell & Laws Insurance Brokers Ltd [2008] EWHC 2202 (QB); [2009] Lloyd's Rep. I. R. 27.

⑰ See Harvest Trading Co Ltd v Davis Insurance Services [1991] 2 Lloyd's Rep. 638.

⑱ [2000] Lloyd's Rep. I. R. 136.

⑲ Saville v Central Capital Ltd [2014] EWCA Civ 337. 该案与给付型保护保险的不当销售有关。

次代理人对被保险人是否负有义务并不清楚。如果次代理人和被保险人之间存在合同关系,则显然存在此等义务。上诉法院在 Pangood Ltd v Barclay Brown & Co Ltd 案[100]中没有打算找寻分保经纪人(指经原保险经纪人指示寻找合适保险保障并安排分保事宜的经纪人)和作为被代理人的被保险人之间的合同关系。但是,在 Velos Group Ltd v Harbour Insurance Services Ltd 案[101]中,法院则确立了上述合同关系。是否存在合同关系或许取决于原保险经纪人是否能够亲自进入市场安排分保事宜。在后一案件中,原保险经纪人不得实施该等行为。

还有一个保险经纪人过失提供建议的案例是 Cherry Ltd v Allied Insurance Brokers Ltd 案[102]。该案中,被告持续做了大约 50 年原告的保险经纪人。但原告对保险经纪人逐渐不满,同时决定更换保险经纪人。因此,原告想要在保险单续期前撤销所有经由被告订立的保险单,并指示被告设法完成这一行为。被告撤销了大部分的保险单,但是向原告建议,某些保险公司不会接受原告撤销承保间接损失的保险单。于是为避免重复投保,已经签订了一份新的同种类保险单的原告撤销了新保险单。但后来,第一家保险公司却同意撤销原来的保险单,而被告没有将此情形通知原告。之后,由于两份保险单均被撤销,原告失去了保险保障,因而遭受了损失。法院认为,被告在未告知原告第一家保险公司同意撤销保险单上存在过失,因而对于原告本能够从保险公司处获得的保险金负有赔偿责任。

第三项　关于先合同披露的义务

有一些判例涉及保险经纪人在有关被保险人披露重要事实和不为不实陈述义务方面的地位。尽管消费者保险中如今已不存在披露义务,且该义务在非消费者保险中已被作为合理陈述义务的一部分,但这些判例所确立的原则对现代法仍有意义。这明显是一个重要领域,因为在实践中,和保险经纪人交涉的被保险人不会与保险公司有任何直接交流,而且保险公司一般来说不会因保险经纪人的知情而被推定为知情。[103] 因此,关于就此类事项向客户提供建议,保险经纪人所负义务的确切性质是极为重要的。如

---

[100]　Pangood Ltd v Barclay Brown & Co Ltd [1999] Lloyd's Rep. I. R. 405.
[101]　Velos Group Ltd v Harbour Insurance Services Ltd [1997] 2 Lloyd's Rep. 461.
[102]　Cherry Ltd v Allied Insurance Brokers Ltd [1978] 1 Lloyd's Rep. 274.
[103]　参见第十二章第二节。

果保险经纪人没有就其知道为重要的事实,向被保险人进行询问,那么在保险公司之后免责的情况下,保险经纪人就须对被保险人承担损害赔偿责任。在 McNealy v Pennine Insurance Co 案[104]中,原告通过保险经纪人订立了一份机动车保险。原告是一位业余音乐家的事实被认为对风险具有重要性。和保险经纪人签订合同的保险公司拒绝承保音乐家这类人,且保险经纪人未告知保险公司原告就是音乐家。法院认为保险公司拒绝赔偿时,保险经纪人应当对原告因向第三人承担责任而遭受的损失进行赔偿。知道保险公司拒绝承保特定种类风险的保险经纪人,对被保险人负有询问其是否会受此影响的义务。

由此似乎可以得出,如果保险经纪人实际知道重要事实但却没有告知保险公司,也将适用同样的结果。[105] 然而,如果保险经纪人不知道重要事实,且没有类似 McNealy 案中那样的要求保险经纪人明确询问被保险人的特殊情况,普通法在传统上似乎不太可能要求保险经纪人警示被保险人注意其披露义务。在 Warren v Sutton 案[106]中,原告拥有一份有效的机动车保险单。他打算和一个朋友一起开车去法国度假。因此他在保险单中明确保障对象包括他的朋友。但是,他的朋友有一项糟糕的驾驶记录,其中包括好几项犯罪行为,且该事实未向保险公司披露,因此保险公司有权撤销保险单,并对发生在法国的一起交通事故免予承担保险责任。[107] 原告是通过保险经纪人来安排扩大保险单承保对象的,因此其起诉要求保险经纪人承担损害赔偿责任。该案事实有一些复杂,且存在一项重要的证据冲突,但法院发现在扩大承保对象时,保险经纪人实际告知保险公司的是被保险人"未患有残疾,不曾有过交通事故记录或犯罪记录"。在此基础上,上诉法院多数法官认为保险经纪人应当承担责任。保险经纪人向保险公司作了错误陈述,因而违反了对原告的义务。丹宁法官则持强烈的反对

---

[104] McNealy v Pennine Insurance Co [1978] 2 Lloyd's Rep. 18.

[105] Woolcott v Excess Insurance Co [1979] 1 Lloyd's Rep. 231; Ogden v Reliance Fire Sprinkler Co [1975] 1 Lloyd's Rep. 52. 如前所见(第十二章第二节),保险经纪人的知悉在例外情况下可能会归属于保险人。那么在此种情况下,被保险人当然不需要向保险经纪人主张损害赔偿。

[106] [1976] 2 Lloyd's Rep. 276.

[107] 当时是朋友在开车,但这在法律上无关紧要。根据《道路交通法(1988)》中的类似限制(参见第二十一章),保险人须对第三人遭受的人身损害承担保险责任,但对第三人遭受的财产损害可以免责。然而,如今的《道路交通法(1988)》(2003年修正)已经废除了保险人可对第三人财产损失免责的规定。

意见，其理由为，这个错误完全是由原告从未告知保险经纪人或者保险公司有关他朋友的不良记录所导致的。然而判决书多数意见明显受到了初审法官的影响，后者极力支持将原告作为反对被告（保险经纪人）态度的证人。保险经纪人对保险公司的陈述明显是错误的。他有义务为原告朋友获得保险保障进行必要的询问。因此，没有进行询问导致保险经纪人为其陈述独立承担责任，且正是该陈述导致了保险公司拒绝赔付。但如果保险经纪人没有作出该陈述，且保险公司拒绝赔付的理由仅仅是被保险人未披露保险经纪人不知道的事实，判决结果似乎会大不相同。[108] 这也支持了一项观点，即法院不会抽象地要求保险经纪人负有提醒被保险人注意履行披露义务的责任。

上诉法院就相关问题所作的另一个判决提供了进一步支持。[109] 在 O'Connor v Kirby 案[110]中，原告通过被告保险经纪人为其车辆投保。由于某种原因[111]，保险经纪人在投保单中对一个关于车辆停放的问题回答错误，之后保险公司以被保险人违反保证为由撤销了保险单。原告基于保险经纪人未正确填写投保单而对保险经纪人提起诉讼。法院认为保险经纪人无责，因为原告已经在包含错误信息的投保单上签名，而且由于原告有义务确认投保单中的信息是否正确，须对此独立承担责任。[112] 但考虑到被保险人对保险经纪人极为信赖，且这种信赖是自然而然的，这一论证理由值得怀疑。梅高法官的论证理由被认为更加令人信服。他认为，填写投保单的保险经纪人对被保险人负有一项合理注意义务，即保证投保单之内容正确，但在本案中，保险经纪人尽到了该项义务，因为案中的错误最多只是纰漏或误解造成的，且保险经纪人也已将投保单交由被保险人检查。[113] 这一更好的理由在距现在更近的 Dunbar v A & B Painters Ltd 案[114]中得到了支持。此案中，在投保单中填写不正确信息的保险经纪人被判决承担损害赔偿责任，这一不正确信息与案件

---

[108] See Browne LJ at 281.
[109] 丹宁法官在 Warren v Sutton 案中发表反对意见时援引了这一判决，但该判决未得到审理该案的上诉法院其他法官的引用。
[110] [1972] 1 Q. B. 90.
[111] 一些证据表明，为获得更便宜的保险保障，双方当事人之间存在恶意串通行为，这使得法院很难支持原告的索赔请求。
[112] 遵循的是本章之前提到的 Newsholme Bros 案的裁判理由。
[113] Compare Reid v Traders' General Insurance Co (1963) 41 D. L. R. (2d) 148.
[114] [1986] 2 Lloyd's Rep. 38, affirming [1985] 2 Lloyd's Rep. 616. 此案在判决时未引用 O'Connor v Kirby 案。

事实有关,且恰好为保险经纪人所知。然而,似乎最后一个因素(保险经纪人自己的知情)才是重要的。如果保险经纪人没有掌握相关信息,或者即使他掌握相关信息,但所涉事实不在这些信息范围之内,那么关于未披露重要事实和错误回答问题的主要责任,似乎就应当由被保险人而非保险经纪人承担。[115]

但是,受到制定法中引入的相关规则的影响,后来的案件采纳了一种不同的观点。在 Jones v Environcom Ltd 案[116]中,戴维·斯蒂尔(David Steel)法官在引用了《保险营业行为规范》中的相关规定后,将保险经纪人提醒投保人履行披露的义务总结为,保险经纪人必须:(a)告知其客户有义务披露所有的重要情况;(b)解释没有如此披露的后果;(c)表明应当作为重要(或至少按理说是重要的)事实被披露的事项的种类;(d)采取合理注意打探出客户可能觉得无须提及但是应当披露的事项。

第四项　损害赔偿的数额

如果保险经纪人须对被保险人承担损害赔偿责任,那么如前所述,该损害赔偿的数额通常相当于在保险合同有效的情况下,被保险人能够从保险人处获得的保险金数额。如果保险经纪人违反义务的行为导致保险合同根本未能订立,相关的问题则是保险经纪人能否主张即便成功订立了保险合同,由于被保险人的某种违约行为,保险人也仍然无须承担赔付责任,故保险经纪人也无须对此负责。Fraser v Furman 案[117]提到了这一问题,该案中保险经纪人未尽到为原告成功订立雇主责任保险的义务。但保险经纪人主张,假设成功订立了保险合同,原告也会违反保险合同中采取谨慎措施避免损失的条件,因此即便订立了保险合同,保险人也不会对之后发生的损失承担责任。上诉法院认为,保险经纪人应当为原告的所有损失承担责

---

[115] 上诉法院在审理 Kapur v J W Francis & Co 案([2000] Lloyd's Rep. I. R. 361)时确认了这一点。在此案中,不正确的回答系由保险经纪人填写在投保单上,但保险经纪人和被保险人却都知道正确事实。因而可以肯定,此案中的被保险人不应获得太多同情。

[116] [2010] EWHC 759 (Comm), [2010] Lloyd's Rep. I. R. 676. See also Synergy Health (UK) Ltd v CGU Insurance Plc [2010] EWHC 2583 (Comm); [2011] Lloyd's Rep. I. R. 500. 还应注意 Harvest Trading Co Ltd v PB Davis Services [1991] 2 Lloyd's Rep. 638 对早期的一部实践规范的引用。

[117] [1976] 1 W. L. R. 898. See also Everett v Hogg Robinson [1973] 2 Lloyd's Rep. 217 and Dunbar v A B Painters Ltd [1986] 2 Lloyd's Rep. 38.

任。即使保险人可以提出该种有争议的抗辩[118],但该案事实也表明,保险人不会拒绝承担保险责任。因此,问题取决于保险人可能的态度,而非严格地判断保险人在法律上是否需要承担责任。[119]

---

[118] 关于这一点,进一步内容参见第十三章第二节第二项。
[119] 但是如果保险经纪人本应订立的保险是无效的,结果或许会有所不同,参见 Thomas Cheshire & Co v Vaughan Bros & Co [1920] 3 K. B. 240。而且,如果原告实际上几乎是不可保的,保险经纪人应当支付的损害赔偿的数额也可能会减少,参见 O & R Jewellers v Terry [1999] Lloyd's Rep. I. R. 436。

第十三章　解释和因果关系：承保风险与除外风险

许多消费者合同和格式合同,比如现金支付或赊购的动产买卖合同,或者服务提供合同受到某种形式的法律规制已有多年。① 而相比之下,在保险合同之中,合同自由原则直至最近都一直居于统治地位。因此,要确定某项损失是否属于特定保险单的承保范围,唯一的途径就是使用可适用于所有书面合同的一般解释原则来解释保险合同。本章有部分内容对这些原则展开了专门的描述和阐释。虽然这些原则对所有类型的保险合同都至关重要,但是对于个人消费者保险,《消费者权益法(2015)》第二部分如今为之提供了一项成文法保护,该项保护代替了《消费者合同不公平条款规制条例(1999)》中的相关规定。② 这些原则对于本章所讨论之问题的适用,将会很快得到探讨。

应当指出的是,解释原则仅影响承保风险和除外风险的看法其实是一种误解,因为这些原则也可能适用于保险合同中的其他内容,比如投保单中问题和回答的含义,或者保险单中保证和条件的含义。同样必须指出的是,在某些情况下,问题的关键不在于对词语本身的解释,而在于对词语范围的描述。比如,如下文所讨论的那样,"损失"(loss)在保险单中的含义并非一个解释的问题,而是一个描述或定义的问题。此外,对于另一个普遍存在于保险单中的词语——"意外事故"(accident)而言,也同样如此,后文同样会对之进行讨论。解释规则在探明词语含义上作用不大,但其中一些规则对这些词

---

① 规制合同条款的法规有《动产买卖法(1979)》(已修订)、《消费者信贷法(1974)》和《不公平合同条款法(1977)》。
② SI 1999/2083.

语的解释和定义却大有助益。出于这一原因,本章将会对这些标准化的用语进行分析。

鉴于现存和潜在的保险类型及保险公司十分多样,那些在现有保险合同中含义不明的用语实际上可能非常之多。因此,本章在论述时不可能穷尽所有情形,而只能阐述一般要点。在之后讨论具体保险类型的章节中,会提供一些更深入的指引。无论如何,我们采取这种做法的合理性基础在于,我们是在尝试阐明这些原则,而非提供一个完整全面的指南。对于有关特定保险单用语的判例的详细引证,可见于标准化的大型保险法著作中。

尽管某项损失在解释上或许属于特定保险单所承保的风险范围,但被保险人可能仍须证明损失系由承保风险而非保险保障范围之外的风险所导致。因此,本章还会对因果关系的问题进行讨论。另外,一些关于保险合同项下风险之性质的一般性考量,也会在本章中得到检视。

第一节 概 述

在详细探讨解释规则之前,有两点需要得到特别关注。这两点在一定程度上来自上文导言部分的评述,但如我们所见,它们如今不再适用于个人消费者订立的保险合同。它们分别是:保险单的内容既无须达到相当程度的明白易懂性,亦无须具备特殊程度的清晰可读性。众所周知,保险单经常由满是行业术语的复杂文件构成,其布局和设计对于没有受过专业训练的人来说常常混乱不堪,而且其上印刷的字体或部分内容的字体也可能非常之小。在一起海上保险案件 Koskas v Standard Marine Insurance Co Ltd 案③中,初审法官拒绝了保险人依据某项条件提出的抗辩,理由即在于保险单上该条件的字体过小以至于几乎无法让人看到。但是上诉法院④推翻了初审法官这一莽撞的干涉行为,因为虽然这种字体读起来比较困难但仍是可读的。可以说即使在商业保险当中,这种极端案例如今也很难再找到了,因为保险公司通常倾向于用"简明英语"拟定保险单。但尽管如此,也依然会出现一些解释上的困难。⑤

---

③ Koskas v Standard Marine Insurance Co Ltd (1926) 25 L. I. L. R. 363.
④ (1927) 27 L. I. L. R. 61.
⑤ 例如,参见第七章第十三节中探讨的案件 Kausar v Eagle Star Insurance Co Ltd [1997] C. L. C. 129。

第一项　消费者保护

法官有时会责怪保险公司未制作出能够让普通消费者理解的保险单⑥,包括保险监察专员在内的消费者代表和机构也经常提出这样的看法。法律委员会明显打算将保险合同的条件及除外条款纳入《不公平合同条款法(1977)》的规制范围⑦,但来自保险业的压力导致其想法未获实现。作为保险业同意颁布《保险业务指引》的回报,保险合同的条件和除外条款未被纳入《不公平合同条款法(1977)》⑧的调整范围。⑨ 然而,许多保险公司仍对该指责作出了反应,尤其体现在用"简明英语"来重新拟定保险单。尽管这并不必然意味着普通消费者会阅读并理解其保险单,而且如我们所见,这也并不必然意味着解释难题能得以避免,但这种行为依然是受欢迎的。

这些发展最初源于设立保险监察专员一职,是在其履职过程中发生的变化。保险监察专员宣称将找出保险合同中的不合理条款,并主张这些条款即便不直接适用《不公平合同条款法(1977)》中的规定,也要适用其规范的精神。⑩ 除此之外,他还不允许保险人援引保险单中未经提示的隐秘条款,而使被保险人遭受意料之外的保险保障损失,以及在未于初始进行提示说明的情况下,援引责任免除条款拒绝赔付无人看管动产的损失。另外,他还在实质上修改了一项格式条款⑪,该条款的内容为"房屋闲置超过三十日者,保险保障中止"。他认为,该条款应当仅在三十日期限经过之后方可适用。虽然保险监察专员在这方面的管辖权基础一开始存在争议⑫,但是当他的职权范围在1992年被修改为他应当在每一个案件中作出"在所有情况下都公平合理"的决定时,其管辖权便得到了正当化。⑬ 这一发展无疑使保险单的表达和布局变得更加清晰。不足为奇的是,对于以上做法而言,所有的证据均表

---

⑥　See, e.g. Lord Wright in Provincial Insurance Co v Morgan [1932] A. C. 240 at 252.
⑦　《第二份除外条款报告》(第69号)[Second Report on Exemption Clauses (No. 69)]。
⑧　附件1的第1(a)段。
⑨　参见第一章第九节。
⑩　详见《1990年年度报告》的第2.4段和第3.9段。
⑪　See Marzouca v Atlantic and British Commercial Insurance Co Ltd [1971] 1 Lloyd's Rep. 449.
⑫　当时的监察专员在其《1990年年度报告》中表示,保险业在同意颁布《保险业务指引》时便已同意受《不公平合同条款法》(UCTA)精神的约束,但在《保险业务指引》首次发布和修改版发布时,议会和ABI的声明中并没有明确这一点。所有这些都说明有必要对《保险业务指引》特别调整之领域的法律适用进行修改。《保险业务指引》如今已不再适用,参见第一章第九节。
⑬　See McGee, (1992) 2 Insurance L. & P. 86.

明由保险监察专员来替代金融服务监察专员[14]并没有产生多少不同,而这主要是因为后者同样拥有采取类似做法的法定权限。[15]

一项更深远或许也更重要的发展是《消费者合同不公平条款规制条例(1999)》的施行,其如今已被之前提及的《消费者权益法(2015)》的第二部分所取代。此种类型的消费者保护需要由欧盟立法来实现。[16] 针对不公平合同条款的法律控制,如今已经进行了一些考虑。[17] 在本章内容中,有必要提出三点。第一点是对透明度的一般要求,即要求使用简单易懂的语言,有可读性和突出性。[18] 这强化了前文提到的使用"简明英语"的趋势。第二点是同时授予竞争与市场监管局和金融行为监管局以执法权。[19] 第三点是就当前目标来说最重要的一点,其涉及将《消费者权益法(2015)》第二部分的核心内容适用于保险合同的承保范围的问题。[20]

核心内容[21]规定"不公平条款"对消费者无拘束力。某项条款若违背诚信要求,导致合同当事人权利义务严重失衡且损害消费者权益,即为不公平条款。[22] 然而,该项规定并不适用于"描述合同主要标的"的条款。[23] 保险合同描述承保风险和除外风险的条款被认为属于此类条款[24],因为它们的确描述了合同的主要标的。这看起来也是一项合理的解释。因此,《消费者权益法(2015)》对于此处所考虑之事项的影响,也就仅限于透明度和显著性要

---

[14] 参见第一章第九节。
[15] 参见上文。
[16] 参见1993年4月5日通过的《不公平合同条款指令》(Unfair Contract Terms Directive 93/13/E. C.)。如果没有通过欧盟立法,此种消费者保护能否实现是存疑的。
[17] 参见第五章。
[18] 《消费者权益法(2015)》第64条;同时也要注意制定法对下文所探讨的不利解释规则的确认。
[19] 《消费者权益法(2015)》第70条和附件3。
[20] 除去明确适用的透明度和突出性要求外,某项不清晰的条款能否受公平性审查,还取决于其是否为核心条款。
[21] 第62条。
[22] 更深入的分析参见第六章第一节。
[23] 第64条第1款第a项。
[24] 尽管人们一致认为该法完全可以作出超越指令要求的规定,但指令的规定无疑须被作为解释的辅助。指令的序言中提到,在保险合同中,"明确定义或描述承保风险和保险人责任的条款不受(公平性审查),因为条款中的这些限制是计算保险费时的考虑因素"。假定序言能够作为指令规定的一部分(参见Duffy [1993] J. B. L. 67 at 71–72),那么界定承保风险和除外风险的条款将明显不受不公平条款的法律规制。See Bankers Insurance Co Ltd v South [2003] EWHC 380 (Q. B.); [2004] Lloyd's Rep. I. R. 1.

求,但同时还有不利解释规则这项法定强化手段为之提供支持。[25]

第二项　美国的做法

形成鲜明对比的是美国许多州的法院所采用的保险单解释方法。[26] 在美国的许多州,"满足被保险人的合理期待"和"禁止保险人拥有任何不合理的优势"这两项裁判规则已得到稳固确立。[27] 它们来自早期的一项认知,即保险合同是一种最为典型的"附和合同"。[28] 换句话说,不制作标准格式合同的一方当事人没有任何机会就合同条款讨价还价。

该做法的一个有趣的例子是新泽西州最高法院对 Gerhardt v Continental Insurance Companies 案所作的裁判[29],该案也被认为值得在全国范围内进行报道。此案涉及的是一份家庭综合保险单,保险单当中有一部分系为被保险人因占有自己房屋造成他人人身损害或财产损失时,需要承担的损害赔偿责任提供保险保障。但该部分的一些除外条款被列在了单独的一页上,其中一条规定,该保险不保障被保险人因雇佣或者在雇佣期间对家庭雇员(resident employee)造成人身伤害的责任。该案中,这样一名雇员在被保险人家中受伤,并起诉了被保险人,被保险人则要求保险公司为她进行抗辩。保险公司援引上述除外条款拒绝承担责任,遭到了法院的否定。仅阅读该除外条款本身的话,其意思似乎非常清晰,而且根据一般的解释原则是可资适用的。然而法院却认为,保险单系由保险公司单方制作和大规模销售,并向房屋业主提供广泛的保障,注意到第三方责任保障部分的一般被保险人在简单阅读这个保险单后,都会以为对家庭雇员造成的损害也属于保险保障范围。该除外条款不够引人注目,而且正如之前的判例[30]所显示的那样,保险单描述的是一种综合全面的承保范围,虽然保险公司有权排除特定类型的责任,但尊

---

[25] 此处讨论的对不公平条款或其他因素的法律规制,是否对所有消费者保险单均有影响,是存在疑问的。没有疑问的是,一些保险单,尤其是旅游保险单,对于许多不是律师的人来说仍然难以理解。

[26] 或许与之类似的唯一一件真正的英国判决是法韦尔法官在 Bradley and Essex & Suffolk Accident Indemnity Society([1912] 1 K. B. 415)案中所作的判决。

[27] See especially, Keeton, "Insurance law rights at variance with policy provisions," (1970) 83 Harv. L. R. 961 and 1281.

[28] See generally, Kessler, "Contracts of adhesion-some thoughts about freedom of contracts," (1943) 43 Col. L. R. 629.

[29] Gerhardt v Continental Insurance Companies [1967] 1 Lloyd's Rep. 380.

[30] For example Bauman v Royal Indemnity Co 36 N. J. 12 (1961).

重被保险人合理期望的规则要求其必须在保险单中作出非常明确的规定。

尽管如下文所讨论的那样，英国法院近来也对其合同解释方法进行了修改，但英国普通法似乎不可能采纳上述美国法院的做法。[31] 当然，如前所述，若一项条款不够透明和突出，其就要受到消费者权益法当中的公平性审查。美国法院采纳的解释原则其实有些模糊，从而会导致很难或者根本不可能根据特定案件的事实来预测其结果。而且，如果对保险条款更深层次的干预具有正当性的话，那么在成文法确立的指导方针之内建立一套对保险单形式的预先审批机制，将是一种更好的做法。

第二节　风　　险

正如前文所指出的那样[32]，保险的本质在于为被保险人遭遇不确定事件的风险提供保护，而且这种事件通常对被保险人不利。风险的概念处于基础性地位，此处需要阐述一些普遍适用的一般要点，因为不管某项损失经由解释能否得到保障，它们都可能会得到适用。

第一项　故意和过失所致的损失

首先，作为基本规则，被保险人过失造成损失是可以得到保障的，但保险并不承保被保险人故意造成的损失。例如，不可胜数的判例认为，火灾保险被保险人的纵火行为[33]，或者人寿保险被保险人在精神正常情况下的自杀行为，都不在保险承保范围内。[34] 这一点与适用于保险合同的公共政策原则联系紧密，下一章将对该原则进行讨论。然而，将这些暂且搁置不议，很明显如果清楚明白的保险单条款措辞适当，故意行为所致的损失就能够得到保险保障。是故，上述基本规则并非绝对。但在实务中，这可能仅仅适用于投保人寿保险后的自杀行为。另外，基本规则排除的仅仅是被保险人自己故意造成的损失。例如，若被保险人的配偶[35]或者雇员[36]故意毁损被保险人已经投保

㉛ 但是，克拉克（Clarke）为了在英国判例中发现这种做法的迹象，作出了一些有趣的尝试，参见"The reasonable expectations of the insured in England?"［1989］J. B. L. 389。

㉜ 特别参见第一章第五节中对保险定义的讨论。

㉝ Britton v Royal Insurance Co (1866) 4 F. & F. 905.

㉞ Beresford v Royal Insurance Co ［1938］A. C. 586；参见第十四章第二节。

㉟ Midland Insurance Co v Smith (1881) 6 QBD 561.

㊱ Shaw v Robberds (1837) 6 Ad. & El. 75 at 84.

的财产,则并不会影响未实施该行为的被保险人获得赔付。㊲

保险单可能会明确排除对于被保险人或其家人故意造成之损失的保险责任。在 Patrick v Royal London Mutual Insurance Society Ltd 案㊳中,保险单排除了保险人对于"所有蓄意、恶意或犯罪行为"的保险责任。法院认为,"蓄意"一词包含故意或有目的地造成案涉损失的行为,对此仅证明被保险人对其行为产生的后果持放任态度即可。此案中的损失系由共同被保险人——被保险人11岁的儿子所致,其放火烧了一间小木屋,火势蔓延后又毁坏了相邻的房屋及其中的物品。由于被保险人未意识到该风险,且无任何证据能够证明他不在乎房屋是否被烧毁,故上述责任免除条款无法适用。

第二项 合理注意的条件

过失的被保险人获得保险赔付需受制于一项重要的条件,即保险单条款会通过为被保险人设定一项合理注意义务,来试图排除保险公司在这方面的责任。㊴这种条款近年来在责任保险单中已成为常态。在责任保险单中,合理注意的要求一直被解释为仅适用于被保险人的重大过失行为。若该项要求未获满足,责任保险单便会连最基础的保障,即针对其标的——被保险人过失责任的保障都不会提供。㊵近来,财产保险和其他第一方保险中似乎也出现了这种条款,比如,要求被保险人对被保财产负担合理注意义务,或者将被保财产维持在合理状态。经历了早期的一些困惑之后㊶,现在似乎可以明确,对于这些条款的解释将和责任保险中的类似条款一样,即被保险人仅过

㊲ 保险单当然可以另行作出规定,例如排除对雇员故意行为的保险责任,参见 KR v Royal & Sun Alliance Plc [2006] EWCA Civ 368; [2007] Lloyd's Rep. I. R. 368.

㊳ Patrick v Royal London Mutual Insurance Society Ltd [2006] EWCA Civ 421; [2007] Lloyd's Rep. I. R. 85. See also Porter v Zurich Insurance Company [2009] EWHC 376 (HC),该案中保险单排除了"所有蓄意或恶意的行为"。法院认为,被保险人因重大过失造成损失时,只有根据 M'Naghten 规则证明自己丧失理智,才可以获得保险赔付。

㊴ 这可能会被冠以保证或条件(参见第九章)或除外风险之名。不论是哪一种,根据《保险法(2015)》第10条和第11条,法律效果都是保险公司免责。

㊵ 尤其参见第二十章第二节第五项中进一步讨论的 Fraser v Furman 案([1967] 1 W. L. R. 898),至于机动车保险单中此种条款的法律后果,参见第二十一章第三节第四项。

㊶ 相当含糊的意见可参见 Stephen v Scottish Boatowners Mutual Insurance Association [1989] 1 Lloyd's Rep. 535 at 541; Devco Holder v Legal and General Assurance Society [1993] 2 Lloyd's Rep. 567 (1988);以及第一位保险监察专员的做法,他对被保险人的义务持相当严格的态度,特别是在家庭保险和旅行保险中,参见其《1984年年度报告》第5—6页、《1985年年度报告》第7—8页、《1986年年度报告》第6—8页。

失违反注意义务并不会使自己丧失保险赔付。

在 Sofi v Prudential Assurance Company Ltd 案[42]中,国内一切险保险单和旅游保险单当中都有条件条款要求被保险人尽到"合理注意以避免损失",而法院正是以上述方式解释这些条件条款的。此案中,准备前往法国旅行的被保险人早于预计时间到达了多佛尔渡口。他将车停在了多佛尔城堡一个无人看管的停车场,并将价值50000英镑的贵重物品锁在了车上的置物箱中,然后离开了15分钟。在此期间,有人闯入该车并盗走了财物。上诉法院认为,被保险人不存在重大过失,所以有权获得保险赔偿。根据该判决可以得出,保险公司如果想在不证明保险人存在重大过失的情况下限制自己的责任,就必须在保险单中加入更多具体的条款,比如在条款中明确排除物品处于无人看管状态下的保险责任。[43]

第三项　自始不保的危险事故

有一些危险事故从未获得过补偿性保险单的保障,它们主要是磨损和内在瑕疵,即自然发生的损失。很简单,保险的本质是承保不确定性风险,而这些危险事故并不具有偶然性,因而无法由保险合同予以保障。[44] 是故,对于食物的腐败、汽车的锈蚀及屋顶瓦片的自然磨损等都不能进行投保。当然,在人身保险(contingency insurance)领域,即人寿和相关保险中存在重要例外。显然,人寿保险承保的是死亡的自然进程,健康保险承保的是不可避免的疾病。

---

[42]　Sofi v Prudential Assurance Company Ltd［1993］2 Lloyd's Rep. 559 (1990); Birds (1991) 1 Ins. L. & P. 18. Sofi 案得到了 Paine v Catlins 案{［2004］EWHC 3043 (TCC);［2005］Lloyd's Rep. I. R. 665}的遵循。还可参见 Roberts v State General Manager 案(［1974］2 N. Z. L. R. 312)和Port-Rose v Phoenix Assurance Co Ltd 案(［1986］136 N. L. J. 333)。后一案件中的被保险人投保了一切险,她在机场帮助一个同行的老年乘客时,没有注意自己装有珠宝的手提包,手提包在此期间被偷。尽管对被保险人是否具有过失存在争议,但霍奇森法官并没有支持保险公司依据合理注意规定主张免责。有关 Sofi 案对保险监察专员管辖范围之影响的讨论,参见《1989 年年度报告》第 2.4 段和《1991 年年度报告》第 2.12 段。距现在更近的案例,参见 The Board of Trustees of the Tate Gallery v Duffy Construction Ltd (No. 2)［2007］EWHC 912 (TCC);［2008］Lloyd's Rep. I. R. 159。

[43]　这种条款参见第十三章第三节第一项。

[44]　但是当损失的近因或真正原因是保险事故时,内在缺陷将不再具有决定性。See, e.g., Global Process System v Syarikat Takaful Malaysia Berhad, The Cendor MOPU［2011］UKSC 5,［2011］Lloyd's Rep. I. R. 302。

第三节 解 释 原 则

本节讨论适用于保险单的解释原则。值得注意的是,保险单解释是一个法律问题,某个单词或短语的含义一旦得到了司法的考量,相应的判决就应当根据遵循先例的原则得到遵守。[45] 该原则的一个很好的例证是 Dino Services v Prudential Assurance Co Ltd 案[46]的判决。该案中,在解释针对"强行和暴力的"盗窃行为提供的保障时,上诉法院遵循了一个很久之前的判例[47],否认了保险公司的赔偿责任,理由在于该损失是小偷使用偷来的钥匙进入相关场所,而非采用破门或破窗而入的"暴力"方式所造成的。[48]

传统的保险合同解释方法涉及一些解释原则的阐述和适用。其中最重要的原则将会通过几个案例予以简要说明,这些原则主要包括如下内容。首先,从整个保险单中客观发现的当事人意图居于优先地位。其次,如果有手写内容的话,手写内容优于打印内容,因为前者更能表达合同当事人双方的合意,而且法院通常不会采纳其他书面或口头证据来变更或否定手写文件的效力。再次,应根据文本含义解释保险单,仅在文本含义不清时才可以考虑外部情况。对于词语的理解一般要按照其通常含义,但词语具有专门法律含义的除外,此时专门法律含义优于通常含义。与此类似,词语所在的语境也可能显示出其对通常含义的偏离。对于出现在某句话中的词语,初步应当以同类解释原则(ejusdem generis)进行解释。最后,当表述存在歧义时,应当根据不利解释原则对保险单进行解释,即作出对文件制作一方不利但对相对方有利的解释,就保险单而言无疑是作出对保险人不利但对被保险人有利的解释。

通用于所有合同的现代合同解释方法依然以确定当事人的意图为主要目的。尽管文义解释方法由于与合同订立的基础事实相脱离已遭到废弃[49],但对于当事人所表达出来之意图的解释,很可能与双方或其中一方的

---

[45] See, e.g. W J Lane v Spratt [1970] 2 Q. B. 480 at 491-492, per Roskill J.

[46] Dino Services v Prudential Assurance Co Ltd [1989] 1 All E. R 422. See [1989] J. B. L. 355.

[47] George and Goldsmiths and General Burglary Insurance Assoc Ltd Re [1899] 1 Q. B. 595; Calf and Sun Insurance Office Re [1920] 2 K. B. 366.

[48] 但法院并不满意这个结果,并且敦促保险公司提供通融赔付(ex gratia payment)。那么请问对于将一般盗窃风险和闯入性盗窃风险区别制定费率的保险公司,法院是否一点也不苛刻呢?

[49] 参见 Prenn v Simmonds [1976] 1 W. L. R 1381:"脱离合同的设立情境,仅从语言角度来解释合同的时代已然过去很久。"(per Lord Wilberforce at 1383)

真实意图相当不同,在格式合同中尤为如此。由于主要规则建立在常常错误的前提之上,即合同是平等双方讨价还价的结果,许多人都认为这是法律上的一个缺陷,由此也引发了上议院对合同解释规则的关注。在 Investors Compensation Scheme v West Bromwich Building Society 案(50)中,有法官称"该法律领域已经发生了一项根本性的改变"。(51) 其结果是:

"法官为了把对这些文件的解释方法吸收进严肃用语的一般常识性解释原则里,几乎抛弃了所有陈旧的法律解释方法"。(52)

霍夫曼(Hoffmann)法官创设了几项法官在解释合同时需要遵守的原则。合同文件解释的目标应当是发现文件所要传达给一位理性人的意思,该理性人是指拥有当事人在订立合同时能够合理获得的所有背景知识的人。前期磋商和主观意图的声明在解释时应予排除,但可能的歧义和词句误用则应当得到考量。法院没有义务强加给当事人一项其根本没有的意图,而且在对两项相互冲突的非自然含义进行选择时,法院有权认定当事人在含义方面产生了误解。除此之外,还可以加入一项确立时间更久的商业合同原则,即对于合同的解释应当符合"良好的商业意识"(good commercial sense)。(53) 霍夫曼法官对解释原则的现代重述,明显对保险合同的解释产生了影响(54),但现实中此种影响要比其初次出现时有限得多。(55) 下文对有关解释原则的某些保险法指导性判例进行了总结,就此而言,值得在特定情况下参考借鉴。

---

(50) Investors Compensation Scheme v West Bromwich Building Society [1998] 1 All E. R. 98. See also Sirius General Insurance v FAI General Insurance [2004] UKHL 54; [2004] 1 W. L. R. 3251.

(51) 参见前注(50)中 Investors Compensation Scheme 案,该案判决书第 114 页,霍夫曼法官的判决。

(52) 同前注(51)。

(53) 参见迪普洛克法官在 Antaios Cia Naviera SA v Salen Raderierna AB 案([1985] A. C. 191 at 221)中的意见:"如果对商业合同文本进行详细的语义和语法分析后,会得出违反商业意识的结论,那么就应当对合同作出符合商业常识的解释。"

(54) 考虑这些原则的保险判例有:Union Camp Chemicals Ltd v ACE Insurance SA-NV [2003] Lloyd's Rep. I. R. 487; Canelhas Comercio Inportacao E Exportacao Ltd v Wooldridge [2004] EWCA Civ 984; [2004] Lloyd's Rep. I. R. 915; McGeown v Direct Travel Insurance [2003] EWCA Civ 1606; [2004] Lloyd's Rep. I. R. 599; Friends Provident Life and Pension Ltd v Sirius International Insurance Corp [2004] EWHC 1999 (Comm); [2005] Lloyd's Rep. I. R. 135 and Royal & Sun Alliance Insurance Plc v Dornoch [2005] EWCA Civ 544; [2005] Lloyd's Rep. I. R. 544.

(55) See Clark,The Law of Insurance Contract, 5th edn (Informa Subscriptions, 2015), para. 15-3B1. 然而,在一起涉及雇主责任保险单的案件,即 Durham v BAI (Run Off) Ltd([2012] UKSC 14)案中,最高法院对雇主责任保险单中的用语进行了宽泛的文本解释。这个判例将在第二十二章第一节中探讨。

第一项 通常含义

对保险单中的词语初步要按照其通常含义进行理解。比如在 Thompson v Equity Fire Insurance Co 案[56]中,一位小商店老板投保了火灾保险,保险单则排除了保险公司对"被保房屋内储存汽油期间"发生之损失的赔偿责任。但被保险人为了做饭,在房屋内存放了少量汽油。法院判决保险公司对所发生的火灾承担赔偿责任,因为"储存"的通常含义是大量存放,而且意指为了交易而进行储备。而该案并不属于这种情况,所以不适用该免责条款。在 Leo Rapp Ltd v McClure 案[57]中,案涉保险单为金属在"在存储仓库期间"失窃的风险提供保障。嗣后,有人从一辆停放在上锁院子中的货车上偷走了部分被保金属,且该院子系由装有带刺铁丝网的高墙围成。法院判决保险公司对此不承担保险赔偿责任,因为仓库通常是指某种有顶的建筑而不是一个院子,哪怕这个院子很安全。

近期很多判例探讨了动产保险中"无人看管"一词的含义;对于保险公司来说,免除自己在动产无人看管期间的保险责任是相当普遍的一种做法。在 Langford v Legal and General Assurance Society Ltd 案[58]中,法院认为,当被保险人只是将汽车停留在车道上几十秒,且能够透过厨房窗户看到汽车时,认定该汽车"有人看管"是符合该词的"合理和现实意义"的。在 Gordon Leslie Ltd v General Accident Fire & Life Assurance Corp Plc 案[59]中,一家货运公司为其货车和动产投保了盗窃险,保险人的责任除外情形是货车在无人看管的情况下被锁住且钥匙被取走。根据货运公司的实践做法,为了便于在发生火灾时移动货车,司机在周末存车于公司时会将钥匙留在货车的打火器里。嗣后,货车及其装载的伏特加于此期间被偷。法院判决认为,上述除外条款仅适用于货车在动产运输途中实际由司机亲自看管的情形。一旦汽车处于过夜存放期间,就不存在除外条款中所谓的"无人看管"问题。然而,在 Sanger v Beazley 案[60]中,法院则认为,在车主因感觉不适而将车停在汽车服务站并去往洗手间期间,汽车处于"无人看管"状态。法官指出,车主并没有注意周围有无企图偷车的人,而且

---

[56] Thompson v Equity Fire Insurance Co [1910] A. C. 592.
[57] Leo Rapp Ltd v McClure [1955] 1 Lloyd's Rep. 292.
[58] Langford v Legal and General Assurance Society Ltd [1986] 2 Lloyd's Rep. 103; see also O'Donoghue v Harding [1988] 2 Lloyd's Rep. 281.
[59] Gordon Leslie Ltd v General Accident Fire & Life Assurance Corp Plc 1998 S. L. T. 391.
[60] Sanger v Beazley [1999] Lloyd's Rep. I. R. 424.

在停车时也没有采取任何防范偷车的措施。法官认为,除外条款要求车主在因某种理由离开汽车时对汽车负有合理注意义务。虽然一些人可能认为仅仅离开车 68 秒,在这种情况下可以被认为不属于除外条款的适用范围,但上诉法院最近则确认了这一严格的做法。在 Hayward v Norwich Union Insurance Ltd 案[61]中,保险人同意对海沃德(Hayward)先生保时捷汽车的丢失、被盗或损坏承担赔偿责任,但排除了"汽车点火开关钥匙没拔或者被放在车内而导致车被偷"情况下的赔偿责任。车主将汽车停在加油站下车付油钱时汽车被偷。尽管他开启了车的制动装置,但他却没拔车钥匙。偷车贼见状上车破坏了车的制动装置后将车开走。初审法院认为,"被放在车内"是指"被放在车内无人看管",由于车主距车只有 20 码的距离,所以车钥匙并不是像除外条款中描述的那样"被放在"车内。但上诉法院对此并不认同,并表示即使这种解释是正确的,车主将车钥匙插在打火器中没有拔的事实,无疑也的确表明车钥匙系处于通常意义上的无人看管状态。上诉法院承认,尽管海沃德先生的行为可能由于其相信制动装置可以保护汽车免于遭窃而具备合理性,但此处也不得不适用保险单中的除外条款。Beazley 案和 Hayward 案的裁判结果看起来或许稍稍有些严苛,但从严格执法的角度而言它们无疑是正确的。

第二项 专业含义

然而,在两种情况下,不得优先根据词语的通常含义解释词语。第一种情况为词语具有专门的法律含义或其他含义。当某一词语被用于描述保险的承保范围或除外责任,而该词同时也是诸如盗窃之类的犯罪行为的名称,或者已经具有了某种特别的含义时,通常即属于此种情况。[62] 此时,保险单中的词语适用法律含义或特别含义。一个经典案例是上议院在 London & Lancashire Fire Insurance Co v Bolands 案中的判决。[63] 该案中,有一份保险单

---

[61] Hayward v Norwich Union Insurance Ltd [2001] Lloyd's Rep. I. R. 410.

[62] 关于某些表示"罪名"的词语的具体含义,参见 Wasik [1986] J. B. L. 45。关于"盗窃"一词的含义,具体参见第十三章第七节第五项,还可参见上文的 Hayward v Norwich Union Insurance Ltd 案。关于与具有法定和医学含义的词语相关的相同原则的案例,参见 Cape Plc v Iron Trades Employers Assurance Ltd [2004] Lloyd's Rep. 75,此案涉及雇主责任保险单中"间皮瘤"(mesothelioma)一词的含义。

[63] London & Lancashire Five Insurance Co v Bolands [1924] A. C. 836. 专业含义原则似乎是上议院判决 Deutsche Genossenschaftshank v Burnhope 案([1995] 4 All E. R. 717)的依据。该案中,法院认为公司不可能犯盗窃罪,因为缺少一个地位高到能够代表公司直接意愿的人。

为面包店因入室盗窃而遭受的损失提供保障,但排除了对于因暴乱造成或者在暴乱期间发生之损失的保险责任。一天,四个配有武器的人进入这家商店,用枪挟持店员,同时偷走了他们能够找到的所有的钱。这个过程中,他们没有实施任何实际的暴力行为,附近也没有发生其他的骚乱,但是法院却认为该事件构成了暴乱,因此这家面包店无权获得保险赔偿。判决书中所述的裁判理由为,"暴乱"是一个专业术语,在刑法的语境下其仅要求三人一起造成可能引起理性人恐慌的骚乱。[64] 将这一含义适用于保险单中,根据案件事实明显可认定此案中存在暴乱行为。但是,这家商店位于都柏林,且抢劫发生在涉及爱尔兰共和军和其他组织的大骚乱期间这一信息可能也很关键。据此,该起抢劫有可能系由这些组织所指使,这样一来对"暴乱"一词进行深入探讨就更加情有可原了。

就"暴乱"一词的理解而言,将上述裁判观点与美国法院的裁判观点[65]相对比颇具启发意义。美国法院认为,保险单中的暴乱是指普通人通常所理解的暴乱行为。基于以下原因,其判决不同于上述 Bolands 案的判决。从专业术语的传统解释原则的角度而言,Bolands 案的判决明显是正确的。但其可能遭受质疑之处在于,当其他语境下的含义与通常含义完全不符时,将前者适用于保险单便不一定必要或合理。或许,这种针对"专业术语"的传统解释方法并不会优先于前述重述性解释原则得到适用。[66]

在上诉法院对 Canelhas Comercio Inportacao E Exportacao Ltd v Wooldridge 案的判决中,或许可以找到对此观点的一些支持。[67] 该案中,上诉法院认为,对于承保在巴西发生之风险的保险单中的"抢劫"一词,不应当以英国的任何专业含义进行理解,而应当以普通商事主体的理解为准。根据英国法或巴西法对"抢劫"一词进行具体深入的探究都是不恰当的。在普通商事主体看来,"恰当的解释方法是将相关条款的用语在整个保险单中进行体系解释"。[68] 曼斯(Mance)法官在援引霍夫曼法官于 Investors Compensation Scheme v West Bromwich Building Society 案中表达出的解释原则,并且陈述了上述内容

---

[64] See, e.g. Field v Receiver of Metropolitan Police [1907] 2 K. B. 853.
[65] Pan Am v Aetna Casualty [1974] 1 Lloyd's Rep. 232; [1975] 1 Lloyd's Rep. 77.
[66] 但这在上述 Hayward v Norwich Union Insurance Ltd 案中并没有得到体现。
[67] Canelhas Comercio Inportacao E Exportacao Ltd v Wooldridge [2004] EWCA Civ 984; [2004] Lloyd's Rep. I. R. 915.
[68] Per Mance LJ at 11.

后,继续补充道,“人们的确会期待任何一个理性商事主体在获得或签发类似本案的保险单时,对‘抢劫’一词作出通常理解,同时人们也会期待对该词作出与我国或其他法域立法者所采用的专门含义相同的理解。但是一个恰当的理解需要考虑这样一个主体将如何在某条款所处的语境中理解整个条款。这反过来又涉及对于从保险单格式用语中客观确立的条款目的的考量”。(69)

第三项 语境

不采用词语通常含义的第二种情况是合同语境要求采用他种含义。例如,火灾保险单在其承保事故范围中通常不会逐个列举每一项事故,而是把一些事故作为一类分类进行列举。这在 Young v Sun Alliance & London Insurance 案中有所体现。(70) 此案中被保险人的家庭保险为被保险人因一系列危险事故遭受的损失提供保障,其中一类事故为“风暴(71)、暴风雨或者洪涝”。被保险人的房子建在一片草地之上,一楼卫生间因多次渗水而毁损。有一次,卫生间地板上积了三英尺深的水。被保险人声称这属于“洪涝”,保险公司应该对其所受损失进行赔付。但上诉法院驳回了他的诉讼请求。其中至少有两位法官(72)看起来都承认根据通常含义本案情形的确构成洪涝,但他们最终采纳的还是语境解释的方法。由于“风暴”和“暴风雨”两者指的都是一种异常的情形,那么照此类推出现在同一词组中的“洪涝”一词,其所指情形应当不包括三英尺深的自然水渗漏,而是一种更加剧烈和严重的水的运动。鉴于“洪涝”一词存在两种可能的解释,他们差点就被律师说服适用不利解释原则。Computer & Systems Engineering Plc v John Lelliot (Ilford) Ltd 案(73)也采取了相似的解释原则。在该案中,贝尔丹(Beldam)法官指出,洪涝“是指大量的水从外部涌入房屋,其通常但并非必须限于风暴、暴风雨或倾盆大雨这类自然现象所造成的后果”(74)。

---

(69) 同前注(68),第 12 页。

(70) Young v Sun Alliance & London Insurance [1977] 1 W. L. R. 104.

(71) 关于风暴,参见 Anderson v Norwich Union [1977] 1 Lloyd's Rep. 253。

(72) 肖(Shaw)法官和凯恩斯(Cairns)法官。劳顿(Lawton)法官的看法更为直接,他认为洪涝通常意味着剧烈、不正常的现象。

(73) Computer & Systems Engineering Plc v John Lelliot (Ilford) Ltd [1990] 54 B. L. R. 1. See also The Board of Trustees of the Tate Gallery v Duffy Construction Ltd [2007] EWHC 361 (TCC), [2007] Lloyd's Rep. I. R. 758.

(74) 见前注(73)中 Computer 案的判决书第 10 页。

有观点主张，应当摒弃传统的合同解释方法，以一种探求的方法代之，即探求当事人所认为的保险单提供的保障究竟是什么，以及案涉保险背后的目的是什么。⑦ 一起更近的案件 Rohan Investments Ltd v Cunningham 案即采用了此种方法。⑦ 该案中，上诉法院拒绝按照上述 Young 案和 Computer & Systems 案的方法解释洪涝一词。案涉损失是由房顶漏水导致，而房顶则是在九天的时间内建成，且在此期间一直有持续的强降雨。相关保险单承保由"风暴、暴风雨或者洪涝"造成的损失。对此，法院几乎不加纠结地就认为此种水的流入构成"洪涝"。尽管"洪涝"一词含有异常的意思，且之前两起案件的承办法院也正是因此而面临判决的困难，但罗伯特·沃克（Robert Walker）和奥尔德（Auld）法官都认为，本案中水的迅速积累并不正常，其正是案涉保险意欲承保的事故类型。他们称，在每个案件中这都是一个程度的问题。这样一种解释方法或许与前面提到的美国的解释原则极其相似。如果涉及消费者保险，类似 Young 案的情况，如今的简明性和可理解性规定⑦可能会要求保险公司对其所理解的"洪涝"一词作出描述，例如通过保险单中的术语表进行描述。⑦

第四项　不利解释原则

正如两件具有指导性的上诉法院判决所显示的那样，不利解释原则，即文本存在歧义时要作不利拟约者之解释的原则⑦，可以为被保险人提供救济。

在 English v Western 案⑩中，一个 17 岁的年轻人投保了一份机动车保险，该保险承保他在驾车时因造成他人损害而应承担的赔偿责任，但不包括与被保险人一同乘车的"被保险人家庭成员的伤亡"。⑧ 被保险人在其姐搭乘其车时，因过失造成姐姐受伤。保险公司援引上述除外责任条款，主张自己对于被保险人的此项责任无义务进行保险赔付。法院认为，"被保险人家庭成员"这一表述既可以表示"被保险人为家长之家庭的成员"，也可以表示"被保险人为成员之家庭的成员"。因此，这一表述存在歧义，应当采纳对被

---

⑦　Merkin (1977) 40 M. L. R. 486.
⑦　Rohan Investments Ltd v Cunningham [1999] Lloyd's Rep. I. R. 190.
⑦　成文法上的不利解释原则，参见第十三章第一节第一项。
⑦　事实上这很常见。
⑦　如今在消费者保险中得到了制定法的确认，参见第十三章第一节第一项。
⑧　English v Western [1940] 2 K. B. 156.
⑧　目前，此种除外条款为《道路交通法(1988)》所禁止；参见第二十一章第二节。

保险人更为有利的前一种解释,故保险公司对此负有赔付义务。

Houghton v Trafalgar Insurance Co Ltd 案[82]同样涉及一项机动车保险单中的除外责任条款,该条款排除了保险人在汽车运输"超过其核载重量"时的保险责任。保险公司主张,五个座位的车搭载了六个人即属于除外责任情形。但法院认为,这种情形并不属于"超载"。虽然可以考虑为人员的运输,但实际上与"超载"具有同等含义的是动产的运输。

不利解释原则的适用并非不存在任何疑义。很明显首先必须存在真正的歧义,而不能为了适用该原则而去强行制造歧义。然而,某个词语或者短语是否存在歧义并非总是那么明显。Young 案中的"洪涝"一词可以认为存在歧义,而且有两位法官都承认被保险人的代理律师差点说服了他们。这项困难引发了不同的司法意见,Alder v Moore 案[83]是其典型体现。该案中,争议不是由保险单用语本身所产生,而是来自被保险人在接受保险赔付后作出的承诺。被告在眼睛受伤之时是一名职业足球运动员,同时也是相关球员协会的会员,这项伤害被认为彻底结束了其职业生涯。球员协会此前投保了意外伤害保险,其会员一旦遭受永久性的完全伤残,就可以从保险人处获得 500 英镑的赔偿。作为回报,被告在接受这笔赔偿后,同意不再以"比赛会员"(a playing member)的身份参加任何形式的职业足球赛。后来,他恢复得还不错,能够偶尔参加一些职业球赛,但水平远远低于以前。于是,保险公司诉请被告返还之前赔偿的 500 英镑。被告则辩称[84]这个承诺存在歧义,因为"比赛会员"一词可以表示一般"运动员"和"作为协会会员的运动员"两种含义。而被告穆尔(Moore)在重返球场后并不是协会的会员。后一种解释还通过这样一种主张得到了强化:如果前一种解释正确的话,承诺中的"会员"一词就是多余的,而且在原始的保险单中,"会员"一词被明确定义为球员协会的注册会员。尽管如此,上诉法院的多数意见[85]还是认为保险公司应该胜诉,并认为承诺的意思非常清晰。但是德夫林(Devlin)法官的反对意见其实更具说服力。[86]基于前述理由,他认为这一词语存在歧义,而且尽管他采纳

---

[82] Houghton v Trafalgar Insurance Co Ltd [1954] 1 Q. B. 247.
[83] Alder v Moore [1961] 2 Q. B. 57.
[84] 还有观点认为,此种失权是一种惩罚性条款,因而是无效的,但遭到了法院多数意见的反对。
[85] 在这一点上,斯莱德(Slade)法官同意塞勒斯(Sellers)法官的观点。
[86] See Goff (1961) 24 M. L. R. 637.

了一种他所称的比不利解释原则更宽泛的原则,但他显然认为应当对这一词语作不利于保险公司的解释。无论对于案件事实的哪种观点更好,这一情况的确表明即便是法官也无法总能就是否存在足够的歧义达成一致。[87]

第四节 特定描述和特定用语

现在可以开始讨论某些特定描述有时如何适用于保险单,以及保险单中的承保范围条款如何对某些格式用语进行界定。首先看一下描述,众所周知,无疑至少部分是出于营销的原因,保险公司有时会将"综合的""不可战胜的""家园保卫者""最大计划"等描述附在保险单上。虽然法官有时会对这些描述作负面评价,因为它们带有误导性,可能使被保险人误信自己享有全面的保障而不受除外责任条款的限制,但这些描述很明显并非专业术语且不具有任何法律含义。[88]然而,"一切险"这一描述是个例外。通常而言,承保贵重物品或承包商保险单都属于"一切险"保险单。一起海上保险案件——British and Foreign Marine Insurance Co v Gaunt 案[89]阐释了"一切险"保险单的本质。"一切险"保险单基本承保被保财产因某种意外原因而发生的所有损失,但不包括"因一般的磨损及不可避免的贬值而自然发生的损失"[90]或者因财产的固有缺陷而发生的损失。"一切险"保险单的另一重要特征是被保险人只需证明损失是意外发生的,而无须证明造成损失的意外事故的确切性质。

然而,如果除外责任条款表述清晰的话,根据一般解释原则,即使是"一切险"保险单也可能受制于除外责任条款。

在澳大利亚的 Queensland Government Railways and Electric Power Transmission Pty Ltd v Manufacturers' Mutual Life Insurance Ltd 案[91]中,被保险人投

---

　　[87]　即便是在看起来明显存在歧义的前述 English v Western 案中,戈达德(Goddard)法官也持反对意见并认为条款不存在歧义。

　　[88]　可以将此与一些美国判例的态度相对比,如:Gerhardt v Continental Insurance Co [1967] 1 Lloyd's Rep. 380。在本章第一节第二项中,保险单被描述为综合保险的事实,也是影响判决的因素之一。保险监察专员对于使用此种表述也进行了限制,参见《1986 年年度报告》第25—26 页。

　　[89]　British and Foreign Marine Insurance Co v Gaunt [1921] 2 A. C. 41.

　　[90]　参见前注[89]第 46 页,per Lord Birkenhead。

　　[91]　Queensland Government Railways and Electric Power Transmission Pty Ltd v Manufacturers' Mutual Life Insurance Ltd (1968) 118 C. L. R. 314; [1969] 1 Lloyd's Rep. 214.

保了一份负责桥梁建设的承包商"一切险"保险单,但保险单排除了对于"设计错误"导致损失的保险责任。桥梁是根据当时最好的设计图建造的,然而桥柱却在一场罕见特大暴雨之后被洪水冲垮。法院认为保险公司可以援引除外责任条款免责。尽管桥梁在设计上不存在过失,因为这是当时最好的设计,但若不按照设计图建造桥柱就不会坍塌,故其依然属于"设计错误"。[92]

第五节 火 灾

承保火灾损失的保险无疑是最标准和最古老的保险保障形式之一,同时也是所有承保建筑物的保险单中的主要部分。由于火灾并不像盗窃或入室盗窃等词这样具有专业含义,而且其又是一个十分突出和常见的保险单词语,故其含义值得探究。除了明显由火灾造成的损失和被保财产的实际燃烧,已经出现的问题为是否有必要要求被保财产实际着火,以及在"适当的"火灾进行期间发生的或者由该火灾造成的损失是否属于承保范围内。被保财产实际着火属于必要条件,但因温度过高而造成的损失则不在承保范围。在古老的 Austin v Drewe 案[93]中,炼糖厂的仓库被投保了火灾保险。炼糖厂一楼锅炉处有一暖气管向上贯通了所有楼层。该暖气管顶端有一个调节器,为了保温,该调节器会在夜间关闭,但每到早上锅炉重新点火时该调节器又会打开。一天早上,由于被保险人的一个员工忘了将调节器打开,暖气管中汇集的巨大热量损坏了正在顶层提炼的糖。然而,尽管顶层有烟雾和火星,火灾本身却只存在于暖气管之内,糖并没有着火。因此,法院认为糖的损坏并非由火灾造成。

另外,如果确实有某项财产着了火,且这一火灾是被保财产遭受损失的近因,那么被保财产本身没有着火的事实便无关紧要。[94] 后文将对此再加讨论。

在英国法上,"友好的"火灾和"敌意的"火灾之间没有区别。换句话说,只要损失是意外发生的,即便损失系由适当的火灾造成也无关紧要。在

---

[92] 此种对于错误的定义受到了梅尔金(Merkin)的强烈批评,(1977) 40 M. L. R. 486 at 489。
[93] Austin v Drewe (1816) 6 Taunt. 436.
[94] Symington v Union Insurance Society of Canton (1928) 97 L. J. K. B. 646.

Harris v Poland 案⑮中，被保险人为其个人财产投保了火灾保险。一天，作为一项保护措施，她将她的珠宝藏在了壁炉里用于燃火的煤炭下面。之后，她在没有将珠宝移走的情况下不注意点了火，从而导致珠宝受损。法院认为，该项损失系由火灾所造成。

"原告投保的风险包括被保财产无意中与火接触而遭到损坏的风险，具体是火接近财产造成损失还是财产接近火造成损失无关紧要。"⑯

仅仅由爆炸或者闪电造成的损失并不属于火灾造成的损失⑰，但由火灾造成的爆炸或者爆炸、闪电所引发的火灾造成的损失则属于承保范围，并受到后文讨论的近因规则的限制，这是因为此时存在被保财产实际着火的事实。⑱在实践中，至少闪电造成的损失是在格式火险保险单承保范围之内的。

第六节　意　外　事　故

由意外事故、意外方式或某些类似词组引起的损失是保险单中相当普遍的措辞形式，同时也是某些类型的保险单中的必要措辞形式。定义"意外事故"时涉及的大量难题曾多次使法院陷入裁判困境⑲，因此这个问题值得深入研究。出现这些难题的保险单有人身意外伤害保险单或者像机动车保险单那样可能包含人身意外伤害因素的保险单，以及一些责任保险单。

如我们所见，保险最初仅承保非故意行为，由此产生的一个难题就是"意外事故"一词应如何界定才能符合这一点。另一个难题是从受害人的角度来看，某人的故意行为也可能具有意外性。相似的，当某事的发生并非被保险人所追求时，被保险人仍然可能参与了一项故意行为。那么，这些情形属于意外事故吗？事实表明，对包含"意外事故"一词的第一方保险和只保障被保险人意外行为责任的第三方或责任保险分别展开研究，能够对这些和其他难题更好地加以探讨。但必须指出的是，判例并不一定作此区分。

---

⑮　Harris v Poland [1941] 1 K. B. 462.
⑯　参见前注⑬第 468 页，per Atkinson J.。
⑰　Everett v London Assurance Co (1865) 19 C. B. (N. S.) 126. 关于"爆炸"的含义，参见 Commonwealth Smelting v Guardian Royal Exchange [1984] 2 Lloyd's Rep. 608。
⑱　Stanley v Western Insurance Co (1868) L. R. 3 Ex. 71.
⑲　经典阐述或许是 Trim Joint District School Board of Management v Kelly ([1914] A. C. 667) 案的判决。此案是一起劳工补偿保险案，上议院法官以 4:3 的票数最终认定"故意伤害"也属于"意外事故"，支持对被保险人予以赔偿。

第一项　第一方保险

在上述第一方保险中，人身意外伤害保险占据主要地位。[100] 先暂且撇开在此领域极为重要的因果关系问题不谈，意外事故引发的损害似乎可被定义为由意料之外的(unexpected)或非故意的(unintended)事件所产生的非自然损害。比如，在 Hamlyn v Crown Accidental Insurance Co Ltd 案[101]中，被保险人弯腰去捡一个小孩丢的大理石块，在弯腰时他扭伤了膝盖。因为他没有膝盖的伤病史，法院认为他的受伤属于意外。尽管他明显是故意弯腰，但他并不追求或希望伤害自己的膝盖。[102] 被保险人的过失行为本身并不重要，所以在穿越铁轨时未尽合理注意而被火车撞倒的情形，属于人身意外伤害保险的承保范围。[103] 中暑或暴晒引发的受伤或死亡一般不被认为是意外事故，而是自然事件的结果。[104]

在 Marcel Beller Ltd v Hayden 案[105]中，一家公司为其员工投保了以"意外人身损害"为唯一原因的死亡保险。一名员工在驾车前饮用了很多酒精饮料，远远超过其血液能够容纳的最大酒精含量，汽车在靠近拐角时因车速过快而失控，导致该员工撞车身亡。裁判的争点之一即为这是否属于一项意外事故。保险公司认为这不属于意外事故，因为死亡属于员工故意行为，即摄入大量酒精的一个可以合理预见的后果。法官则不支持这一主张，并将此案与关于责任保险的疑难案件 Gray v Barr 案进行了区分[106]，下文将对后者展开分析。在他看来，应当按照普通人所理解的通常含义来解释意外事故。就此案事实而言，由于员工并没有打算自杀或者将自己置于故意行为的风险之中，故一个普通人会认为员工之死属于意外事故，因此该死亡事故属于保险承保范围。

---

[100] 在一段时期内，依据《劳工补偿法》(Workmen's Compensation Acts)签发的保险单也十分普遍，这引发了大量的诉讼。参见下文。

[101] Hamlyn v Crown Accidental Insurance Co Ltd [1893] 1 Q. B. 750. See also Voison v Royal Insurance Co of Canada (1989) 53 D. L. R. ON 299.

[102] Hamlyn 案在今天不一定会有同样的判决结果，因为保险单中规定了"意外方式"(见下文)，但很明显对于"意外事故"一词，它仍然作出了很好的阐释。

[103] Cornish v Accident Insurance Co (1889) 23 Q. B. D. 453.

[104] Sinclair v Maritime Passengers' Assurance (1861) 3 E. & E. 478, followed in De Souza v Home and Overseas Insurance Co Ltd [1995] L. R. L. R. 453 (1990).

[105] Marcel Beller Ltd v Hayden [1978] Q. B. 694.

[106] Gray v Barr [1971] 2 Q. B. 554.

如果被保险人故意陷入风险,那么就可以认定由此导致的损害并非意外事故。在 Marcel Beller Ltd v Hayden 案所引用的一个加拿大判例[107]中,被保险人为了向朋友证明他很有胆量,站到了街边酒店十三楼楼顶的天台上。不幸的是,他失去平衡摔死了。法院认为这不是一个意外事故。Marcel Beller Ltd v Hayden 案中的一位博学多识的法官称,"对我来说以下两类案件存在明显区别,一类案件的事故诱因是被保险人意识到风险且故意冒险,另一类则是如本案这样,虽然事故诱因引发了被保险人的冒险行为,但被保险人却并非故意冒险也没有实际意识到风险"。[108]

尽管可能极为罕见,但承保由意外事故造成之财产损失的第一方保险中有时也会出现相关判例。澳大利亚的 Lombard Australia Ltd v NRMA Insurance Ltd 案[109],即采取了与人身损害案件相似的解释方法。该案中,买受人和所有人订立了一项标的为汽车的分期付款买卖合同,且共同为汽车因意外事故遭受损失的风险投保了保险。后来,买受人驾该车撞树故意自杀。法院认为,由于所有人明显未追求该汽车发生损失,故该损失对所有人而言具有意外性,因而能够获得保险赔付。

第二项 意外方式

在此情况下要讨论的极重要的一点是,措辞的些微改变是否影响词语的解释。比如,人身意外伤害保险单承保的可能不是"由意外事故造成的"伤害或死亡,而是"由意外方式造成的"伤害或死亡,或者采用一种更完整的表述,即承保"由暴力、意外、外部和有形方式造成的"伤害或死亡。[110] 此时,不仅最后的事故或伤害必须具有意外性,造成该事故或伤害的"方式"也必须具有意外性。换言之,被保险人或其他任何责任人的在先行为必须出自意外。所以,如果是故意行为导致了最终的"意外事故",被保险人的损失就无

---

[107] Candler v London & Lancashire Guarantee & Accident Co of Canada (1963) 40 D. L. R. (2d.) 408.

[108] Marcel Beller Ltd v Hayden [1978] 2 Q. B. at 705. 现代的保险单中可能会有一项除外责任条款,排除"有意处于不必要危险中"这一情形的保险责任。这有同样的效果。在 Morley v United Friendly Insurance Plc 案([1993] 1 Lloyd's Rep. 490)中,法院认为,当被保险人恶作剧地跳到汽车保险杠上并摔伤时,保险单并未排除保险人的责任。

[109] Lombard Australia Ltd v NRMA Insurance Ltd [1969] 1 Lloyd's Rep. 575.

[110] 这种老旧用语的持续性使用可能是令人惊讶的,而且在如今的消费者保险中,它不符合透明度的法定要求(参见第十三章第一节第一项)。

法得到保险赔付。此种观点在前文探讨的 Hamlyn 案中似乎遭到了否定。在该案中，保险单同样采用了此种措辞，被保险人弯腰的行为也明显出自故意，而法院却判决保险公司承担赔偿责任。但在某些其他法域的判决中，这种观点在很多年里都得到了支持，其中就包括一个具有指导性的美国判例。[111] 此外，该观点还在 Dhak v Insurance Company of North America (UK) Ltd 案中得到了上诉法院的采纳。[112] 在该案中，被保险人为抑制背痛而饮酒，后因酒后呕吐窒息而死，法院判决保险公司不承担赔偿责任。但早先的英国做法，即 Hamlyn 案所采的裁判方法被认为更值得采纳。伟大的美国法官卡多佐(Cardozo)在 Landress v Phoenix Insurance Co 案中持反对意见，正如他所言[113]："试图对意外结果和意外方式进行区分，将会使这方面的法律陷入法律适用的困境当中。"因此，希望在将来的案件中，上诉法院或最高法院能将英国法律从这种法律适用的困境中抽离。[114] 苏格兰其实已经采纳了早期的做法，代表案件为 MacLeod v New Hampshire Insurance Co Ltd 案[115]。该案中的保险单承保"由暴力、意外、外部和有形方式"造成的人身损害。被保险人在将轮胎扔进其货车时腰部受伤。保险公司主张被保险人的腰伤是由故意行为造成，因为这种伤害是被保险人行为可预见的后果，并非由意外方式造成。在作出有利于被保险人的判决时，尼莫·史密斯(Nimmo Smith)法官认为这里的修饰词是用来区分意外伤害和一般性疾病或退化性疾病的，对于"意外"一词应当按照其原本含义进行理解。他采用的是一种宽泛的解释方

---

[111] Landress v Phoenix Insurance Co 291 US 491 (1933); 还可参见一个苏格兰判例 Clidero v Scottish Accident Insurance Co (1892) 19 R. 335，该案支持对方式和结果的区分。

[112] Dhak v Insurance Company of North America (UK) Ltd [1996] 1 Lloyd's Rep. 632. 在 De Souza v Home and Overseas Insurance Co Ltd [1995] L. R. L. R. 453 (1990)中，也可看到对 Hamlyn 案的分析。

[113] In Landress v Phoenix Insurance Co 291 US 491 (1933).

[114] 别的法域大体上也是这样做的，参见苏格兰最高民事法院的判决 Glenlight Shipping Ltd v Excess Insurance Ltd 1983 S. L. T. 241(其没有采纳 Clidero 案的判决；参见 Davidson [1984] J. B. L. 391)，澳大利亚高级法院的判决 Australian Casualty Co Ltd v Federico (1986) 66 A. L. R. 99，加拿大法院的判决 Tracey-Gould v Maritime Life Assurance Co (1992) 89 D. L. R. (4th) 726，以及新西兰上诉法院的判决 Groves v AMP Fire & General Insurance Co (NZ) Ltd [1990] 1 N. Z. L. R 122。在最后一个案件中，被保险人在麻醉剂得到合理管理的情况下由于不可预见的原因在手术前死亡并获得了保险赔付，哈迪·博伊斯(Hardie Boys)法官在其判决意见中对与此相关的指导性普通法判例进行了明晰和相对简要的总结。

[115] MacLeod v New Hampshire Insurance Co Ltd [1998] S. L. T. 1191.

法,并指出决定性因素不在于行为是否故意而在于结果是否故意。⑯

第三项 责任保险

就责任保险中意外事故的含义而言,将财产损失案件和人身伤害或死亡案件分开讨论,是一种便利的做法。此时一个特殊的问题是,从受害第三人的角度而言,即便是被保险人的故意行为也几乎总是具有意外性。但这很明显是无关紧要的,如果被保险人的行为从其本人角度来看不属于意外事故,保险公司就不会提供赔偿。⑰ 然而,在考虑被保险人对其行为达到何种预见程度才排除保险赔付时,相较于造成第三人财产损失的案件,法院在造成第三人人身损害的案件中所采取的标准似乎更为严格。

第四项 人身损害

人身损害领域的一个经典判决是 Gray v Barr 案⑱。被保险人的妻子与原告的丈夫有婚外情,被保险人以为他们的婚外情已经结束,事实上也的确如此。然而,被保险人巴尔(Barr)在某天发现妻子不在家后,怀疑妻子和格雷(Gray)仍在一起,于是为了吓唬格雷,他带着一支上膛的猎枪去了格雷家。到了以后他和格雷在楼梯上扭打起来,期间不小心开了两枪,第二枪杀死了格雷。被保险人被判决免于谋杀罪和非预谋杀人罪,但被格雷的妻子起诉侵权。他将保险公司作为诉讼第三人,声称保险公司有义务对他承担赔偿责任。保险单中与责任相关的部分系为"由意外事故造成的"损失提供赔偿。在此种情况下,与定义意外事故紧密相关的是因果关系和公共政策的问题,后文将对它们进行讨论。但上诉法院的多数意见认为这并非保险单中的意外事故,因为格雷的死亡是巴尔带着上膛的枪去死者家这一故意行为可预见的后果。⑲

---

⑯ See also Sargent v GRE (UK) Ltd [2000] Lloyd's Rep. I. R. 77. 此案中涉及一份人身意外伤害保险,但与意外事故的意义毫无关系。上诉法院认为,纯粹的文义解释可能会产生相互矛盾的结论,因此在这种案件中有必要采用一种宽泛的解释方法。

⑰ 但是,如果被保险人是一家对某人故意行为负责的公司,但实际行为人的主观状态又无法归责于该公司,则该公司依然可以获得保险赔偿;对于被保险人来说,这种行为仍然是意外的,参见 Hawley v Luminar Leisure Plc [2006] EWCA Civ 18;[2006] Lloyd's Rep. I. R. 307。

⑱ Gray v Barr [1971] 2 Q. B. 554.

⑲ 这显然是菲利莫尔(Phillimore)法官的观点。丹宁法官的判决意见似乎更多地基于因果关系,参见第十三章第九节第四项。

冒昧地说,初审法官[120]和萨蒙(Salmon)法官所持的相反观点其实更值得采纳。[121] 从已经查明的事实来看,被保险人并无开枪或杀人的故意。因此,大多数人都会当然地将所发生的情况视为"意外事故"。而且,引入在先行为的问题也会引起前文所讨论的方式与结果之间的区分困惑。或许 Gray v Barr 案的裁判结果仍然是正确的,但此处我们讨论的只是"意外事故"一词的含义,而不包括此案中同时涉及的因果关系和公共政策这些无可避免的问题。

第五项　财产损失

就财产损失而言,澳大利亚的 Robinson v Evans 案[122]采用了一种看起来合理的意外事故判断标准,即事故必须从被保险人的角度看是非故意和意料之外的。此案中的原告起诉被告要求后者对其所种的抱子甘蓝的损坏承担侵权责任。原告是一位商业蔬菜园经营者,被告在其旁边开了一家砖厂。原告向被告提出的索赔涉及两起独立的事件,双方已就该索赔达成和解。案件的争议在于,被告对原告的赔偿责任能否得到其公众责任保险人的赔付,因为保险单条款仅对与意外损失相关的责任提供赔付。[123] 法院经查明事实后发现,作物的损害系由氟化物的排放造成。对于第一起事件,由于被告公司的总经理知悉其中的危险,被告的保险赔付请求因而被认为针对的并非意外损失。虽然案涉损失并非被告故意造成,但由于总经理知情,也不能说该项损失完全处于被告意料之外。此时需适用的标准是,一个处于被保险人(或者该案中被保险人的责任人)位置的一般理性人,是否能预料到此项事件的发生。第二起事件发生在被告将烟囱加高之后,被告原本真诚地相信该行为可以解决问题,但实际并没有。法院认为被告的保险公司有义务赔偿与该项事件相关的损失。该损失非被告故意造成,且在被告意料之外,因而具有意外性。

相较而言,加拿大最高法院对 Canadian Indemnity Co v Walkem Machinery

---

[120]　[1970] 2 Q. B. 626;还可参见 Marcel Beller Ltd v Hayden [1978] Q. B. 694 中的评论。
[121]　对比一件澳大利亚判例:S & Y Investments (No. 2) Pty Ltd v Commercial Union Assurance Co of Australia Ltd (1986-87) 85 F. L. R. 285。
[122]　Robinson v Evans [1969] V. R. 885.
[123]　保险单的实际措辞是"由意外方式造成的损害",但是法院明智地否定了方式和结果之间的区分。

& Equipment Ltd案[124]的判决则令人相当惊讶。[125] W公司是一家生产特殊类型起重机的公司的代理和分销商。它过失地向客户出售了一台没有修好并处于危险状态的起重机。这台起重机后来出现事故,W公司被判决向第三人承担赔偿责任。W公司的综合商业责任保险单系由提起上诉的保险公司所签发,承保的是W公司因意外事故而对第三人承担的责任。W公司在销售这台起重机时明显是在实施一项已经预料到风险的行为,所以即便认为该事故并非W公司故意为之,但也很难认为事故完全在其意料之外。但法院认为W公司的责任是由意外事故所引起。法院遵循了一些英国劳工补偿案件的判决[126],认为意外事故是指"任何意料之外的灾祸或者事故",并据此认定一项非故意的事故无论有多高的风险,都在保险单承保范围之内。法院重点强调了案涉保险单是综合商业责任保险单,以及如果事故系由被保险人已有预料的风险或危险操作所引起,对意外事故的限缩解释将会免除保险公司的赔付责任。但恕笔者冒昧,这种理解并没有抓住要领。被保险人已经预料到的风险当然可以得到保险保障;在没有通过意外事故一词进行限制的情况下,为对第三人承担的法律责任提供补偿的第三方保险单,将会承保故意之外的其他所有风险。然而,列入保险单的"由意外事故造成"这一表述必须具有一定意义,尤其是考虑到在某些情况下被保险人是审慎有经验的商业公司。这表明,此处不会也不应遵循这一判例。该案与Gray v Barr案形成的对比最为强烈,后者走向的是另一个极端。

第六项 自然原因

本节中还有一点很重要,其牵涉到自然原因与承保意外事故所致责任的第三方保险的关联。如前所见,在人身意外伤害保险单中,如果真正导致损害的是自然原因,该项损害就不会获得保险赔付。事实上,保险单对此通常有明确规定,保险不承保自然损耗无疑也是一项一般原则。在Mills v Smith案[127]中,家庭责任保险单为被保险人因"意外事故造成他人财产损失"的责任提供保险补偿。被保险人花园中树的树根吸收了邻居家中土地的水分,导致

---

[124] Canadian Indemnity Co v Walkem Machinery & Equipment Ltd (1975) 52 D. L. R. (3d) 1.
[125] See Hasson, (1976) 14 OHLJ 669.
[126] Fenton v Thorley & Co Ltd [1903] A. C. 443 and Clover, Clayton & Co Ltd v Hughes [1910] A. C. 242.
[127] Mills v Smith [1964] 1 Q. B. 30.

邻居房屋地基受损，法院认为该损害系由意外事故造成。博学多识的法官明显放弃了对家庭责任保险单中的这些词作扩大解释，被保险人明显也没有实施任何故意或具有期待性的行为。另外，虽然邻居房屋地基下降的确属于"意外事故"，但被保险人的责任实际可以被认为完全是由自然原因造成的，即树根的行为。保罗（Paul）法官认为保险公司选择使用与《劳工补偿法》中相同的术语这一点很重要，并认为经适当调整后，可以援引该法案下的指导性判决先例。他据此得出的结论为：有两个关于事实的问题需要回答。第一，此前的某个时刻是否发生过某项意料之外的事件导致了损害的发生。本案中，地基下降本身即属于该事件，其并不仅仅是自然的地基运动。第二，地基下降的原因为何。对此他认为原因是树根的行为，这也意味着保险公司需要对此承担责任。

恕笔者直言，这个论证过程是很难理解的。如果损害的真正原因是树的运动，该原因无疑就是一种自然原因，那么损害就不是"由意外事故造成"。即便本章稍后要讨论的近因规则在这种案件中有意义，该判决也很难据此得到支持。如果该判决能够获得支持的话，其支持依据应当是，必须不考虑潜在的"自然"因素，完全从被保险人的角度来看待事件。如果对于被保险人来说，事件是意料之外和非故意的，那么损害就是由意外事故造成。或许在这一切背后，其底层逻辑是为被保险人提供更广泛的支持，而不必过分关注狭隘的定义和因果关系规则。

由此可以进一步得出两点内容。第一，用语上的改变可能会产生与 Mills v Smith 案不同的结果。例如，如果保险单承保"由意外事故造成的"或者"由意外方式造成的"损失，要达到与该案同样的结果将会更难。⑫ "事故"一词本身表示的含义要比"一起意外事故"更为广泛，而且根据最新的英国判例，"意外方式"这一词组的使用要求整个因果关系过程都必须具有意外性。⑫ 第二，涉及与劳工补偿案件的关联。如前所述，一些第三方保险案件引用了有关劳工补偿的判例。⑬ 当保险单使用了与《劳工补偿法》中相同的

---

⑫ 参见保罗法官的判决意见，[1964] 1 Q. B. 30 at 36。

⑫ Dhak v Insurance Company of North America (UK) Ltd [1996] 1 Lloyd's Rep. 632; 参见第十三章第六节第二项。另外，有观点认为不应当对意外方式和意外结果进行区分，这也正是上述 Robinson v Evans 案这一财产损失案件中的立场。

⑬ Particularly Mills v Smith [1964] 1 Q. B. 30 and Canadian Indemnity Co v Walkem Machinery & Equipment Ltd (1975) 52 D. L. R. (3d) 1.

用语,换句话说即表述为"由意外事故造成的人身伤害或财产损失"时,这些案件明显可能是有用的。但是,对于劳工补偿保险单的解释也的确比其他保险合同更加宽松,因为劳工补偿保险是在国家社会保障体系建立之前为雇员利益而建立的第一方保险体系。例如,在劳工补偿保险中,由自然现象造成的死亡或伤害已经被法院判决属于承保范围,然而在人身意外伤害保险中则并未如此。是故,劳工补偿的判例在此方面只是有一定作用而已,并不具有拘束力。[131]

第七项 结论

上文探讨的案例表明,如果没有别的描述,"意外事故"一词本身是一个很难准确定义的概念。或许可以得出以下试探性的结论。人身意外伤害保险中意外事故的含义要比第三方保险中的更为宽泛。在前者中,事故只需要是意料之外的或非故意的,只要被保险人未将自己置于故意的风险之中即可。而在后者中,事故则必须同时是意料之外的和非故意的。然而,与认定事故是否为非故意相关的预见程度标准并未明确建立。Gray v Barr 案表明,认定意外事故并不需要对事故有很高程度的预见,而 Robinson v Evans 案的判决则认为否认保险责任的前提为,被保险人作为理性人必须已经预见到事故的发生。Gray v Barr 案在意外事故的认定方面并不正确,其只能在因果关系和公共政策方面被作为权威判例。很明显,关于意外事故含义的争议将会继续出现在诉讼当中。

第七节 损　　失

基于很明显的原因,"损失"一词在本书及保险单中经常出现。损失风险是保险的核心概念。在某些情况下,"损失"仅作为更长短语的一部分而出现,比如"火灾造成的损失"。此时,损失本身的含义并不重要。被保险人能否得到保险赔偿取决于火灾的含义,以及其损失是否由保险事故造成。然而,在其他情况下,尤其是在动产保险中,"损失"本身即是保险所提供的保障形式的一种。一种标准的描述是为"损失、损害或毁坏"(loss, damage, destruction)提

---

[131] 特别参见 De Souza v Home and Overseas Insurance Co Ltd [1995] L. R. L. R. 453 (1990) 中的评论。

供保障。后面两个词并没有引起解释或定义的难题,但"损失"一词的含义却导致了法院裁判的困境。偷窃造成的损失是一种极为特殊的情况,值得单独分析。

第一项 推定全损

"推定全损"规则存在于海上保险法当中,其内容为:即使保险保障的船只或者其他财产实际没有遇难或者不能证明遇难,被保险人在通知保险人之后也可以就全部损失主张保险赔付,保险人则在赔付之后对后来找到的船只或财产取得所有权。[132] 该规则的理由在于,海上保险传统上一直被认为是对被保船只或其他财产的冒险行为的保险。通过保险人和被保险人之间的协议,在非海上保险中也可以实现相同的结果。例如,即便根据后文讨论的标准无法证明汽车实际消失不见,保险人也仍然可能同意赔付失窃汽车,但公认的是在非海上保险领域并不会自动适用推定全损规则[133];在必要情况下,被保险人必须证明其实际损失。

第二项 丢失的物

很明显,如果物确实毁坏了,它们就消失了,但对此的保险赔付更自然地落在上述保险单格式描述中的"毁坏"部分。如果物被错放或者丢失或不见,且经过一段合理时间的努力仍寻找无果,不确定能否找回它们或者确定不可能找回它们,那么物就处于丢失状态。在 Holmes v Payne 案[134]中,被保险人错放了其项链,而且用尽一切努力都没能找到。保险公司同意赔付替代项链。可能是因为掉进了衣服的内衬里,被保险人几个月后在其外套里发现了项链。法院认为,被保险人之前的确丢失了该项链。因此,保险公司要受替代赔付协议的约束,但被保险人无疑无权再同时保有项链和它的替代珠宝。事实上,在保险公司起诉前,被保险人就已经将项链作为挽回的财物(salvage)交给了保险公司。

第三项 无法回复的物

一种相当不同的情况是被保险人知道他的财产在哪里,但却没法收回该

---

[132] 参见《海上保险法(1906)》第60—63条。
[133] Moore v Evans [1918] A. C. 185.
[134] Holmes v Payne (1930) 37 L. I. L. R. 41.

财产。如果这仍是他的财产，并且安全地保管在其受托人的手中，那么即使他被暂时剥夺了对该财产的物理占有，财产也并没有丢失。在 Moore v Evans 案[135]中，被保险人是一名珠宝商，他在第一次世界大战爆发前不久，基于出卖或退货的原因向法兰克福和布鲁塞尔的贸易客户送去了大量的珍珠。第一次世界大战爆发后，德国人占领了布鲁塞尔。因此在大约四年的时间里，被保险人都无法收回这两批珍珠。然而，有证据表明珠宝即被保险人的利益得到了安全的保管，并没有被德国政府没收或干预。据此，上议院认为珠宝没有丢失。

然而，如果被保财产被无权限的人干涉或占有，那么其就有可能属于丢失的财产，即使在理论上被保险人拥有可以使其回复的法律救济手段。此处的判断标准似乎是，是否在采取了所有合理措施后，仍然没有把握回复财产。在 London & Provincial Leather Processes Ltd v Hudson 案[136]中，被保险人购买的皮革像往常一样从卖方直接运送到一家德国公司，这家公司习惯于在将动产送去英国前为被保险人处理它们。该德国公司将一些皮革委托给一位复代理人保管，由于德国公司欠债未还，复代理人对这批皮革行使了留置权。后来，德国公司破产，破产管理人在破产程序中为了破产财产的利益卖掉了更多的皮革。法院认为，为皮革提供保障的保险公司须对与皮革相关的这两项损失承担赔偿责任，尽管在理论上被保险人可以通过德国法院寻求对损失的救济。此处的保险单是一切险保险单，但这从原则上而言似乎并没有什么影响。

在 Webster v General Accident Fire and Life Assurance Corporation Ltd 案[137]中，被保险人的汽车被偷走并几经转手到了一个买家手中，该买家根据《商事代理法》（Factors Acts）中的规定可能但并不一定能够取得汽车所有权。[138] 被保险人在发现其损失之后，联系警方和汽车协会采取了所有合理措施去寻找他的汽车。法院认为，根据保险单的规定，该汽车已然丢失。

第四项 收益的损失

构成损失的前提必须是丧失被保财产本身，而非所收取的财产价款。

---

[135] Moore v Evans [1918] A. C. 185.
[136] London & Provincial Leather Processes Ltd v Hudson [1939] 2 K. B. 724.
[137] Webster v General Accident Fire and Life Assurance Corporation Ltd [1953] 1 Q. B. 520.
[138] 这一点没有得到正式判决。法院认为，被保险人无须起诉查明这一点，因为他通过咨询法律意见得知自己可能不会胜诉，故其行为是合理的。

因此，如果被保险人为了出卖财产自愿将其财产交付给他人，但他所收取的支付价款的支票被拒付，他就不能据此主张自己遭受了损失。此时，被保险人丧失的是买卖的收益，而不是作为买卖标的物的财产。[139] 这与前文提到过的 Webster 案的事实截然不同。这个案件的情况是，被保险人听一位拍卖商说他那里有一个私人买主，于是便将自己的汽车委托给了该拍卖商，但该汽车在拍卖时的竞拍价连其底价都没有达到。拍卖商的话明显属于欺骗，他是想从被保险人手中骗取汽车。拍卖商后来向被保险人寄送了几张支票，但都被拒付。该案中是存在汽车损失的，因为除上述已经提及的内容外，被保险人并未自愿转让汽车。拍卖商的行为等同于转移和盗窃该汽车。

第五项　盗窃造成的损失

现代财产保险有时似乎会将承保风险描述得更为精确，尤其是通过将某一相关的保险事故描述为"盗窃造成的损失"这种方式，而不是简单地承保财产损失（及损害或破坏）。因此这里的一个问题是，除盗窃造成的损失外，是否必须存在上文讨论之意义上的财产损失。根据前文所述的原则，前者明显适用其专门的刑法含义。[140] Dobson v General Accident Fire & Life Assurance Corp Plc 案[141]的判决提出了这些问题，但其给出的答案略带争议。该案又是一个被保险人被诱导转让其财产的案件，但不同的是被保险人系被一个无赖所诱导。原告登广告出卖其手表和钻石戒指，但作为转让财产的对价，其收到的是一张后来被证明为无价值的房屋互助协会支票，因为该支票系伪造。上诉法院认为，被保险人由于被盗窃而丧失这些财物，因而可以通过家庭保险单获得财物价值损失的赔偿。

这个判决是存在问题的。上诉法院的论证涉及的几乎全是案中是否存在刑法意义上的盗窃，这一点自《盗窃法（1968）》（Theft Act 1968）[142]实施后已经造成了一定程度上的困难。在上述判决中，法院遵循的是上议院在

---

[139]　Eisinger v General Accident Fire and Life Assurance Corp Ltd [1953] 2 All E. R. 897. 可以将之与后文讨论的 Dobson v General Accident Fire & Life Assurance Corp Plc 案（[1990] 1 Q. B. 274）相比较。

[140]　参见第十三章第三节第二项。

[141]　Dobson v General Accident Fire & Life Assurance Corp Plc [1990] 1 Q. B. 274.

[142]　至于保险中盗窃和抢劫的区别，参见第十三章第三节第一项中讨论的 Hayward v Norwich Union Insurance Ltd 案（[2001] Lloyd's Rep I. R. 410）。

Lawrence案[143]中的判决,而没有遵循上议院在后来的 Morris 案[144]中的判决,并认为此案中存在盗窃行为。理由在于,被保险人只是允许这个无赖拥有其财产,并没有明确同意转让财产。虽然对盗窃和通过欺诈取得财产的区别给出刑法上的权威观点不在本书研究范围之内,但已经有观点认为上诉法院的判决以一种不必要的方式混淆甚至彻底抹去了这两者之间的区别。[145]然而,上议院在审理 Gomez 案这一刑事案件时[146]却对 Dobson 案的判决表示支持,并确认了 Lawrence 案的判决。因此,这个问题在刑法上明显已经得到解决。

如果认为"损失"一词具有实际意义,除了判断是否属于"盗窃",还要判断是否属于"损失",协调 Dobson 案和前文已经探讨过的更早的保险案例看起来是很难的。实际上,该案事实很难与 Eisinger 案中的相区分。[147]该案中是否真的存在财产的损失而不是财产收益的损失?保险公司似乎不可能通过自己所采用的措辞,将流氓欺诈的风险纳入承保范围。或许后一个问题的答案是,"损失"一词的存在于此处并无意义,重要的是确定"盗窃"一词的恰当含义;如前所述,这一点如今已经足够清楚。然而,这个建议并没有足够的理据。但如果保险公司不想承保被保险人被无赖欺诈的风险的话,为了安全起见,它们必须在保险单上写明这一点。

第八节 承保范围——间接的问题

在讨论完用于确定保险单承保范围的主要解释原则,以及保险单中普遍使用的一些词语之后,现在适于考虑与承保范围无直接关系但又联系密切的三个问题。第一个问题关涉保险事故的发生时间,第二个问题关涉间接损失,第三个问题关涉保险事故是否必须实际发生于被保财产之上及预防保险事故的费用能否获得赔付。

---

[143] Lawrence [1972] A. C. 626.
[144] Morris [1984] A. C. 320.
[145] See Smith and Hogan, Criminal Law, 7th edn (Butterworths, 1994) especially at 509-510; Clarkson (1992) 55 M. L. R. 265.
[146] Gomez [1993] 1 All E. R. 1.
[147] Eisinger [1953] 2 All E. R. 897.

第一项　保险事故的发生时间

如前所述[148]，补偿性保险单的存续期间通常较短，一般为一年。[149] 特定事件造成的损害往往需要经过相当长的一段时间才会显现，尤其是在土地或建筑物保险中，如因地面沉降或隆起等原因造成的损失而申请理赔的情况。看起来显而易见的是，在没有明确的相反规定的情况下，被保险人只有证明了保险事故发生于保险期间内才可请求保险赔付。Kelly v Norwich Union Fire Insurance Society Ltd 案确认了这一点。[150] 在该案中，自来水总管漏水造成被保险人房屋下面的土地隆起，经过一段时间后，这种"隆起"造成了房屋的损坏。关键的漏水[151]发生于被保险人与保险人签订保险合同之前，而保险合同则规定保险人为被保险人"发生在保险期间的事故"提供赔偿。上诉法院认为保险公司对此不负赔偿责任。实践中最有可能不适用该原则的情况是职业补偿性保险，此种保险的格式文本通常会规定追溯性的保险保障。[152]

第二项　间接损失

财产保险最初只承保财产自身价值的损失。如何计算此种价值，将会在第十五章进行探讨。换言之，间接损失除非被单独投保，否则不属于保险承保范围。因此，比如在 Maurice v Goldsborough Mort 案[153]中，羊毛收货人以羊毛所有人之受托人的身份为羊毛投保，因此收货人有义务将损失发生后收取的保险金交付给所有人，但对于其佣金损失却无法获得保险赔付。与此类似，在更早的 Re Wright and Pole 案[154]中，保险承保的宾馆被火灾毁坏，但是对

---

[148] 参见第五章第七节。
[149] 相比之下，人寿保险的保险期间通常为被保险人终身，因而并不会出现此处讨论的问题。
[150] Kelly v Norwich Union Fire Insurance Society Ltd [1989] 2 Lloyd's Rep. 333; see [1990] J. B. L. 145.
[151] 在原告与被告订立保险合同之后又发生了一次漏水，但原告承认不可能在两次漏水之间分配责任，而且除非能够证明第一次漏水属于保险承保范围，否则其无法胜诉。或许在此类案件中应当存在某种责任分担机制，因为如果涉及地面沉降或隆起等事件的索赔请求，索赔可能会持续相当长的时间。
[152] 亦即对于被保险人在保险期间内被提起的索赔请求提供保险赔付，而不论此前是否有过失侵权行为发生。
[153] Maurice v Goldsborough Mort [1939] A. C. 452.
[154] Re Wright and Pole (1834) 1 A. & E. 621.

于营业利润的损失和租用其他营业场地的损失,被保险人无权主张保险赔付。在 Theobald v Railway Passengers Assurance Co 案[153]中,意外事故保险单同样不赔付营业利润的损失。

是故,为财产损失引起的利润损失单独投保是有可能的,而且这种保险如今在企业中很受欢迎,最典型的即为营业中断保险。

第三项 风险是否必须现实化?预防费用

这部分的问题可能部分是承保范围的问题,部分是因果关系的问题。它历来一直被放在因果关系问题之下进行讨论,但事实表明对之单独进行探讨更好。

我们可以这样来简单陈述这个问题。如果保险承保的是某项财产的特定损失,但该财产在保险事故即将发生之时丢失或毁损,即保险事故并未实际作用于被保财产之上,那么被保险人能否就财产损失主张保险赔付?更进一步来说,如果没有损失发生,但被保险人为阻止某项确定损失发生而支出费用,那么被保险人能否就该笔费用获得保险赔付?我们将分开探讨这些问题。

第四项 即将发生的保险事故

就第一个问题而言,海上保险案件中有明确的判例表明,如果保险事故已然发生,而且即将作用于被保财产之上,那么为避免被保财产罹于风险而采取必要措施所造成的财产损失属于保险承保范围。可以说,损失发生的近因或真正原因是保险事故。在 Symington v Union Insurance of Canton 案[154]中,储存在码头上的软木塞被投保了火灾保险,为了阻止已经发生的火灾扩大,其被扔进了海里。法院判决认为,这种损失是在承保范围之内的,因为其发生的真正原因是作为保险事故的火灾。判决书中很清楚地陈述到,保险事故必须已经发生且十分紧迫,以至于需要立即采取行动去避免危险发生。尽管在此方面似乎很少有非海上保险案件[155],但非海上保险案件适用同样的原则是毋庸置疑的。因此,若房屋内部物品投保了火灾保险,但在防止火灾扩大时被水所损毁,那么即便水造成的损害不属于承保范围或者属于责任除外

---

[153] Theobald v Railway Passengers Assurance Co (1854) 10 Exch. 45.
[154] Symington v Union Insurance of Canton (1928) 97 L. J. K. B. 646.
[155] 其中一个是 Glen Falls Insurance v Spencer (1956) 3 D. L. R. (2d.) 745。

事故,此种损害也同样能够得到保险保障。

第五项 预防费用

第二个问题的答案更有争议,因为其与第一个问题的显著区别在于,被保财产并未受到任何实际损害。假设在一个案子中,一处河边的房子为避免遭洪涝毁损而投保了保险。一场特大暴雨之后,河水水位持续上升,若不采取相应措施,房屋将确定被洪水冲毁。被保险人于是花钱购入了一项设备,并成功地避免了这样一场洪灾的发生。那么,被保险人能够就该笔费用获得保险公司的赔偿吗?如果被保险人能够证明若自己不采取任何措施,房屋将会被保险事故毁损且保险人需要承担赔付责任,那么否定其保险赔偿请求权将会有些奇怪。在海上保险中,"诉讼和劳工"条款允许该费用获得保险赔偿。[158] 那么通过类推适用,同样的原则也可适用于涉及海上风险的租船合同,即"为避免保险事故而支付的费用可以被视为保险事故造成的损失获得保险赔偿"。[159] 但在不存在明确的条款时,预防费用能否在海上保险中获得赔付则并不清楚。

在 The Knight of St Michael 案[160]中,一艘装载煤炭的货船从澳大利亚的纽卡斯尔开往智利的瓦尔帕莱索,为这艘船投保的海上保险也承保船只可能遭遇的火灾风险。由于部分煤炭过热,有一些煤炭在悉尼被卸下。这明显是防止煤炭自燃的必要措施。法院认为,间接的动产损失属于保险承保范围之内,而且货船作出卸煤行为的理由是"火灾危险确实存在,而不是仅仅担心火灾发生",故该损失应属于"火灾造成的损失"。将这个判决视为明确判例的问题在于,保险单中还有承保"其他损失"的一般性承保范围表述,博学多识的法官据此认为,如果损失不是由火灾造成,那么它就在保险提供的其他承保事故范围之内。美国有一件清楚的判例表明,即便保险单在承保范围方面没有明确规定,非海上保险也赔付预防费用。[161] 此处可以遵循这一原则,只

---

[158] Integrated Container Service Inc v British Traders Insurance Co Ltd [1984] 1 Lloyd's Rep. 154.

[159] Pyman Steamship Co v Admiralty Commissioners [1919] 1 K. B. 49 at 53.

[160] The Knight of St Michael [1898] P. 30.

[161] Leebov v United States Fidelity & Guaranty Co 401 Pa. 477 (1960) (Pennsylvania Supreme Court). 该案中,一位承包商造成了滑坡,但在滑坡造成更大损害之前,其花钱阻止了确定性的更大损害的发生。法院认为保险公司须对此费用提供保险赔付。进一步内容参见(1971) 71 Col. L. R. 1309。

要保险事故确实存在,即保险事故确定会造成损失,预防损失的费用就可以获得保险赔付;仅仅存在发生损失的危险明显是不够的。[162] 然而,在一起很近期的责任保险案件中[163],上诉法院却拒绝认定一项条款具有允许被保险人获得预防费用保险赔付的含义。[164] 而且必须承认的是,这种做法在英国法中似乎居于主导地位。

第九节 因 果 关 系

本章已经数次指出,被保险人如欲就其损失获得保险赔付,仅仅通过解释或定义说明损失属于保险承保范围是不够的,其还必须证明损失的近因是保险事故。[165] 然而,近因并不是时间上最后的原因,而是有效的、主要的或者真正的原因。[166] 严格来说,近因的认定在任何情况下都是一个事实问题,因此已决案件并不具有拘束力,而只具有阐释作用。值得注意的是,可以通过合适的措辞排除这一规则。[167]

如前所见,当保险事故是损失发生的真正原因但没有直接导致损失发生时,可以使用近因规则来认定保险公司是否须承担保险责任。[168] 此外,当损失是由多个近因共同造成,其中一个属于保险事故,其他的属于除外事故

---

[162] Becker, Gray & Co v London Assurance Corp [1918] A. C. 101.

[163] Yorkshire Water Services Ltd v Sun Alliance & London Insurance Plc [1997] C. L. C. 213. See also Corbin v Payne, The Times, 11 October 1990 and Liverpool London & Globe Insurance Ltd v Canadian General Electric Co Ltd (1981) 123 D. L. R. (3d.) 513. 在后一案件中,加拿大最高法院不支持在承保风险尚未现实化的情况下对预防费用进行赔付。同样需要注意的是,如果是在火灾保险单项下请求赔付预防费用,且火灾造成的损失因此得到了避免,那么根据一件古老的判例 Austin v Drewe 案(参见第十三章第五节),必须存在实际着火的事实,这一点需要注意。

[164] 一个理由是,保险单中包含了一项要求被保险人尽到合理注意义务的明示条款,这明确了任何预防费用都由被保险人自己承担,但是上诉法院还排除了存在一项默示的损害防止等价条款的可能性。

[165] 有意义的评论参见 Clark [1981] CLJ 284。

[166] 对近因规则的经典解释是萨姆纳(Sumner)法官在 Becker, Gray & Co v London Assurance Corp 案([1918] A. C. 101)中的判决意见。

[167] 家庭保险的相关案例,参见 Oei v Foster [1982] 2 Lloyd's Rep. 170; [1982] J. B. L. 516.

[168] Symington v Union Insurance of Canton (1928) 97 L. J. K. B. 646;参见第十三章第八节第四项。

时,近因规则也同样重要。[169] 但是该规则在不存在除外事故的情况下是否重要,则将在后文予以讨论。

第一项 近因的确定

确定损失的近因一直以来都被认为只是常识的应用,而且在很多案件中似乎也的确如此。比如在 Marsden v City & County Insurance 案[170]中,一位店主为其平板玻璃因火灾以外的任何原因遭受损失或损坏的风险投保了保险。嗣后,其邻居家发生火灾,引来了一群暴徒,暴徒闹事打碎了玻璃。法院判决认为被保险人应获得保险赔付,因为损失是由暴徒的行为而非火灾造成的。事实上,火灾只是促进了损失的发生,并非损失发生的原因。在 Winicofsky v Army & Navy Insurance 案[171]中,一栋建筑中的动产在一次空袭中被偷。法院认为,损失发生的真正原因是盗窃而不是空袭,后者只是促进了损失的发生。

第二项 两个真正原因

如果损失的确是由两个真正原因导致,认定何者为近因并不总是一件容易的事。在一个海上保险指导性判例 Leyland Shipping Co v Norwich Union Fire Insurance Society Ltd 案[172]中,船只被投保了针对海难损失的保险,除外责任为战争造成的损失。这艘船在第一次世界大战期间被敌船的鱼雷击中。它被拖到勒阿弗尔,并停泊在一个相当安全的港湾中。随后,海航当局要求船只离开该港湾。由于一些海上风险,该船沉没。法院认为该损失不在承保范围之内,因为损失发生的真正原因是被鱼雷击中而不是海难。但是如果船只没有离开海港的话,其将会处于完好无损的状态。事实上,除非最初原因

---

[169] Lord Dunedin in Leyland Shipping Co v Norwich Union Fire Insurance Society [1918] A. C. 350 at 363. 这一点在 JJ Lloyd (Instruments) Ltd v Northern Star Insurance Co Ltd [1987] 1 Lloyd's Rep. 32 中得到了支持。该案中,游艇的损失由两个近因造成:恶劣天气和游艇本身的设计缺陷。法院认为,由于设计缺陷不属于除外风险,且保险单也未要求恶劣天气是造成损失的唯一原因,所以保险公司应当承担赔付责任。还可参见 Global Process Systems v Syarikat Takaful Malaysia Berhad, The Cendor MOPU([2011] UKSC 5;[2011] Lloyd's Rep. I. R. 302。该案中的被保财产是一座石油钻塔,疲劳毁及后续的开裂导致它的三根塔柱在一次海洋航行中受损。法院认为,即便海上风浪的活动是可以预见的,损失发生的真正原因也是海难(海上保险中典型的承保风险)而非财产的固有瑕疵。

[170] Marsden v City & County Insurance (1865) L. R. 1 C. P. 232.

[171] Winicofsky v Army & Navy Insurance (1919) 88 L. J. K. B. 111.

[172] Leyland Shipping Co v Norwich Union Fire Insurance Society Ltd [1918] A. C. 350.

第十三章　解释和因果关系：承保风险与除外风险　261

只是促成了完全改变事态的后续原因，否则最初原因居于主导地位，应当被视为损失发生的真正原因。

但是，对于一些意外事故案件而言，这种分析似乎并不十分适用。关于意外事故保险的因果关系问题有很多案例，此处详细阐析其中两个即为已足。在 Winspear v Accident Insurance Association 案[173]中，保险承保由意外、外部和有形方式造成的死亡或伤害，不承保任何自然疾病造成的伤害。在穿越一条小溪时，被保险人突然痉挛起来，掉入河中并溺水而死。法院认为，死亡的原因是意外的，即溺水而非痉挛，尽管由于溪水很浅，被保险人如果没有痉挛的话根本不会死亡。Lawrence v Accidental Insurance Co[174] 案中的意外事故保险则更奇怪，其保险单虽然采用了同样的用语，但同时又要求意外伤害必须是死亡"直接且唯一的原因"。该案被保险人在火车站台上发生痉挛摔到了铁轨上，后被火车碾压而死。法院认为火车碾压的事故是死亡的近因。

对于这些判决可以从不同角度进行解释。比如，或许可以认为痉挛这一自然原因只是促成了真正的意外原因，但是如果这样的话，就可以说 Leyland Shipping Co 案中的鱼雷只是促成了海难导致的沉没。另外，两个案件中的法官[175]可能将"近因"解释成了时间上最后发生的原因，而后来的案件[176]显示这明显是错误的。更进一步的解释理由可能是意外事故构成了一项新的原因，因而取代并排除了之前的原因[177]，但这从事实上很难理解。可能最好的解释是审理这些案件的英国法官太过宽宏大量。不用说，保险公司为了在这种案件中得到对自己更加有利的结果，已经狡猾地改变了其保险单用语，并且近来的判例法显示它们的努力是成功的。

在 Jason v Batten 案[178]中，保险单为被保险人"在任何独立于其他所有原因的意外事故中遭受人身损害，且该事故构成损害或残疾的唯一、直接和最

---

[173] Winspear v Accident Insurance Association (1880) 6 Q. B. D. 42.
[174] Lawrence v Accidental Insurance Co (1881) 7 Q. B. D. 216.
[175] See, especially, Watkin Williams J in Lawrence v Accidental Insurance Co, above, at 229.
[176] 特别参见上议院的指导性判例：Beker, Grey & Co v London Assurance Corp 案（[1918] A. C. 101）和 Leyland Shipping Co v Norwich Union Fire Insurance Society 案（[1918] A. C. 350）。还可参见 Wayne Tank Co v Employer's Liability Assurance Corp [1974] 1 Q. B. 57 at 66 (Lord Denning MR) and 72 (Roskill LJ)。
[177] 参见 Jason v Batten [1969] 1 Lloyd's Rep. 281 at 291 中的解释。
[178] Jason v Batten [1969] 1 Lloyd's Rep. 281.

近的原因"时,提供保险赔偿。但其中的除外责任事由为,"意外事故之前已经存在的生理缺陷或疾病,所直接或间接引起的死亡、受伤或残疾"。被保险人在一次交通事故后患上了冠状动脉血栓症,凝块堵住了被事故以前存在的疾病所缩小的冠状动脉。法院认为保险公司对此不承担赔偿责任。事故产生的压力促成了血栓症,但是假设凝块是事故造成的伤害,它也不是"独立于其他所有原因"的造成被保险人伤残的唯一原因。之前存在的疾病同样发挥了作用。另外,也有观点认为,该项损失明显符合除外责任条款的描述。因此,当保险公司在人身意外伤害保险单中使用"独立于其他所有原因"这一表述时,其应当确保自己仅在只有意外事故而无其他事由的情况下才承担赔偿责任。该观点在 Blackburn Rovers Football & Athletic Club Ltd v Avon Insurance Plc 案[179]中得到了上诉法院判决的支持。该案中的人身意外伤害保险单承保与其他任何原因造成之伤残相独立的意外性人身损害,但是排除了"直接或间接由关节炎病症或关节、骨骼、肌肉、肌腱或韧带的其他退化病症导致的永久性完全残疾"。原告为自己的一名员工投了这种保险。这名员工是一名职业足球运动员,在参加一次练习赛时背部受伤。该伤病彻底结束了其职业生涯。保险公司拒绝提供保险赔付,理由在于这一残疾不是由受伤独立造成,而是由下脊柱退化病症直接或间接造成的。法院认为,保险单中的除外责任条款应当被解释为只适用于大多数足球运动员都会遭遇的退化病症(尽管证明退化程度未达到"关节炎或其他退化病症"的医疗证据仍然未形成统一标准)。从 Jason v Batten 案中进一步可以得出,退化病症是损害的近因,而且其中存在"直接或间接所引起"的关系,因而适用除外责任条款。[180]

第三项 两个近因

在保险单没有近因规则条款的案件中,法院可能无法认定一个原因的作用力比另一个更强,那么此时除外原因和承保原因就具有同等的作用力。这是对于 Wayne Tank and Pump Co Ltd v Employers' Liability Insurance Corp Ltd

---

[179] Blackburn Rovers Football & Athletic Club Ltd v Avon Insurance Plc [2005] EWCA Civ 423; [2005] Lloyd's Rep. 447.

[180] 最终,保险公司的免责主张得到了法院支持,参见 Blackburn Rovers Football and Athletic Club Ltd v Avon Insurance Plc (No. 2) [2006] EWHC 840; [2007] Lloyd's Rep. I. R. 1。

案中事实的一种可能看法。[181] 韦恩·坦克（Wayne Tank）被判决对哈伯特（Harbutt）的橡皮泥公司承担违约损害赔偿责任，依据该合同其有义务为哈伯特的工厂安装新设备。[182] 设备存在缺陷，造成工厂火灾。韦恩·坦克向被告投保了公众责任保险，但是因被保险人提供动产的性质或状态造成的损害赔偿责任，不属于保险承保范围。造成韦恩·坦克承担责任的一个原因是设备存在缺陷，另一个原因是他的一个员工在没有得到授权的情况下，过失地将机器打开了一整夜。如果另一个原因不存在，损失就不会发生，因为设备会在监控下进行测试进而能够在损失发生之前发现缺陷。

然而，上诉法院法官一致认为真正原因是设备的缺陷，该结论明显与Leyland Shipping 案的判决一致，即最初原因除非只是促成了后续原因且后续原因完全改变了事态发展，否则将为主要原因。法院附带评论到，即便两个原因中没有一个是主要原因，保险公司也依然会得到保护，因为它们已经针对其中一个原因规定了免责条款，而确保该条款得以适用的唯一方式就是将两个原因引起的责任完全予以排除。或许遗憾的是，法官们没有考虑到在此类案件中存在损失分担的可能。[183]

第四项　未被明确排除的原因

此处还有最后一个问题需要探讨。如前所见，有一个指导性判例指出，仅在案件中存在两个原因，且其中一个原因被明确承保、另一个被明确排除时，原因竞合问题才有意义。然而，在之前已经讨论过的 Gray v Barr 案[184]中[185]，丹宁法官在保险单中未明确排除损失的可能原因之一的情况下，引入了因果关系的问题。在他看来，无论是否构成意外事故，被告 Barr 承担责任

---

[181]　Wayne Tank and Pump Co Ltd v Employers' Liability Insurance Corp Ltd［1974］1 Q. B. 57. See also Midland Mainline Ltd v Eagle Star Insurance Co Ltd［2004］EWCA Civ 1042;［2004］Lloyd's Rep. I. R. 739; Tektrol Ltd v International Insurance Co of Hanover Ltd［2005］1 All E. R. (Comm) 132 和 ENE Kos 1 Ltd v Petroleo Brasileiro SA, The Kos［2012］UKSC 17（该案涉及一项租船合同中的补偿条款）。

[182]　Harbutt's "Plasticine" Ltd v Wayne Tank and Pump Co Ltd［1970］1 Q. B. 447. 如果这起案件得到了正确判决（参见 Photo Production Ltd v Securicor Transport Ltd［1980］2 W. L. R. 283），也就不会出现后来的保险案件。最后的结果将是哈伯特的保险公司，而非韦恩·坦克的保险公司承担损失。很明显该保险案件实质上是韦恩·坦克所投保的两家保险公司之间的对弈。

[183]　See Ahmed (1974) 124 N. L. J. 592.

[184]　Gray v Barr［1971］2 Q. B. 551.

[185]　参见第十三章第六节第四项。

的近因都不是开枪行为,而是他持枪故意接近死者并与之格斗的行为。尽管由于其他法官都没有提及因果关系,因此判决理由中没有包含因果关系,但是对于因果关系的考量是符合逻辑的。然而,对之予以考虑似乎在实践中并不重要。[186] 在 Gray v Barr 案这样的案件中,仅仅依靠对"意外事故"一词的解释和/或公共政策原则的适用,就可以实现同样的结果,而且该案实际上也的确如此。这似乎会成为大多数案件中的立场,亦即通过解释或定义考虑损失是否属于承保范围,就能够实现相同的结果。

然而,在一类案件中,即便不存在明示除外危险的问题,对因果关系规则的考虑也可能会产生作用。在此类案件中,造成损失的原因当中有一个是自然原因,即损失部分来自自然损耗或生命体的自然活动。前文提到的 Mills v Smith 案[187]即为这方面的一个例子。该案中,博学的法官认为问题仅仅是对"由意外事故造成"这一短语的解释,但他若能注意到损失近因认定的问题,结果可能会有所不同。

---

[186] 对比 JJ Lloyd (Instruments) Ltd v Northern Star Insurance Co Ltd [1987] 1 Lloyd's Rep. 32,前注[169]简要描述了该案件。

[187] Mills v Smith [1964] 1 Q. B. 30.

第十四章 保险索赔

保险索赔可能不仅仅涉及被保险人通常应当满足的正式要求,还涉及公共政策规则和索赔欺诈相关法律规定的适用问题。同时,索赔和解过程中可能产生的一些问题也适于在此进行探讨。

第一节 公 共 政 策

在一项著名的判决书附带意见①中,一位法官曾把"公共政策"比作"一匹难以驾驭的烈马",而且很明显,和其他所有领域一样,在保险领域也需要审慎评估公共政策因素的相关性。② 对此,保险领域主要涉及两项相关的基本法律原则,这两项基本原则在整个法律体系中也均成立并适用。第一,不得基于非法的诉因提起诉讼;第二,任何人不得从其非法或犯罪行为中获利。后者或许只是前者的一种具体适用。③ 在某些情况下,于保险索赔中适用这些基本原则可能会遭到质疑,但即使我们假设适用这些基本原则是合

---

① Burrough J in Richardson v Mellish (1824) 2 Bing. 229 at 252.

② 所有保险案件中公共政策的适用都建立在"公众良知"(public conscience)的基础上,鉴于 Tinsley v Milligan 案([1994] 1 A. C. 340)的判决,对此可能需要重新进行考量。然而有观点认为,英国上议院在该案中的判决意见仅对保险合同自始非法的案件具有影响,而此处所关注的只是合同的履行可能会基于公共政策受到否定。一般性的论述,参见 Clarke, "Illegal insurance" [1987] L. M. C. L. Q. 201 and Clarke, "Insurance of wilful misconduct: the court as keeper of the public conscience" (1996) 7 Ins. L. J. 173.

③ 有一个保险判例对此进行了可资参考的简要总结,参见克尔(Kerr)法官在 Euro-Diam Ltd v Bathurst 案([1988] 2 All E. R. 23 at 28–30)中的判决意见。但该意见在 Tinsley v Milligan 案中遭到了负面评论,后者指出,此种意见忽视了保险案件中存在各种不同的情形,参见前注②。非法诉因规则在近来的许多非保险案件中一直是争议焦点,尤其参见 Gray v Thames Trains Ltd 案([2009] UKHL 33; [2009] 1 A. C. 1339)和 Safeway Stores Ltd v Twigger 案([2010] EWCA Civ 1472; [2011] 1 Lloyd's Rep. 462)。

理的,实际应当如何适用它们也并不是很清楚。为便于论述,我们将保险案件分为两大基本类别,即第一方保险和第三方保险。此处需要指出的是,保险人经常会通过明确的除外条款将一般公共政策规则可能涵盖的损失排除出保险责任范围,并且很可能主张以除外条款而非这些一般规则为裁判依据。④

第二节 第一方保险

如果被保险人对自己遭受的损失请求保险赔付,但该损失完全系由其本人的故意行为所造成,那么很明显,如前所述⑤,被保险人将无法获得保险赔付。这既可能只是源于对保险合同所作的正确解释⑥,也可能是适用一项公共政策原则所带来的结果。⑦ 在 W H Smith v Clinton 案⑧中,法院认为至少在故意诽谤的情况下,针对诽谤而对出版商提供的补偿是不可强制执行的。此外,从上述基本法律原则中还可以衍生出一项一般原则,即被保险人无权就其本人犯罪行为或侵权行为造成的损失获得保险赔付。该原则在 Geismar v Sun Alliance and London Insurance 案⑨中得到了恰如其分的适用。该案中,被保险人在未申报和支付法定消费税的情况下,将一些珠宝走私到了英国。结果,这些珠宝因此被没收。事实上,这些珠宝正是被保险人向被告投保但又被偷的珠宝当中的一部分。法院认为,被保险人不得就该珠宝损失获得保险赔付,因为允许其获得赔付将使其从自己的故意犯罪行为中获益,即便该利益是间接地通过保险单获取的。与 Geismar 案形成对比的是,在 Euro-Diam Ltd v Bathurst 案⑩中,非法诉因原则并未阻止被保险人获得保险赔付。在该案中,被保险人基于出卖或退货的原因向一位德国客户运送了一批钻石,这些钻石在后者的仓库中被偷。被保险人应德国客户的要求向其提供了

---

④ 例如,参见第十三章第二节第一项中所讨论的判例。
⑤ 参见第十三章第二节第一项。
⑥ Beresford v Royal Insurance Co [1938] A. C. 586.
⑦ Shand, "Unblinkering the unruly horse: public policy in the law of contract" (1972) 30 C. L. J. 144 at 161.
⑧ W H Smith v Clinton (1908) 99 L. T. 840. 同时参见《诽谤法(1952)》(Defamation Act 1952)第 11 条,该条规定针对非故意诽谤的补偿或保险可以强制执行。
⑨ Geismar v Sun Alliance and London Insurance [1977] 2 Lloyd's Rep. 62.
⑩ Euro-Diam Ltd v Bathurst [1988] 2 All E. R. 23.

发票,但在发票上低报了钻石价格。这就使得客户对德国税务机关构成欺诈。尽管被保险人可能知道这一点,但由于被保险人并没有实施任何非法行为,且从被保险人行为中获益的只有客户,故被保险人仍能获得保险赔付。⑪

假如人寿保险被保险人遗嘱指定的受益人⑫、依被保险人法定继承产生的受益人、保险单中所列的共同被保险人或指定的被保险人谋杀了被保险人,那么根据公共政策原则,他们将无权请求保险单项下的保险金给付。⑬

犯罪行为或侵权行为似乎都必然出于行为人的故意。在自杀行为一度被认定为犯罪行为的时期,精神不正常状态下实施的自杀行为经常被认为并不会排除人寿保险的保险金给付。⑭ 所以,如果被保险人非出于故意实施了一项须承担严格责任的犯罪行为,并且其保险索赔请求也在此情形下产生,那么被保险人便不会被排除获得保险给付。由此也产生了一个与上述两大基本原则相关联的好问题:故意行为除外不保规则由于并非公共政策的一项基本要求,因而可以被明确排除。最常见的例子是人寿保险单将精神正常和不正常状态下实施的自杀行为,均纳入其承保范围,但前提通常是自杀行为须发生在保险单生效一年或两年之后。然而,如果被保险人实施的故意行为同时也是犯罪行为或侵权行为,那么公共政策的基本原则是否会排除获得保险给付呢? 依据指导性判例 Beresford v Royal Insurance Co 案⑮,答案似乎是肯定的。在该案中,人寿保险的被保险人故意结束了自己的生命,在当时,自杀仍被认为是一种犯罪行为。尽管基于对保险单的解释,可以认为自杀所致的死亡属于承保范围,且实际上也的确如此,但英国上议院还是否定了被保险人继承人获得保险给付的权利。主要的判决理由是:尽管普遍认为保险单利益的受让人有权要求保险给付,因为对于受让人来说不存在不正当

---

⑪ 如前注③所述,英国上议院在 Tinsley v Milligan 案([1994] 1 A. C. 340)的判决中对此案的部分论证提出了批评。Tinsley 案的判决似乎表明,如果被保险人从自己的违法行为中获利,那么其索赔请求将无法得到法院支持;正如 Euro-Diam Ltd v Bathurst 案所论证的那样,此时无疑需要考虑支持赔付是否会违反"公众良知"。基于前注②中给出的原因,有观点认为"公众良知"的标准在保险案件中依然是适用的。无论如何,Euro-Diam 案的判决仍然是合理的,因为如文中所述,毫无疑问该案被保险人并未从自己的非法行为中获利。

⑫ Cleaver v Mutual Reserve Fund Life Association [1892] 1 Q. B. 147.

⑬ See, e.g. Davitt v Titcumb [1989] 3 All E. R. 477. 在该案中,被告与其合伙人为承保按揭贷款共同投保了一份生死两全人寿保险,谋杀了合伙人的被告从而无权要求分享因合伙人死亡而给付的保险金。

⑭ Beresford v Royal Insurance Co [1938] A. C. 586.

⑮ 同上注。See also Husak v Imperial Life Assurance Co of Canada (1970) 9 D. L. R. (3d.) 602.

的利益,但如果允许被保险人获得保险金,就相当于允许被保险人从其犯罪行为中获利。[16] 然而,还有公共政策支持强制执行一方当事人自愿承担的合同义务。假使保险人在人寿保险合同中已经向被保险人承诺为后者自杀提供保险给付,那么为何不应当支持保险人遵守自己的承诺呢?麦克米兰(MacMillan)法官对该问题进行了探讨,他认为需要对不同的公共政策因素进行权衡,并最终以下述方式表达了对判决结果的支持:

"我认为这一观点的权重更大,即增加罪犯留下来的遗产实际上是使罪犯获利……而且任何罪犯均不得以任何方式从其犯罪行为中获得利益。"[17]

这种观点或许会被认为有一点点脱离现实,我们在之后对公共政策进行一般性评估时会再对之予以探讨。Beresford 案如果发生在现在,毫无疑问将会有一个不同的判决结果,因为自杀已经不再是犯罪行为。[18] 而且,关于人寿保险,如今还需要考虑《没收法(1982)》(Forfeiture Act 1982)中的相关规定。[19] 该法案第2条赋予了法院更大的自由裁量权。当某人为了人寿保险金等利益而非法杀害他人时,法院可以裁量是否允许此人获得赔付。该条不适用于索赔人犯谋杀罪的案件[20]及自杀案件[21],但适用于不存在故意或重大过失的非预谋杀人(manslaughter)案件。[22]

第三节 第三方保险

在涉及第三方保险的案件中,适用与上述第一方保险案件同样的一般法律原则。[23] 因此,如果被保险人对第三人实施了故意犯罪行为,且须为此承担侵权损害赔偿责任,那么被保险人所投的责任保险便不会对该项责任提供赔付。然而,此种故意需要达到何种程度仍没有明确的标准,而且此处同样

---

[16] 如后文所述,阿特金(Atkin)法官还提出了其他的公共政策原则。
[17] Beresford v Royal Insurance Co [1938] A. C. 586 at 605.
[18] 参见《自杀法(1961)》(Suicide Act 1961);另外参见萨蒙(Salmon)法官在 Gray v Barr 案([1971] 2 Q. B. 554 at 582)中所作的评论。
[19] See generally, Kenny (1983) 46 M. L. R. 66.
[20] 参见《没收法(1982)》第5条。
[21] 因为第2条仅适用于受益人杀害"他人"的情形(第1条)。
[22] See Re S (deceased) [1996] 1 W. L. R. 235.
[23] 《没收法(1982)》在此处并不适用,因为该法第2条第4款规定索赔人必须对"财产具有利益"。

涉及相互冲突的公共政策因素。㉔ 从一定程度上而言,被保险人从其非法行为中获利的观点在此种情况下是荒谬的,因为任何保险赔付的最终获得者都是受害第三人。此外,为了使侵权行为的受害人能够获得法院判决的损害赔偿,无疑还存在一项重要的公共政策,其在实践中意味着在大多数案件中都应当允许侵权人强制执行其保险单。㉕ 这一点至少在机动车强制保险领域已经得到承认,并且有四件重要的判例支持以上论证路径。在探讨其他领域是否存在不同之前,我们首先分析这些判例。

第一项　机动车保险

Tinline v White Cross Insurance Association 案㉖和 James v British General Insurance Co 案㉗的案情相似。两起案件中的被保险人都为其因使用汽车而造成人身伤亡的赔偿责任投保了第三方保险,尽管这在当时其实并不被法律强制要求。他们都卷入了导致车外行人死亡的事故当中,并且被判决构成非预谋杀人罪。在 Tinline 案中,被保险人超速行驶;而在 James 案中,被保险人醉酒驾驶。很明显,两位被保险人对于行人的死亡都不仅仅是单纯的过失,但他们也并非出于故意。最终,两起案件中的法院都判决保险人对被保险人应当承担的侵权损害赔偿责任提供保险赔付,尽管在法院曾经审理的其他类似案件中,如此判决将被认为会导致被保险人从其犯罪行为中获利因而未被承认。

但是如果被保险人的行为出于故意,公共政策似乎仍然禁止其获得理赔。Hardy v Motor Insurers' Bureau 案则对此问题作出了明确回应。㉘ 在该案中,驾驶一辆未投保车辆的偷车贼故意伤害了原告。基于公共政策的理由,原告向被告提出的索赔请求遭到抗辩。然而上诉法院明确指出,如果是侵权人本人试图强制执行机动车保险单,其请求很可能会遭到法院拒绝,但

㉔　一般性探讨,参见尚德(Shand)在前注⑦文章中的精彩分析。

㉕　对于被保险人应当承担的惩罚性赔偿责任,至少在被保险人行为不构成犯罪的场合,公共政策并不禁止责任保险为其提供补偿：Lancashire County Council v Municipal Mutual Insurance Ltd［1996］3 All E. R. 545。

㉖　Tinline v White Cross Insurance Association［1921］3 K. B. 327.

㉗　James v British General Insurance Co［1927］1 K. B. 311.

㉘　Hardy v Motor Insurers' Bureau［1964］2 Q. B. 745. See now also Charlton v Fisher［2001］All E. R. (D.) 20.

幸运的是《道路交通法(1988)》㉙允许受害第三人直接起诉侵权人的保险人，而且当侵权人未对车辆投保时，受害第三人还可以起诉汽车保险局。㉚因此，基于该案事实，非法诉因原则无疑可得适用，而且这对于所有机动车事故受害人都是成立的。对于公共政策在保险领域中的地位这一问题所作的最为清晰的理性论述，当属英国迪普洛克大法官的判决意见㉛，他提出了在适用公共政策过程中综合考虑不同政策因素的重要性：

"我认为从公共政策层面而言，没有理由区分受害第三人无过错的非法行为和其他非法行为、行为人构成犯罪的非法行为和不构成犯罪的非法行为，以及过失犯罪的非法行为和故意犯罪的非法行为。对我而言这种观点有些不切实际：阻止某人故意使用交通工具致他人严重损害的，不是此人惧怕可能会被判处终身监禁的刑罚，而是担忧保险人对于它对受害人的民事责任不承担赔付责任。"㉜

Hardy 案的裁判被英国上议院在 Gardner v Moore 案中认可并遵循㉝，该案与 Hardy 案的事实基本相同。上议院判决认为，根据对《道路交通法(1988)》和汽车保险局协议的合理解释及相关的公共政策，对于机动车驾驶人对无辜的原告应当承担的责任，汽车保险局有义务满足原告的索赔请求。㉞

第二项 其他强制保险

紧接着的问题就是，以上论证路径在机动车保险领域之外还能在何种程度上得到适用。事实表明，它们还适用于所有与人身伤亡相关的其他强制性第三方保险，尤其是雇主责任保险。㉟ 当雇员在涉及雇主犯罪行为的情况下遭受人身损害时，例如根据健康和安全立法雇主构成犯罪，如果雇主对雇员

㉙ 《道路交通法(1988)》第 151 条；参见第二十一章第五节。
㉚ 参见第二十一章。
㉛ 其判决意见被澳大利亚的一个判决所遵循：Fire & All Risks Co Ltd v Powell [1966] V. R. 513。
㉜ Hardy v MIB [1964] 2 Q. B. at 769—770.
㉝ Gardner v Moore [1984] A. C. 548.
㉞ 在前注㉝判决书第 561—562 页中，赫尔什姆(Hailsham)大法官评论道："在我看来，像机动车保险局这样援引'任何人不得从其非法行为中获利'这项众所周知的公共政策原则，是将公共政策原则本末倒置。"
㉟ 参见第二十二章。

负有侵权损害赔偿责任，那么无论雇主主观上是一般过失还是重大过失，雇主的保险人都不得援引公共政策作为抗辩。英国议会认为通过雇主强制责任保险使受害雇员获得赔偿这一点最为重要，这一政策因素的地位高于"被保险人不得从其非法行为中获利"和"允许保险赔付将无法对被保险人形成威慑"这两项政策因素。

然而，如果犯罪或侵权行为是由雇主或者雇主负责之人故意实施，保险赔付请求可能就会遭到否定，因为此种情形并不存在一种与道路交通法的规定相等同的机制，可以使雇员有权直接起诉雇主的保险人。因此在所有的诉讼当中，都需要由作为被保险人的雇主就其故意行为直接请求强制执行保险单获得赔付，而即便是在 Hardy v Motor Insurers' Bureau 案和 Gardner v Moore 案中，这也是不为法院所支持的。

第三项　其他第三方保险

尽管 Hardy 案的判决显示了一种更为开放自由的裁判宗旨，但在以上可以援引反面公共政策因素的领域之外，法院似乎还是会坚持传统的裁判路径。例如，在 Haseldine v Hosken 案㊱中，对于因订立一项帮诉协议（champertous agreement）而遭受的损失，一名律师试图申请强制执行其职业责任补偿保险。尽管他提出了一项在任何情况下都很难令人相信的主张，即他不知道自己的行为构成犯罪，但上诉法院最终还是判决他无权获得保险赔付。㊲ 斯克鲁顿大法官评论道：

"对犯罪行为予以承保明显违背公共政策，行为人在行为当时不知道自己的行为属于犯罪是无关紧要的，只要他知道自己在实施某项行为即为已足。"

这些话的含义十分宽泛，似乎没有对过失犯罪和故意犯罪进行区分。㊳

能否作出此等区分应当取决于 Gray v Barr 案判决的效力㊴，尽管从该案判决中很难准确看出其适用了何种公共政策原则。本书第十三章也对该判

㊱　Haseldine v Hosken ［1933］1 K. B. 822. See also Charlton v Fisher, 前注㉘。
㊲　该判决的另一个理由是，保险单经正确解释后并不承保争议损失。
㊳　法院事实上质疑了 Tinline 案和 James 案判决的正确性，直到 Gray v Barr 案（［1971］2 Q. B. 554）的判决作出，该疑虑才最终得以消除。
㊴　Gray v Barr ［1971］2 Q. B. 554. See also Co-operative Fire & Casualty Co v Saindon (1975) 56 D. L. R. (3d) 556, 哈森（Hasson）法官对该案判决进行了公正的批评，参见(1976) 14 OHLJ 769 和 Meah v McCreamer (No. 2) ［1986］1 All E. R. 943 at 950-951。

例进行了讨论。㊵ 它的主要案件事实是一个叫巴尔的男人开枪杀死了他妻子的情人。尽管在刑事审判中，陪审团裁定巴尔的谋杀罪和非预谋杀人罪的罪名不成立，但在民事诉讼中，上诉法院认为巴尔实际上构成非预谋杀人罪，该结论本身是无可指摘的。上诉法院还认为，且不论与保险单解释相关的任何问题，仅是依据公共政策，对于自己应向死者妻子支付的侵权损害赔偿金，巴尔就不能从保险人处获得赔付。审理该案的三名法官一致认为该案最重要的事实是巴尔携带上膛的猎枪，并且对被害人威胁使用暴力，因此巴尔实施了故意和应受谴责的行为。而且，如果允许巴尔强制执行其保险合同，将会对公众良知带来冲击。但应当指出的是，在该案的刑事审判中，由十二位普通民众组成的陪审团所代表的公众良知并没有因为巴尔的行为而受到冲击，因为他们认为巴尔是一个"受到不公正对待的丈夫"。正如法院判决论证中所暗示的那样，我们是否真的可以认为，允许巴尔获得保险金将会鼓励更多的人使用暴力和枪支呢？下文会对这些更加一般性的问题再次进行探讨。Gray v Barr 案至少的确承认机动车非预谋杀人案件的判决是正确的，但问题是这些案件是否具有独特性，或者是否存在其他可以被识别的特征。关于巴尔行为之故意性所作的判决意见强调巴尔使用上膛枪支的行为完全出于内心故意，或许这也表明法院认为，如果被保险人在实施完全合法行为的过程中确实构成了过失犯罪，其就不会遭到公共政策的抗辩。例如，如果一名购买了相关责任保险的运动员因为误将某人当成一只鹿，而过失地对此人开了枪，那么他就可以强制执行其责任保险单，以对其须向受害人支付的所有损害赔偿金进行补偿。

因此，当前的公共政策规则或许可以总结如下：在承保人身损害的机动车保险和雇主责任保险中，只有故意的犯罪行为才可以基于公共政策的理由阻止被保险人强制行使其保险金请求权；在其他所有保险中，过失的犯罪或侵权行为并不会影响被保险人获赔，但当导致损失的行为系出于故意或重大过失，以及被保险人出于故意或重大过失实施犯罪行为时，即便后一情形下最终导致损失的行为纯属意外，也依然可以依据公共政策排除对被保险人的赔付。应当指出的是，还有一件清晰的判例表明，依据公共政策，承保犯罪行为之后果的保险是绝对不可强制执行的。㊶ 事实上，这样

㊵ 参见第十三章第六节第四项。
㊶ Hardy v MIB [1964] 2 Q. B. 745 at 760.

的保险可能本身即为无效,而不仅仅是其下的一项保险索赔请求无效。所以,像承保违规停车罚款的保险就会因违反公共政策而无效。这也同样应当适用于一种在过去很普遍的保险,此种保险为机动车驾驶人在接受"呼气酒精测试"后可能遭遇的不利后果提供保障。[42] 醉酒驾驶,即驾车时血液酒精含量超过允许水平从而构成犯罪。因此,当驾驶人因被判醉酒驾驶罪而被强制剥夺此后一年的驾驶资格时,为驾驶人提供该期间内的代驾服务或同等服务的保险,就会因违反公共政策而无效。1988年,英国政府曾威胁要通过成文法的形式宣告此种保险违法。而保险人如今似乎已经自愿地停止了提供该种保险。

第四节 一些一般性评论

通过对上述判例的研析,以上公共政策原则似乎存在诸多的正当性基础。我们已经对其中一些公共政策进行了简要探讨,而且它们在其他论著中也已经得到了详细的检视[43],但此处仍有必要对之作出一些一般性评论。公共政策原则似乎主要以下三点为基础:第一,禁止保险赔付有利于威慑他人;第二,通过禁止保险赔付来惩罚被保险人是正确的;第三,法院不应当允许任何人从其非法行为中获利,这被认为是一项绝对规则。恕笔者直言,威慑和惩罚根本就不应当在民法中享有任何地位。虽然在 Gray 案中,巴尔因为上诉法院的裁决无疑受到了惩罚,被排除保险赔付相当于被科处了一项罚款,但考虑到在刑事审判中他已经被判无罪,这一裁决真的合理吗? 当可能被判处终身监禁都未能发挥威慑作用时,某个处于巴尔位置的人真的会因为可能被判决排除保险赔付,受到威慑而不再使用枪支吗? 此外,如前文所主张的那样,存在保险提供相应赔付,意味着被保险人从其非法行为中获利是很奇怪的,至少在自杀案件或第三方保险案件中是这样。

"在大多数保险案件中……最可能因法院判决不支持保险赔付而受到损

---

[42] 这是 Department of Trade and Industry v St Christopher's Motorists' Assurance Ltd 案([1974] 1 All E. R. 395)判决的争议焦点,第一章第六节第五项对该案有所讨论。

[43] 尤其参见前注②和前注⑦中克拉克和尚德的文章,以及弗莱明(Fleming)对 Gray v Barr 案一审判决所作的关于公共政策的评论[(1971) 34 M. L. R. 176],该评论与上诉法院判决的意见相同。

害的,是被有过错的被保险人所侵害的无辜受害人,他们多半可能最终只拥有一份空无意义的判决书来对抗无偿付能力的侵权人。"㊹

上文指出,Hardy v Motor Insurers' Bureau 案似乎采纳了一种更为理性的做法,但在机动车保险领域之外,该案的影响力却遭到了严重忽视,这在 Gray v Barr 案中可见一斑。应当承认,在所有案件中法院都应当对所涉及的全部因素进行权衡考虑,换句话说,法院要对被保险人行为的严重程度和拒绝执行保险单可能带来的现实后果进行比较权衡。㊺ 然而,要实现这一点,即法院在不受立法干预的情况下以上述方式进行判决,似乎还很遥远。㊻

第五节 索 赔 程 序

在被保险人遭受损失后,如果保险单中缺少特定的条款,就无法确定被保险人是否有义务在合理期间内向保险人提出索赔,否则保险人可以拒赔,或者被保险人是否只要在法定的时效期间内提出索赔请求。㊼ 这纯粹是一个理论性问题,因为在实务中,所有的保险单都会包含与损失通知的时间、索赔的程序及索赔应提交的证据等事项相关的条件。这类条件通常是保险人承担保险责任的先决条件,但也可能是保险单产生效力的先决条件,违反前者将会使保险人取得对被保险人特定损失免责的权利。㊽ 如果这类条件未被设定为保险人责任的先决条件,违反条件则只会使保险人取得对自己因此遭受之损失的损害赔偿请求权。㊾

一般来说,和保险合同中的其他任何部分一样,在保险索赔部分,保险人也有权自由向其中置入任何自己选择的条件。《普通保险业务指引》(State-

---

㊹ Shand (1972) 30 C. L. J. 144 at 160.

㊺ 尚德表示(同前注,第164页),如果 Gray v Barr 案在判决时综合考量了各种因素,其判决结果就会且应当会有所不同。

㊻ 此外,像 Euro-Diam Ltd v Bathurst 案([1988] 2 All E. R. 23)那样使用"公众良知"标准进行判决,已经在 Tinsley v Milligan 案([1994] 1 A. C. 340)中遭到了明确否定。

㊼ MacGillivray on Insurance Law, 13th edn, para. 20–037, 该书认为此种义务是被保险人诚信义务的一部分。

㊽ 参见第九章第十一节。将通知作为附带条件的条件,例如规定"前提为被保险人作出通知",已经被法院认定为保险责任的先决条件: Millichap v Pontrillas Timber and Builders Merchants Ltd, unreported, November 1992。

㊾ 参见前注㊽。证明被保险人违反条件和保险人遭受损失之间存在因果关系可能很难: Porter v Zurich Insurance Co [2009] EWHC 376 (QB)。

ment of General Insurance Practice)曾经规定被保险人只需“在合理情况下尽可能快地”向保险人报告索赔及后续进展,但如前所述(50),在金融服务监管局(现在的金融行为监管局)接管普通保险业务监管职责时该说明已被废止。《保险营业行为规范》未包含这项规定,但是它要求保险人不得无故拒绝索赔请求(51),也不得在理赔时对被保险人强加各种要求。此外,依据《消费者权益法(2015)》第二部分的规定,消费者保险单中任何关于索赔程序的条款只要是“不公平的”,就会被法院宣告无效。(52)

对于索赔程序条件中通常包含的事项,后文将展开研究。

第六节　损 失 通 知

保险事故发生后,被保险人首要的基本义务就是向保险人通知损失的发生。如果是第三方保险单,相关的条件可能会要求除实际被提起索赔外,对于任何可能引起他人向自己提出索赔的事件,被保险人也需通知保险人。(53)在保险单未另作规定的情况下,通知采用口头形式即可。

对于此类条件一般严格按照不利保险人原则进行解释。在 Verelst's Administratrix v Motor Union Insurance Co 案(54)中,一份承保被保险人交通事故死亡风险的保险单规定,被保险人的继承人在知晓保险事故发生后,须“尽可能快地”向保险人发出书面索赔通知。法院对该条款进行了主观解释,认为继承人在事故发生将近一年后才发出通知是有效的,因为继承人直到发出通知前才知道保险单的存在,而且对其能否发出通知的判断需考虑所有相关情况。对于现在的“‘在合理情况下尽可能快地’发出通知”这项一般性通知条件,也应当进行类似解释。因此该条件意味着被保险人(或其继承人)应当在经考虑所有相关情况认为其可以发出通知之后,尽

---

(50) 参见第一章第九节。

(51) ICOBS 8.1.1. 参见第九章第十二节。

(52) 参见第六章第一节及本章第七节将要讨论的 Parker v NFU Mutual Insurance Society Ltd [2012] EWHC 2156 (Comm)的判决。

(53) 在 Layher v Lowe [2000] Lloyd's Rep. I. R. 510 中,上诉法院认为,保险单中的“可能”一词意味着索赔产生的可能性至少为50%,并且要由保险人对此承担举证责任。Jacobs v Coster [2000] Lloyd's Rep. I. R. 506 对此作出了进一步确认。而且法院也明确表示,仅仅是某人遭受损害的事实并不一定意味着“有可能”产生与该损害相关的保险索赔请求。

(54) Verelst's Administratrix v Motor Union Insurance Co [1925] 2 K. B. 137.

可能快地发出通知。

第一项 通知的期限

保险人在不受不公平条款法律控制之约束的场合,是不可能像在 Verelst 案中那样,于保险单中规定一项对被保险人较为宽松之条件。大多数情况下,保险单都会规定被保险人须在一定期间内发出通知。如果这样一项条件被明确规定在了保险单中,并且被设定为保险人承担保险责任的先决条件,那么无论被保险人对条件的违反是多么的无意和情有可原,都将导致保险人免责。一个相对较老的判例是 Cassel v Lancashire & Yorkshire Accident Insurance Co 案(55)。在该案中,意外伤害保险单规定损失通知应在保险事故发生后十四天内发出,但是直到保险事故发生的八个月后,被保险人才意识到自己在此次事故中遭受了人身伤害,于是向保险人发出损失通知,但法院判决保险人无须承担保险责任。理由在于,条款明确具体,而被保险人违反了该条款。与此类似,在 Adamson v Liverpool London & Globe Insurance Co 案(56)中,一份现金运送保险单中规定了如下条件:

"被保险人一经发现损失即须立刻向保险公司发出通知……若被保险人未在保险事故发生后的十五天内通知保险公司,保险公司将对本次事故所致损失免除赔付责任。"

该案中,被保险人的一名雇员挪用了被保险人委托他保管的金钱,用来购买国民保险邮票。两年之后,被保险人才发现该项损失,并立即通知了保险人。最后法院判决认为,根据条件后半部分的规定,保险人只需对被保险人在通知之前的十四天内遭受的损失承担赔付责任。尽管条件存在一定程度的歧义,但其前半部分的确规定被保险人一经发现损失即应通知保险人。该案中的被保险人就是这样做的,而且也确实采取了在当时情况下能够采取的一切行动。因此,法院的判决对被保险人来说有一些苛刻。

现代商业保险单通常规定被保险人对下列事项须立即发出通知,例如,"任何已经导致或者可能导致保险索赔请求产生的原因、事件或者情况"或者"导致或可能导致保险索赔请求产生的任何损害或损失的发生"。对于

---

(55) Cassel v Lancashire & Yorkshire Accident Insurance Co (1885) 1 T. L. R. 495.

(56) Adamson v Liverpool London & Globe Insurance Co [1953] 2 Lloyd's Rep. 355.

这些规定,法院一般作客观解释。[57]

严格以这些条件为判决依据的结果可能是,在没有正当理由的情况下过分苛待了被保险人。事实表明,法院在审理案件时并没有总是严格依照这些条件。因此,似乎必须要通过成文法赋予法官权力,允许其免除无辜被保险人违反此类条件的不利后果,或者规定保险人只有在证明自己因被保险人违反条件而遭受损害时,才可以提出被保险人违反条件的抗辩,再或者规定保险人并不能以被保险人违反条件为由主张免除赔付责任,而只能在能够证明自己因被保险人违反条件而遭受损失的情况下,向被保险人请求损害赔偿。[58] 最近,英国枢密院在其附带意见中提供了另一种可选择的做法[59],即不将时限条件作为合同的要素,且被保险人违反此条件不一定会免除保险人的全部责任。此种做法是否会在将来的案件中得到进一步适用,值得继续观察。在 Milton Keynes BC v Nulty 案[60]中,被保险人没有按照责任保险单规定的期限向保险人发出索赔通知,但是相关的条件并未被设置为保险人承担赔付责任的先决条件。法院判决认为,保险人有权对此主张损害赔偿。保险人的损失是失去了证明被保险人并非出于过失而迟延通知的机会,因此保险人有权从本应向被保险人给付的保险金中扣除 15%。

第二项 通知的目标地点

关于损失通知的保险单条件除了规定通知期限,还可能会规定通知须向特定地点,如保险公司的总部发出。这一规定会得到法院支持,而且地区代理人不享有对该规定弃权的权限[61],但对于单纯的技术上的违约抗辩,地区代理人有权放弃。如果保险单中没有规定具体的通知目的地,被保险人可以向任何一个享有一般权限的保险代理人发出通知。通知也不一定要由被保险人亲自发出,被保险人授权的代理人也可以发出。与被保险人无关的第三人向保险人通知损失是否满足通知的条件,取决于 Lickiss v Milestone

---

[57] 关于这些规定及对其的评论,可参见 Laker Vent Engineering Ltd v Templeton Insurance Ltd〔2009〕EWCA Civ 62;〔2009〕Lloyd's Rep. I. R. 704 at〔82〕和 Loyaltrend Ltd v Creechurch Dedicated Ltd〔2010〕EWHC 425 (Comm) at 31。

[58] 这类规定在其他法域,例如美国和澳大利亚十分常见。

[59] Diab v Regent Insurance Co Ltd (Belize)〔2006〕UKPC 29;〔2006〕Lloyd's Rep. I. R. 779 at 13–17.

[60] Milton Keynes BC v Nulty〔2011〕EWHC 2847 (TCC).

[61] Brook v Trafalgar Insurance Co (1946) 79 Ll. L. R. 365.

Motor Policies 案的判决[62]能否得到遵循。这将在第十四章第七节第一项中进行讨论。

第七节 索 赔 细 节

损失的通知通常相当不正式,其并不包括索赔的全部细节。这些细节内容通常会由保险单中的一项条件单独规定,而且在实务中,保险人在收到损失通知后一般会向被保险人寄送一张索赔表由后者填写。如果保险单中未规定这样一项条件,那么一旦涉诉,被保险人就只能以通常方式证明其损失。

规定与索赔细节相关的被保险人法定义务的标准条件通常有两种。一种要求被保险人提供损失的全部细节,损失的全部细节是指被保险人能够合理提供的最好的细节,它必须足以使保险人能够确定损失的性质、程度和特征。[63]

另一种要求被保险人提供保险人可能会合理要求的证明材料和信息。[64]保险人合理要求被保险人提供的细节只能与事实相关,但是对被保险人而言,拒绝提供与其索赔相关的任何细节都是不可能的,而且被保险人如果是商人,可能还需要提交其营业之一般关联事项的信息。以 Welch v Royal Exchange Assurance 案[65]为例,该案原告为其交易存货投保了火灾保险。发生保险事故后,原告提出的索赔请求遭到保险人拒绝,于是双方当事人将争议提交仲裁。保险人援引上述索赔条件,要求查看原告用于商事交易的银行账户,但这些账户的户主是原告的母亲。一直到仲裁程序中的交叉询问环节,被保险人都对该要求表示拒绝。仲裁员认为保险人要求被保险人提供银行账户的细节是合理的,上诉法院对此表示肯定,并认为本案的争议焦点为案涉条件是不是保险人承担保险责任的先决条件。在认定该条件是先决条件后[66],上诉法院以被保险人在追求实现其法律上的请求权之前,未遵守该

---

[62] [1966] 2 All E. R. 972.

[63] Mason v Harvey (1853) 8 Ex. 819 at 820.

[64] 对于保险单中"保险人满意的证明材料"的规定会作与此相同的解释;Braunstein v Accidental Death Insurance Co (1861) 1 B. & S. 782. 最近有一个判决涉及一项与此类似的条件,参见 Widefree Ltd v Brit Insurance Ltd [2009] EWHC 3671 (QB)。

[65] Welch v Royal Exchange Assurance [1939] 1 K. B. 294.

[66] 该条件规定"除非"其得以遵守,否则保险人不承担保险责任;可以对比 Weir v Northern Counties Insurance 案([1879] 4 L. R. Ir. 689)对于类似规定中"直到"一词所作的解释。

条件为由,否定了被保险人获得保险赔付的权利,尽管事实证明被保险人的银行账户并未包含任何相关信息。在 Parker v NFU Mutual Insurance Society Ltd 案(67)中,一项具有同样效力的条件要求被保险人提交保险人所合理要求的所有书面细节和文件(68),法院根据相关规定(现为《消费者权益法(2015)》第二部分的规定),认为该条款不构成不公平条款。

第一项 被保险人本人履行并非必要?

被保险人提供全部细节的义务中有一个问题很有趣,而被保险人的损失通知义务中可能也存在一个类似的问题。在 Lickiss v Milestone Motor Policies 案(69)中,作为被保险人的机动车驾驶人于 5 月 17 日发生了交通事故,由于被保险人的过失,一辆出租车遭受损坏。被保险人的保险单为这项第三方责任提供保障,并且要求被保险人尽快向保险人提供事故的全部细节,以及立即向保险人转交所有与事故相关的传票、令状或类似法律文书。对该事故被保险人本人始终未向保险人发出通知,但保险人从出租车司机处得知了事故的发生。被保险人也没有将自己收到的传票转交给保险人,但警察于 6 月 18 日将事故的全部细节寄送给了保险人。最终法院判决的主要根据是保险人弃权,这将在后文中具体论述。但是丹宁法官认为被保险人并未违反上述条件,因为尽管被保险人本人没有遵守该条款,但保险人在合理的时间内获得了所有必要的信息,尤其是从警察处获得了全部细节。达克维尔特(Danckwerts)法官对此表示赞同。

如果严格按照法律,很难证明判决的该部分具有正当性,因为保险单条件确实明确规定"被保险人应提供所有细节……"(70),但由于保险人未因被保险人违反条件受到任何损害,该判决的公平性无可否认。假使该判例得到遵循,而且到目前为止其后并未出现任何直接相关的案件,那么其裁判逻辑就应当适用于包括损失通知在内的所有与索赔程序相关的条件,即便条件明确要求由被保险人本人(或者经被保险人正当授权的代理人)履行

---

(67) Parker v NFU Mutual Insurance Society Ltd [2012] EWHC 2156 (Comm).

(68) See The Vainqueur Jose [1979] 1 Lloyd's Rep. 557; Gan lnsurance Co Ltd v Tai Ping Insurance Co Ltd [2001] 1 Lloyd's Rep. 667.

(69) Lickiss v Milestone Motor Policies [1966] 2 All E. R. 972, reported as Barrett Bros (Taxis) Ltd v Davies [1966] 1 W. L. R. 1334.

(70) 判决书中特别强调了这一点。对此参见萨蒙法官的反对意见。

亦是如此。(71)

第二项 被保险人进一步的合作

除了要求被保险人提供索赔细节,一份恰当的保险单有时还会要求被保险人提供进一步合作。相关案例可以参见本书第二十章对责任保险的论述,但有一个特殊的案例还是值得在此处进行介绍。在 London Guarantee Co v Fearnley 案(72)中,雇主购买了一份雇员忠诚责任保险,为其遭雇员侵占财产的风险提供保障。一项先决条件规定,被保险人提出索赔时,如果保险人要求被保险人对相关雇员提起控告,被保险人须遵守该要求。由于被保险人在向保险人提出一项具体索赔后拒绝履行保险人的这一要求,法院遂判决保险人可以因此免除保险责任。

第八节 损 失 证 明

保险单中可能还有条件要求被保险人对其损失提供证明。损失证明与索赔细节的不同之处在于,前者要求被保险人提供损失的文件证明,而不仅仅是描述损失。有时保险人也会要求被保险人作出法定的声明。即使被保险人提供的证据已经初步证明损失属于保险单的承保范围,但如果双方当事人就此争议提起诉讼,被保险人仍要对此承担举证责任。(73)

第九节 对保险人拒绝赔付的异议

最后,保险单中还可能有条件规定,如果保险人就是否对损失承担赔付责任与被保险人产生争议,被保险人须在保险单所载期间内,通过法律程序对保险人拒绝承担赔付责任提出异议,否则保险人可以免除全部保险责任。

---

(71) 参见一个案情相似的苏格兰判例,Horne v Prudential Assurance Co Ltd [1997] S. L. T. (Sh. Ct.) 75; (1997) S. C. L. R. 1151。在该案中,法院认为如果在受害第三人根据《第三方(对保险公司权利)法(1930)》第 1 条第 1 款授予的权利对保险人提出索赔之前,作为被保险人的公司已经解散,该公司就不违反要求其“尽快”报告保险索赔请求的条件。因为公司一旦解散,就无法再知悉任何这样的索赔请求。关于该法案,参见第二十章。

(72) London Guarantee Co v Fearnley (1880) 5 App. Cas. 911.

(73) Watts v Simmons (1924) 18 Ll. L. R. 177.

在一起涉及第三方责任保险索赔的案件中,该条件得到了法院支持。[74] 尽管被保险人对于第三人的实际责任直到保险人拒赔之后很久才确定,但由于被保险人未在保险单规定时间内对保险人的拒赔行为提出异议,法院还是完全驳回了被保险人的索赔请求。此种情形下,被保险人的唯一救济途径是事先请求保险人声明,会在被保险人将来被法院判决对第三人承担责任时,向被保险人承担赔付责任以补偿其损失。

第十节 仲 裁

在大多数类型的保险单中有一项保险人责任的先决条件很是常见,其规定,任何关于索赔的争议在进行诉讼前必须先提交仲裁。但是,保险人也会作出不强制执行该条款的允诺,下文对之有所介绍。此类仲裁条款可以适用于有关保险责任是否成立的争议,但现在其更多地只适用于有关损失数额的争议。

虽然仲裁的成本低于诉讼,但仲裁一般不会像法院诉讼那样吸引大众关注,所以在仲裁中,保险人可以不受公众指责地提出"技术性抗辩"。此外,仲裁当事人无法获得法律援助。英国法律改革委员会在1957年的报告[75]中表达了对此的担忧,并且表示其有证据证明保险人在一些案件中滥用其优势地位,通过坚持仲裁欺压了诚实谨慎的被保险人。然而,它们并未建议对法律作出修改,因为在其调查期间,英国保险协会和劳埃德海上保险协会表示其成员已经同意在保险责任纠纷案件中,如果被保险人不同意则不会强制执行仲裁条款。保险人的此种允诺不适用于再保险、海上保险和航空保险的某些部分,因为在这些保险当中,仲裁条款是由双方当事人经过特别磋商达成的,双方当事人均能够妥善照管自己的利益。[76] 因此在许多案件中,有关仲裁条款适用的法律规则也就只在损失数额争议方面具有实践意义,而且即便是在此种情形下,仲裁条款也不适用于消费者保险纠纷。

---

[74] Walker v Pennine Insurance Co [1980] 2 Lloyd's Rep. I. R. 156. 最近有两个判例涉及相似的条款:Super Chem Products Ltd v American Life and General Insurance Co Ltd [2004] UKPC 2;[2004] 2 All E. R. 358 和 Fortisbank SA v Trenwick International Ltd [2005] EWHC 399 (Comm);[2005] Lloyd's Rep. I. R. 464。

[75] 《关于保险单条件与除外条款的第五报告》,Cmnd. 62, para.13。

[76] 在消费者保险中,根据《消费者权益法(2015)》第二部分的规定,仲裁条款可能会被认定为不公平条款。

相关的指导性判例是 Scott v Avery 案(77),该案涉及保险单中的一项仲裁条款。法院判决认为,通常而言保险合同中的此类仲裁条款只要同时符合以下条件,便可被作为先决条件强制执行:其一,条款未完全排除法院管辖;其二,条款规定其既适用于保险责任成立争议,也适用于保险责任范围争议。如果被保险人就仲裁条款所涵盖的争议事项向法院提起诉讼,由于法院根据《仲裁法(1996)》(Arbitration Act 1996)享有一项裁量权,故法院可以裁定中止诉讼程序并执行仲裁条款。很明显,之所以出现这样的情况,是因为有一方当事人不想将争议提交仲裁。许多保险案件的审理法院都考虑了裁量权的行使问题,事实表明除非案件涉及法律上的疑难问题或答辩欺诈(allegation of fraud),否则法院似乎通常都会裁定中止诉讼程序。(78)

仲裁条款的独立效力

此处要讨论的最后一个问题与仲裁条款的独立效力相关。(79) 很明显,保险人如果试图否认争议保险单的效力或者成立,就不能依据任何保险单条款将争议提交仲裁(80),除非仲裁条款本身的措辞足够宽泛,使其能够适用于关于保险合同效力的争议。(81) 据此,保险领域存在以下三种不得援引仲裁条款的情形:

(i)对保险合同是否成立存在争议(82);

(ii)保险人主张保险合同无效或非法,例如缺少法定的保险利益(83);

(iii)保险人主张保险合同因未披露或不实陈述而自始无效(84)。

但是,如果保险人只是援引保险合同条款否认保险责任,保险合同和仲裁条款则依然有效。因此,保险人主张被保险人违反保证或条件,或者损失

---

(77) Scott v Avery (1856) 5 H. L. C. 810.

(78) See Clough v County Livestock Insurance Assurance (1916) 85 L. J. K. B. 1185 and Smith v Pearl Assurance Co [1939] 1 All E. R. 95. 这两个判例均认为,虽然被保险人负担仲裁费用并且得不到法律援助,但这并不能作为禁止仲裁的正当理由。

(79) Powell [1954] C. L. P. 75.

(80) Heyman v Darwins [1942] A. C. 356.

(81) 参见前注(80)第 385 页(莱特法官)和第 392、398 页(波特法官)的意见。

(82) Toller v Law Accident Insurance Society [1936] 2 All E. R. 952.

(83) 但不包括被保险人仅欠缺合同要求之保险利益的情形:Macaura v Northern Assurance Co [1925] A. C. 619(参见第三章第十一节)。

(84) Stebbing v Liverpool & London & Globe Insurance Co [1917] 2 K. B. 433.

不属于保险单的承保范围,都不会影响仲裁条款的效力。[85] 现如今,保险人以索赔欺诈为由拒绝履行保险合同也同样不会影响仲裁条款的效力。[86]

第十一节 弃权和禁反言

关于索赔程序条件,被保险人经常会主张保险人以某种方式丧失了主张被保险人违反条件的抗辩。一般而言,保险人可能会由于弃权和禁反言规则的适用而被禁止提出此种抗辩。尽管在此种情形和其他类似情形下使用"弃权"这一表述一直都受到批判,但由于此种做法已相沿成习,因此本部分仍然沿用这一表述。

虽然弃权和禁反言可能具有共同的基础,但两者在本质上并不相同。[87] 弃权是一种选择。有权免除责任的保险人可能会选择继续承担责任,或者被视为已经选择了继续承担责任,前提是保险人知道被保险人的违约事实,并且明确作出此等选择,或者以一种会让理性被保险人相信其不再行使免责权的方式作出此等选择。因此,弃权要求保险人或其代理人有意识地作出行为,但不要求被保险人以任何方式进行回应。相比之下,禁反言则要求保险人通过语言或者行为向被保险人表示,其不会再以被保险人违反条件为由提出抗辩,被保险人则会对此形成信赖,并作出于己不利的行为。禁反言规则的适用并不要求被禁反言之人知晓相关事实,它的含义十分宽泛,但很明显被禁反言之人的表示必须清楚明确,仅仅是继续进行磋商谈判并不能满足该要求。[88] 弃权和禁反言很可能基于相同的事实而产生,但在某些情况下对二者加以区别可能至关重要,这将在下文中进行讨论。

---

[85] 关于被保险人违反保证或条件的法律后果,参见第九章。

[86] Super Chem Products Ltd v American Life and General Insurance Co Ltd [2004] UKPC 2;[2004] 2 All E. R. 358,该案判决最终推翻了饱受诟病且与该判决相反的一项判决书附带意见,该判决书附带意见系由霍尔丹(Haldane)法官在 Jureidini v National British & Irish Millers' Insurance Co 案([1915] A. C. 499)中所作;对于 Jureidini 案,英国上议院其他成员所作的判决系基于其他理由。

[87] 尤其参见戈夫法官在 Motor Oil Hellas (Corinth) Refineries SA v Shipping Corporation of India(The Kanchenjunga)案([1990] 1 Lloyd's Rep. 391)中的判决意见。

[88] Super Chem Products Ltd v American Life and General Insurance Co Ltd [2004] UKPC 2;[2004] 2 All E. R. 358; see also Fortisbank SA v Trenwick International Ltd [2005] EWHC 399 (Comm);[2005] Lloyd's Rep. I. R. 464.

和不适用于违反保证的情形一样[89]，选择弃权规则亦不适用于违反先决条件的情形。在 Kosmar Villa Holidays Plc v Trustees of Syndicate 1243 案[90]中，经过全面查阅既往判例，上诉法院判决认为，先决条件的违反会令保险人取得对违约之后产生的所有索赔请求的抗辩权，因此禁反言弃权是可适用于先决条件违反的唯一的弃权形式。

"当所涉条件是程序性先决条件时，并没有任何判例将选择弃权规则适用于保险人的理赔行为。此外，此种场合适用选择弃权规则也与该规则的典型适用情形，或者其本质不相符合，因为选择弃权规则要求选择行为必须清楚明确、不可撤销。在这些情况下适用选择弃权规则既不合适，也不必要，因为还有禁反言规则可资适用：当保险人处理索赔可被认为清楚明确地表示了其同意承担赔付责任，且/或不会再援引被保险人违反先决条件作为抗辩，而且被保险人已经基于对此的信赖作出了于己不利的行为，若允许保险人反悔将对被保险人不公平时，被保险人将获得他所需要的所有保护。"[91]

下面将要讨论的案例与禁反言弃权有关，它们所涉的条件均为先决条件。很显然，Kosmar Villa Holidays Plc 案的判决不适用于索赔条件并非保险人责任之先决条件的情形，这种情形如今至少在某些消费者保险合同中更为常见，此时仍然可以适用选择弃权规则。

第一项 弃权的证据

弃权规则的适用明显须以保险人知道被保险人的违约事实为前提，但根据一般原则，保险代理人的知悉也可被视为保险人的知悉。[92] 除了明确表示弃权，保险人的一些行为也可以等同于弃权，如接受保险单续订后的保险费，但理赔或许是最为常见的弃权行为。假使保险人知道被保险人违反条件，却仍然作出一些行为，例如书面要求被保险人提供进一步的索赔细节，或者在不拒绝承担保险责任或不保留其抗辩权的情况下，继续处理被保险人的索赔，并且被保险人基于信赖而为一定行为，那么保险人的这些行为就等同于弃权或者禁反言弃权。前文讨论了 Lickiss v Milestone Motor Policies 案，该

---

[89] 参见第九章第二节。

[90] Kosmar Villa Holidays Plc v Trustees of Syndicate 1243〔2008〕EWCA Civ 489；〔2008〕Lloyd's Rep. I. R. 489.

[91] Per Rix LJ at〔70〕.

[92] 参见第十二章。

案事实就是一个很好的例证。[93] 在该案中,被保险人未向保险人提供任何关于损失的信息,但是警察提供了全部细节。随后,保险人在写给被保险人的信中提到了被保险人收到的传票,并且表示其愿意为被保险人向第三人抗辩做准备。法院判决一致认为保险人的行为构成弃权,表明其放弃了免除保险责任的权利。因为保险人知道被保险人违约却无视这一事实,而且书面表示其同意承担保险责任。

另外,如果保险人的书面或者口头陈述仅仅表示它们仍在对索赔请求进行调查,而非已经同意赔付,那么保险人的这种行为就不能等同于弃权。[94]

保险人在知道被保险人违约后,可能会继续行使保险单赋予自己的权利。如果保险人仅行使权利而没有提出保留自己的抗辩权,就可能构成弃权。在 Craine v Colonial Mutual Fire Insurance Co 案[95]中,火灾保险单规定被保险人须在损失发生后的十五日内向保险人提供损失细节,这是被保险人获得赔付的先决条件。嗣后,被保险人未遵守这一条件。但与此同时,保险人根据保险单中的另一项条件占有了承保房屋,并在那里停留了四个月。法院认为基于这一行为,保险人不得再提出被保险人违反条件的抗辩。因为通过占有房屋的行为,保险人表示自己已经放弃了该抗辩;而被保险人则基于对此的信赖,承受了在上述期间内被剥夺房屋占有所带来的损害。

第二项 对将来履行行为的弃权

就像可能会对已经发生的违约行为弃权一样,保险人也可能会对被保险人将来履行条件的行为弃权。在 Burridge v Haines 案[96]中,一份为马匹提供保障的保险单规定,若马匹因意外事故死亡,被保险人须取得一份由合格兽医开具的证明,证明马匹的死亡是由承保风险所致。被保险人所有的一匹马死亡之后,保险人自己的兽医对死亡原因进行了鉴定,然后保险人告知被保险人此种情况可以理赔,并且表示将接受被保险人提交的与保险单规定不同的马匹死亡证明。法院判决认为,保险人已经放弃了主张被

---

[93] Lickiss v Milestone Motor Policies [1966] 2 All E. R. 972.

[94] See, e.g. Farrell v Federated Employers' Insurance Association [1970] 1 W. L. R. 1400.

[95] Craine v Colonial Mutual Fire Insurance Co (1920) 28 C. L. R. 305(澳大利亚高等法院)。该判决得到了英国枢密院的确认(Yorkshire Insurance Co v Craine [1922] 2 A. C. 541),但后者的判决理由是基于对争议条件的解释。

[96] Burridge v Haines (1918) 87 L. J. K. B. 641.

保险人违反条件的抗辩权,因为保险人的行为已经暗示自己不会再执行该条件,而且由于马的尸体已经由保险人的兽医解剖和损坏,被保险人即便自己委派兽医也无法再对马进行检查,故而保险人的行为使得被保险人对该条件履行不能。

第三项　代理人的权限

正如保险人可以通过其代理人被视为知晓被保险人违约事实一样,在适当情况下,代理人也可能拥有实际放弃违约抗辩的权限。这取决于代理人的实际代理权或表见代理权的范围。代理人若拥有收取保险费或处理索赔请求的代理权,则通常至少也会拥有放弃违反条件抗辩的表见代理权。[97] 但仅仅只是负责拓展业务的代理人则不享有弃权的权限。在 Brook v Trafalgar Insurance Co 案[98]中,保险单要求损失通知向保险公司的总部作出,地区代理人被法院认为无权通过接收损失通知放弃违反条件的抗辩权。

第四项　迟延作为弃权

保险人仅仅是迟延处理被保险人迟延提出的索赔,并不构成弃权。在 Allen v Robles 案[99]中,机动车保险的被保险人有义务在被第三人提出损害赔偿请求后的五日内,将此事实通知保险人。嗣后发生了一起交通事故,但被保险人直到两个月以后才通知保险人自己被第三人提出损害赔偿请求。然而,尽管保险人已经通知第三人,并且在被保险人提出索赔请求的一个月后警告被保险人其将保留抗辩权,但其在四个月的时间里始终未向被保险人表示拒绝承担保险责任。法院判决认为仅仅是时间的经过,并不会使保险人丧失免责权。芬顿·阿特金森(Fenton Atkinson)法官指出:

"对于时间的经过,只有在如下情况下才可作出对(保险人)不利的判决:其一,被保险人因保险人的迟延行为遭受损害;其二,第三人的权利以某种方式介入保险人和被保险人之间;其三,保险人迟延太久以至于法院认为可以将此迟延作为保险人实际已经同意理赔的证据。"[100]

---

[97] 参见第十二章第三节第三项。
[98] Brook v Trafalgar Insurance Co (1946) 79 Ll. L. R. 365.
[99] Allen v Robles [1969] 1 W. L. R. 1193.
[100] 参见前注[99]第 1196 页。

第十二节 索 赔 欺 诈

索赔欺诈的问题值得单独予以特殊对待。虽然通过索赔欺诈获得保险赔付无疑是不被允许的,而且也从未获得过允许,但传统上仍然有不同的理论基础去解释这一结果。其中一项理论基础是被保险人的最大诚信义务[101],该义务明显不仅仅适用于保险单生效之时。[102] 最初通过的《海上保险法(1906)》第 17 条曾经规定被保险人违约将导致保险单自始无效,尽管该规定是否适用于索赔欺诈并不完全清楚,但由于第 17 条已经被《保险法(2015)》所废止[103],该问题很快将成为一个学术上的问题。除此之外,许多保险单中都有条款明确规定,索赔欺诈将导致保险单无效,且被保险人将失去保险单项下的所有利益。而且很明显有一项基于公共政策的独立的普通法原则规定,欺诈将导致索赔完全落空。近年来,这些不同原则之间的具体关系一直是许多判例法的讨论主题,但相关的法律立场则至今都不甚明晰。[104] 虽然《保险法(2015)》作出了具体的成文法规定,但由于其只适用于 2016 年 8 月 12 日当天或之后签订、变更或续订的保险合同,因而可以认为这个问题依然存在。是故在解释新法之前,仍有必要对旧法进行探讨。

就保险单中明确规定的格式条款而言,一个重要的问题是索赔欺诈具有何种法律后果,而该问题实际取决于对条款用语的解释。然而似乎完全可以假设,虽然索赔欺诈及其之后的所有索赔都会遭到否定,但保险单无效并不意味着溯及既往地无效。[105] 事实上,保险人自被保险人实施索赔欺诈这一违

---

[101] 参见第七章。

[102] 在此方面有一个较老的判例:Britton v Royal Insurance Co (1866) 4 F. & F. 905。

[103] 参见《保险法(2015)》第 14 条第 1 款和第 3 款第 a 项。但这仅适用于 2016 年 8 月 12 日当日或之后签订、变更或续订的合同。

[104] 一些可资参考的评论,参见 Clarke, "Lies, damned lies and insurance claims" [2000] N. Z. L. Rev. 233; Thomas, "Fraudulent insurance claims: definition, consequences and limitations" [2006] L. M. C. L. Q. 485; Swaby, "The price of a lie: discretionary flexibility in insurance fraud" [2013] J. B. L. 77 and Hjalmarsson, "The law on fraudulent insurance claims" [2013] J. B. L. 103。

[105] 尽管这一点在 Insurance Company of the Channel Islands v McHugh 案([1997] L. R. L. R. 94)中并未得到明确,但如下所述,该案很明显系以普通法规则为判决依据,而且其在格式条款方面的判决得到了 Direct Line Insurance Plc v Fox [2009] EWHC 386 (QB), [2009] 1 All E. R. (Comm) 1017 的确认。

约行为之日起,有权拒绝履行保险合同。(106) 尽管根据之前提及的普通法原则,相关的明示条款并非必要,这一点长期以来都很明确,但该原则的具体范围和效力则直到最近才得以澄清。在 Galloway v Royal Guardian Royal Exchange (UK) Ltd 案(107)中,原告对其因被入室盗窃而遭受的损失请求保险赔付。保险赔付的数额是对原告全部损失的大致合理评估,但原告还要求保险人为其赔付一台实际并未丢失的电脑,而且购买电脑的发票系由原告伪造。原告签署了一份声明,保证其在索赔表中填写的细节真实完整。虽然保险人指控原告欺诈,但原告还是对保险人提起了诉讼,而保险人拒绝赔付的主张则得到了法院支持。上诉法院认为,尽管保险单中没有条款明确排除所有针对索赔欺诈的保险赔付,但"根据法律原则和合理保险单的要求",可以视为其中存在这样一项条款。(108) 伍尔夫(Woolf)法官认为,法律的目的应当是阻遏索赔欺诈,尽管欺诈必须具有"实质性",但像本案这样索赔欺诈金额占索赔总金额的 10%,也足以满足该标准。米利特(Millett)法官进一步认为,"实质性"不应当以索赔欺诈金额占总索赔金额的比例为标准,否则会导致一个荒唐的结果,即被保险人遭受的真实损失越大,就会有越多的索赔欺诈不会受到惩罚。(109) 在 The Star Sea 案(110)中,霍布豪斯(Hobhouse)法官确认了普通法原则的存在(111),在 Axa General Insurance Ltd v Gottlieb 案(112)中,上诉法院则进一步阐明了其法律立场。该案中,家庭保险单的保险人对被保险人提出的四项索赔请求作出了赔付,但嗣后发现对于其中的两项索赔请求,被保险人提交的是虚假的证明材料,于是保险人根据普通法原则要求被保险人返还已经给付的所有保险金。法院判决认为,普通法原则不会导致被保险人

(106) 有观点认为被保险人不得通过撤回欺诈行为使其索赔请求生效。参见英国王室法律顾问理查德·西摩(Richard Seymour)法官在 Direct Line Insurance Plc v Fox [2009] EWHC 386 (QB), [2009] 1 All E. R. (Comm) 1017 中的观点。

(107) Galloway v Royal Guardian Royal Exchange (UK) Ltd [2000] Lloyd's Rep. I. R. 209.

(108) 同上注。

(109) 受制于"法不干涉琐事原则"(the "de minimis" principle)。

(110) Manifest Shipping Co Ltd v Uni-Polaris Co Ltd [2001] UKHL 1; [2003] A. C. 469, at [62].

(111) 还可参见曼斯(Mance)法官在 Agapitos v Agnew, The Aegeon [2002] EWCA Civ 247; [2003] Q. B. 556 at 45 中的判决意见。

(112) Axa General Insurance Ltd v Gottlieb [2005] EWCA Civ 112; [2005] Lloyd's Rep. I. R. 369. 还可参见 Yeganeh v Zurich Plc [2011] Lloyd's Rep. I. R. 75, 该判决在法律方面得到了上诉法院的肯认([2011] Lloyd's Rep. I. R. 540)。

丧失其基于诚信索赔已经获得的保险金,以及在实施索赔欺诈之前已经获得的保险金,只会导致被保险人丧失索赔欺诈请求项下的所有保险金。因此,即使欺诈行为系实施于保险人提供临时赔付之后,且目的是获得该索赔请求下的最后一笔保险金赔付,保险人也依然可以要求被保险人返还该索赔请求项下的所有保险金。

关于普通法原则仍未明确的一点是,它在何种程度上允许保险人将整个保险合同视为向未来无效或者可拒绝履行。[113] 在 Orakpo v Barclays Insurance Services Co Ltd 案[114]中,为了使地位至高无上的最大诚信原则发挥效力,法院将普通法原则视为保险合同中内含的一项默示条款,并且认为索赔欺诈动摇了保险合同的根基,因此保险人有权对未来的所有索赔请求拒绝履行保险合同。但是此种做法并未得到 The Star Sea 案[115]和 Agapitos v Agnew 案[116]的支持,这两个判例的大致观点是普通法原则不在《海上保险法(1906)》第 17 条所规定的最大诚信原则的涵括范围之内。

然而,最大诚信原则的适用与普通法原则的适用到底存在多大程度的差别,仍然是一个有待明确的问题。如前所见,一旦《保险法(2015)》生效,这个问题就会变成一个纯学术问题,因为第 17 条经修改后取消了违约导致合同无效这一针对保险人提供的救济。[117] 英国上议院对 The Star Sea 案的判决清楚表明,被保险人在索赔阶段的未披露和不实陈述并不会导致保险合同溯及既往地无效[118],但是上议院的大法官们并没有阐明《海上保险法(1906)》第 17 条的规定与索赔欺诈之间究竟具有何种关系。随后,上诉法院的两个判决提供了进一步的指引。在 The Mercandian Continent 案[119]中,保险人主张合同无效的权利被法院认为仅限于以下两种情形:其一,欺诈行为可能影响保险人的最终责任;其二,在保险人愿意的情况下,欺诈行为或其后果的严重性将使保险人有权以违约为由终止保险合同。在 Agapitos v Agnew (The Aegeon) 案[120]中,法官对"实质性欺诈"和"欺诈性手段"作出了区分。前者是指被保险

---

[113] 这在上述 Axa General Insurance Ltd v Gottlieb 案中并非争议焦点。
[114] Orakpo v Barclays Insurance Services Co Ltd [1994] C. L. C. 373.
[115] 同上注。
[116] 同上注,第 45 页。
[117] 参见第七章第三节。
[118] 该判决推翻了 The Litsion Pride 案([1985] 1 Lloyd's Rep. 437, at 514−516)中的相反判决。
[119] K/S Merc-Scandia v Certain Lloyd's Underwriters [2001] EWCA Civ 1275, 2 Lloyed's Rep. 563.
[120] Agapitos v Agnew (The Aegeon) [2002] EWCA Civ 247; [2003] Q. B. 556.

人对根本就不存在的损失或者是夸大的损失进行索赔;后者是指被保险人用来促进索赔的手段,而该索赔在本质上是诚实索赔。⑫① 曼斯法官将“欺诈性手段”描述为“被保险人确信自己是在对已经遭受的损失提出索赔,但试图通过一些谎言对索赔相关的事实进行改善或修饰”。⑫② “如果被保险人使用欺诈性方式或者手段去促进索赔,而该索赔在庭审中被证实在各方面都是有效的”,那么此时是否能够适用第 17 条规定的最大诚信义务呢? 对于该问题,曼斯法官作了相关阐述,他的结论是普通法原则,即如上所述使被保险人丧失保险赔付的原则,应当在同时符合下列条件的情形下适用:第一,被保险人使用了欺诈性手段;第二,第 17 条不适用于该情形;第三,关于保险合同整体无效不存在疑义。⑫③

删除第 17 条中违约无效的救济性规定并对索赔欺诈作出专门的成文法规定,意味着一般性的诚信义务将成为过往。《保险法(2015)》的规定并未对明示条款造成任何影响,所以如下文所述,保险人似乎仍然可以援引该条款提出被保险人违反条款的抗辩。但基于该法第 12 条和第 13 条的规定,这样做应当是不必要的。尽管并没有实际表示出来,但这两条规定似乎意在取代为它们所反映和拓展的普通法原则。简言之,第 12 条规定如果被保险人作出索赔欺诈,保险人就没有义务承担赔付责任,并且可以要求被保险人返还已经支付的保险金,还可以通知被保险人保险合同自欺诈之日起被视为终止,同时保险人无须返还被保险人已经支付的保险费。合同终止意味着对于任何发生在欺诈之后的“相关事件”,保险人都不承担保险责任,但对于发生在欺诈之前的“相关事件”,保险人的保险责任则不受影响。“相关事件”是指保险人根据保险合同应当承担责任的事件,包括损失的发生、索赔的提出和通知潜在的损害赔偿请求等。第 13 条则对团体保险的索赔欺诈作出了规定,以确保其中一位共同被保险人的欺诈行为不会影响其他无辜共同被保险人的法律地位。

与《保险法(2015)》中的其他大多数规定一样,第 12 条和第 13 条也可以在非消费者保险合同中被排除适用,但须满足第 17 条的透明性要求。因此从理论上而言,保险人可以在保险单中对此作出规定,并援引明示条款或普

---

(121) Agapitos v Agnew (The Aegeon) [2002] EWCA Civ 247, at [4].

(122) 同上注第 30 段。还可参见 Eagle Star Insurance Co Ltd v Games Video Co SA [2004] EWHC 15 (Comm); [2004] Lloyd's Rep. I. R. 867。

(123) 同前注(121)第 45(d)段。

通法原则提出抗辩,前提是后者依然存在。然而,后一种做法似乎没有什么意义,因为第 12 条和第 13 条实际上已经承认了普通法原则。明示条款唯一可能的优势在于,保险人可以将其起草为具有溯及效力,但其在解释时能否得到法院支持还有待观察。

第一项 欺诈的含义

《保险法(2015)》并未对索赔欺诈作出定义,这导致判例法对其含义的界定将适用于该法案和所有的明示条款。[124] 很明显,如果可以证明被保险人旨在欺诈保险人,例如恶意损坏被保财产或者实际上根本没有发生损失却提供虚假损失证明,就可以认为被保险人的索赔构成欺诈。[125] 除此之外,被保险人利用欺诈性手段支持诚实索赔也同样构成欺诈,即:

"与索赔直接相关的任何谎言,……以改善被保险人和解或胜诉后的境况为目的,而且一旦得到保险人采信,在客观上通常就会使被保险人的境况得到重大改善。"[126]

该观点与上诉法院早期在 Galloway v Royal Guardian Royal Exchange (UK) Ltd 案[127]中采纳的做法相一致。除此之外,索赔欺诈通常是指被保险人对其损失数额的夸大。上述判决都对仅仅是夸大损失不构成欺诈这一传统立场提出了质疑。当被保险人明知其应得的保险金数额却索赔更高数额时,他可能会将此行为视作一种与保险人议价的手段,而且一些判例已经认为,只有在被保险人具有明确的意图想要获得超过他有权获得的保险金数额时,被保险人的行为才构成索赔欺诈。在 Central Bank of India v Guardian Assurance Co 案[128]中,被保险人索赔的数额几乎是被毁动产实际价值的一百

---

[124] 法院认为,如果被保险人的代理人在授权范围内实施了欺诈行为,被保险人须受该行为约束:Savash v CIS General Insurance Ltd [2014] EWHC 375 (TCC)。

[125] 保险人对此要承担很高的举证责任,具体参见 S & M Carpets (London) Ltd v Cornhill Insurance Ltd [1982] 1 Lloyd's Rep. 423,其维持了初审判决([1981] Lloyd's Rep. 423)。也可参见 Diggens v Sun Alliance and London Insurance Plc [1994] C. L. C. 1146。

[126] Agapitos v Agnew (The Aegeon),前注[123]第 45(c)段,曼斯法官在 Stemson v AMP General Insurance (NZ) Ltd 案([2006] UKPC 30; [2006] Lloyd's Rep. I. R. 852)中也对此表示赞同。

[127] 同上注。

[128] Central Bank of India v Guardian Assurance Co (1936) 54 Ll. L. R. 247. 更多较近的判例,可参见 Orakpo v Barclays Insurance Services Co Ltd 案([1994] C. L. C. 373)及克拉克在其著作《保险合同法》(The Law of Insurance Contracts)第二十七章中引述的案例。

倍,自然被法院认定为索赔欺诈行为。[129] 然而,在 Ewer v National Employers' Mutual General Insurance Association 案[130]中,被保险人请求保险人按照其被毁动产的当前市场价值进行赔付,但他其实知道自己仅有权就被毁动产的二手价值获得赔付。法院判决认为这不构成索赔欺诈,因为被保险人的索赔数额虽然"不合理地夸大"了,但还可以与保险人继续进行谈判协商。不过,此种观点如今看来可能是值得推敲的。[131]

第二项 受让人和共同被保险人

保险单受让人似乎不会因为被保险人索赔欺诈而丧失保险索赔的权利[132],但是这并不适用于被保险人的破产管理人[133]和共同保险的被保险人。在共同保险中,一位被保险人的欺诈行为将导致保险单项下的所有索赔请求无效。[134] 但是,共同保险的订立场合仅限于被保财产由多个被保险人共有。[135] 当一份保险单项下存在复合的保险利益,即不同的被保险人享有不同的保险利益时,该保险便不属于共同保险。例如,出租人和承租人,或者抵押人和抵押权人共同订立一份保险。在这种情况下,其中一位被保险人的索赔欺诈行为并不会影响其他无辜的被保险人获得保险赔付。[136] 如我们所见,这一点已

---

[129] 参见米利特法官在上述 Galloway v Royal Guardian Royal Exchange (UK) Ltd 案(Lloyd's Rep. I. R. 209)中对此所作的评论。他反对将夸大损失数额或者更恶劣的行为认定为真正的索赔欺诈,他表示:"不诚实的索赔如今已经太过常见,公众似乎普遍认为保险公司是可以被戏耍的对象(fair game),欺骗保险公司并不会受到道德上的谴责。"很明显,米利特法官对此持反对意见。

[130] Ewer v National Employers' Mutual General Insurance Association [1937] 2 All E. R. 193;对比 Norton v Royal Life Assurance Co 案(The Times, August 12, 1885),该案撤销了初审法院的判决,初审法院认为被保险人对其 87 英镑的损失请求 274 英镑的保险赔付,不构成索赔欺诈。

[131] 然而,"单纯的夸大损失数额本身并不构成索赔欺诈"这一观点在 Danepoint Ltd v Underwriting Insurance Ltd [2005] EWHC 2318 (TCC); [2006] Lloyd's Rep. I. R. 429 中得到了接受。

[132] Central Bank of India v Guardian Assurance Co, 前注[12]第 260 页。

[133] Carr and Sun Insurance Re, (1897) 13 T. L. R. 186.

[134] P Samuel & Co Ltd v Dumas [1924] A. C. 421 at 445; Central Bank of India v Guardian Assurance Co, 前注[12]; State of the Netherlands v Youell [1997] 2 Lloyd's Rep. 440 at 445.

[135] Central Bank of India v Guardian Assurance Co, 前注[12]。但新西兰的一个判例 Maulder v National Insurance Co of New Zealand 案([1993] 2 N. Z. L. R. N. 351)与此形成了对比,该案判决认为即便是共有人订立的保险也可能不是共同保险。对于该判例和其他判例的研析,参见 Campbell, "Wilful misconduct, fraud and the innocent no-insured" [2000] New Zealand Law Review 263。

[136] General Accident Fire & Life Assurance Corp v Midland Bank [1940] 2 K. B. 388.

经在《保险法(2015)》第 13 条中得到确认。

第三项　保险人的救济

根据普通法和《保险法(2015)》,如果保险人在给付保险金后发现被保险人构成索赔欺诈,保险人有权要求被保险人返还保险金,但是对于调查索赔欺诈所支出的费用,保险人则无权将之作为违约损害赔偿金要求被保险人赔偿。[137] 保险人提起欺诈侵权之诉可能也无法得到支持。[138] 然而,最近在 Parker v National Farmers Union Mutual Insurance Society Ltd 案[139]中,保险人却获得了针对索赔欺诈调查费用的赔偿,尽管当事人双方都接受了这一判决结果,但法院并未说明其作出该裁判的依据为何。

第十三节　索赔请求的赔付

下一章将会对规定被保险人有权获得的保险赔付数额的具体法律规则进行论述,但在数额问题之外,此处有必要对索赔请求的赔付相关的一些一般要点问题进行讨论。索赔请求的赔付无疑经常发生在被保险人和保险人,或者他们的代表人(如公估人和损失核算人)协商谈判之后。已报告的判例通常涉及保险人是否可以重新启动赔付,但对于被保险人而言,可以认为如果保险人作出了不实陈述或者被保险人受到了保险人的不当影响,被保险人就有权要求重新启动赔付。然而,被保险人事实上很难对此提供证明。[140]

除非保险人实际依法负有赔付责任,否则其单纯的赔付承诺并不具有约束力,但如果保险人已经作出了赔付,则可以在下列两种情况下要求被保险人返还保险金:其一,被保险人实施了索赔欺诈;其二,保险人由于事实错误或法律错误而给付保险金。这属于法律上的恢复原状或不当得利

---

[137] London Assurance v Clarke (1937) 57 Ll. L. R. 254.
[138] London Assurance v Clarke (1937) 57 Ll. L. R. 254, per Goddard J at 270.
[139] Parker v National Farmers Union Mutual Insurance Society Ltd ［2012］ EWHC 2156 (Comm) at ［204］.
[140] 当责任保险人代表被保险人与受害人进行谈判协商时,更有可能如此,例如 Horry v Tate & Lyle Refineries Ltd 案(［1982］ 2 Lloyd's Rep. 416),参见 Merkin (1983) 46 M. L. R. 99 及第二十章第四节。

问题。[141] 例如，在 Kelly v Solari 案[142]中，人寿保险单规定保险费按季度支付，若被保险人未按约履行，保险单将会失效。在被保险人死亡时，尚有一期保险费未缴纳，但是保险人向被保险人的妻子给付了约定的保险金。法院判决认为，保险人如果是由于不知该事实或者是真的遗忘了该事实而给付保险金，就有权要求被保险人返还保险金，这一点需要重新审判查明。"如果某项事实会剥夺一方当事人的返还请求权，我认为知悉该事实是指当事人在作出赔付时知悉该事实。"[143]保险人可能系出于疏忽大意的事实，并不会剥夺其保险金返还请求权。

第一项　赔付协议

如果保险人与被保险人订立了一份赔付协议，情况将稍有不同。[144] 赔付协议可能会以替代给付协议的形式出现。例如，在 Holmes v Payne 案[145]中，对于被保险人丢失的珠宝，保险人与被保险人订立了一份替代给付协议，约定由保险人向被保险人给付价值相当的珠宝。除非存在一项一般性的可撤销事由，如不实陈述或错误，否则赔付协议具有法律约束力。就错误而言，赔付协议不存在任何普通法上的可撤销基础，因为仅在一项根本性的一般错误影响合同标的时，才可适用错误撤销规则。[146] 保险索赔之后达成的赔付协议，几乎不可能会因此而无效。当保险人基于一种错误印象，即自己有义务赔付被保险人而订立赔付协议时，其只是对合同的特性，即自己享有的合同权利产生了认识错误，而没有对合同的性质产生认识错误。因此，即便保险人原本不应订立赔付协议，但若因对合同的特性理解有误而订立了赔付协议，该协议仍然有效。例如，以下情况：其一，保险人有权因被保险人不实陈述(消费者保险合同中)或违反合理陈述义务(非消费者保险合同中)而撤销

---

[141] 尤其参见 Kleinwort Benson Ltd v Lincoln City Council 案([1998] 4 All E. R. 513)，在该案中，英国上议院废除了之前对事实错误和法律错误所作的区分。

[142] Kelly v Solari (1841) 9 M. & W. 54.

[143] Above at 58, per Lord Abinger C. B.

[144] 这样的合同似乎本身就不是最大诚信合同：Baghbadrani v Commercial Union Assurance Co Plc [2000] Lloyd's Rep. I. R. 94 at 118; Direct Line Insurance Plc v Fox [2009] EWHC 386 (QB); [2009] 1 All E. R. (Comm) 1017, at [31]，但注意 Aviva Insurance Ltd v Brown [2011] EWHC 362 (QB) at [78]对后一案件所作的评论。

[145] Holmes v Payne [1930] 2 K. B. 301; 参见第十三章第七节第二项。

[146] Bell v Lever Bros [1932] A. C. 161. See generally, Treitel Law of Contract, Ch. 8.

保险合同进而免除保险责任；其二，保险单失效。如果保险人在订立赔付协议时知道自己享有免责权，自然就更不能主张存在错误。一段时期里曾经有判例认为赔付协议基于衡平法可以被撤销[147]，但此种判决是否正确在当时是存疑的。现如今，这些判例实际上已经被推翻[148]，并且此种质疑赔付协议效力的依据现在明显已经消失。[149]

第二项 通融赔付

如果保险人有意识地对其事实上不负有赔付责任的索赔请求支付了保险金，那么它提供的可能是一种通融赔付（Ex gratia payments）。虽然此种赔付是完全合理的，并且没有超越保险公司的权限[150]，但它们对保险人并不具有法律约束力，即保险人在某种情况下提供了通融赔付，并不意味着其之后在类似甚至相同情形下也必须提供赔付。[151]

---

[147] Magee v Pennine Insurance Co [1969] 2 Q. B. 507, 该案遵循了 Solle v Butcher 案（[1950] 1 K. B. 671）的判决。

[148] Great Peace Shipping Ltd v Tsavliris Salvage (International) Ltd [2002] EWCA Civ 1407; [2003] Q. B. 679.

[149] See also Kyle Bay Ltd v Certain Lloyd's Underwriters [2006] EWHC 607 (Comm); [2007] Lloyd's Rep. I. R. 460.

[150] Taunton v Royal Insurance Co (1864) 2 H. & M. 135.

[151] London & Manchester Plate Glass Co v Heath [1913] 3 K. B. 441. 此处存在一起争议极大的案件，该案反对人寿保险公司在特定情形下提供通融赔付，具体参见 Selmer (1966) 33 U. Chicago Law Rev. 502。

第十五章 保险赔付——损失的计算

本章讨论的是被保险人在保险事故发生后有权获得的保险赔付数额,以及其他与之相关的问题。首先,本章将对保险人责任的性质进行探讨;其次,本章将对损失补偿型保险合同中,确定保险事故实际损失的法律规则进行研究。

第一节 保险人的违约损害赔偿责任

保险给付请求权长期以来一直被认为是一项违约损害赔偿请求权①,即使在保险人承认其责任的情形下亦是如此。虽然"损害赔偿"一词在过去的用法可能与其如今违约赔偿的含义有所不同②,但现代的用法已经全然忽略了其与"不幸的后果"之间的区别。现代的判例将保险人的给付承诺认定为防止被保险人遭受损失的承诺,因此当此种损失事故发生时,就会产生一项违约损害赔偿之诉。③ 在此方面最广为引用的法官意见,是戈夫法官在 The Fanti and The Padre Island 案④中所作的附带意见。他认为,保险合同中的补

---

① Jabbour v Custodian of Israeli Absentee Property [1954] 1 W. L. R. 139 at 143, per Pearson J; Edmunds v Lloyds Italico & L'Ancora Compagnia di Assicurzioni & Riassicurazione SPA [1986] 1 Lloyd's Rep. 326 at 327 per Donaldson MR; The Fanti and The Padre Island [1991] 2 A. C. 1.

② 参见皮尔逊(Pearson)法官在前注①Jabbour 案中的评论。

③ 参见前注①中的权威判例及以下判例:The Italia Express (No. 2) [1992] 2 Lloyd's Rep. 281; The Kyriaki [1993] 1 Lloyd's Rep. 137; Callaghan v Dominion Insurance Co Ltd [1997] 2 Lloyd's Rep. 541。还可参见坎贝尔(Campbell)所作的精彩分析及批判性意见,Campbell, "The nature of an insurer's obligation" [2000] L. M. C. L. Q. 42。他认为在财产保险中,保险人负有第一性的损失补偿义务,必要情况下还负有第二性的违约损害赔偿义务。还可参见 Campbell, "An insured's remedy for breach" (1994) 5 New Zealand Business Law Quarterly 51。在该文中,他研究了与英国判例采不同意见,并且判决保险人对间接损失承担赔偿责任的新西兰判例,尤其是 NZ Insurance Co Ltd v Harris 案([1990] 1 N. Z. L. R. 10)。

④ The Fanti and The Padre Island [1991] 2 A. C. at 35.

偿承诺仅仅是"一项在被补偿之人遭受特定损失或支出特定费用时,填平被补偿之人损害的承诺"。⑤ 将保险给付请求权的性质认定为违约损害赔偿请求权,带来了两项应予检视的后果。⑥

第一项后果涉及被保险人损害赔偿请求权的产生时点,该时点对于确定被保险人的请求权须在何时提起才不超过法定时效期间非常重要。⑦ 在此问题上,责任保险和所有其他类型的保险之间存在区别。在责任保险中,无论是基于判决、仲裁还是协商,被保险人诉由的产生时间都是其责任确定之时。⑧

"然而,就包括财产保险、人寿保险、海上保险等保险在内的其他类型的保险而言,长期以来的法律规则一直都是,由于对保险单的解释是保险人负有义务提供保障以防止保险事故发生,因此保险事故一旦发生就等同于保险人违反了保险合同。是故,当保险单条款未对该问题作出特别规定时,保险金请求权的诉讼时效应从保险事故发生之日起算,即便此时被保险人尚未提出保险索赔请求。"⑨

因此,火灾保险的保险索赔诉讼在火灾发生之日六年后提起,就属于超过了法定的时效期间,索赔请求将不再能够得到法院支持。⑩ 尽管有的保险单条款具有推迟保险人责任的效力⑪,会使诉讼时效在特定期间内暂停计算,但规定被保险人须在损失发生后的一定期间内发出损失通知或提供损失

---

⑤ 这是其额外所作的强调。该附带意见可以说已经遭到了误读,参见克拉克的批判性评述:Clarke, The Law of Insurance Contracts, para. 30–7A;坎贝尔所作的分析(前注③);以及 MacGillivray on Insurance Law,13th edn, para. 20–076。

⑥ Pride Valley Foods Ltd v Independent Insurance Co Ltd 案([1999] Lloyd's Rep. I. R. 120)中涉及这一问题,该案案情与前述 The Italia Express (No. 2)案和下述 Sprung v Royal Insurance (UK) Ltd 案([1997] C. L. C. 70; [1999] Lloyd's Rep. I. R. 111)类似。由于上诉法院许可当事人提出上诉,该问题本会得到英国上议院的重新审查,但遗憾的是当事人最终并未提起上诉。法律委员会仔细研究了该问题,并指出苏格兰及许多普通法地区的法律是与众不同的,而且从近年来违约损害赔偿的总体发展情况来看,此种性质认定其实并不正确;参见 Issues Paper 6–Damages for Late Payment and the Insurer's Duty of Good Faith (March 2010) and their Consultation Paper,Insurance Contract Law: Post Contract Duties and Other Issues,LCCP 201/SLCDP 152, December 2011。对其研究得出的最终结论,参见第十五章第一节。

⑦ 依据《时效法(1980)》(Limitation Act 1980)第 6 条,违约损害赔偿之诉的时效期间为六年。

⑧ Bradley v Eagle Star Insurance Co [1989] A. C. 957; The Fanti and The Padre Island [1991] 2 A. C. 1. 对这些判决的深入探讨,参见第二十章。

⑨ Virk v Gan Life Holdings Plc [2000] Lloyd's Rep. I. R. 159 at 162, per Potter LJ.

⑩ Callaghan v Dominion Insurance Co Ltd, above.

⑪ 参见 Virk v Gan Life Holdings Plc 案。在该案中,投保人所购买的重大疾病保险单显示,仅在被保险人投保三十日内未患该疾病的情形下,保险人才承担保险责任。

细节的条款⑫,并不会对诉讼时效产生影响。

第二项后果是保险赔付的数额要受限于本章之后所介绍的损失补偿的计算方式。其原因在于一项基本规则,即当事人不会因为其未及时支付损害赔偿而被判决承担损害赔偿责任。⑬ 相关的指导性判例是 Sprung v Royal Insurance (UK) Ltd 案⑭,该案显示了这项规则的严苛性,这一点也得到了上诉法院的承认,因为其判决是在"极其不情愿"的情况下作出的。⑮ 该案原告拥有一家处理动物废品的小企业,并为其机器设备在遭受突然且不可预见的损害后,必须要立即修理或更换才能重新工作的风险,投保了一份损失补偿保险。⑯ 1986 年 4 月,一些破坏者进入原告的营业场所损坏了其机器设备。保险人当时以一种后来被证明为完全不成立的理由否认了其所应当承担的责任,且直到三年半以后才对原告进行实质性的保险赔付,即针对原告的机器损失作出补偿。初审判决认为原告本应当在 1986 年 10 月获得这笔保险赔付。该案的本质即为被保险人的损害赔偿请求,经由法官计算,其数额应为 75000 英镑,赔偿被保险人因为长期资金周转困难,停止经营且无法出售转让的损失。但是,上诉法院依据上文提到的权威判例,轻而易举地驳回了原告就迟延赔付提出的损害赔偿请求。由于这些判决结果相同的判例,赫斯特 (Hirst) 法官在 The Italia Express (No. 2)案⑰中也驳回了原告就海上保险单提出的损害赔偿请求⑱,Sprung v Royal Insurance (UK) Ltd 案则确认了非海上保险案件也须适用同样的规则。⑲

当保险人不当地迟延赔付时,被保险人也无法主张损害赔偿,这一点明显有失公允。对此,除非最高法院否认保险金请求权属于一般的违约损

---

⑫ 关于这些条款,参见第十四章第五节及以下。

⑬ President of India v Lips Maritime Corp [1988] A. C. 395.

⑭ See fn. 6, above, noted [1997] J. B. L. 368 (Birds); [1998] L. M. C. L. Q. 154 (Hemsworth).

⑮ Sprung v Royal Insurance (UK) Ltd [1997] C. L. C. at 79, per Evans LJ.

⑯ 根据保险单条件,被保险人只要发出损失通知并提供相关细节,就可以在"不损害(保险人)责任承担"的前提下对被保财产进行微小修理。然而,其他类型的修理则必须在保险人同意后方可实施。

⑰ The Italia Express (No. 2) [1992] 2 Lloyd's Rep. 281.

⑱ 他还援引了《海上保险法(1906)》中对于保险人赔偿范围的规定。

⑲ See also Normhurst Ltd v Dornoch Ltd [2004] EWHC 576 (Comm); [2005] Lloyd's Rep. I. R. 27 and Tonkin v UK Insurance Ltd [2006] EWHC 1120 (TCC). Grant v Co-operative Insurance Society 案([1984] 134 N. L. J. 81)的判决如今应当被视为是错误的,因为判决保险人对被保险人的间接损失承担损害赔偿责任。

害赔偿请求权这一观点,否则普通法很难对之采取任何行之有效的因应措施。值得注意的是,北美的法院通常会判决行为违反诚信义务的保险人承担违约或侵权损害赔偿责任(包括惩罚性赔偿)⑳,加拿大最高法院对 Whiten v Pilot Insurance Co 案㉑所作的判决就是一个典型的例证。在该案中,对于被保险人因遭受火灾损失而提出的索赔请求,保险人以一项完全不能成立的纵火之理由拒绝承担赔付责任。此外,该火灾导致被保险人及其家人在安大略省寒冬的午夜时分,穿着睡衣从着火房屋逃到零下 18 摄氏度的室外。最终,法院判决保险人对被保险人支付 100 万加元的惩罚性赔偿。㉒ 另外,《保险营业行为规范》也对保险理赔的规则作出了详细规定㉓,这应当表明其承认了被保险人可基于保险人违反法定义务㉔,而对不当迟延赔付的保险人提起诉讼。㉕

制定法改革

然而,如今有望实现一场意义非凡的制定法改革。法律委员会在其 2010 年 3 月发布的经过审慎论证且极具价值的《议题文件》(7 号)中,临时性地提议废止它们认为错误的 Sprung 案的判决,并且提议明确规定保险人负有一项法定义务,在适当情况下违反该义务将导致保险人对被保险人基础损失以外的损失也须承担赔偿责任。在 2011 年 12 月发布的《咨询文件》㉖和 2014 年发布的《报告》中,法律委员会再次确认了以上提议。㉗《保险法(2015)》议案草案吸收了该提议并作出相应规定,这些规定后来因争议太大而未进入议案,但其在议会拟定法律条文之前被吸收进了企业法议案。企业法议案似乎相当确定地会在 2016 年的某个时间成为正式的法律,如果当真

---

  ⑳ 对该规则的精妙总结,参见 Clarke, The Law of Insurance Contracts, para. 30-10。
  ㉑ Whiten v Pilot Insurance Co [2002] S. C. C. 18.
  ㉒ 该惩罚性赔偿系基于违约,英国法院似乎完全不可能作出此种判决,这主要是因为在 Banque Financière de la Cité v Westgate Insurance Co Ltd 案([1991] 2 A. C. 249)中,上议院拒绝对保险人违反最大诚信义务(参见第八章)的行为科以惩罚性赔偿。在大西洋东岸地区,基于侵权的惩罚性赔偿救济措施也同样可能遭到法院否定。
  ㉓ See ICOBS 8—Claims Handling.
  ㉔ 依据为《金融服务与市场法(2000)》第 138D 条。
  ㉕ 例如,ICOBS 8.1.1 要求保险人及时处理被保险人的索赔请求。
  ㉖ 参见前注⑥。
  ㉗ Insurance Contract Law: Business Disclosure; Warranties; Insurers' Remedies for Fraudulent Claims; and Late Payment (Law Com No. 353, Scot Law Com No. 238, 2014, CM 8898).

如此的话,那么相关的规定将会在法案通过的一年后生效,并且适用于其生效以后成立、续订或变更的合同。

该议案向《保险法(2015)》中注入了新的规定,即第13A条和第16A条。据此,每一个保险合同中都将存在一项默示条款,即若被保险人提出索赔请求,保险人应当在合理时间内依照保险合同约定给付保险金,该合理时间包括调查和评估索赔请求所需的合理时间。"合理"的认定将取决于所有相关情况,但可能被纳入考虑范围的主要有以下因素:(a)保险的类型;(b)索赔请求的规模及复杂程度;(c)对相关法律、条例或指引的遵守情况;(d)保险人控制范围之外的因素。如果保险人能够证明对于索赔请求是否成立或者其数额的争议存在合理理由,那么其在争议期间未给付保险金将不构成违反上述默示条款,但其理赔行为可能会与是否违反条款相关。被保险人针对保险人违反该条款所享有的救济措施,如损害赔偿请求权,将构成强制执行保险金给付及对保险金给付主张利益之权利的补充,并且与后者存在截然的区别。

在消费者保险合同中,当事人无权排除适用上述规定。然而非消费者保险合同的当事人则享有此种权利,但是同排除适用《保险法(2015)》中其他规定的权利相比,此项排除权是一种受限制的权利。[28] 若保险人系出于故意或重大过失违反上述默示条款,则任何对上述规定的排除适用基本上都将属于无效。和排除适用其他规定相同的是,排除适用上述规定也同样必须满足透明度的要求。考虑到引发最多担忧的 Sprung v Royal Insurance (UK) Ltd 案是一起非消费者保险案件,在非消费者保险合同中只要满足相关条件就一概允许排除适用上述规定的做法,或许有一些令人费解。

尽管如此,如果议案引入的上述规定真的得以通过并成为正式的制定法的话,其无疑将会是一项备受欢迎的法律改革。最高法院仍有可能会在将来的某一天对保险给付请求权的确切性质作出正确认定,届时所有排除适用上述规定的行为都将沦为无效。此外,当保险人由于一般过失而花费了非必要长的时间处理索赔请求,并主张已经排除了上述规定的适用时,被保险人可能还会主张保险人违反了诚信义务,但其基于此是否享有损害赔偿请求权则尚未明确。

---

[28] 关于该部分内容,重点参见第七章第十节。

第二节　保险赔付数额的计算

本节将讨论保险赔付数额的计算。首先,可能需要将某些类型的保险排除出讨论范围,尤其是所有的定额给付保险,即人寿保险、意外伤害保险及它们的变种保险。这些保险通常不属于损失补偿型保险,或者严格依照被保险人实际损失进行赔付的保险。[29] 在这些保险当中,对损失数额的基本计算并不困难,因为保险单本身已经针对发生损失时应当给付的保险金数额作出了规定。与之类似,第三方责任保险尽管属于损失补偿型保险,但由于其补偿的数额其实就是被保险人赔偿责任的数额[30],并受到保险责任限额和自负额条款的限制(下文将对此有更详细的介绍),因此责任保险的保险赔付数额也没有引发真正的问题。

是故,下文论述的客体主要是各类财产保险,包括动产保险及不动产保险。财产保险被推定属于损失补偿型保险,依据在于在财产保险合同中,除非当事人表示放弃,否则必须满足损失发生时存在保险利益这项要求。[31] 仅在定值保险中,才完全不适用损失补偿原则。因此,下文将对不同的情形分别进行研究。现代的"以新换旧"保险是一种保险人承诺支付被保财产重置成本的保险,它虽然与传统的损失补偿型保险在类型上有所不同,并且没有在保险赔付数额的计算方面引发与后者相同的问题,但其仍然属于损失补偿型保险。

保险金额

一种主流观点是,被保险人获得的保险赔付数额永远不得超过保险单中明确记载的最高限额。[32] 该最高限额通常被称为"保险金额",而且在财产保险和责任保险中,被保险人应支付的保险费在极大程度上系基于保险金额而计算,但后者关联程度较低。因保险金额不准确,即低于或高于保险标的物实际价值而引发的问题,将在下文进行讨论。此处假设不存在不足额保险或

---

[29] 参见第三章。意外伤害保险或健康保险均可能为损失补偿型保险(参见第十七章第一节),但即使是在此种场合,对被保险人损失数额的计算亦不会引发任何法律问题。

[30] 这可以包括惩罚性赔偿: Lancashire County Council v Municipal Mutual Insurance Ltd [1996] 3 All E. R. 545。

[31] 参见第三章。

[32] 此种最高限额在一些责任保险中并不存在。最典型的就是在机动车保险中,法律禁止保险单对人身损害的赔付数额进行限制;参见第二十一章。

超额保险的情况。

第三节　全部损失与部分损失

　　保险标的物可能会发生全部或部分损失。换言之，其既可能是完全地毁灭或丢失，也可能只是遭受部分损坏。相应的，两种场合保险赔付数额的计算方式也很可能有所不同。全损虽然明显包括保险标的物完全毁损的情形，但却不一定仅限于此种情形。它还包括这样一种情形，即"保险标的物在被破坏或毁损后，不再能够发挥此类保险标的物的一般功能"。㉝ 例如，房屋在经历火灾之后其墙壁与地基可能依然存在，但如果该房屋已经完全无法作为一般房屋使用，则应当被视为发生全部损失。这也同样适用于真正"报废"的汽车。在实践中，汽车的损坏可能并未达到"不再能够发挥汽车功能"的程度，因为可能通过修理即可轻易恢复其功能。但即便如此，若修理汽车耗费成本过高因而并不经济，也应当将该汽车视为报废。即使实践中已然如此操作，但严格依照法律可否将这些情形认定为全部损失仍然存在争议。当然，若被保险人同意，保险人完全可以采纳此种态度。后文将对此种情形下可能产生的一些问题进行讨论。

第四节　动产保险中的全部损失

　　就真正的全部损失而言，将与之相关的两类财产保险——动产与不动产保险，分开讨论更为合适。㉞ 对于动产保险，当保险标的物发生全损时，被保险人损失的通常是保险标的物在保险事故发生当时㉟和当地㊱的市场价值，即保险标的物的二手价值或转售价值。㊲ 原因在于，这一价值是被保险

　　㉝　Halsbury's Laws of England, 4th edn (London: Butterworths, 2005), Vol. 25, para. 298.
　　㉞　此处仅讨论对被保财产本身之保险赔付数额的确定。许多财产保险还会对被保险人额外支出的费用提供补偿，例如机动车保险中被保险人租用替代车辆的费用，房屋保险中被保险人租用替代住处的费用及雇佣损失调查员的费用，等等。
　　㉟　Re Wilson and Scottish Insurance Corp, [1920] 2 Ch. 28; see below.
　　㊱　Rice v Baxendale (1861) 7 H. & N. 96.
　　㊲　在估定市场价值时，如果有证据证明一般理性买受人不会发现被保动产的潜在瑕疵，就可以忽视该潜在瑕疵的存在：State Insurance Office v Bettany [1992] 2 N. Z. L. R. 275。See also Scottish Coal Co Ltd v Royal & Sun Alliance Insurance Plc [2008] EWHC 880 (Comm); [2008] Lloyd's Rep. I. R. 718 at [119]。

人重新获得与毁损财产相同的财产所需花费的金额。

在 Richard Aubrey Film Productions Ltd v Graham 案㊳中，一位电影制片人为电影的底片及胶片投保了财产保险。该胶片在即将制作完成时被盗。有证据显示，该胶片制作完成后的市场价值将达到 20000 英镑，但完成该电影的最终制作将花费 4000 到 5000 英镑。因此，被保险人就此二者之间的差额获得了保险金赔偿。此种计算方式不考虑被保险人创作心血付诸东流的主观精神损失，仅单纯补偿客观的物质损失。与之相似，在合适情况下，所谓的精神价值或情感损失并不属于保险赔付范围。以所谓的"传家宝"为例，其价值纵使对所有权人而言远远超过其市场价值本身，但其保险赔付的数额也仍以其市场价值为限。㊴

第一项　损失发生时的价值

损失发生时的价值是指损失发生之日或之时，被保财产能够获得保险赔付的价值。无疑，该价值与订立保险合同或续订保险合同时的被保财产价值可能有关，也可能无关。在 Wilson and Scottish Insurance Corp Ltd 案㊵中，被保险人于 1915 年 10 月为其汽车购买了一份保险金额为 250 英镑的保险，该金额是汽车的购入价格，而且被保险人表示该金额是其估计的汽车现值。保险合同在之后每一年的 11 月都续订了一次，直到该汽车在 1919 年 6 月的一场火灾中被毁损。毁损当时，该汽车的市场价值为 400 英镑。保险单对该汽车的赔付金额则"不超过其全部价值"。此案在诉讼之前还经过了仲裁，仲裁员给法院留下了一个待决问题，即被保险人究竟应当获得 250 英镑还是 400 英镑的保险赔付。阿斯特伯里（Astbury）法官认为这取决于汽车升值的发生时间。如若最后一次保险合同续订之前，其价值还未完全提升到 400 英镑，则被保险人只能获得 250 英镑的保险赔付；但如若价值提升全部发生在最后一次续订之后，则被保险人有权获得 400 英镑的保险赔付。

该判决存在一些值得商榷之处。首先，被保险人在一定情况下可以获得

㊳　Richard Aubrey Film Productions Ltd v Graham［1960］2 Lloyd's Rep. 101.

㊴　通常的保险赔付数额计算方法的严苛性，无疑时常令个人被保险人感到惊讶，参见麦金农法官在 Ewer v National Employers' Mutual General Insurance Association Ltd (1937) 157 L. T. 16 at 21 中所作的评述。

㊵　Wilson and Scottish Insurance Corp Ltd［1920］2 Ch. 28.

超过250英镑的保险金是有些令人费解的,因为250英镑属于保险金额,且一直未曾改变,而保险赔付的数额在任何情况下都不得超过保险金额。对这一质疑的回应必然是:通过解释,该案保险单中并不存在250英镑的保险金额,因为保险单没有作出明确规定,并且还承诺对保险标的物"全部价值"承担赔付责任。但是如果承认这一点的话,则又会导致阿斯特伯里法官的上述论证产生矛盾之处。因为阿斯特伯里法官在其判决意见中的一处指出,保险合同每次续订时,"都应当将被保险人视为已经继续或重复了对其汽车250英镑的'现值估计'",同时他还隐含地表示,如果1918年11月保险合同续订时事实并非如此的话,保险人有权撤销保险合同。㊶ 撤销是基于被保险人依照当时的法律未披露汽车增值这一重要事实,还是被保险人违反了对于汽车价值的保证,如今尚未明确。但事实表明撤销保险合同的基础只能是前者。理由在于,没有任何权威判例及理由可以认为,被保险人在投保单中所作的与将来事项无关的陈述,会在保险合同续订时自动由被保险人再次保证。事实上,对此存在一项明确持反对观点的判决书附带意见。㊷ 而且,鉴于合同基础条款已经遭到废止,这种观点无论如何都不可能成立。㊸ 因此,如果汽车升值发生在保险合同续订之前,且未披露该事实等同于未披露重要事实的话,保险人就有权撤销保险合同,而且若严格依照法律,被保险人此时将无权获得任何保险赔付。然而,由于保险人之前已经承诺在任何情形下均支付250英镑保险金,故而应当将其视为已经放弃了保险合同撤销权。假若如上所述,该案中不存在保险金额,则投保单中所载的250英镑这一数字就并不具有最高保险赔付金额的含义。那么在此基础上,被保险人就应当有权就其汽车在损失发生时的价值获得保险赔付,即400英镑,而无须考虑汽车升值的具体时间。

因此,以上论述表明Wilson案的判决本身仍存在诸多有待探讨的争议。然而,保险赔付数额为损失发生时被保财产之价值的原则无疑是正确的,而且该案中的类似事实似乎很难再次发生,因为在投保单中对被保财产价值的估计通常的确与保险金额相一致。㊹

㊶ Above at 31, citing Creswell J in Pim v Reid (1834) 6 Man. & G. 1 at 25.
㊷ Winn LJ in Magee v Pennine Insurance Co [1969] 2 Q. B. 507 at 517.
㊸ 参见第九章第二节第一项。
㊹ 现如今汽车很难发生增值,除非是一辆古董车。

第二项　重置价值

由于上述保险赔付的基本原则仅是一项合同原则，因而当事人可通过合同约定对之予以变更。例如，动产保险单就可以并且经常承诺，对被保财产的重置价值而非市场价值进行赔付。㊺ 而且事实上也可能存在一些情形，虽然没有明确约定保险赔付的计算方法，但实际已经默示了采用此种重置价值的计算方式。㊻ 明确承诺赔付被保财产重置价值的保险单如今愈加普遍，毫无疑问，对于自己所失去的被保财产，被保险人有权对自己购置替代性的同等新财产的费用，在保险金额范围内获得赔付。这种"以新换旧"的保险单无疑是对传统损失补偿原则的突破，但由于保险人并未要求收取更高保险费，其因而在市场上得到广泛流行。

第五节　不动产保险中的全部损失

或许是因为不动产保险中的全损事故并不普遍，关于被保险人在其房屋、办公场所或工厂发生全损事故时有权获得多少保险赔付的问题，一直到最近都鲜少有真正的权威判例可资参考。从逻辑上来说，此种情况可能应当适用动产保险中采用的市场价值方法，理由同样是所采用的计算方法应当使被保险人能够购买到被保财产的等价物，而此种方法则满足该条件。但事实上，被保险人往往并不会选择此种补偿方式，而是更希望重建其不动产或者将之恢复原状。而且在某些场合，被保险人可能会被强制选择后一种赔付方式。㊼ 在被保险人能够获得赔付的大多数情形中，由于被保财产的市场价值通常高于其重建费用，以上情况可能并不是一个问题。但如今市场价值的赔付足以填补重建费用的情形越来越少，并广为人所诟病，是故，被保险人是否有权获得恢复原状费用的保险赔付，现在可能尤为重要。

㊺　See e.g. Kuwait Airways Corp v Kuwait Insurance Co SAK〔2000〕Lloyd's Rep. I. R. 439. 在该案中，飞行器零配件的保险人承诺赔付全部重置价值，法院认为该价值是指购置一架替代飞行器的费用，而且不考虑被保险人是否因此获得改良价值。

㊻　尤其是厂房和设备保险：Roumeli Food Stores v New India Assurance Co〔1972〕1 N. S. W. L. R. 227 at 236-238。

㊼　参见第十六章。

由于 Leppard v Excess Insurance Co 案[48]判决的影响,现在许多案件都承认被保险人有权获得此种赔付。在该案中,上诉法院强调被保险人仅有权就其损失获得保险赔付。但关于该损失究竟是被保财产的市场价值还是被保险人对被保财产恢复原状的费用,并不存在一项一般性的指引规则。这其实是一个事实问题,而且为了确定被保险人损失在特定时点的实际价值,应当对特定案件的所有相关事实进行考察。在该案中,被保险人购买了一栋包括土地价值在内市价约 4500 英镑的别墅,但该别墅遭遇火灾后的重建费用高达约 8000 英镑。有证据显示被保险人自始未打算居住于该别墅之中,其从岳父母处购买该别墅仅是为了转售。法院因此认为被保险人的损失应当以别墅的市场价值计算,也即被保险人因无法出卖该别墅而遭受的经济损失。然而,该案判决同时还指出,在被保险人居住于或出于其他目的占有其房屋、办公场所或工厂的一般情形下,保险赔付的被保险人损失应当是被保财产的重建费用,因为采取其他损失计算方式并不能使被保险人的实际损失真正得以填补。

在 Leppard 案中,被保险人还主张依据保险单条款,其有权获得恢复原状费用的赔付。他重点援引了一些相当标准化的事实,主要包括:第一,在投保单中他保证"保险金额不低于被保财产的全部价值(此处的全部价值是指当被保财产发生全损时,重置一份与被保财产全损前状态相当的财产需要花费的费用)";第二,他在保险单中声明保险金额不低于被保建筑的全部价值,并且将在保险期间内一直维持此种状态。法院认为,严格从法律角度而言,这些事实在一般的损失补偿型保险单中都会存在,因而并不能影响该案保险单的基本性质。此种声明属于允诺性保证,如若被保险人违反,保险人将免除保险责任的承担。[49] 事实上,被保险人遵守了该保证,并且其别墅最终的保险金额为 14000 英镑。关于此种保证之效力的更为详细的论述,将在后文展开。此处仍要说明的是,当被保险人被要求支付的保险费是依照保险金额为 14000 英镑的保险所计算,且违反保险费支付义务将导致保险人有权免除全部保险责任时,对于自己只能获得远远低于该保险金额的保险赔付,被保险人可能会有些愤愤不平,而这是完全可以理解的。[50]

---

[48] Leppard v Excess Insurance Co [1979] 1 W. L. R. 512. Noted in (1980) 43 M. L. R. 456 (Birds).

[49] 参见第九章。

[50] 存在疑问的是,被保险人针对向其提供建议的保险经纪人是否享有救济措施。

第六节　损失补偿型保险中的部分损失

就部分损失而言，并无理由对动产保险和不动产保险区别对待。采用市场价值的损失计算方法对于两种保险均不合适，原因在于被保险人无法通过市场交易使自己恢复到损失发生之前的状态，而且基于损失发生前后的市场价值差额进行赔付，也无法完全弥补被保险人的损失。因此，当被保财产发生部分损失时，保险赔付的基础应当是：在财产能够修理的情况下赔付修理费用[51]，同时扣除被保险人因为修理使其状况比损失发生前更好而获得的利益[52]，这种利益有一个专门术语叫做"改良价值"（betterment）。[53]

第一项　一些潜在的困难

在探讨某些具体的案例之前，应当指出采用上述损失计算方法可能会引发一些困难。大体而言，这些困难源于如何判断某项损失是全部损失还是部分损失。一辆汽车上出现的凹痕无论多么严重，明显都属于部分损失，房屋屋顶被损坏的情况也同样如此。但在实践中可能发生的情况是：一辆汽车虽经严重毁损但仍可修理，且修理后仍能发挥汽车的一般功能，不过由于修理成本过高不符合经济性原理，因而对该汽车作报废处理。与此类似，对于房屋而言，其损坏可能仅限于顶层，下面基本完好并仍可继续使用，但是如果想让房屋恢复到其初始状态的话，就必须将下面全部拆掉重建。在 Leppard 案中，如果 Leppard 的别墅受到的是此种程度的损坏，那么他有权就很可能超过别墅市场价值的房屋修复费用获得保险赔付吗？对此，法官有极大可能会遵循其所推测的保险实务中的做法，并且会观察被保险人实际遭受的究竟是

---

[51]　这一点在 Scottish Amicable Heritable Securities Association v Northern Assurance Co [1883] 11 R. (Court of Session) 287 at 295 及 Westminster Fire Office v Glasgow Provident Society [1888] 13 App. Cas. 699 中均得到了默认，尽管这两起案件的实际判决展现的是其他观点。苏格兰法院认为，在被保险人有义务向为其修理财产的建筑工人分期支付修理费的情况下，被保险人无权请求保险人作出临时赔付：Anderson v Commercial Union Assurance Co Plc 1998 S. L. T. 826。

[52]　如果无法修理，法院就必须计算出被保财产在损失发生前后的价值差额，参见 Quorum v Schramm [2001] EWHC 494 (Comm); [2002] Lloyd's Rep. I. R. 292，此案涉及的是一幅珍贵的画作遭受毁损。

[53]　在 Reynolds v Phoenix Assurance Co ([1978] 2 Lloyd's Rep. 440) 中，福布斯法官认为扣除改良价值的原则已经在司法中稳固确立（参见下文）。

何种损失,鉴于别墅无人居住这一重要事实,Leppard 在此种情况下仍然仅能就别墅市场价值获得保险金赔付。然而,对于汽车或类似的耐用消费品,或者任何易于贬值的财产而言,由于贬值的常态性,全部损失或部分损失的判断这一难题将更为复杂。

下面用一个更复杂的案例来进一步说明这个难题。假设一辆普通家用汽车的车龄已达十年,但因较低的行驶里程与较合理的车身结构,其性能仍处于极佳状态。然而,其市场价值会首先反映在车龄之上,而且即使其可能在与之同类且同年限的汽车中市价最高,该价格可能也仍然无法反映其对车主的真实价值。这个最高的市场价格为 500 英镑。在一场事故中,该车一侧受损导致该侧车翼及车门需要更换,此外还需要进行一般性的清洁,但车辆依然可以正常运行,且车身其余部分依然完好。修复该车总共需花费 700 英镑。显然,该车所遭受的仅为部分损失,那么假设修理费用 700 英镑低于保险金额,被保险人能够就此获得保险赔付吗?此处需注意的是该修理费用远远高于该车的市场价值,而后者是被保险人在车辆发生全损时能够获得的保险赔付金额。事实表明被保险人有权获得 700 英镑的保险赔付,而且在此种情况下法院将遵循新近判例针对建筑物保险所确立的一项规则,即除非被保险人实际无恢复原状的意图,否则应当以修理被保财产或对之恢复原状的费用,作为部分损失的确定依据。

第二项 司法意见

在 Reynolds v Phoenix Assurance Co Ltd 案[54]中,原告于 1969 年购买了一处二手麦芽作坊,并为其投保了一份保险金额为 18000 英镑的保险,该保险金额略高于其实际购买价格。之后,在保险经纪人和公估人的建议下,保险金额得到了提升,以涵盖被保财产发生全损后可能发生的恢复原状费用,并被最终确定为 628000 英镑。对于购买该麦芽作坊,原告拥有一项合理的商业理由。嗣后,该作坊发生了一场火灾,并且约有 70% 遭受毁损。这显然属于部分损失。在后续的谈判中,关于恢复原状的费用和原告在此方面的意图,原告雇佣的评估师和保险人的损失理算人之间产生争议。依据保险合同赋予的权利,保险人选择不对作坊恢复原状。[55] 尽管保险人除作坊重建工

---

[54] Reynolds v Phoenix Assurance Co Ltd [1978] 2 Lloyd's Rep. 440. See also Pleasurama Ltd v Sun Alliance & London Insurance Ltd [1979] 1 Lloyd's Rep. 389.

[55] 参见第十六章。

程已经开始进行的情形外,不愿意依照双方临时达成的和解金额赔付保险金,但还是能够得出被保险人具有恢复原状的目的。原告由于保险人不给付保险金而不愿意开始对作坊的重建工作,双方和解落空,争议由此被提交到法院解决。

福布斯法官认为,该案保险赔付存在三种可能的基础。第一种是依照市场价值赔付,由于针对麦芽作坊这种不动产尚未形成一个成熟的交易市场,市场价值的评估存在困难,但该价值可能远低于恢复原状的费用。第二种是依照同等新替代物的价值,亦即当从商业角度来看保留原建筑并非合理选择时,为原告的需要而重新建造一座新的建筑所需的费用进行赔付。该价值亦将远低于恢复原状的费用。第三种即为恢复原状的费用,经计算其将超过 200000 英镑。这位学识深厚的法官认为,该案保险单是一份普通的损失补偿型保险单,而且和 Leppard 案[56]一样,这意味着原告无权自动获得针对恢复原状费用的保险赔付。然而就本案而言,由于根据相关事实,原告的确有恢复原状的真实意图,因此原告有权获得真正的补偿,即就恢复原状的费用获得保险赔付。被保险人真实意图的判断标准,系引自一个对法定赔偿问题所作的爱尔兰判决[57],该标准的具体内容为:"从处于其位置的一般人的角度而言,(被保财产所有人)在收到保险人赔付的恢复原状费用后,是否会将之用于重建(被保财产);或者他所提出的恢复原状费用的保险赔付请求,是否只是一个企图获得高额赔偿的托词,而事实上并无恢复原状的打算。"据此,福布斯法官认为原告有权就上面三个金额中的最高金额,即恢复原状的费用获得赔付,但同时要扣除其基于改良价值所获得的利益。他认为扣除改良价值这项原则在此类保险案件中极其根深蒂固,因而不得打破。

通常来说,保险人依据保险单享有一项不赔付金钱,而对被保财产恢复原状或修理的选择权。保险人行使该选择权后可能引发的不同考虑因素,将在下一章进行讨论。

第七节 被保险人享有有限保险利益的情形

前述讨论皆是以被保险人为保险标的物的唯一完全所有权人为假设前

---

[56] Leppard v Excess Insurance Co [1979] 1 W. L. R. 512; see above.
[57] Murphy v Wexford CC (1921) 2 Ir. R. 230.

提,但实践中却并非总是如此,真实的情况可能是被保险人甚至根本都不是所有权人,例如,只是不动产的承租人或抵押权人,或者租购合同项下动产的受托人。在某些例外情形下,被保险人获得的保险金赔付可能会超过其保险利益对应的价值,对于该笔保险金中补偿其本人损失以外的部分,被保险人系为第三人保管。这类情形在之前的第四章中已有讨论。这类情形下的保险赔付数额将依据相关损失对应的价值来确定,而此种损失则系基于前述某种方式计算得出。

当某人对保险标的物仅享有有限利益,而且仅为该有限利益投保,或者仅有权就该有限利益获得赔付时,关于其利益对应的价值及其有权获得的保险赔付的数额,就会产生一些问题。若多人对同一财产享有不同利益,且各自就其不同利益分别为该财产投保,那么每一个被保险人都有权就自己损失对应的价值获得保险赔付,而无须考虑其他被保险人的法律地位,以及所有被保险人获得的保险金数额是否超过了被保财产的价值。[58]

对于某些享有有限保险利益的被保险人而言,相关问题并不存在。例如,除非被保险人是为了一并承保自己和所有权人的利益,而就保险标的物的全部价值订立保险,否则抵押权人有权主张的保险赔付数额仅限于其未获清偿的债权,租购合同中的租借人亦同样如此。但是,承租人为其租用财产投保的情形则明显存在一些问题。如果承租人事实上已经承诺为租用财产投保火灾保险,或者在该财产遭火灾毁损后对之进行修复,则只有在假定他获得了被保财产全部价值的情况下,他才能够得到完全补偿。如前文所述,这通常意味着不考虑租约的市场价值,而对承租人对租用财产恢复原状的费用进行赔付。即使承租人并未作出投保或修理的承诺,也有观点认为他有权获得高于租约市场价值的赔付,因为他丧失了自己安居的家园。[59] 在 British Traders' Insurance Co v Monson 案[60]这起澳大利亚案件中,法院认为,依据租约的市场价值及有利于承租人的购买选择权,大体可以确定承租人损失的数额,但承租人无权对全部这些损失获得保险赔付。值得说明的是,据此计算保险赔付的实际数额,无疑会存在些微的主观推测性。

---

[58] Westminster Fire Office v Glasgow Provident Society (1888) 13 App. Cas. 699.
[59] Castellain v Preston (1883) 11 Q. B. D. 380 at 400.
[60] British Traders' Insurance Co v Monson (1964) 111 C. L. R 86 at 92, 103–104 and 104–105.

第八节　定值保险中的财产损失

尽管财产保险合同属于损失补偿型合同是一项一般规则,但当事人还是可以通过约定在被保财产发生损失后赔付定额保险金这种方式,排除该规则的适用。此种情况下的财产保险单属于定值保险单,而且除非约定价值过高,此种保险单均可强制执行。[61] 同非海上保险相比,定值保险更多地出现于海上保险当中,但非海上保险中无疑也有其存在。[62] 仅在当事人明确一致地表示假定保险标的物具有保险单所载的价值时,相关保险单才可被认定为定值保险单。保险单若仅是单纯载明了保险金额,则并不能据此认定其为定值保险单。[63]

在全损的场合,无论保险价值是高于还是低于被保险人的实际损失,保险赔付的数额显然都是当事人约定的保险价值。[64] 在部分损失的场合,适用的则是 Elcock v Thomson 案[65]确立的保险赔付计算方法。根据该方法,首先需计算被保财产因保险事故而发生的实际价值贬损(保险事故发生前后的市场价值差额),其次计算被保财产实际价值贬损的比例,最后保险人依据该比例就保险价值赔付相应数额的保险金。例如,若一件保险价值为 100000 英镑的财产在保险事故发生前后的市场价值分别为 50000 英镑和 30000 英镑,则保险赔付的数额为 40000 英镑,亦即保险价值的 2/5。保险标的物的修理实际花费多少费用在此是无关紧要的。但存在一项例外情形是,若保险人实际行使了修理选择权,则无论修理费用是否高于依据以上方法计算出的赔

---

[61]　保险价值过高可能会构成被保险人未披露重要事实(参见第七章)。

[62]　如果《人寿保险法(1774)》尤其是其第 3 条得以适用的话,建筑物定值保险将很难得到正当化。但如前文所述(第三章第九节),现代的趋势是认为该法案不适用于财产保险领域。在 Quorum v Schramm 案〔[2001] EWHC 494 (Comm); [2002] Lloyd's Rep. I. R. 292〕这起较新的非海上保险案件中,保险标的物是一幅价值高昂的画作,被保险人主张保险单为定值保险,未获法院认可。

[63]　这是一个将保险单各相关部分作整体解释的问题。在一个近期的海上保险案件中,法院认为保险单中"保险金额"的表示,导致被保险人提出的该保险单为定值保险单的主张无法成立,参见 Kyzuna Investments Ltd v Ocean Marine Mutual Insurance Association (Europe) [2000] Lloyd's Rep. I. R. 513. See also Thor Navigation Inc v Ingosstrakh Insurance [2005] EWHC 19 (Comm); [2005] Lloyd's Rep. I. R. 490。

[64]　其同时亦被作为保险人行使保险代位权可得弥补的损失: Burnand v Rodocanachi (1882) 7 App. Cas. 333。

[65]　Elcock v Thomson [1949] 2 K. B. 755。

付数额,保险人都要对修理费用承担责任。这一点在上述 Elcock v Thomson 案的判决中已有明示。⑥

第九节　不足额保险

到目前为止,本章论述所假设的前提都是保险金额不低于保险标的物的实际价值,或者其恢复原状所需的费用。并且,从前述 Leppard v Excess Insurance Co 案⑥的事实中明显可以看出,被保险人对此通常负有一项维持义务。当保险金额低于以上两者任何之一,也即存在不足额保险时,将会产生一些颇值讨论的问题。自二十世纪七十年代早期开始,英国经济一直未能摆脱高通货膨胀的阴霾,而在此期间,不足额保险的相关问题也极大困扰着英国保险业。⑧

第一项　保险人的免责权

首先值得注意的是,在不足额保险的场合,保险人可能有权撤销保险合同或免于承担保险责任,抑或通过利用其合同撤销权强迫被保险人与之达成和解,以对被保险人作出低于实际损失的赔付。保险人的此等权利,可能是基于被保险人违反先合同义务或者保证。由于合同续订在大多数情况下都相当于订立一项新的合同⑥,因此在保险合同续订时,未披露被保财产价值变动的行为于非消费者保险中,可被视为违反了合理陈述义务。⑦ 而在消费者保险中,则可被视为违反了《消费者保险(披露与陈述)法(2012)》所规定的义务。此外,被保险人对保险标的物价值的最初估计还可能构成一项保证,如若有误将使保险人有权据此免除保险责任。但是,如果该保证是唯一一项保证,并且不属于持续性保证的话,保险人就

---

⑥　Above at 764.

⑦　Leppard v Excess Insurance Co [1979] 1 W. L. R. 512.

⑧　就此方面而言,保险业大量地以惯性推销(inertia selling)的方式销售与物价指数挂钩的保险单,而且许多宣传报道都劝诫被保险人核查自己的保险金额。现如今,绝大多数标准财产保险的保险金额都自动与物价指数挂钩。

⑥　这在本章第四节第一项讨论的 Re Wilson and Scottish Insurance Corp 案([1920] 2 Ch. 28)中似乎得到了默认。在建筑物保险中,不足额保险的问题一直尤为尖锐,对此或许可以认为房产价值变动的事实属于常识,因而无须被保险人披露;参见 (1976) 126 N. L. J. 482。

⑦　参见第五章第七节。

不得仅以后续合同续订时没有增加保险金额为由,免于承担保险责任。[71] 此种保证如今更多的是一种持续性保证,就如 Leppard v Excess Insurance Co 案中的那样。[72] 在此类案件中,如果被保险人未将保险金额维持在与保险标的物实际价值或恢复原状费用相当的水平,保险人明显有权据以免除保险责任。

第二项 比例赔付

除此之外,保险人在不足额保险中还可能有权主张适用比例赔付原则。由于不足额保险的保险金额低于保险标的物的价值,且保险金额是保险赔付的最高数额,因此该原则与保险标的物发生全损的情形无关。但在不足额保险的场合,被保险人可能会遭受低于保险金额的部分损失。如果此种情形的确发生,且保险单约定了比例赔付条款,则保险人就可以仅对被保险人一定比例的损失进行赔付,该比例为保险金额与保险标的物实际价值的比值;对于剩余部分,应将被保险人视为自己的保险人,自行承担损失。例如,如果一处价值 60000 英镑的房屋仅投保了 40000 英镑保险金额的保险,则依据比例赔付原则,被保险人仅能就其损失的 2/3 获得保险赔付。

商业保险单中通常含有比例赔付条款,而且在动产商业保险单中,如果未明确规定比例赔付原则,通常会认为存在一项默示的比例赔付条款。[73] 然而,除劳合社承保人签发的家庭保险单外,比例赔付条款在家庭保险单中似乎并不常见。而且有权威判例明确表示,家庭保险单中不存在默示的比例赔付条款。[74] 因此,在未违反相关保证的情况下,家庭保险单的被保险人有权就全部保险金额获得赔付。

第十节 绝对免赔额与相对免赔额条款

保险单中有两项工具一旦得到采用,就会限制被保险人获得保险赔付的数额,尽管它们极少引发法律上的问题,但此处还是有必要对之予以介绍。

---

[71] 参见第十五章第四节第一项。
[72] Leppard v Excess Insurance Co [1979] 1 W. L. R. 512; 参见第十五章第五节。
[73] Carreras Ltd v Cunard Steamship Co [1918] 1 K. B. 118.
[74] Sillem v Thornton (1854) 3 E. & B. 868.

绝对免赔额条款在机动车保险、家庭保险和第三方保险等保险中都普遍存在。其通常规定，被保险人须承担所有损失的初始部分，该初始部分或表示为一定数额或表示为一定比例。被保险人以此种方式作为自己之保险人的效力将在后文进行论述。⑦

相较于绝对免赔额条款，相对免赔额条款在非海上保险中较为少见。依据相对免赔额条款，若被保险人的损失低于一定数额或比例，则保险人完全不负赔偿责任，这一点与绝对免赔额相同；但若损失超过特定数额或比例，则保险人将对全部损失承担赔付责任。⑦

第十一节 保险金利息的支付

被保险人是否有权对保险人应当向其支付的保险金主张利息，在某些情况下是一个很重要的问题。当然，该问题仅发生于保险人迟延支付保险金的场合。并没有法律规定，保险人当然地应从保险金应予支付之日起支付利息，但法院依据《高等法院法(1981)》(Senior Courts Act 1981)第35A条享有一项自由裁量权，可以在其认为合适的情况下，判决保险人支付保险金利息。

当保险人不当地迟延支付其本应支付的保险金时，法院就会判决其支付利息。依据一些权威判例，对于普通的损失补偿型保险单而言，法院通常会判决保险人支付自损失确定之日，即被保险人请求保险人赔付之日，至案件判决作出之日期间的保险金利息。⑦ 与之相似的一项规则已经被适用于人寿保险之中。⑦ 保险金利息并非自保险事故发生之日起算，其原因在于，保险事故发生后应赋予当事人合理的谈判时间，以查明对于被保险人的索赔请求具体应当支付多少保险金。⑦ 然而，法院如今似乎更倾向于采纳对被保险人更为有利的做法，并且除非被保险人在提出索赔时存在不合理的迟延，否

---

⑦ 参见第十七章第四节第一项。

⑦ Paterson v Harris (1861) 1 B. & S. 336; 当基于多起独立意外事故发生多项真正独立的损失，且每一项损失都低于免赔条款中的特定数额或比例时，不得将其加总以使损失总额超过该特定数额或比例: Stewart v Merchants' Marine Insurance Co (1885) 16 Q. B. D. 619.

⑦ Burts & Harvey Ltd v Vulcan Boiler & General Insurance Co [1966] 1 Lloyd's Rep. 354.

⑦ Webster v British Empire Mutual Life (1880) 15 Ch. D. 169; Re Waterhouse's Policy [1937] Ch. 415.

⑦ Burts & Harvey Ltd v Vulcan Boiler & General Insurance Co, above.

则都判决保险人自保险事故发生之日起支付利息。⑧⓪ 法院判决支付的利率通常为基本利率上浮 1%。

当保险人基于代位权起诉主张利息时,法院考量的因素可能稍有不同。与此相关的内容将在专论保险代位权制度的第十七章进行探讨。

---

⑧⓪ Adcock v Co-operative Insurance Society Ltd [2000] Lloyd's Rep. I. R. 657; Kuwait Airways Corp v Kuwait Insurance Co SAK [2000] Lloyd's Rep. I. R. 678; Quorum A/S v Schramm (No. 2)[2001] EWHC 505 (Comm); [2002] Lloyd's Rep. I. R. 315.

第十六章　恢　复　原　状

当保险标的物毁损或灭失时，保险人在某些情形下享有恢复原状①的权利或义务，而非对被保险人进行金钱赔付。就恢复原状的权利而言，其可能源于保险合同的约定或法律的规定。约定的恢复原状仅于保险合同有明确约定时方可适用，否则保险人须提供金钱赔付。② 而恢复原状的义务则可能源于法律的规定。本章将对约定的恢复原状和法定的恢复原状分别进行阐述，同时也会兼及一些相关问题。显然，恢复原状的性质决定了其仅适用于财产保险。

第一节　约定的恢复原状

以合同条款约定的方式赋予保险人恢复原状或修理之选择权，在很长一段时间内常见于各类保险之中，以不动产保险尤甚③，但现如今这些条款在动产保险中也同样常见。在动产保险中，这类条款文本中除提及恢复原状和修理外，还经常提到重置。保险合同设置此种条款之目的是保护保险人免受过分要求与索赔欺诈。

保险人的选择权限于恢复原状、修理与重置，不包括金钱赔付。而且作为一项一般原则，享有选择权的保险人在作出选择时，须在合理期间内或者保险单规定的期间内，向被保险人发出清楚明确的通知。一旦作出选择，保险人即受其约束。因此，明晰选择系何时作出十分重要。关于这一点，苏格

---

① 恢复原状是一个传统的术语，在适当情况下可以被理解为重建、重置或者修理。
② Brett LJ in Rayner v Preston (1881) 18 Ch. D. 1 at 9–10.
③ 早期的一个例证参见 Sadler's Co v Badcock (1743) 2 Atk. 554.

兰存在两个相当矛盾的判例。在 Sutherland v Sun Fire Office 案④中,保险人经过理赔调查后,提出采取金钱赔付的方式弥补被保险人的损失,但为被保险人所拒绝。其后保险人提出通过仲裁来确定损失数额,也遭到被保险人拒绝,于是保险人选择了恢复原状的保险赔付方式。法院判决认为保险人的该选择行为有效。与此相反,在 Scottish Amicable v Northern Assurance 案⑤中,被保险人遭受损失后与保险人进行了长时间的协商谈判。被保险人开始要求金钱赔付或者恢复原状,保险人却直接忽略了被保险人的后一项主张,其同意进行金钱赔付,但对于损失数额存在异议,于是准备申请仲裁。然而在被保险人于火灾事故发生十八个月后提起诉讼时,保险人又表示选择恢复原状的补偿方式。法院判决认为,保险人的选择因时间滞后而无效。此二判例的区别在于,在第二个判例中,尽管双方当事人对损失数额存在争议,但其此前已经就金钱赔付的补偿方式达成合意。一旦双方当事人达成此种合意,保险人就不能再选择恢复原状。然而在第一个判例中,由于双方当事人此前并未就任何补偿方式达成合意,故保险人可以作出恢复原状的选择。

第一项 行使选择权的后果

在普通法上,保险人一旦有效地作出了恢复原状的选择,就有义务将受损的承保财产恢复至初始状态。在一个较早的判例 Alchorne v Favill 案⑥中,保险人重建的承保房屋的面积小于房屋遭火灾毁损之前,其价值因而也不及从前。之所以出现此种情形,是因为保险人受政府规划的限制而无法按照与原来完全相同的方式重建房屋。但法院判决认为,保险人既然已经作出了恢复原状的选择,就应当受其选择拘束,进而有义务补偿被保险人新旧房屋之间的价值差额。如今,保险人为保护自己免受政府规划限制带来的风险,多会在保险单中规定恢复原状将"根据现实允许的情况以合理充分的方式"进行。很明显如果实际的建筑工程未按要求完成,保险人将仍须承担损害赔偿责任,损害赔偿的范围包括将建筑工程修建至合格程度需要花费的成本及一切可预见的间接损失,例如租金损失或利润损失。

---

④ Sutherland v Sun Fire Office (1852) 14 D. (Ct. of Sess.) 775.
⑤ Scottish Amicable v Northern Assurance (1883) 11 R. (Ct. of Sess.) 287.
⑥ Alchorne v Favill (1825) 4 L. J. (O. S.) Ch. 47.

保险人选择恢复原状的后果是保险合同成为建筑合同或修理合同。⑦ 正确的法律分析似乎是，被保险人的索赔相当于一项要约，保险人选择对承保财产恢复原状则构成承诺。基于此，保险人必须不计成本地履行恢复原状的义务，除非该合同因目的落空而被撤销。然而，有判例认为在保险人违约时，被保险人只享有损害赔偿的救济方式，无权要求保险人继续履行。⑧ 从表面来看，除非保险单中有条款规定被保险人须承担相应费用，否则无论是恢复原状的实际费用高于最初估计的费用或者保险单载明的保险金额，还是被保险人因恢复原状获得了价值更高的房屋，都是无关紧要的。由于当保险人选择恢复原状后，其实际地位相当于建筑合同中的承包人，因此其应当承担在重建承保房屋期间发生的一切损失。以 Anderson v Commercial Union Assurance Co 案⑨为例，在该案中，保险人于承保房屋遭受部分损失后选择了恢复原状的补偿方式。但在保险人占有房屋并且对房屋完成部分复原时，房屋又一次发生火灾。保险人主张其有权从第二次火灾后的恢复原状费用中扣除此前的花费，遭到了法院拒绝。原因在于，保险人一旦选择恢复原状，就必须适当合理地完成其义务，并且恢复原状过程中的一切风险由保险人自担。

第二项　恢复原状的不可能

如果在保险人作出选择之前恢复原状已属不可能，例如无法获得规划许可，保险人此时就只须向被保险人支付与其损失数额相当的保险金。⑩ 但如果恢复原状在保险人作出选择之后成为不可能，相关判例认为保险人仍须受其选择拘束，并且须对未履行恢复原状义务承担损害赔偿责任。因此，被保险人即使最初仅遭受部分损失，也可能有权就承保财产的全部价值获得保险人赔偿。Brown v Royal Insurance Co 案⑪是唯一一起与此直接相关的案件。该案中，在保险人选择对承保建筑物遭受的部分损失恢复原状后，英国水利事务局根据法律的授权发出行政命令称，由于该建筑物处于危险状态，所以必须全部予以拆除。法院判决认为，由于保险人违反了恢复原状的义务，故

---

⑦　Home District Mutual Insurance Co v Thompson (1847) 1 E. & A. 247.
⑧　Smith v Colonial Mutual Fire Insurance Co Ltd (1880) 6 Vict. L. R. 200.
⑨　Anderson v Commercial Union Assurance Co (1885) 55 L. J. Q. B. 146.
⑩　Brown v Royal Insurance Co (1859) 1 El. & El. 853 at 858-859.
⑪　Brown v Royal Insurance Co (1859) 1 El. & El. 853 at 858-859.

被保险人有权就建筑物的全部价值获得赔偿。然而,该案判决系作出于法院确立合同目的落空规则之前。⑫ 根据合同目的落空规则,当一项不可预见且无法归责于任何一方当事人的意外事件使合同履行成为不可能时,当事人可以免于履行相关义务。在 Brown v Royal Insurance Co 案所涉情形及其他类似情形下,例如当地政府在保险人选择恢复原状后强制购买承保财产,保险人提出合同目的落空的抗辩可能会得到法院支持。然而,也不一定总是如此,例如,如果保险人本可以预见其作出选择后将会发生的事件,法院就不会支持保险人的合同目的落空抗辩。

如果恢复原状的合同目的不能实现,保险人就无须对被保险人进行损害赔偿,但其并不能免除最初依据保险合同所负有的义务,即对被保险人的损失进行金钱补偿。⑬ 因此,即使保险人在致使合同目的落空的事件发生之前,已经为恢复原状支出相关费用,被保险人也仍然可以就其损失获得全额的金钱补偿。⑭ 关于保险人是否可以根据《法律改革(合同目的落空)法(1943)》[Law Reform (Frustrated Contracts) Act 1943] 第 1 条第 1 款向被保险人主张权利仍存争议。尽管该法案并不适用于保险合同⑮,但如上所述,保险合同此时实际已成为恢复原状合同,因而适用该法案并无疑义。法案第 1 条第 3 款规定,对于在致使合同目的落空的事件发生前获得"有价值的利益"的一方当事人,法院可以判令其向另一方当事人支付一定的金额,此金额以法院认定的公平金额为准。然而,如果被保险人因为政府拆除或强制购买而实际失去了自己的财产,实际上就不能认为其获得了有价值的利益。

第二节　法定的恢复原状

《(伦敦地区)火灾预防法(1774)》第 83 条是一个具有潜在重要性但适用却相对较少的条文。该条大体上规定了两点内容,分别是保险公司恢复原状的义务和权利。第一,被保建筑物因火灾遭受损失后,若其利害关系人请

---

⑫ 确立该原则的判例为:Taylor v Caldwell (1863) 3 B. & S. 826。

⑬ Anderson v Commercial Union Assurance Co (1885) 55 L. J. Q. B. 146. See [1960] J. B. L. at 276-279.

⑭ See further Clarke, The Law of Insurance Contracts, para. 29-2C.

⑮ 参见《法律改革(合同目的落空)法(1943)》第 2 条第 5 款第 b 项。

求恢复原状,保险公司(不包括劳合社的承保人)⑯即应当将保险金用于重建或修复被保建筑物。第二,如果保险公司有理由怀疑被保险人实施了欺诈或纵火的犯罪行为,就可以选择不向被保险人支付保险金,而对被保建筑物恢复原状。尽管第二点看起来几乎没有增加保险人通常享有的合同权利,但它无疑还是为保险人提供了重要的保护。相较而言,第一点中规定的恢复原状的义务更加引人关注。

首先应当指出的是,第83条只适用于建筑物火灾保险⑰,但承保建筑物不以位于伦敦为限。有判例明确指出,第83条适用于英格兰和威尔士⑱,但不适用于苏格兰和爱尔兰。⑲ 根据第83条,恢复原状的程度以保险金额为限,这一点与约定恢复原状中的法律立场形成了鲜明对比。然而,即便"利害关系人"对被保建筑物实际只享有有限的利益,恢复原状的程度也仍然以全部保险金额为限。⑳

第一项　恢复原状的请求

仅在"利害关系人"(参见下文)于保险人向被保险人给付保险金前明确请求恢复原状时,保险人才依据第83条负有恢复原状的义务。如果"利害关系人"只是请求保险人不向被保险人给付保险金,则不能满足该项条件。例如在 Simpson v Scottish Union Insurance Co 案㉑中,房屋承租人根据租赁合同的约定,履行了对房屋投保火灾保险的义务。火灾事故发生后,房屋出租人

---

⑯　Portavon Cinema Co v Price [1939] 4 All E. R. 601. 关于它是否可以适用于一家从设立国直接销售火灾保险的欧盟保险公司,仍存争议。

⑰　See, e.g. Ex p. Gorely (1864) 4 De G. J. & S. 477. 在该案中,法院判决认为第83条不适用于承租人的商业设施保险。

⑱　同上注判例。该条也适用于许多英联邦国家。新西兰法律委员会(Report No. 46, 1988, para. 55)在审查该条后建议废止该条。英国法律委员会在对保险合同法进行一般性审查时附带审查了该条规定,参见2009年3月发布的《简报》(Briefing Paper)。对于该条是应当被维持原状、废止还是替换,《简报》广泛征求了意见。各方最终一致认为最后一种意见最为合适,因为赋予被保财产的第三利益相关人一项法定的恢复原状请求权,似乎从原则上而言具有正当性。还可参见 MacGillivray on Insurance Law, 12th edn, para. 22-025。然而,英国法律委员会最后得出的结论是维持原状的方式最为可采;参见 the Summary of Responses(February 2010), available at http://lawcom.gov.uk/wp-content/uploads/2015/03/ICL_s83_Fires_Prevention_Act_responses.pdf [Accessed 1 January 2016]。

⑲　Westminster Fire v Glasgow Provident (1888) 13 App. Cas. 699; Andrews v Patriotic Assurance Co (1886) 18 L. R. Ir. 355.

⑳　Simpson v Scottish Union Insurance Co (1863) 1 H. & M. 618 at 628.

㉑　Simpson v Scottish Union Insurance Co (1863) 1 H. & M. 618.

书面通知保险人,请求保险人不要对承租人进行任何金钱赔付,并且主张自己有权享有该保险单项下的利益。但尽管如此,保险人还是向承租人给付了保险金。之后出租人自己重建了房屋,并主张保险人对其重建费用承担责任。法院最终判定房屋出租人的主张无充分根据,因此不予支持。理由在于,出租人对保险人的请求并不足以满足第 83 条的适用条件,其请求并非恢复原状而是金钱赔付,而除了请求恢复原状,出租人对于保险单项下的利益并无其他权利。第 83 条在任何情况下都不允许某人在自行重建房屋后,要求保险人承担其重建费用。

第二项　针对保险人的救济

如果利害关系人根据第 83 条提出合乎条件的请求,而保险人未予履行,那么对于利害关系人而言,合适的救济方式可能是向法院申请命令性禁制令强制保险人履行恢复原状义务。这正是佩吉·伍德(Page-Wood VC)法官在 Simpson 案中的观点,而且尽管在后来的 Wimbledon Golf Club v Imperial Insurance Co 案㉒中,法院认为利害关系人唯一的救济方式是申请禁制令以限制保险人向被保险人给付保险金,但还是应当承认前一种观点更加合理,而且其无疑更为符合第 83 条的立法目的。

第三项　利害关系人

最有趣的问题是,哪些人是可以援引第 83 条强制保险人恢复原状的"利害关系人"。根据上文可知,"利害关系人"并不需要对被保财产享有完整的保险利益,亦无须与保险人具有任何的合同关系。此外,被保险人必须有权强制执行保险合同。然而,被保险人并不属于利害关系人,因此他不能请求强制恢复原状。㉓ 但从另一方面而言,似乎任何对被保财产享有普通法或衡平法利益的人均有权请求强制恢复原状。在 Sinnot v Bowden 案㉔中,被保财产抵押权人的债权数额远远低于抵押财产遭受的损失,但法院判决认为抵押权人有权要求抵押人的保险人对被保财产恢复原状。与此类似,在一些判例中,出租人也被法院认为有权援引第 83 条对抗承租人的保险人。㉕

㉒　Wimbledon Golf Club v Imperial Insurance Co (1902) 18 T. L. R. 815.

㉓　Reynolds v Phoenix Assurance Co [1978] 2 Lloyd's Rep. 440, especially at 462.

㉔　Sinnot v Bowden [1912] 2 Ch 414.

㉕　例如 Vernon v Smith (1821) 5 B. & Ald. 1。

反过来,承租人也可以请求法院强制出租人的保险人对被保财产恢复原状。[26] 对于一些因保险利益规定引发的难题[27],这实际上提供了一种实用的解决方法。例如在 Lonsdale & Thompson Ltd v Black Arrow Group Plc 案[28]中,法院认为尽管出租人在火灾事故发生前,就已通过合同将其完全保有地产权(freehold)转让给了第三人,因而不再享有任何保险利益,但承租人仍然有权援引第 83 条对抗出租人的保险人。虽然保险单项下的利益没有被随同转让给完全保有地产权的受让人[29],但经由解释保险单也同样保护承租人的利益[30],因此承租人享有的法定权利并不因完全保有地产权的转让而丧失。[31]

与上述案例类似,不动产买受人在合同签订后至履行完毕前这一期间内,也可以援引第 83 条对抗出卖人的保险人。这在 Rayner v Preston 案[32]的判决书附带意见中得到了明确的阐述,并且从逻辑上看也是正确的,但前提是作为被保险人的出卖人还没有收到买卖标的物的全部价款,因为在收到全部价款的情况下出卖人并没有遭受任何损失。[33] 如果像目前常见的情况这样,当事人并不适用规定风险由出卖人承担的新的格式合同条款,那么

---

[26] Wimbledon Golf Club v Imperial Insurance Co (1902) 18 T. L. R. 815; Lonsdale & Thompson Ltd v Black Arrow Group Plc [1993] 3 All E. R. 648. 这是因为格式商业租约通常规定出租人对租赁物负有投保义务,但该保险同时也保护承租人的利益(参见第十七章第十四节)。相较于由承租人负有投保义务,这种安排如今更为常见。

[27] 参见第四章第七节。

[28] Lonsdale & Thompson Ltd v Black Arrow Group Plc [1993] 3 All E. R. 648. See [1994] J. B. L. 188.

[29] See Rayner v Preston (1881) 18 Ch. D. 1,本书第十一章第一节第一项对该案进行了讨论。

[30] 法官类推适用了"受托保管案件"(参见第四章第二节第一项)的裁判逻辑。这一观点是对保险人主张的否决,保险人依据 Castellain v Preston 案[(1883) 11 Q. B. D. 380](参见第十七章第四节)的判决,主张允许承租人获益将会导致作为被保险人的出租人从自己的损失中获利。为了与现代判例法趋势(参见第三章第九节)相一致,法院在判决时回避了《人寿保险法(1774)》的适用可能性这一问题。

[31] 这一点同样适用于与 British Traders' Insurance Co v Monson 案([1946] 111 C. L. R. 86)(参见第四章第七节)案情相似的案件。在该案中,承租人为租赁财产投保了足额保险,但由于其只对自己享有利益的那部分价值享有权利,因而无法为了出租人的利益主张足额给付。但如果出租人及时援引第 83 条,那么基于该案事实,承租人所追求的结果实际上就能够获得实现。

[32] Rayner v Preston (1881) 18 Ch. D. 1 at 15; 参见第十一章第一节第一项。See also Royal Insurance Co Ltd v Mylius (1926) 38 C. L. R. 477.

[33] 参见澳大利亚高等法院在 Kern Corp Ltd v Walter Reid Trading Pty Ltd 案([1987] 61. A. L. J. R. 319)中,基于与第 83 条相等同之法律规定所作的判决,以及德勒姆(Derham)在其著作《保险法中的代位权》(Subrogation in Insurance Law)第 61—64 页所作的论述。该项前提条件对于推翻上述 Rayner v Preston 案的判决至关重要,因为任何一份由出卖人订立的保险,通常而言都不可能被解释为同时也保护买受人的利益。

依据此种裁判逻辑,围绕保险在此情形下之地位,以及《财产法(1925)》第 47 条的真正含义所产生的一些难题,将会迎刃而解。㉞

第三节 被保险人负有恢复原状的义务?

关于恢复原状还存在一些问题,它们无关乎保险人与被保险人之间的关系,而在于被保险人已经自保险人处获得了保险金赔付,但又有第三方主张这笔保险金应当用于恢复原状。

根据《财产法(1925)》第 108 条第 2 款,如果抵押人已经为抵押财产投保并且获得了保险金赔付,抵押权人就有权强制抵押人将获得的保险金用于对抵押财产恢复原状。在信托关系中,获得了保险金赔付的受托人可以将保险金用于将信托财产恢复原状,但其对此并不负有义务。㉟

除这些情形外,还有可能出现的一种情形是:被保险人和第三人订有一份合同,而该合同被认为明示或默示地规定了第三人对被保险人享有恢复原状的请求权。例如,租购合同中可能会包含这样一项明示条款,规定所有权人要求租借人为买卖标的物投保的保险亦保护所有权人的利益。另一个常见的例子是承租人依据租赁合同享有恢复原状的请求权。但如果租赁合同中没有明确约定承租人有权请求恢复原状,那么即使出租人承诺购买保险,法院通常也不会认定合同中存在这样一项默示的条款。㊱ 然而,现实情况可能是,包括承租人负有投保义务在内的所有情形均显示,承保租赁标的物的保险系为出租人和承租人双方共同的利益所订立,因此享有恢复原状请求权的是双方之外的第三方。㊲ 在 Mumford Hotels Ltd v Wheeler 案㊳中,房屋承租人承诺支付"年度保险租金",该"租金"相当于订立房屋综合保险每年所需支付的保险费。出租人承诺为房屋投保该综合保险,但未承诺在房屋遭受毁损后对之恢复原状。法院判决认为,据此并不能推断出存在一项默示的恢复原状承诺,但可以推断出该保险系为出租人(被保险人)和承租人的共同利益所订立。因此,承租人对保险金享有利益,可以要求出租人将保险

㉞ 参见第十一章第一节第二项。
㉟ 《受托人法(1925)》(Trustee Act 1925)第 20 条第 4 款。
㊱ Lees v Whitely (1866) L. R. 2 Eq. 143.
㊲ 第十七章第十四节将对此问题进行更加深入的讨论。
㊳ Mumford Hotels Ltd v Wheeler [1964] Ch 117.

金用于对受损房屋恢复原状。在具备符合要件之事实的情况下,这种判决方法为承租人提供了一种实现利益的替代性路径,使其可以获得与适用《(伦敦地区)火灾预防法(1774)》第83条同样的结果。因此,如果第83条因为保险人已经向被保险人给付保险金而无法得到适用,或者从根本上就不得适用[39],承租人就可以诉诸此种替代性救济路径。

---

[39] 例如因保险人是劳合社的承保人(参见上文)。还可参见第四章对为第三人利益之保险的论述。

第十七章　保险代位权

本章讨论的是损失填补原则项下的一项基本制度——保险代位权。① 尽管在保险法语境下,保险代位权通常被称作一项权利,但其本质上更像是一种补偿性的救济措施。"保险法的基本规则"是:

"海上保险合同和火灾保险合同均属损失填补型保险合同,且只能是损失填补型保险合同。这类保险合同的特点在于:当被保险人遭受承保范围内的损失时,其损失应当获得足额补偿,但绝不能获得超额补偿。"②

这一常被援引的法官意见引发了许多讨论,而保险代位权制度中也存在许多应予研讨的细节性内容。为方便后文展开,首先宜对一些基础性问题进行探讨。

第一节　保险代位权的适用范围

保险代位权适用于所有损失填补型保险合同,例如火灾保险、机动车保险、财产保险和责任保险。它不适用于人寿保险③,也基本不适用于意外伤害保险。④ 然而,尽管大部分意外伤害保险是按照固定数额或者固定范围来进行赔付的,但仍然有部分意外伤害保险系以损失填补为赔付基础——保险给付的金额与被保险人遭受的具体损失数额相关。例如,健康保险及比健康

---

① 尽管以现在的眼光来看稍显陈旧,但仍不失为一部详尽且最具参考价值的保险代位权专著,这就是 R. Derham, Subrogation in Insurance Law (Sydney: Law Book Company, 1985)。同时也可参见 Mitchell, The Law of Subrogation (Oxford, 1994)。
② Brett LJ in Castellain v Preston (1883) 11 Q. B. D. 380 at 388.
③ Solicitors & General Life Assurance Society v Lamb (1864) 2 De G. J. & S. 251.
④ Theobald v Railway Passengers Assurance Co (1854) 10 Exch. 45.

保险承保范围更大的保险中的医疗费用保障部分,即属损失填补型保险,因此其应当适用保险代位权制度。⑤ 此外,有观点认为⑥许多人寿保险也有损失填补的目的,这一点在之前已有讨论,而且为《人寿保险法(1774)》第3条的规定所强化。⑦ 典型的例证是雇主以其雇员的生命为保险标的投保的"关键人员"保险,以及债权人以其债务人的生命为保险标的投保的人寿保险。此类保险唯一真实的目的就是对损失进行填补。然而,无论此种观点看起来是如何具有吸引力,似乎都可以肯定地认为,法律不会允许将保险代位权适用于任何类型的人寿保险。

第二节　保险代位权的制度源流

关于保险代位权制度的真正起源,长期以来都存在一定争议。一些观点主张其滥觞于罗马法。在英国,保险代位权制度据称最早是由衡平法院和海事法院所确立⑧,许多判例也因此将之视为衡平法的产物。⑨ 然而,一些现代判例则将之视为一项由所有损失填补型保险合同中均含有的默示条款发展而来的普通法规则,尤其是迪普洛克法官所发表的判决意见。⑩

英国上议院在 Napier v Hunter 案⑪中讨论了该问题。此案中的矛盾冲突十分尖锐。被保险人是一家劳埃德辛迪加的成员,通过与"止损"保险

---

⑤　参见不同的北美判例:Glyn v Scottish Union & National Insurance Co (1963) 40 D. L. R. (2d) 929, 此案认为机动车保险单当中的医疗费用保障部分适用保险代位权;Gibson v Sun Life Assurance Co of Canada (1985) 7 C. C. L. I. 65, 此案认为失能保险单适用保险代位权;Michigan Medical Services v Sharpe 339 Mich. 574, 54 N. W. (2d) 713 (1954), 此案保险单条款明确规定适用保险代位权。形成对比的是 Michigan Hospital Services v Sharpe 案[339 Mich. 375, 63 N. W. (2d) 638 (1954)]。此案与前述最后一个案件系源于相同事实,但由于此案中缺乏前述案件中的明示条款,法院最终判决不适用保险代位权。一般性论述,参见 Kimball and Davis, "The extension of insurance subrogation" (1962) 60 Mich. L. R. 841, 尤见第 860—861 页。

⑥　Kimball and Davis, (1962) 60 Mich. L. R. 841.

⑦　参见第三章,尤其是第三章第四节。

⑧　Goff and Jones, The Law of Restitution, 6th edn (London: Sweet & Maxwell, 2002) at 523.

⑨　See, e.g. Burnand v Rodocanachi (1882) 7 App. Cas. 333 at 339; Morris v Ford Motor Co Ltd [1973] 1 Q. B. 792 at 800–801.

⑩　Especially, Yorkshire Insurance Co v Nisbet Shipping Co [1962] 2 Q. B. 330 at 339; Morris v Ford Motor Co, above, at 809–812; Hobbs v Marlowe [1977] 2 All E. R. 241 at 254–255.

⑪　Napier v Hunter [1993] 2 W. L. R. 42. 迪普洛克法官的观点未获重视,尤其参见布朗-威尔金森(Browne-Wilkinson)法官在判决书第 65 页的意见。本章第四节第一项讨论了该判决的另一重要层面。

人订立保险合同,它们实质上将自己本应承担的风险转移给了后者。嗣后,被保险人向保险人提出索赔并获得赔付,过失导致被保险人损失的第三人也支付了损害赔偿金。⑫ 该笔赔偿金由一家律师事务所保管。保险人无疑至少对其中的一部分有权主张权利⑬,但问题在于,保险人是仅享有一项普通法上的请求权,即通过诉讼对被保险人已经获得的赔偿金主张权利,还是同时对律所保管的部分赔偿金享有一项衡平法上的所有权请求权。⑭

法官一致认为,保险人对于被保险人(或其代理人)获得的赔偿金享有衡平法上的利益。这一意见包含了对代位权制度的历史考察,它表明代位权制度至少是同时起源于衡平法和普通法。⑮ 坦普尔曼法官指出:

"支配着我们祖先的判决,并激励他们认定被保险人对享有代位权的保险人负有衡平法义务的原则,是清晰可辨且不可更改的。这些原则确立了此类保险人对于侵权人应支付的损害赔偿金享有可执行的衡平法利益。"⑯

保险人实现其衡平法利益的方式,是主张自己对系争赔偿金享有优先权或担保权,而非主张这笔赔偿金属于信托财产。⑰ 因此,如果获得这笔赔偿金的被保险人破产,或者在被保险人为公司的情况下,公司进入破产清算程

---

⑫ 事实上,该第三人是这家辛迪加的经营代理人,其过失地代被保险人作出了承保承诺。

⑬ 依据为下文所述的保险代位权第一层面的内容。关于具体数额的讨论,参见本章第四节第一项。

⑭ 关于保险人是否享有一项以被保险人名义起诉的衡平法权利,即下文所述的代位权制度的另一个层面,存在许多不同的观点。坦普尔曼法官认为,保险人有此权利(脚注⑪判决书第52—53页),但鉴于戈夫法官对此问题的看法,他持保留态度(判决书第61页)。戈夫法官倾向于支持坦普尔曼法官的看法,但其引用了意见相反的判决,并且不愿在未对判例进行充分讨论的情况下得出确定的结论。鉴于 Morris v Ford Motor Co Ltd 案([1973]1 Q. B. 792)的判决,这种态度或许是重要的,此案中,丹宁法官拒绝以"衡平"法上的理由在这一层面上适用代位权制度。更深入的内容,参见第十七章第十六节。在 Ballast Plc 案{[2006] EWHC 3189 (Ch); [2007] Lloyd's Rep. I. R. 742}中,劳伦斯·科林斯(Lawrence Collins)法官认为,保险人并不享有此种衡平法上的权利。

⑮ 重点援引的判例有:Randal v Cockran (1748) 1 Ves. Sen. 98; White v Dohinson (1844) 14 Sim. 273; Commercial Union Assurance Co v Lister (1874) L. R. 9 Ch. App. 483 及 Re Miller Gibb & Co Ltd [1957] 1 W. L. R. 703。这些判决表明衡平法支持保险人对被保险人享有代位权,并使得保险人可以被保险人的名义提起诉讼。对于这一观点的非常具有说服力的论证同样系由德勒姆提出,参见脚注①其书第一章。

⑯ Napier v Hunter [1993] 2 W. L. R. at 64.

⑰ 信托的主张似乎会给实际保管这笔钱的人造成过重的负担。

序,保险人便可优先于被保险人其他债权人就赔偿金受偿。[18] 对于为被保险人利益而支付并向法院提存的赔偿金,保险人也可能享有优先权,而且其权利优先于所有基于法律援助委员会(Legal Aid Board)的法定担保权而向被保险人主张的权利。[19] 虽然当被保险人由于保险人的不公平行为遭受损害时,依据保险人行使代位权不得损害被保险人利益这项默示条款,被保险人有权向保险人主张违约损害赔偿,但保险人对赔偿金的所有权利益并不会因自己的任何不公平行为而消灭。[20]

尽管保险代位权制度如今明显被认为系由衡平法原则和普通法原则所共同支配,但将之归为一项基于衡平法的法律制度或许更为妥适。[21] 进一步而言,保险代位权的适用可以通过合同修改、排除或扩大。现如今,在保险单中通过明示条款扩张代位权的适用是非常普遍的现象,这样的案例在本章中也随处可见。

还应当注意的是,代位权制度的适用并不仅限于保险领域。[22] 然而,尽管代位权本质上适用于所有领域,但其在每一领域的适用都是自成一体的,因此在研究保险代位权时,可以忽视其他领域的代位权适用情况。事实上,英国上议院已经指出,不应当认为在一个领域中发展出的规则可以被当然地移植到另一领域。[23]

---

[18] Re Miller, Gibb & Co [1957] 1 W. L. R. 703,此案判决在 Napier v Hunter 案中得到了上议院的认同。Napier v Hunter 案判决的这个层面,与其他扩大衡平法上所有权救济的现代权威判例的意见相一致。对这种趋势的合理性的讨论不在本书范围之内,但多出现于恢复原状法(restitution law)的相关著作当中。一项非常有价值的批判性评论,参见 Mitchell,[1993] L. M. C. L. Q. 192。

[19] England v Guardian Insurance Ltd [2000] Lloyd's Rep. I. R. 404.

[20] 同上注。

[21] 更详细的讨论,参见 MacGillivray on Insurance Law, 13th edn, at 22-013 to 22-023. 亦参见霍夫曼法官在 Banque Financière de la Cite v Parc (Battersea) Ltd 案([1998] 1 All E. R. 737 at 744-745)中所作的判决书附带意见。他表示,尽管 Napier v Hunter 案已经推翻了代位权仅仅是普通法制度的说法,并且表明其更多的是一项衡平法上的原则,但是"不存在争议的是,保险代位权制度依赖于合同当事人的合意,并使得合同中内含的损失填补原则得以实现"。

[22] 详细介绍参见 Goff and Jones, The Law of Restitution, Ch. 27 and Mitchell, above fn. 1。

[23] Orapko v Manson Investments [1977] 3 W. L. R. 229 at 234 (Lord Diplock). See also Lord Hoffmann in Banque Financière de la Cite v Parc (Battersea) Ltd, above. 他在此案中指出,合同约定的代位权和防止不当得利的代位权是"完全不同的制度"。

第三节　保险代位权的两个层面

前文对指导性判例 Castellain v Preston 案[24]判决意见的部分引述仅体现了保险代位权制度的一个层面,即被保险人不得从其损失中获利,并且对于自己实际获得的任何利益,被保险人都要对保险人承担衡平法上的返还责任。该案判决意见的后一部分,则阐述了保险代位权制度的第二个层面,即保险代位权是保险人在补偿被保险人后,对于被保险人所享有的能够减轻承保损失的诉权,代位被保险人(此即"代位权"的字面含义)并以被保险人的名义行使的权利。一般而言,被保险人诉权行使的对象,是那些应当对被保险人承担侵权、违约、法定责任或者特定补偿责任的第三人,且该项责任与被保险人已经就其获得保险金赔付的事件相关。如前所述,在必要情况下,被保险人可能会被迫将其诉讼权让与保险人。[25]

尽管代位权两个层面的目的都是防止被保险人不当得利,但它们在本质上并不相同。从某种程度上而言,不同原则之间具有相关性,每一层面也有各自不同的限制条件。以下将对两个层面分别进行考察。

第四节　被保险人不得获利

这一规则下最具代表性的案例仍是 Castellain v Preston 案。[26] 该案是本书第十一章中所探讨的 Rayner v Preston 案[27]判决的续篇。[28] 该案中,买卖合同的标的房屋在合同成立后、履行前被焚毁,房屋出卖人从保险人处获得了保险金,法院判决认为出卖人无须以该笔保险金对买受人的损失承担补偿责任。由于即使发生火灾买受人也仍有义务履行合同,故买受人于之后支付了约定价款并完成了交易。上诉法院遵循了不久前 Darrell v Tibbits 案的判决意见[29],认为被保险人有义务从自己收到的房屋价款中向保险人返还保险

---

[24] Castellain v Preston (1883) 11 Q. B. D. 380.
[25] King v Victoria Insurance Co Ltd [1896] A. C. 250 at 255–256; Edwards v Motor Union Insurance Co [1922] 2 K. B. 249 at 254.
[26] Castellain v Preston (1883) 11 Q. B. D. 380.
[27] Rayner v Preston (1881) 18 Ch. D. 1.
[28] 参见第十一章第一节第一项。
[29] Darrell v Tibbits (1880) 5 Q. B. D. 560.

金。在 Darrell v Tibbits 案中，房屋所有人为出租屋投保了火灾保险。不久后，该出租屋因当地政府引发的爆炸受损，政府由此对承租人作出赔偿。保险人向被保险人（房屋所有人）支付保险金后，又要求被保险人返还保险金。上诉法院支持了保险人的该项主张，理由在于因承租人获得赔偿款后将之用于修理房屋，被保险人的损失实际已获得填补。在上述两起案件中，允许被保险人保留保险金，都意味着被保险人将获得双重补偿，并且能够从其损失中获利。在 Darrell v Tibbits 案中，承租人之前已在租房合同中承诺，当承租房屋发生类似该案这样的损失时，自己负有修理房屋的义务。这显然意味着，如果保险人向房屋所有人给付保险金后，又依据该承诺以后者的名义起诉承租人，也会产生同样的结果。当然，这又涉及代位权制度的另一层面。

被保险人不得从其损失中获利的规则要受到三重限制。第一，被保险人仅在完全受偿的情况下才对保险人负有返还义务。第二，若被保险人在损失发生后获得赠与，该赠与并不必然会被纳入返还义务范围。第三，如果第三人支付的赔偿在保险人就其已支付的保险金获得完全补偿后仍有剩余，则被保险人有权保有该剩余部分。这三重限制需要分别展开详细讨论。

第一项 完全补偿

在 Scottish Union & National Insurance Co v Davis 案[30]中，经保险人同意，该案被告（被保险人）将其受损车辆送往一家汽车修理厂进行维修。修理厂连续修理了三次都未能使被保险人满意，最终被保险人将该车送往别处修理。但是，该修理厂还是将修理账单交给了保险人，而且保险人在未收到被保险人签署的满意通知书的情况下，向修理厂支付了修理费。随后，被保险人从导致车辆最初损坏的责任人处获赔，并用该笔赔偿金修好了其汽车。保险人主张自己对责任人支付的这笔赔偿金享有权利，但被上诉法院轻易驳回。上诉法院认为，"保险人仅在补偿被保险人后才享有代位权，显然本案中保险人并未这样做"。[31]

依据该判决并不能明确被保险人返还义务产生的前提，究竟是被保险人获得保险金额范围内的全部补偿，还是被保险人获得对其损失的全部补偿。这是一个在实务中普遍可能存在的问题。在此举三个例子进行简要说明。

---

[30] Scottish Union & National Insurance Co v Davis [1970] 1 Lloyd's Rep. 1.
[31] Per Russell LJ, above at 5.

第一种情形为,价值或重置成本为 200 英镑的财产,仅投保了 100 英镑保险金额的保险。此时的保险为不足额保险。㉜ 若该财产遭受他人损害,且被保险人从保险人处获得 100 英镑保险金后,又从责任人处获得 100 英镑赔偿金,那么被保险人是否因为自己获得了保险条款项下的全部补偿,就有义务向保险人返还赔偿金?㉝ 第二种情形是,保险单中包含自负额或免赔额条款,因此被保险人须自行负担一切损失的初始部分。㉞ 若被保险人从责任人处就该初始部分损失获得赔偿,那么对此他是否应向保险人负返还义务？第三种情形是,机动车被保险人的车辆在事故中受损,保险人支付了修理费,但不愿意通过起诉事故责任人追偿该笔费用。被保险人从第三人处获得了一笔赔偿,赔偿范围包括不在承保范围之内的被保险人的间接损失。此处的间接损失可能包含被保险人在受损车辆修理期间租用替代车辆的费用㉟,以及在被保险人的车辆系用于商业目的的情况下,被保险人在此期间遭受的利润损失。虽然被保险人并未从保险人处获得全部的损害赔偿,但保险人能否主张被保险人因获得全额保险金赔付而获利？

迄今为止,所有英国已决案件都未对上述问题作出明确回答。㊱ 但在 Napier v Hunter 案㊲中,上议院至少对第二种情形作出了权威解答。该案事实在前文已有简要介绍,以下将用一组相对简单的数据对该案的论证理由和判决进行说明。被保险人遭受的损失为 160000 英镑。保险人的责任限额即保险金额为 125000 英镑,自负额为 25000 英镑。对损失负有责任的第三人

㉜ 关于不足额保险的一般介绍,参见第十五章第九节。

㉝ 此处假设被保险人自责任人处仅接受 100 英镑赔偿的行为是恰当的。如果被保险人的行为不当,他将违反诚信义务并损害保险人的代位权,因此要对保险人承担相应的责任;参见第十七章第八节。然而,被保险人也可能只能获得 100 英镑的赔偿,例如因责任人不具备清偿能力。

㉞ 参见第十五章第十节。

㉟ 参见 Hobbs v Marlowe 案([1977] 2 All E. R. 241)的案件事实,第十七章第十五节有所讨论。当前承保此类损失的情形十分普遍。

㊱ 加拿大最高法院对 Ledingham v Ontario Hospital Services Commission [1974] 46 D. L. R. (3d) 699 的判决,似乎支持了一个一般性的观点,即保险人取得代位权之前,被保险人必须得到对其损失的完全赔偿。该观点曾在本书的先前版本中作为一种权威观点被引用和讨论(第二版第 241 页)。此外,还有一些其他英联邦判决也与该裁判观点类似,对这些判例的梳理和总结,参见 Derham, Subrogation in Insurance Law (1985), Ch. 12. 然而除涉及真正非承保损失的情形外,基于下文讨论的 Napier v Hunter 案的判决,这种观点似乎已经不再被支持。

㊲ Napier v Hunter [1993] 2 W. L. R. 42. 本案还援引了下级法院一份与当事人有关的判决,即 Napier v Kershaw Ltd, at [1993] 1 Lloyd's Rep. 10. 萨维尔法官在初审中支持被保险人的主张,但上诉法院对该案的判决与上议院相同。

对被保险人赔偿了130000英镑。保险人向被保险人赔付了100000英镑,即保险金额扣除自负额后的金额。此处的问题是,被保险人是否有权从第三人的赔偿中获得60000英镑以全部填补其损失,但这样保险人就只能获得70000英镑的补偿;抑或保险人是否有权从130000英镑中获得更高比例的补偿,但如此被保险人就只能获得不足额补偿。

法院认为后一种做法更可取。自负额的意义在于,对于自负额对应部分的损失即25000英镑,被保险人被视为自己的保险人,即应当独自承担该部分损失。进一步而言,被保险人应当被视为已经同意自行承担125000英镑保险金额以外的全部损失。这样的结果就是,被保险人仅能对第三人提供的130000英镑赔偿中的35000英镑主张权利,此即其非承保损失60000英镑扣除自负额后的部分,而保险人则对余下95000英镑享有权利。

对于 Napier v Hunter 案判决的这一层面,只有坦普尔曼法官和祖斯法官进行了详细讨论。前者[38]通过假设实际存在三份保险,论证了该判决的正当性:第一份保险承保最初25000英镑的损失,第二份保险承保接下来的100000英镑,第三份保险则承保超出125000英镑的部分。在160000英镑的实际损失中,被保险人可以从相应的保险人处分别获得25000英镑、100000英镑和35000英镑的补偿。因此对于130000英镑的赔偿,其中的35000英镑将率先返还给第三位保险人,剩下的95000英镑则会被返还给第二位保险人。后者当然就是该案中真正的保险人。祖斯法官在判决书附带意见中总结了其裁判理由[39]:

"当承保损失因第三人的赔偿而减少时,无论是在保险人作出任何补偿之前还是之后,最终损失额都应该以最初实际损失额减去第三人赔偿额来计算,而且它还要适用保险单中的自负额条款。"

因此,在假设的数据中,最终的损失是30000英镑,即最初的160000英镑损失减去130000英镑的赔偿,且由于25000英镑自负额适用于这30000英镑,被保险人因此只能从保险人处获赔5000英镑。尽管之前并没有任何权威判例明确作出此种判决结果,但有一些判决书附带意见[40]在该案中得到了

---

[38] Above at 46-48.
[39] Above at 64.
[40] Castellain v Preston (1883) 11 Q. B. D. 380 at 386, 393 and 395 and Burnand v Rodocanachi (1882) 7 App. Cas. 333 at 339.

引用,而且它们被祖斯法官视为意义重大[41],原因在于:

"它们强调了这一事实,即在追偿的场合,保险代位权仅与被保险人的承保损失有关,而与任何实际损失无关。若被保险人同时遭受了承保损失与非承保损失,保险人只要对承保损失进行了完全补偿,便可获得保险代位权,被保险人尚未就其非承保损失获得赔偿这一事实并不具有任何影响。"

这种论证在逻辑上很难找出漏洞,而且在商业保险的情形下更是很难否定这一结果的正当性,因为当事人被推定为已充分认识到自负额的意义。然而,在其他情形下,通过主张被保险人已经同意承担自负额部分的损失,可能并不易于证明这一结果的合理性。至少有一部分被保险人事实上并未作出此等同意。在许多类型的保险中,被保险人尽管对于自负额的数额享有选择权,但却都无权选择是否在保险单中订立自负额条款。

或许严格来讲,Napier v Hunter 案只与自负额对代位追偿的效力有关。然而,同样的论证似乎也明显适用于不足额保险。事实上,坦普尔曼法官明确表示[42],对于任何超出保险金额的损失,被保险人均须自行承担。这表明在前述第一种情形中,被保险人应当将其从第三人处获得的 100 英镑赔偿返还给保险人。可是,这样的结果对某些被保险人来说可能有些苛刻。

然而,前述第三种情形中提到的间接损失的情形则截然不同。其中的间接损失属于承保范围之外的损失,因而很难认为对于这些损失,被保险人应被视为自己的保险人。另外的理由则是,如前所述,代位权制度的目的是防止被保险人不当得利,而在被保险人就其包括间接损失在内的损失获得完全赔偿之前,很难认为其不当得利。

可以肯定的是,被保险人有权从保险人能够代位获得的赔偿中,扣除自己在合理寻求对承保损失赔偿的过程中支出的任何合法或其他合理支出。[43]

第二项 赠与

如果被保险人在完全受偿的同时还获得了他人赠与以减轻其损失,那么一般而言被保险人必须向保险人返还与获赠金额相当的保险金。在 Stearns

---

[41] Napier v Hunter [1993] 2 W. L. R. at 63.
[42] Above at 47.
[43] England v Guardian Insurance Ltd [2000] Lloyd's Rep. I. R. 404.

v Village Main Reef Gold Mining Co 案㊹中,南非政府强制征收了被告的被保黄金。保险人对被告的全部损失进行了赔付。随后,作为被保险人同意继续运营煤矿的对价,政府向被保险人返还了一笔金钱。法院认为,由于这笔金钱是为了减轻被保险人的损失,因此保险人有权请求被保险人返还与之数额相当的保险金。此案判决可与早先的海上保险案件 Burnand v Rodocanachi 案㊺进行对比。该案中,被保船舶在美国南北战争期间遭到同盟国巡洋舰的毁坏。保险人依约支付了保险金。被保险人之后获得了美国政府的赠与。英国上议院认为,根据对该赠与所涉金钱支付的相关法律的解释,该笔金钱纯粹是作为赠与而支付,其目的是使被保险人在保险金之外获益,故保险人无权对其主张权利。显然,该海上保险案确立的只是一种例外而非一般规则,而且仅在赠与是作为对被保险人额外补偿的情形下,被保险人才有权保留赠与。

第三项 剩余

一种不太常见的情况是,若在保险人支付的保险金得到补偿后,被保险人获得的第三人赔偿还有剩余,则被保险人有权保留该剩余部分。换言之,保险代位权的范围仅限于保险人实际支付给被保险人的保险金。在 Yorkshire Insurance Co v Nisbet Shipping Co 案㊻中,这一观点十分明确。被保船舶于 1945 年因碰撞而灭失,保险人依照保险单约定价值支付了 72000 英镑的保险金。在保险人的同意下,被保险人起诉了碰撞事故中另一船舶的所有权人——加拿大政府。1955 年,加拿大政府最终被法院认定应当承担责任。法院判决的损害赔偿金是 75000 英镑,并依照碰撞事故发生时的汇率转换成了加元。该笔加元赔偿金于 1958 年被支付给被保险人,但是当其到达英国被兑换成英镑时,兑换后的金额高达约 126000 英镑,其原因在于英镑在 1949 年发生了贬值。被保险人当然无法否认保险人对其中的 72000 英镑享有权利,但其主张自己有权保留剩余的近 55000 英镑。迪普洛克法官认为,保险人的代位权仅能在其已支付的保险金范围内行使。尽管他是在解释《海上保险法(1906)》第 79 条,但该判决无疑具有普适性。这一观点虽然在

㊹ Stearns v Village Main Reef Gold Mining Co (1905) 10 Com. Cas. 89.
㊺ Burnand v Rodocanachi (1882) 7 App. Cas. 333.
㊻ Yorkshire Insurance Co v Nisbet Shipping Co [1962] 2 Q. B. 330.

逻辑上无懈可击㊼,但在结果上还是稍显不公。毕竟,被保险人从1945年的保险金赔付中获得了利益,而保险人却在十三年甚至更久的时间里都未收回该笔保险金。若保险人当时实际行使其代位权以被保险人的名义起诉加拿大政府,那么由于在此种情况下其有权为了自己的利益对该笔剩余赔偿金主张权利,它们将会得到更加有利的结果。㊽

第五节　保险人的诉权

保险人以被保险人的名义提起诉讼这一做法确立已久,早在1782年的Mason v Sainsbury案中就作为一般规则所适用。㊾但值得注意的是,该诉讼依然是被保险人和被告之间的诉讼,若被告被判决承担赔偿责任,那么其只有在赔偿被保险人后才可免责。若被保险人拒绝保险人以其名义起诉,保险人可选择另一种做法来达到同样的效果,即保险人单独起诉侵权人,并将被保险人追加为第二被告。㊿

对保险人诉权作出的经典阐述来自英国上议院对 Lister v Romford Ice and Cold Storage Ltd 案的判决。㉛ 该案中,被告的一名雇员过失导致另一雇员受伤,而且此二雇员为父子关系,分别为儿子和父亲。被告因此须承担替代责任,向这位父亲进行损害赔偿。损害赔偿金实际系由被告的责任保险人所支付。其后,保险人为补偿自己的损失以被告的名义起诉了过失雇员。保险人的主张为,该雇员未尽到采取合理注意和技能的义务,而这种义务是雇员对雇主负有的一项默示义务。上议院的多数意见支持了这一主张,其认为诉讼实际系由保险人提起这一事实是无关紧要的。该雇员的劳动合同中确实存在一项关于上述义务的默示条款,而该雇员违反了该条款。上诉人的主

㊼　但值得注意的是梅高法官在Lucas v ECGD 案([1973] 1 W. L. R. 914 at 924)中的评论,以及明示的保险代位权条款可能具有的效力;参见第十七章第十三节。

㊽　Cousins v D & C Carriers [1971] 2 Q. B. 230; 参见第十七章第十一节。

㊾　Mason v Sainsbury (1782) 3 Doug. K. B. 61 at 64 (Lord Mansfield)——"保险人每天都处于代位被保险人的状态"。需要注意的是,若保险人是一家已经解散的公司,则由于被保险人已经消灭,因此保险人不再享有以被保险人名义提起诉讼的权利:M H Smith (Plant Hire) Ltd v D L Mainwaring [1986] B. C. L. C. 342。

㊿　特殊情况下,诉讼实际是由保险人提出的这一事实可能会被识别出来,例如,在Graham v Entec Europe Ltd 案([2003] EWCA Civ 1177; [2004] Lloyd's Rep. I. R. 660)中,对"知道"之含义的解释是依据《时效法(1980)》第14A条进行的。

㉛　Lister v Romford Ice and Cold Storage Ltd [1957] A. C. 555。

要抗辩理由是,即使自己本应当尽到合理注意和技能义务,但如果雇主已经就雇员违反该义务对第三人造成损害的风险投保了保险,那么其劳动合同中就相当于存在一项默示条款,即雇员也受该保险的保护。这一论证极具说服力因而得到了判决书中持反对意见法官的采纳,特别是拉德克利夫(Radcliffe)法官,他的判决意见比判决书多数意见更具现实性。㊾ 尽管如后文所述,雇主责任保险人由于该判决同意了在此类案件中放弃代位权㊿,但该判决确实说明代位权制度这一层面的法律后果可能是不经济的。㊾

一个更近的判例反映了另一情境下的代位权制度的第二层面,即 Caledonia North Sea Ltd v British Telecommunications Plc 案㊾。该案是由英国阿尔法钻井平台爆炸事故所引起,当时北海石油钻塔发生的火灾造成大量人员丧生。被保险人的责任保险人实际承担了被保险人对依赖受害人扶养之人的法律责任,该石油钻塔建设项目的各承包人也向被保险人承担了赔偿责任。之后,保险人成功地通过保险代位权向这些承包人主张了权利。㊾

围绕代位权制度的这一层面有许多重要的限制条件和法律后果,对此将在下文继续进行探讨。

㊾ See also Parsons, "Individual responsibilities versus enterprise liability" (1956) 29 A. L. J. 714, 该文对上诉法院的判决进行了评论,上诉法院的判决与上议院相同,但同样只是多数意见。

㊿ See Gardiner (1959) 22 M. L. R. 652.

㊾ 亦参见第十七章第十七节,并与第十七章第十六节所探讨的 Morris v Ford Motor Co 案([1973] Q. B. 792)进行比较。一个更近期的直接例证是 Bee v Jensen (No. 2)案([2007] EWCA Civ 923; [2008] Lloyd's Rep. I. R. 221)。此案中,被保险人的车辆因被告的过失受到损坏,法院认为原告(事实上是保险人)有权就已经得到其保险人赔付的租用替代交通工具的合理费用获得被告赔偿。事实上,该诉讼是对被告的保险人所提起,因为赔偿金超过了 610 英镑!这的确显得有些不经济,尽管它涉及机动车保险公司的一项重要原则,即无论保险公司是否根据已经作出的安排提供了替代性的租用服务,以及该服务的费用是否可能超过被保险人通过自己选购租用服务而应支付的费用,保险人都能够就实际费用获得追偿。上诉法院对此作出了确认,即只要这些费用是合理的,保险人就可以这样做。

㊾ Caledonia North Sea Ltd v British Telecommunications Plc [2002] UKHL 4; [2002] Lloyd's Rep. I. R. 261; 该案确认了在 Caledonia North Sea Ltd v London Bridge Engineering Ltd 案([2000] Lloyd's Rep. I. R. 249)之下报告的判决。对苏格兰最高民事法院内庭(Inner House)所作判决的评论,参见[2000] J. B. L. 347.

㊾ 此案的特别重要之处在于,英国上议院和苏格兰最高民事法院内庭在承认保险人享有代位权的同时,都推翻了初审法官的判决。初审法官认为,承包人是与保险人地位类似的补偿义务人,因此应当适用的是分摊原则(下章讨论)而非代位权制度。这种判决会打破各承包人之间审慎约定的责任承担机制的基础,而这种责任承担机制可能是许多建设项目中的标准商业安排。

第六节 被保险人必须获得补偿

在代位权制度的第一层面之下,保险人的代位权只有在被保险人获得保险人补偿后才会产生,而且这针对的是被保险人就特定事件对保险人提出的所有索赔请求。在 Page v Scottish Insurance Corp 案[57]中,P 在驾驶 F 的汽车时过失碰撞了 T 的汽车并致两车受损。F 的保险人指示 P 对 F 的汽车进行修理,但拒绝支付修理费。此外,保险人在就 T 的赔偿请求向 P 作出补偿前,主张因 P 过失驾驶 F 的汽车导致 F 的汽车遭受损失,所以其有权以 F 的名义起诉 P,并且主张自己可以从应当支付给 T 的损害赔偿金中扣除 F 车辆的修理费。上诉法院认为,保险人过早地以 F 的名义行使了代位权,"保险人仅在(已经)根据保险单完全补偿被保险人后才享有代位权"。[58]

那么此处再次出现了这个问题,即保险人取得代位权的前提,究竟是保险人已经根据保险单完全补偿了被保险人,还是被保险人必须就其损失获得了完全赔偿。为了阐明这一问题,可以使用与前文提出的示例[59]相似的案例。由于发生频率很高,最恰当的案型是被保车辆的驾驶人就汽车本身的损失获得了保险单的完全补偿,但对于非承保损失仍对侵权人享有赔偿请求权,这些损失可能包含间接损失和/或由于自负额条款而未能从保险人处得到补偿的损失。在 Page v Scottish Insurance Corp 案中,斯克鲁顿法官对于被保险人是否必须获得完全的损害赔偿,明确持保留态度。[60] 有一些权威判例对此持肯定态度[61],但现在看来可以确定的是,法院一般认为保险人依保险单约定给付全部保险金即可。[62] 如果由于保险代位权之诉,保险人获得了多于其支付之保险金的赔偿金,被保险人将有权获得剩余部分,因为该剩余部分代表非承保损失。如下文所述,在任何情形下,若保险人拒绝起诉,被保险人都将有权独立提起诉讼。

---

[57] Page v Scottish Insurance Corp (1929) 98 L. J. K. B. 308.
[58] Above, at 311, per Scrutton LJ.
[59] 参见第十七章第四节第一项。
[60] Page v Scottish Insurance Corp (1929) 98 L. J. K. B. 308 at 312.
[61] 例如一个加拿大判决,Globe & Rutgers Fire Insurance Co v Truedell [1927] 2 D. L. R. 659。
[62] 该观点系源于第十七章第四节第一项所讨论的 Napier v Hunter 案([1993] 2 W. L. R. 42)的判决。尽管该判决并未涉及代位权的这一层面,但其论证的重点内容表明,就这一点而言,代位权的两个层面并没有区别。

该问题在实务中看来可能是一个相当学术性的问题。代位权制度的这一层面经常会由保险单中的一项明示条款所规定,该条款赋予了保险人在依保险单作出赔付后的代位权,而且有时甚至会规定保险人在赔付之前亦享有代位权。[63]

第七节 诉讼由谁控制?

从上一节的讨论可以看到,在被保险人得到保险人补偿之前,以及保险单中没有任何相反规定时,被保险人依据一般法享有起诉侵权人并控制诉讼的权利。在 Commercial Union Assurance Co v Lister 案[64]中,被保险人的磨坊由于一场爆炸受到损坏,而这场爆炸据称应由当地政府负责。被保险人的保险金额只有 33000 英镑,但受到的实际损失约为 55000 英镑。被保险人想要起诉政府,但保险人声称自己有权取得通过该诉讼获得的利益。法院认为,由于被保险人不会从保险人处获得完全的损失补偿,因此只要被保险人遵守诚信原则并就全部损失起诉,被保险人就有权提起并控制诉讼。[65] 另外,保险人如欲取得诉讼控制权,还必须先同意补偿被保险人相应的诉讼费用。而且即使被保险人已经获得了完全补偿,若保险人拒绝起诉,那么只要被保险人愿意,其就能起诉第三人并控制诉讼。保险人无权阻止被保险人。[66]

然而,在实务中这些规则中有很多可能都是多余的。明示的代位权条款往往赋予保险人在未对被保险人完全补偿情况下控制诉讼的权利。那么,当保险人选择不行使诉讼控制权时,关于其法律地位就会引发一个重要的问题,尤其是诉讼费用应当由谁负担的问题,因为保险单格式条款规定,控制诉讼的保险人须负担诉讼费用。这里也同样会涉及一种典型的情形,即不足额保险的被保险人在获得保险赔付后,还想就其非承保损失向侵权人行使赔偿请求权。但除在被保险人胜诉的情况下,保险人或许能够获得一定补偿外,保险人对于起诉侵权人其实并没有太大兴趣。因此,正如之前谈到的,被

---

[63] 参见第十七章第十三节。
[64] Commercial Union Assurance Co v Lister (1874) L. R. 9 Ch. 483.
[65] 被保险人的行为必须符合诚信原则而且要考虑保险人利益的要求,系确立于前述 Napier v Hunter 案中。
[66] Morley v Moore [1936] 2 K. B. 359; Hobbs v Marlowe [1977] 2 All E. R. 241.

保险人必须就自己的全部损失提起诉讼。那么被保险人能否以若其胜诉,保险人也会从中获利,以及保险人若提起诉讼就须承担诉讼费用为由,主张保险人承担自己提起诉讼的费用呢？这些事实系发生于新西兰的 Arthur v Barnett Ltd v National Insurance Co of New Zealand 案[67]中,此案的上诉法院认为,保险人不负有承担诉讼费用的责任。从 Hobbs v Marlowe 案[68]的事实脉络之中也能推导出同样的结果,该案案情与上述情形类似,后文将对该案事实展开讨论,但这一问题并非该案的争议焦点。

第八节　被保险人不得实施任何有损于保险人的行为

前文已经提到,即使被保险人已经得到了保险人的部分补偿,且保险人拒绝行使代位权,被保险人也依然必须就全部损失向侵权人提起诉讼。这或许是一般原则的一个层面,即一旦代位权是为了保险人的利益而存在或潜在存在,被保险人就不得实施任何可能损害保险代位权的行为,否则就要向保险人返还保险人已支付的保险金作为损害赔偿,或者在适当情形下保险人可以免除保险责任。若被保险人的确实施了这种行为,将违反其所承担的诚信义务。[69]

因此,虽然被保险人与侵权人之间达成的和解对保险人通常具有约束力,但这样的和解无论是在保险赔付之前还是之后达成,都相当于被保险人违反了其诚信义务。然而,还有一项要求是被保险人必须实际损害了保险人的地位,因此如果其对第三人的损害赔偿请求存在争议,而且其行为符合诚信并且是为了保险人和自己的利益,则被保险人并不会遭受不利后果。在 West of England Fire Insurance Co v Isaacs 案[70]中,被告为自己作为次承租人的财产投保了保险。在一场火灾事故之后,他从保险人处获得了保险金,并将这笔保险金交付给了该财产的承租人,而承租人此前与次承租人和财产所有人均已分别作出了投保承诺。同时,次承租人承诺不会因为承租人违反该投保承诺起诉承租人,这似乎表明承租人投保的是不足额保险。法院认

---

[67]　Arthur v Barnett Ltd v National Insurance Co of New Zealand [1965] N. Z. L. R. 874.
[68]　Hobbs v Marlowe [1977] 2 All E. R. 241. 参见第十七章第十五节。
[69]　这一点为 Napier v Hunter 案([1933] 2 W. L. R. 42) 所确认。参见最近的 Horwood v Land of Leather Ltd 案判决对此所作的讨论,[2010] EWHC 546 (Comm) at [56] to [70]。
[70]　West of England Fire Insurance Co v Isaacs [1897] 1 Q. B. 226.

为,由于被保险人损害了保险人以其名义起诉承租人违反投保承诺的潜在权利,因此被保险人应向保险人返还与保险金等价的金钱。在有关这一原则的其他案例中,也有许多针对别的情形的阐述,如被保险人对法定赔偿请求或侵权赔偿请求进行和解。(71) 如果被保险人实际起诉了侵权人但仅获得了非承保损失部分的赔偿,该原则显然将得以适用。(72)

该原则似乎会不当地惩罚一些无辜的被保险人,他们并没有意识到保险代位权和侵权损害赔偿请求权的复杂性。例如,在汽车发生意外事故后,基于保险赔付的全面性,作为无责方的被保险人可能会很自然地与有责方达成不起诉的约定。如果形成的是一项具有约束力的协议,那么该协议就会损害保险人的代位权,但此时适用该原则却会显得有些不合情理。当然,这并不意味着保险人必然会要求适用这一原则,但关于是否应当适用该原则的问题却一直存在。

第九节　侵权人相对于保险人的地位

作为被告的侵权人不能以实际原告是保险人,而名义原告已经就被告的不法行为获得完全保险赔偿作为抗辩理由。(73) 在评估侵权损害赔偿的数额时不考虑被保险人基于保险获得的利益(74),这项原则是禁止双重受偿原则的例外。(75) 同样的,被告也不得提出"保险人依法并不负有赔付义务,但却赔付

---

(71) For example Phoenix Assurance Co v Spooner [1905] 2 K. B. 753; Re Law Fire Assurance Co (1888) 4 T. L. R. 309; Horse, Carriage & General Insurance Co v Petch (1916) 33 T. L. R. 131. 在 Horwood v Land of Leather Ltd [2010] EWHC 546 (Comm); [2010] Lloyd's Rep. I. R. 453 at (67) 中,蒂尔(Teare)法官准备接受的附带意见是,存在一项默示条款要求被保险人必须在考虑保险人利益和代位权的情况下,依照诚信义务合理地实施行为,但这并不意味着他认为被保险人负有一项须在此方面采取积极行为的义务。

(72) Hayler v Chapman 案([1989] 1 Lloyd's Rep. 490)及其类似案件的事实说明,这可能是一种相当常见的情形。

(73) 保险人的补偿形式是无关紧要的,参见 Brown v Albany Construction Co [1995] N. P. C. 100。在此案中,保险人的补偿形式是以完全的市价购买被保险人的房屋。相同的结果也适用于保险人采用的诉讼融资安排:Sousa v London Borough of Waltham Forest Council [2011] EWCA Civ 194, 但沃德法官对此提出了批判(at [39])。

(74) See Hunt v Severs [1994] A. C. 350 at 358, per Lord Bridge.

(75) 该原则的适用,参见 Bristol and West Building Society v May May & Merrimans [1998] 1 W. L. R. 336 和 Arab Bank Plc v John D Wood Commercial Ltd [2000] Lloyd's Rep. I. R. 471, 以及这些案件判决中所引用的其他案件。它们与抵押贷款人对于包括律师和估价师在内的各主体的赔偿请求权有关,抵押贷款人对于抵押债务未获清偿的部分虽然已得到保险赔付,但这些主体对抵押贷款人的损失仍应依法承担责任。

了被保险人的索赔请求”这一抗辩,例如保险人享有免责权却仍然作出赔付的情形。(76) 但是,被告可以援引自己之前和被保险人达成的一项协议,该协议限制了被保险人的权利作为抗辩。在 Lister v Romford Ice and Cold Storage Ltd 案中,其判决书少数意见即持此观点。(77) 某郡法院作出的权威判例表示(78),被告不能在得知保险人已对被保险人作出赔付,且保险人因此实际取得代位权之后,以被保险人声明弃权作为抗辩理由,这一判决从原则上看是正确的。

然而,若被保险人本人提起诉讼并获得胜诉判决,那么保险人便无法再以被保险人未就承保损失向侵权人提出索赔为由另行起诉。(79) 此外,若行使代位权的保险人就被保险人对侵权人的赔偿请求与侵权人达成和解,并签署了一份赔偿请求免责书,且该赔偿请求包含所有就相关事件可能对侵权人提起的索赔请求,那么保险人就要受该免责书的约束而无法另行起诉。(80)

被告能否援引保险单中通常所称的“代位权放弃条款”作为抗辩,也是一个比较重要的问题。例如,此种条款可能会规定,保险人不会对被保险人的子公司或关联公司、被保险人的雇员或者共同被保险人行使代位权。共同保险的情形会在下文进行详细讨论。(81) 在此种情形以外,更为合理的观点可能是,除非被告是保险合同的当事人,否则其不得援引该条款作为抗辩,因为这违反了合同相对性原则。(82) 但是,对此仍然存在一些持相反意见的判例(83),而且无论如何,被告如今都应当可以根据《合同(第三方权利)法(1999)》援引此种条款进行抗辩。(84)

---

(76) King v Victoria Insurance Co [1896] A. C. 250.

(77) Lister v Romford Ice and Cold Storage Ltd [1957] A. C. 555; 参见第十七章第五节。

(78) Haigh v Lawford (1964) 114 L. J. 208 (Salisbury County Court).

(79) Hayler v Chapman [1989] 1 Lloyd’s Rep. 490. 正如上文中所指出的,被保险人在未经保险人同意的情况下实施此等行为,将违反其诚信义务和不得损害保险人代位权的义务。

(80) Kitchen Design and Advice Ltd v Lea Valley Water Co [1989] 2 Lloyd’s Rep. 333.

(81) 参见第十七章第十四节第一项。

(82) National Oilwell (UK) Ltd v Davy Offshore Ltd [1993] 2 Lloyd’s Rep. 582.

(83) 参见加拿大判例:Clark & Sons v Finnamore (1973) 32 D. L. R. (3d) 236 和 Enimont Supply SA v Chesapeake Shipping Inc (The Surf City) [1995] 2 Lloyd’s Rep. 242。在后一案件中,克拉克法官还援引了衡平法否定保险人的主张;详见第十七章第十四节第二项。

(84) 这些内容已在第四章第五节中进行过简要讨论。

第十节 代位权仅适用于被保险人享有诉权之情形

如果被保险人除与第三人达成和解协议外，对第三人并不享有诉权，则保险人也不会享有比被保险人更优的法律地位。关于这一点的最具代表性的案例是 Simpson v Thomson 案。[85] 该案中，被保险人所有的两艘船舶发生碰撞，事故原因在于其中一艘船的船长存在过失。对于由过失船长驾驶的那艘船，被保险人依据法定义务向法院支付了赔偿，以弥补类似事故中各相关方的损失。保险人亦对无过失船舶作出了赔付，并主张其有权以被保险人的名义作为该船舶的所有人，向船舶事故救济基金主张权利。但法院认为，保险人并不享有这一权利，因为这将等同于被保险人起诉自己，而这显然是不可能的。然而，如果两艘船舶分属不同公司所有，那么即便该公司系由同一人所有或控制，结果也会有所不同。[86]

第十一节 保险人对诉讼利益的权利

以被保险人名义起诉的保险人，是否有权为自己的利益对诉讼获得的利益主张权利这一问题可能经常出现。从名义上而言，通过诉讼获得的赔偿金应当归属于被保险人，也即名义原告，但如今依据《高等法院法（1981）》（Senior Courts Act 1981）第 51A 条的规定，保险人的代位权明显也包括获得相应诉讼利益的权利。[87] 以 H Cousins & Co Ltd v D & C Carriers Ltd 案[88]为例，该案是一起因违反运输合同而提起的损害赔偿之诉。被告主张，原告仅能就与其实际受损期间对应的利益主张权利，即仅限于其获得保险人补偿之前。但法院认为这样做是没有道理的，没有理由不将被告有权获得利益的期间认定为直至通常的判决作出之日，因为该利益中有一部分属于

---

[85] Simpson v Thomson (1877) 3 App. Cas. at 279. See also Buckland v Palmer [1984] 1 W. L. R. 1109, 在此案中，该原则的适用情形为被保险人因违反法院规则而失去其诉权。See [1985] J. B. L. 54.
[86] Simpson v Thomson (1877) 3 App. Cas. at 294 (Lord Blackburn).
[87] 详见第十五章第十一节。
[88] H Cousins & Co Ltd v D & C Carriers Ltd [1971] 2. Q. B. 230.

保险人。[89]

第十二节　替代代位权的诉权转让

保险代位权的本质无疑是保险人以被保险人的名义提起诉讼。然而，保险人也可能采用一种替代性的做法，即说服被保险人将自己的诉权转让给保险人。单纯的诉权，即起诉某人的权利，是不可转让的，但若转让给保险人则是合法的，因为保险人由于被告的侵权行为作出了赔付，其有权对自己由此遭受的损失向被告追偿。[90] 如果转让是完整的，即根据《财产法（1925）》第136 条的规定向被告发出了诉权转让的通知，保险人/受让人就可以以自己的名义起诉。

此类诉权转让行为可能比较少见。由于以自己的名义起诉可能会对自己的名誉造成不利影响，因此保险人更愿意以被保险人的名义起诉。但是，诉权转让相对于行使代位权的确有其优势。具言之，它不要求被保险人必须在保险人起诉之前得到完全补偿，而且保险人可以保留自己从诉讼中获得的全部赔偿金。此时之所以不适用 Yorkshire Insurance Co v Nisbet Shipping Co 案[91]的裁判规则，是因为此种情形下诉权完全属于保险人，且被保险人已经放弃了自己因诉权可能产生的任何利益。

第十三节　明示条款的效力[92]

前文已经指出，在某些情形下，保险单中会包含明确赋予保险人代位权的条款。这类条款普遍存在，而且无疑能够排除或修改普通法上代位权行使的某些条件。[93] 若保险单中确实含有此类条款，正确的做法是在确定当事人权利时首先考虑适用该条款，仅在条款存在歧义或不宜被适用时才适用代位

---

　　[89]　Harbutt's "Plasticine" Ltd v Wayne Tank & Pump Co 案（[1971] 1 Q. B. 447）中所表达的相反观点明显是基于一种误解。See (1970) 96 L. Q. R. 513.
　　[90]　Compania Columbiana de Seguros v Pacific Steam Navigation Co [1965] 1 Q. B. 101.
　　[91]　Yorkshire Insurance Co v Nisbet Shipping Co [1962] 2 Q. B. 330；参见第十七章第四节第三项。
　　[92]　See further Birds, "Contractual subrogation in insurance" [1979] J. B. L. 124.
　　[93]　然而，一种有趣的观点是，约定代位权事实上与一般的代位权无关，参见 Brown, "An insurer's rights in litigation or contractual subrogation: an oxymoron?" (1997) 8 Ins. L. J. 60.

权制度的一般规定。在 Lucas v Exports Credit Guarantee Department 案[94]中,信用担保部门签发的保险单中包含代位权条款,关于该条款的适用发生了争议。[95] 该案所涉情形与 Yorkshire Insurance Co v Nisbet 案极为类似[96],法院认为,在侵权人提供赔偿后,对于因汇率变动而导致的多出保险金部分的赔偿金,保险人是否享有权利,完全取决于对相关条款的解释。事实上,上议院并未考虑代位权制度一般规则的适用。

明示条款通常会赋予保险人在补偿被保险人之前或之后起诉的权利,而且还可能赋予保险人在被保险人起诉未获任何利益时,控制或接管被保险人诉讼的权利。然而正如前文所述,依据一般规定,即使被保险人已经获得全额赔付,如若保险人放弃起诉侵权人,被保险人也依然有权提起诉讼。在实践中,明示条款可能会允许保险人在取得诉讼控制地位之后放弃诉讼。有观点表示,保险人应当仅在遵守诚信义务并且适当考虑被保险人利益时,才可实施此等行为,而且在实务中,若被保险人遭受了非承保损失并为之寻求赔偿,保险人一般不会实施此种行为。[97]

明示条款有时也会赋予保险人以被保险人之外的某人的名义行使代位权。[98] 在某些情况下[99],被保险人可能会获得为第三人利益之保险单的赔付。若第三人就损失对侵权人享有赔偿请求权,则保险人依据普通法将无法代位行使这一诉权,因为该第三人对保险人不享有直接请求权。这种明示条款显然是为了解决这类问题所创设的,而且根据《合同(第三方权利)法(1999)》的规定,其如今应当具有强制执行力。

第十四节 两个或以上主体对同一财产具有利益

在两个或以上主体对同一财产具有利益的场合,可能会产生一些有趣的代位权问题。例如,这些问题可能会发生在不动产的所有权人和承租人,或

---

[94] Lucas v Exports Credit Guarantee Department [1974] 1 W. L. R. 909.
[95] 该部门在当时属于政府部门。
[96] Yorkshire Insurance Co v Nisbet [1962] 2 Q. B. 330;参见第十七章第四节第三项。
[97] See further (1978) 41 M. L. R. 201 at 204 and Birds, "Contractual subrogation in insurance" [1979] J. B. L. 124 at 134-136.
[98] Birds, "Contractual subrogation in insurance" [1979] J. B. L. 124 at 129-130.
[99] 参见第四章。

者抵押人和抵押权人之间,而且此时还可能涉及将于下一章中探讨的分摊问题。这些当事人可能是分别单独投保,可能是只有其中一方投保,也可能是双方共同投保。

在当事人分别单独投保的场合,损失将由应负法律责任的一方承担,进而由该方的保险人承担。其他当事人的保险人若先行补偿了其被保险人,便可取得代位权。若动产的委托人和受托人分别对动产投保,且动产在受托人应负法律责任的情形下发生损失,则应当由受托人的保险人承担这一损失。(100) 与此类似,若所有权人与承租人均对租赁标的物投保,但后者承诺在租赁物发生损失时承担保障或修理义务,则应当由后者的保险人承担这一损失。(101) 若作出此等承诺的是所有权人,则恰好相反。(102)

即使在只有一方当事人投保的场合,该保险也可能是为了使另一方获益,如此则保险人不再享有对另一方的追偿权。此观点在英国首次出现于Mark Rowlands Ltd v Berni Inns Ltd 案这一重要判决中。(103) 该案中,出租给被告的财产因被告的过失而受损。(104) 根据租约中的条款,所有权人承诺投保,被告承诺支付一笔约等于四分之一保险费的金钱(“保险租金”)。被告最初还承诺对“任何由承保风险直接或间接造成的财产损失”进行修理,但其后被免于履行。上诉法院认为,所有权人的保险人不能对被告行使代位权(105):

“火灾保险的本质特征在于,它既承保意外事故导致的火灾,亦承保过失导致的火灾。鉴于被告已支付了保险租金,原告实质上已对此表示同意。因此经过合理的解释,所有权人与保险人的目的应当是在火灾导致损失发生时,无论该火灾是由于意外事故还是过失,所有权人的损失都由保险金补

(100) North British & Mercantile Insurance Co v London, Liverpool & Globe Insurance Co (1877) 5 Ch. D 569, 对这些案件的详细探讨参见第十八章第二节第二项。

(101) Darrell v Tibbitts (1880) 5 Q. B. D. 560; 参见第十七章第四节。

(102) For example United Motor Services v Hutson [1937] 1 D. L. R. 737.

(103) Mark Rowlands Ltd v Berni Inns Ltd [1986] Q. B. 211. 关于该案对保险利益问题的判决,参见第三章第九节;更详细的评释,参见 Birds (1986) 6 Oxford J. Legal Stud. 304。代位权问题是该案中最主要的争议问题。

(104) 本案保险对被告的保障,是基于第三方责任保险,而非财产损失保险。因此,该案与上文中所讨论的案件非属同类。

(105) 此案的奇怪之处在于,真正的原告是保险人这一点得到了公开承认。本来,该案可被简单地作为一个单纯的所有权人与承租人纠纷案件进行处理,尽管这样处理的结果也不会有任何不同。Mark Rowlands 案所确定的规则在 Quirkco Investments Ltd v Aspray Transport Ltd [2011] EWHC 3060(Ch)的附带意见中得到了适用,该案中同样存在代位权抛弃条款。

偿,以及在此种情况下,所有权人与保险人均不得向承租人主张基于过失的损害赔偿。”⑩⑥

对于 Mark Rowlands 案而言,影响裁判结果的关键事实是,涉案租赁条款明确约定所投保险是为了所有权人与承租人双方的利益。并不是所有的租约都会采用此种措辞,单纯的所有权人投保承诺并不能被解释为保险是为了承租人的利益。⑩⑦ Mark Rowlands 案确立的原则已被适用于船舶修理合同的当事人之间⑩⑧,而且其论证理由或许也可被扩大适用于其他对同一财产具有利益的当事人之间。例如,当土地出卖人的保险单明确表示是为了保护买受人在合同成立后至履行完毕前这一期间的利益时⑩⑨,出卖人和买受人之间便可适用这一原则,以及当动产所有人已经根据租用合同条款对动产投保时,所有人和租用人之间也可适用这一原则。⑪⓪ 但在抵押权人对抵押人无法清偿债务的风险投保抵押补偿保险的场合,即使抵押人事实上支付了保险费,也无法适用这一原则。⑪①

(106) Per Kerr LJ at 232. 学识渊博的法官援引了许多针对同一问题的英联邦和美国判决,尤其是加拿大最高法院审理的三起案件:Agnew Surpass Shoe Stores Ltd v Cummer-Yonge Investments Ltd (1973) 55 D. L. R. (3d) 248; Ross Southwood Tire Ltd v Pyrotech Products Ltd (1975) 57 D. L. R. (3d) 248; T Eaton Co Ltd v Smith (1977) 92 D. L. R. (3d) 425. See Hasson, (1976) 14 OHLJ 769 at 779-782 及(1985) 5 Oxford J. Legal Stud. 416 at 430-433。另见 Marlborough Properties Ltd v Marlborough Fibreglass Ltd [1981] 1 N. Z. L. R. 464, 对该案的评论参见 Yates (1983) 3 Oxford J. Legal Stud. 431。值得注意的是,加拿大法律并未将损失实际系由承租人雇员过失造成的情形包括在内;Greenwood Shopping Plaza v Beattie (1980) 111 D. L. R. (3d) 257。

(107) See Lambert v Keymood Ltd [1999] Lloyd's Rep. I. R. 80.

(108) Talbot Underwriting Ltd v Nausch, Hogan & Murray Inc [2006] EWCA Civ 889; [2006] Lloyd's Rep. I. R. 531; see also Scottish & Newcastle Plc v GD Construction Ltd [2003] EWCA Civ 809; [2003] Lloyd's Rep. I. R. 809.

(109) 可以比较两个案件:Rayner v Preston (1881) 18 Ch. D. 1(参见第十一章第一节第一项)和 Castellain v Preston (1883) 11 Q. B. D. 380(参见第十七章第四节)。

(110) See further Birds, above.

(111) Woolwich Building Society v Brown [1996] C. L. C. 625. 这是否总是一个公正的结果是另一回事。法院如今已经审理了许多因抵押债务未完全清偿而引发的案件,在这些案件中,贷款人已经得到了保险人的补偿。它们有时涉及保险人对抵押人的代位赔偿请求,如 Woolwich Building Society v Brown 案,有时又涉及保险人对过失导致损失的第三人的赔偿请求,如以上脚注(75)中提到的案件。

第一项　共同保险的情形

还有一种情形是,双方共同投保了一份保险,即共同保险或复合保险。[112] 针对该情形的裁判意见首次出现于 Petrofina Ltd v Magnaload Ltd 案[113]中,该案法院认为,建设工程一切险的保险人不能以主要被保险人,即工程业主和主承包人的名义起诉应对损失负责的次承包人。次承包人被认为也属于保险单中的"被保险人",并对整个承包作业享有保险利益,最终的结果就是法院以迂回诉讼(circuity of action)为由否定了保险人的代位权。[114] 该结论之作出系基于"商业便利"这一理由,该理由在加拿大最高法院对 Commonwealth Construction Co Ltd v Imperial Oil Ltd 案的判决中也起到了重要作用[115],而该判决也成为被多次援引的典型判例。

Petrofina Ltd v Magnaload Ltd 案的判决得到了 Stone Vickers Ltd v Appledore Ferguson Shipbuilders Ltd 案[116]的遵循,但后案情形与前者稍有不同,其涉及一项船舶建造合同。在后案中,主承包人的保险人欲以主承包人的名义起诉提供了缺陷螺旋桨的次承包人,但其代位权遭到了法院否定。在认定次承包人是保险单中共同被保险人的基础上[117],法院认为,次承包人对整个承包作业都享有保险利益,并且是完整的保险利益,其得以据此对抗保险人的赔偿请求。[118] 然而,这一结果的法律依据却与 Petrofina 案略有差别。在法官看来,保险人行使代位权将违背其对共同被保险人负有的义务,因此保险合同

---

[112]　应当注意的是,这并不是严格意义上的共同保险,因为严格来说,共同保险仅发生于当事人对保险标的利益相同的情形。例如,在 Re King 案([1963] Ch. 459)中,以所有人和承租人的共同名义订立的保险就并非共同保险。

[113]　Petrofina Ltd v Magnaload Ltd [1984] 1 Q. B. 127; see [1983] J. B. L. 497. 正如我们之前在第四章第二节第二项中看到的,该判决的理由似乎存在部分瑕疵,但是就代位权方面而言,它明显极其稳固而无法被推翻。然而,正如下文将会讨论的,近来的判例法逐渐倾向于采纳另一种裁判理由。

[114]　参见[1984] 1 Q. B. at 139-140 及同一法官(劳埃德法官)之前在 The Yasin 案([1972] 2 Lloyd's Rep. at 54-55)中的评论。

[115]　Commonwealth Construction Co Ltd v Imperial Oil Ltd (1977) 69 D. L. R. (3d) 558.

[116]　Stone Vickers Ltd v Appledore Ferguson Shipbuilders Ltd [1991] 2 Lloyd's Rep. 288. 尽管该判决后被上诉法院推翻([1992] 2 Lloyd's Rep. 578),但这针对的只是解释的问题,并不影响此处所讨论的初审法院就这一点所作的论证。

[117]　正是在这一点上,上诉法院与初审法院意见不同。

[118]　关于保险利益,参见第四章第二节第二项。

中必然存在一项默示的代位权排除条款。⑲ 后来的 National Oilwell (UK) Ltd v Davy Offshore Ltd 案⑳的判决也采纳了相似的观点,但在此案中,供货人称自己为共同被保险人的主张并未获法院认可。㉑ 在距今更近的 Co-operative Retail Services Ltd v Taylor Young Partnership Ltd 案㉒中,上诉法院在否认保险人对共同被保险人的代位权时,更倾向于以默示条款而非迂回诉讼作为其法律依据。

在 Co-operative Retail Services Ltd v Taylor Young Partnership Ltd 案中,问题产生于这样一种情形:某建设项目所涉的双方当事人依据《民事责任(分摊)法(1978)》[Civil Liability (Contribution) Act 1978]的规定,向项目的主承包人和次承包人提出分摊请求,同时主承包人和次承包人是承保该建设项目的一切险保险单的共同被保险人。判决部分内容涉及对上述法案第1条的正确解释,但有趣的是,上诉法院在该案中否定了迂回诉讼的主张,其认为迂回诉讼在共同保险的场合并非合适的抗辩理由。㉓ "诚如科尔曼法官所言㉔,当保险人已经对一位共同被保险人提供完全补偿后,它就不适宜被作为一项抗辩理由,因为此时保险人依据保险单对系争损失负有的责任已经得到免除,第二位共同被保险人不得再要求保险人就这些损失对自己再次作出赔付。"㉕尽管该判决如今已经确立了这样一项否定代位权的基础,但该案可以说并非一起共同保险构成判决结果真正原因的案件。此案中的建设工程合同㉖十分明确地排除了雇主的权利,因此也明确排除了保险人以雇主的名义就承保风险造成的损失起诉主承包人和次承包人的权利。所以,它实际上

---

⑲ See [1991] 2 Lloyd's Rep. at 302.

⑳ National Oilwell (UK) Ltd v Davy Offshore Ltd [1993] 2 Lloyd's Rep. 583, 审理该案的科尔曼法官同时也是 Stone Vickers 案的初审法官。

㉑ 关于该案,还可参见第四章第六节第二项,此处对该案的重要层面——代理进行了讨论。

㉒ Co-operative Retail Services Ltd v Taylor Young Partnership Ltd [2000] 2 All E. R. 865; [2001] Lloyd's Rep. I. R. 122.

㉓ 对于此案(以及 Petrofina 案和其他相关权威判例)所作的巧妙处理,还可参见 Brownie J, "Co-insurance and subrogation" (1991) 3 Ins. L. J. 48. 他总结称,并不存在一项基本的法律规则可以阻止一位共同被保险人起诉另一位共同被保险人,也即阻止保险人行使代位诉权,但共同被保险人之间的合同或许可以被解释为具有这种效力。亦见于 Mead, "Of subrogation, circuity and co-insurance: recent developments in contract works and contractors' all risks policies" (1998) 10 Ins. L. J. 125, 此文对近来的澳大利亚权威判例作了全面考察。

㉔ 在 Stone Vickers 案和 National Oilwell 案当中。

㉕ Per Brooke LJ [2000] Lloyd's Rep. I. R. 122 at 137.

㉖ 不同于前文引述的早期英国判例中的合同。

是前文已有讨论的 Mark Rowlands Ltd v Berni Inns Ltd 案所确立之原则的适用，而不是或不仅仅是一个共同保险案件。⑫ 实际上，这正是上议院的判决。⑬，上议院支持了上诉法院的判决，但所依据的理由有所不同。

恕笔者直言，可以认为法院系通过不必要地扭曲保险利益的概念，在共同保险案件中得到了看起来明显正确的结果。这一方面在前文已有所讨论。⑭ 同样应当注意的是，上诉法院对 Deepak Fertilisers Ltd v ICI Chemicals & Polymers Ltd 案⑮的判决似乎限制了共同被保险人在这类案件中可以享有的保险利益的范围⑯，从而也间接限制了可用于否认保险人代位权的依据。

上述讨论表明，在共同保险的案件中，存在三种可能会否定保险代位权的依据。⑰ 第一种是所谓的被保险人的"拟制"。从本质上说，它是由 Stone Vickers 案所确立，如今在 Co-operative Retail Services Ltd 案中得到支持，尽管表现为默示条款的形式。⑱ 第二种是迂回诉讼，它曾在 Petrofina 案中得到支持，但如今已明显为法院所摒弃。第三种则是一种被美国广为采纳的更为宽泛的"衡平法"做法。此种基于商业便利和商业效率的衡平法做法值得进一步探讨，下文对之有更详细的阐析。⑲

在关于保险义务有详细条款的建设工程项目中⑳，以上基础如今无一可被采纳。这在 Co-operative Retail Services Ltd 案中还或许只有间接表现，但

---

⑫ See further Birds, "Denying subrogation in co-insurance and similar situations"［2001］L. M. C. L. Q. 193. 产生困惑的原因可能在于，对于同一建设项目中所涉的不同当事人的各种利益而言，所有当事人都一致接受其上存在所谓的"Petrofina 原则"。See also Talbot Underwriting Ltd v Nausch, Hogan & Murray Inc［2006］EWCA Civ 889;［2006］Lloyd's Rep. I. R. 531.

⑬ Co-operative Retail Services Ltd v Taylor Young Partnership Ltd［2002］UKHL 17;［2002］1 W. L. R. 1419.

⑭ 参见第四章第二节第二项及 Birds, "Insurance Interests", Ch. 4 in Palmer and McEndrick (eds) Interests in Goods, 2nd edn (Oxford: OUP, 1998).

⑮ Deepak Fertilisers Ltd v ICI Chemicals & Polymers Ltd［1999］1 Lloyd's Rep. 387 at 399.

⑯ 参见第四章第二节第二项。值得注意的是 Deepak 案的判决并没有在 Co-operative Retail Services Ltd 案中得到引用，但却在下文讨论的距现在更近的 Tyco Fire 案中得到了引用。

⑰ See Derham, Subrogation in Insurance Law, Ch. 7.

⑱ See also National Oilwell. 这是加拿大法院对上述 Commonwealth Construction 案所作判决的论证基础，王室法律顾问科尔曼在 Stone Vickers 案中也在很大程度上援引了该案判决。See also The Board of Trustees of the Tate Gallery v Duffy Construction Ltd［2007］EWHC 361 (TCC);［2007］Lloyd's Rep. I. R. 758.

⑲ 这或许为法院在情形有所不同的前述 Mark Rowlands Ltd v Berni Inns Ltd 案中作出判决提供了动力，参见第十七章第十四节。

⑳ 至少在大型商业项目中会存在此种详细条款，但其可能不会存在于扩建房屋这种小型建设工程合同之中。

经过上诉法院对 Tyco Fire & Integrated Solutions (UK) Ltd v Ross-Royce Motor Cars Ltd 案的判决后,似乎已经得到了绝对的确认。[136] 由此看来,现在判决建设工程案件中共同被保险人之间争议的恰当基础,很明显是建设工程合同中的明示条款。[137] 这种情况下的相关合同条款与 Co-operative Retail Services Ltd 案中的极为不同,且无论如何都无法被解释为排除了承包人因过失对雇主造成损失而应承担的责任。这或许意味着使用保险合同中的默示条款否认代位权这一做法的终结,当然前提是建设工程合同中约定了详细且全面的条款,而且这种实践做法无疑也避免了对保险利益概念的过度扩张。[138] 此外,上诉法院在该案中还明确反对了这样一种观点,即对于该案及许多其他涉及此问题的案件中所发现的共同保险,为了排除保险人的保险代位权,存在某项自动适用的法律原则或规则可以优先于合同中的其他条款而得到适用。[139] 另外,在距今较近的由上诉法院审理的 Rathbone Brothers Plc v Novae Corporate Underwriting Ltd 案[140]中,伊莱亚斯(Elias)和夏普(Sharp)两位法官同时援引了保险合同中的默示条款和基础合同中的默示条款来否认保险代位权,但该案涉及的是职业责任保险而非建设工程保险。不过彼特森(Beatson)法官则坚决认为恰当的裁判依据应当是基础合同,而非保险合同。在另一起距今更近的涉及租船合同的 Gard Marine & Energy Ltd v China National Chartering Co Ltd 案[141]中,上诉法院的判决则极其坚定地采纳了和上述彼特森法官意见相同的理由作为依据,尽管在该案中该意见只是附带意见。

然而,除存在详细合同约定的建设工程这种情形外,如要全然否认保险代位权,那么对共同被保险人的代位权可能会基于下列理由而被否认,即如果基于对当事人之间关系的合理解释(若为合同关系合理解释即为合同)及保险合同条款,可以正当地认为,一份保险单的订立是为了令不止一位"被保险人"获益,那么就必然可以推出,至少在非一方故意导致损失的情况下(此时其会丧失获益权),对于该保险承保的损失,"被保险人"之间不对彼此负

---

[136] Tyco Fire & Integrated Solutions (UK) Ltd v Ross-Royce Motor Cars Ltd [2008] EWCA Civ 286; [2008] Lloyd's Rep. I. R. 617.
[137] 这得到了 Co-operative Retail Services 案中评论的支持;see above at [75] and [76]。
[138] 参见里克斯法官的评论(at [63]),他通过引用 Deepak 案的判决对承包人保险利益的范围提出了质疑。
[139] See above at paras [74] to [82].
[140] Rathbone Brothers Plc v Novae Corporate Underwriting Ltd [2014] EWCA Civ 1464.
[141] Gard Marine & Energy Ltd v China National Chartering Co Ltd [2015] EWCA Civ 16.

有责任。⑭² 通过这种方式,可以在不扭曲保险利益概念的情况下,实现与 Petrofina 案和 Stone Vickers 案相同的结果。⑭³ 此种分析可适用于其他共同保险的情形,例如,租购合同中的承租人与所有人共同投保的保险,或者国内建设工程保险。如若建设工程合同是根据 Co-operative Retail Services Ltd 案的用语所措辞,则可适用另一种理由,即 Mark Rowlands Ltd v Berni Inns Ltd 案所确立的原则。正如前文所述,该原则或许为代位权的否认提供了一种更合理的基础,而且也是上诉法院最近所作的大多数判决中最受认同的原则。

第二项 共同保险中代位权的明示放弃

在某些共同保险的情形,保险单中可能会包含一项保险人明确放弃对共同被保险人之代位权的条款,尽管此种条款在大多数已报告的英国判例中似乎都不存在。然而,National Oilwell 案中却存在这样一项条款,它规定代位权不得对"任何被保险人及任何利益受保险保障的个人、公司或法人"行使。法院认为,该条款仅适用于共同被保险人对系争损失具有利益的场合。⑭⁴ 但是通过解释,措辞更为宽泛的弃权条款似乎可被认定为有效。⑭⁵ 形成对比的是,对于一项与 National Oilwell 案中措辞相似的共同保险单中的代位权放弃条款,澳大利亚西部上诉法院采纳了一种宽泛得多的解释方法。⑭⁶

第十五节 代位权的概括放弃

在某些情形下,保险人会自愿放弃行使代位权。如前所述,这可能会发生在被保险人和保险人之间达成协议的情形,例如,此种协议可能表现为保险单条款或和解协议的形式。此外,保险人也可能会直接作出不行使代位权

---

⑭² Samuel v Dumas [1924] A. C. 431 at 445–446; Lombard Australia Ltd v NRMA Insurance Ltd (1968) 72 S. R. (N. S. W.) 45.

⑭³ 如若 National Oilwell 案是一起共同保险案件的话,其亦会实现这样的结果。

⑭⁴ 在此基础上,《合同(第三方权利)法(1999)》赋予共同被保险人的条款执行权利就没有意义了。此处可以对比 The Surf City [1995] 2 Lloyd's Rep. 242 案的判决,该案中弃权条款的存在构成了双方在行使代位权将造成不公平这一认知上达成共识的基础。See also BP Exploration Operating Co Ltd v Kvaerner Oilfield Products Ltd [2004] EWHC 999 (Comm); [2005] 1 Lloyd's Rep. 307.

⑭⁵ 此种情况下,如有必要,《合同(第三方权利)法(1999)》将为该条款的执行提供依据。

⑭⁶ Woodside Petroleum Development Pty Ltd v H & R-E & W Pty Ltd (1999) 10 A. N. Z. Ins. Cas. 61–430. 更进一步的讨论,See Birds, [2000] J. B. L. 350。

的概括承诺。对此的典型体现是英国保险协会成员及劳合社所作的承诺,其承诺内容为:作为雇主的责任保险人,当某雇员被另一雇员过失所伤,且受伤雇员基于此向雇主提出赔偿请求时,保险人在向雇主作出保险赔付后,不会再以雇主的名义起诉过失雇员以追偿自己已支付的保险金。[147]

保险人之间也可能合意互相放弃代位权。最典型的例子是曾经的机动车保险人之间的"互撞免赔"(knock for knock)协议。依据该协议,在两车发生交通事故并因事故而受损的情况下,其机动车保险保障的内容为第一方损失,亦即在通常的综合机动车保险单项下,两车的保险人均不考虑关于侵权责任的严格法律立场,而对其各自的被保险人提供补偿。尽管实务中如今已经抛弃了"互撞免赔"协议这种做法,但至少就目前而言,讨论保险人之间的此种协议的法律后果依然是有价值的。[148]

除非保险人接管被保险人的侵权赔偿请求,否则此种协议并不能阻止无责的被保险人提起侵权诉讼,此问题在之前已有讨论。在 Hobbs v Marlowe 案[149]中,无责的汽车所有人的确在事实上提起了诉讼,因为他想要就自己的非承保损失获得赔偿,包括未被承保的自负额部分的损失及在汽车修理期间不得不另行租用替代车辆的损失。他获得了汽车协会的支持。英国上议院毫不费力地否定了过失驾驶人(实际是其保险人)的主张,即两个保险人之间的"互撞免赔"协议排除了受害人的诉权。实务中,原告得到的赔偿在很大程度上需要返还给其保险人,随后原告的保险人又需要依据这一协议将该笔赔偿金再支付给被告的保险人。但法院认为,原告(或实际为汽车协会)仅有权获得与寻求非承保损失赔偿相对应的诉讼费用的赔偿,并且由于这些费用低于郡法院仲裁机制规定的限额,因此原告无法就其律师费用获得赔偿。[150] 该案原告是对其全部损失提起诉讼,鉴于其若不这样做便可能受到保险人惩罚这一事实[151],这样的结果似乎有些严苛。就 Hobbs v Marlowe 案的事实而言,由于原告保险人的态度,似乎并不存在这样的危险,但是在其他

---

[147] 参见脚注53。该承诺系作出于第十七章第五节中讨论的 Lister v Romford Ice & Cold Storage Ltd 案([1957] A.C. 555)判决之后。

[148] 尽管"互撞免赔"协议具备一些优点,特别是减少了耗费成本和时间的代位权诉讼,但它对于"无过错"驾驶人而言亦存在一些缺点,尤其是可能会对被保险人的"无索赔"奖励产生影响,以及可能会抑制被保险人对未投保损失提起诉讼;详见(1978) 41 M.L.R. 201。

[149] Hobbs v Marlowe [1978] A.C. 18.

[150] 基于前述郡法院规则 Ord. 47, r. 5(4)。

[151] 基于前文第十七章第四节所探讨的原则。

案件中，保险人或许并不会是这样的态度。若保险人坚持要求被保险人就全部损失提起诉讼，那么就只能寄希望于法院行使自由裁量权允许被保险人就其全部诉讼费用获得赔偿了。⑫

第十六节　代位权的否认

特定情形下，法院拥有否认保险人代位权的一般性权力。在 Morris v Ford Motor Co 案⑬中，Cameron 工业服务公司（以下简称"Cameron"）在合同中承诺对 Ford 的工厂进行清理。该合同的一项条款规定，Cameron 对因 Ford 的任一雇员的过失而归于 Ford 的任何责任，都会对 Ford 提供补偿。Morris 被 Ford 的一名雇员所侵害，Ford 要为其雇员承担替代责任。Ford 根据前述条款向 Cameron 请求补偿，而 Cameron 在作出补偿之后，却主张代位行使 Ford 因雇员未采取合理注意和技能而起诉其雇员的权利。尽管 Cameron 并不是保险人，但它背后无疑有保险人提供支持，而且其地位也类似于保险人，尤其是 Lister v Romford Ice and Cold Storage Ltd 案⑭中的保险人。上文提到，此案判决之后，保险人普遍作出了放弃代位权的承诺，但该承诺与此案情形并无关联，因为其仅适用于系争损害是由同一雇主的一名雇员对另一名雇员所造成的情形。根据 Lister 案的判决意见，Cameron 的诉讼请求应当得到支持。然而，上诉法院的多数意见却认为此种情形下不能允许保险代位权的存在。如果该判决是正确的，那么这一原则就必须直接适用于保险人，而且不能简单地以该案属于"非保险案件"为由排除其对保险人的适用。

Morris v Ford 案的主要难点之一在于，多数意见中的法官就其判决给出了不同的理由，以至于几乎无法认定判决意见的比例。丹宁法官主张法院享有一项广泛的司法权，可以在非"公正与衡平"的场合禁止保险代位权的行使。他认为，代位权是一种衡平法上的救济手段，因此其行使要受到一般衡平法原则的限制。代位权制度系由衡平法所确立这一点不存在任何疑义（只

---

⑫ 尽管"互撞免赔"协议被总体废除，但这一点依然保持有效。

⑬ Morris v Ford Motor Co［1973］Q. B. 793. See Powles (1974) 90 L. Q. R. 34. 除了下文提到的近期的英国案例，还有一个案例为侵权人是被保险人的儿子，至少部分基于伦理道德的原因，法院否认了保险人的代位权，参见 Morawietz v Morawietz (1984) 5 C. C. L. I. 11；还可参见上文中 Baer 对此所作的重要评论。

⑭ Lister v Romford Ice and Cold Storage Ltd［1957］A. C. 555.

要不是认为其仅由衡平法所确立)⑮;但对于此种论证理由存在一些反对意见。第一,对于这项排除代位权的宽泛理由,并没有任何先例作为支撑;第二,即使存在先例,"衡平"也应当严格限制在被保险人和保险人之间,这是保险人的请求在他们之间的价值。此处的"衡平"或"不衡平"过于笼统,即允许代位权会对 Ford 的工业关系产生潜在的不利影响。另外,丹宁法官还认为,若代位权依据的是默示条款,则依据本案事实无法推出存在这样一项默示条款。

詹姆斯(James)法官的论证稍稍更具说服力。他认为,此种补偿合同通常会附有一项代位权,但本案 Cameron 和 Ford 所订合同中存在一项默示条款排除了该代位权,因为该合同的订立背景系基于 Lister v Romford Ice and Cold Storage Ltd 案的判决及其可能的隐含意义。这与丹宁法官的另一种论证理由并不相同。丹宁法官认为此种合同中根本就无法推出存在默示的代位权条款。詹姆斯则认为默示的代位权在此种合同中是正常的,只是相关的情形导致本案中的默示代位权无效。虽然詹姆斯法官的论证理由在法律上无疑具有合理性,其认为通过默示条款排除合同中的一项正常事项是可能的,但将之与该案事实联系起来却有些困难。正如持反对意见的斯坦普法官所指出的那样,要在法律上推定存在这样一项默示条款,法院必须认定双方均已承认"该条款已经非常明确以至于我们不想费力再进行明示",而该案中并不存在任何证据可以据以作出此种认定,因为他发现 Cameron 并不了解 Lister 案及因之而产生的保险人放弃代位权的承诺。

该案的判决尽管遭受了诸多批评,但我们很难不对其结果抱以同情。在保险人已经获得承担风险对价的情况下,禁止将这种风险归于个人雇员承担是存在合理理由的,下文将对其更一般的适用再次予以说明。此外,越来越多的迹象表明,法院可能会遵循这一做法并基于衡平法的理由否认保险代位权。⑯ 在 Woolwich Building Society v Brown 案⑰中,有法官称 Morris v Ford 案"或许为这样一种主张提供了一些支持,即在某些情况下,对于通过强制

---

⑮ 参见第十七章第二节。

⑯ 值得注意的是,Commonwealth Construction v Imperial Oil 案的判决中引用了 Morris v Ford 案,[1976] 69 D. L. R. (3d) at 566,前案影响了英国共同保险案件的判决。正如前文所解释的,尽管被认为裁判理由有时有些含混不清,但这些判决经常基于更为传统的理由"否认"保险代位权,而且更宽泛的"衡平法"做法至少在某些情况下可能是更为合理的;参见第十七章第十四节第一项。

⑰ Woolwich Building Society v Brown [1996] C. L. C. 625.

一方为另一方的利益使用其名义以实现代位权请求,衡平法并不能提供支持"[158],但也有观点指出,这仅仅适用于极端情况。[159]

虽然 Morris v Ford 案的判决事实上已经有效阻止了雇主责任保险中代位权的适用,但至少在一方当事人打算将此案提交到最高法院审理之前,如果保险人在其保险单中置入了一项赋予代位权的明示条款,那么詹姆斯法官的论证理由和丹宁法官的另一项论证理由在法律上就将无法成立,尽管依据保险人行使保险单权利应当遵循诚信义务并符合自身与被保险人的利益这项规则,或许可以找到相关的解决方法。[160] 因此,除非此案得到最高法院的审理,否则我们只能等待未来判例的进一步发展。

第十七节　对保险代位权的一些一般评论

以下是对保险代位权功能的简要评述,用以概括本章内容。在防止被保险人从损失中获利的层面,保险代位权无疑是一项极其合理的制度。但在代位诉讼的层面,该制度也招致了许多批评。首先,保险人很少对无保险的被告行使代位权,因为这样做几乎没有意义,并且可能会浪费资源;要求同一风险必须要得到第一方保险和第三方保险同时承保,也会不必要地增加多重保险。其次,若被告事实上未投保,那么追究被告责任将会减轻保险人负担,而保险人本就已经获得了承担风险的对价,并且有能力在危险共同体之间分散承担风险的成本。因此,代位权在某种程度上可能会削弱保险的风险分散这一本质。这种观点无疑是一种政治性观点,其涵盖了法律体系中个人民事过错行为责任的整个问题。由于本书列举的一些原因,以及其他著作中所阐述的更加充分且更具说服力的理由[161],如果我们遵

---

[158]　Per Waller J at 629.

[159]　See also Enimont Supply SA v Chesapeake Shipping Inc (The Surf City) [1995] 2 Lloyd's Rep. 242,在该案中,法官一致认同在保险人明确同意"放弃代位权"(参见第十七章第十五节)的场合,允许保险人行使代位权不符合衡平法原则。

[160]　See further Birds, "Contractual subrogation in insurance" [1979] J. B. L. 124 at 134-136.

[161]　尤其参见哈森的有力批判,Hasson, "Subrogation in insurance law—a critical evaluation" (1985) 5 Oxford J. Legal Stud. 416。还可参见 Harper, James and Gray on Tort, 3rd edn (Aspen: 2006), para. 25-23; Fleming (1966) 54 Calif. L. R. 1478 at 1533-1542; Young, Cases and Materials on Insurance, at 342。相反观点,参见 Horn, Subrogation in Insurance Theory and Practice (SS Huebner Foundation, 1964)。

循斯堪的纳维亚的实践操作[162]，仅允许保险人对真正实施不当行为的侵权人行使代位权，那么将不会造成任何损害，并且会节约大量资源。或者我们至少应当对法律进行修改，以否认保险人对与被保险人共同居住的家庭成员、被保险雇主的雇员、以及与被保险人具有亲密关系的人的保险代位权。[163]

---

[162] See Hellner, Forsakringsgivarens regressatt (The Insurer's Right of Subrogation) (1953) 257 and following (English summary).

[163] 这基本就是《欧洲保险合同法原则》(Principles of European Insurance Contract Law)基于其他欧盟成员国国内法的多数规定，而建议采纳的做法（关于该原则，参见本书第一章第十节第二项）。具体规范内容参见该原则第 10:101 条。

第十八章　分摊原则与重复保险

　　和保险代位类似,分摊原则的设立也是为了避免不当得利情形的出现。而且,它也同样仅适用于损失补偿型的保险合同。然而和保险代位不同的是,分摊原则并非适用于被保险人与保险人之间①,而是适用于保险人与保险人之间。② 为了能够获得更为充分的保障,被保险人依照个人意愿为同一财产或者同一风险购买多份保险的行为是无可指摘的。被保险人如若遭受损失,依据保险代位规则,固然只有权获得不超过自己全部损失的保险金赔付,但根据普通法规则,其亦有权任意选择保险人请求保险赔付。除非是自愿给付保险金③,否则已经给付保险金的保险人有权向其他保险人请求分摊,因为排除分摊请求权会导致后者不当获利。请求分摊的保险人应当以其本人名义起诉。④

第一节　比例分摊条款

　　上述分摊情形在损失填补型保险合同中十分少见,因为这类合同都会约

---

　　① 因接触石棉而引起保险责任的极特殊情形除外,第二十二章第一节将对此进行简要讨论。

　　② 分摊原则亦可适用于非保险合同的损失填补合同及保证合同。在所有情形下其精神理念均为,"对于共同责任而言,最为显见的公平是将之在各责任人之间进行分担"(per Lord Bingham in Royal Brompton Hospital National Health Service Trust v Hammond [2002] UKHL 14; [2002] 1 W. L. R. 1397 at 1399)。然而,其通常并不适用于保险人与依据一项标准合同条款(如建筑合同条款)已经同意向被保险人提供补偿的某一主体之间: Caledonia North Sea Ltd v British Telecommunications Plc [2002] UKHL 4; [2002] Lloyd's Rep. I. R. 261;参见第十七章第五节。

　　③ 参见下文所述。

　　④ Austin v Zurich General Accident & Liability Insurance Co [1945] K. B. 250 at 258, per MacKinnon LJ; Sydney Turf Club v Crowley (1972) 126 C. L. R. 420.

定一项标准条款。这种条款规定,如果对于本保险单承保的财产或风险,被保险人还投保了其他保险,则保险人只对其按比例应分摊的损失承担赔付责任。这一比例分摊条款并未违背重复保险的基础法律原则,但无疑阻止了被保险人自同一保险人处就全部损失获得赔付。被保险人必须向每一位保险人分别请求相应比例的保险赔付,而保险人则免除了彼此请求保险金分摊的负担。里克斯法官指出,"如果被保险人必须要与其所有保险人交涉的话,分摊将不再有存在的必要,分摊原则实质上也将不再有适用之必要"。⑤

然而,尽管保险单中存在比例分摊条款,保险人也仍有可能会因为不知道其他保险的存在,而对被保险人的全部损失作出赔付,此时其将有权请求其他保险人分摊相应比例的保险金。如果其他保险人有权拒绝被保险人提出的索赔请求,已经作出全部赔付的保险人对该保险人是否还拥有分摊请求权,就成为一个问题。近年来,围绕该问题形成了诸多相互矛盾的判例。

在 Legal and General Assurance Society Ltd v Drake Insurance Co Ltd 案⑥中,作为原告的保险人向机动车保险的被保险人赔付了保险金,但其在大约十年后发现被保险人此前也向另一保险人(本案被告)投保了机动车保险。两份保险单中均载有比例分摊条款,而且均有先决条件要求被保险人在保险事故发生后立即书面通知保险人。对于被告保险人而言,被保险人显然违反了该先决条件。上诉法院⑦起初认为,分摊请求权的法理基础来自公平原则,因此它决定了当存在重复保险时,被保险人的损失应当在各保险人之间进行分担。被保险人违反通知义务,并没有改变或排除保险人的分摊请求权这项公平性权利,因为必须要在两种不公平之间进行权衡:其一是被告保险人因被剥夺抗辩权及无法对索赔请求本身进行调查而遭受的不公平,其二是原告保险人在被保险人本来能够轻易向被告保险人请求并获得赔付的情形下,被判决赔付全部损失而遭受的不公平。很明显,支持原告保险人的分摊请求权能够更好地平衡二者。

然而,由于保险单中比例分摊条款的存在,对于被保险人对受害第三人

---

⑤ Drake Insurance Plc v Provident Insurance Plc [2003] EWCA Civ 1874; [2004] 2 W. L. R. 530, at para. 114. 英国枢密院对 Eagle Star Insurance Co Ltd v Provincial Insurance Plc 案([1993] 3 All E. R. 1)所作的判决,也暗含了这一意见,如后文所述,这与 Legal and General Assurance Society Ltd v Drake Insurance Co Ltd 案([1991] 2 Lloyd's Rep. 36)判决的观点相反。
⑥ Legal and General Assurance Society Ltd v Drake Insurance Co Ltd [1991] 2 Lloyd's Rep. 36.
⑦ 劳埃德法官、诺斯(Nourse)法官和拉尔夫·吉普森(Ralph Gibson)法官对此持反对意见。

应承担的损害赔偿责任,原告仅对其中的一半向被保险人依法负有补偿责任。被保险人与被告订立的保险明显属于"其他保险"。因此,原告对被保险人一半损失给付的保险金构成自愿赔付,而且由于分摊仅发生于保险人被要求承担超过保险单约定比例之保险责任的情形,故原告无权向被告请求分摊其已给付的保险金。⑧

该判决对保险人是否享有分摊请求权这个一般性问题⑨所呈现出的观点,并不完全具有说服力。若保险人一旦被请求保险赔付,就可以提出理据极其充分的抗辩,那么令其承担保险责任的公平性基础何在呢?⑩ 诸如此类的考量使得英国枢密院在 Eagle Star Insurance Co Ltd v Provincial Insurance Plc 案的判决中采取了另一观点。⑪ 在该案中,法院认为保险人于被判决支付保险金时,方取得分摊请求权。尽管该案判决在技术上无疑无法推翻 Legal and General 案的判决,但如果它得到遵循,对被保险人享有充分抗辩权的保险人就能够拒绝其他保险人的分摊请求。⑫ 然而,在 O'Kane v Jones 案⑬的初审判决中,法官并没有遵循 Eagle Star 案的判决,而是倾向于采纳上诉法院的观点,认为在损失发生及保险人确定无疑地认为自己应承担保险责任之时,保险人即取得分摊请求权。

该一般性问题可能需要由最高法院来解决,但无论法律最终对其采取何种观点,Legal and General 案的判决结果中关于自愿支付的部分都必须得到修正。恰如我们所见,由于保险单中总是会约定比例分摊条款,因此

---

⑧ 此判决结果并未受到道路交通法相关规定的影响。虽然依据该法第 151 条,机动车保险人有义务全额赔付第三人的索赔请求(参见第二十一章第五节),但是当存在重复保险且保险单中载有比例分摊条款时,保险人可以就所给付的超过其严格责任部分的保险金向被保险人追偿,因此超出部分的保险金赔付仍然属于自愿给付。See also Bovis Construction Ltd v Commercial Union Assurance Plc [2000] W. L. 33148637. 然而,上诉法院在 Drake Insurance Plc v Provident Insurance Plc 案([2003] EWCA Civ 1874;[2004] 2 W. L. R. 530)(参见下文)中明显认为这一点有些难以接受,因此其在未来的案件中极有可能经受不起深入的检视。

⑨ 奇怪之处在于关于该问题的报告案例仅有一个,也即 Monksfield v Vehicle and General Insurance Co Ltd [1971] 1 Lloyd's Rep. 139。此判例持相反观点而且已被推翻。

⑩ 似乎只要第二保险人基于未披露或违反保证享有充分的抗辩,即使是 Legal and General 案判决的多数意见也会免除其保险责任;参见诺斯法官的判决意见,[1991] 2 Lloyd's Rep at 42。

⑪ Eagle Star Insurance Co Ltd v Provincial Insurance Plc [1993] 3 All E. R. 1.

⑫ 因而恢复了上述 Monksfield v Vehicle and General Insurance Co Ltd 案的判决。基于 Eagle Star 案的事实,由于《巴哈马道路交通法》(Bahamian Road Traffic Act)中存在与英国道路交通法规(参见第二十一章)相似的规定,因此两个保险人事实上均须承担保险责任。

⑬ O'Kane v Jones [2003] EWHC 2158 (Comm); [2004] 1 Lloyd's Rep. 389.

若第一保险人给付的保险金超过其依法应给付的数额,而且分摊不适用于自愿给付情形的话,其分摊请求权就可以得到支持。在此种场合,保险金的给付必须出于真实的自愿,但基于与该问题相关的典型案件的事实,要质疑这一点似乎并不困难。尤其是在道路交通事故案件中,驾驶人的责任经初步判断似乎通常都由不止一位保险人提供保障。该问题出现在了 Drake 案的判决之中。⑭ 该案案情在前文已有介绍⑮,原因在于上诉法院对该案所作的判决中有一部分相当独特,其认为对于保险人基于未披露或不实陈述享有的合同撤销权,可以通过适用最大诚信原则予以限制。就本部分所讨论的内容而言,该案保险人对于有异议的保险索赔请求作出了赔付,此后由于其他保险人的态度而继续提出异议,并且试图请求其他保险人对其已经支付的保险金分摊一定份额。这些事实足以令法院判定其保险金的给付并非出于自愿。

还有一点值得注意的是,在作出 Drake 案判决的过程中,法院亦表明其对比例分摊条款持否定态度。里克斯法官评论道⑯:

"在被保险人发现其依据合同无法从其他地方获得赔付的情形下,保险人于收取与保障 100% 风险相对应的保险费后,却以被保险人可以从其他地方获得对另外一半损失的赔付为由,只对被保险人 50% 的损失承担保险责任,这是令人担忧的。"

这表明将来的判决可能会对这类标准条款持强烈的反对态度。⑰

第二节　重复保险的含义

分摊无论是源于一般的法律规定还是合同约定的比例分摊条款,都必须满足同一项条件——存在重复保险。重复保险通常是指多份保险合同为同一财产或责任的同一风险提供保障,且这些保险均可依法强制执行。对此,有些问题需要进一步阐释。

---

⑭　Drake Insurance Plc v Provident Insurance Plc［2003］EWCA Civ 1874;［2004］2 W. L. R. 530.

⑮　参见第七章第九节第一项。

⑯　See para. 120.

⑰　对于声称"若存在其他保险,保险人即免除责任"的条款,这些判决即体现了此种态度;参见第十八章第四节第一项。在消费者保险中,否定该条款效力的基础之一应当是《消费者权益法(2015)》第二部分的规定;亦参见下文脚注㊵。

第一项　承保范围不同的保险单

保险单是否承保同一财产或责任的判断相当简单。但是,保险单的承保范围并不要求在整体上完全一致。机动车保险单和雇主责任保险单的承保范围可能会存在部分重合,因而能够形成重复保险。[18] 与此相似,当被保险人拥有的某财产被带出家门时,家庭保险单也可能为之提供保障。这将被视为全部承保范围的一小部分。例如,此种保险单的被保险人可能会将自己属于保险单承保范围的一块手表送去修理,而该手表在位于修理人处时,也可能会为修理人的保险单所保障。这同样也会被视为修理人保险承保范围的一小部分。从表面来看,尽管相关的法律立场可能会受保险单的条件所影响,但此时仍然构成重复保险。

第二项　同一风险

同一风险的要求基本意味着同一被保险人为其同一利益投保多份保险,或者他人代表同一被保险人为后者的同一利益投保多份保险。在 North British & Mercantile Insurance Co v London, Liverpool & Globe Insurance Co 案[19]中,寄托人所有的谷物由作为受托人的码头管理者所占有。该谷物发生毁损灭失,根据法律规定应当由受托人承担责任。双方均为该谷物购买了保险,其中所有权人购买的是普通财产保险,受托人购买的是浮动财产保险(floating policy)。受托人自其保险人处获得赔付后,受托人的保险人向寄托人的保险人请求分摊。上诉法院认为受托人的保险人不享有分摊请求权,因为两份保险所保非为同一利益。该案损失的发生系归因于受托人,因此其保险人应当承担赔付责任;如若寄托人的保险人已经对寄托人作出赔付,其将

---

[18]　澳大利亚的一个判例即为适例: Albion Insurance Co v Government Insurance Office of New South Wales (1969) 121 C. L. R. 342。由于英国强制保险规定的改变,该情形在英国发生的可能性已大大降低;参见第二十一章。

[19]　North British & Mercantile Insurance Co v London, Liverpool & Globe Insurance Co (1877) 5 Ch. D. 569,并为 Caledonia North Sea Ltd v British Telecommunications Plc 案([2002] UKHL 4; [2002] Lloyd's Rep. I. R. 261) (参见第十七章第五节)的判决所遵循。亦参见 Dawson v Bankers' & Traders' Insurance Co 案([1957] V. R. 491),该案判决认为,当机动车保险直接承保过失雇员,即雇员被作为被保险人之一,以及雇主责任保险只承保雇主的替代责任时,两种保险不构成重复保险;亦参见 Zurich Insurance Co v Shield Insurance Co Ltd 案,这是爱尔兰高等法院于 1985 年 7 月 29 日所作的一个未被报告的判决。可以与 Albion 案(参见脚注[18])相对比,该案中两份保险单承保的都仅仅是雇主的替代责任,因而构成重复保险。

能够代位取得寄托人针对受托人的诉讼权利。因此,只要依据法律只应当由一个被保险人负担损失,就不存在分摊的问题。

然而,值得注意的是,同一风险规则在实践中经常会被忽略。最典型的例证是,依据火灾保险协会(Fire Offices' Committee)出台的一项规定,当实际享有不同利益的不同主体为同一不动产[20]投保时,各保险人可以不考虑法律责任的问题,在彼此之间达成分摊协议。[21]

第三项 同一被保险人?

North British 案的判决同时也表明,重复保险的成立不仅需要以承保同一利益为前提,而且需要被保险人具有同一性。但有观点认为这一点并非必要,而且已经在 O'Kane v Jones 案中得到了确认。[22] 只要被保险人有权并且事实上也已经从其他保险单中获得赔付,那么即使他并不是该保险单的被保险人且无权对保险单提起诉讼,也依然会构成重复保险。此观点可能最常见的实践适用情形是:动产的寄托人和受托人均为动产购买了保险,事故发生导致货损,但是和 Hepburn v Tomlinson 案[23]一样,双方对此均不承担任何法律责任。而且同样与此案相同,基于对受托人保险单的解释,受托人有权为寄托人的利益请求保险赔付。那么,此时即成立重复保险。原因在于,如果不这样处理的话,由于双方均无权向对方主张权利,并且双方的保险人亦无权通过保险代位将损失转由对方承担,问题将无法得到解决。但是,如若受托人仅有权就其自身损失请求保险赔付,或者仅在其应当向寄托人承担法律责任时才有权请求保险赔付,情况就会大不一样。此时,寄托人将无权向受托人及其保险人请求赔偿,而且也不构成重复保险。

就不动产而言[24],若一方当事人根据《(伦敦地区)火灾预防法(1774)》第 83 条,对另一方当事人的保险人享有请求其对被保财产恢复原状的权

---

[20] 保险人并不会就动产保险达成分摊协议,但在实践中基于特定目的,动产保险也可能适用分摊原则。

[21] 对于所有相关保险人之间协议的讨论,包括约定 Albion 案(脚注[18])的判决不适用于英国的协议,参见 Lewis (1985) 48 M. L. R. 275 at 286–289。

[22] O'Kane v Jones [2003] EWHC 2158 (Comm); [2004] 1 Lloyd's Rep. 389.

[23] Hepburn v Tomlinson [1966] A. C. 451; 参见第四章第二节第一项。

[24] 假设不适用《人寿保险法(1774)》;参见第三章第九节。

利,此时就可能形成重复保险。㉕ 在一起有关出租人和承租人均为房屋投保的案件㉖中,承租人的保险人主张,由于承租人依据该法对出租人的保险人享有恢复原状请求权,故承租人获得了重复保障,出租人的保险人应当承担分摊义务。此项主张被法院轻易驳回。显然,承租人并未行使其法定权利,因此从案件事实来看,其并非在两份保险单项下均享有权利。判决表明,即使承租人行使了恢复原状请求权,结果也仍然如此。但恕笔者直言,这一观点可能值得商榷。对于承租人的正当请求,出租人的保险人必须予以回应,因而为承租人提供了补偿。由于分摊原则是一项旨在防止不当得利的公平性原则,因此其必须足够灵活以使承租人的保险人只为其份额承担责任,否则应当承担主要责任的保险人就会被不公平地免责。如果双方当事人角色转换或者身份关系变成抵押权人与抵押人或出卖人与买受人的关系,这一点也同样适用。

第三节 分 摊 比 例

无论保险人是打算请求其他保险人分摊责任,还是根据比例分摊条款确定其应当给付多少保险金,都会面临如何计算不同保险人之间的分摊份额的问题。这是一个十分复杂的问题㉗,但就当下的研究目的而言,本部分仅对相关的基本原则加以探究,并假设仅存在两个保险人。与该问题相关的判例法严重缺乏,而在确定分摊比例方面,保险公司的实践或许与判例法发挥着同等重要的作用。

引发问题的真正原因在于不同保险人设置的保险金额不同,或者争议保险单不同的承保范围导致很难恰当地对保险金额进行比较。此处可能有必要区分财产保险和责任保险,因为在财产保险中保险费的计算与保险金额相关,但在责任保险中二者并没有这种关联。在财产保险中,当各保险单的承保范围大致相同时,依据保险金额可以对各保险人的分摊比例作出最为公平的计算。因此,合理的结果应当是每个保险人依据其提供的保险金额在全部保险金额中所占的比例,对被保险人的损失进行赔付。例如,如若保险人 A 的保险金额为 10000 英镑,保险人 B 的保险金额为 20000 英镑,当保险事故发生

㉕ 参见第十六章第二节。
㉖ Portavon Cinema v Price [1939] 4 All E. R. 601.
㉗ 更多详细讨论,参见 MacGillivray on Insurance Law,13th edn, paras 25-032 to 25-053。

时,A 就承担 1/3 的损失赔偿,B 则承担 2/3。此种计算方式我们称之为"最高额赔偿法"("maximum liability" approach),因为此方法考虑了两个保险人可能承担的最高赔偿额。另一种计算方式被称为"分别赔偿法"("independent liability" approach)。在此计算方式下,当保险事故发生并造成损失时,首先要判断各保险人单独对此应当承担的赔偿数额,再根据各赔偿数额与总赔偿数额的比值确定各保险人的分摊比例。例如,X 因保险事故的发生遭受 5000 英镑的损失。其保险单中 A 保险人的保险金额为 10000 英镑,B 保险人的保险金额为 50000 英镑。此二保险人如果单独承担赔偿责任的话,均能对所有损失予以补偿,即赔偿数额均为 5000 英镑。那么此时两者的分摊比例相等,均为 1/2,因为 5000 除以 5000 和 5000 的和等于 1/2。如若 X 遭受 11000 英镑的损失,A 保险人将仅对其中的 10000 英镑承担赔偿责任,B 保险人则对全部 11000 英镑承担赔偿责任,那么比例的计算应当为 A 保险人承担 10000 除以 10000 与 11000 的和,也即全部赔偿数额的 10/21,B 保险人则承担 11/21。在此计算基础上,当损失数额小于两个保险金额中的较小者时,各保险人将平均分担保险金的给付责任。当损失数额处于两个保险金额之间时,随着损失数额的提高,保险金额更高的保险人将趋于承担更多的责任。只有当损失数额等于或大于两个保险金额之和时,计算出的比例才与基于"最高额赔偿法"计算出的结果相同。

第一项 责任保险

在责任保险中,应当将"分别赔偿法"作为重复保险责任分摊比例的法定计算方法这一点在 Commercial Union Assurance Co v Hayden 案[28]中得到了确认。将之作为法定计算方法的主要原因有三点:其一,责任保险的保险费计算与保险金额无比例关系;在此案中,原告对 100000 英镑责任限额的保险收取 6 英镑的保险费,而被告则对承保范围相同但责任限额仅为 10000 英镑的保险收取 5 英镑的保险费。其二,责任保险的索赔金额在大多数情况下都处于较低的责任限额之内。

"任何一份保险单在确定责任限额和保险费时,可能都不知道其他保险单的责任限额……我们很难想象,被告在确定 10000 英镑的责任限额时,已经认识到如若还有一份责任限额为 100000 英镑的保险单,那么无论被保险人的索赔金额有多低,被告都仅对其中的 1/11 承担赔偿责任。'分别赔偿

---

[28] Commercial Union Assurance Co v Hayden [1977] Q. B. 804.

法'的效果更具实用性……在保险单㉙中设置责任限额的目的明显在于保护保险人免受过高索赔请求带来的影响:我认为,如果被保险人的索赔金额在两份保险单的责任限额之内,依据该两份保险单的责任限额来确定保险人实际赔偿责任数额的做法是不当的。"㉚

其三,有一些责任保险单承担的赔偿责任并不存在限额,此时"最高额赔偿法"将无法适用。

第二项 承保范围不同的保险单

当各保险单承保范围不同时㉛,仍然存在适用何种分摊比例计算方式的问题。我们仍以前文提到的有保险予以保障的手表为例。㉜ 假设手表所有人家庭保险单的保险金额为10000英镑,但该保险单对此价值20英镑的手表并未设置特定的保险金额。而修理人则有一份浮动财产保险单为其占有的所有财产提供保障,该保险为财产保险而非责任保险,保险金额为3000英镑。嗣后手表被偷,但双方对此均不负有责任,故初步判断双方保险人均应对该财产损失承担保险责任。尽管该案是一个财产保险案件,但若适用"最高额赔偿法",则手表所有人的保险人应对20英镑的手表损失承担10/13的赔偿责任,修理人的保险人应承担3/13的赔偿责任,这难言正确合理。因为这种计算方法忽视了两份保险单分别还承保许多其他财产,二者的承保范围存在极大差异。在该案中应当适用"分别赔偿法",由于损失数额低于较低的保险金额,故两个保险人对手表损失平均承担赔偿责任。American Surety Co of New York v Wrightson 案㉝也采用了此种计算方法,此案涉及雇主为承保雇员不诚信风险所投保的雇员忠诚保险,其中一份保险单的承保范围同样非常广泛,"分别赔偿法"因而被认为是唯一可行的分摊比例计算方法。㉞

㉙ 其所指必然仅限于责任保险单。

㉚ Per Cairns LJ [1977] Q. B. at 815–816.

㉛ 通常的专业术语为"不一致保险单"(non-concurrent policies)。

㉜ 参见第十八章第二节第一项。

㉝ American Surety Co of New York v Wrightson (1910) 103 L. T. 663.

㉞ 在 O'Kane v Jones [2003] EWHC 2158 (Comm), [2004] 1 Lloyd's Rep. 389 中,主审法官没有在采用以上两种计算方法得出的结果均相同的案件中纠结究竟采用何者为佳,而是否定了被称为"共同责任"的第三种计算方法,因为这种方法与《海上保险法(1906)》第80条相悖。尽管该条严格来说仅适用于海上保险,但由于其与其他许多条文一样,只是对普通法的成文法表达,因此在非海上保险案件中无疑应当采纳与第80条相同的观点。MacGillivray on Insurance Law 一书也表示,"分别赔偿法"在所有案件中都是最公平的分摊比例计算方法(13th edn, para 25-050)。

第四节　重复保险相关的保险单条件

除前文已经探讨过的比例分摊条款外，大多数损失填补型保险单中还包括其他与重复保险相关的重要条件。它们大致可以被分为两类。第一类规定当某项责任已在别处得到保障时，保险人将免除赔偿责任。第二类规定被保险人负有重复保险的通知义务。

第一项　免除责任的条件

此种条件通常规定为如下形式：

"对于被保险人能够从其他保险中获得补偿的索赔请求，本保险不承担赔偿责任，但如若被保险人的损失数额超出本保险未订立情况下其他保险能够提供的最高赔付金额，则本保险对超出部分仍予赔付。"

"被保险人对其索赔请求只要有权从其他保险单中获得任何补偿，本保险单即对之不予承担赔付责任。"

"对于作为其他保险之标的的责任，本保险单不提供保障。"

若承保同一风险的两份保险单中，有一份保险单含有此类条款，或者两份保险单都含有此类条款，就会产生问题。如若仅有一份保险单含有该条款而另一份保险单未含该条款，则后者须独自承担全部保险责任。由于第一保险人的责任被排除，因此对第二保险人而言，并不存在重复保险。如若两份保险单中均含有此条款，情况将变得更加复杂。而该情形已在许多案例中有所体现。

在 Gale v Motor Union Insurance Co 案[35]中，L 在驾驶 G 的小轿车时发生事故。经初步判断，L 同时受到其自己的机动车保险的保障及 G 为其汽车购买的机动车保险的保障，前者系因在其他车辆所有人同意的前提下，L 的机动车保险的承保范围延伸至其驾驶他人车辆的情形，而后者则系因在 G 本人同意的情况下，G 的机动车保险的承保范围延伸至车辆实际驾驶人。[36] 然而，两项延伸承保条款的适用条件实际上都规定，如果相关主体已被其他保险所保障，延伸承保条款即不再适用。两份保险单中也都包含比例分摊条件。罗奇（Roche）法官认为此处所谓的免责条件不够清晰，对这些条件中

---

[35] Gale v Motor Union Insurance Co [1928] 1 K. B. 359.
[36] 参见第二十一章第三节第二项。

"已被其他保险所保障"之语句的解释,只能参照其他案件,以其他保险对损失提供完整补偿为准。在此案件中,由于比例分摊条款的存在,从另一保险单的角度来看,两份保险单都没有对损失提供完整的保障。因此,双方的免责条款均不得适用,两个保险人须按比例承担保险责任。综上所述,两份保险单中均存在比例分摊条款这一点至关重要。

Weddell v Road Transport & General Insurance Co 案[37]也涉及类似的事实。经初步判断,一位对事故发生具有过失的驾驶人同时受其本人的机动车保险单和涉案车辆所有人的机动车保险单的保障。驾驶人本人的保险单中包含一项比例分摊条款,以及一项以存在其他保险为前提的免责条款。而车辆所有人的保险单措辞则更显微妙;依据延伸承保条款,若存在其他保险,保险人即免除其保险责任。车辆所有人的保险单中亦载有比例分摊条款,但该条款的附带条件为,其并非意在免除保险人因延伸承保条款本应被免除的责任。换言之,比例分摊条款不适用于重复保险的情形,而且如前所示,比例分摊条款的存在对 Gale 案中责任分摊比例的确定至关重要。事实上,驾驶人自己所购买之保险的保险人已因驾驶人违反条件而拒绝承担保险责任,所以问题实际是该驾驶人是否有权请求车辆所有人的保险人对其一半或全部损失承担保险责任。车辆所有人的保险人并未主张其不负有任何保险责任。相较于 Gale 案的判决,罗拉特(Rowlatt)法官在此问题上走得更远,他认为,那些认为延伸承保条款将互相抵消从而均不适用的看法并不合理。

"合理的解释应当是从共同存在的保险保障中,各排除一部分保险保障,即明示自身将因此种共同存在之保险而免责的保险保障,以及承认在此类案件中两个保险公司均应承担责任,当然在两个案件中其责任都要受到可能存在的比例分摊条款的限制。"[38]

因此,根据案件事实,车辆所有人的保险人须对被保险人一半的损失承担赔偿责任,因为其保险单中存在比例分摊条款。

该判决意见似乎从逻辑上承认了这样一点,即如若两份保险单中均未载有比例分摊条款,则两个保险人均不承担保险责任,以及更进一步而言,由于依据车辆所有人保险单中的附带条件,比例分摊条款本不应得到适用,故保险人实际不应承担任何保险责任。该案中,车辆所有人保险单中免责条款所

---

[37] Weddell v Road Transport & General Insurance Co [1932] 2 K. B. 563.
[38] Above at 567.

称"其他保险"即车辆实际驾驶人自己的保险,因此车辆所有人之保险人的责任本会据此得以免除,尽管就该案损失而言,驾驶人自己的保险并不能够被强制执行。然而,车辆所有人的保险人却并未主张这一点,并且该案的判决理由似乎过于广泛以至于排除了该主张提出的可能性。事实上,该判决意见的确是应当采取的法律立场,因为上诉法院已经对 Weddell 案的判决表示认同。㊴ 上诉法院表示:

"法院根据公平原则应当在共同保险人之间援引适用分摊原则,以免造成荒谬和不公平的结果,即已经向两个保险人支付保险费的被保险人,由于两个保险人均因承保风险已为另一保险所保障而免除保险责任,从而失去所有保障。"㊵

由此可以清楚地看出,法院并不愿意接受此类条款,而且可以肯定地认为,无论保险单采用何种措辞,法院都会将之解释为,当存在真正的重复保险时,两个保险单中的责任免除条款将相互抵消从而均不得适用。㊶ 然而,由于一份保险单中的以存在其他保险为条件的责任免除条款,将会优于另一份保险单中的比例分摊条款得到适用,故而此时其实并不构成重复保险。㊷

第二项 通知义务的条件

另一标准条件多见于火灾保险及其他财产保险之中,其规定被保险人在保险单有效期间内订立重复保险时,对保险人负有通知义务。一般而言,被保险人因未履行通知义务而遭致的不利后果为失去保险单项下的权利或保险合同终止。显然,保险人在保险单中置入此条件的目的在于保护自己免受被保险人欺诈,但该条款如今在实务中的使用频率已远低于从前。

不同保险单承保范围的意外重合并不会引起该条件的适用。在 Australian Agricultural Co v Saunders 案㊸中,被保险人为一些羊毛投保了火灾保险,承保

㊴ National Employers' Mutual v Hayden [1980] 2 Lloyd's Rep. 149; see also Austin v Zurich General Accident & Liability Insurance Co [1945] K. B. 250 and Structural Polymer Systems Ltd v Brown [2000] Lloyd's Rep. I. R. 64 at 75.

㊵ Above at 152, per Stephenson LJ. See also Bridge LJ at 154 and Templeman LJ at 156.

㊶ 当被保险人为消费者时,该条款可能会依据《消费者权益法(2015)》第二部分的规定被认定为不公平条款;对此参见第六章第一节。

㊷ National Farmers Union Mutual Insurance Society Ltd v HSBC Insurance (UK) Ltd [2010] EWHC 773 (Comm); [2011] Lloyd's Rep. I. R. 86.

㊸ Australian Agricultural Co v Saunders (1875) L. R. 10 C. P. 668.

范围涵盖羊毛由被保险人存储期间、至澳大利亚悉尼的陆路运输期间及在悉尼装运上船之前的存储期间。保险单中包含一项重复保险通知义务的条件。之后，一部分羊毛由海运运输至悉尼，且被保险人为之投保了海上保险。该部分羊毛在存储于悉尼期间被火灾烧毁。法院认为火灾保险人应当对此承担保险责任。保险人以被保险人订立海上保险时未向其履行通知义务为由提出免责抗辩，但遭到法院拒绝，理由在于两份保险的承保范围并不相同，因而并不构成重复保险。即使两份保险的承保范围在短暂期间内发生重合，这种意外的重合显然也并不足以要求被保险人履行通知义务。但如若在重合期间内发生保险事故，则可认定构成重复保险。

只有当两份保险单中均存在重复保险通知义务的条件时，被保险人才真正会因违反通知义务而遭受损害。如果只有其中一份保险单存在该条件，那么除非保险人可以因其他某种原因免责，否则只会导致一份保险单归于无效，另一份保险单则依然存续并有效。即便两份保险单中均存在该条件，被保险人完全丧失保险赔付的情形似乎也极为罕见。在 Equitable Fire & Accident Insurance Co v Ching Wo Hong 案㊹中，火灾保险单中包含了一项重复保险通知义务的条件。被保险人在没有通知第一保险人的情况下订立了第二份保险单，但第二份保险单规定其直至被保险人支付第一期保险费时方才生效。被保险人对第二份保险单一直未支付任何保险费。因此，英国枢密院认为第二份保险单自始未生效，故而被保险人对第一保险人的通知义务亦从未产生，第一保险人因此不得撤销保险单。如果第二份保险单无效，如缺乏保险利益，则亦应当适用同样的结果。

然而，还可能出现的一种情形是，第二份保险单有效，但保险人有权以被保险人违反条件为由对特定损失免责，如被保险人未及时履行通知义务。此时，被保险人未向第一保险人通知第二份保险单的存在，将使第一保险人有权撤销保险单，而第二保险人亦因前述原因而无须承担保险责任。㊺ 如果第二保险人可以免除责任，但无法将保险单撤销从而使其处于自始无效的状态，此即违反持续性保证的法律后果，结果也同样如此。是故在此种情况下，被保险人将会因未履行重复保险的通知义务而遭受不利益。

㊹ Equitable Fire & Accident Insurance Co v Ching Wo Hong [1907] A. C. 96; see also Steadfast Insurance Co v F & B Trading Co (1972) 46 AJ. L. R. 10.

㊺ See Walsh J in the Steadfast case, above, at 14.

第十九章 人 寿 保 险

在保险法中,某些类型的保险具有特定的、不具有普遍适用性的原则,人寿保险即是此类保险中我们要探讨的第一个领域。现代人寿保险的类型多种多样,有只要被保险人死亡即给付定额保险金的传统型终身人寿保险,有被保险人于一定期间内死亡方给付保险金的定期人寿保险,有通常与购房抵押相关的生死两全人寿保险,还有与证券或财产投资相关的年金保险。① 此类保险单许多都具有"营利性",因此被保险人会期待就保险单约定给付的保险金获得高于该保险金的收益。② 近年来,人们已经认识到,有许多人寿保险事实上都属于投资,因此政府也对之采取了额外的监管措施以保护消费者。③ 本书不欲对此作详细探讨,但对于其中的一个与保险合同法相关的问题——合同解除,后文将进行一定探讨。

人寿保险在许多方面都有其独特的原则。本文将探讨两个人寿保险独有原则广泛适用的领域——人寿保险单的转让和人寿保险单信托的相关法律。这是因为它们具有突出的实践重要性,而且已经在人寿保险领域引发了一些难题。尽管转让和信托的问题在其他领域也常常出现,但此处还是有特别探讨的必要。诸如人寿保险单抵押、继承的相关法律规则及被保险人破产

---

① 根据《人寿保险法(1774)》和《金融服务与市场法(2000)》,包含生命保障条款的合同也属于人寿保险合同,其中生命保障部分的保险金额是可变的,并且不超过保险单在任何时刻解除后的现金价值;Fuji Finance Ltd v Aetna Life Insurance Ltd [1996] 4 All E. R. 608。

② 但近年来收益及其他利益的数额是否符合保单持有人的期待是一个问题,并且已经引起公众的广泛讨论。关于保险公司董事在分配收益时的义务,参见 Equitable Life Assurance Society v Hyman [2000] 3 W. L. R. 529。

③ 典型体现为《金融服务法(1986)》在定义"投资"时将大多数的人寿保险单包含在内。《金融服务与市场法(2000)》之下现行有效的监管体制并未在同等程度上区分人寿保险与非人寿保险,因为如我们所见(参见第二章),该体制的监管范围更大。

等问题,在这里没有仔细讨论的必要,因为对这些问题不存在人寿保险特有的原则,而且它们也没有在人寿保险领域引发任何难题。此外,某些技术性问题尽管在实践中非常重要,但由于已经在其他地方得到了充分的讨论④,故本章亦不予以赘述。死亡证明和人寿保险单所有权证明的相关法律规则等都是此类问题的典型。

第一节 程序事项——披露和解除

英国金融行为监管局对人寿保险及其他形式的投资行为规定了许多一般性的披露要求⑤,除此之外,根据欧盟人寿保险指令的规定,英国监管机构对于人寿保险中的先合同披露义务也设置了许多特别的要求。⑥ 这些要求适用于由英国或欧盟的保险公司及劳合社成员订立的合同,但它们必须在英国经营长期保险业务,而且该业务不是再保险业务,也不是英国长期保险中的备付金业务。⑦ 在签订这样一个合同之前,保险人应当通过长期有效的媒介向潜在的被保险人提供下列信息,或将这些信息在网站上公布⑧:

(a)允诺的名称及其法律形式、订立保险单的总部、适当情况下的代理机构或分支机构所在的欧共体成员国的名称,以及总部、代理机构或分支机构的详细地址。

(b)每项保险给付和选择权的含义。

(c)合同的期间和终止方式。

(d)保险费的支付方式和支付期限。

(e)收益的计算和分配方式。

(f)解约金、缴清价值及其保障限度的说明。

(g)每项保险给付对应保险费的说明。

(h)单位基金联结保险单(unit-linked policies)中单位基金的含义,以及

---

④ See especially, MacGillivray on Insurance Law, 13th edn, Ch. 25.
⑤ 这些问题不在本书研究范围之内。
⑥ 参见《营业行为规范》(COBS)。关于人寿保险的相关指令,参见第二章;关于非人寿保险中的类似要求,参见第五章。
⑦ 因此,这些要求适用于位于英国的机构销售的保险,以及直接从另一欧盟成员国售往英国的保险。
⑧ 关于为人寿保险提供咨询意见的保险中介应当提供的信息,参见《营业行为规范》第7章。

标的资产性质的说明。

(i) 保单持有人合同解除期限的安排。

(j) 适用于保险单的税收安排。

(k) 处理投诉的安排。

(l) 在双方不能自由选择法律适用时，合同适用的法律，或者在双方能够自由选择法律适用时，保险人建议适用的法律。

保险人不仅在合同订立前须披露相关信息，在合同存续期间也须满足相应的信息披露要求。这些要求适用于同一类型的保险人，而且主要是要求保险人在上述绝大部分信息发生变动时履行书面的披露义务。此外，如果保险单规定了收益的支付，那么保险人每年都应当书面告知应给付的收益数额。

由于人寿保险合同属于长期合同，并且人们可能会在保险中介高压式的推销之下，被误导订立不适合自己的保险合同，对此法律早已规定了冷静期制度，即保单持有人在一定期间内可以改变想法，并且在不受惩罚的情况下解除已经具有法律约束力的合同。⑨ 通常而言，个人消费者在收到保险人发出的适当通知之日起至少三十日以内，都有权利解除保险合同。⑩

第二节 人寿保险单的转让

人寿保险单无疑是一项有价值的财产，在交付一定保险费后，其通常会产生保险单现金价值。人寿保险单可以被出售或以其他方式进行处分，也可以发挥担保作用。其特点在于，保险利益仅存在于保险单生效之日。⑪ 此类人寿保险单交易在法律上多数属于人寿保险单的转让，法律对此有一系列的特殊规定。"转让"一词涵盖了被保险人通过出卖、赠与和抵押完全处分其保险单利益的一切情形。如果人寿保险单被用于担保，即便此时被保险人并未完全处分其利益，也仍有可能适用转让的一些法定程序规则。在这种情形

---

⑨ 该制度的确立最初是基于斯科特委员会(Scott Committee)对财产债券和股权联结型人寿保险(Property Bonds and Equity Linked Life Assurance)提出的建议案(1973, Cmnd. 5281)，而且租购和消费信贷的立法中也有类似制度。

⑩ 《营业行为规范》第15章对此作出了规定，除人寿保险外，该规定还适用于一些其他的投资形式。

⑪ 参见第三章第三节。

下,如果与受监管的消费信贷协议相关,那么极有可能会适用《消费信贷法(1974)》(Consumer Credit Act 1974)中的相关规定。⑫

第一项 抵押形式的转让

如果一项人寿保险单的交易表面上看是绝对的转让,但实际却是为担保债务而进行的抵押,那么即便保险单对此存在相反的规定,被保险人也有权在偿还债务后回赎抵押,并且恢复其对保险单的权利。在判定一项人寿保险单的交易是绝对的转让还是抵押时,法院会根据相关的周围情势进行判断,并且有可能采纳口头证据。例如,在爱尔兰的 Murphy v Taylor 案⑬中,一份保险金额为 999 英镑的人寿保险单以 144 英镑的对价被转让。证据显示,转让人事实上向受让人借入款项 144 英镑。之后,受让人从保险人处获得了 600 英镑的保险金给付。法院认为,这项交易的本质是为担保债务而设立的抵押。因此,转让人在偿还 144 英镑借款后,有权回赎抵押并且从受让人处取回后者从保险人处获得的 600 英镑保险金的剩余部分。

允许被保险人回赎人寿保险单抵押的规则,是抵押之一般法律规则的一部分。根据一般规则,对衡平法上之回赎或回赎权的禁止或限制均为无效。其他著作对这些法律规则有详细探讨⑭,但此处有必要介绍一个与此相关的人寿保险领域的有趣案例,即 Salt v Marquess of Northampton 案。⑮ 该案中,X 向保险人借款 10000 英镑,并以其对某项财产的归复权益作为担保。此外,X 还同意向保险人购买一份保险金额为 34000 英镑的保险,以为该权益无法实现的风险提供保障。双方约定,若 X 在权益实现之前偿还借款,该保险单就转让给 X;但若 X 在偿还借款及权益实现之前死亡,该保险单就属于保险人。后来第二种情况发生。法院认为,尽管双方作出了此等约定,但是这项交易实质上属于抵押,而且 X 的遗产代理人有权在扣除借款本息后回赎抵押并取得保险单项下剩余的保险金。

---

⑫ 更多细节参见,Pt Ⅷ of the 1974 Act and Hill-Smith, Consumer Credit: Law and Practice, (London: Sweet & Maxwell,1985) Ch. 8。

⑬ Murphy v Taylor (1850) 1 Ir. Ch. R. 92.

⑭ For example Megarry and Wade, Law of Real Property, 5th edn (London: Sweet & Maxwell, 1984), at 964-971.

⑮ Salt v Marquess of Northampton [1892] A. C. 1.

第二项　法定的转让

在《人寿保险单法(1867)》(Policies of Assurance Act 1867)颁布以前,人寿保险单依法是不可转让的。尽管衡平法总是允许保险单转让,但是受让人只有在与转让人共同提起诉讼时,才能诉请强制执行保险单,而且保险人不能仅因为受让人的原因就免除保险责任。《人寿保险单法(1867)》规定了保险单的法定转让,因此只要满足该法案的要求,人寿保险单的受让人就能以自己的名义诉请强制执行保险单。[16] 此外,人寿保险单是一项可经诉讼取得但尚未实际占有的财产[17],属于一种无形的个人财产,因此其转让要适用另一种程序,该程序被规定于《财产法(1925)》第 136 条。再者,不完全符合制定法要求的转让,也仍然可能构成有效的衡平法上的转让。

前述两种法定程序存在一处本质区别。根据《人寿保险单法(1867)》,在转让人完全转让其利益,或者通过抵押转让部分利益时,转让均为有效。而根据《财产法(1925)》第 136 条,转让则仅在转让人完全转让其利益时方为有效,即必须是绝对的转让。因此,一项以人寿保险单全部利益为担保设立的抵押在《财产法(1925)》第 136 条之下是有效的,但仅以部分利益为担保设立的抵押则只有依据《人寿保险单法(1867)》方为有效。

《人寿保险单法(1867)》项下的转让,应当符合法案附件规定的形式或与规定类似的形式,而且应当在保险单上背书或者另附单独的转让文件。[18] 书面的转让通知应当向保险人主营业地发出。[19] 而《财产法(1925)》第 136 条项下的转让,则只需采取书面形式,但转让通知也应当向债务人即保险人发出。两种情况下的保险单转让都不以保险人同意为必要条件,但如果保险单中含有一项不得转让的条件,则可以有效阻止法定的保险单转让,但其并不能阻止一项有效的衡平法上的保险单转让。[20]

因此,在大多数情况下,上述两种法定程序都可以实现相同的结果,因而能够相互替代,选择适用哪一种仅仅是当事人偏好的问题。而且如前所述,即使未满足其中任何一种法定程序的要求,相关的转让在衡平法上也可

---

[16] 《人寿保险单法(1867)》第 1 条。
[17] Re Moore (1878) 8 Ch. D. 519.
[18] 参见《人寿保险单法(1867)》第 5 条。
[19] 参见《人寿保险单法(1867)》第 3 条。
[20] Re Turcan (1888) 40 Ch. D. 5.

能是有效的。出现这种情况的原因可能是未向保险人发出转让通知[21]，仅就转让达成合意而未采取相应的形式，或者保险单只是被简单地交付给受让人（比如作为担保）。如果同一份保险单上存在多重转让，则适用有关优先权的既定规则。简而言之[22]，法定转让的受让人享有绝对的优先权，但是不能对抗其已知情的在先的衡平法转让，以及在先的法定转让。衡平法上的转让通常依据其发生时间确定顺位，但是已向保险人发出通知的衡平法受让人优先于所有其不知情的在先转让的受让人。如果在此种或其他情况下，对于何者有权获得保险金存在疑问，保险人可以根据《人寿保险公司（向法院提存给付）法（1896）》[Life Assurance Companies (Payment into Court) Act 1896]向法院提存保险金。[23]

第三节 人寿保险单的信托

很多时候，被保险人可能基于信托关系而为他人利益持有保险单。这通常只会发生在以自己生命为保险标的的人寿保险中。如果可以证明此种信托的存在，将会产生两项明显的优势：其一，当被保险人死亡时，保险金将归属于并被直接给付于受益人，因而可以免于被视为被保险人的遗产[24]；其二，当被保险人破产时，受益人可以请求保险赔付，而不受被保险人债权人请求的约束，但前提是该信托本身不是为欺骗债权人而设立。[25] 此前，证明持有人寿保险单系基于信托的一个更深层次的原因是，对于主张保险单系为其利益而订立的第三人而言，这可以避免合同相对性的问题。但是，对于2000年5月11日当日及之后生效的保险单而言，这个问题将不复存在。[26]

第一项 根据第11条设立的信托

最简单的设立人寿保险信托的方式系依据《已婚女性财产法（1882）》第11条，但该条的适用受到一定限制。根据该条规定，若已婚人士以自己的生

---

[21] For example Williams v Thorp (1828) 2 Sim. 257.
[22] 详情参见 MacGillivray on Insurance Law, 13th edn, paras 26-087 to 26-098。
[23] Above at paras 26-059 to 26-063.
[24] 这有助于避免（或者说支付）遗产税。
[25] 《破产法（1986）》（Insolvency Act 1986）第423条至第425条；《已婚女性财产法（1882）》（Married Women's Property Act 1882）第11条。
[26] 这是《合同（第三方权利）法（1999）》施行的结果，第四章第五节对此有讨论。

命为保险标的投保,且保险单明示系为被保险人配偶和/或子女[27]的利益而订立,此时即成立一项为配偶和/或子女利益的信托,而且依据保险单而给付的保险金不属于被保险人财产的一部分。第 11 条也适用于民事伴侣订立的人寿保险合同。[28] 夫妻双方共同订立的人寿保险单实际可能构成两份独立的人寿保险单,每一份都适用第 11 条的规定。[29] 但是,共同订立的保险单中必须提及适用《已婚女性财产法(1882)》,或者以其他方式表明夫妻两人订立该保险都是为了对方的利益。[30]

首先应当明确的是,第 11 条仅适用于已婚人士以自己生命为保险标的订立的人寿保险单。因此,如果是父亲以儿子的生命为保险标的订立人寿保险,则即使其合法(其合法性实际存疑[31])也不适用第 11 条。[32] 在第 11 条得以适用的情况下,被保险人属于受托人,因此其有关保险单的行为应当为受益人的最大利益而实施。例如,如果被保险人有权解除保险合同,则其只能为受益人的利益行使解除权,而不能仅以解除信托为目的。而且,如果被保险人解除保险合同,则其应当为受益人的最大利益而持有所取得的保险单现金价值。[33]

第 11 条适用于所有以被保险人死亡为给付保险金条件的保险单,包括仅承保意外事故死亡风险的意外伤害保险单[34],以及为被保险人于保险单所载期间届满前死亡提供保险金给付的生死两全人寿保险单。[35] 如果人寿保险单指定了一个或多个受益人,则应当由受益人取得保险单项下既得利益的受领权。[36] 在 Cousins v Sun life Assurance Society 案[37]中,丈夫订立了一份以妻子为受益人的人寿保险,妻子先于丈夫死亡。法院认为,尽管丈夫已经再

---

[27] "子女"包括收养子女和非婚生子女;《收养及子女法(2002)》(Adoption and Children Act 2002)第 66、67 条;《家事法改革法(1969)》(Family Law Reform Act 1969)第 19 条。
[28] 《民事伴侣关系法(2004)》第 70 条。
[29] Re S (deceased) [1996] 1 W. L. R. 235.
[30] Rooney v Cardona [1999] 1 W. L. R. 1388.
[31] 参见第三章第四节第一项。
[32] Re Engelbach [1924] 2 Ch. 348.
[33] Re Fleetwood's Policy [1926] Ch. 48.
[34] Re Gladitz [1937] Ch. 588.
[35] Re Loakimidis' Policy Trusts [1925] Ch. 403.
[36] 因此,若受益人在被保险人死亡前破产,保险单便归属于破产管理人,而且也只有破产管理人有权受领保险金;Rooney v Cardona [1999] 1 W. L. R. 1388。
[37] Cousins v Sun life Assurance Society [1933] Ch. 126.

婚,但保险金仍属于妻子的遗产。应当指出的是,离婚本身并不会改变第 11 条所涉保险单项下的任何权利,但这些权利可以作为《婚姻诉讼法(1973)》(Matrimonial Causes Act 1973)第 24 条规定的财产权一般性清算的一部分而被变更。

如果保险单没有明确指定受益人,而只是表明其系为了某人的利益,如被保险人的妻子和子女,那么此种受益人便仅享有期待利益,并且只有在被保险人死亡时,符合保险单描述的人才有权获得保险金。

第二项 其他信托

如果不能适用第 11 条,就必须根据已经确立的信托法原则来设立人寿保险单信托。亦即,特定主体在未明确表示信托目的的情况下,不得被认定为财产的信托受托人。[38] 此外,许多有关人寿保险单信托的案件,都反映出相关法律在人寿保险领域还付之阙如。如果 A 为 B 的利益以自己的生命投保人寿保险,而且保险单中载明了 B 的姓名,那么此时成立信托并无疑问,后文会对此再行探讨。[39] 但通常发生的情况似乎是,A 为 B 的利益以 B 的生命投保人寿保险,此时便会产生问题。

在此种情况下,法律明确规定,A 必须对 B 的生命具有保险利益[40],而不考虑其中是否成立为 B 之利益设立的信托。在有关案件中,许多保险单采用的都是一种看起来十分常见的形式,即父母为了子女的利益而以子女的生命投保人寿保险。该保险单可能是一份为支付子女将来学费而订立的生死两全人寿保险单。此种保险单的合法性颇值怀疑,因为父母对子女的生命通常并不享有保险利益。[41] 此种场合之所以很少产生争议,通常是因为保险人已经给付了保险金,以及保险人提出缺乏保险利益抗辩会导致其声誉受损,那么此时唯一的争议问题就是 A 和 B 何者有权获得保险金。然而,这一点应当被视为法律对保险利益规定过于狭窄所带来的后果,而且其或许也应当被视为鼓励法院认定成立信托的一个因素。如果成立信托,相关的法律立场就不再是 A 系为了 B 的利益而以 B 的生命投保,而是 A 在代理 B 为 B 的生命投保。之所以代理 B 投保,或许是因为 B 作为未成年人无法自行投保。

---

[38] E.g. Jones v Lock (1865) 1 Ch App 25.
[39] 《人寿保险法(1774)》第 2 条;参见第三章第六节。
[40] 《人寿保险法(1774)》第 1 条;参见第三章第二节。
[41] Halford v Kymer (1830) 10 B. & C. 724.

最近的判例似乎越来越倾向于认定此种情况下成立信托,但有两点是明确的。[42] 其一,仅根据 A 订立了一份明示为 B 的利益而订立的保险单或者 A 代理 B 投保这一事实,不足以认定成立为 B 的利益设立的信托;其二,仅根据保险单中规定保险金给付给 B 这一事实,不足以认定成立为 B 的利益设立的信托。例如,在 Re Engelbach 案[43]中,父亲"为他的女儿"投保了一份生死两全人寿保险。根据保险单,女儿年满 21 岁时可以获得 3000 英镑的保险金;若在此之前死亡,则父亲有权请求返还已支付的保险费。法院认为,当父亲死亡时,女儿年满 21 岁时获得的 3000 英镑应当被作为遗产的一部分。显然,该案中没有充分的证据证明设立了信托。与此类似,在 Re Sinclair 案[44]中,教父为 6 个月大的婴儿投保了一份生死两全人寿保险。该婴儿在保险单中被称为"被授权人"(nominee),并且在其 21 岁时可以获得保险金。由于缺乏充分的证据,此案中同样未有效设立信托。在这两个案件及其他类似案件中[45],严格来讲,由于缺少保险利益,保险单是不合法的。

但应当指出的是,在类似情况下,如果"受益人"实际已经获得了保险金,那么即便不存在为其利益设立的信托,其通常也有权保有保险金。唯一的例外情形是,保险单强制规定该"受益人"仅仅是作为被授权人或被保险人的代理人而受领保险金。[46] 目前除非保险单中存在此强制规定,否则法院极不可能作出此等判决。因此对于上述案件而言,如果保险人已经向"受益人"给付了保险金,那么该结果将会为相关当事人提供一种有效的救济途径。

第三项　现代判例

现代保险单的措辞和更多的现代保险判例无论如何都更倾向于认定信托关系成立。在 Re Webb 案[47]中,父亲以其两个子女的生命为保险标的投保了人寿保险。保险单将他描述为"利益授予人",而在投保单中他则被描述

---

[42] Plowman J in Re Foster [1966] 1 W. L. R. 222 at 227.
[43] Re Engelbach [1924] 2 Ch. 348.
[44] Re Sinclair [1938] Ch. 799.
[45] For example Cleaver v Mutual Reserve Fund Life Ass [1892] 1 Q. B. 147; Re Foster [1938] 3 All E. R. 357.
[46] Re Schebsman [1944] 1 Ch. 83. Beswick v Beswick 案([1968] A. C. 58)的判决认同此观点,在该案中上议院否定了前述 Re Engelbach 案的相反判决。
[47] Re Webb [1941] Ch. 225.

为希望"代表被保险人为被保险人的利益"投保的人。两份保险单都规定：（1）如果子女在 21 岁或之后死亡，保险金将会支付给其继承人，而且在子女年满 21 岁时，父亲的所有保险单权益都会终止；在此之前，父亲有权解除、转让或者以其他方式处分保险单，而且如果子女在 21 岁前死亡，父亲将有权请求返还所有已支付的保险费。（2）如果父亲已经支付了所有应交保险费，并且在子女 21 岁前死亡，那么保险单的效力将延续至子女年满 21 岁之时。嗣后，父亲在子女 21 岁前死亡，根据上述条款保险单继续有效，由此产生的问题是，保险单究竟属于父亲的遗产还是子女的财产。法院认为保险单属于子女的财产，因为它们是父亲基于为子女利益所设的信托而订立的。

正如法韦尔法官所言，此案并非像之前的案件那样，所涉仅仅是为了他人的利益而投保。根据保险单条款足以认定此案设立了信托，尤其是条款规定父亲的保险单权益将在子女年满 21 岁时完全终止，以及直到子女年满 21 岁时才给付保险金，这明确了父亲对保险金不享有利益。这在逻辑上是合理的，因为这些条款与父亲或者名义被保险人拥有完整受益权的安排不相符合。此案保险合同的受益权必然归属于他人，即子女，因此此案应当成立信托。

Re Foster 案[48]遵循了 Re Webb 案的判决，但两个案件中的保险单形式不完全相同。Re Foster 案中的保险单规定，子女年满 21 岁之时，父亲（利益授予人）之前所享有的保险单解除权或保险金请求权，将归子女享有。普罗曼（Plowman）法官认为，这些权利在子女年满 21 岁时完全归子女所有的事实，与父亲此后仍保留任何保险合同受益权的安排相悖。因此，尽管与 Re Webb 案一样，此案保险单也没有对后一点作出明确，但有必要推定保险单否定了父亲此后仍享有受益权，故而应当对此案作出与 Re Webb 案相同的判决。

由于这些判例的影响，对于为子女利益投保的保险单，法院如今似乎会尽可能认定其中成立信托，主要是因为这可以回避保险利益的问题。因此在这些案件中，子女实际是通过受托人为自己的生命投保，受托人应当始终依照其职责行事。例如，在子女达到保险单约定年龄之前，尽管受托人可能有权解除或转让保险单，但他只能为了子女的最大利益行使这些权利。子女在达到保险单约定年龄时，将对保险单享有完整的权利，而且如果信托仍然存

---

[48] Re Foster [1966] 1 W. L. R. 222.

在的话,子女还有权终止信托。[49] 根据之前提及的《合同(第三方权利)法(1999)》的相关规定[50],在必要情况下,子女也可以通过受托人执行保险单。然而,必须强调的是,所有的案件都必须存在特定的事实和保险单条款才可如此判决,如果根据这些事实和条款不足以认定信托关系成立的话,则绝不可作出此种判决。

第四项　团体保险

迄今为止,信托问题仅在家事保险领域得到了深入研究。然而,另一个领域也会引发同样的问题,而且也同样常见,即团体保险领域。例如,雇主为雇员的利益以全体或部分雇员的生命投保。此时,根据相关情况可以明确雇员是信托的受益人。比如在 Bowskill v Dawson (No. 2) 案[51]中,雇主与为雇员投保的信托公司订立了一份信托契据(trust deed),案件事实清楚表明,信托公司对其收到的所有保险金,都要基于为雇员利益的信托而持有,因此法院轻而易举地认定了雇员是信托契据中的受益人。

相比之下,Green v Russell 案中则不存在类似事实[52],该案中被称为被保险人的雇主,为其雇员的利益投保了团体意外伤害保险,雇员的名字被列在了保险单的附件之中。保险单明确规定,保险人有权将被保险人视为保险单的绝对所有人,而且保险人没有义务承认任何对保险单的衡平法或其他请求权或利益。有鉴于此,尽管一位被承保的雇员,更确切地说是他的遗孀,基于该保险单获得了一笔保险金,但法院认为雇员对保险单不享有任何制定法或衡平法上的请求权。[53] 根据前述判例,该案显然不存在任何推定信托成立的

---

[49] Saunders v Vautier (1841) Cr. & Ph. 240.

[50] 第四章第五节对这些规定进行了简要介绍。该法仅适用于2000年5月11日当日或之后订立的保险单。对于在此之前订立的保险单,子女只有在成为保险单的合法所有权人,或者其支付的应交保费为保险人所接受从而形成一项新的保险合同时,才有权执行保险单。法律修订委员会(Law Revision Committee)建议扩大《已婚女性财产法(1882)》第11条的适用范围,以将此类子女人寿保险合同包括在内(6th Interim Report, at 32)。但是法律委员会建议将第11条维持原状,理由是,其提出的改革合同相对性原则的建议如今已经在《合同(第三方权利)法(1999)》中得以实施,这赋予了第三方受益人对保险合同的诉权(Law Com No. 242, 1996, especially at paras 12.22 to 12.26)。

[51] Bowskill v Dawson (No. 2) [1955] 1 Q. B. 13.

[52] Green v Russell [1959] 2 Q. B. 226.

[53] 该案系基于《死亡事故法》(Fatal Accidents Acts)而引起,其争议问题是,造成该案雇员死亡的第三人能否从其应支付给雇员遗孀的损害赔偿金中扣除保险金部分。

依据。因此,该保险单在严格意义上是否可依法强制执行值得怀疑。因为雇主可能对其雇员的生命并不享有保险利益,或者其享有的利益至少并未达到与每一雇员的保险金额相当的程度。[54] 在实践中,这种性质的团体保险单似乎并不总是含有能使法院认定信托成立的条款。但是现在,根据《合同(第三方权利)法(1999)》,雇员无疑拥有了一项强制执行保险单的法定权利。[55]

---

[54] 还可参见第三章第四节第二项的相关评论。
[55] 参见第四章第五节。

第二十章 责 任 保 险

责任保险承保被保险人对第三人应承担的潜在的合同或侵权责任,它在实践中无疑十分常见。法律在许多领域实行强制责任保险制度,最典型的是机动车责任保险和雇主责任保险领域。这些领域存在的特殊要求和限制将在第二十一章和第二十二章中予以探讨。本章将着重讨论所有责任保险中的共性问题,这些保险包括家庭责任保险、公众责任保险及职业责任保险。在这一章,我们将对这些保险中都会出现的绝对共性问题进行详细探讨,而暂不讨论由于具体保险单中承保风险和除外风险的相关规定而产生的问题。①

既然如此,首先就有必要对责任保险的承保范围作出一些一般性评论。基于标准化的市场实践,保险单中关于基本承保范围和基本除外责任的条款目前有一些已经格式化。例如,公众责任保险单或产品责任保险单通常仅承保侵权责任,而不承保合同责任。② 虽然保险单开头可能会表示其对被保险人向第三人依法应承担的损害赔偿责任提供补偿,这种措辞本身含义宽泛以至于能够将合同责任涵盖在内,但保险单中通常还会有一项明确的合同责任除外条款。然而,保险单在"被保险人依法应当承担的所有损害赔偿责任"中所使用的"依法应当承担"这一表述本身,则并不能排除对合同责任的保障。③ 因

---

① 详细内容可参见澳大利亚的一本优秀著作:Derrington and Ashton, The Law of Liability Insurance (Sydney: Butterworths, 1990)。也可参见 Enright, Professional Indemnity Insurance, 2nd edn (London: Sweet & Maxwell, 2007) and MacGillivray on Insurance Law, 13th edn, Ch. 29。

② See, for example, Tesco Stores Ltd v Constable [2008] EWCA Civ 362; [2008] Lloyd's Rep. I. R. 636.

③ MIS Aswan Engineering Establishment Ltd v Iron Trades Mutual Insurance Co Ltd [1989] 1 Lloyd's Rep. 289. 如果同时存在合同责任与侵权责任,那么由于保险单优先承保侵权责任,任何排除保障合同责任的条款都将无法得到适用:Jan de Nul (UK) Ltd v Axa Royale Belge SA [2002] EWCA Civ 209; [2002] Lloyd's Rep. I. R. 589。

此,如果被保险人对第三人依法应承担责任,则其依据协商性的和解协议对第三人实际作出的赔偿也可以得到保险赔付。④ 被保险人被判决对第三人承担法律责任这一事实本身,对被保险人向其责任保险人主张权利而言并不具有决定性。⑤

本章共包括四节内容:第一节讨论第三人在被保险人破产的情形下享有的法定保护途径;第二节讨论由所有责任保险单中都存在的格式条款所引发的重要问题;第三节讨论与保险责任限额和被保险人支出费用相关的一些问题;第四节则简要介绍保险人对受害第三人所负有的义务。

第一节 被保险人破产

根据普通法,如果被保险人破产或者被保险的公司进入清算程序,那么在受害第三人向其提出索赔后,保险人就该索赔向被保险人支付的所有保险金,都将归为破产被保险人或者清算公司的一般财产,第三人无权对该笔保险金主张权利。⑥ 由于受害第三人对被保险人和保险人之间的保险合同不享有任何权利,故其与被保险人的其他普通债权人一样,仅有权在破产或清算程序中提出证据证明自己是普通债权人。这明显是不公平的,因此《第三方(对保险公司的权利)法(1930)》为此种情形下的第三人提供救济。⑦ 从本质上而言,该法案赋予了第三人法定权利从而使其得以代位行使被保险人的权利,但如我们所见,这种保护手段多少有些机械和不足。另外,该法案应当被视为破产法规范的一部分,从而赋予了第三人主张破产程序会对其索赔请求造成不当损害的权利。⑧

---

④ Peninsular & Orient Steam Navigation Co v Youell〔1997〕2 Lloyd's Rep. 136; Structural Polymer Systems Ltd v Brown〔2002〕Lloyd's Rep. I. R. 64. 职业责任保险单中通常规定其承保所有的"过失行为、错误或者不作为",但"过失"一词并不能同时修饰"行为"与"不作为":Wimpey Construction UK Ltd v Poole〔1984〕2 Lloyd's Rep. 499。

⑤ Omega Proteins Ltd v Aspen Insurance UK Ltd〔2010〕EWHC 2280 (Comm);〔2011〕Lloyd's Rep. I. R. 186.

⑥ Re Harrington Motor Co〔1928〕Ch. 105; Hood's Trustees v Southern Union General Insurance Co of Australasia Ltd〔1928〕Ch. 793.

⑦ 该法案通过的当时,机动车强制保险也开始实行,而且脚注⑥中提及的两个案例均源于道路交通事故。这似乎表明,当时通过该法案主要是为了适用于此种情形。如此,该法案由于包括责任保险扩张在内的之后的各种发展,而不再能够为第三人提供充分保护,而且如本节第五项所述,其在不久的将来被取代,或许也就不足为奇了。

⑧ Sea Voyager Maritime Inc v Bielecki〔1999〕1 B. C. L. C. 133.

修订后的《第三方(对保险公司的权利)法(1930)》[9]第1条第1款规定:
"在以下情形,任何责任保险合同都为某人(下称'被保险人')对第三人应承担的责任提供保障,

(a)被保险人破产或与其债权人达成和解协议;或者

(b)被保险人为公司的情况下,[处于解散过程[10]、被行政接管、被破产管理人接管,或者与债权人达成自愿和解协议]。[11]

如果被保险人的确须对第三人承担责任,则即使任何法案或法规中存在相反规定,被保险人根据保险合同就该项责任对保险人享有的权利,也应当转让给作为该责任承担对象的第三人,且无论在上述事件发生之前或之后皆为如此。"

被保险人死亡且无力偿还债务的情形也同样适用上述规则。[12]《第三方(对保险公司的权利)法(1930)》第1条第3款规定了该法案被排除适用的情形,对此将在下文单独论述。该法案第1条第1款中的"责任"包括合同责任和侵权责任,前者又包括债务和损害赔偿责任。这一点系由 Re OT Computers Ltd 案[13]的判决所确立。上诉法院在确立该原则时认为,该法案也适用于被保险人因出售延长保修服务而承担的责任。另外,当破产被保险人在破产程序终止后被免除债务时,该法案也依旧能够适用。[14]

第2条为破产被保险人设定了一项义务,即对有权向保险合同提出索赔请求的第三人,被保险人在出现破产情形后对其负有通知义务。第1条第1款中的任何一种破产情形发生,都会产生该项义务,并且该项义务不以被保险人的责任已经确定为前提。[15] 第3条规定,保险人与破产或清算的被保险人之间

---

⑨ By the Insolvency Acts 1985 and 1986 and by the Enterprise Act 2002 (Insolvency) Order 2003, SI 2003/2096.

⑩ 不包括仅仅是为了重组或合并而自愿进行的解散,参见《第三方(对保险公司的权利)法(1930)》第1条第6款。

⑪ 参见《破产法(1986)》。

⑫ 参见《第三方(对保险公司的权利)法(1930)》第1条第2款。

⑬ [2004] EWCA Civ 653; [2004] Lloyd's Rep. I. R. 669. 该案推翻了之前限制对侵权责任之"责任"的两个判决,两个判决分别为:Tarbuck v Avon Insurance Plc [2001] 2 All E. R. 503 和 T & N Ltd v Royal v Sun Alliance Plc (No. 2) [2003] EWHC 1016 (Ch); [2004] Lloyd's Rep. I. R. 106。

⑭ Law Society of England and Wales v Shah [2007] EWHC 2841 (Ch); [2008] Lloyd's Rep. I. R. 442.

⑮ 参见上文提到的 Re OT Computers Ltd 案,它推翻了 Nigel Upchurch Associates v Aldridge Estates Investment Co Ltd 案([1993] 1 Lloyd's Rep. 535)和 Woolwich Building Society v Taylor 案([1995] 1 B. C. L. C. 132)所作的相反判决。更详细的论述参见下文。

的保险给付对第三人无效,但该条仅适用于破产或者清算之后的保险给付行为,并不影响之前的保险给付行为,即使此时被保险人的责任已经确定。⑯ 依据《第三方(对保险公司的权利)法(1930)》提出的索赔请求,是一项基于保险合同的补偿请求,即便它是因造成人身损害的意外事故而产生,也不属于人身损害赔偿请求。⑰

多年来,许多关于该法案所作的判决,都不同程度地倾向于限制该法案对第三人的效力。前述 Re OT Computers Ltd 案的判决作出后,相关的法律立场在某些方面已经有所改变,下文将对该案再次展开讨论。但是,一些判决则简单地认为《第三方(对保险公司的权利)法(1930)》的影响力相对较为有限,因而并不能使第三人取得优于被保险人的地位。⑱ 法律委员会对该法案进行了详尽的审查,并于 2001 年发布了一份报告。⑲ 最终,这份报告使得《第三方(对保险公司的权利)法议案》于 2009 年 11 月被呈送议会。该议案于 2010 年 3 月得到御准,但其同时也存在一些重大的规范遗漏。《保险法(2015)》第六部分对之进行了修正,修正条文在本书写作之时还尚待生效。有鉴于此,若被保险人对第三人的责任发生于修正条文生效之前,或者被保险人破产发生于修正条文生效之前,则《第三方(对保险公司的权利)法(1930)》无疑还会在一定时间内继续得以适用。是故,本节接下来将首先探讨《第三方(对保险公司的权利)法(1930)》之下的相关法律立场,之后再于第五项对新的法律体制进行阐述。

第一项 责任必须确定

在被保险人的责任经判决或和解确定之前,《第三方(对保险公司的权利)法(1930)》实际并未赋予第三人任何起诉保险人的权利,尽管如下文所示,它确实提供了第三人一种附条件的权利移转。在 Post Office v Norwich

---

⑯ Normid Housing Association Ltd v Ralphs [1989] 1 Lloyd's Rep. 265.《第三方(对保险公司的权利)法(1930)》第 3 条不适用于依据《公司法》达成的债务整理方案:Re T & N Ltd (No. 4) [2006] EWHC 1447 (Ch); [2006] Lloyd's Rep. I. R. 817.

⑰ Burns v Shuttlehurst Ltd [1999] 1 W. L. R. 1449. 这对于诉讼程序和诉讼时效的问题非常重要。

⑱ 尤其参见上议院对 Bradley v Eagle Star Insurance Co Ltd 案([1989] A. C. 957) 和 The Fanti and The Padre Island 案([1991] 2 A. C. 1) 所作的判决,这两个案例将在下文中作详细探讨。更详细的批判性研究,参见 Mance, "Insolvency at sea" [1995] L. M. C. L. Q. 34.

⑲ Third Parties—Rights against insurers, Law Com No. 272, Scot Law Com No. 184, Cm. 5217.

Union Fire Insurance Co 案[20]中,被保险人是从事道路建设工程的承包商。在挖掘过程中,它们损坏了邮局所有的一根电缆。邮局主张其损害是承包商的过错导致,但遭到承包商否认,承包商主张该损害系邮局工程师的过错所致。由于承包商已经进入清算程序,邮局在被保险人的责任确定之前根据《第三方(对保险公司的权利)法(1930)》起诉了保险人。法院判决认为,该诉讼的提出为时过早,因为第三人仅在被保险人的责任经法院判决或当事人合意确定后,才能够起诉保险人。[21] 在这类案件中,第三人应当采取的正确程序是先获得法院的许可,对破产的被保险人提起诉讼。只有当这一诉讼作出判决后,保险人才会根据《第三方(对保险公司的权利)法(1930)》承担责任。上议院在 Bradley v Eagle Star Insurance Co Ltd 案[22]中遵循并认可了 Post Office 案的判决。在 Bradley 案中,被保险人是一家公司,其雇用了原告布拉德利(Bradley)女士。由于在有棉尘飞扬的环境下工作,布拉德利患上了棉尘病,因此其认为自己有权起诉公司请求损害赔偿。然而,由于该公司已于 1976 年解散,而且不存在其他适格被告,故布拉德利直接对公司的保险人提起了诉讼。最终,该诉讼由于缺乏诉因而被法院驳回。此案中由于被保险人即雇主并未产生任何责任,因而无法适用《第三方(对保险公司的权利)法(1930)》第 1 条。

虽然 Post Office 案和 Bradley 案的判决在逻辑上并无错误[23],但其多少还是有些欠妥,因为在实践中,保险人几乎不可避免地会成为此类案件的真正被告,并且一旦被保险人的责任确定,保险人通常就会立即满足原告的请求。然而,保险人也有充分的理由不希望自己作为被告出现在民事诉讼中,主要是担心自己的声誉会因此受损[24],这显然也是侵权或责任保险制度认可的合法理由。此外,由于破产的被告通常是一家已注册的公司,议会制定的公司法在许多情况下实际都相当于撤销了 Bradley 案的判决。自 1989 年以来,如果原告是为了人身损害赔偿或者依据《死亡事故法》向公司提起

---

[20] Post Office v Norwich Union Fire Insurance Co [1967] 2 Q. B. 363.
[21] 这一点是丹宁法官的判决理由,也是萨蒙法官的主要判决理由。但萨蒙法官还援引了一项理由,即第三人要受限于保险单中的所有条件,而本案保险单中有一项条件,即禁止被保险人在未经保险人同意的情况下以任何方式承认其对第三人的责任(关于此点,参见下文)。哈曼(Harman)法官则仅援引了萨蒙法官的后一判决理由。
[22] Bradley v Eagle Star Insurance Co Ltd [1989] A. C. 957.
[23] 但在 Bradley 案的判决中,坦普尔曼法官持强烈的反对意见。
[24] See Salmon LJ in Post Office v Norwich Union [1967] 2 Q. B. at 378.

诉讼,那么其在任何时间都可以请求法院宣告公司解散无效。㉕ 是故,像布拉德利女士这样的原告,现在便可以先依据这一程序找到可诉的被告,然后再根据《第三方(对保险公司的权利)法(1930)》起诉该被告的保险人。㉖

第二项 权利的移转

然而,Post Office案与Bradley案的判决并没有直接解决被保险人的权利何时移转给第三人的问题,即到底是在被保险人破产之时还是在被保险人的责任确定之时。在Re OT Computers Ltd案㉗中,法院认为在《第三方(对保险公司的权利)法(1930)》规定的破产事件发生之时,权利即告移转。

"《第三方(对保险公司的权利)法(1930)》并没有规定被保险人的责任需要在权利移转之前确定。因此,对该法案更合理的解释为,无论被保险人的责任确定于破产之前还是之后,被保险人对第三人的权利移转都发生于被保险人破产之时。所移转的权利可能是一种期待权或者附条件的权利,因为在被保险人的责任及其数额确定之前,该权利并不会引起保险人责任的承担。但无论如何,权利的移转都发生于被保险人破产之时。"㉘

在该案的背景下,相关的法律后果是第三人享有《第三方(对保险公司的权利)法(1930)》第2条项下的知情权。㉙

第三项 第三人的权利不得优于被保险人

Post Office案的判决理由之一是,原告/请求权人依据《第三方(对保险

㉕ 《公司法(2006)》第1029条。

㉖ 当然这种方法也不是万无一失的。比如,第三人仍然需要证明所诉请的特定保险人是在特定时间与案件相关的保险人。

㉗ Re OT Computers Ltd [2004] EWCA Civ 653; [2004] Lloyd's Rep. I. R. 669.

㉘ Above per Longmore LJ at [28]. 除此之外,在坦普尔曼法官对Bradley案判决的反对意见中也能找到对此观点的有力支持,其反对意见在此方面与判决书多数意见并不存在任何矛盾。另外,在先前的上诉法院对Cox v Bankside Members Agency Ltd案([1995] 2 Lloyd's Rep. 437)的判决中也有对此观点的认可(per Saville LJ at 467)。

㉙ 上诉法院在之后对Centre Reinsurance International Co v Freakley案([2005] EWCA Civ 115; [2005] Lloyd's Rep. I. R. 303)进行判决时也采用了同样的裁判方法,该案与法案第1条第3款有紧密的联系,下文将对其进行讨论。同时,该裁判方法在Financial Services Compensation Scheme Ltd v Larnell案([2005] EWCA Civ 1408; [2006] Lloyd's Rep. I. R. 448)中也有适用,该案判决认为,诉讼时效自公司解散之日起中止的规则适用于依据该法案提起的索赔请求。

公司的权利)法(1930)》所享有的权利须受保险单条件的约束。该案保险单中有一项条件规定:被保险人不得在未经保险人同意的情况下承认任何责任[30];第三人的法定权利同样也受该条件的约束。这一规则对责任保险具有普适性,因此除保险人权利受法律限制更为严格的领域,如机动车强制保险及限制程度较低的雇主责任保险外[31],保险人根据保险合同对被保险人享有的任何抗辩都可以对抗第三人。这种抗辩包括保险人因被保险人未披露或不实陈述而享有的合同撤销权[32],因被保险人索赔欺诈或违反保证而享有的免责权[33],以及将争议提交仲裁的权利。

在 Freshwater v Western Australian Assurance Co 案[34]与 Smith v Pearl Assurance Co 案[35]中,保险人以其依据机动车保险单中的一项责任先决条件,享有将争议提交仲裁的权利为由,对受害第三人提出抗辩。该抗辩得到了法院支持。事实上,就机动车保险而言,这些判决几乎已经被相关的成文法规范所推翻[36],但它们所确立的原则仍然适用于其他责任保险。[37] 在 Farrell v Federated Employer's Insurance Association Ltd 案[38]中,雇主自己对雇员可能承担的责任购买了责任保险。嗣后,保险人以雇主违反先决条件为由对受害雇员提出抗辩,得到了法院支持。[39] 同样的,在 Pioneer Concrete (UK) Ltd v National Employers Mutual General Insurance Association Ltd 案[40]中,被保险人违反了及时通知保险人其被第三人提起诉讼的先决条件,保险人以此对抗无辜的第三人也得到了法院支持。但是,如果因为被保险人破产而使得遵守特定条件

---

[30] 关于此类条款,参见第二十章第二节第一项。

[31] 参见第二十一章和第二十二章。

[32] E.g. McCormick v National Motor and Accident Insurance Union Ltd (1934) 43 Ll. L. R. 361.

[33] 因索赔欺诈而享有免责权的案例,参见 Total Graphics Ltd v AGF Insurance Ltd [1997] 1 Lloyd's Rep. 599。

[34] Freshwater v Western Australian Assurance Co [1933] 1 K. B. 515.

[35] Smith v Pearl Assurance Co [1939] 1 All E. R. 95.

[36] 《道路交通法(1988)》第 148 条第 5 款。参见 Jones v Birch Bros [1933] 2 K. B. 597 及第二十一章第四节第二项。

[37] See Socony Mobil Oil Co Inc v West of England Ship Owners Mutual Insurance Association (London) Ltd [1984] 2 Lloyd's Rep. 408, noted [1985] J. B. L. 403.

[38] Farrell v Federated Employer's Insurance Association Ltd [1970] 1 W. L. R. 1400.

[39] 适用于雇主责任保险的这个判决已经被《雇主责任(强制保险)条例》[Employers' Liability (Compulsory Insurance) Regulations]所推翻,参见第二十二章第一节第三项。

[40] Pioneer Concrete (UK) Ltd v National Employers Mutual General Insurance Association Ltd [1985] 1 Lloyd's Rep. 274; see [1985] J. B. L. 333.

成为不可能,那么第三人就不会因此受有不利。[41]

另外,第三人还会受到保险单中规定的保险责任限额的约束[42],如果最高赔付金额不足以支付第三人提出的所有赔偿请求,那么保险金将按照索赔请求的提出顺序进行分配,即"先到先得"。[43]

然而,保险人不能仅因被保险人未支付到期保险费,就主张从其应向第三人给付的保险金中扣除与该部分未交保险费对应的保险金。在 Murray v Legal & General Assurance Society 案[44]中,法院认为被保险人移转给第三人的权利和义务,仅与其依法应向第三人承担的责任相关。而保险人的保险费请求权则是一项一般性权利,与保险单中的任何一项条款均无关联。因此,保险人的主张不能成立。然而,如果责任保险单中存在一项明确的条款,规定提出索赔之前所有保险费均已按约支付是保险人对任何一项索赔请求承担责任的先决条件,则很可能会出现相反的判决结果。

第四项 《第三方(对保险公司的权利)法(1930)》的排除适用

《第三方(对保险公司的权利)法(1930)》第 1 条第 3 款规定,任何直接或间接规定在被保险人破产的情况下,将撤销合同或者变更当事人权利的保险合同条款均为无效。上议院在合并审理并判决 Firma C Trade SA v Newcastle Protection and Indemnity Association 案 (Fanti 案) 和 Socony Mobil Oil Co Inc v West of England Ship Owners Mutual Insurance Association (London) Ltd 案 (Padre Island 案)[45]时,表明了该规定的效力相对有限,而且从理论上而言,《第三方(对保险公司的权利)法(1930)》可被轻易排除适用。

这两起案件都涉及船主相互保险社规则中的格式条款,该条款规定,仅在作为被保险人的社员实际赔偿向其提出索赔请求的第三人之后,作为保险

---

[41] Horne v Prudential Assurance Co Ltd 1997 S. L. T. (Sh. Ct) 75; Saunders v Royal Insurance Inc 1999 S. L. T. 358.

[42] Averando (UK) Ltd v National Transit Insurance Co Ltd [1984] 2 Lloyd's Rep. 613.

[43] Cox v Bankside Members Agency Ltd [1995] 2 Lloyd's Rep. 437.

[44] Murray v Legal & General Assurance Society [1969] 3 All E. R. 794.

[45] Socony Mobil Oil Co Inc v West of England Ship Owners Mutual Insurance Association (London) Ltd (The Padre Island) [1991] 2 A. C. 1. Centre Reinsurance International Co v Freakley 案 ([2005] EWCA Civ 115, [2005] Lloyd's Rep. I. R. 303)遵循了这两个案件的判决,该案再保险协议中的理赔控制条款并不能适用《第三方(对保险公司的权利)法(1930)》第 1 条第 3 款,因为其并未规定将变更当事人依保险合同所享有的权利。

人的保险社才对社员进行赔付；这些条款通常被称为"先付"条款。

两起案件中的被保险人，都在其责任确定之后实际赔偿第三人之前解散。法院判决认为，依据《第三方(对保险公司的权利)法(1930)》，第三人对保险人并不享有直接请求权。该法案第1条第3款无法为第三人提供请求权基础。"先付"条款并不是破产情形发生时适用的条款，而是保险人承担责任的先决条件，即保险责任的承担以被保险人履行该条件为前提。由于破产而受影响或被变更的并非被保险人的权利本身，而是被保险人行使这些权利的能力。因此，该条款在清算令作出前后均同样适用，并不会因为第1条第3款的规定而无效。有鉴于此，该条款无疑应当得到遵守。依据第1条第3款的法条文义，仅在保险单条款明显旨在影响被保险人破产时的权利，以排除法定的权利移转时，该条款才可被认定为无效。

然而，关于为何应将先付条款认定为无效，第三人提出了另外两种主张进行论证。第一种主张㊻是，被保险人获得保险人赔付的权利已经转让给了第三人，上述先决条件因而相应地转化为第三人向自己就所发生的责任进行赔偿。由于对第三人而言，履行该先决条件是不可能的或者说无意义的，因此其可以免于履行该条件。法院轻易地驳回了该项主张。理由在于，在此案中，依据《第三方(对保险公司的权利)法(1930)》所移转的被保险人的权利，是一种附条件的保险补偿请求权，其条件为被保险人对第三人的索赔请求进行赔偿。如果该条件未获满足，被保险人便不享有任何保险补偿的现实权利。法定的权利移转并不能使第三人的地位优于被保险人。

第二种主张实际上是提出衡平法原则可以推翻"先付"条款。其论证过程如下：在普通法上，补偿权利人依据补偿合同能够向补偿义务人行使的唯一救济手段是，向其提起违反简约之诉(action of assumpsit)，但其须履行合同中的一项默示条件，即自己先向第三人进行赔偿。然而，当适用该条件会导致补偿无法实现时，就应当优先适用衡平法原则，即要求补偿义务人直接向第三人支付补偿金，或者在补偿权利人赔偿第三人之前向补偿权利人支付补偿金。上议院虽然承认的确存在该原则，但其拒绝在这两起案件中适用该原则，理由在于保险合同中明确规定了"先付"条款。

从法律的角度严格来说，很难认为上议院提出的理由中存在错误。上议院对《第三方(对保险公司的权利)法(1930)》的解释是合乎逻辑的，其驳回

㊻ 这实际是上诉法院的判决理由([1989] 1 Lloyd's Rep. 239)，但之后被上议院所推翻。

基于衡平法所提主张的理由也是令人信服的。然而,这样的判决结果很可能会令人认为无辜的第三人因此再一次遭受了打击,因为他之所以未能获得任何赔偿,只是因为自己不幸地向碰巧进入清算程序的被保险人提出了合法的索赔请求。而这看起来正是《第三方(对保险公司的权利)法(1930)》所针对的情形。戈夫法官直接回应了这个问题,而且他给出的支持这一判决结果的理由也被公认为极具说服力。[47]《第三方(对保险公司的权利)法(1930)》的目的仅在于将被保险人依据保险合同享有的权利转让给第三人。

"由于该法案并非意在赋予第三人优于被保险人的权利,因此很难认为'先付'条款违反了法案的规定。"

与此形成鲜明对比的是在强制责任保险,尤其是机动车保险和雇主责任保险领域,议会明确规定,违反保险目的的合同条款无效。[48] 此外,戈夫法官还认识到 Fanti 案和 Padre Island 案实质上是保险人之间的诉讼。依照惯例,两起案件中作为责任保险第三人的原告货主无疑自己也投保了第一方保险,所以原告实质上是行使保险代位权的货主的保险人。有鉴于此,两起案件中并不存在对不幸第三人的同情问题,而且第一方保险人将其已经承担的风险转移给责任保险人,可以说是没有什么意义的。[49] 此外,似乎只有相互保险社订立的保险合同中才会存在"先付"条款。此时,可能因这类条款遭受损害的弱势且无保险保障的第三人,只有那些因运输事故受伤或死亡的人。相关证据显示,在此种情况下,相互保险社并不会援引"先付"条款来对抗第三人的索赔请求。如果它们提出了这一抗辩,或者如果其他保险人事实上试图利用这种手段来规避《第三方(对保险公司的权利)法(1930)》的适用,那么毫无疑问,相关立法就会出台以对它们的自由进行限制。而实际上,《第三方(对保险公司的权利)法(2010)》正是此种性质的立法。

第五项　改革并替代《第三方(对保险公司的权利)法(1930)》

上文讨论的 Re OT Computers Ltd 案的判决十分重要,直到该判决作出,人们才清楚地意识到,任何一个对适用《第三方(对保险公司的权利)法(1930)》享有利益的人对该法案都不是完全满意,并且该法案已经不再完全适于调整现今的情况,因为今天的情况与 1930 年存在极大不同。在当时,可

---

[47] See especially [1991] 2 A. C. at 38-39.
[48] 参见第二十一章和第二十二章。
[49] 参见第十七章第十七节。

能实践中唯一重要的责任保险只有机动车保险。而现在责任保险的形式则多种多样,包括雇主责任保险、公众责任保险、产品责任保险和职业责任保险,这些保险同时也反映出了20世纪民事责任的发展。多年来,英国法律委员会一直在研究该法案的实施情况。它们于1998年发布了一份咨询文件[50],又于2001年发布了一份附有法案改革草案的报告。[51] 尽管上议院大法官部(Lord Chancellor's Department)也于2002年发布了自己的咨询文件[52],表示它们决意通过一项监管改革令(Regulatory Reform Order)来落实法律委员会的修法建议[53],但法律委员会还是于2009年向议会呈送了《第三方(对保险公司的权利)法议案》。[54] 该议案就是《第三方(对保险公司的权利)法(2010)》的前身,但由于后者的生效日期目前仍未确定,因此下文仅重点阐述其生效之后将会发生的改革。

除了彻底重新起草《第三方(对保险公司的权利)法(1930)》第1条第1款,《第三方(对保险公司的权利)法(2010)》还通过扩大其适用范围反映了破产法方面的改变,即面临财务困境的被保险人与多个债权人达成不同的自愿和解协议的情形也被纳入适用范围。或许在实践中最重要的一项改革是,该法案使得第三人无须再提起两个诉讼,即先起诉破产的被保险人,再起诉该被保险人的保险人。第三人对于如何诉讼将享有选择权,但改革带来的好处是,他可以通过起诉保险人获得法院针对被保险人对其负有的责任,以及/或者保险人对其负有的潜在责任所作出的判决。这将成为法律许可对保险人提起"直接诉讼"(action directe)的第二种情形[55],这种情形在民法领域更为普遍。该法案还使得第三人无须再申请被保险的公司恢复登记注册。[56] 由于法案明确将自愿承担责任的情形涵盖进了其适用范围,因此赋予了第

---

[50] Third Parties (Rights against Insurers) Act, Law Com Consultation Paper No. 152, Scot Law Com Discussion Paper No. 104. 有观点建议采纳一种更为简单的替代性做法,这种做法系以澳大利亚的做法为模板,规定胜诉的第三人对保险金享有优先权,参见 Jess, "Reform of direct rights of action by third parties against non-motor liability insurers" [2000] L. M. C. L. Q. 192。

[51] Law Com No. 272, Scot Law No. 184, 2001, Cm. 5217.

[52] CP 08/02.

[53] 依据《监管改革法(2001)》(Regulatory Reform Act 2001)。

[54] 该议案的延迟无疑主要是因为 Re OT Computers Ltd 案判决的作出。该判决消除了对于改革的紧迫需求,原因在于其认为法定的权利移转发生在被保险人破产之时,因此第三人依据法案第2条享有知情权,以及其认为法案适用于所有的责任而非仅限于侵权责任。

[55] 第二种情形与机动车强制保险相关,参见第二十一章第五节。

[56] 参见第二十章第一节第一项。

三人更广泛的关于保险的知情权,法案附件1详细列举了第三人知情权的范围。

依据英国法律委员会的修法建议,《第三方(对保险公司的权利)法(2010)》虽然依旧允许保险人提出被保险人未披露、不实陈述或违反保证的抗辩,允许保险人向第三人主张扣减被保险人的责任数额,以及允许保险人将自负额适用于第三人的索赔请求,但它也确实在其他重要方面对现行法律进行了改革。例如,法案第9条就针对"移转后的权利须受制于被保险人应当遵守的保险合同条件或其他条件"这种情况作出了规定。根据第9条,如果第三人实施的任何行为换成被保险人来实施的话,相当于条件已经得到履行或者促成了条件的履行,那么就可将此视为被保险人已经履行条件。因此,该规定允许第三人发出索赔通知及提供索赔细节。另外,如果要求被保险人向保险人提供信息(不包括发出索赔通知)或协助的条件,因为被保险人解散(法人情形)或死亡(自然人情形)而无法再得以履行,则移转给第三人的权利就无须再受其约束。再者,要求被保险人事先对第三人履行赔偿责任的条件,也不再能够约束获得权利移转的第三人。但在海上保险中,这仅适用于被保险人对第三人承担人身伤亡责任的情形。因此,除第三人主张财产损失赔偿的情形外,Fanti 案与 Padre Island 案这两个海上保险案件的判决将会被推翻,而这种情形也正是这两个案件中实际发生的情形。

第二节 责任保险单中的合同条款

就责任保险单中的合同条款而言,有两种条款最为常见。一种涉及认责与诉讼行为,另一种涉及被保险人的合理注意义务。

第一项 认责与诉讼行为

关于认责与诉讼行为的格式条款通常规定如下[57]:

"未经保险人书面同意,被保险人不得以任何明示或默示的方式承认责任,或者作出赔偿的要约或承诺,保险人有权自由裁量是否接管索赔请求,并以被保险人的名义对索赔请求进行抗辩或和解。"

---

[57] 这种格式条款不可能实际也不应该在销售给个人消费者的责任保险单中得到采用,因为其可能违背《消费者权益法(2015)》第二部分的规定。

职业责任保险单中可能还另有条款规定，被保险人除非获得英国王室法律顾问（Queen's Counsel）的建议，否则不得对第三人提起的诉讼进行抗辩（即"QC 条款"）。[58]

第二项　保险人的诉讼控制义务

上文引用的条款包含两个要素：一是禁止未经保险人同意的认责，二是对第三人向被保险人提起的诉讼，赋予保险人诉讼控制权。就后者而言，从格式条款的用语来看，似乎保险人对其所做的事情拥有绝对的自由裁量权，然而这种裁量权显然是受到限制的。保险人"有权决定实施恰当的诉讼策略[59]，前提是其善意地认为所作决定符合自己和被保险人的共同利益"[60]。

Groom v Crocker 案[61]中就发生了保险人公然无视被保险人利益的情况。保险人的代理律师在毫无根据并且知道自己行为不正确的情况下，向提出索赔的第三人承认被保险人具有过失。法院认为，保险人明显违反了其义务，因此被保险人有权获得违约损害赔偿及基于诽谤的侵权损害赔偿。然而，由于保险人已向第三人支付了后者主张的赔偿额，因此被保险人享有的仅仅是名义上的违约损害赔偿，而且法院也拒绝对被保险人的名誉或情感损害判以赔偿。[62] 但从之后的 Beacon Insurance Co v Langdale 案[63]中明显可以看出，Groom v Crocker 案并没有对保险人的自由裁量权设置非常严格的限制。在 Beacon Insurance Co v Langdale 案中，保险人虽然没有承认其机动车被保险人具有过失，但却在被保险人不知情的情况下，坚决地否认了被保险人负有责任，并与第三人达成和解。随后，保险人为了保险单规定的 5 英镑免赔额向被保险人提起诉讼，最终被法院判决胜诉。理由在于，保险人的处理方式十分得当，其不仅达成了对被保险人有利的和解方案，同时也否认了被保险人的责任。不过恕笔者直言，这种在赔偿第三人的同时否认被保险人责任的看似友善的做法，可能并不受某些被保险人的欢迎。该案的被告就一直否认自己负有责任，并且据此主张除非有相反证据证明自己有责，否则

---

[58] 关于此点，参见 West Wake Price & Co v Ching ［1957］1 W. L. R. 45。
[59] 包括对被保险人代理律师的任命。然而，保险人不能强迫被保险人接受法律上的代理人：Barrett Bros v Davies ［1966］1 W. L. R. 1334。
[60] Lord Greene M. R. in Groom v Crocker ［1939］1 K. B. 194 at 203.
[61] Groom v Crocker ［1939］1 K. B. 194.
[62] 但如今的情况已有所不同，参见 Heywood v Wellers ［1976］1 All E. R. 300。
[63] Beacon Insurance Co v Langdale ［1939］4 All E. R. 209.

自己不应当支付任何金钱赔偿。此外,该案报告中提供的证据表明,第三人获得的赔付仅仅只够填补其实际支出的费用,而非其所遭受的严重损害,这意味着完全无法认定被保险人应当承担责任。

尽管此类被保险人可能值得同情,但是可以肯定地说,只要保险人没有不合理地认责,以及没有不合理地在保险单责任限额外进行和解,或者拒绝第三人在保险单责任限额内提出的和解,它们就可以依法与第三人达成和解。关于后两种情形英国没有相关判例,但在美国却有很多此类诉讼。相关判决认为,如果责任保险人拒绝第三人在保险责任限额内提出的和解要约,并且第三人随后在对被保险人提起的民事诉讼中,获得了超过保险责任限额的判决赔偿数额,保险人就应当对法院判决的全部赔偿承担保险责任。[64] Groom v Crocker 案确立了保险人在实施诉讼行为时负有诚信义务,据此,此种场合的保险人似乎还应当对其行为承担违反该诚信义务的民事责任。美国的判例就经常判决保险人对被保险人承担惩罚性赔偿责任,但这并不意味着英国法院也会或应当作出这样的判决。

另外,英国保险单中的格式条款显然并没有规定保险人有义务为被保险人进行抗辩[65],因此如果保险人没有选择为被保险人抗辩的话,保险人就不需要对此承担任何责任。保险人的责任仅限于在法院判决被保险人对第三人承担法律责任时,于保险单责任限额之内对被保险人进行赔偿。在实践中,保险人不太可能会拒绝抗辩,因为其不希望自己在谈判中没有发言权。[66]

第三项 禁反言规则的排除适用

如果保险人确实依据格式条款控制了诉讼程序,其仍然可能有权拒绝向被保险人承担赔偿责任。这可能是由于被保险人未披露或者违反保证或条件的行为总是在保险人控制诉讼程序之后才被发现。然而,如果保险人确实发现了其享有这方面的免责权,却依旧为被保险人进行抗辩的话,就会被视为已经放弃了这项权利。[67]

---

[64] 尤其参见 Crisci v Security Insurance Co 66 Cal. (2d) 425, 426, P. (2d) 173 (1967)。该案被归为侵权诉讼案件,在美国已经有大量案件遵循该判例。

[65] 美国的保险单中经常这样规定;参见斯蒂芬(Stephen)法官的讨论,Distillers Co v Ajax Insurance Co (1974) 48 A. L. J. R. 136, especially at 147。

[66] 但上述 Distillers v Ajax 案中保险人的态度则与此不同,下文将对该案进行讨论。

[67] Evans v Employer's Mutual Insurance Association [1936] 1 K. B. 505.

保险人可能寻求的另一种免责情形是，主张所发生的事故不在保险单规定的承保范围。倘若保险人没有明确地承认其保险责任，那么仅仅依据保险人实施了抗辩行为这一事实，是否足以认定保险人之后不得主张免责，就成为一个问题。认定保险人不得免责的唯一可适用的法律依据为禁反言规则。但是在Soole v Royal Insurance Co 案[68]中，法院否认了禁反言规则在此种情形下的适用。在该案中，被保险人与其邻居之间有一份以其财产为标的物的限制性协议，为了防止自己因邻居强制执行该协议而遭受损失，被保险人投保了一份保险。在邻居之后对被保险人提起的诉讼中，保险人进行了抗辩，但没有胜诉。随后，保险人否认自己因此对被保险人负有赔偿责任。法院最终判决保险人对此承担责任，但同时也认为，即便不判决保险人承担责任，保险人为被保险人抗辩的行为也不会成为禁止保险人事后否认责任的理由。保险人实施抗辩行为并不等于清楚明确地表示，自己无论如何都会对被保险人承担赔偿责任，因为保险人在为被保险人抗辩时并不能确定自己之后需要承担责任。例如，第三人可能会在其向被保险人提起的诉讼中败诉。保险人的抗辩行为仅仅表明，其可能会因为该诉讼而对被保险人承担赔偿责任。

第四项 认责

格式条款中未经保险人同意禁止被保险人认责的部分显然非常重要，而且毫无疑问，保险人也将其视为利益保护方面的重要条款。此种条款的效力毋庸置疑[69]，并且原则上其效力与保险人是否因被保险人认责而受到损害无关。例如，即便对被保险人应承担法律责任不存在任何争议，依据该条款，被保险人也不得未经保险人同意而认责。[70] 关于此种格式条款稍微有一些困扰的问题是它的适用范围，保险人可能会因为被保险人相当随意地以口头或书面方式向第三人说了句"这是我的过错"，就主张免除自身责任，即使被保险人并没有给其造成任何实质的不利益。不过必须承认的是，未造成任何损害的情形几乎是不可能出现的，因为保险人总是会主张若不是因为被保险人说了这句话，其很可能就已经说服第三人接受了赔偿金额更低的和解方案。

---

[68] Soole v Royal Insurance Co［1971］2 Lloyd's Rep. 332. 此案与发生在澳大利亚的 Hansen v Marco Engineering (Aust) Pty Ltd［1948］V. L. R. 198 形成了对比，后案判决认为应当对保险人适用禁反言规则。

[69] See, e.g. Terry v Trafalgar Insurance Co［1970］1 Lloyd's Rep. 524.

[70] 同上注。

第五项　保险人拒绝抗辩

如果保险人没有协助被保险人对第三人进行抗辩,其是否还有权援引上述格式条款就存在疑问。该条款的本质在于,它禁止了被保险人在未经保险人同意的情况下进行和解。如果保险人拒绝同意,被保险人就只能将争议交由诉讼解决,除非被保险人能够主张保险人因为拒绝实施任何抗辩行为,已经丧失了援引该格式条款的权利。这个问题在英国法院中似乎从未被考虑过,但在澳大利亚高等法院审理的 Distillers Co Ltd v Ajax Insurance Co Ltd 案[71]中引发了不同意见。

该案纠纷系起源于一种包含酞胺哌啶酮的药品的制造。而其中所涉的酞胺哌啶酮则是由被保险人——一家英国公司的子公司(Distillers 公司)在澳大利亚所售。很多孕妇服用了这些药品,并声称由于 Distillers 公司对此存在过失,导致其尚未出生的胎儿遭受了极其严重的损害。Distillers 公司此前在 Ajax 保险公司投保了公众责任保险,保险单中含有上述格式条款。在被起诉过失侵权后,Distillers 公司希望能够与受害第三人进行和解,但 Ajax 保险公司拒绝对此作出同意,同时也拒绝为 Distillers 公司进行抗辩。该案判决的多数意见认为,保险人有权在被保险人未发生任何责任的情况下拒绝同意被保险人和解。持反对意见的吉布斯(Gibbs)法官则更倾向于遵循一个爱尔兰判例[72],并且认为该格式条款的两个方面是相互联系的,保险人只有为被保险人进行了抗辩,才有权援引未经保险人同意不得与第三人达成和解的格式条款。

该判决的多数意见似乎在原则上是正确的,但在持多数意见的法官之中,斯蒂芬法官的判决意见尤为重要,而且应当得到遵循。他明确指出,本案判决并未赋予保险人任意拒绝同意的权利。他特别提到了这样一种被保险人与保险人之间可能存在利益冲突的情形:第三人对被保险人提出的索赔请求高于保险单责任限额,此时被保险人迫切希望能够在责任限额范围内达成和解,但保险人由于难以从接近责任限额的和解中获益,因而可能更愿意通过诉讼处理第三人的索赔。斯蒂芬法官指出,在此类案件中,保险人依据保险单行使权利时应当考虑到被保险人的利益,依据即为上述 Groom v Crocker 案[73]确立的保险人的诚信义务。相关的法律立场应当取决于对第三人索赔

---

[71] Distillers Co Ltd v Ajax Insurance Co Ltd [1974] 48 A. L. J. R. 136.
[72] General Omnibus Co Ltd v London General Insurance Co Ltd [1936] I. R. 596.
[73] Groom v Crocker [1939] 1 K. B. 194. 参见第二十章第二节第二项。

请求的合理估计。如果第三人有百分之百的胜诉机会，保险人拒绝同意基本处于保险单责任限额内的和解就是不合理的。但如果第三人能否胜诉无法确定，并且被保险人希望和解的唯一或主要原因是避免自己因被诉而声誉受损，那么保险人拒绝同意就具有合理性。总而言之，如果保险人拒绝同意和解并且让被保险人独自进行诉讼，但被保险人与第三人达成了一个相当合理的和解方案的话，那么即便被保险人违反了该条款，保险人也需要对被保险人承担赔偿责任。

第六项 采取合理预防措施的义务

第二种格式条款要求被保险人采取合理的预防措施或注意义务以避免损失的发生。本书已经对此种格式条款进行了一般性的讨论。[74] 仅从字面上解释这一条款将使大多数的责任保险合同无法得到履行，因为责任保险的主要目的之一就是承保被保险人的过失责任，而所谓的过失正是在负有注意义务时未尽到合理注意义务。因此，法院对该条款采用了一种常识性的解释方法。在 Woolfall & Rimmer Ltd v Moyle 案[75]中，对于工头未检查并确保某些脚手架安全的行为，被保险人即雇主负有替代责任。对此，保险人主张被保险人未采取合理预防措施，但遭到法院拒绝。法院认为，通过选择适任的工头，并且将某些任务合理地分配给他，被保险人已经履行了合同中的该项条款。因此被保险人本人不存在过失，从而不具备适用该条款的条件。在之后的 Fraser v Furman 案[76]中，上诉法院针对这一问题则走得更远，其认为被保险人只有在具有重大过失或者更严重的情形下才构成违反注意义务。合理注意并不是指被保险人与第三人之间的合理注意，而是指被保险人与保险人之间的合理注意。被保险人与保险人考虑到了保险合同的商业目的，该目的包括对被保险人过失行为的补偿。被保险人的作为或不作为：

"必须至少具有重大过失，即被保险人本人对危险的存在有实际认识，并且不在意危险是否可以被避免。该条款的目的是确保被保险人不会因为其损失已被保险保障，就不去采取其知道自己应该采取的预防措施"[77]。

---

[74] 参见第十三章第二节第二项。

[75] Woolfall & Rimmer Ltd v Moyle [1942] 1 K. B. 66.

[76] Fraser v Furman [1967] 1 W. L. R. 898.

[77] Above at 906, per Diplock LJ. See also Aluminium Wire and Cable Co Ltd v Allstate Insurance Co Ltd [1985] 2 Lloyd's Rep. 280.

第三节　保险责任限额与费用

依据前文可知,在涉及认责条款的场合,责任保险单中约定的保险责任限额可能非常重要。更一般地说,虽然保险责任限额明显是为保险人的责任承担设置的一个上限,而且除了在机动车保险中法律不允许为人身损害赔偿责任设定限额,其在责任保险单中往往非常普遍,但它可能还是会在保险单中呈现出不同的形式。例如,保险单中可能会规定一个适用于保险合同有效期间的总责任限额,而不论在此期间总共提出了多少项索赔请求;也可能会规定一个适用于每一次意外事故(accident)、每一次事件(occurrence)或每一项索赔请求的责任限额,而不规定总责任限额。第一种限制方式没有引发任何问题。对于第二种限制方式,有法院认为第三人提起的每一项独立的赔偿请求均系于一起独立的意外事故。例如,在 South Staffordshire Tramways Co v Sickness and Accident Assurance Association 案[78]中,保险单为被保险人的交通事故责任提供保障,其规定的责任限额是"每一起事故 250 英镑"。其中一名被保险人驾驶的电车翻车导致 40 名乘客受伤。法院判决认为,每一名乘客都遭受了一起事故,因此保险人可能要承担 40 乘以 250 英镑的责任。

然而,如果保险单规定的责任限额针对的是每一起事件,那么似乎就表明事件发生的次数等同于被保险人过失行为的次数。如果被保险人只有一个过失行为,那么就只有一起事件发生,这就导致在一起事件中不论有多少个第三人提出了多少项索赔请求,都只能适用针对该起事件规定的责任限额。在 Forney v Dominion Insurance Co Ltd 案[79]中,一名律师的职业责任保险单中规定了每一起事件 3000 英镑的赔偿责任限额。他的助理在对一名委托人就侵权诉讼的诉因提供咨询意见时存在过失行为。该侵权诉讼涉及一起交通事故,在该事故中一名男子过失驾驶导致他的几位家人受伤,同时导致其本人和其岳父死亡。包括该男子遗孀在内的事故幸存者被律师助理建议起诉请求分配司机的遗产,该建议本身是正确合理的,但是问题在于律师助理没有及时提起起诉状。此外,该助理还建议男子的遗孀担任男子的遗产管理人,这也是助理的过失所在。理由在于,男子的遗孀一旦成为遗产管理

---

[78] South Staffordshire Tramways Co v Sickness and Accident Assurance Association［1891］1 Q. B. 402.
[79] Forney v Dominion Insurance Co Ltd［1969］1 W. L. R. 928.

人,就不再有资格为自己的损害向自己提起诉讼,从而就会丧失本人应得的损害赔偿。法院判决认为,该案中的两个过失行为构成两起事件,因此保险人承担赔偿责任的限额为6000英镑。当保险单规定的责任限额系针对每项索赔请求时,似乎也应适用与此相同的解释方法,即此处的索赔请求是指被保险人向保险人提出的索赔请求,而非第三人向被保险人提出的索赔请求。当然,如果责任保险单的自负额条款中也有相关的限额规定,该解释方法也同样适用。(80)

责任保险单除了承保被保险人应支付的损害赔偿金,也承保被保险人支出的各项相关费用。但这些费用通常不包括被保险人胜诉时所支出的费用,因为费用保障条款通常仅适用于保险人有义务对被保险人承担补偿责任的情形(此即意味着被保险人败诉)(81),而且被保险人在胜诉时,通常可以从请求权人即第三人处获得对其所支出费用的补偿。但是,对于支出费用的保险赔付通常会受到限制。例如,保险单可能会规定对支出费用和损害赔偿金的赔付合计不得超过保险责任限额,或者规定在被保险人的损失超过保险单规定的责任限额时,对于支出费用也要按照责任限额与实际损失的比例进行赔付。

第四节　保险人对受害第三人的义务

在实践中,责任保险人经常会以被保险人的名义直接与受害第三人进行谈判协商。由于显而易见的原因,责任保险人会尽可能地降低自己的责任,并且可能诱使受害人以低于其依法能够获得的赔偿数额接受和解协

(80) Trollope & Colls Ltd v Haydon [1977] 1 Lloyd's Rep. 244. 也可以参见枢密院在 Haydon v Lo & Lo 案([1997] 1 W. L. R. 198)中作出的判决。虽然在不同保险单中的实际用语可能有所差别,例如它们可能会使用"原因"或"事件"这样的表述,但也适用相同的原则,对此可参见 Caudle v Sharp [1995] L. R. L. R. 80;Cox v Bankside Members Agency Ltd [1995] 2 Lloyd's Rep. 437。关于自负额或者免赔额条款中"单个作为或不作为"表述的解释,参见 Lloyds TSB General Insurance Holdings v Lloyds Bank Group Insurance Co Ltd [2003] UKHL 48, [2003] Lloyd's Rep. I. R. 623。在其他情况下,尤其是在确定以"索赔提出"(claims made)为赔付基础的保险单的赔付范围时,"索赔"一词是指第三人对被保险人提出的赔偿请求:Thorman v New Hampshire Insurance Co [1988] 1 Lloyd's Rep. 7。职业责任保险单通常以此为赔付基础,据此无论被保险人的过失行为系发生于何时,保险人都有义务对保险期间内被保险人被提出的索赔请求进行赔付。也可参见 Robert Irving & Burns v Stone [1998] Lloyd's Rep. I. R. 258。

(81) Cross v British Oak Insurance Co [1938] 2 K. B. 167 at 174.

议，这显然会对受害人造成潜在的不利影响。若受害人极度依赖保险人，两者之间可能就会产生一种信托关系，那么受害人就可以受到保险人不当影响为由撤销该和解协议，除非保险人已经通知受害人寻求其他独立的意见，或者提出的是一项对于弥补受害人的损失而言尚属合理的和解要约。[82]

---

[82] Horry v Tate & Lyle Refineries Ltd [1982] 2 Lloyd's Rep. 416,该案遵循了 Lloyds Bank Ltd v Bundy 案([1975] Q. B. 326)的判决；参见 Merkin (1983) 46 M. L. R. 91。和解协议也可能因为不实陈述而被撤销，参见 Saunders v Ford Motor Co Ltd [1970] 1 Lloyd's Rep. 379。

第二十一章 机动车保险

第一节 引　　言

　　自1930年起，一些机动车保险开始被规定为强制保险。如今，法律基本上要求所有在道路或其他公共场所使用机动车的人，或者引起或允许他人在这些场所使用机动车的人都必须购买保险，以保障因使用机动车导致人员伤亡或财产损失而产生的损害赔偿责任。① 关于这一要求的具体细节将在后文中予以介绍。尽管在实践中绝大部分的机动车保险单早已涵盖了对第三方财产损失的保障，但直到1988年年末，有关财产损失的强制性规定才依据《欧共体机动车保险第二指令》(Second EC Directive on Motor Insurance)②得以确立。机动车保险领域的保险合同法一直以来都深受欧盟法的影响。2009年，与机动车保险相关的五个互相独立的指令被合并。③ 需要注意的是，这些指令仅仅规定各成员国内的民事责任应当由保险承保，而未规定该民事责任的具体性质，在英国这一责任毫无疑问为过错责任。④ 除了贯穿本章始末的依据欧盟法制定的法律规范，以及对上述指令的诸多方面起到解释作用的欧洲法院(European Court of Justice)的判例，我们还应当注

---

① 《道路交通法(1988)》第143条和第145条。
② Directive 84/5, O. J. L8/17. 这一指令在英国最先以条例的形式实施，后在《道路交通法(1988)》中得到进一步确立，后者的第六部分规定了强制机动车保险的内容。有关这些规定自1930年以来的发展历程，可见于Norman v Aziz [2000] Lloyd's Rep. I. R. 52 at 54-6。
③ See Directive 2009/103/EC.
④ 与此相反的是，一些成员国存在着某些形式的严格责任，比如乘客受伤引发的责任。关于欧盟法在此方面的规定，参见Ferreira v Companhia de Seguros Mundial Confianca SA [2000] All E. R. (D.) 1197。

意到依据《第四指令》(the Fourth Directive)⑤所设立的机动车保险人信息中心(Motor Insurers' Information Centre)。该机构的职责为记录并保存所有通常位于英国之机动车及其投保情况的相关信息,以便于在发生交通事故时向受害人提供。⑥ 此外,通过对英国法规定和欧洲法院判例的考察可以发现,英国法并未完全遵守欧盟指令的要求。

尽管并没有任何法律意义,但在特定的名目之下销售机动车保险,长期以来都是一种惯例。因此,一份"综合性"保险单除了承保法律强制规定的内容,通常还会承保第一方财产损失和第一方人身损害。前者是以机动车为保险标的的动产损失保险,后者则实际上是一种人身意外伤害保险,当被保险人因交通事故在其机动车中死亡或受伤时,将获得一笔定额保险给付。机动车中的个人财产通常也在该保险单的承保范围。⑦ 另一种常见的保险单,不仅仅承保第三方责任,而且还承保第三方火灾与盗窃;除第三方责任外,这种保险单还承保机动车本身,但仅限于机动车因火灾或者盗窃而遭受的损失。

在实践中,一份机动车保险单可能不仅仅保障被保险人或者保单持有人本人。保险单的承保范围可能会扩大至其他被指定的人,或者任何获得被保险人许可驾驶被保车辆的人,甚至还可能包括被保险人驾驶他人车辆的情形。⑧ 此外,保险人所接受的机动车用途也多种多样,如"社交、家庭与娱乐目的"和"商业目的",这决定了机动车在承保期间以何种用途使用才可获得保险保障。⑨

包括免赔额、无索赔奖励和忠诚奖励在内的其他保险实践,在机动车保险领域尤为重要。依据无索赔奖励条款,如果前一年度未提出任何索赔或任

---

⑤ 其经由《机动车(强制保险)(信息中心与赔偿机构)条例(2003)》[Motor Vehicles (Compulsory Insurance) (Information Centre and Compensation Body) Regulations 2003, SI 2003/37]得以实施。

⑥ 整个欧洲经济区内都有同样的机构。

⑦ 此外,保险单中关于挡风玻璃的损失通常有一些特殊条款。依据这些条款,被保险人可以在更换破损的挡风玻璃后提出请求,且不影响无索赔奖励。如今一些保险单还规定,被保险人对于自己汽车修理期间租用替代车辆的费用,有权获得保险赔付。另外还存在一些特殊保险单专门针对超过特定年龄的人群。

⑧ 由于这些扩张带来的重复保险问题,参见第十八章第四节第一项。

⑨ 参见第二十一章第三节第三项。

何相关索赔,保险人就会给予一定的保险费减免优惠。⑩"互撞免赔"条款在机动车保险领域曾经极为普遍,但近年来已受冷遇。⑪

第二节　强制保险的范围

《道路交通法(1988)》第六部分⑫对机动车保险中的强制性内容作出了规定。除了明确强制投保义务,其还为受害第三人提供了特殊保护,使受害第三人可以不因保险人拥有对抗被保险人之严格合同权利而受到限制。基本的投保义务将在本节进行研讨,其余部分则在之后再行讨论。

除该法第 144 条规定的例外情形外⑬,第 143 条规定,除非存在一份有效的依照本法规定承保法定第三方风险的保险单,或者一项与该风险相关的担保,否则任何人不得在道路或其他公共场所使用机动车,或者引起或允许他人在这些场所使用机动车。⑭ 被要求承保的第三方风险规定于第 145 条。首先,保险单必须是由获得批准的保险人所签发;这意味着在英国经营机动车保险业务的保险人须为汽车保险局的成员。⑮ 该条要求承保的第三方风险包括:

---

⑩　近年来,无索赔奖励的实践已经被应用于其他类型的保险之中。忠诚奖励往往允许在较长期间内不限次数地提出索赔请求,前提是这些请求均为真实合法。从技术上来说,由于机动车保险和其他的损失补偿型保险一样期限较短,且每一次合同续订都构成一个独立的合同,因此被保险人要证明自己依法有权获得奖励,可能会存在困难。关于这些困难的讨论,参见第五章第七节第三项。

⑪　参见第十七章第十五节。机动车保险业内部还存在其他的协议;参见 Lewis (1985) 48 M. L. R. 275。

⑫　该法整合了自 1930 年以来的先前立法。

⑬　典型为公共机构所有的车辆,以及已向法院交存 50 万英镑之人所有的车辆。

⑭　似乎很少使用的担保被规定于第 146 条。该条对担保的要求有两点。第一,担保须由以下两种主体之一提供:(1)经批准的保险人;(2)在英国经营类似担保业务,并已就该业务向最高法院会计师公会(Accountant General of the Supreme Court)交存并维持 50 万英镑的机构。第二,由于当某一承诺涉及公共服务车辆的使用时,其担保金额的上限无须超过 5000 英镑或 25000 英镑,故担保还必须包括一项由担保本人作出的补偿承诺,以在车辆所有人或担保中可能具名或类名记载的人,未适当履行其依据第 145 条规定应当投保的责任时,根据担保中设定的条件承担补偿责任。

⑮　关于汽车保险局,参见第二十一章第七节。如今任何一家欧盟保险人只要满足是汽车保险局成员这一要求,都可合法地签发机动车保险单。需要注意的是,汽车保险局成员资格的中止并不影响已签发保险单的效力,或者资格中止前产生的义务:第 145 条第 6 款。

(1) 在英国的道路或者公共场所,因使用机动车导致的任何人员[16]伤亡或财产损失而产生的责任[17][18];

(2) 在其他欧盟成员国发生的为其所规定的任何责任;

(3) 有关急救的责任[19]。

当一辆机动车目前主要位于某一欧盟成员国,而过去则通常位于另一成员国时,其强制保险的承保范围应当依照两国规定中更为严格者的标准执行。[20]

但是,上述第1款并未将如下责任纳入强制保险范围:

(a) 对于雇员因为工作及在工作期间受伤或死亡的雇主责任,如果该受伤或死亡系发生于雇员乘车或上下车之时[21],那么除非存在《雇主责任(强制

---

[16] 但不包括驾驶人:R. v Secretary of State Ex p. National Insurance Guarantee Corp Plc, The Times, 3 June 1996。就乘客而言,即便其乘坐的车辆并非被设计用于载客,亦不产生影响:Farrell v Motor Insurers Bureau of Ireland C356/05 [2007] Lloyd's Rep. I. R. 525, 欧洲法院在此案中解释《欧共体机动车保险第三指令》(Third EC Directive on Motor Insurance, 90/232) 第1条时即持此观点。

[17] 此种责任包括故意行为导致的责任。关于故意导致人身损害的责任,参见 Hardy v MIB 案([1964] 2 Q. B. 745) 和 Gardner v Moore 案([1984] A. C. 548),第十四章第三节第一项对这两起案件有所讨论。关于故意导致财产损失的责任,参见 EUI Ltd v Bristol Alliance Ltd Partnership 案([2012] EWCA Civ 1267),本章第五节将进一步讨论该案。

[18] 这并不意味着对于自己驾驶人的潜在责任,使用人必须要进行投保。例如,使用人因过失而使驾驶人驾驶了一辆存在安全隐患的汽车:Cooper v Motor Iusurers' Bureau [1985] Q. B. 575. 还可参见 Limbrick v French 案([1990] C. L. Y. 2709) 和 Bretton v Hancock 案([2005] EWCA Civ 404; [2005] Lloyd's Rep. I. R. 454),后者在本节第五项得到了讨论。

[19] 第158条规定了该项责任。当受害人因道路上汽车的使用遭受人身损害(包括致命损害)而需要进行紧急的内科或外科治疗,并且该紧急治疗系由具有合法执业资格的医生实施时,损害事故发生时使用汽车的人,对于根据第159条所提出的请求,应当向医生支付如下费用:(1)每位伤者15英镑的治疗费;(2)救护车的路费,其标准为当急救行程超过2英里时,每英里(或每英里的一部分)29便士。如果治疗最初在医院内进行,治疗费用将支付给医院。如果汽车使用人不是造成事故的侵权人,其可就已支付的费用向后者进行追偿。依第159条提出的索赔请求,可在急诊治疗实施时以口头方式提出;若未在当时口头提出,则须于治疗后七日内以书面方式提出并送达给汽车使用人。还需要注意的是,根据第157条的规定,保险人负有独立的支付治疗费用的责任,尽管这项责任并不存在于强制保险条款,以及《道路交通(国家卫生服务收费)法(1999)》[Road Traffic (National Health Service Charges) Act 1999] 和《健康与社会护理(社区卫生与标准)法(2003)》[the Health and Social Care (Community Health and Standards) Act 2003] 的第三部分之中。

[20] 这是《机动车(强制保险)条例(1992)》[Motor Vehicles (Compulsory Insurance) Regulations 1992, SI 1992/3036] 对第145条所作的修正,其落实了《欧共体机动车保险第三指令》的要求。

[21] 这不包含警察为了阻止汽车行驶而打开车门的情形:Miller v Hales [2006] EWCA 1529 (QB); [2007] Lloyd's Rep. I. R. 54. 在 Axa Insurance Plc v Norwich Union Insurance Ltd 案([2007] EWHC 1268(QB); [2008] Lloyd's Rep. I. R. 122) 中,法院认为位于静止的升降起重机中的雇员,不属于被载于车辆之上。由于雇主针对其潜在的责任,拥有一份有效的雇主责任保险提供保障,因而雇主不负有投保机动车强制保险的义务。

保险)法(1969)》[22]项下的有效保险单对其承保,否则仍然必须投保;由于雇主责任保险单不再被要求承保这类风险[23],在实践中它们可能由机动车保险单所承保[24];

(b)"因机动车交通事故造成或引起的"100万英镑以上的财产损失[25];

(c)对于机动车损坏的责任;

(d)对于由机动车或者机动车牵引的拖车,因为受雇或报酬而运输之货物发生损失的责任[26];

(e)某人对处其监管或控制下之财产所生损失的责任[27];

(f)任何合同责任。[28]

上述第143条规定的基本义务是大量判例法讨论的主题。当投保义务限于在道路上使用机动车时,"道路"一词的含义曾经存有疑义。尤其是这一含义在通常情形下不包括停车场。[29] 不过,第143条[30]已经通过添加"公共场所"一词得到了修正,这显然使得停车场也被包括在内。[31] 当车辆驶出私

---

[22] 《机动车(强制保险)条例(1992)》第145条第4款第A项规定须存在有效的雇主责任保险对该责任进行承保,而非全面豁免雇主的责任风险。

[23] 《雇主责任(强制保险)条例(1998)》[Employers' Liability (Compulsory Insurance) Regulations, SI 1998/2573],Sch. 2, para. 14。

[24] 警察不属于雇员,参见前述 Miller v Hales 案。

[25] 参见第161条第3款,其规定在提及任一事故时都必然涉及与之存在关联的两起甚至更多事故。为了实施《第五指令》,SI 2007/1426号法令提出了这一限额并被采纳,以减轻无保险驾驶人情形下汽车保险局(见下文)的赔偿负担。值得注意的是,在此情形下对"事故"一词的解释较为宽泛;参见 South Staffordshire Tramways Co v Sickness and Accident Assurance Association [1891] 1 Q. B. 402,第二十章第三节对之有相应讨论。

[26] 这并没有排除对于无偿运输之货物的损失责任,但其有可能会为下一项除外规定所排除。

[27] 例如乘客的财物。这一除外规定的适用范围并不清晰。尽管其几乎不适用于乘客身上的衣物或其他物品,但却可能适用于汽车后备厢中的行李。

[28] 参见第145条第4款。

[29] 参见上议院对 Cutter v Eagle Star Insurance Co Ltd 案([1998] 4 All E. R. 417)的判决。由于公众习惯性地将一家旅馆的前院作为道路使用,该前院因而被法院认定属于道路:Bugge v Taylor [1941] 1 K. B. 198,但该案与 Thomas v Dando 案([1951] 2 K. B. 620)形成了对比。See also Evans v Clarke [2007] Lloyd's Rep. I. R. 16。

[30] 以及《道路交通法(1988)》中的其他相关规定。

[31] 《机动车(强制保险)条例(2000)》[Motor Vehicles (Compulsory Insurance) Regulations 2000, SI 2000/726]自2000年4月3日起生效。这一条例系基于《欧共体法(1972)》(European Communities Act 1972)制定,目的系实施《欧共体机动车保险指令》。但是,关于何为"公共场所"仍有可能会产生争议,而且可以说此种限制违反了欧盟法;参见欧洲法院对 Vnuk v Zavarovalnica Triglaw 案的判决(Case C-162/13),其认为当对车辆的使用与其通常功能相符合时,在农场里驾驶拖拉机造成人员伤亡的责任属于强制保险责任的范畴。

人领地范围,部分位于公共道路上时,就需要对其进行投保。㉜

第一项 机动车的使用

对《道路交通法(1988)》第143条中"使用"以及"引起"或"允许"等词语含义的解释,一直都是一个重大的难题。"使用"一词包含将车辆置于道路或其他公共场所的情形,即使其临时无法启动。㉝ 还有观点认为在某人因燃油耗尽而下车去路对面寻求帮助期间,车辆发生交通事故的情形,也在"使用"一词的射程之内。㉞ 但是,这一词语的含义也没有宽泛到可以包括某人仅为机动车中的乘客㉟,或请求他人用他人车辆帮忙运输货物的常见情形,尽管这些情形可以被通俗地说成某人正在使用他人的机动车。在《道路交通法(1988)》的文本语境中,"使用"一词暗含在相关时间里控制、管理或者操纵机动车的意思。㊱ 在 Brown v Roberts 案㊲中,车中的乘客在打开车门时过失导致一位行人受伤。法院认为该乘客依法并不属于正在使用汽车,原因在于她对汽车没有控制力。因此,该案司机不属于引起或允许乘客使用汽车,进而也无须因未对乘客的潜在责任投保,而承担违反法定义务的赔偿责任。"使用"不包含车辆停车搭载乘客,而该乘客在过马路赶车时受伤的情形。㊳ 出租车司机在车内吸毒及对女性乘客实施严重的性侵犯,也不属于"使用"车辆的行为。㊴

但是在法律含义的框架内,在任何时间都可以存在不止一人使用机动车的情形。因此,在 Leathley v Tatton 案㊵中,法院认为,与他人合谋偷盗汽车之后乘坐该车的乘客属于第143条意义上的"使用"汽车。在 O'Mahony v Joliffe 案㊶

㉜ Randall v Motor Insurers' Bureau〔1968〕2 Lloyd's Rep. 553.

㉝ Elliott v Grey〔1960〕1 Q. B. 367. 但不包括车辆完全不能移动的情形: Thomas v Hooper〔1986〕R. T. R. 1。

㉞ Dunthorne v Bentley〔1999〕Lloyd's Rep. I. R. 560, 该案经解释认为,相较于"造成","引起"包含更多遥远的后果。

㉟ B (A Minor) v Knight〔1981〕R. T. R 136; Hatton v Hall〔1999〕Lloyd's Rep. I. R. 313.

㊱ Brown v Roberts〔1965〕1 Q. B. 1 at 15, per Megaw J.

㊲ Brown v Roberts〔1965〕1 Q. B. 1.

㊳ Slater v Buckinghamshire County Council〔2004〕Lloyd's Rep. I. R. 432.

㊴ AXN v Worboys〔2012〕EWHC 1730 (QB).

㊵ Leathley v Tatton〔1980〕R. T. R. 21. See also Cobb v Williams〔1973〕R. T. R. 113 and Stinton v Stinton〔1995〕R. T. R. 167; compare B (A Minor) v Knight〔1981〕R. T. R. 136.

㊶ O'Mahony v Joliffe〔1999〕Lloyd's Rep. I. R. 321.

中,一名乘客乘坐未检验、未征税的摩托车,与无驾照和未投保的司机共同追求刺激行为的情形也属于"使用"汽车。㊷ 在 Bretton v Hancock 案㊸中,一名对车辆享有利益的乘客亦被认定为车辆使用人。

第二项 引起或允许使用

某人是否引起或允许他人使用车辆,是一个事实问题。如果 X 允许 Y 驾驶他的汽车,明显就属于这种情形。"引起"一词指涉的是以特定方式明确或积极地授权他人使用车辆,而"允许"一词的含义则要宽松一些,仅指对他人使用车辆的明示或默示许可。㊹ 在 Mcleod v Buchanan 案㊺中,一位男士任命他的弟弟为他的农场管理人,并为其购买了一辆汽车,同时以商业和私人用途为该汽车投保。然而实际上这辆汽车并不令人满意,于是这位男士授权他的弟弟购买了一辆面包车作为替代;虽然这辆面包车仅投保为商业使用,但事实上却被用于私人目的。法院认为,这位男士允许了他的弟弟在未投保的情况下使用该面包车。该男士向其弟弟赠与面包车的目的与赠与汽车相同,而且其并未告知弟弟不得将该面包车用于私人目的。在 Lyons v May 案㊻中,应汽车所有人的要求,汽车修理厂的老板在修好汽车后,驾车将该汽车从修理厂送回给汽车所有人。法院认为,汽车所有人引起或者允许了修理厂老板使用其汽车。与此形成对比的是,在 Watkins v O'Shaughnessy 案㊼中,购买人于汽车拍卖完成后立即开走了未投保的汽车,汽车未投保的事实则为拍卖商所明知。法院认为拍卖商并未引起或者允许购买人使用汽车,因为汽车一旦售出,拍卖商就对其不再具有控制力。在 Thompson v Lodwick 案㊽中,驾驶教练被认为未引起或允许学员使用汽车,因为后者对汽车享有所有权。

㊷ 这一点在汽车保险局的协议文本中尤其重要,协议中相同的语句会被作与此相同的解释;参见本章第八节。

㊸ Bretton v Hancock [2005] EWCA Civ 404; [2005] Lloyd's Rep. I. R. 454,本章第二节第五项对该案有所讨论。

㊹ Lord Wright in Mcleod v Buchanan [1940] 2 All E. R. 179 at 187.

㊺ Mcleod v Buchanan [1940] 2 All E. R. 179.

㊻ Lyons v May [1948] 2 All E. R. 1062.

㊼ Watkins v O'Shaughnessy [1939] 1 All E. R. 384.

㊽ Thompson v Lodwick [1983] R. T. R. 76.

第三项　法律要求的保险单

《道路交通法(1988)》第 143 条要求存在一份有效的"保险单"。[49] 只要存在一份这样的保险单,即便它是可撤销的[50],也同样符合该条规定,而且有观点认为保险单的撤销不等同于刑法意义上的自始无效。[51] 保险单中包含暂保单(cover note)。[52] 然而,仅具有保险合同本身,并不足以满足第 143 条的要求。在 Roberts v Warne 案[53]中,相关的保险单未承保当时正在使用该车辆的特定驾驶人,但其中的暂保单有此效力,而且在暂保单期满后,保险人显然会将该驾驶人纳入保险单的承保范围。[54] 该驾驶人和车主均被判有罪,前者系未投保而使用车辆,后者系引起或允许该驾驶人使用车辆。法院认为,即使保险人依合同应当为驾驶人提供保险保障,本案很可能也确实如此,但本案保险单实际并未将该驾驶人作为保障对象,因此本案不存在第 143 条所要求的保险单。有观点认为这一判决是错误的。[55] 除了可以强制执行的保险合同,似乎没有任何理由将"保险单"一词作其他解释。即便是一份可强制执行的口头合同,也应当能够符合法定要求。[56]

第四项　保险凭证

除了上述第 143 条要求的保险单,第 147 条还规定除非保险人向被保险人交付保险凭证,否则保险单无效。[57] 尽管有此规定,但对于《巴巴多斯机动

---

[49] 除非存在担保;参见上文。

[50] 例如基于未披露或不实陈述:Adams v Dunne [1978] R. T. R. 281(如今当被保险人为消费者时,系基于《消费者保险(披露与陈述)法(2012)》规定的不实陈述;当被保险人为非消费者时,系基于《保险法(2015)》规定的合理陈述义务)。

[51] Goodbarne v Buck [1940] 1 K. B. 771.

[52] 参见第 161 条第 1 款,但暂保单也必然具有合同拘束力,参见第五章第六节第二项所讨论的 Taylor v Allon 案([1966] 1 Q. B. 304)。

[53] Roberts v Warne [1973] R. T. R. 217.

[54] 因为邮政罢工,当时存在严重的通信困难。

[55] See also (1973) Crim. L. R. 244.

[56] 对比 Scher v Policyholders Protection Board 案([1993] 3 All E. R. 384),上诉法院在该案中认为《保单持有人保护法(1975)》中"保险单"一词不存在特殊含义;详见该案判决书第 396 页唐纳森法官对此观点的论述。

[57] 当义务履行系通过担保而不是保险时,参见第 147 条第 2 款对担保凭证的规定。第 147 条第 4 款规定,当保险单或担保解除时,被保险人须在七日内交回凭证,或在凭证丢失或损坏时作出具有法律效力的声明。凭证的形式规定于经修正的《机动车(第三方风险)条例(1972)》[Motor Vehicles (Third Party Risks) Regulations 1972, SI 1972/1217]当中。

车保险法》㊾中与之基本相同的规定,英国枢密院㊿却认为其在以下情形中,并不能阻止第三人依照该法中与第 151 条相当的规定起诉保险人。⑥⓪ 该情形为:保险凭证在保险事故发生之后签发,但明确表示其保险期间追溯至保险事故发生之前,以及通常作为一项有效保险合同的暂保单,在保险事故发生之前已经签发。⑥① 尽管这看起来是对该法中与第 147 条相当之规定所作的十分宽泛的解释,但却似乎完全合理。有观点认为该解释也应当适用于第 143 条项下的基本义务⑥②,以使一个拥有完全有效之保险合同的人,即使尚未获得保险人签发的保险凭证,也不至于违反该条的规定。

保险凭证构成了一项易于检查的关于投保义务已得到遵守的证明;尤其是在申请机动车道路基金许可时,它们属于必备的证明。⑥③ 虽然保险凭证可能会被全部或部分并入保险合同或保险单中,例如与被允许的机动车使用人相关的凭证,但如果两者在内容上发生冲突,则以保险单规定为准,而且保险凭证本身并非保险合同。⑥④ 如今,保险凭证可以电子形式签发,在这种情况下,将保险凭证通过电子方式传输给被保险人,或者将之公布在被保险人可以查看的网站上,即视为凭证已经送达。⑥⑤

第五项 对未投保的处罚

未按照第 143 条履行投保义务的后果可能具有双重性。一方面,这是一种违反严格责任的刑事犯罪行为。⑥⑥ 另一方面,此种犯罪行为属于对法定义务的违反,且任何因此而遭受损失的人都可以提起侵权诉讼主张损害赔

---

⑤⑧ 《巴巴多斯机动车保险法》第 4 条第 7 款、第 9 条第 1 款。
⑤⑨ Motor and General Insurance Co v Cox [1990] 1 W. L. R. 1443.
⑥⓪ 关于第 151 条,参见第二十一章第五节。
⑥① 参见第五章第六节。
⑥② 以及《道路交通法(1988)》中的其他相关规定,尤其是第 148 条,第二十一章第四节第一项对此进行了讨论,其中阐释了相同的要求。
⑥③ 参见第 156 条。有关保险凭证与治安权(police power)关系的法律规范,参见第 165 条和第 165A 条中的规定及 Pryor v Chief Constable of Greater Manchester Police 案([2011] EWCA Civ 749;[2011] R. T. R. 33)。
⑥④ Biddle v Johnston [1965] 2 Lloyd's Rep. 121.
⑥⑤ 第 147 条第 1 款第 A—E 项,同时被纳入《机动车(保险凭证电子通信)令(2010)》[Motor Vehicles (Electronic Communication of Certificates of Insurance) Order 2010 SI 2010/1117]第 3 条。
⑥⑥ 但这要受到第 143 条第 2 款规定的抗辩事由的限制,根据这些抗辩事由,如果某人能够证明存在以下事由便可免于承担责任:(1)其非车辆所有人,且未基于租赁或贷款合同占有车辆;(2)其系在工作过程中使用车辆;(3)其既不知道也没有理由相信不存在有效的保险或担保。

偿。这一规定的重要性并不是针对有过失的驾驶人,毕竟其无论如何都要承担过失责任,而是针对那些和前述驾驶人一起使用汽车,或者引起或允许该驾驶人使用汽车的人。因此,除犯罪情形外,前文所讨论的这些表述的含义在此情形下可能也很重要。

在 Monk v Warbey 案(67)中,被告汽车车主将其汽车借给一位朋友使用,而该朋友又允许他人驾驶该车。后两者均未投保。法院认为因驾驶人过失而受伤的原告,可以起诉车主。(68) 假设车主有保险人,则该保险人在此情形下可能须对车主的该项责任承担补偿责任,因为保险单格式条款并未要求被保险人必须是发生事故时驾驶车辆的人,其补偿的是被保险人"因被保车辆造成、引起或者与之有关的事故而发生的法律责任"。从 1946 年起,汽车保险局开始为这种无保险的驾驶人提供补偿(69),但有观点认为这并未排除因违反法定义务而产生的诉讼。在颇具争议的 Corfield v Groves 案(70)中,法院对机动车车主作出了一项附条件的判决,即如果汽车保险局履行了判决,就不得再强制机动车车主履行。因此,本段前文所称的诉讼实际上只有在汽车保险局因某些原因免于承担责任的情况下才有意义,如事故未满足汽车保险局承担责任的前提条件。(71)

但是,在 Monk v Warbey 案所确立的规则之下,索赔请求并不包含对纯粹经济损失的请求。在 Bretton v Hancock 案(72)中,原告 Bretton(以下简称"B")对由其未婚夫驾驶的未投保车辆享有所有权,而 B 是车上乘客。车辆驾驶中发生交通事故,造成 B 的未婚夫死亡和另一车上的驾驶人(即被告 H)受伤。对于该事故,B 的未婚夫被认定承担 25% 的责任,H 承担 75% 的责任。被告 H 以 B 违反了法定义务为由提起反诉。法院认为,尽管由于 B 对车辆享有所有权,从而属于第 143 条规定的汽车使用人,但在两个侵权人均对使用人负有责任的情形下,使用人并无义务就其中一个侵权人对另一侵权人的补偿责任投保。由于《道路交通法(1988)》仅涉及第三方风险,因此仅

(67) Monk v Warbey [1935] 1 K. B. 75.

(68) 这是"针对人身损害"的诉讼,因此根据《时效法(1980)》第 11 条,其诉讼时效为三年:Norman v Ali [2000] Lloyd's Rep. 395。

(69) 参见第二十一章第八节。

(70) Corfield v Groves [1950] 1 All E. R. 488.

(71) 在 Norman v Aziz [2000] Lloyd's Rep I. R. 52 中,一项试图说明 Corfield v Groves 案判决错误的主张被法院驳回。

(72) Bretton v Hancock [2005] EWCA Civ 404; [2005] Lloyd's Rep. I. R. 454.

在受害人是索赔人,而且受害人的索赔请求和共同侵权人的索赔请求存在本质差异时,才可适用上述规则。该差异则仅与另一侵权人的补偿请求权或责任分摊请求权相关。

第三节　机动车保险单中常见的承保条款及除外条款

不论是强制保险还是非强制保险,机动车保险单中的格式条款及条件都同样重要。原因在于,即便如下文所述,强制保险中的某些格式条款或条件对受害第三人而言可能并不具有可执行性,但它们在保险人及被保险人之间可能仍为有效,以至于已经向第三人作出赔偿的保险人可能有权向被保险人追偿该笔保险金。对于格式条款将主要依据以下三点内容展开论述:标准化的承保范围扩张;被保车辆用途的限制;有关被保车辆状态的条件。

第一项　标准化的承保范围扩张

机动车保险单普遍不仅承保被保险人和保单持有人,还承保驾驶系争汽车或机动车的人。例如,承保范围可能会扩张至被保险人的配偶、具名或类名指定的驾驶人,或者任何在被保险人的指令或允许下驾驶车辆的人。最后一种情形的承保范围最宽,也只有这种情形才会引发相关的法律难题。但在研究这些难题之前,需要先讨论一个与之具有一般关联的问题,即就保险人和被保险人的合同而言,被保险人之外的驾驶人处于何种地位。

依据普通法,只要保险合同赋予了第三人受益权,被保险人就可以执行保险合同,此时实际相当于当事人放弃了保险利益的要求。[73] 但是,第三人本人不得执行保险合同。[74] 如今,由于两项原因,这方面的普通法显得有些多余。第一,《道路交通法(1988)》第 148 条第 7 款规定:

"无论任何法律中存在任何规定,根据本法第 145 条签发保险单者,都应

---

[73] Williams v Baltic Insurance Association of London [1924] 2 K. B. 282;参见第四章第三节。被保险人似乎系基于信托为第三人保管其收到的保险金;参见上文。

[74] Vandepitte v Preferred Accident Insurance Corp of New York [1933] A. C. 70;参见第四章第五节。

当对保险单中载明的个人或团体承担保险单承保范围内的赔偿责任。"

因此,第三人可以直接执行保险合同,但无疑要受到保险人免责权的限制。[75] 而且其无须依赖投保人(即汽车所有人)作为其受托人或者代理人。[76] 实际上,第三人是法定的合同当事人。[77] 第二,第三人如今还可以援引《合同(第三人权利)法(1999)》执行保险合同。[78]

第二项　被允许使用机动车的驾驶人

对某人驾驶机动车是否获得被保险人许可这一问题的判断,除十分显而易见的情形外,的确引起了一些困难。当缺乏被保险人本人的直接同意时,法律似乎不允许经被保险人许可驾驶机动车的人擅自准许另一人驾驶机动车,从而使后者也获得保险保障。在这一情形下,被二次许可的驾驶人未获得被保险人的直接同意。在加拿大的 Minister of Transport v Canadian General Insurance 案[79]中,被保险人允许其儿子驾驶涉案车辆,后者则向一位朋友表示允许朋友驾驶该车辆。法院认为,该朋友不在机动车保险承保范围。对于此种情形,英国法院可能也会得出同样的结论。[80] 在 Morgans v Launchberry 案[81]中,被允许使用机动车的驾驶人,即被保险人的丈夫,又允许他人使用汽车。实际驾驶人在驾驶车辆时存在过失导致车上乘客伤亡。严格来说,该案涉及的只是一个侵权法上的问题,即被保险人作为汽车所有人是否对驾驶人的行为承担替代责任,对此上议院作出了否定。在上诉法院的判决中,丹宁法官于其判决意见中指出[82],如果被保险人没有责任,那么保险人也无须承担对驾驶人的补偿责任,因为后者驾驶车辆并未获得被保险人的许可。这就是该

---

[75]　Guardian Assurance v Sutherland〔1939〕2 All E. R. 246.

[76]　Tattersall v Drysdale〔1935〕2 K. B. 174.

[77]　在财产损失责任被纳入强制保险范围之前,法律是否仅适用于机动车保险单中强制保险的内容,并未得到明确。关于这一点的讨论,参见本书第二版第 299 页。如果保险单的承保范围超出了第 145 条的规定,例如保险单未遵循第 145 条设定财产损失赔偿责任上限为 100 万英镑,而是未设定上限,那么该如何处理这种情况呢? 实际上这仅属于学术上的探讨,实务中并不存在这种情况。即便如此,也有观点认为当保险单符合第 145 条的规定时,就可以由第三人执行,其依据是第 148 条第 7 款中规定的"保险单表示承保的任何责任"。

[78]　参见第四章第五节。

[79]　Minister of Transport v Canadian General Insurance(1971)18 D. L. R.(3d)617.

[80]　See Sands v O'Connell〔1981〕R. T. R. 42.

[81]　Morgans v Launchberry〔1973〕A. C. 127.

[82]　〔1971〕2 Q. B. 245 at 253.

案被作为替代责任案件的原因。[83]

目前已经确立的一项规则是，若被保险人因经其许可驾驶机动车之人的过失而遭受人身损害，则被保险人能够被视为第三人并以该身份获得保险赔偿。在 Digby v General Accident Fire and Life Assurance Corp 案[84]中，被保险人的保险单为任何经被保险人许可驾驶机动车的人都提供保险保障。被保险人允许其私人司机驾驶汽车，但在乘车时因该司机的过失而受伤。法院认为，对于司机对被保险人的责任，保险人应当承担保险责任。被保险人的许可可能会明示或默示地将车辆限于某种特定的用途。[85] 在 Singh v Ratour 案[86]中，驾驶人向其所在的协会借了一辆面包车，协会代表人以为他借车是用于处理协会的工作，但事实上，驾驶人借车是为了参加一个私人社交集会。驾驶人在驾车过程中因过失发生事故，对于由此造成的后果，其向自己的保险人请求赔付保险金，依据为保险单中有一条款允许其"在获得他人同意的情况下"驾驶他人车辆。然而，上诉法院认为驾驶人无权得到保险赔付，因为此案中"同意"暗含的意思为驾驶人必须以处理协会事务的目的使用车辆。

显然，允许的意思在作出之后仍可撤销。如果没有撤销，那么即使被保险人死亡，允许的意思也会依然存续。在 Kelly v Cornhill Insurance Co 案[87]中，被保险人允许他的儿子驾驶被保车辆，之后不久，被保险人死亡。大约八个月后，儿子卷入了一场事故，且保险期间此时尚未经过。根据微弱的多数意见，上议院认为父亲的允许意思并未因其死亡而撤销，因此儿子有权基于保险单诉请保险人赔付。值得注意的是，保险人的抗辩几乎没有任何意义，因为保险单明确将父亲排除出了驾驶人范围，该保险合同的订立纯粹是为了儿子的利益。虽然在此种情形下，车辆及其保险单的所有权已经转移给了被保险人的遗产代理人，在遗产代理人没有重新作出许可的情况下，认为儿子仍继续保有使用汽车的许可存在明显的困难，但是上述判决结果是合理的。原因在于，不这样处理的话，被许可的机动车驾驶人可能会在本人不知情的情况下，甚至在其驾驶的过程中自动丧失保险保障，而这显然是不合理

---

[83] 在该案发生时，对乘客应负的责任不属于强制保险范围，这也是该案在当时引起争议的另一原因。如今，此种情形下的受害人如果其他所有索赔请求均未获实现，则可以从汽车保险局处获得赔偿。

[84] Digby v General Accident Fire and Life Assurance Corp〔1943〕A. C. 212.

[85] 关于对用途的限制，参见下文。

[86] Singh v Ratour〔1988〕2 All E. R. 16.

[87] Kelly v Cornhill Insurance Co〔1964〕1 All E. R. 321.

的。这一判决同时还默示了被保险人的遗产代理人在此种情况下有权撤销许可,若未撤销,则许可将持续至保险单期满。对许可的撤销仅在实际到达被许可人时始生效力。

然而,除非保险人明确表示同意,否则汽车买受人并不能主张其对汽车的驾驶得到了前任车主,即被保险人的许可。此情形下,被保险人不再对该车享有任何保险利益,其保险单效力终止且不可转让。[88]

第三项　被保车辆用途的限制

如前文所述,保险人针对被保车辆的许可用途设置了完善的类别,相关的类别限制即便对于第三人也同样适用。[89] 这些用途的种类十分繁多,包括仅用于社交、家庭和娱乐目的,用于被保险人上下班通勤,以及为了被保险人或其雇主的营业活动而由被保险人本人或其他人使用车辆。在不同用途之间的区分上很少引发法律难题,但关于其中一个方面存在一系列的判例法。

当被保险人受保险保障的汽车使用范围为社交、家庭和娱乐用途而不包括商业用途,或者仅限于上下班用途时[90],对两者进行区辨就变得十分重要,而且这种区辨并不总是易于作出。正如罗斯基尔(Roskill)法官所言[91],当保险单使用社交、家庭和娱乐用途这样的表述时,将某一行程的性质认定为以上两种用途的判例皆有,而且对于将来的某一案件对具体行程会作出何种性质认定,并不存在一项确定的原则可以提供指引。这应当取决于特定案件的事实和案涉行程的"本质特征"[92]或"主要目的"[93]。在 Jones v Welsh Insurance Corp 案[94]中,保险单承保汽车的社交等用途及与被保险人营业活动有关的用途,具体内容被载于汽车修理项目的明细表之中。除此之外,被保险人还养殖了一群绵羊,尽管的确是出于爱好但也有略微营利的目的。相关事故发生时,他的车上正载着一些绵羊。法院认为,保险人对此不

---

[88]　Peters v General Accident Fire & Life Assurance Corp〔1938〕2 All E. R. 267;参见第十一章第四节。保险人若同意转让在法律上将等同于成立一份新的合同。

[89]　如下文所见,机动车保险合同中的许多条款不能被用于对抗第三人。

[90]　驾车上班不属于社交、家用或娱乐用途;其必须被另外单独承保(参见 Seddon v Binions〔1978〕1 Lloyd's Rep. 381),但在实践中可能采取的一直是这种做法。

[91]　Seddon v Binions, above, at 384-385.

[92]　Per Roskill LJ above.

[93]　Per Megaw LJ above, at 387.

[94]　Jones v Welsh Insurance Corp〔1937〕4 All E. R. 149.

承担责任。被保险人系在从事养殖绵羊的营业活动,这并未记载于明细表中,因此不属于保险承保范围。在 Wood v General Accident Fire & Life Assurance Corp 案[95]中,发生事故时,一家修车厂的所有人正乘坐自己的汽车,由其司机驾驶前往一家公司进行商业合同的谈判。法院认为,尽管这样做对所有人来说方便且舒适,但汽车并非被用于社交等用途。在 Seddon v Binnions 案[96]中,一位偶尔在周日帮助儿子打理地毯生意的父亲,在事故发生时正驾驶着儿子的汽车回家,随乘的还有他儿子唯一的一名员工,后者当时正牙疼。在送走员工后,父亲打算回家吃午餐。父亲自身保险单的承保范围包括他驾驶他人汽车的情形,但是仅限于社交等目的。儿子的保险人对所发生的事故作出了赔付,并请求父亲的保险人分摊相应责任。法院认为,父亲的保险人无须承担责任,本案行程的本质系出于商业目的使用汽车,即父亲送儿子的员工下班回家。然而在 Keeley v Pashen 案[97]中,一辆小型出租车司机在送完当天最后的乘客后驾车回家,该行程却被认定为社交等目的。[98] 此案中存在这样一项事实,这些乘客看起来处于醉酒状态并在辱骂司机,于是司机在乘客下车后掉转车头以恐吓他们。这一事实仅是一段偶然发生的插曲,并不能被认定为一段独立的行程,因此该行程的本质目的还是回家。[99]

与汽车修理业务有关的汽车驾驶行为可能会被排除出承保范围,例如在 Browning v Phoenix Assurance Co Ltd 案[100]中,在汽车机油于修理厂即将耗尽之前,被保险人授权修理厂的雇员驾驶他的汽车以给机油预热。法院认为,保险人对于在机油耗尽后的第二天,雇员为了娱乐而驾驶汽车时发生的事故不负责任,但这一判决的主要理由是雇员并非被允许驾驶汽车的人。[101]此外,汽车机油预热显然也不属于保险承保范围。但是,此种责任除外事由

---

[95] Wood v General Accident Fire & Life Assurance Corp (1948) 65 T. L. R. 53.
[96] Seddon v Binnions [1978] 1 Lloyd's Rep. 381. 该案判决在 Killick v Rendall 案([2000] Lloyd's Rep. 581)中得到了遵循,后案对个人意外伤害保险单中的相似条款进行了解释。同样遵循该判决的还有 Caple v Sewell 案([2001] EWCA Civ 1848; [2002] Lloyd's Rep. I. R. 626),其为一起海上保险案件。
[97] Keeley v Pashen [2004] EWCA Civ 1491; [2005] Lloyd's Rep. I. R. 289.
[98] 根据保险单还包括驾车上下班的情形。
[99] 被保险人事实上杀害了一名乘客并辩称自己是过失杀人,但是这一犯罪行为并未改变行程的本质目的;参见布鲁克法官在判决书第 19 段的评论。
[100] Browning v Phoenix Assurance Co Ltd [1960] 2 Lloyd's Rep. 360.
[101] 判决的这一方面在 Singh v Ratour 案([1988] 2 All E. R. 16)中得到了上诉法院的支持,该案在本章第三节第二项有所讨论。

可能会受到这样一项限制,即当汽车仅系出于修理的目的而由汽车修理商照管或控制,亦即只要汽车不是由被保险人或其允许的驾驶人以外的人驾驶时,也属于承保范围。[102]

当某一行程存在混合目的时,可能会产生争议。例如,投保范围仅限于社交等目的而不包括商业目的的被保险人,可能会驾车前往一场其后安排了社交晚宴的商业会议。在 Seddon v Binnions 案[103]中,初审法官认为本案行程存在混合目的:父亲驾车回家吃午餐系出于社交等目的,父亲并非儿子的雇员,因此严格来说不构成驾车下班;而父亲驾车送儿子的雇员回家,则系出于商业目的。上诉法院对此作出了确认,并认为由于本案汽车的使用一部分系出于未经保险人同意的目的,因此保险人不承担责任。

第四项 有关被保车辆状态的条件

机动车保险单通常会规定,当被保车辆在不安全或不适于行驶的状态下行驶,以及/或者被保险人未能维护车辆使其处于良好或适于行驶的状态时,保险公司不履行风险负担义务或者不承担赔付责任。[104] 此种规定可能会被拟定为保险单中的除外风险条款,或者被置于"条件"这一标题之下,具体可能为保证或先决条件。就现在而言,这些规定更多系以条件或保证的形式出现。[105] 在此两种情形下,尽管由于后文将予以阐析的《道路交通法(1988)》的规定,保险人并不能以被保险人违约来对抗受害第三人,但是对于自己向受害第三人支付的保险金,保险人或许可以以违约损害赔偿的形式从被保险人处获得追偿。[106]

---

[102] 参见上诉法院在 Samuelson v National Insurance Guarantee Corp Ltd 案([1985] 2 Lloyd's Rep. 541)中对有关这一问题的疑难条款的解释。判决实际关注的是投保车辆是否系由被授权的驾驶人以外的人驾驶或控制。判决明确了一旦某人完成了其当下的行程,其在保险意义上就不再继续控制该车辆。因此,虽然在修理人员驾车收集备用零件期间,汽车属于无保险状态,但一旦该行程完成,汽车便会恢复到被承保的状态,因此当汽车于修理人员泊车处被盗时,被保险人可以获得保险赔偿。

[103] Seddon v Binnions [1978] 1 Lloyd's Rep. 381; see above.

[104] 对该条款并不能作与"合理注意"条款相同的解释(参见第十三章第三节第二项和第二十章第二节第五项)。被保险人的一般过失可以构成违反该条款:Amey Properties Ltd v Cornhill Insurance Plc [1996] C. L. C. 401。

[105] 相关内容参见第九章。

[106] 根据《道路交通法(1988)》第 148 条第 4 款或者普通法;参见下文。

第五项　可类推适用海上保险？

格式免责条款或条件的适用已经造成了一些麻烦。在 Barrett v London General Insurance 案[107]中,戈达德法官认为,由于用语的相似性,对于"适行"(road-worthiness)一词的解释,应当类推适用海上保险中"适航"(seaworthiness)这一格式化用语的解释。在海上保险单中,适航的要求仅限于航行开始之时。这位博学多识的法官将该解释类推适用于汽车行驶的情形,并判决在无证据证明被保险人行程开始时汽车脚刹已经失灵的情况下,仅依据脚刹在事故发生时失灵,并不能认定汽车处于不适行状态。该法官或许是受到了这一事实的影响,即如果受害第三人稍晚一些提出索赔的话,依据当时即将实施的《道路交通法(1934)》,即如今的《道路交通法(1988)》第148条,保险人将无法提出免责抗辩。[108] 在 Trickett v Queensland Insurance Co 案[109]中,英国枢密院明确反对上述判决,其认为尽管本案所涉的免责条款并未包含"适行"的表述,但如果汽车是在"一种受损的或不安全的状态下"行驶,就可以适用免责条款。该案中,被保险人在夜间发生了一起交通事故,其车灯当时处于故障状态。法院认为这足以致使汽车处于受损或不安全的状态。被保险人是否知情,以及在行程开始时车灯是否正常工作的问题都是无关紧要的。此种情形所涉的仅仅是一个事实问题,从客观方面进行判断即可。

近来,虽然事实表明类推适用海上保险中的解释可能具有一定的意义,但是 Barrett 案的判决似乎不太可能得到遵循。与汽车状态相关的免责条款的措辞通常是"在汽车被驾驶的过程中",而这必然包含所有发生在行程中的情况,而不仅限于行程开始之时。[110] 在 Clarke v National Insurance Corp 案[111]中,一辆核载四人的汽车在行驶中搭载了九人。上诉法院认为尽管相较于搭载正常数量乘客的情形,这种情形只是使车辆的安全性有所降低而已,但这仍然属于不适行情形。不适行情形不是只与汽车的机械状态有关,其还可以包含任何其他的相关因素。在海上保险案件中,超载可致使船舶不适航,因此在这一层面可以进行相应的类推解释。

---

[107]　Barrett v London General Insurance [1935] 1 K. B. 238.
[108]　戈达德法官在上述判决书第240页提到了当时即将出台的《道路交通法(1934)》。
[109]　Trickett v Queensland Insurance Co [1936] A. C. 159.
[110]　Clarke v National Insurance Corp [1963] 2 All E. R. 375 at 377.
[111]　Clarke v National Insurance Corp [1963] 2 All E. R. 375.

第六项 作为保证或条件的条款

在刚刚讨论的案件中,案涉条款属于除外条款且措辞相当清晰,因此对其的正确解释应当采持续性的客观含义。如上所述,现代的保险单倾向于以条件或保证代替这种除外条款,相关的条件或保证会要求被保险人将车辆维持在适行或良好状态。有观点认为它们与原来的除外条款其实并无二致[112],但是如果被拟定为条件或保证的话,相关条款的含义似乎会更为狭窄。这是因为对于条件或保证,不能完全以客观的方式进行解释。例如,如果一辆汽车的车灯或者刹车在行驶过程中发生故障,而且极为出乎被保险人的意料,就可能无法据此认为被保险人未将汽车维持在适行或良好的状态,但是可以说该汽车系在不适行的状态下行驶。被保险人违反维持义务的要件,包括其明知或应知汽车处于非适行或良好状态,因此保险人需要证明的不仅仅是简单的客观事实。这一观点得到了 Conn v Westminster Motor Insurance Association Ltd 案判决的支持。[113]该案中,被保险人的出租车在两个方面存有缺陷:轮胎极为破旧且不符合法律要求;刹车系统处于危险状态。尽管被保险人对其出租车轮胎的缺陷在主观上属于应知状态,因为这显而易见,但这项判断并未被适用于其刹车系统。[114]

第七项 被保险人的损害赔偿责任

关于本节讨论的内容还存在一个问题。若被保险人违反了有关被保车辆状态的保证或条件,保险人不能以此对抗第三人,但若保险人必须赔偿第三人,则其就该笔赔偿金对被保险人享有法定的追偿权。[115]不过,保险人或许还享有一项普通法上的权利,当某一事件依据《道路交通法(1988)》第145条的规定无须投保时,这项权利将具有重要意义。[116]

---

[112] Seller J in Brown v Zurich General Accident and Liability Insurance Co [1954] 2 Lloyd's Rep. 243 at 246.

[113] [1966] 1 Lloyd's Rep. 407. See also Lefevre v White [1990] 1 Lloyd's Rep. 569 and Amey Properties Ltd v Cornhill Insurance Plc [1996] C. L. C. 401.

[114] 判决中有一部分认为,即便轮胎的状态并未导致或促成相关事故的发生,保险人也仍然可以主张被保险人违反保证。但依据《保险法(2015)》第11条,这一点如今已经成为一个纯学术性的问题,除非被保险人不是消费者且第11条在保险合同中被排除适用(参见第九章第七节)。

[115] 《道路交通法(1988)》第148条第4款。

[116] 主要是财产损失超过100万英镑法定最低限额的情形。

在 National Farmers' Union Mutual Insurance Society v Dawson 案⑰中，被保险人酒后驾车造成了一起事故。这明显违反了保险单中的一项条款，该条款要求被保险人尽一切注意和勤勉义务来避免事故并防止损失。在赔偿第三人后，保险人试图向被保险人追偿该笔赔偿金。保险人依据现为《道路交通法(1988)》第148条第4款的规定所提出的请求未得到法院支持；法院认为保险人事实上本可以避免向第三人承担责任。然而，通过向被保险人主张违约损害赔偿，保险人成功地实现了对已支付之赔偿金的追偿。此时或许有人会质疑，在法律并未强制要求保险人赔偿第三人的情况下，这样的判决结果是否正确？⑱此时，保险人的损失是什么？另外，如果像通常情况那样，被违反的条款是保险法意义上的保证或条件⑲，那么可以说其与其他合同中的条件并不相同。此种条款的目的只是免除保险人的责任，而且也有观点认为，允许保险人从被保险人处获得追偿是没有价值或者不符合逻辑的。

第四节　第三人的权利

如我们所见，除了将机动车保险强制化，《道路交通法(1988)》为保护被保险人依法负有责任的第三人，还对保险人的合同权利进行干预。引入《第四指令》(the Fourth EC Directive)为第三人提供额外保护，《道路交通法(1988)》如今已得到了补充，相关内容将在下文进行阐释。由于在引入额外的保护性规定时，并未修改该法中的原有规定，因此接下来将先对《道路交通法(1988)》中的规定进行解释，之后再讨论补充规定的第三人权利。

第一项　无效条款

《道路交通法(1988)》第148条第1款规定，保险凭证交付给保单持有人后⑳，保险单条款若通过本条第2款列举的事项，在第145条规定的保险方面，对被保险人的保障进行限制，则为无效。此种对特定保险单条款的无效化并不考虑条款的具体法律性质，即无论条款是保证、条件还是除外条款，只

---

⑰　National Farmers' Union Mutual Insurance Society v Dawson [1941] 2 K. B. 424.
⑱　参见本章第五节。
⑲　参见第九章中的讨论。
⑳　在类似 Motor and General Insurance Co v Cox 案([1990] 1 W. L. R. 1443)的某些情况下，或许不应当考虑交付保险凭证的要求，本章第二节第四项对该案有所讨论。

要存在条款所列事项均为无效。第 148 条第 2 款列出的事项有：

(a) 车辆驾驶人的年龄、身体或精神状况；
(b) 车辆的状态；
(c) 车辆所载的人数；
(d) 车辆载货的重量或物理性质；
(e) 车辆使用的时间或区域；
(f) 车辆的马力、汽缸容量或价值；
(g) 车辆携带的任何特定设备；
(h) 车辆携带的《机动车消费税及登记法(1994)》(Vehicle Excise and Registration Act 1994) 规定之外的任何特定身份证明方式。

在大多数情况下，依第 148 条第 1 款的规定属于无效的保证、条件或除外条款，都十分清晰。例如，有关适行性等内容的条件或除外条款，依据上述(b)项即为无效。违反有关车辆价值或发动机规格的保证，依照上述(f)项亦为无效。但是，要求被保险人尽一切注意和勤勉义务以避免事故并防止损失的条件，则未被涵盖在上述所列事项之内。[121] 对于车辆用途的限制对第三人也总为有效[122]，除非其涉及的是汽车共享协议项下的私家车使用。[123]

鉴于如果条款可以执行，那么如下文所述，第三人就可以向汽车保险局请求赔偿，第 148 条第 2 款所列举的事项未涵盖所有保险单条款，似乎就显得有些奇怪。[124] 为什么即使在被保险人以最故意或最危险的方式未尽维持车辆适行状态的义务时，保险人也应当对第三人承担责任，而在被保险人仅仅是最轻微地违反对车辆用途的限制时，保险人却能免于承担责任呢？与完整的列举或者甚至没有列举的情形相比，不完整列举的逻辑令人费解。如前文所提到的，根据第 148 条第 4 款，被强制对第三人作出赔偿的保险人有权向被保险人行使追偿权，但事实上其在赔偿第三人之前往往就已经免除了责任。

第二项　条件的违反

第 148 条第 5 款规定了被保险人违反其他条件的情形，此种条件仅对第三人无效。该款适用的条件通常规定，如果被保险人在引发保险索赔请求的

---

[121] National Farmers' Union Mutual v Dawson [1941] 2 K. B. 424. 参见本章第三节第七项。
[122] Jones v Welsh Insurance Corp [1937] 4 All E. R. 149.
[123] 参见《道路交通法(1988)》第 150 条。
[124] 该款列举事项自从被首次规定于《道路交通法(1934)》中后就从未被修正过。

事件发生后,实施了特定的作为或不作为,本保险单项下将不会产生任何责任,已经产生的责任也会终止。这明显包括被保险人违反损失通知或损失细节提供义务之条件的情形,而且还应当包括被保险人违反格式条件而认责的情形。[125] 若仲裁条款像 Scott v Avery 案那样,被作为保险人承担责任的先决条件,那么其是否适用第 148 条第 5 款就存在一定的疑问。[126] 在 Jones v Birch Bros 案[127]中,虽然判决认为未被作为保险责任先决条件的仲裁条款是有效的,但上诉法院的多数意见倾向于认为,被作为先决条件的仲裁条款属于第 148 条第 5 款的规制范围。考虑到仲裁不太可能被用于机动车纠纷的处理[128],这一问题目前可能只是单纯的学术争议。

第 148 条第 6 款允许保险人在保险单中加入一项追偿权条款,即保险人因且仅因第 5 款规定而必须向第三人承担赔偿责任的,对其已支付的保险金可以向被保险人追偿。尽管根据一般法律规则,当原告依照法律的强制规定向第三人进行支付,以清偿被告对第三人的责任时,可以就其支出的金额向被告追偿,因而应当可以认为保险人享有一项返还请求权。[129] 但在第 148 条第 5 款项下,保险人并非像第 148 条第 4 款所规定的那样,享有一项自动的追偿权。

第五节 第 151 条项下保险人履行判决的义务

尽管如本节所述,第三人在某些情形下可以援引第 151 条之外的另一项规定,但第 151 条对第三人而言仍然是一项极为关键的规定。[130] 事实上,如果保险凭证已经交付给被保险人,且第三人已获得一份针对某一保险单承保之人所作的判决,那么即便保险人可能有权撤销或解除保险合同,或者已经撤销或解除了保险合同,保险人也依然应当履行整个判决,其中关于人身伤亡的责任无最高数额限制,关于财产损失的责任则最高不超

---

[125] 参见第二十章第二节第四项。
[126] 参见第十四章第十节。
[127] Jones v Birch Bros [1933] 2 K. B. 597.
[128] 参见第十四章第十节。
[129] See Goff and Jones,The Law of Restitution,6th edn, Ch. 14.
[130] 在 Motor and General Insurance Co v Cox 案([1980] 1 W. L. R. 1443)中,与第 151 条等同的规定就构成了法院否定 147 条意义上的交付凭证之要求的基础;参见本章第二节第四项。

过 100 万英镑。⑬ 此外，保险人的该项义务也适用于不受保险单保障的人，比如未被允许驾驶汽车的人甚至是盗窃汽车的小偷。⑭ 但是，若第三人明知或有理由相信汽车是盗窃所得或非法获得而仍搭乘该车，则仅在人身伤亡责任方面适用上述规定。⑮ 尽管有判决认为⑯，这包含了作为第三人的乘客掌握了足够信息使其有理由相信汽车系盗窃或非法获得的情形，但鉴于欧洲法院在此方面所作的判决，此种对法律的解释可以说太过宽泛。⑰ 在所有情况下，任何旨在通过要求驾驶人持执照驾驶以限制保险单发挥作用的条款均为无效。⑱ 不过，这一规定并不禁止保险单设定在被保险人故意制造损害事故时保险人可以免赔的条款，因此当受害第三人自己的财产保险人就受损财产向受害人作出赔付，并试图代位行使该第三人根据第 151 条所享有的对于侵权人之保险人的权利时，这一条款对于受害人的保险人具有可执行性。⑲

当保险人对不受保险单保障的人负有补偿责任时，根据第 151 条第 8 款，其可向驾驶人或者引起或允许他人使用车辆的被保险人，追偿其支付给第三人的赔偿金。⑳ 这是另一项根据欧盟法已经造成法律适用方面的困难的规定。欧洲法院认为，当被保险人既是车辆中的乘客又是受害人时，该规定不得适用。理由在于，保险人依据该款所负有的为受害人利益履行判决的义务，以及所享有的追偿权，与《第二指令》中保护作为乘客之第三人的规定

---

⑬ 参见第 151 条第 1、2、5、6 款。赔偿范围应当包括费用和利息。当财产损失赔偿的判决超过 100 万英镑时，第 151 条第 6 款第 b 项规定了应当如何评估保险人的确切责任。

⑭ 关于补偿小偷的责任对无辜被保险人的无索赔奖励具有何种潜在影响，参见 Birds (1998) 148 N. L. J. 1672。

⑮ 除非他直到行程开始后才意识到这一点，并且此时期待他下车是不合理的：第 151 条第 4 款。

⑯ McMinn v McMinn [2006] EWHC 827 (QB); [2006] Lloyd's Rep. 802.

⑰ 尤其参见 Candolin v Vahinkovakuutusosakeyhtio Pohjola Case C‑537/03 [2006] Lloyd Rep. I. R. 209，该案根据《第二指令》第 2 条第 1 款及《第三指令》第 1 条对国内法进行了解释。还可参见关于汽车保险局协议中同等语句作出的诸多判例，本章第八节中对之有所讨论。

⑱ 参见《道路交通法(1988)》第 151 条第 3 款。保险人可以从驾驶人处追偿其已经支付的赔偿金：第 151 条第 7 款第 a 项。

⑲ EUI Ltd v Bristol Alliance Ltd Partnership [2012] EWCA Civ 1267. 尽管该案判决在强制保险范围的问题上可能看起来与欧洲法院的观点有所冲突，但考虑到该案的背景系请求财产损失赔偿，因此其判决仍具有合理性；而且其他与汽车保险局协议的立场相一致，即当驾驶人无保险时，在与此类似的情形下禁止代位求偿。

⑳ 关于该语境下"允许"的含义，参见 Lloyd-Welper v Moore [2004] EWCA Civ 766; [2004] Lloyd's Rep. I. R. 730。

相矛盾。⑬ 之后上诉法院认为,为了与指令规定保持一致,应当对第 151 条第 8 款作限制性解释,即当受保险单保障的人依该款规定可能被认为享有利益时,保险人应当按一定比例履行判决,且赔偿数额应当依据案件的具体情况确定。⑭

不过,根据第 152 条的规定,保险人履行判决的义务在以下四个方面受到限制:

(1) 仅当保险人于提起诉讼前或提起诉讼后七日内,收到第三人向被保险人提起诉讼的正式通知时⑭,方产生履行判决的义务⑭;

(2) 当判决的执行因上诉而中止时,保险人不负有履行判决的义务;

(3) 若在相关事故发生前,被保险人的保险单已经通过合意解除或根据保险单条款解除,且保险凭证已经收回,或被保险人在保险单解除之日起十四日内作出了保险单凭证丢失或损坏的法定声明,或保险人在保险单解除之日起十四日内就未收回保险凭证提起诉讼,保险人将不再负有履行判决的义务;

(4) 若被保险人系通过对重要事实未披露或不实陈述而取得保险单,且保险人在对被保险人提起诉讼之日起三个月内,获得了法院准予其根据《消费者保险(披露与陈述)法(2012)》或《保险法(2015)》撤销保险单的判决,以及第三人在该诉讼被提起之日起七日内,收到该诉讼的通知和未披露

---

⑬ Churchill Insurance Co Ltd v Wilkinson, Evans v Equity Claims Ltd Case C-442/10. 该系列案件涉及英国上诉法院受理的两个案件,分别是 Wilkinson v Fitzgerald [2009] EWHC 1297(QB) 和 Churchill Insurance Co Ltd v Wilkinson & Ors [2010] Lloyd's Rep. I. R. 591。上诉法院对前一案例作出了判决,但对后一案例则选择将其提交给欧洲法院审理。欧洲法院首先肯定了上诉法院对前一案例的判决,并根据该案对后一案例作出了判决,判决结果和前一案例相同,暂时解决了这一纠纷。但是,英国判例法则是另外一番景象(相关判例大部分都与汽车保险局的协议文本有关,下文将对它们进行探讨),其体现出对大杂烩一般的机动车强制保险法律进行解释以使其与欧盟法相一致,在某种程度上相当困难。

⑭ Churchill Insurance Co Ltd v Wilkinson, Evans v Equity Claims Ltd [2012] EWCA Civ 1166. 对比例等要素的要求是为了在某些情形下减少赔偿数额,例如在侵权索赔案件中,受害人被认为与有过失,因而就可以相应地降低赔偿数额。

⑭ Herbert v Railway Passengers Assurance Co [1938] 1 All E. R. 650. 交付给保险人的律师函仅载明第三人正被建议提起诉讼,并不足以满足这一要求: Harrington v Link Motor Policies [1989] 2 Lloyd's Rep. 310. 但是,通知并非必须以书面或特定形式作出: Desouza v Waterlow [1999] R. T. R. 71. See also Wylie v Wake [2001] R. T. R. 291 and Nawaz v Crowe Insurance Group [2003] EWCA Civ 471; [2003] Lloyd's Rep. I. R. 471.

⑭ 在适当情况下,这还包括受害的本诉被告向有保险的本诉原告提起的反诉: Cross v British Oak Insurance Co [1938] 2 K. B. 167。

或不实陈述的具体内容。⑭

第 4 款没有剥夺保险人基于未披露或不实陈述而撤销保险单的权利,但对该权利进行了限制。不过,其似乎并不包括保险人以被保险人违反保证为由,拒绝承担赔偿责任的情形。第 152 条第 2 款明确了保险人在保险单规定之外所享有的免责权,鉴于该权利系由法律所赋予,因而只是一项一般性的免责权。⑭ 保证系源于明示的保险单条款。⑭ 因此,保险人能够在不适用第 152 条规定的情况下,以保证被违反为由免责,并以此对抗第三人。但例外情形是该保证因涉及第 148 条第 1 款规定的事项而无效,此时保险人从根本上就不能提出违反保证的抗辩。

如果保险人根据第 151 条对第三人获得的胜诉判决负有履行义务,但是本可以免于承担自己和被保险人之间的责任,而又未主张免责的,就可以在赔偿第三人后向被保险人追偿。⑭

根据第 153 条,诸如被保险人破产或在资不抵债情况下死亡,或者在被保险人为公司的情形下,公司进入清算程序、被行政接管或被破产管理人接管这些事实,均不影响被保险人在强制保险方面的责任,且不受《第三方(对保险公司的权利)法(1930)》中任何规定的影响。⑭ 换言之,《道路交通法(1988)》中关于第三人权利的规定继续适用,但是第 153 条吸收了《第三方(对保险公司的权利)法(1930)》中关于法定权利移转的规定。

另一种起诉保险人的权利

如今第三人可以通过另一替代路径向保险人提起诉讼,该替代路径被规定于《欧共体(对保险人权利)条例(2002)》[European Communities (Rights against Insurers) Regulations 2002]。⑭ 该条例系对《第四指令》中部分内容的实施,但其规定事实上已超出了该指令的要求。其中重要的一点是,根据下文将予以阐释的规定,第三人可以在未事先取得针对过失驾驶人之判决的情况下,直接向保险人提起诉讼,不过如果驾驶人事实上并不负有侵权责任,则

---

⑭ 第三人有权成为该诉讼中的一方当事人。
⑭ Merchants' & Manufacturers' Insurance Co v Hunt [1941] 1 K. B. 295.
⑭ 一般性内容参见第五章和第八章。在任何情况下,违反保证都不会产生保险单撤销权。
⑭ 参见《道路交通法(1988)》第 151 条第 7 款。
⑭ 关于《第三方(对保险公司的权利)法(1930)》的内容,参见第二十章。
⑭ SI 2002/3061,该条例自 2003 年 1 月 19 日起生效,但其适用似乎不考虑事故的发生时间。

保险人当然能够就此提出抗辩。该条例规定"权利人"可以在不损害其起诉被保险人之权利的情况下，对保险人提起诉讼，保险人"应当在其对被保险人的责任范围内，对权利人直接承担责任"。[149] 权利人限于英国或任何其他欧洲经济区成员国的居民[150]，因此，来自欧洲以外国家或地区的游客不享有此项权利。

另外，权利人须对"被保险保障之人"具有侵权诉由，该诉由产生于在英国道路或其他公共场所使用汽车而造成或引起的事故。[151] 在此意义上的被保险保障之人，是指被符合《道路交通法（1988）》第145条规定之保险单所保障的人。[152] 对于此处之"事故"的要求，不同于出现在强制机动车保险相关规定中其他任何地方的"事故"。从理论上而言，该要求可以限制上述起诉权的适用，或者至少可以引发这样一个问题，即因故意或重大过失而撞车可否被视为事故。对此，需要通过判决来明确，对于事故的界定是应当以被保险保障的驾驶人的视角为准，还是应当以受害人的视角为准。[153] 不过这在实务中可能并不重要，因为根据上述条例的规定，受害人不享有较被保险人更优的权利。而且很明显，基于公共政策的理由，被保险人在此种情形下无权请求保险人赔付。[154] 但是，公共政策并不阻止第三人根据《道路交通法（1988）》第151条起诉保险人。相较于第三人在第151条之下的法律地位，第三人的上述起诉权还受到其他方面的限制。虽然第148条的限制性规定同样适用于基于前述条例提起的诉讼，但在此种诉讼中，保险人的合同权利并不受其他限制。若侵权人不在保险单保障范围，或者保险合同实际已被解除，第三人将无权依据条例提起诉讼。但是在后一种情形下，若被保险人仍持有保险凭证，则依然可适用第151条的规定。

---

[149] 条例第3条第2款。关于该指令和《欧共体条例44/2001》（罗马Ⅱ条例）的效力，参见 FBTO Schadeverzekeringen NV v Odenbreit Case C-463/06, [2008] Lloyd's Rep. I. R. 354。

[150] 条例第2条第1款。

[151] 车辆必须通常位于英国。

[152] 参见本章第二节。

[153] 参见第十三章第六节及以下对"事故"一词的讨论。

[154] 参见第十四章。

第六节　关于保险的信息

根据第 154 条,若驾驶人因造成强制保险范围内的损害而被提出索赔请求,则其负有一项告知义务,即在第三人提出要求时,告知第三人其是否拥有保险保障,以及如果拥有的话,向第三人提供保险凭证上所载的关于该保险的详细内容。若驾驶人违反该义务,将可能遭到刑事处罚,这是该项义务得以实施的保障。

第七节　第三人对汽车保险局的权利

上文所研究的规定皆与《道路交通法》之下的第三人权利相关,近年来,因为这些规定而引发的报告案例相当之少。这或许反映出自汽车保险局设立后,它们已变得相对不再那么重要。1937 年,卡塞尔委员会(Cassel Committee)[155]提议设立一个基金中心,以保护那些即使有《道路交通法》提供保护,也仍然无法获得赔偿的道路交通事故受害人。《道路交通法》明显对驾驶人无保险保障,或保险人进入清算程序的情形无能为力。此外,如前所述,保险人在某些情况下可以不受《道路交通法》规定的约束,而援引保险单条款对第三人主张免责。该法在驾驶人身份不明或"肇事逃逸"时,必然也无法为受害人提供保护。对于最后一种情形下受害人能否向基金中心主张权利,尽管卡塞尔委员会在 1969 年之前对此确实享有自由裁量权,但其直到 1969 年都一直认为,允许受害人主张权利并不可行。

或许是出于对机动车保险业务可能会被国有化的担忧,1945 年 12 月 31 日,机动车保险人签订了第一份由汽车保险局和英国交通部长制作的协议。如今,汽车保险局有限公司成员的身份,是保险人获批经营机动车保险业务的前提条件。[156]而且依据欧盟法的规定,加入汽车保险局的协议亦属必要。[157]如今,如果英国居民于欧洲经济区[158]内因交通事故受伤,并且符合汽车保险局协

---

[155]　Cmnd. 5528, paras 151-168.
[156]　《道路交通法(1988)》第 145 条第 5 款。
[157]　依据为《第二机动车保险指令》。
[158]　以及作为"绿卡"计划("Green card" scheme)——是对在其他国家办理的机动车保险予以相互认可的一项计划。

议规定的情形,则其依据《统一欧共体指令》(Consolidated EC Directive)[159]享有一项向汽车保险局请求赔偿的法定权利。[160] 汽车保险局与英国国务大臣之间存在两项协议,分别为驾驶人无保险保障和驾驶人身份不明两种情形下的受害人提供赔偿。到最近为止,最新版本的前一项协议系成立于1999年8月,其适用于发生在1999年10月1日及以后的交通事故。一项成立于2008年11月的简短补充协议对该协议进行了修正,从而完全取代了1988年12月成立的协议。1988年和1999年的两份协议实质上都是附带若干修正协议的1945年原始协议。2015年7月,一项新的针对无保险驾驶人的协议得以成立,其适用于2015年8月1日及以后发生的事故。由于1999年协议在将来的一定年限里仍有可能适用于某些事故,因此下文将之与2015年协议一并进行介绍。

针对驾驶人身份不明情形的协议成立于2003年2月[161],其替代了早先分别成立于1969年、1972年和1996年的协议。[162] 这一协议后被2008年11月成立的协议所补充。

一个具有一定重要性的问题是,此种向驾驶人无保险或身份不明情形下的受害人提供赔偿的方式,在多大程度上完全符合《第二指令》的要求。一些与驾驶人身份不明协议相关的案件提出了该问题[163],而且有一项咨询请求被呈交给了欧洲法院以征求后者意见。[164] 所提出的主要问题是:通过非法定的机构对受害人实施赔偿,以及早先的驾驶人身份不明协议允许机构不支付利息和费用,违反了《第二指令》;相关程序没有赋予当事人充分和公正的听证权,违反了《欧洲人权公约》(European Convention on Human Rights)。欧洲法院于2003年12月就该问题作出裁决[165],其几乎完全支持了汽车保险局和英国政府,这至少出乎某些人的意料。[166] 裁决认为,利息和费用实际上

---

[159] 参见《机动车(强制保险)(信息中心与赔偿机构)条例(2003)》,SI 2003/37。
[160] 对于发生在英国境外的事故,汽车保险局有权向相应国家的保险人,或者该国与汽车保险局同等的机构请求补偿。
[161] 并且适用于发生在2003年2月14日及以后的事故。
[162] 1996年协议与2003年协议都包含一项成立于1977年的补充协议。在1969年以前,"交通肇事逃逸"事故的受害人只能获得一些通融性的赔偿,如 Adams v Andrews 案([1964] 2 Lloyd's Rep. 349)的判决所述,这是一种令人不满的情况。
[163] In particular Mighell v Reading [1999] Lloyd's Rep. I. R. 30.
[164] Evans v Secretary of State for the Environment, Transport & the Regions [2002] Lloyd's Rep. I. R. 1.
[165] Case C-63/01 [2004] Lloyd's Rep. I. R. 391.
[166] 且实质上与欧洲法院总法律顾问(Advocate General)的意见相反。

属于国内法和国内法院管辖的问题。⑯ 诉讼中基于程序所提的主张绝大部分被驳回。在更为根本性的机构问题上,欧洲法院认为通过汽车保险局而非法定机构对受害人实施赔偿,只要满足以下要求,就视为完全符合指令的规定:

"对(这些协议)的解释和适用,使得该机构有义务向受害人提供后者根据《第二指令》应当获得的赔偿,以及使受害人能够直接向负有该赔偿义务的机构主张赔偿"。⑱

应当注意的是,汽车保险局的协议仅适用于强制保险的情形,因此如果案涉事故并非发生于道路或公共场所,则汽车保险局可据此提出免责抗辩。⑲

第八节 驾驶人无保险的协议

该协议本质上规定的是:若某人在交通事故中受伤、死亡或遭受财产损失,并且如果该人就本应被保险覆盖的责任获得赔偿判决,但该判决未在七日内得到完全履行,则汽车保险局将会履行这一判决。⑰ 因此,该协议涵盖了驾驶人自始无保险、驾驶人保险无效及保险人无力向驾驶人赔付的情形。不过在最后一种情形中,赔偿通常会依据"金融服务赔偿机制"(Financial Services Compensation Scheme)作出⑰,而且根据1999年协议第17条与2015年协议第6条的规定,此时汽车保险局的赔偿责任实际会被免除。然而,如果一项索赔请求针对的是财产损失,则汽车保险局仅承担最高不超过100万英镑的赔偿责任。⑰

---

⑯ 实际上,2003年的驾驶人身份不明协议如今已在这方面作出了一些规定,但早期的协议仍将在未来一段时间里继续适用于相关案件。

⑱ 在 McCall v Poulton 案([2008] EWCA Civ 1263; [2009] Lloyd's Rep. I. R. 454)中,有一项更深入的咨询请求被呈交给了欧洲法院,但因为该案最后和解,所以没有得到欧洲法院的裁决。

⑲ See, e.g. Buchanan v MIB [1955] 1 W. L. R. 488; Randall v MIB [1968] 1 W. L. R. 1900.

⑰ 1999年协议第5条第1款,2015年协议第3条。汽车保险局可被法院要求暂时垫付赔偿金:Sharp v Pereira [1999] 1 W. L. R. 195。

⑰ 参见第二章第六节。

⑰ 1999年协议第16条,2015年协议第11条。毫无疑问这是为《道路交通法(1988)》第145条所允许的限制。在2008年补充协议(成立于2007年6月11日)生效之前,1999年协议中有一项300英镑免赔额的规定用于限制汽车保险局的责任,但为了符合《第五指令》(the Fifth EC Directive)的规定,该免赔额后被取消。

根据1999年协议第17条,对于人身损害或财产损失的索赔请求,汽车保险局将会从其应支付的赔偿金额中扣除部分金额,扣除部分的金额等于第三人从金融服务赔偿机制、"保险协议或安排"之下的保险人或者其他来源获得的赔偿。就财产损失的索赔请求而言,这一规定可能会适用于第三人车辆的损失已获其自身保险的赔偿,或者对其他财产造成的损失已经单独投保的情形。就人身损害的索赔请求而言,或许可以认为该规定适用的情形仅限于,第三人的人身损害已获得来自金融服务赔偿机制或社会保障金的赔偿。第三人(或依赖其扶养之人)从其个人的意外伤害保险单或人寿保险单中获得的给付,无疑不属于上述条款意义上的"赔偿";这些给付并非对损害的"补偿"[173],因而在估定侵权损害赔偿数额时不将其考虑在内。但是,从医疗保险单中获得的给付,如果系建立在损失补偿的基础之上,则可以被扣除。

2015年协议中与上述第17条等同的条款是其第6条。根据该条,如果索赔人已经从犯罪损害赔偿机构(Criminal Injuries Compensation Authority)以外的任何主体(包括保险人)处获得赔偿,或者有权获得或请求其赔偿,则汽车保险局对于索赔请求不承担赔偿责任或者只承担部分赔偿责任。[174] 如果索赔人未依据其自身的保险单提出保险索赔请求或未提出有效的保险索赔请求,则其也不能获得汽车保险局的赔偿。这些内容充分反映了1999年协议的上述法律立场。

上述两项协议对汽车保险局的赔偿责任规定了一些前提条件。

其他免责情形

1999年协议第6条和2015年协议第4、5、7、8、9条,对汽车保险局的责任规定了一些其他的免责情形。首先,它们规定了一些相当显而易见的情形,即:

(1)因使用王室所有或占有的车辆而引起的责任,但实际存在保险的除外。

---

[173] 该协议的注释指出,"索赔人针对其已经得到赔偿或补偿的财产损失或人身损害提出的索赔请求,可能会被拒绝"。

[174] 此外,如果雇主未对其责任投保,则受害人提出的清偿雇主责任的请求及相关的诉讼费用,均不在汽车保险局的赔偿范围之内。

(2) 依据《道路交通法(1988)》第 144 条的规定无须投保⑰⁵,但实际存在保险的除外。

(3) 针对车辆损失提出索赔请求时,索赔人未按照《道路交通法》的规定投保,且对此明知或应知;在 2015 年协议中,其最后的措辞是"有理由相信事实如此"⑰⁶。

(4) 2015 年协议中新规定的内容,即对于因实施恐怖活动导致或在实施恐怖活动过程中发生之伤亡的索赔请求。

当受害人为乘客时,1999 年协议还规定了一些复杂的免责情形,这些条款反映并超越了《道路交通法(1988)》第 151 条的规定。⑰⁷ 2015 年协议中与之等同的条款将在下文单独论述。依据 1999 年协议中的条款,当作为乘客的索赔人知道或应当知道以下情形时,其索赔请求权将被排除:(a) 车辆系被盗或被非法取得;(b) 使用车辆时不存在《道路交通法(1988)》所要求的有效保险;(c) 车辆系在犯罪过程中使用或者是为了促成犯罪⑰⁸;(d) 车辆被用作脱逃或躲避依法逮捕的工具。⑰⁹ 证明索赔人知情的举证责任属于汽车保险局,但是在下列情形中可推定索赔人知情:(a) 索赔人是车辆的所有人或经登记的保管人,或者车辆的使用系由其导致或经其许可;(b) 索赔人知道驾驶人未达法定驾驶年龄;(c) 索赔人知道驾驶人不具有驾驶资格;(d) 索赔人知道使用人既不是车辆的所有人或保管人,也不是后者的雇员,更不是其他任何车辆的所有人或保管人。另外,索赔人若不是因主动处于醉酒或吸毒状态而受到影响,通常即应当能够意识到的事项,也属于此种

---

⑰⑤ 关于交存的规定;参见本章第二节。
⑰⑥ 理由将在下文阐述。
⑰⑦ 参见本章第五节。
⑰⑧ 即使犯罪行为并不严重,该项免责条款也应适用:Delaney v Pickett [2011] EWCA Civ 1532; [2011] R. T. R. 16,该案索赔人持有数量相对较少的大麻,持有目的既包括向他人提供也包括自己吸食。然而,由于《机动车保险指令》(Motor Insurance Directive)并未包含此项免责情形,因而可以认为该免责条款与欧洲法院关于乘客保护所作的裁决相冲突,尤其是后者在 Churchill Insurance Co Ltd v Wilkinson 案和 Evans v Equity Claims Ltd 案(Case C-442/10)中的裁决;参见脚注⑬⑨。不过这一点并没有得到讨论。恕笔者直言,依据指令的规定,沃德的反对意见似乎比判决书多数意见的论证更具说服力,其认为应当将该项免责条款被解释为仅适用于严重犯罪。之后,上述案件受害人又起诉了交通运输部大臣(Secretary of State for Transport),Delaney v Secretary of State for Transport [2015] EWCA Civ 172; affirming [2014] EWHC 1785(QB),并依据 Francovich 案(Francovich v Italy Case C-6/90)确立的原则,以英国未适当地实施《第二指令》为由胜诉。
⑰⑨ (c)项和(d)项是 1999 年协议新增加的内容。

场合之知情的范围。⑱ 依照这些免责条款的目的,"索赔人"还包括根据《死亡事故法(1976)》提起诉讼的被扶养人,因此这些免责条款仅适用于被扶养人对上述免责事由合理知悉的情形,而且不受已故乘客本不能提出索赔的影响。⑱

虽然几乎没有人反对对于明知存在免责条款中各种违法事项的人,应当排除其索赔请求权,但免责条款还适用于"应当知道"的索赔人这一事实,则不仅很难得到正当化,也可以说与《第二指令》的要求相冲突。该指令第1条第4款要求成员国设立一个机构,以确保在驾驶人无保险或身份不明时,受害人仍能获得赔偿。但与此同时,其仅允许成员国在"受害人自愿进入造成财产损失或人身损害的车辆,且机构能够证明受害人明知车辆未投保"时,免除机构的赔偿责任。在该问题出现于由上诉法院合并审理的两起案件⑱中后,似乎表明其必须要提交欧洲法院决断。⑱ 然而,上议院在 White v White 案⑱中给出了一种适当的解决办法,判决书多数意见对协议条款采纳了与指令相符的解释,而且没有排除仅具有一般过失之原告的索赔请求权。知道是指实际知道或"视而不见"(blind eye)的知道,后者即乘客已经意识到问题却故意装作不知道。⑱

在2015年协议中,第8条是关于乘客索赔问题的规定。其与1999年协议的第一个主要区别在于,取消了"车辆系在犯罪过程中使用或者是为了促成犯罪,以及车辆被用作脱逃或躲避依法逮捕的工具"的内容。⑱ 第二个主要区别是以"有理由相信"这一表述替代"应当知道",前者更好地反映了前述 White v White 案的判决意见。

---

⑱ 这些推定及"醉酒"条款是1999年协议新作出的规定。
⑱ Phillips v Rafiq [2007] EWCA Civ 74; [2007] Lloyd's Rep. I. R. 413.
⑱ Mighell v Reading and White v White [1999] Lloyd's Rep. I. R. 30.
⑱ 也引出了其他关于欧盟法的问题。关于上诉法院判决对此的严厉批判,参见 Davey and Richards [1999] J. B. L. 157.
⑱ White v White [2001] UKHL 7; [2001] 1 W. L. R. 481.
⑱ See also Akers v Motor Insurers' Bureau [2003] EWCA Civ 18; [2003] Lloyd's Rep. I. R. 427 and Pickett v Motor Insurer Bureau [2004] EWCA Civ 6; [2004] Lloyd's Rep. I. R. 513. 对《道路交通法(1988)》第151条第4款也应适用与此相同的解释;参见本章第五节。
⑱ 这似乎反映了脚注⑱中 Delaney v Secretary of State for Transport 案的判决意见。

第九节 驾驶人身份不明的协议

与驾驶人无保险的协议相比,驾驶人身份不明的协议显然更为复杂,因为在驾驶人身份不明的情况下,无疑不存在一份针对侵权人的判决以供汽车保险局履行。但这项原因只是为了突出此种协议的重要层面,而非旨在为之提供全面的解释,而且也未考虑协议针对索赔的处理、调查和报告,以及赔偿的支付及上诉所规定的详细程序。应当注意的是,2003 年协议之前的协议完全不包含对财产损失的赔偿。[187] 2003 年协议则仅在有限情形下允许索赔人提出财产损失赔偿请求,即责任车辆已被识别且被证明系为身份不明驾驶人所盗窃。[188] 如果受损财产已由第一方保险单承保,或者在受损财产为机动车的情况下,受害人未为其办理强制保险,则受害人无权主张财产损失赔偿。新协议相较于之前协议的一项重大变化是其允许对利息和费用的赔偿。[189] 申请人如欲获得赔偿,须满足下列要求[190]:

(1)申请人必须无法找到对人身伤亡或财产损失负有全部或部分责任的人。

(2)人身伤亡或财产损失须由特定情形导致,即经过对各种可能性的权衡,身份不明的驾驶人本应对申请人承担损害赔偿责任。

(3)身份不明驾驶人的责任必须是根据《道路交通法(1988)》应当投保的责任;若无相反证据,则推定该事实成立。

(4)对于人身损害的赔偿请求,必须在事故发生之日起三年内以书面形式提出(对于财产损失的赔偿请求为九个月)。

该协议中有一些免责条款[191]与前述驾驶人无保险协议中的免责条款极为相似,比如包含卷入犯罪行为的乘客提出的索赔请求。[192] 恐怖活动造成的人身损害或财产损失同样无法获得赔偿。[193] 申请人能够获得的赔偿数额的

---

[187] 对于早期协议是否符合欧盟法的规定也存在一些疑问;参见 Moore v Secretary of State for Transport [2007] EWHC 879(QB) and Byrne v Motor Insurers' Bureau [2008] EWCA Civ 574; [2008] Lloyd's Rep. I. R. 705。

[188] 这要受到每位索赔人 300 英镑免赔额的限制。

[189] 第 9 条和第 10 条。早期协议中不赔偿利息:Evans v MIB [1999] Lloyd's Rep. I. R. 30。

[190] 第 4 条。

[191] 第 5 条。

[192] 乘客还须知情,此处的知情与无保险驾驶人协议中的内容一致(参见本章第八节)。

[193] 这一免责条款取代了早期协议中的免责条款,后者对任何故意造成死亡或人身伤害的责任均不予赔偿。

估定基准,与法院估定侵权损害赔偿数额时相同,但是对于申请人的雇主已经支付之工资的损失,汽车保险局则不予赔偿。[194]

协议中还有一些特殊条款用于处理身份不明驾驶人仅承担部分责任的情形。[195] 此时,申请人可能会被要求获得针对身份确定的驾驶人,或身份不明驾驶人之确定负责人的判决,或者申请人虽未被要求但已经获得了此等判决。在有判决的情形下,若判决在三个月内完全未得到履行,则汽车保险局将向申请人支付赔偿金,赔偿数额为身份不明驾驶人在损害赔偿总额中应当承担的份额,亦即若诉讼系对所有侵权人提起,身份不明驾驶人将会被法院判决的损害赔偿责任比例。若判决在三个月内仅得到部分履行,则汽车保险局赔偿的数额为判决未获履行的部分,或者身份不明驾驶人应当承担的损害赔偿份额,具体以两者中的较高者为准。若申请人未获得针对身份确定驾驶人的判决,亦未被汽车保险局要求获得该判决,而且未从任何身份确定的驾驶人处获得任何赔偿,则汽车保险局赔偿的数额为身份不明驾驶人对全部损害赔偿应当承担的份额。

第十节 程序性问题

近年来,汽车保险局的协议文本中出现了大量的程序性问题。至少从理论上而言,最重要的问题与协议的执行有关,因为这些协议在技术上只是国务大臣与汽车保险局之间的合同。然而,自《第四指令》实施以来[196],由于受害人被赋予了一项针对汽车保险局的法定赔偿请求权,上述问题似乎因此成为一个纯粹的学术问题。[197] 此外,有观点认为,由于驾驶人身份不明的协议系成立于《合同(第三方权利)法(1999)》生效之后,故受害人可以援引该法案直接起诉汽车保险局。[198]

---

[194] 第8条。
[195] 第12条至第15条。
[196] 由《机动车(强制保险)(信息中心与赔偿机构)条例(2003)》实施。
[197] 关于条例第13条第2款b项的效力,参见 Jacobs v MIB [2010] EWCA Civ 1208; [2011] 1 W. L. R. 2609.
[198] Carswell v Secretary of State for Transport [2010] EWHC 3230 (QB); [2011] Lloyd's Rep. I. R. 644.

第二十二章 雇主责任保险和其他强制保险

本章主要介绍机动车保险以外的其他强制责任保险,其中最重要的就是雇主责任保险。

第一节 雇主责任保险

一般来说,在工作中受伤的雇员,无论其雇主是否存在过错,都有权依据工伤救济金的相关立法[①]向国家申请补偿。这种制度取代了劳工补偿保险制度,后者在很长一段时间里都是一种重要的保险类型。如果雇员能够证明其雇主或者雇主应予负责的人,对其损害具有某种程度的过错,就有权向他们主张侵权损害赔偿。证明的具体内容可能是责任人具有过失,或者违反了法定义务。据统计,工伤事故与交通事故并列为最常见的侵权诉讼的诉因。对一个未投保或者未有效投保的雇主提起侵权诉讼,可能没有任何价值。正是一些臭名昭著的雇主未获有保险保障的事例,最终促成了《雇主责任(强制保险)法(1969)》的通过。[②]

该法案第1条第1款规定,在英国从事营业活动的每一位雇主都必须在经过批准而设立的保险人处投保一份或多份合法保险单(approved policy),以

[①] 严格来说,该立法适用的对象是"通过雇佣获得收入者"(employed earners),其范围要比"雇员"更宽泛。See generally Wikeley, Ogus, Barendt's Law of Social Security, 5th edn, (Oxford: OUP, 2002) Ch. 20.

[②] 对于雇主责任保险的成本,人们已经表达出了极大的担忧,但强制保险的要求似乎还是会在很大程度上得到遵守,参见英国健康与安全委员会(Health and Safety Commission)于2003年12月进行的调查。

对其因雇员在英国境内为其工作期间或因为工作而遭受的人身损害或职业疾病所应当承担的责任提供保障,但条例另有规定的除外,而且在英国境外遭受的人身损害或感染的疾病不包括在内。③ 然而,此类雇主责任保险单并未被要求承保《道路交通法》中规定必须承保的风险。④ 因此,虽然雇主责任保险单可以承保此类风险,但这在现实中已不太可能出现。依据《营业转让(就业保护)条例(1981)》[Transfer of Undertakings (Protection of Employment) Regulations 1981],当雇主出售其产业时,其签署的雇主责任保险单及可能面临的侵权损害赔偿请求权都将一并转让给新雇主。⑤

雇主订立的责任保险单的承保范围可能会比《雇主责任(强制保险)法(1969)》规定得更大。例如,保险标的可能不限于"在雇员工作期间或者因为工作"而产生的雇主责任。但在实践中,雇主责任保险单中通常都会出现这一限制。由于这一原因,以及该表述界定了法律要求的承保范围,明确该表述的含义便十分重要。《道路交通法(1988)》中也使用了这样的表述,同时该表述也是劳工补偿立法中用于判定雇员是否有资格获得补偿的一贯标准。⑥ 显然,在这两种场合,该表述的含义相同且一直未曾改变,但其含义在社会保障领域⑦已经扩大的事实却明显受到了忽略。⑧ 另外,对于工伤救济金而言,该表述仍然是一项基本的受助条件,而且在不涉及对法律的扩张解释时,法院对其在法律中的含义所作的解释,也与其在雇主责任保险单和《雇主责任(强制保险)法(1969)》第 1 条中的含义相关。关于其在社会保障立法中的含义存在大量的判决,但是此处不对这些判决作过多详细讨论⑨,而只介绍其中一两个案例。

---

③ 该法经由《雇主责任(强制保险)条例》(SI 1971/117)于 1972 年 1 月 1 日正式生效。现行有效的条例是《雇主责任(强制保险)条例(1998)》(SI 1998/2573),后文简称为《条例》。《条例》后经 SI 2004/2882、SI 2008/1765 和 SI 2011/686 号文件修正。

④ 参见《条例》附件 2,第 14 段。

⑤ Martin v Lancashire County Council [2000] Lloyd's Rep. I. R. 665. 如今参见《雇主责任(强制保险)条例(2006)》。

⑥ 劳工补偿立法中还要求必须发生"意外事故";关于"意外事故",参见第十三章第六节及以下。

⑦ 例如《社会保障缴纳与给付法(1992)》(Social Security Contributions and Benefits Act 1992)第 99 条。

⑧ Vandyke v Fender [1970] 2 Q. B. 292.

⑨ 例如,参见 Wikeley, Ogus and Barendt, The Law of Social Security, 5th edn。

在 BAI (Run-Off) Ltd v Durham 案⑩中，最高法院认为，《雇主责任（强制保险）法（1969）》第 1 条要求雇主对自己在保险期间内导致雇员疾病的责任投保，该疾病即便是在之后才显现也依然属于承保范围。保险单无论是规定为保险期间内"遭受"的损害或疾病，还是保险期间内"导致"的损害或疾病，都是无关紧要的。在作为该案诉讼标的的争议保险单中，有的采用的是前面一种措辞，有的采用的又是后面一种措辞。但是最高法院坚持认为应当对这些条款进行目的解释，因为在接触疾病源多年之后才显现出疾病症状的场合，比如本案中雇员接触石棉的情形，这种解释方式与要求雇主对其责任投保的规定相符合。该判决非常重要，其确立了当雇主的保险单中使用"遭受"这一措辞时，仅在该保险单为强制责任保险的情形下，雇员才可获得保险金，若为公众责任保险单，则不能获得。

随后，最高法院对 Zurich Insurance Plc v International Energy Group Ltd 案⑪的判决引发了一个重要的关联问题。该案涉及的情形是，雇主的保险没有涵盖雇员接触石棉的整个期间。雇员接触石棉的时间长达二十七年，但案涉保险人仅对其中的八年提供保险保障。判决勉强以多数通过，并认为该保险人应对雇员在二十七年内遭受的全部损害进行赔偿，但其有权向其他在此期间内承保的保险人请求分摊⑫，以及就没有保险保障期间的损害赔偿向雇主请求分摊。虽然这样的判决结果反映了保险行业的现状，但有观点认为其在法律和政策上都存在问题。尤其是法院不顾雇主和保险人之间的合同关系，认为对于没有投保责任险的期间，雇主可被视为"自我承保"，从而适用衡平法上的分摊原则。⑬

---

⑩ BAI (Run-Off) Ltd v Durham ［2012］UKSC 14;［2012］1 W. L. R. 867，该案推翻了上诉法院的多数意见（［2010］Lloyd's Rep. I. R. 1），并恢复了初审法院的判决（［2009］Lloyd's Rep. I. R. 295）。该案常被称为"触发式诉讼"（the trigger litigation），伯顿法官在其判决意见中对雇主责任保险的历史和发展作了非常详细且有价值的论述。

⑪ Zurich Insurance Plc v International Energy Group Ltd ［2015］UKSC 33.

⑫ 有关分摊的内容，参见第十八章。

⑬ 但是请注意，为判决书多数意见提供主要理由的曼斯法官，在判决书第 1 段中强调，该判决针对的仅仅是一种由某特殊规则所规制的情形，该规则系由上议院对 Fairchild v Glenhaven Funeral Services Ltd 案（［2003］1 A. C. 32）的判决，以及《赔偿法（2006）》（Compensation Act 2006）所确立，其目的是处理接触石棉粉尘的案件（还可参见霍奇法官在判决书 109 段的意见）。

第一项　因工作导致及在工作期间

一般来说,"因工作导致及在工作期间"这一条款包含两项不同的条件。其中,"在工作期间"指的是"事故发生的时间必须是雇员实施从事相同工作的雇员在被雇佣期间可能实施的合理行为之时,并且发生地点必须是该雇员在被雇佣期间实施该行为通常所在的地方"[14]。

因此,雇员上下班的途中不属于工作期间,即使他们是乘坐雇主提供的车辆上下班也不例外,除非他们的劳动合同中规定他们必须以此方式上下班。[15] 在 Vandyke v Fender 案[16]中,V 与 F 都是 R 的雇员。他们的住所离工作地点有一定距离,因此 R 同意为他们提供一辆车供 F 驾驶并搭载 V 一起去工作地点。同时 R 还支付了汽油费用。有一天,当他们驾车前往工作场所时,V 因 F 过失驾驶而受伤。案件的争议问题之一是对于 V 所受的损害,究竟是应当由 R 的雇主责任保险人承担责任,还是应当由相关的机动车保险人[17]承担责任。判决最终认为,由于 V 并非有义务乘坐该车上班,且该事故并非发生于 V 工作期间,因此雇主责任保险人对此不承担责任。

与此相反,在 Paterson v Costain & Press (Overseas) Ltd 案[18]中,原告雇员被要求乘坐雇主司机驾驶的车辆从办公室前往建筑工地,但司机过失导致原告受伤。将雇员送往建筑工地是被告雇主的惯常做法。判决认为,由于雇员是遵从被告要求乘坐该车前往建筑工地,是在履行自己的义务,因而事故确实是发生在原告工作期间。因此,对于被告雇主对原告雇员应承担的责任,被告的雇主责任保险人有义务提供补偿。[19]

值得注意的是,即使是工作时发生的事故也不必然属于工作期间发生的事故。某警察代表自己的部队与另一部队在部队运动场进行足球比赛,并在

---

[14]　Lord Loreburn in Moore v Manchester Liners Ltd [1910] A. C. 498 at 500-501.

[15]　但是请注意,在工伤救济金案件中,雇员是否有义务采取特定方式上下班的标准如今已不再适用:Nancollas v Insurance Officer [1985] 1 All E. R. 833。Vandyke v Fender 案(见下文)援引了一些劳工补偿案件的判决先例,但对于该案对这些先例的解释,唐纳森法官提出了质疑。由此可见,如果雇主责任保险中关于此问题产生纠纷,法院将采纳 Nancollas 案判决的观点,即关于上下班途中是否属于工作期间还不存在确定的原则。

[16]　Vandyke v Fender [1970] 2 Q. B. 292.

[17]　事实上,汽车保险局作为该案中的机动车保险人已经进入了破产清算程序。

[18]　Paterson v Costain & Press (Overseas) Ltd [1979] 2 Lloyd's Rep. 204.

[19]　由于雇主责任保险不再被要求承保机动车风险(参见上文),因此诸如 Vandyke v Fender 案和 Paterson v Costain & Press (Overseas) Ltd 案这样的案件在将来基本不可能再出现。

比赛过程中受伤。上诉法院认为，即使是部队要求他参加比赛，他在比赛中所受的伤也无法获得国家补偿。[20] 当事人主张"在工作期间"发生的事故包括在合理范围内随工作而发生的事故，而不包括工作暂停期间发生的事故，如茶歇时间，但该主张遭到了上诉法院否定。

如果雇员是在其正式的工作时间以外受伤，也有可能被认定为在工作期间受伤。工作开始和工作结束时的一段合理期间通常会被包含在工作期间。[21]

条款中的另一项条件"因工作导致"在认定方面就比较宽松。该条件本质上是要求发生的事故与工作之间存在因果关系。该条件在雇主责任保险领域似乎不太可能引发争议。如果雇主已经通过判决或和解确定了自己对雇员负有侵权损害赔偿责任，这正是保险人承担责任的先决条件，就应当认定雇主的责任系因雇员工作所导致。

第二项　承保雇员的范围

《雇主责任（强制保险）法（1969）》第 2 条对"雇员"作出了定义，以便明确第 1 条所规定的雇主投保义务。根据该条，"雇员"是指依据明示或默示、书面或口头的劳动合同（contract of service）或学徒合同而工作的人。因此其排除了雇主为自己对自由职业者之责任投保的义务，这些自由职业者系依据劳务合同（contract for services）而工作。劳动合同与劳务合同的区别十分细微，其已经在许多法律领域引起争议，因而应当在别处对之进行详细探讨。[22] 法案第 2 条第 2 款还排除了雇主对条款所列的近亲属雇员的投保义务，以及对非英国常住居民雇员的投保义务。该款同样也明确了条例另有规定的除外。[23]

第三项　被禁止的条件

关于《雇主责任（强制保险）法（1969）》第 1 条第 1 款，还存在更深层次且非常重要的一点。该款要求雇主投保的保险必须是"合法的保险单"，并

---

[20] R. v National Insurance Commissioner Ex p. Michael [1977] 1 W. L. R. 109.
[21] See, e.g. R. v National Insurance Commissioner Ex p. East [1976] I. E. 206.
[22] See, e.g. Smith & Baker, Smith & Wood's Employment Law, 12th edn (Oxford: OUP, 2015), Ch. 2.
[23] 参见《条例》第 1 条第 2 款对"相关雇员"的定义。

将之定义为"不存在条例所列的任何被禁止的条件或除外条款"的保险单。㉔《条例》完整列举了四种"无论表现为任何条款形式"都会被禁止的条件,对此将在下文进行分析。这显然表明,被禁止的条件可能不是严格意义上的条件,也可能是保证。然而,这些条件只有在被作为保险责任的先决条件时,才属于被禁止的条件。此种保险责任的先决条件针对的要么是保险人在整个合同项下的责任(即保证),要么是保险人对特定索赔请求的责任(即先决条件)。㉕ 因此,保险单完全可以规定非保险责任先决条件的条件,但此种条件只能赋予保险人违约损害赔偿请求权。这一点为《条例》第 2 条第 3 款所确认。根据该款,保险单可以明确规定对于保险人对相关雇员依据保险合同提出的索赔请求,以及与索赔请求相关的费用所提供的赔付,被保险人对保险人负有偿还或分摊义务。但是,"相关雇员依据保险合同提出的索赔请求"这种措辞㉖很是奇怪。因为依据雇主责任保险提出索赔请求的不是雇员,而是雇主。

被禁止的条件会规定:存在下述情形时,本保险单项下将不会产生任何责任(包括一般性责任和针对特定索赔请求的责任)㉗,已经产生的责任也会终止:

"(a)被保险人在引发保险索赔请求的事件发生后,实施了特定的作为或不作为。"

该条件与《道路交通法(1988)》第 148 条第 5 款的规定类似㉘,它包括的行为有被保险人未及时发出索赔通知或提供损失细节,以及未经保险人同意认责。因此,它推翻了 Farrell v Federated Employers Insurance Co 案㉙的判决,但存在疑问的是,它是否禁止将被保险人支付应付保险费作为保险人承担责任之前提的条件,因为其仅涵盖了"在……事件发生后……"的行为㉚。

"(b)保单持有人未尽到合理注意义务以保护其雇员在工作期间免受人

㉔ 《雇主责任(强制保险)法(1969)》第 1 条第 3 款。
㉕ 对这些内容的一般探讨,参见第六章与第八章。
㉖ 该措辞与之前条例的规定并不相同。
㉗ 因此确认了此类条款可能是"保证"或"先决条件"。
㉘ 参见第二十一章第四节第二项。
㉙ Farrell v Federated Employers Insurance Co [1970] 1 W. L. R. 1400;参见第二十章第一节第三项。
㉚ 参见 Murray v Legal & General Assurance Co [1969] 3 All E. R. 794,第二十章第一节第三项对该案有所讨论。

身损害或疾病。"

正如前文所述㉛,法院已对责任保险单中要求被保险人采取合理注意的条件,依照通常理解进行了解释,即仅在被保险人的过失程度高于一般过失时,才构成违反该项条件。所以在此意义上而言,该禁止性规定并没有带来任何改变。而且由于该条件已经遭到禁止,因此如果保险人只是援引合理注意条件主张免责,那么即使是被保险人存在重大过失,也不会令保险人取得免责权。㉜ 然而,明确规定重大过失情形下保险人免责的条款可以说是能够被执行的。

"(c)保单持有人未遵守保护雇员在工作期间免受人身损害或疾病的法律规范的要求。"

这一点的含义是清晰易见的。

"(d)保单持有人未保存详细的记录,或者未向保险人提供或使保险人获得这些记录中的信息。"

责任保险单的保险费通常会根据雇主实际支付给雇员的薪资进行调整,因此保险单通常也会规定被保险人应保存与此相关的记录。雇主未遵守该条件,并不会使雇员的索赔请求无法获得实现。㉝

第四项 保险责任限额

《雇主责任(强制保险)法(1969)》并未要求雇主投保的保险必须不存在保险人的最高责任限额,但是对于因为一起事件而引起的雇员索赔,保险单应当具有不低于 500 万英镑的责任限额。㉞

第五项 例外

《雇主责任(强制保险)法(1969)》第 3 条免除了某些雇主投保雇主责任

㉛ 参见第二十章第二节第五项。

㉜ Contra Hasson, "The Employers' Liability (Compulsory Insurance) Act—A broken reed" [1974] I. L. J. 79 at 84, especially fn. 32.

㉝ 恕笔者直言,哈森法官认为"仅仅是对普通法规则的重申"这一观点([1974] I. L. J. 79)是错误的。尽管在 Re Bradley and Essex & Suffolk Accident Indemnity Society 案([1912] 1 K. B. 415)(参见第九章第十一节)中,该条件被认为并非保险人承担责任的先决条件,但这只是对争议保险单的解释问题,而非一项一般规则。

㉞ 参见《雇主责任(强制保险)法(1969)》第 1 条第 2 款和《条例》第 3 条。关于对"事件"的解释,参见第二十章第三节。

保险的义务。这些雇主主要包括地方政府委员会、国有企业及任何由《条例》特别免除投保义务的雇主。《条例》[35]还列出了一些被免除投保义务的其他公共机构。[36]

第六项　实施

《雇主责任（强制保险）法（1969）》的实施主要通过三个方面来实现：第一是确保保险凭证的公开，第二是许可对于保险凭证和保险单的检查，第三是刑事处罚。[37]

法案第 4 条第 1 款要求保险人以《条例》规定的形式提供保险凭证，并且《条例》第 5 条要求雇主将这些保险凭证陈列在其雇员工作的营业场所，这些雇员的索赔请求则可能属于该保险的补偿标的。雇主还必须在收到通知后，向英国健康与安全委员会的官员提供其保险凭证或凭证副本。[38] 另外，经国务大臣授权的监察员可以在向雇主发出合理通知后，对雇主的任何责任保险单进行检查。[39]

第七项　评论[40]

与《道路交通法》中有关第三方机动车保险的规定相比，《雇主责任（强制保险）法（1969）》及相关条例显得价值有限且功能不足。[41] 除了在雇主破产时，受伤雇员可以依据《第三方（对保险公司的权利）法（1930）》请求赔偿，《雇主责任（强制保险）法（1969）》及条例中并不存在任何受伤雇员直接从保险人处获偿的机制。[42] 对于保险人在被保险人违反合理陈述义务或保证的情形下所享有的免责权或合同撤销权，《雇主责任（强制保险）法（1969）》及条例也没有作出任何限制。而且虽然在实务中不太可能发生，但

㉟　附件 2。
㊱　还可参见《雇主责任（强制保险）修正条例（2004）》（SI 2004/2882），其规定如果雇主是一家只有一名雇员的公司，且该雇员拥有公司 50% 或以上的已发行股本，则同样免除投保义务。
㊲　关于刑事处罚部分，参见《雇主责任（强制保险）法（1969）》第 5 条。
㊳　《条例》第 6 条。
㊴　《条例》第 7 条。
㊵　See also Hasson, [1974] I. L. J. 79; Simpson (1972) 35 M. L. R. 63 and Parsons, "Employers' liability insurance—how secure is the system?" (1999) 28 I. L. J. 109.
㊶　考虑到政府还曾参与过规范审查，且该审查引起了《雇主责任（强制保险）条例（1998）》的细微修改，这一点是相当不正常的。
㊷　参见第二十章。

可以想象保险单中可能会包含范围相当广泛的除外条款,而且它们也并不违反《条例》第2条对于禁止条件的规定。此外,上诉法院认为,未履行《雇主责任(强制保险)法(1969)》规定的投保义务的公司董事,并不需要对违反法定义务承担个人侵权责任。㊸ 或许最重要的是,在雇主责任保险领域,如果雇主未投保或者未有效投保,没有一个机构能够发挥与英国汽车保险局类似的功能。㊹ 在格拉斯哥发生的一场火灾事故中,雇主的保险人以雇主未披露为由成功免责,导致受伤雇员最终未获得任何赔偿。当人们普遍认为是这一事件最终推动了《雇主责任(强制保险)法(1969)》的颁布时,法案及条例存在的以上缺陷看起来愈发不正常。不得不承认,针对雇主责任的强制保险机制仍是一个不成熟的体系。㊺

第二节 其他强制保险

尽管未受到任何影响保险人和被保险人合同地位之法律的规范,但有一些第三方保险实际上也是强制保险。其中最重要的有如下几种。首先是职业责任保险。投保职业责任保险可能并不是基于法律的要求,而是基于职业规则。以法律职业为例,如果某人想要从事法律职业就必须投保职业责任保险,那么该保险实质上就相当于强制保险。相关主体基于法律或经法律授权制定的规则而负有投保责任保险之义务的情形,如今越来越多。㊻

依据相关法律规定,对于自己对租用马的顾客应承担的责任,以及顾客对第三人造成损害的责任,骑马场应当投保责任保险。㊼ 依据《商船法(1995)》(Merchant Shipping Act 1995),油轮和其他船舶的所有人必须对石油污染责任投保。依据《核设施法(1965—1969)》(Nuclear Installations Act 1965-1969),核设施的经营者也应当投保责任保险,但其投保方式较为特

㊸ Richardson v Pitt-Stanley Ltd [1995] 1 All E. R. 460.
㊹ 一项私人议案——《雇主责任保险局议案》于2010年被提交给议会,但是不出所料,其在立法程序中并未走得很远。
㊺ 另一个实践难题是许多雇主责任保险业务的"长尾"性,即雇员可能会在许多年以后才提出索赔请求,之后再由雇主向其保险人提出索赔。对此,ABI建议规定雇主责任保险单须被保留四十年。
㊻ 相关的法律依据如《信用合作社法(1979)》(Credit Unions Act 1979)、《房地产代理法(1979)》(Estate Agents Act 1979)、《金融服务与市场法(2000)》及《脊椎指压治疗师法(1994)》(Chiropractors Act 1994)。
㊼ 《骑马场法(1964)》(Riding Establishments Act 1964)第1条。

殊,系向由众多保险人组成的保险人委员会投保。就航空领域而言,虽然存在一些豁免投保的情形,但依据欧洲议会和理事会制定的第 785/04 号条例,对于乘客、行李、动产及第三人的责任均须投保。[48] 该条例适用于所有在成员国境内飞行,以及飞入、飞出或飞越成员国国境的航空公司和航空器经营者。承保风险则必须涵盖战争、恐怖活动、劫机、蓄意破坏行为、非法劫持航空器及民众骚乱,而且条例同时还对最低保险赔付数额作出了详细规定。

---

[48] [2004] O. J. L138,后为《民航(保险)条例(2005)》[Civil Aviation (Insurance) Regulations 2005](SI 2005/1089)所补充。

索 引

Acceptance
承诺
    see Offer and acceptance
    参见要约和承诺
Accident
意外事故
    accidental means, 13.6.2
    意外方式,第十三章第六节第二项
    conclusions, 13.6.7
    结论,第十三章第六节第七项
    first party insurance, 13.6.1
    第一方保险,第十三章第六节第一项
    generally, 13.6
    概述,第十三章第六节
    liability insurance, 13.6.3
    责任保险,第十三章第六节第三项
    natural causes, 13.6.6
    自然原因,第十三章第六节第六项
    personal injury, 13.6.4
    人身损害,第十三章第六节第四项
    property damage, 13.6.5
    财产损失,第十三章第六节第五项
Accounts
账目
    regulatory requirements, 2.5.4
    监管要求,第二章第五节第四项
Actual authority
实际代理权
    Agents, 12.3.2
    代理人,第十二章第三节第二项
Actuaries
保险精算师
    regulatory requirements
    监管要求
        investigations, 2.5.4
        调查,第二章第五节第四项
Affirmation
确认
    avoidance, 7.9.4
    撤销,第七章第九节第四项
Agents
代理人
    authority
    代理权
        actual authority, 12.3.2
        实际代理权,第十二章第三节第二项
        apparent authority, 12.3.3
        表见代理权,第十二章第三节第三项
        proposal forms, 12.5.3
        投保单,第十二章第五节第三项

waiver of claims, 14.11.4
放弃索赔,第十四章第十一节第四项
duty of care and skill, 12.6.2
注意及专业尽职义务,第十二章第六节第二项
duty of disclosure, 12.6.3
披露义务,第十二章第六节第三项
generally, 12.2
概述,第十二章第二节
fiduciary duty, 12.6.1
信义义务,第十二章第六节第一项
insurable interests, 4.6
保险利益,第四章第六节
knowledge
知情
 imputed knowledge, 12.5.1
 可被归属的知情,第十二章第五节第一项
 insurer's agent, 7.6.1
 保险代理人,第七章第六节第一项
Law Commission proposals, 12.2.1
法律委员会的建议,第十二章第二节第一项
principal/agent relationship
被代理人与代理人间的关系
 duty of care and skill, 12.6.2
 注意及专业尽职义务,第十二章第六节第二项
 duty of disclosure, 12.6.3
 披露义务,第十二章第六节第三项
 fiduciary duty, 12.6.1
 信义义务,第十二章第六节第一项
 generally, 12.6
 概述,第十二章第六节

measure of damages, 12.6.4
损害赔偿的数额,第十二章第六节第四项
principles
原则
 actual authority, 12.3.2
 实际代理权,第十二章第三节第二项
 apparent authority, 12.3.3
 表见代理权,第十二章第三节第三项
 principal and third party, 12.3.1
 被代理人和第三人,第十二章第三节第一项
 ratification, 12.3.4
 追认,第十二章第三节第四项
proposal forms
投保单
 authority, 12.5.3
 代理权,第十二章第五节第三项
 form signed in blank, 12.5.6
 空白投保单的签署,第十二章第五节第六项
 generally, 12.5
 概述,第十二章第五节
 imputed knowledge, 12.5.1
 可被归属的知情,第十二章第五节第一项
 knowledge not imputed, 12.5.2
 不可被归属的知情,第十二章第五节第二项
 Newsholme Bros, 12.5.5
 "纽肖尔姆诉道路运输及财产保险有限公司案",第十二章第五节

第五项
 signatures, 12.5.4
 签署,第十二章第五节第四项
third party insurance
第三方保险
 generally, 4.6
 概述,第四章第六节
 ratification, 4.6.2
 追认,第四章第六节第二项
 undisclosed, 4.6.1
 未披露,第四章第六节第一项
Agreement
合意
 formation of contract, 5.1.2
 合同成立,第五章第一节第二项
Apparent authority
表见代理权
 agents, 12.3.3
 代理人,第十二章第三节第三项
Arbitration
仲裁
 insurance claims
 保险索赔
  generally, 14.10
  概述,第十四章第十节
  validity of arbitration clause, 14.10
  仲裁条款的效力,第十四章第十节
Assets
资产
 regulatory requirements
 监管要求
  matching assets, 2.5.3
  资产匹配,第二章第五节第三项
  separation of assets, 2.5.5

资产隔离,第二章第五节第五项
Assignment
转让
 benefit of policy, 11.2
 保险单项下权益,第十一章第二节
 fraudulent claims, 14.12.2
 索赔欺诈,第十四章第十二节第二项
 introduction, 11.0
 引言,第十一章
 life insurance
 人寿保险
  generally, 19.2
  概述,第十九章第二节
  mortgage, as, 19.2.1
  抵押,第十九章第二节第一项
  statutory assignment, 19.2.2
  法定的转让,第十九章第二节第二项
 policies, 11.4
 保险单,第十一章第四节
 statutory assignment
 法定的转让
  generally, 11.3
  概述,第十一章第三节
  goods insurance, 11.3.2
  动产保险,第十一章第三节第二项
  Law Commission review, 11.3.1
  法律委员会的审查,第十一章第三节第一项
 subject matter
 标的
  claim by purchaser, 11.1.1
  买方提出的保险赔付请求,第十一章第一节第一项
  generally, 11.1

概述,第十一章第一节

Rayner v Preston, consequences of, 11.1.2

"雷纳诉普雷斯顿案",结果,第十一章第一节第二项

vendor's position, 11.1.3

卖方的地位,第十一章第一节第三项

subrogation, 17.12

保险代位权,第十七章第十二节

Authorization

批准

 regulated activities

 受监管的活动

  carrying on insurance business, 2.4

  经营保险业务,第二章第四节

Authority

代理权

 agents

 代理人

  actual authority, 12.3.2

  实际代理权,第十二章第三节第二项

  apparent authority, 12.3.3

  表见代理权,第十二章第三节第三项

  proposal forms, 12.5.3

  投保单,第十二章第五节第三项

  waiver of claims, 14.11.3

  放弃索赔,第十四章第十一节第三项

  cover notes, 5.6.1

  暂保单,第五章第六节第一项

Avoidance

撤销

 see also Disclosure

 亦见披露

  affirmation, 7.9.4

确认,第七章第九节第四项

fraud, 7.1

欺诈,第七章第一节

good faith, 8.2

诚信,第八章第二节

misrepresentation

不实陈述

 generally, 7.2

 概述,第七章第二节

 opinions, 7.2

 意见/观点,第七章第二节

repudiation

拒绝履行

 effect of, 6.4

 效力,第六章第四节

 introduction, 6.0

 引言,第六章

 loss of right, 6.5–6.5.1

 权利的丧失,第六章第五节至第六章第五节第一项

 unfair contract terms, 6.1

 合同中的不公平条款,第六章第一节

 void contracts, 6.2

 无效合同,第六章第二节

 voidable contracts, 6.3

 可撤销的合同,第六章第三节

underinsurance, 15.9

不足额保险,第十五章第九节

Bailees

受托人

 third party insurance, 4.4

 第三方保险,第四章第四节

Bankruptcy
破产
  see Insolvency
  参见破产/无偿付能力

Breach
违反
  duty of disclosure, 7.3
  披露义务,第七章第三节

Breach of condition
违反条件
  burden of proof, 9.11
  举证责任,第九章第十一节
  motor insurance, 21.4.2
  机动车保险,第二十一章第四节第二项

Cancellation
解除
  contract terms
  合同条款
    duration, 5.7.1
    期限,第五章第七节第一项
    generally, 5.3
    概述,第五章第三节
  life insurance, 19.1
  人寿保险,第十九章第一节
  return of premiums, 10.2.1
  返还保险费,第十章第二节第一项

Capital adequacy
资本充足率
  regulatory requirements, 2.5.1
  监管要求,第二章第五节第一项

Causation
因果关系
  causes not expressly exempted, 13.9.4
  未被明确排除的原因,第十三章第九节第四项
  determining proximate cause, 13.9.1
  近因的确定,第十三章第九节第一项
  generally, 13.9
  概述,第十三章第九节
  proximate causes, 13.9.3
  近因,第十三章第九节第三项
  real causes of loss, 13.9.2
  损失的真正原因,第十三章第九节第二项

Causing or permitting use
引起或允许使用
  motor insurance, 21.2.2
  机动车保险,第二十一章第二节第二项

Certainty
确定性
  requirement for, 1.6.2
  要求,第一章第六节第二项

Certificate of insurance
保险凭证
  motor insurance, 21.2.4
  机动车保险,第二十一章第二节第四项

Claims
理赔/索赔
  arbitration
  仲裁
    generally, 14.10
    概述,第十四章第十节
    validity of arbitration clause, 14.10
    仲裁条款的效力,第十四章第十节
  contesting insurer's denial of liability, 14.9
  对保险人拒绝赔付的异议,第十四章第九节

estoppel, 14.11
禁反言,第十四章第十一节
first party insurance, 14.2
第一方保险,第十四章第二节
fraud
欺诈
 assignees, 14.12.2
 受让人,第十四章第十二节第二项
 co-insurance, 14.12.2
 共同保险,第十四章第十二节第二项
 generally, 14.12
 概述,第十四章第十二节
 insurer's remedy, 14.12
 保险人的救济,第十四章第十二节
 meaning, 14.12.1
 含义,第十四章第十二节第一项
generally, 14.4
概述,第十四章第四节
notice
通知
 generally, 14.6
 概述,第十四章第六节
 location, 14.6.2
 地点,第十四章第六节第二项
 time limits, 14.6.1
 期限,第十四章第六节第一项
particulars
索赔细节
 further co-operation, 14.7.2
 进一步合作,第十四章第七节第二项
 generally, 14.7
 概述,第十四章第七节
 personal compliance, 14.7.1
 本人履行,第十四章第七节第一项

procedure, 14.5
程序,第十四章第五节
proof of loss, 14.8
损失证明,第十四章第八节
public policy, 14.1
公共政策,第十四章第一节
settlement
赔付
 compromise, 14.13.1
 和解,第十四章第十三节第一项
 ex gratia payments, 14.13.2
 通融赔付,第十四章第十三节第二项
 generally, 14.13
 概述,第十四章第十三节
third party insurance
第三方保险
 compulsory insurance, 14.3.2
 强制保险,第十四章第三节第二项
 generally, 14.3
 概述,第十四章第三节
 motor insurance, 14.3.1
 机动车保险,第十四章第三节第一项
 other insurances, 14.3.3
 其他第三方保险,第十四章第三节第三项
waiver
弃权
 agent's authority, 14.11.3
 代理人的权限,第十四章第十一节第三项
 delay, 14.11.4
 迟延,第十四章第十一节第四项
 evidence of, 14.11.1
 证据,第十四章第十一节第一项

future performance, 14.11.2
将来履行行为，第十四章第十一节第二项
generally, 14.11
概述，第十四章第十一节

Cohabitees
同居者
property insurance, 3.10.5
财产保险，第三章第十节第五项

Co-insurance
共同保险
fraudulent claims, 14.12.2
索赔欺诈，第十四章第十二节第二项
non-disclosure, 7.11
未披露，第七章第十一节
subrogation, 17.14.1
保险代位权，第十七章第十四节第一项
waiver of subrogation, 17.14.2
保险代位权的放弃，第十七章第十四节第二项

Commercial activities
商业活动
non-insurance activities, 2.5.2
非保险活动，第二章第五节第二项

Complaints
投诉
consumers, 1.9.1
消费者，第一章第九节第一项

Compromise
和解
settlement of insurance claims, 14.13
保险索赔请求的赔付，第十四章第十三节

Compulsory insurance
强制保险
see also Employers' liability insurance
亦见雇主责任保险
generally, 22.2
概述，第二十二章第二节
insurance claims, 14.3.2
保险索赔，第十四章第三节第二项
motor insurance
机动车保险
  causing or permitting use, 21.2.2
  引起或允许使用，第二十一章第二节第二项
  certificate of insurance, 21.2.4
  保险凭证，第二十一章第二节第四项
  policy required, 21.2.3
  法律要求的保险单，第二十一章第二节第三项
  sanctions for failure to insure, 21.2.5
  对未投保的处罚，第二十一章第二节第五项
  scope of, 21.2
  范围，第二十一章第二节
  use of vehicle, 21.2.1
  机动车的使用，第二十一章第二节第一项

Conditions
条件
breach of condition
违反合同条件
  burden of proof, 9.11
  举证责任，第九章第十一节
conditions precedent, 9.10
先决条件，第九章第十节
introduction, 9.8

引言,第九章第八节

law reform

法律改革

    generally, 9.12

    概述,第九章第十二节

    Insurance Conduct of Business Sourcebook, 9.12.1

    《保险营业行为规范》,第九章第十二节第一项

    nature of, 9.9

    性质,第九章第九节

Conditions precedent

先决条件

    generally, 9.10

    概述,第九章第十节

    warranties, 9.3.1

    保证,第九章第三节第一项

Conduct of business

营业行为

    Insurance Conduct of Business Sourcebook

    《保险营业行为规范》

        warranties, 9.0, 9.12.1

        保证,第九章,第九章第十二节第一项

    regulation of insurance, 2.7

    保险监管,第二章第七节

Consequential loss

间接损失

    cover provided, 13.8.2

    承保范围,第十三章第八节第二项

Construction

解释

    see Interpretation

    参见解释

Constructive knowledge

推定知情

    see also Knowledge

    亦见知情

    disclosure, 7.6.1

    披露,第七章第六节第一项

Constructive total loss

推定全损

    interpretation, 13.7.1

    解释,第十三章第七节第一项

Consumer insurance

消费者保险

    illegibility of contract terms, 13.1.1

    合同条款不明,第十三章第一节第一项

Contra preferendum

不利解释原则

    interpretation, 13.3.4

    解释,第十三章第三节第四项

Contract terms

合同条款

    cancellation, 5.3

    解除,第五章第三节

    disclosure

    披露

        distance contracts, 5.2.1

        远程合同,第五章第二节第一项

        generally, 5.2

        概述,第五章第二节

        product information, 5.2.2

        产品信息,第五章第二节第二项

    duration

    期限

        cancellation under policy term, 5.7.1

        基于保险单条款解除合同,第五章

第七节第一项
generally, 5.7
概述,第五章第七节
life insurance, 5.7.2
人寿保险,第五章第七节第二项
illegibility
难以辨识
American approach, 13.1.2
美国的做法,第十三章第一节第二项
consumer protection, 13.1.1
消费者保护,第十三章第一节第一项
generally, 13.1
概述,第十三章第一节
liability insurance
责任保险
admission of liability, 20.2.1, 20.2.4
认责,第二十章第二节第一项,第二十章第二节第四项
control of proceedings, 20.2.2
诉讼的控制,第二十章第二节第二项
estoppel, 20.2.3
禁反言,第二十章第二节第三项
generally, 20.2
概述,第二十章第二节
insurer's refusal to defend, 20.2.5
保险人拒绝抗辩,第二十章第二节第五项
reasonable precaution, 20.2.6
合理预防措施,第二十章第二节第六项
motor insurance
机动车保险
condition of vehicle, 21.3.4
机动车的状态,第二十一章第三节

第四项
generally, 21.3
概述,第二十一章第三节
insured's liability in damages, 21.3.7
被保险人的损害赔偿责任,第二十一章第三节第七项
limitations on use, 21.3.3
用途的限制,第二十一章第三节第三项
permitted drivers, 21.3.2
被允许使用机动车的驾驶人,第二十一章第三节第二项
roadworthiness, 21.3.5
适行,第二十一章第三节第五项
standard extensions, 21.3.1
标准化的承保范围扩张,第二十一章第三节第一项
warranties, 21.3.6
保证,第二十一章第三节第六项
Contractual rights
合同权利
property insurance, 3.10.2
财产保险,第三章第十节第二项
Contribution
分摊
double insurance
重复保险
conditions ousting liability, 18.4.1
免除责任的条件,第十八章第四节第一项
conditions regarding, 18.4
相关条件,第十八章第四节
meaning, 18.2
含义,第十八章第二节

notification, 18.4.2
通知，第十八章第四节第二项
policies with different scopes, 18.2.1
承保范围不同的保险单，第十八章第二节第一项
same insured, 18.2.3
同一被保险人，第十八章第二节第三项
same risk, 18.2.2
同一风险，第十八章第二节第二项
introduction, 18.0
引言，第十八章
rateable proportion clauses, 18.1
比例分摊条款，第十八章第一节
ratios
比例
 generally, 18.3
 概述，第十八章第三节
 liability insurances, 18.3.1
 责任保险，第十八章第三节第一项
 policies with different ranges, 18.3.2
 承保范围不同的保险单，第十八章第三节第二项

Control
控制
 changes of, 2.5.6
 改变，第二章第五节第六项
 requirement for, 1.6.4
 要求，第一章第六节第四项

Counter-offers
反要约
 formalities, 5.1.3
 形式，第五章第一节第三项

Cover notes

暂保单
 see Temporary cover
 参见临时保险

Criminal records
犯罪记录
 non-disclosure of material facts, 7.8.2
 重要事实未披露，第七章第八节第二项

Damage to property
财产损失
 accident, meaning of, 13.6.5
 意外事故，含义，第十三章第六节第五项

Days of grace
宽限期
 renewal, 5.7.3
 保险合同的续订，第五章第七节第三项

Delay
迟延
 waiver of claims, 14.11.4
 放弃索赔，第十四章第十一节第四项

Disclosure
披露
 see also Non-disclosure
 亦见未披露
 contract terms
 合同条款
  distance contracts, 5.2.1
  远程合同，第五章第二节第一项
  generally, 5.2
  概述，第五章第二节
  product information, 5.2.2
  产品信息，第五章第二节第二项
 contracting out of the 2015 Act, 7.10
 《保险法（2015）》的排除适用，第七章

第十节
duty of disclosure
披露义务
  agency, 7.4.5
  代理,第七章第四节第五项
  consumer contracts, 7.4
  消费者合同,第七章第四节
  generally, 7.4
  概述,第七章第四节
  fair presentation of the risk, 7.5.1
  风险的合理陈述,第七章第五节第一项
  group insurance, 7.4.3
  团体保险,第七章第四节第三项
  knowledge of the insured, 7.5.2
  被保险人知情,第七章第五节第二项
  life insurance, 7.4.4
  人寿保险,第七章第四节第四项
  non-consumer insurance contracts, 7.5
  非消费者保险合同,第七章第五节
  reasonable care, 7.4.1
  合理注意,第七章第四节第一项
  remedies for breach, 7.4.2
  违约救济,第七章第四节第二项
  waiver, 7.6.2
  弃权,第七章第六节第二项
increase of risk clauses, 7.13
风险增加条款,第七章第十三节
knowledge
知情
  constructive knowledge, 7.6.1
  推定的知道,第七章第六节第一项
  generally, 7.6

  概述,第七章第六节
  insurer, 7.6.1
  保险人,第七章第六节第一项
  insurer's agent, 7.7
  保险代理人,第七章第七节
  waiver, 7.6.2
  弃权,第七章第六节第二项
life insurance, 19.1
人寿保险,第十九章第一节
materiality
重要性
  evidence of, 7.7.1
  证据,第七章第七节第一项
  examples, 7.8
  例证,第七章第八节
  generally, 7.7
  概述,第七章第七节
  test, 7.7
  判断标准,第七章第七节
non-disclosure
未披露
  co-insurance, 7.11
  共同保险,第七章第十一节
  generally, 7.7
  概述,第七章第七节
  inducement, 7.9.1
  诱导,第七章第九节第一项
  introduction, 7.3
  引言,第七章第三节
  knowledge of insurer's agent, 7.7.1
  保险代理人的知情,第七章第七节第一项
  material facts, examples of, 7.8–7.8.4
  重要事实,例证,第七章第八节至第

七章第八节第四项

materiality, 7.7-7.8

重要性,第七章第七节至第七章第八节

remedies, 7.9.2

救济,第七章第九节第二项

waiver, 7.6.2

弃权,第七章第六节第二项

remedies for breach, 7.9-7.9.4

违约救济,第七章第九节至第七章第九节第四项

Dishonesty

不诚实

non-disclosure of material facts,7.8.2, 7.8.4

重要事实未披露,第七章第八节第二项,第七章第八节第四项

Distance contracts

远程合同

disclosure, 5.2.1

披露,第五章第二节第一项

Double insurance

重复保险

conditions ousting liability, 18.4.1

免除责任的条件,第十八章第四节第一项

conditions regarding, 18.4

相关条件,第十八章第四节

meaning, 18.2

含义,第十八章第二节

notification, 18.4.2

通知,第十八章第四节第二项

policies with different scopes, 18.2.1

承保范围不同的保险单,第十八章第二节第一项

same insured, 18.2.3

同一被保险人,第十八章第二节第三项

same risk, 18.2.2

同一风险,第十八章第二节第二项

Drivers

驾驶人

motor insurance

机动车保险

 contract terms, 21.3.2

 合同条款,第二十一章第三节第二项

Duration

期限

contract terms

合同条款

 cancellation under policy term, 5.7.1

 基于保险单条款解除合同,第五章第七节第一项

 generally, 5.7

 概述,第五章第七节

 life insurance, 5.7.2

 人寿保险,第五章第七节第二项

Duty of care

注意义务

 agents, 12.6.2

 代理人,第十二章第六节第二项

Duty of disclosure

披露义务

 agents, 12.6.3

 代理人,第十二章第六节第三项

 generally, 7.4

 概述,第七章第四节

 remedies for breach, 7.9-7.9.4

 违约救济,第七章第九节至第七章第九节第四项

Employers' liability insurance
雇主责任保险

comments, 22.1.7
评论,第二十二章第一节第七项
employees covered, 22.1.2
承保员工,第二十二章第一节第二项
enforcement, 22.1.6
实施,第二十二章第一节第六项
exceptions, 22.1.5
例外,第二十二章第一节第五项
generally, 22.1
概述,第二十二章第一节
in course of employment, 22.1.1
在工作期间,第二十二章第一节第一项
introduction, 22.0
引言,第二十二章
out of employment, 22.1.1
因工作导致,第二十二章第一节第一项
prohibited conditions, 22.1.3
被禁止的条件,第二十二章第一节第三项
sums insured, 22.1.4
保险金额,第二十二章第一节第四项

Entitlement
法定权利

requirement for, 1.6.1
要求,第一章第六节第一项

Estoppel
禁反言

insurance claims, 14.11
保险索赔,第十四章第十一节
liability insurance, 20.2.3
责任保险,第二十章第二节第三项

EU law
欧盟法

freedom of establishment, 2.3.1
设立自由,第二章第三节第一项
freedom to provide services, 2.3.2
提供服务的自由,第二章第三节第二项
impact, 2.3
影响,第二章第三节

Evidence
证据

waiver of claims, 14.11.1
放弃索赔,第十四章第十一节第一项

Ex gratia payments
通融赔付

settlement of insurance claims, 14.13.2
保险理赔,第十四章第十三节第二项

Excesses
免赔额

measure of damages, 15.10
损失的计算,第十五章第十节

Fiduciary duty
信义义务

agents, 12.6.1
代理人,第十二章第六节第一项

Financial Conduct Authority
英国金融行为监管局

introduction, 5.0
引言,第五章

Financial regulation
金融监管

authorisation to carry on insurance business, 2.4
对经营保险业务的批准,第二章第四节

authorised persons, 2.4
获得批准的主体,第二章第四节
conduct of business, 2.7
营业行为,第二章第七节
continuing requirements
持续性要求
    accounts, 2.5.4
    账目,第二章第五节第四项
    actuarial investigation, 2.5.4
    精算调查,第二章第五节第四项
    control, changes of, 2.5.6
    控制,改变,第二章第五节第六项
    introduction, 2.5
    引言,第二章第五节
    localisation, 2.5.3
    本地化,第二章第五节第三项
    maintaining solvency margins, 2.5.1
    维持偿付能力,第二章第五节第一项
    management changes, 2.5.6
    管理的改变,第二章第五节第六项
    matching assets, 2.5.3
    资产匹配,第二章第五节第三项
    non-insurance activities, 2.5.2
    非保险活动,第二章第五节第二项
    separation of assets, 2.5.5
    资产隔离,第二章第五节第五项
    statements of business, 2.5.4
    业务说明,第二章第五节第四项
development of State control, 2.2
国家管控的发展,第二章第二节
EU law
欧盟法
    freedom of establishment, 2.3.1

设立自由,第二章第三节第一项
    freedom to provide services, 2.3.2
    提供服务的自由,第二章第三节第二项
    impact, 2.3
    影响,第二章第三节
    historical development, 2.2
    历史发展,第二章第二节
    introduction, 2.0
    引言,第二章
    overview, 2.1
    综述,第二章第一节
policyholder protection, 2.6
对保单持有人的保护,第二章第六节
regulated activities
受监管的活动
    authorised persons, 2.4
    获得批准的主体,第二章第四节
    requirements, 2.1
    要求,第二章第一节
self-regulation, 1.9.1
自我监管,第一章第九节第一项

Fire insurance
火灾保险
    interpretation, 13.5
    解释,第十三章第五节

First party insurance
第一方保险
    accident, 13.6.1
    意外事故,第十三章第六节第一项
    insurance claims, 14.2
    保险索赔,第十四章第二节
    introduction, 1.2.1
    引言,第一章第二节第一项

Formalities

形式

    formation of contract, 5.4

    合同的形式,第五章第四节

Formation of contract

合同的形式

    agreement, 5.1.2

    合意,第五章第一节第二项

    cancellation, 5.3

    解除,第五章第三节

    communication of acceptance, 5.1.5

    承诺的通知,第五章第一节第五项

    counter-offers, 5.1.3

    反要约,第五章第一节第三项

    disclosure requirements

    披露要求

        distance contracts, 5.2.1

        远程合同,第五章第二节第一项

        generally, 5.2

        概述,第五章第二节

        product information, 5.2.2

        产品信息,第五章第二节第二项

    duration

    期限

        cancellation under policy term, 5.7.1

        基于保险单条款的合同解除,第五章第七节第一项

        generally, 5.7

        概述,第五章第七节

        life insurance, 5.7.2

        人寿保险,第五章第七节第二项

    formalities, 5.4

    形式,第五章第四节

        generally, 5.1

        概述,第五章第一节

    Lloyd's, 5.5

    劳合社,第五章第五节

    offer and acceptance, 5.1.1

    要约和承诺,第五章第一节第一项

    renewal

    保险合同的续订

        days of grace, 5.7.3

        宽限期,第五章第七节第三项

        generally, 5.7

        概述,第五章第七节

    risk, changes in, 5.1.4

    风险,变化,第五章第一节第四项

    temporary cover

    临时保险

        authority to issuecover notes, 5.6.1

        签发暂保单的权限,第五章第六节第一项

        conclusion of, 5.6.2

        订立,第五章第六节第二项

        introduction, 5.6

        引言,第五章第六节

        termination of cover note, 5.6.4

        暂保单的终止,第五章第六节第四项

        terms incorporated, 5.6.3

        并入的条款,第五章第六节第三项

Franchise clauses

相对免赔额条款

    see excesses

    参见免赔额

Fraud

欺诈

    avoidance, 7.1

    撤销,第七章第一节

insurance claims
保险索赔
 assignees, 14.12.2
 受让人,第十四章第十二节第二项
 co-insurance, 14.12.2
 共同保险,第十四章第十二节第二项
 generally, 14.12
 概述,第十四章第十二节
 insurer's remedy, 14.12.3
 保险人的救济,第十四章第十二节第三项
 meaning, 14.12.1
 含义,第十四章第十二节第一项

Freedom of establishment
设立自由
 regulatory requirements, 2.3.1
 监管要求,第二章第三节第一项

Freedom to provide services
提供服务的自由
 regulatory requirements, 2.3.2
 监管要求,第二章第三节第二项

Gifts
赠与
 subrogation, 17.4.2
 保险代位权,第十七章第四节第二项

Good faith
诚实信用
 avoidance
 撤销
  restriction on right of, 8.2
  对……权的限制,第八章第二节
 requirement for, 8.3
 要求,第八章第三节

utmost good faith
最大诚信
 continuing duty, 7.12
 持续性义务,第七章第十二节
 insurer's duty, 8.1
 保险人的义务,第八章第一节
 principle of, 7.3
 原则,第七章第三节

Goods
动产
 insurable interest
 保险利益
  insured with interest, 4.2–4.2.2
  有保险利益投保,第四章第二节至第四章第二节第二项
  insured without interest, 4.3
  无保险利益投保,第四章第三节
 insurance policies
 保险单
  assignment, 11.3.2
  转让,第十一章第三节第二项
 irrecoverable goods, 13.7.3
 无法回复的物,第十三章第七节第三项
 missing goods, 13.7.2
 丢失的物,第十三章第七节第二项
 total loss
 全损
  measure of damages, 15.4–15.4.2
  损失的计算,第十五章第四节至第十五章第四节第二项

Illegality
不合法
 return of premiums, 10.2.2

保险费的返还,第十章第二节第二项

Illegibility

难以辨识

 contract terms

 合同条款

  American approach, 13.1.2

  美国的做法,第十三章第一节第二项

  consumer protection, 13.1.1

  消费者保护,第十三章第一节第一项

  generally, 13.1

  概述,第十三章第一节

Imputed knowledge

可被归属的知情

 see alsoKnowledge

 亦见知情

 agents

 代理人

  generally, 12.4

  概述,第十二章第四节

  proposal forms, 12.5.1

  投保单,第十二章第五节第一项

Increase of risk clauses

风险增加条款

 see Risk clauses

 参见风险条款

Indemnities

损失补偿

 partial loss, 15.6–15.6.2

 部分损失,第十五章第六节至第十五章第六节第二项

 subrogation

 保险代位权

  generally, 17.4.1

  概述,第十七章第四节第一项

  right of indemnity, 17.6

  补偿权,第十七章第六节

Inducement

诱导

 non-disclosure, 7.9.1

 未披露,第七章第九节第一项

Insolvency

破产/无偿付能力

 law reform, 3.12

 法律改革,第三章第十二节

 liability insurance

 责任保险

  establishing liability, 20.1.1

  确定责任,第二十章第一节第一项

  exclusion, 20.1.4

  排除适用,第二十章第一节第四项

  generally, 20.1

  概述,第二十章第一节

  reforming 1930 Act, 20.1.5

  《第三方(对保险公司的权利)法(1930)》的改革,第二十章第一节第五项

  third party rights, 20.1.3

  第三人权利,第二十章第一节第三项

  transfer of rights, 20.1.2

  权利的移转,第二十章第一节第二项

Insurable interests

保险利益

 generally, 1.6.3

 概述,第一章第六节第三项

 history, 3.1

 历史,第三章第一节

 introduction, 3.0

 引言,第三章

life insurance
人寿保险
  business relationship, 3.4.2
  商业关系, 第三章第四节第二项
  Dalby, consequence of, 3.3.1
  "多尔比案", 后果, 第三章第三节第一项
  effect of no insurable interest, 3.7
  缺乏保险利益的效力, 第三章第七节
  evasion attempts, 3.6
  规避企图, 第三章第六节
  family relationships, 3.4.1
  家庭关系, 第三章第四节第一项
  introduction, 3.2
  引言, 第三章第二节
  law reform, 3.8
  法律改革, 第三章第八节
  nature of, 3.4
  性质, 第三章第四节
  timing of, 3.3
  存在时间, 第三章第三节
meaning, 3.5
含义, 第三章第五节
property insurance
财产保险
  broader interests, 3.10.7
  更宽松的保险利益, 第三章第十节第七项
  cohabitees, 3.10.5
  同居者, 第三章第十节第五项
  contractual requirements, 3.9.1
  合同要求, 第三章第九节第一项
  contractual rights, 3.10.2

  合同权利, 第三章第十节第二项
  factual expectation of loss, 3.10.1
  损失的实质性期待, 第三章第十节第一项
  introduction, 3.9
  引言, 第三章第九节
  limited interests, 3.10.6
  有限利益, 第三章第十节第六项
  meaning, 3.10
  含义, 第三章第十节
  possession, 3.10.3
  占有, 第三章第十节第三项
  proprietary right, 3.10.2
  所有权, 第三章第十节第二项
  sale of goods, 3.10.4
  动产销售, 第三章第十节第四项
  statutory requirement, 3.9.1
  法律规定, 第三章第九节第一项
  waiver, 3.11
  弃权, 第三章第十一节
third parties
第三人
  agency, 4.6
  代理, 第四章第六节
  goods where insured with interest, 4.2
  有保险利益的动产保险, 第四章第二节
  goods where insured without interest, 4.3
  无保险利益的动产保险, 第四章第三节
  introduction, 4.1
  引言, 第四章第一节
  real property, 4.7
  不动产, 第四章第七节

right to claim directly, 4.5
直接请求权,第四章第五节
right to money, 4.4
对保险金的权利,第四章第四节
Insurance
保险
    certainty, 1.6.2
    确定性,第一章第六节第二项
    classification
    分类
        first party insurance, 1.2.1
        第一方保险,第一章第二节第一项
        introduction, 1.2
        引言,第一章第二节
        life insurance, 1.2.2
        人寿保险,第一章第二节第二项
        terminology, 1.2.3
        术语,第一章第二节第三项
        third party insurance, 1.2.1
        第三方保险,第一章第二节第一项
    commercial v consumer, 1.9
    商业和消费者,第一章第九节
    complaints, 1.9.1
    投诉,第一章第九节第一项
    control, 1.6.4
    控制,第一章第六节第四项
    entitlement, 1.6.1
    法定权利,第一章第六节第一项
    history, 1.1
    历史,第一章第一节
    insurable interests, 1.6.3
    保险利益,第一章第六节第三项
    introduction, 1.0
    引言,第一章
    law reform
    法律改革
        European development, 1.10.2
        欧洲的发展,第一章第十节第二项
        introduction, 1.10
        引言,第一章第十节
        Law Commission's project, 1.10.1
        法律委员会的项目,第一章第十节第一项
    meaning
    含义
        legal, 1.5
        法律,第一章第五节
        other purposes, 1.7
        其他目的,第一章第七节
        regulatory, 1.6–1.6.7
        监管,第一章第六节至第一章第六节第七项
    money's worth, 1.6.5
    货币价值,第一章第六节第五项
    practice, 1.8
    实践,第一章第八节
    reinsurance, 1.4
    再保险,第一章第四节
    self-regulation, 1.9.1
    自我监管,第一章第九节第一项
Insurance Conduct of Business Sourcebook
《保险营业行为规范》
    regulation of insurance, 2.7
    保险监管,第二章第七节
warranties
保证
    generally, 9.0
    概述,第九章

reform, 9.12
改革,第九章第十二节

Insured perils
保险事故
 cover provided, 13.8.4
 承保范围,第十三章第八节第四项

Insurers
保险人
 types, 1.3
 类型,第一章第三节

Interest
利息
 measure of damages, 15.11
 损失的计算,第十五章第十一节
 subrogation, 17.11
 保险代位权,第十七章第十一节

Intermediaries
保险中介
 agents
 代理人
  see also Agents
  亦见代理人
  agency principles, 12.3–12.3.4
  代理原则,第十二章第三节至第十二章第三节第四项
  generally, 12.2
  概述,第十二章第二节
  imputing agent's knowledge, 12.4
  代理人知情的效力归属,第十二章第四节
  Law Commission proposals, 12.2.1
  法律委员会的建议,第十二章第二节第一项
  principal/agent relationship, 12.6–12.6.4
  被代理人/代理人关系,第十二章第六节至第十二章第六节第四项
  proposal form, and, 12.5–12.5.6
  投保单,第十二章第五节至第十二章第五节第六项
  statutory rules, 12.2.1
  制定法规则,第十二章第二节第一项
 introduction, 12.0
 引言,第十二章
 regulation of, 12.1
 监管,第十二章第一节

Interpretation
解释
 accident
 意外事故
  accidental means, 13.6.2
  意外方式,第十三章第六节第二项
  conclusions, 13.6.7
  结论,第十三章第六节第七项
  first party insurance, 13.6.1
  第一方保险,第十三章第六节第一项
  generally, 13.6
  概述,第十三章第六节
  liability insurance, 13.6.3
  责任保险,第十三章第六节第三项
  natural causes, 13.6.6
  自然原因,第十三章第六节第六项
  personal injury, 13.6.4
  人身损害,第十三章第六节第四项
  property damage, 13.6.5
  财产损失,第十三章第六节第五项
 context, 13.3.3
 语境,第十三章第三节第三项

contra proferentem, 13.3.4
不利解释规则, 第十三章第三节第四项
cover provided
承保范围
 consequential loss, 13.8.2
 间接损失, 第十三章第八节第二项
 generally, 13.8
 概述, 第十三章第八节
 imminent peril, 13.8.4
 即将发生的保险事故, 第十三章第八节第四项
 prevention costs, 13.8.3, 13.8.5
 预防费用, 第十三章第八节第三项, 第十三章第八节第五项
 timing of peril, 13.8.1
 保险事故的发生时间, 第十三章第八节第一项
fire insurance, 13.5
火灾保险, 第十三章第五节
introduction, 13.0
引言, 第十三章
loss
损失
 constructive total loss, 13.7.1
 推定全损, 第十三章第七节第一项
 generally, 13.7
 概述, 第十三章第七节
 irrecoverable goods, 13.7.3
 无法回复的物, 第十三章第七节第三项
 missing goods, 13.7.2
 丢失的物, 第十三章第七节第二项
 proceeds, 13.7.4
 收益, 第十三章第七节第四项

 theft, 13.7.5
 盗窃, 第十三章第七节第五项
ordinary meaning, 13.3.1
通常含义, 第十三章第三节第一项
principles, 13.3
原则, 第十三章第三节
risk
风险
 generally, 13.2
 概述, 第十三章第二节
 intentional losses, 13.2.1
 故意所致的损失, 第十三章第二节第一项
 negligent losses, 13.2.1
 过失所致的损失, 第十三章第二节第一项
 perils not insured, 13.2.3
 自始不保的危险事故, 第十三章第二节第三项
 reasonable care, 13.2.2
 合理注意, 第十三章第二节第二项
specific descriptions and specific words, 13.4
特定描述和特定用语, 第十三章第四节
technical meaning, 13.3.2
专业含义, 第十三章第三节第二项

Knowledge
知情
 disclosure
 披露
  constructive knowledge, 7.6.1
  推定知道, 第七章第六节第一项
  generally, 7.6

概述,第七章第六节
insurer's agent, 7.7
保险代理人,第七章第七节
proposer's agent, 7.6.2
投保人的代理人,第七章第六节第二项
imputed knowledge agents
知情具有归属效力的代理人
agents, 12.4
代理人,第十二章第四节

Land
不动产
total loss
全损
measure of damages, 15.5
损失的计算,第十五章第五节

Law Commission
法律委员会
reform and insurance law
改革和保险法
agency, 12.2.1
代理,第十二章第二节第一项
generally, 1.10.1
概述,第一章第十节第一项
statutory assignment, 11.3.1
法定的转让,第十一章第三节第一项

Law reform
法律改革
conditions
条件
generally, 9.12
概述,第九章第十二节
Insurance Conduct of Business Sourcebook, 9.12
《保险营业行为规范》,第九章第十二节
European developments, 1.10.2
欧洲的发展,第一章第十节第二项
insurable interest
保险利益
life insurance, 3.8
人寿保险,第三章第八节
property insurance, 3.12
财产保险,第三章第十二节
introduction, 1.10
引言,第一章第十节
Law commission
法律委员会
agency, 12.2.1
代理,第十二章第二节第一项
generally, 1.10.1
概述,第一章第十节第一项
statutory assignment, 11.3.1
法定转让,第十一章第三节第一项
third party rights, 20.1.5
第三人权利,第二十章第一节第五项
warranties
保证
generally, 9.12
概述,第九章第十二节
Insurance Conduct of Business Sourcebook, 9.12
《保险营业行为规范》,第九章第十二节

Liability insurance
责任保险
accident, 13.6.3

意外事故,第十三章第六节第三项
contract terms
合同条款
    admission of liability, 20.2.1, 20.2.4
    认责,第二十章第二节第一项,第二十章第二节第四项
    control of proceedings, 20.2.2
    诉讼的控制,第二十章第二节第二项
    estoppel, 20.2.3
    禁反言,第二十章第二节第三项
    generally, 20.2
    概述,第二十章第二节
    insurer's refusal to defend, 20.2.5
    保险人拒绝抗辩,第二十章第二节第五项
    reasonable precautions, 20.2.6
    合理的预防措施,第二十章第二节第六项
contribution, 18.3.1
分摊,第十八章第三节第一项
insolvency of insured
被保险人破产
    establishing liability, 20.1.1
    确定责任,第二十章第一节第一项
    exclusions, 20.1.4
    排除适用,第二十章第一节第四项
    generally, 20.1
    概述,第二十章第一节
    reforming 1930Act, 20.1.5
    《第三方(对保险公司的权利)法(1930)》的改革,第二十章第一节第五项
    third party rights, 20.1.3
    第三人权利,第二十章第一节第三项
    transfer of rights, 20.1.2
    权利的移转,第二十章第一节第二项
insurer's duty to victim, 20.4
保险人对受害人的义务,第二十章第四节
introduction, 20.0
引言,第二十章
sums insured, 20.3
保险金额,第二十章第三节

Life insurance
人寿保险
    assignment
    让与
        generally, 19.2
        概述,第十九章第二节
        mortgage, as, 19.2.1
        抵押,第十九章第二节第一项
        statutory assignment, 19.2.2
        法定的转让,第十九章第二节第二项
    cancellation, 19.1
    解除,第十九章第一节
    disclosure, 19.1
    披露,第十九章第一节
    duration, 5.7.2
    期限,第五章第七节第二项
    insurable interests
    保险利益
        business relationships, 3.4.2
        商业关系,第三章第四节第二项
        Dalby, consequence of, 3.3.1
        "多尔比案",结果,第三章第三节第一项
        effect of no insurable interest, 3.7

缺乏保险利益的效力,第三章第七节
evasion attempts, 3.6
规避企图,第三章第六节
family relationships, 3.4.1
家庭关系,第三章第四节第一项
introduction, 3.2
引言,第三章第二节
law reform, 3.8
法律改革,第三章第八节
nature of, 3.4
性质,第三章第四节
timing of, 3.3
存在时间,第三章第三节
introduction, 1.2.2, 19.0
引言,第一章第二节第二项,第十九章
trusts
信托
 generally, 19.3
 概述,第十九章第三节
 group insurance, 19.3.4
 团体保险,第十九章第三节第四项
 modern cases, 19.3.3
 现代判例,第十九章第三节第三项
 other trusts, 19.3.2
 其他信托,第十九章第三节第二项
 section 11 trusts, 19.3.1
 根据第11条设立的信托,第十九章第三节第一项

Limited interests
有限保险利益
 measure of damages, 15.7
 损失的计算,第十五章第七节
 property insurance, 3.10.6
 财产保险,第三章第十节第六项

Lloyd's
劳合社
 formation of contract, 5.5
 合同的形式,第五章第五节
Loss
损失
 intentional loss, 13.2.1
 故意所致的损失,第十三章第二节第一项
 interpretation
 解释
  constructive total loss, 13.7.1
  推定全损,第十三章第七节第一项
  generally, 13.7
  概述,第十三章第七节
  irrecoverable goods, 13.7.3
  无法回复的物,第十三章第七节第三项
  missing goods, 13.7.2
  丢失的物,第十三章第七节第二项
  proceeds, 13.7.4
  收益,第十三章第七节第四项
  theft, 13.7.5
  盗窃,第十三章第七节第五项
 negligent loss, 13.2.1
 过失所致的损失,第十三章第二节第一项
 partial loss
 部分损失
  generally, 15.3
  概述,第十五章第三节
  indemnity policy, 15.6–15.6.2
  损失补偿型保险单,第十五章第六节至第十五章第六节第二项

proof, 14.8
证明，第十四章第八节
total loss
全损
    generally, 15.3
    概述，第十五章第三节
    goods, 15.4-15.4.2
    动产，第十五章第四节至第十五章第四节第二项
    land, 15.5
    不动产，第十五章第五节

Management
管理
    changes of, 2.5.6
    改变，第二章第五节第六项
Materiality
重要性
    anti-discrimination legislation, 7.8.5
    反歧视立法，第七章第八节第五项
    evidence of, 7.7.1
    证据，第七章第七节第一项
    examples, 7.8
    例证，第七章第八节
    generally, 7.7
    概述，第七章第七节
    material facts, examples of
    重要事实，例证
        criminal record, 7.8.2
        犯罪记录，第七章第八节第二项
        dishonesty, 7.8.2, 7.8.4
        不诚实行为，第七章第八节第二项，第七章第八节第四项
        generally, 7.8

    概述，第七章第八节
    moral hazard, 7.8.1
    道德风险，第七章第八节第一项
    spent convictions, 7.8.3
    失效的有罪判决，第七章第八节第三项
    test, 7.7
    判断标准，第七章第七节
Measure of damages
损失的计算
    agency, 12.6.4
    代理，第十二章第六节第四项
    excesses, 15.10
    免赔额，第十五章第十节
    franchise clauses, 15.10
    相对免赔额条款，第十五章第十节
    insurer's liability, 15.1
    保险人的责任，第十五章第一节
    interest, 15.11
    利息，第十五章第十一节
    introduction, 15.0
    引言，第十五章
    law reform, 15.1.1
    法律改革，第十五章第一节第一项
    limited interests, 15.7
    有限保险利益，第十五章第七节
    nature of policy, 15.2
    保险单的性质，第十五章第二节
    partial loss
    部分损失
        generally, 15.3
        概述，第十五章第三节
        indemnity policy, 15.6-15.6.2
        损失补偿型保险单，第十五章第

六节至第十五章第六节第二项
sum insured, 15.2.1
保险金额,第十五章第二节第一项
total loss
全损
 generally, 15.3
 概述,第十五章第三节
 goods, 15.4–15.4.2
 动产,第十五章第四节至第十五章第四节第二项
 land, 15.5
 不动产,第十五章第五节
underinsurance
不足额保险
 average, 15.9.2
 比例赔付,第十五章第九节第二项
 avoidance, 15.9.1
 撤销,第十五章第九节第一项
 generally, 15.9
 概述,第十五章第九节
valued policies, 15.8
定值保险单,第十五章第八节

Misrepresentation
不实陈述
 co-insurance, 7.11
 共同保险,第七章第十一节
 generally, 7.2
 概述,第七章第二节
 opinions, 7.2.1
 意见/观点,第七章第二节第一项

Moral hazard
道德风险
 non-disclosure of material facts, 7.8.1
 重要事实未披露,第七章第八节第一项

Motor insurance 机动车保险
compulsory insurance
强制保险
 causing or permitting use, 21.2.2
 引起或允许使用,第二十一章第二节第二项
 certificate of insurance, 21.2.4
 保险凭证,第二十一章第二节第四项
 policy required, 21.2.3
 法律要求的保险单,第二十一章第二节第三项
 sanctions for failure to insure, 21.2.5
 对未投保的处罚,第二十一章第二节第五项
 scope of, 21.2
 范围,第二十一章第二节
 use of vehicle, 21.2.1
 机动车的使用,第二十一章第二节第一项
contract terms
合同条款
 condition of vehicle, 21.3.4
 机动车的状态,第二十一章第三节第四项
 generally, 21.3
 概述,第二十一章第三节
 insured's liability in damages, 21.3.7
 被保险人的损害赔偿责任,第二十一章第三节第七项
 limitations on use, 21.3.3
 用途的限制,第二十一章第三节第三项
 permitted drivers, 21.3.2

被允许使用机动车的驾驶人,第二十一章第三节第二项
roadworthiness, 21.3.5
适行,第二十一章第三节第五项
standard extensions, 21.3.1
标准化的承保范围扩张,第二十一章第三节第一项
warranties, 21.3.6
保证,第二十一章第三节第六项
information regarding, 21.6
相关信息,第二十一章第六节
insurance claims, 14.3.1
保险索赔,第十四章第三节第一项
insurer's duty to satisfy judgements
保险人履行判决的义务
 alternative right to sue insurers, 21.5.1
 另一种起诉保险人的权利,第二十一章第五节第一项
 generally, 21.5
 概述,第二十一章第五节
introduction, 21.1
引言,第二十一章第一节
Motor Insurer's Bureau
汽车保险局
 third party rights against, 21.7
 第三人对……的权利,第二十一章第七节
 Uninsured Agreement, 21.8-21.8.1
 驾驶人无保险的协议,第二十一章第八节至第二十一章第八节第一项
 Untraced Agreement, 21.9
 驾驶人身份不明的协议,第二十一章第九节
  procedure, 21.10

程序,第二十一章第十节
third party rights
第三人权利
 generally, 21.4
 概述,第二十一章第四节
 invalid terms, 21.4.1
 无效条款,第二十一章第四节第一项
 breach of condition, 21.4.2
 条件的违反,第二十一章第四节第二项
 Motor Insurers' Bureau, against, 21.7
 汽车保险局,针对,第二十一章第七节
Motor Insurers' Bureau
汽车保险局
 third party rights against, 21.7
 第三人对……的权利,第二十一章第七节
 Uninsured Agreement, 21.8-21.8.1
 驾驶人无保险的协议,第二十一章第八节至第二十一章第八节第一项
 conditions precedent, 21.8-21.8.1
 先决条件,第二十一章第八节至第二十一章第八节第一项
 Untraced Agreement, 21.9
 驾驶人身份不明的协议,第二十一章第九节
 conditions precedent, 21.9
 先决条件,第二十一章第九节

"Natural causes"
"自然原因"
 accident, meaning of, 13.6.6
 意外事故,含义,第十三章第六节第六项

Negligence
过失
  loss arising from
  由……引起的损失
    risk, meaning of, 13.2.1
    风险,含义,第十三章第二节第一项

Non-disclosure
未披露
  see also Disclosure
  亦见披露
  anti-discrimination legislation, 7.8.5
  反歧视立法,第七章第八节第五项
  co-insurance, 7.11
  共同保险,第七章第十一节
  generally, 7.7
  概述,第七章第七节
  inducement, 7.9.1
  诱导,第七章第九节第一项
  introduction, 7.3
  引言,第七章第三节
  knowledge of insurer's agent, 7.7.1
  保险代理人的知情,第七章第七节第一项
  material facts, examples of
  重要事实,例证
    criminal record, 7.8.2
    犯罪记录,第七章第八节第二项
    dishonesty, 7.8.2, 7.8.4
    不诚实行为,第七章第八节第二项,第七章第八节第四项
    generally, 7.8
    概述,第七章第八节
    moral hazard, 7.8.1
    道德风险,第七章第八节第一项
    spent convictions, 7.8.3
    失效的有罪判决,第七章第八节第三项
  materiality
  重要性
    evidence of, 7.7.1
    证据,第七章第七节第一项
    generally, 7.7
    概述,第七章第七节
    test, 7.7
    判断标准,第七章第七节
  remedies for breach, 7.9–7.9.4
  违约救济,第七章第九节至第七章第九节第四项
  waiver, 7.6.2
  弃权,第七章第六节第二项

Notice
通知
  insurance claims
  保险索赔
    generally, 14.6
    概述,第十四章第六节
    location, 14.6.2
    地点,第十四章第六节第二项
    time limits, 14.6.1
    期限,第十四章第六节第一项

Offer and acceptance
要约和承诺
  communication of acceptance, 5.1.5
  承诺的通知,第五章第一节第五项
  counter-offers, 5.1.3
  反要约,第五章第一节第三项
  generally, 5.1.1

概述,第五章第一节第一项

Opinions

意见/观点

    warranties, 9.2.3

    保证,第九章第二节第三项

Partial loss

部分损失

    see Loss

    参见损失

Personal injury

人身损害

    accident, interpretation of, 13.6.4

    意外事故,解释,第十三章第六节第四项

Policies

保险单

    assignment

    转让

        benefit of policy, 11.2

        保险单项下的利益,第十一章第二节

        generally, 11.4

        概述,第十一章第四节

Policyholder protection

对保单持有人的保护

    regulatory requirements, 2.6

    监管要求,第二章第六节

Possession

占有

    property insurance, 3.10.3

    财产保险,第三章第十节第三项

Premiums

保险费

    cancelled policies, 10.2.1

    已解除的保险单,第十章第二节第一项

illegal policies, 10.2.2

不合法的保险单,第十章第二节第二项

introduction, 10.0

引言,第十章

non-existent policies, 10.2.1

从未成立的保险单,第十章第二节第一项

payment

给付

    generally, 10.1

    概述,第十章第一节

return of, 10.2

返还,第十章第二节

void policies, 10.2.1

无效保险单,第十章第二节第一项

voidable policies, 10.2.1

可撤销的保险单,第十章第二节第一项

Promises

允诺

    warranties as

    保证

        continuing warranties, 9.2.2

        持续性的保证,第九章第二节第二项

        generally, 9.3

        概述,第九章第三节

        opinions, 9.2.3

        意见/观点,第九章第二节第三项

        past facts, 9.2.1

        过去的事实,第九章第二节第一项

        present facts, 9.2.1

        现在的事实,第九章第二节第一项

Proof

证明

    losses, 14.8

损失,第十四章第八节

Proposal forms

投保单

  agents

  代理人

    authority, 12.5.3

    代理权,第十二章第五节第三项

    form signed in blank, 12.5.6

    空白投保单的签署,第十二章第五节第六项

    generally, 12.5

    概述,第十二章第五节

    imputed knowledge, 12.5.1

    可被归属的知情,第十二章第五节第一项

    knowledge not imputed, 12.5.2

    不可被归属的知情,第十二章第五节第二项

    Newsholme Bros, 12.5.5

    "纽肖尔姆诉道路运输及财产保险有限公司案",第十二章第五节第五项

    signatures, 12.5.4

    签字,第十二章第五节第四项

Property insurance

财产保险

  insurable interests

  保险利益

    broader interests, 3.10.7

    更宽松的保险利益,第三章第十节第七项

    cohabitees, 3.10.5

    同居者,第三章第十节第五项

    contractual requirements, 3.9.1

    合同要求,第三章第九节第一项

    contractual rights, 3.10.2

    合同权利,第三章第十节第二项

    factual expectation of loss, 3.10.1

    损失的实质性期待,第三章第十节第一项

    introduction, 3.9

    引言,第三章第九节

    law reform, 3.12

    法律改革,第三章第十二节

    limited interests, 3.10.6

    有限的保险利益,第三章第十节第六项

    meaning, 3.10

    含义,第三章第十节

    possession, 3.10.3

    占有,第三章第十节第三项

    proprietary rights, 3.10.2

    所有权,第三章第十节第二项

    sale of goods, 3.10.4

    动产销售,第三章第十节第四项

    statutory requirements, 3.9.1

    法律规定,第三章第九节第一项

    waiver, 3.11

    弃权,第三章第十一节

  law reform, 3.12

  法律改革,第三章第十二节

Proprietary rights

所有权

  property insurance, 3.10.2

  财产保险,第三章第十节第二项

Public policy

公共政策

  insurance claims, 14.1

保险索赔,第十四章第一节

Rateable proportion clauses
比例分摊条款
  contribution, 18.1
  分摊,第十八章第一节
Ratification
追认
  agency, 12.3.4
  代理,第十二章第三节第四项
Ratios
比例
  contribution
  分摊
    generally, 18.3
    概述,第十八章第三节
    liability insurances, 18.3.1
    责任保险,第十八章第三节第一项
    policies with different ranges, 18.3.2
    承保范围不同的保险单,第十八章第三节第二项
Real property
不动产
  third party insurable interests, 4.7
  第三人的保险利益,第四章第七节
  total loss
  全损
    measure of damages, 15.5
    损失的计算,第十五章第五节
Reasonable care
合理注意
  risk, meaning of, 13.2.2
  风险,含义,第十三章第二节第二项

Regulated activities
受监管的活动
  authorised persons, 2.4
  获得批准的主体,第二章第四节
Regulation of insurance
保险监管
  see Financial regulation
  参见金融监管
Reinstatement
恢复原状
  contractual
  合同的
    election, effect of, 16.1.1
    选择,后果,第十六章第一节第一项
    generally, 16.1
    概述,第十六章第一节
    impossibility, 16.1.2
    不可能,第十六章第一节第二项
  insured's duty, 16.3
  被保险人的义务,第十六章第三节
  introduction, 16.0
  引言,第十六章
  statutory
  法定的
    generally, 16.2
    概述,第十六章第二节
    interested persons, 16.2.3
    利害关系人,第十六章第二节第三项
    remedy against insurer, 16.2.2
    针对保险人救济,第十六章第二节第二项
    request to reinstate, 16.2.1
    恢复原状的请求,第十六章第二节第一项

Reinsurance
再保险
  introduction, 1.4
  引言,第一章第四节

Remedies
救济
  breach of duty of disclosure, 7.9-7.9.4
  违反披露义务,第七章第九节至第七章第九节第四项

Renewal
保险合同的续订
  days of grace, 5.7.3
  宽限期,第五章第七节第三项
  generally, 5.7
  概述,第五章第七节

Repudiation
拒绝履行
  Consumer Rights Act 2015, 6.1
  《消费者权益法(2015)》,第六章第一节
  effect of, 6.4
  效力,第六章第四节
  introduction, 6.0
  引言,第六章
  loss of right
  权利的丧失
    generally, 6.5
    概述,第六章第五节
      indisputable contracts, 6.5.1
      不可争辩合同,第六章第五节第一项
  unfair contract terms, 6.1
  不公平合同条款,第六章第一节
  void contracts, 6.2
  无效合同,第六章第二节
  voidable contracts, 6.3
  可撤销合同,第六章第三节

Right of indemnity
补偿权
  subrogation, 17.6
  保险代位权,第十七章第六节

Risk
风险
  changes in, 5.1.4
  改变,第五章第一节第四项
  meaning
  含义
    generally, 13.2
    概述,第十三章第二节
    intentional losses, 13.2.1
    故意所致的损失,第十三章第二节第一项
    negligent losses, 13.2.1
    过失所致的损失,第十三章第二节第一项
    perils not insured, 13.2.3
    自始不保的危险事故,第十三章第二节第三项
    reasonable care, 13.2.2
    合理注意,第十三章第二节第二项
  warranties describing or delimiting, 9.6
  描述或界定的保证,第九章第六节

Risk clauses
风险条款
  disclosure, 7.13
  披露/告知,第七章第十三节

Roadworthiness
适行
  motor insurance, 21.3.5
  机动车保险,第二十一章第三节第五项

Sale of goods
动产销售
    property insurance, 3.10.4
    财产保险,第三章第十节第四项
Sanctions
处罚
    failure to insure, 21.2.5
    未投保,第二十一章第二节第五项
Self-regulation
自我监管
    developments in, 1.9.1
    发展,第一章第九节第一项
Settlement
赔付
    insurance claims
    保险索赔
        compromise, 14.13.1
        和解,第十四章第十三节第一项
        ex gratia payments, 14.13.2
        通融赔付,第十四章第十三节第二项
        generally, 14.13
        概述,第十四章第十三节
Signatures
签字
    proposal forms
    投保单
        agents, 12.5.4
        代理人,第十二章第五节第四项
Solvency margins
偿付准备金
    see Capital adequacy
    参见资本充足率
Spent convictions
失效的有罪判决

    non-disclosure of material facts, 7.8.3
    重要事实未披露,第七章第八节第三项
Statements
说明
    regulatory requirements, 2.5.4
    监管要求,第二章第五节第四项
Statutory assignment
法定的转让
    see Assignment
    参见转让
Subject matter
标的
    assignment
    转让
        claim by purchaser, 11.1.1
        买方提出的保险赔付请求,第十一章第一节第一项
        generally, 11.1
        概述,第十一章第一节
        Rayner v Preston, consequences of, 11.12
        "雷纳诉普雷斯顿案",后果,第十一章第一节第二项
        vendor's position, 11.1.3
        卖方的地位,第十一章第一节第三项
Subrogation
保险代位权
    actions prejudicing insurer, 17.8
    损害保险人的行为,第十七章第八节
    application of, 17.1
    适用范围,第十七章第一节
    aspects of, 17.3
    层面,第十七章第三节
    assignment, 17.12
    转让,第十七章第十二节

control of proceedings, 17.7
诉讼的控制,第十七章第七节
denial of rights, 17.16
权利的否认,第十七章第十六节
express terms, 17.13
明示条款,第十七章第十三节
generally, 17.17
概述,第十七章第十七节
insured not to make profit
被保险人不得获利
 full indemnity, 17.4.1
 完全补偿,第十七章第四节第一项
 generally, 17.4
 概述,第十七章第四节
 gifts, 17.4.2
 赠与,第十七章第四节第二项
 surplus, 17.4.3
 剩余,第十七章第四节第三项
insured's right of action, 17.10
被保险人的诉权,第十七章第十节
insurer's right to take action, 17.5
保险人的诉权,第十七章第五节
interests, 17.11
利益,第十七章第十一节
introduction, 17.0
引言,第十七章
multiple interested parties
多个主体具有利益
 co-insurance, 17.14.1
 共同保险,第十七章第十四节第一项
 generally, 17.14
 概述,第十七章第十四节
 waiver, 17.4.2
 弃权,第十七章第四节第二项

origins, 17.2
起源,第十七章第二节
right of indemnity, 17.6
补偿权,第十七章第六节
waiver
弃权
 co-insurance, 17.14.2
 共同保险,第十七章第十四节第二项
 generally, 17.15
 概述,第十七章第十五节
 wrongdoer's position vis-à-vis insurer, 17.9
 侵权人相对于保险人的地位,第十七章第九节

Sum insured
保险金额
measure of damages, 15.2.1
损失的计算,第十五章第二节第一项

Surplus
剩余
subrogation, 17.4.3
保险代位权,第十七章第四节第三项

Temporary cover
临时保险
authority to issue cover notes, 5.6.1
签发暂保单的权限,第五章第六节第一项
conclusion of, 5.6.2
订立,第五章第六节第二项
introduction, 5.6
引言,第五章第六节
termination of cover note, 5.6.4
暂保单的终止,第五章第六节第四项

terms incorporated, 5.6.3
并入的条款,第五章第六节第三项
Theft
盗窃
    loss, meaning of, 13.7.5
    损失,含义,第十三章第七节第五项
Third parties
第三方
    insurable interests
    保险利益
        agency, 4.6
        代理,第四章第六节
        goods where insured with interest, 4.2
        有保险利益的动产保险,第四章第二节
        goods where insured without interest, 4.3
        无保险利益的动产保险,第四章第三节
        introduction, 4.1
        引言,第四章第一节
        real property, 4.7
        不动产,第四章第七节
        right to claim directly, 4.5
        直接请求权,第四章第五节
        right to money, 4.4
        对保险金的权利,第四章第四节
Third party insurance
第三方保险
    agency
    代理
        generally, 4.6
        概述,第四章第六节
        ratification, 4.6.2
        追认,第四章第六节第二项

        undisclosed, 4.6.1
        未披露,第四章第六节第一项
    bailees, 4.2.1
    受托人,第四章第二节第一项
    goods
    动产
        insured with interest, 4.2
        有保险利益投保,第四章第二节
        insured without interest, 4.3
        无保险利益投保,第四章第三节
    insurance claims
    保险索赔
        compulsory insurance, 14.3.2
        强制保险,第十四章第三节第二项
        generally, 14.3
        概述,第十四章第三节
        motor insurance, 14.3.1
        机动车保险,第十四章第三节第一项
        other insurances, 14.3.3
        其他保险,第十四章第三节第三项
    introduction, 1.2.1, 4.1
    引言,第一章第二节第一项,第四章第一节
    real property, 4.7
    不动产,第四章第七节
    right to claim directly, 4.5
    直接请求权,第四章第五节
    right to money, 4.4
    对保险金的权利,第四章第四节
Third party rights
第三人权利
    insolvency of insured, 20.1.3
    被保险人破产,第二十章第一节第三项

motor insurance
机动车保险
  generally, 21.4
  概述,第二十一章第四节
  invalid terms, 21.4.1
  无效条款,第二十一章第四节第一项
  breach of condition, 21.4.2
  条件的违反,第二十一章第四节第二项
  Motor Insurers' Bureau, against, 21.7
  汽车保险局,针对,第二十一章第七节

Total loss
全损
  see Loss
  参见损失

Trusts
信托
  life insurance
  人寿保险
    generally, 19.3
    概述,第十九章第三节
    group insurance, 19.3.4
    团体保险,第十九章第三节第四项
    modern cases, 19.3.3
    现代判例,第十九章第三节第三项
    other trusts, 19.3.2
    其他信托,第十九章第三节第二项
    section 11 trusts, 19.3.1
    根据第11条设立的信托,第十九章第三节第一项

Uncertainty
不确定性
  see Certainty

参见确定性

Underinsurance
不足额保险
  measure of damages
  损失的计算
    average, 15.9.2
    比例赔付,第十五章第九节第二项
    avoidance, 15.9.1
    撤销,第十五章第九节第一项
    generally, 15.9
    概述,第十五章第九节

Utmost good faith
最大诚信
  see also Good faith
  亦见诚实信用
  consumer insurance contracts, 7.4
  消费者保险合同,第七章第四节
  continuing duty, 7.12
  持续性义务,第七章第十二节
  fraud, 7.1
  欺诈,第七章第一节
  good faith, 7.3.3
  诚实信用,第七章第三节第三项
  generally, 7.0
  概述,第七章
  insurer's duty, 8.1
  保险人的义务,第八章第一节
  principle, 7.3
  原则,第七章第三节
  rationale for rule, 7.3.1
  规则的理论基础,第七章第三节第一项
  statements of fact, 7.3.2
  事实陈述,第七章第三节第二项

Valued policies
定值保险单
 measure of damages, 15.8
 损失的计算,第十五章第八节

Void contracts
无效合同
 repudiation, 6.2
 拒绝履行,第六章第二节

Void policies
无效保险单
 premiums, 10.2.1
 保险费,第十章第二节第一项

Voidable contracts
可撤销的合同
 repudiation, 6.3
 拒绝履行,第六章第三节

Voidable policies
可撤销的保险单
 premiums, 10.2.1
 保险费,第十章第二节第一项

Waiver
弃权
 insurable interests, 3.11
 保险利益,第三章第十一节
 insurance claims
 保险索赔
  agent's authority, 14.11.3
  代理人的权限,第十四章第十一节第三项
  delay, 14.11.4
  迟延,第十四章第十一节第四项
  evidence of, 14.11.1
  证据,第十四章第十一节第一项

  future performance, 14.11.2
  将来履行行为,第十四章第十一节第二项
  generally, 14.11
  概述,第十四章第十一节
 non-disclosure, 7.7.2
 未披露,第七章第七节第二项
 subrogation
 保险代位权
  co-insurance, 17.14.2
  共同保险,第十七章第十四节第二项
  generally, 17.15
  概述,第十七章第十五节

Warranties
保证
 basis of contract clause, 9.4
 合同基础条款,第九章第四节
 breach of warranty, effect of, 9.7–9.7.2
 违反保证,后果,第九章第七节至第九章第七节第二项
 continuing warranties, 9.2.2
 持续性的保证,第九章第二节第二项
 creation of conditions precedent, 9.3.1
 先决条件的创设,第九章第三节第一项
  generally, 9.3
  概述,第九章第三节
 Insurance Conduct of Business Sourcebook, and, 9.0
 《保险营业行为规范》,以及,第九章
 interpretation, 9.4
 解释,第九章第四节
 introduction, 9.1
 引言,第九章第一节

law reform

法律改革

    generally, 9.12

    概述,第九章第十二节

    Insurance Conduct of Business Sourcebook, 9.12

    《保险营业行为规范》,第九章第十二节

motor insurance, 21.3.6

机动车保险,第二十一章第三节第六项

multi-section policies, 9.5

复合型保险单,第九章第五节

past or present fact, 9.2.1

过去或现在的事实,第九章第二节第一项

promises, as

允诺,作为

    continuing warranties, 9.2.2

    持续性的保证,第九章第二节第二项

    generally, 9.2

    概述,第九章第二节

    opinions, 9.2.3

    意见/观点,第九章第二节第三项

    past facts, 9.2.1

    过去的事实,第九章第二节第一项

    present facts, 9.2.1

    现在的事实,第九章第二节第一项

risk, describing or delimiting, 9.6

风险,描述或界定,第九章第六节

译 后 记

《伯茨现代保险法》对保险法的基本原理和规则进行了简明扼要的分析说明,是英国保险法领域的一部权威著作。作者约翰·伯茨是英国曼彻斯特大学荣休教授、英国谢菲尔德大学荣誉教授,长期深耕保险法领域。自1982年第一版出版以来,其始终紧跟保险法理论与实务发展,不断更新完善该书。

该书一方面是一部经典的保险法教材,其体系完整,结构精巧,内容通俗易懂。其不仅对保险的历史沿革、保险监管、保险利益原则、诚信原则、保险合同、保险代位权等通论、基础性内容作了精要介绍,也细致总结和梳理了人寿保险、责任保险、机动车保险等具体保险类型的法律规则。伯茨教授始终致力于以简单明了、通俗易懂的方式对保险法的基本原则和影响保险合同的日益复杂的法律规则进行分析和解释。对于本科生、研究生及学习保险法相关专业课程的人来说,这是一部不可或缺的著作。对于希望快速获得参考指南的法律和保险专业人士来说,它也是理想的参考资料。另一方面,该书在某种程度上也可被视为一部保险法专著。与其他的保险法著作相比,该书篇幅较短,因此集中在保险法的关键领域,而不是详尽无遗地介绍判例法或海上保险等不同类别保险的细节事项。同时,伯茨教授并不止于单纯的规则介绍,针对保险法领域的一些重要问题,其也提出了诸多深富洞见的独到见解。因此,对于从事保险法研究的学者而言,该书同样值得参阅。

早在二十世纪八十年代,我国就有学者注意到了《伯茨现代保险法》这本书的价值,并将之译介为中文以飨国内读者,即陈丽洁翻译、河南人民出版社1987年出版发行的《现代保险法》一书。《现代保险法》翻译的是1982年第一版英文原著,而本书翻译的则是2016年第十版原著。之所以再度翻译此书,是因为先前译本所翻译的第一版已年代久远,显著落后于英国保险法立法、学理和实务的最新进展,无论是资料价值还是学术价值都已大打折扣。而与第一版相比,第十版不仅在篇幅上多出将近一半,在内容上也有了相当程度的丰富和更新。其涵括了英国保险法近年来的重大更新和变革,极其值得关注和研究。典型如:其根据英国《消费者保险(披露与陈述)法

(2012)》和《保险法(2015)》等法律对消费者保险法与商业保险法进行了更为显著的区分;囊括了最新的判例法发展,尤其是保险代位权与分摊原则方面;涵盖了英国《保险法(2015)》对有关诚实信用、披露、保证等合同条款及索赔欺诈的法律规定所作的重大变革;等等。

除此之外,《伯茨现代保险法》一书的简洁易读性和国内读者友好性也是译者选择对其予以译介的重要原因。尽管是一部保险法专业著作,但即使是最复杂的概念其也能清晰地勾勒出来,无意义的赘述少之又少,易读性令人称奇。同时,尽管所处法域为英美法系,但该书并不像国内已有的一些美国保险法译著那样案例汇编色彩浓厚,对长期处在大陆法系熏陶下的国人难言友好。相反,其对案例精挑细选,并且在阐释相关法规和理论知识的基础上对案例予以评述,体系非常完整,对相关制度的介绍也极其清晰,非常适合国内读者阅读研习。

本书的翻译可以追溯至译者 2014 年在香港大学法律学院访学期间,动念、签约和部分草译都完成于那段时间。然而后续的进展可谓一波三折,原著版本更新导致推倒重译,原著出版社沟通不畅,版权获取困难,数次几乎要"烂尾"。幸而在诸多师友的帮助之下,十年终于磨出这一剑。感谢约翰·伯茨教授的信任及其与出版社长达数年的反复沟通,感谢我的同事梁雯雯副教授穿针引线、出谋划策,对本书出版给了关键支持,感谢赵亚宁、杨勇和赵一霖等在译稿校对方面提供的协助,同时也感谢杨玉洁编辑和陈晓洁编辑的辛勤付出。由于译者水平有限,反复的校对可能仍然无法完全避免其中的错误和疏漏,还请读者不吝批评、指正。有任何意见或建议,欢迎来邮,以便译者进一步完善。译者的邮箱是:wuyiwencivillaw@163.com。

武亦文

2024 年 11 月 4 日于珞珈山